普通高等教育"十一五"国家级规划教材

文化人类学概论

周大鸣　主　编
秦红增　副主编

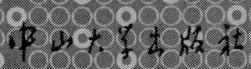

版权所有　翻印必究

图书在版编目（CIP）数据

文化人类学概论/周大鸣主编；秦红增副主编. —广州：中山大学出版社，2009.2
ISBN 978 – 7 – 306 – 03139 – 6

Ⅰ. 文… Ⅱ. ①周… ②秦… Ⅲ. 文化人类学—概论 Ⅳ. C912.4

中国版本图书馆 CIP 数据核字（2008）第 108135 号

出 版 人：叶侨健
策划编辑：杨　捷
责任编辑：杨　捷
封面设计：曹巩华
责任校对：陈　霞
责任技编：黄少伟
出版发行：中山大学出版社
电　　话：编辑部 020 – 84111996，84113349
　　　　　发行部 020 – 84111998，84111981，84111160
地　　址：广州市新港西路 135 号
邮　　编：510275　传　真：020 – 84036565
网　　址：http：//www.zsup.com.cn　E-mail：zdcbs@mail.sysu.edu.cn
印 刷 者：江门市蓬江区新教彩印有限公司
规　　格：787mm×960mm　1/16　30 印张　602 千字
版次印次：2009 年 2 月第 1 版　2024 年 7 月第 14 次印刷
定　　价：48.00 元　印　数：21101 – 23100 册

本书如发现因印装质量问题影响阅读，请与出版社发行部联系调换

内容简介

本书为教育部普通高等教育"十一五"国家级规划教材,是为大学本科和硕士研究生水平的文化人类学导论课程设计的。其目的一是向学生概述文化人类学的基本原理和过程,使学习者能够对文化人类学有全面的理解,并领会文化相对论、跨文化比较、整体观、参与观察等理论核心和田野调查方法;二是在学习者心中播下文化意识的种子,并促使他们积极地面向田野和实际,以消解文化中心主义、种族中心主义等给人类发展所带来的种种弊端。另外,本书的编写者都是长期从事文化人类学教学和研究的中国学者,因而本书也是对中国人类学发展的一个成熟性的梳理和检验。

本书共二十章,分为四编。第一编首先从文化研究的基础说起,使学习者从文化人类学的定义、研究目标、理论发展以及研究方法等方面对该学科有整体的了解;第二编围绕文化的多样性,从文化及其结构如族群、生计方式、社会组织、宗教等方面进行了分析,使学习者在理解文化多样性的同时,能够充分领会文化与人类的密切相关性;第三编就文化人类学的应用性及其所产生的分支学科如语言人类学、政治人类学、都市人类学、经济人类学、医学人类学、发展人类学、旅游人类学进行了叙述,从而为学习者架构了文化人类学与当代社会发展的桥梁;第四编从文化变迁的角度,讨论了全球化背景之下的文化人类学,并对中国文化人类学的发展进程进行了梳理,使学习者对该学科的历史和现状有一定的认识。

本书的个案大多来自于编写者的田野调查,因而可读性和可信度都较强。每一章的阅读文献基本上涵盖了相关经典著作和新的研究成果,为爱钻研的学习者提供了进一步的研究思路和信息。

序

　　历史是一条流淌的河流，自1924年孙中山先生亲手创立中山大学起，中山大学就成为人类学、民俗学、民族学调查研究最活跃的园地。顾颉刚、钟敬文等先生于20世纪20年代在中山大学创立民俗学会、创办《民俗周刊》、开展民俗学调查，开创了走出书斋、面向民间的学风。1927年，傅斯年在中山大学建立语言历史研究所时特设置了人类学研究组，聘请苏联人类学家史禄国负责该研究组，杨成志先生为助手。1927—1929年，杨成志先生独自前往云南彝族地区进行调查，开创了国内人类学田野调查的先河，从此，重视田野调查成为中国人类学"南派"的重要特色，杨成志先生也成为"南派"的领军人物。1935年，中山大学研究院下设立人类学部，招收人类学研究生，江应樑、梁钊韬、曾昭璇、容观琼、张寿祺等著名学者都是杨氏门下的弟子。1948年，中山大学成立人类学系，杨成志先生任主任，黄文山、卫惠林、岑家梧、梁钊韬等为专任教师。不幸的是，1949年年底，人类学系被取消，学生转入社会学系；至于老师，则有的去了台湾，有的转到历史系。院系调整时，部分老师被抽调去创办民族院校，杨成志先生调到中央民族大学，岑家梧和容观琼先生调到中南民族学院。20世纪50年代，从事人类学的老师们积极投身于中央组织的少数民族历史与社会调查活动；20世纪50年代末至20世纪60年代，在苏联民族学模式的影响下，人类学学者开展了对原始社会史的研究，梁钊韬先生还在1962年招收了3名原始社会史专业的研究生（其中2位成为中山大学人类学系复办后的骨干教师）；即使在史无前例的"文化大革命"中，这些学者仍然在各种政治标签下从事人类学专业的研究。1978年，我国恢复高考制度和研究生制度，于1979年开始招收文化人类学专业（民族考古方向）的研究生。1981年，在梁钊韬先生多方奔走下，教育部批准复办中山大学人类学系，招收民族学和考古学专业的本科生，以及文化人类学专业的研究生；同年，中山大学又获得文化人类学博士学位授予权，建立起从学士到博士的完整的人类学人才培养体系，人类学从此走上蓬勃发展的道路。

　　中山大学人类学系为国家培养了许多专业人才，从本科生到硕士研究生和博士研究生，许多学生已成为学术带头人或顶梁柱。

　　现在，中山大学人类学系已建立起更加完整的人才培养体系，专业课程门类齐全，拥有人类学、民族学、民俗学和考古学四个学科的博士及硕士学位授予权。人类学在2002年至2007年被评为国家重点学科；此外，中山大学人类学系和中山大

学社会学系共同拥有一级学科点以及博士后流动站;中山大学人类学系与中山大学历史系共建教育部文科重点研究基地——历史人类学研究中心。

课程建设与教材编写是人类学教学的重点,文化人类学是人类学的主要分支学科,一直是人类学系的专业基础课程。早期使用的教材是容观琼、龚佩华等教授编的油印教材;1990年,笔者在重庆出版社出版了《现代人类学》;后来,由梁钊韬先生和陈启新先生主编了教育部教材《文化人类学概论》,并作为课本。可是,以上两本书早已售罄,市面上也见不到了。因此,2005年,笔者又重新申请普通高等教育"十一五"国家级规划教材《文化人类学概论》,并有幸获得批准立项。批准后不久,我们在中山大学召开了参编作者会议,就本书的体例、内容等取得共识,并进行了分工;2007年11月,我们又在四川平武召开了作者定稿会议,再次就本书的内容和体例进行了统一,并做最后的修改。

编写教材并非易事,既要让学生掌握学科的基本知识点,又不能与已有著作有过多重复。目前,国内关于文化人类学的综合性著作已不下20个译本,较为流行的如威廉·A.哈维兰编写的《文化人类学》已经有了第10版,在国内也有两种版本的译本;另外,如C.P.科塔克写的《文化人类学——文化多样性的探索》等,也都有了中译本。国内学者中,如黄淑娉、龚佩华著的《文化人类学理论与方法》也再版了好几次,此外还有庄孔韶主编的《人类学通论》等,这些著作都为本书的编写奠定了良好的基础。本书的编写在吸收他人成果的同时,为了发掘自身的特色,在编写过程中力求突出以下几点:

一是唯实。人类学最讲究的方法便是田野调查。因此,本书强调每章的编写者都必须有扎实的田野工作经历,在编写的过程中将自己的田野经验与研究成果融会到写作中,力求在介绍文化人类学理论的同时,也能为读者呈现出一幅幅生动的田野场景。

二是求新。本书的作者来自不同的高校,都身处人类学教学和科研的第一线,大多数编写者都曾在国内外进行过学术交流和田野调查,因而能够在一定程度上把握人类学学科的前沿问题,并将其结合到本书的编写中去,尽量奉献给大家一些较新的人类学研究成果。

三是实用。这里有两层意思:第一,本书在编写过程中,力求语言通俗易懂,个案生动翔实,同时辅以摘要、关键词、复习思考题和阅读文献,帮助读者能更好地阅读理解;第二,在注重人类学学理性的同时,突出了人类学学科的应用性,便于读者更好地了解、学习以及应用人类学。

四是不唯全。常言道,金无足赤,人无完人。世事如此,科学研究更是如此。面面俱到,其结果是蜻蜓点水、走马观花,什么都不到位。因此,本书在编写过程中根据教学需求,突出关键词和个案,以便读者能够更好地领会人类学的核心要义。

本书各章的撰写者如下：

周大鸣：中山大学人类学系主任、教授，本书主编，负责序、第一章、第十四章和第二十章的撰写；

秦红增：《广西民族大学学报（哲学社会科学版）》执行主编，广西民族大学民族学与社会学院教授，本书副主编，负责第一章、第六章和第十四章的撰写；

索端智：青海民族学院民族学研究所教授，负责第十章和第十一章的撰写；

刘朝晖：浙江大学非物质文化遗产研究中心副教授，负责第十九章和第二十章的撰写；

刘华芹：南开大学周恩来政府学院社会学系副教授，负责第三章和第四章的撰写；

周建新：赣南师范学院客家研究所副教授，负责第五章的撰写；

王天鹏：赣南师范学院历史文化与旅游学院讲师，负责第八章的撰写；

刘志军：浙江大学社会学系讲师，负责第十二章和第十三章的撰写；

高崇：香港树仁大学社会学系高级讲师，负责第十五章的撰写；

吕俊彪：广西民族大学民族学与社会学院教授，负责第二章的撰写；

孙九霞：中山大学旅游学院副教授，负责第十八章的撰写；

程瑜：中山大学人类学系副教授，负责第十六章的撰写；

杨小柳：中山大学人类学系讲师，负责第七章、第九章和第十七章的撰写。

本书在编撰过程中，得到了中山大学教务处、出版社、社科处的大力支持，特此表示感谢；感谢中山大学人类学系的各位老师，如麻国庆、刘昭瑞、何国强、邓启耀、王建新、郑君雷、张应强、张振江等教授给予了极大的支持；感谢我的学生，李翠玲、夏少琼、王易萍、刘佳佶、石伟，他们对本书的写作提出了自己的想法；感谢办公室工作人员的支持，尤其是我的助手孙锦玉做了大量的联络工作和文字整理工作；最后要感谢中山大学出版社的杨捷编辑，我与她合作多次，她认真负责的态度使我们终于能完成本书的编写任务！

周大鸣

2008年7月18日酷夏于攸县渌田五星村

目　　录

第一编　文化研究的基础

第一章　什么是人类学 …………………………………………… (3)
　第一节　人类学的目标 ……………………………………… (3)
　第二节　人类学的理念 ……………………………………… (6)
　　一、文化相对论 ……………………………………………… (6)
　　二、文化整体观 ……………………………………………… (6)
　　三、文化比较观 ……………………………………………… (7)
　第三节　人类学的分支学科 ………………………………… (7)
　　一、体质人类学 ……………………………………………… (7)
　　二、文化人类学 ……………………………………………… (9)
　关键词/复习思考题/阅读文献 …………………………………… (14)

第二章　人类学理论研究的新进展 …………………………… (16)
　第一节　实践、权力与人类学的后结构主义 …………… (17)
　　一、社会实践理论 …………………………………………… (18)
　　二、权力理论 ………………………………………………… (20)
　　三、社会性别理论 …………………………………………… (21)
　第二节　历史、阐释与人类学的后现代主义转向 ……… (23)
　　一、多元的历史 ……………………………………………… (23)
　　二、文化的阐释与地方性知识 ……………………………… (26)
　第三节　文化批评与民族志的诗学和政治学 …………… (28)
　　一、实验民族志与作为文化批评的人类学 ………………… (28)
　　二、写文化：民族志的诗学与政治学 ……………………… (30)
　第四节　全球化语境下的人类学理论 …………………… (31)
　　一、全球化与地方性的再生产 ……………………………… (32)
　　二、人类学的全球化理论景观 ……………………………… (34)
　关键词/复习思考题/阅读文献 …………………………………… (37)

第三章 文化人类学方法 (40)

第一节 文化人类学的研究策略 (40)
一、主位与客位 (40)
二、整体与专题 (41)
三、微观与宏观 (41)
四、定性与定量 (42)

第二节 田野调查 (42)
一、田野调查及其历史 (42)
二、人类学者如何进行田野调查 (43)

第三节 调查研究 (54)

第四节 参与式社会评估 (55)
一、参与式社会评估的概念 (55)
二、参与式社会评估的目标 (55)
三、参与式社会评估的程序 (57)
四、参与式社会评估的方法——参与式农村评估 (58)

第五节 研究伦理 (58)

关键词/复习思考题/阅读文献 (60)

第二编 文化的多样性

第四章 什么是文化 (65)

第一节 文化的概念 (65)

第二节 文化的结构与要素 (67)
一、物质设备 (68)
二、经济体系 (68)
三、亲属关系、婚姻与家庭 (68)
四、社会分层 (69)
五、法律与政治制度 (69)
六、宗教、巫术与世界观 (70)

第三节 文化的特征 (71)
一、文化的共享性与习得性 (71)
二、文化的实践性与功能性 (72)
三、文化的符号性 (72)
四、文化的整合性 (73)

五、文化的普遍性与特殊性 …………………………………… (74)
　　六、文化的适应性与变迁性 …………………………………… (75)
　第四节　文化变迁 ……………………………………………………… (75)
　　一、文化变迁的概念 …………………………………………… (75)
　　二、文化变迁的机制 …………………………………………… (76)
　关键词/复习思考题/阅读文献 ……………………………………… (77)

第五章　族群、民族与种族 …………………………………………… (79)

　第一节　族群 …………………………………………………………… (81)
　　一、族群概念的系谱 …………………………………………… (81)
　　二、族群的定义 ………………………………………………… (82)
　　三、族群性 ……………………………………………………… (83)
　　四、族群认同 …………………………………………………… (84)
　　五、族群认同理论 ……………………………………………… (86)
　　六、族群认同与文化相对论 …………………………………… (90)
　第二节　民族 …………………………………………………………… (91)
　　一、民族概念的系谱 …………………………………………… (91)
　　二、民族的定义与发展 ………………………………………… (93)
　　三、民族与族群的关系及其运用 ……………………………… (94)
　　四、中国的民族识别与民族政策 ……………………………… (97)
　第三节　种族 …………………………………………………………… (98)
　　一、种族的概念 ………………………………………………… (98)
　　二、种族主义 …………………………………………………… (98)
　　三、种族（族群）冲突及其根源 ……………………………… (100)
　　四、种族与民族 ………………………………………………… (101)
　关键词/复习思考题/阅读文献 ……………………………………… (101)

第六章　生计方式 ……………………………………………………… (103)

　第一节　生计和生计方式 ……………………………………………… (103)
　　一、生计 ………………………………………………………… (103)
　　二、生计方式 …………………………………………………… (106)
　第二节　狩猎采集 ……………………………………………………… (107)
　第三节　畜牧和游牧 …………………………………………………… (110)
　第四节　粗耕和农耕 …………………………………………………… (112)
　　一、粗耕 ………………………………………………………… (114)

二、农耕 ··· (115)
　　三、耕作的连续体 ··· (118)
　第五节　分配与交换 ··· (121)
　第六节　生计转型与文化变迁 ··· (126)
　关键词/复习思考题/阅读文献 ··· (130)

第七章　家庭、亲属关系与继嗣 ······································· (132)

　第一节　家庭：社会结构中的基本三角 ······························ (132)
　　一、家庭的功能 ··· (133)
　　二、家庭的种类 ··· (134)
　　三、传统社会的中国家庭 ··· (136)
　第二节　亲属关系 ··· (143)
　　一、亲属关系的概念 ··· (143)
　　二、亲属分类的原则 ··· (144)
　　三、亲属称谓制度 ·· (145)
　　四、亲属称谓制度的应用 ··· (149)
　第三节　继嗣 ··· (149)
　　一、继嗣规则 ·· (149)
　　二、单系继嗣 ·· (150)
　　三、复系继嗣 ·· (151)
　关键词/复习思考题/阅读文献 ··· (152)

第八章　婚姻 ·· (153)

　第一节　婚姻概述 ··· (155)
　　一、婚姻的定义 ··· (155)
　　二、婚姻的功能 ··· (156)
　第二节　婚姻的分类和发展形式 ······································ (158)
　　一、婚姻的分类 ··· (158)
　　二、婚姻的发展形式 ··· (160)
　第三节　婚姻缔结的形式 ··· (162)
　　一、掠夺婚 ··· (162)
　　二、媒妁婚 ··· (164)
　　三、买卖婚 ··· (165)
　　四、劳务婚 ··· (166)
　　五、交换婚 ··· (166)

六、收继婚 ·· (166)
　　七、童婚 ·· (167)
　　八、自主婚 ·· (168)
　　九、试婚 ·· (168)
　　十、同性婚姻 ··· (169)
　　十一、网络婚姻 ··· (169)
　第四节　婚姻关系的解除：离婚 ······································ (170)
　关键词/复习思考题/阅读文献 ·· (174)

第九章　性别 ·· (176)

　第一节　生物的性别与文化的性别 ··································· (176)
　第二节　女性人类学 ·· (178)
　第三节　劳动性别分工 ·· (181)
　　一、劳动性别分工的世界性模式 ··································· (181)
　　二、等级化的劳动性别分工：女性主义的反思 ················ (184)
　　三、当代中国的劳动性别分工 ······································ (185)
　第四节　社会性别与发展 ··· (193)
　　一、经济增长中的性别问题 ··· (193)
　　二、发展项目与性别 ·· (196)
　关键词/复习思考题/阅读文献 ·· (197)

第十章　宗教 ·· (199)

　第一节　什么是宗教 ·· (199)
　第二节　宗教的起源和类型 ·· (202)
　　一、宗教的起源 ·· (202)
　　二、宗教的类型 ·· (204)
　第三节　巫术与宗教 ·· (206)
　第四节　人类学的宗教研究 ·· (208)
　　一、心理学的理论 ··· (208)
　　二、社会学的理论 ··· (209)
　　三、功能主义理论 ··· (209)
　　四、文化象征论 ·· (210)
　第五节　宗教仪式和宗教职业者 ······································ (210)
　　一、仪式及其特征 ··· (210)
　　二、宗教仪式 ··· (212)

三、仪式理论 ……………………………………………………… (214)
　　四、人神之媒——宗教职业者 …………………………………… (220)
第六节　宗教与社会 …………………………………………………… (224)
　　一、宗教的生态适应性 …………………………………………… (224)
　　二、宗教与社会控制 ……………………………………………… (226)
　　三、宗教与社会整合 ……………………………………………… (228)
关键词/复习思考题/阅读文献 …………………………………………… (228)

第十一章　艺术 ………………………………………………………… (230)
第一节　艺术及其分类 ………………………………………………… (231)
　　一、人体装饰 ……………………………………………………… (233)
　　二、口头艺术 ……………………………………………………… (235)
　　三、音乐和舞蹈艺术 ……………………………………………… (236)
　　四、绘画艺术 ……………………………………………………… (237)
第二节　人类学的艺术研究 …………………………………………… (238)
关键词/复习思考题/阅读文献 …………………………………………… (242)

第三编　文化研究的应用

第十二章　语言人类学 ………………………………………………… (245)
第一节　语言 …………………………………………………………… (246)
　　一、人类语言的产生 ……………………………………………… (246)
　　二、人类语言的特点 ……………………………………………… (247)
第二节　语言人类学概述 ……………………………………………… (248)
　　一、何谓语言人类学 ……………………………………………… (248)
　　二、语言人类学的研究内容 ……………………………………… (249)
　　三、语言人类学的发展历程 ……………………………………… (249)
第三节　语言与文化 …………………………………………………… (251)
　　一、语言与文化的关系 …………………………………………… (251)
　　二、语言对文化的影响 …………………………………………… (252)
　　三、文化对语言的影响 …………………………………………… (253)
第四节　语言与思维 …………………………………………………… (256)
　　一、语言与思维的关系 …………………………………………… (256)
　　二、萨丕尔-沃尔夫假说 …………………………………………… (257)
第五节　语言与民族 …………………………………………………… (258)

一、语言与民族的关系 ·· (258)
　　二、语言与族属 ·· (259)
　　三、语言民族学 ·· (260)
　第六节　语言人类学方法 ·· (261)
　　一、话语分析 ·· (261)
　　二、交际民族志 ·· (264)
　第七节　中国的语言人类学研究 ································ (268)
　关键词/复习思考题/阅读文献 ···································· (270)

第十三章　政治人类学 ·· (272)

　第一节　政治 ··· (272)
　第二节　社会政治的发展 ··· (273)
　　一、社会进化论及其局限 ······································ (274)
　　二、结构功能主义 ·· (274)
　　三、新结构论 ·· (275)
　　四、过程论与行为论 ·· (276)
　　五、政治象征论及其他 ······································· (277)
　　六、世界体系理论 ·· (278)
　　七、现代社会政治反思 ······································· (278)
　第三节　队群与部落 ·· (279)
　第四节　酋邦——前国家的复杂社会 ·························· (280)
　　一、何谓酋邦 ·· (281)
　　二、酋邦与队群及部落的比较 ······························· (282)
　　三、酋邦与国家的区别 ······································· (282)
　　四、酋邦的考古学特点 ······································· (283)
　　五、酋邦的轮回 ·· (284)
　　六、酋邦理论与中国古代社会 ······························· (285)
　第五节　早期国家的起源 ·· (286)
　　一、社会进化论的解释 ······································· (286)
　　二、社会变量说 ·· (287)
　　三、新进化论的阐释 ·· (288)
　　四、中国学者的观点 ·· (291)
　　五、国家起源探讨的新趋势 ·································· (292)
　第六节　政治人类学的缘起、发展和研究对象 ············· (292)
　　一、何谓政治人类学 ·· (292)

7

二、政治人类学的缘起 …… (292)
　　三、政治人类学的发展 …… (293)
　　四、政治人类学的研究对象 …… (294)
　第七节　政治人类学方法 …… (295)
　关键词/复习思考题/阅读文献 …… (298)

第十四章　都市人类学 …… (300)

　第一节　城市的本质 …… (300)
　　一、城市的特征 …… (300)
　　二、都市性 …… (301)
　　三、都市化 …… (301)
　第二节　都市人类学的研究领域 …… (302)
　　一、城市的起源与发展研究 …… (302)
　　二、城市的文化职能研究 …… (303)
　　三、城市的基本组织研究 …… (305)
　　四、都市族群及族群关系研究 …… (306)
　　五、城市移民与适应研究 …… (307)
　　六、都市次文化研究 …… (308)
　　七、都市问题研究 …… (308)
　　八、都市文化多元化 …… (309)
　　九、都市未来 …… (309)
　第三节　中国都市人类学的研究举例 …… (310)
　　一、中国的乡村都市化 …… (310)
　　二、农民工研究 …… (312)
　关键词/复习思考题/阅读文献 …… (314)

第十五章　经济人类学：探索人类整体的经济现象 …… (316)

　第一节　超越形式主义和实质主义：透视经济现象 …… (318)
　第二节　经济系统：生产、分配和消费 …… (321)
　　一、生产 …… (321)
　　二、分配 …… (323)
　　三、消费 …… (328)
　第三节　经济人类学的新发展 …… (329)
　关键词/复习思考题/阅读文献 …… (331)

第十六章　医学人类学 (332)

第一节　什么是医学人类学 (332)
一、医学人类学沿革 (332)
二、医学人类学源流 (333)

第二节　医学人类学的应用和批评 (338)
一、医学人类学的应用 (338)
二、批判医学人类学 (342)

关键词/复习思考题/阅读文献 (344)

第十七章　发展人类学 (346)

第一节　发展人类学的产生 (346)
第二节　本土文化与发展人类学 (349)
第三节　参与式发展：发展人类学的新主题 (352)
第四节　发展人类学与中国实践 (355)
一、中国人类学的应用传统 (356)
二、发展人类学实践在中国的现状 (357)
三、实践与反思 (358)

关键词/复习思考题/阅读文献 (363)

第十八章　旅游人类学 (365)

第一节　旅游人类学发展 (365)
一、人类学与旅游 (365)
二、研究视角、理论及应用 (367)

第二节　旅游人类学的新主题 (372)
一、旅游与乡村都市化 (373)
二、旅游与民族文化传承 (375)
三、旅游与社区发展 (376)

第三节　旅游人类学实践：中国案例 (378)
一、西递案例：相对合理的利益分配机制 (379)
二、雨崩案例：自我实现的可持续旅游 (382)

关键词/复习思考题/阅读文献 (385)

第四编　变化与变迁

第十九章　变迁中的世界 (389)

第一节　走进他者的世界 (389)
一、地理大发现 (390)
二、工业革命 (393)
三、现代世界体系与西方社会的崛起 (399)
四、殖民主义与世界体系边陲的"低度发展" (402)
五、第三世界的形成 (406)

第二节　文化变迁 (409)
一、变迁的机制 (410)
二、涵化 (420)
三、文化复振 (422)
四、后殖民主义 (426)
五、全球化的文化动力 (426)
六、现代化 (432)

第三节　网络社会的崛起 (433)
一、互联网的建立 (433)
二、虚拟社区 (434)
三、网络博客 (435)
四、网络社会的认同 (436)
五、反全球化运动 (439)

关键词/复习思考题/阅读文献 (441)

第二十章　中国文化人类学发展史 (443)

第一节　中国文化人类学的发展历程 (443)
一、20世纪初至20世纪50年代末：人类学的中国启蒙、实践和学术转型 (443)
二、20世纪60年代至20世纪70年代末：作为知识的人类学的蛰伏和低度发展 (448)
三、20世纪80年代初至21世纪初：作为学科的人类学的重建与兴盛 (450)

第二节　走向21世纪的中国人类学 (453)

关键词/复习思考题/阅读文献 (458)

文化研究的基础

第一编

人类学是一门基础学科，它通过研究我们身边最平常的事物（如家庭、亲属）和我们日常的生活方式（如衣、食、住、行）等，来了解我们所居住的这个世界；人类学也常常挑战常识，通过研究全球不同的文化，揭示我们是生活在一个色彩斑斓的多样化世界中；人类学也不断超越自我，通过不断扩展研究的领域以探索日益变迁的世界。

文化人类学是人类学的一个分支学科，因此我们必须了解人类学是什么，人类学在科学中的地位，文化人类学在人类学中的位置，文化人类学研究的目标、理念和特色，等等。第一章"什么是人类学"就是回答这些问题。

文化人类学研究的主要对象是文化，围绕着文化的变迁、文化的结构与功能、文化的发展，以及文化的多样性，产生了形形色色的理论流派。在第二章"人类学理论研究的新进展"中，我们将介绍近20年来文化人类学理论的新的进展，而那些"老"的理论，因为在很多书中已有介绍，我们不想重复。当然，"新"的理论与"老"的理论并非是脱节的，有的是在"老"的理论上发展起来的，有的是通过批评"老"的理论而建立的。

文化人类学在发展的历程中，为了收集资料、分析资料和解释结果，产生了一系列的方法和方法论。文化人类学方法论的核心词是：比较观、相对观、整体观；文化人类学最有特色的方法就是"田野调查"，人类学家通过长时间的、深入的观察，用民族志的方式描述出来。进入复杂社会的研究后，人类学研究又增加了"团队研究"和"专题研究"，以弥补个人田野调查的不足。随着人类学的应用性加强，人类学与其他学科方法相结合，发展出乡村快速评估（PRA）、社会影响分析（SIA）等一系列调查研究工具。第二章"文化人类学方法"将介绍这些内容。

第一章　什么是人类学

摘要

作为本书的开篇，本章主要从人类学的目标、理念及分支学科三个方面，探讨人类学的基本内涵及研究范围。由于本书设有专门讨论文化的概念及研究方法篇章，故这里只是做以概貌，使学习者对人类学有初步的了解。

人类学是研究人的学问，是研究人的起源与发展，包括人的体质与文化变迁的学问。其研究特色主要体现在如下几个方面：第一是研究目标，人类学自产生起就以人为终极目标，试图全方位地、整体地研究人与自然、人与他人、人与自我这三大关系，并在此基础上构成人类学的基本理念和基本概念；第二是研究对象，人类学研究的是小规模的社区，且时间相对较长，注重个人行为和群体行为的关系；第三是研究理念，人类学强调对人的关怀，强调文化的相对观、整体观和比较观，以求对人的全面了解；第四是表现手段，人类学强调用民族志的方法全面、系统、通俗地描述所研究的文化。本章将介绍人类学的目标、人类学的理念和人类学的分支学科。

第一节　人类学的目标

人类学（Anthropology）是从生物和文化的角度对人类进行全面研究的学科群，是研究人的起源与发展，包括人的体质与文化变迁的学问。

人类学研究的目标或任务与人类学的核心概念密切相关。自人类学创始以来，"文化"（Culture）一直都是这门学科的核心概念之一。泰勒是第一个在科学意义上对文化下定义的人，他在他所著的《原始文化》一书中指出："文化或文明，就其广泛的民族学意义来讲，是一个复合的整体，包括知识、信仰、艺术、道德、法律、习俗以及作为一个社会成员的人所习得的其他一切能力和习惯。"[1] 虽然后来的研究者对这一定义的褒贬不一，但却不能忽视它的经典性，几乎所有研究文化的

---

[1] Tylor Edward B. *Primitive Culture*, Harper & Row, 1958（1871）, p. 1.

学者都要引用这一定义。20世纪50年代,美国人类学家克鲁伯(A. L. Kroeber)和克拉克洪(Clyde Kluckhohn)对文化的概念进行了专门探讨,著有《文化:关于概念和定义的探讨》①,梳理了从泰勒提出文化定义的1871年到1951年的80年间有关文化的定义的各种文献,共收集到文化的定义164个。

在当代文化人类学中,文化的概念大致可以分为从行为角度所下的定义和从认知角度所下的定义。

罗斯曼(Abrahamv Rosman)认为,文化是指人类的生活方式,而这种生活方式的研究又要以整体、整合的总的生活方式为研究重点,它包括对人类行为、人类制造的物件以及人类观念的研究。在总体上,文化是会随着时间的推移发生演变的,同时,文化在发展过程中又存在着前后阶段上的连续性。霍华德(Michael C. Howard)认为,文化本身是一种习俗性的态度,按照这种态度,人类群体学习如何协调其行为、思想及其生存环境之间的关系。因而,文化包含着行为、感性与物质三个方面。行为的要素指人们如何行动,尤其是那些与人们之间相互作用有关的行动。感性包括人们的世界观,以及人类通过学习而获得的一切行为方式与准则。物质则是指人类所生产的物质产品。格尔兹对文化所下的定义则采取阐释人类学的观点,因此他将文化界定为:"是指从历史沿袭下来、体现于象征符号意义中的意义模式,是由象征符号表达的传承概念体系,人们以此达到沟通、延续和发展他对生活的知识和态度。"②

从认知的角度来界定文化,它认为文化是由抽象的,为某一社会的全体成员所共享的价值观、信仰,以及在人类行为背后的对世界的感知所组成。文化以语言为中介通过学习而得,学习的作用大于生物的遗传,其各个部分在功能构成上将组成有机的整体。从某种意义上讲,文化人类学家有点像儿童,他们是通过自己的亲身体验来研究一种文化的。虽然人类学家不可能像生于斯、长于斯的儿童一样,从事长期的、不间断的文化观察,但他们可以采用系统的方法,通过悉心观察以及与熟悉其所研究文化的资料提供者进行讨论,从而找出一系列根本性的人类行为法则,并用来解释人类在特定社会中的行为与思想方式。

人们用文化来解释关系到他们切身利益的问题。首先,为了生存,一种文化必须满足在其文化法则下生活着的人们的基本需求,为一个社会的成员提供有序的生活方式;其次,为达到这一目的,一种文化一定要寻找到个人利益与整个社会需要之间的平衡;最后,文化必须具有应变能力,以便能适应新的环境,或利用自己的技术来改变环境。

---

① A. L. Kroeber and Clyde Kluckhohn:Culture:A Critical Review of Definitions,in papers of the *Peabody Museum of American Archaeology and Ethnology*,Vol. 47,1952.

② Clifford Geertz:*The Interpretation of Culture*,Selected Essays,Basic Backs,1973,p. 89.

我们综合文化的概念，大概可以归纳为如表1-1所示：

表1-1 一般的文化概念

物质文化	
技术系统 文化适应的结果	1. 工具：①调节温度（居所、衣服）；②供应食物（采集、渔猎）；③交通（物体的运输）；④通讯（消息的传递） 2. 技术：①运用能量的技术；②获食技术 3. 医疗技术 4. 器具的制作技术（编织、冶金、制陶）
制度文化	
社会系统：政治制度 　　　　　社会制度 　　　　　亲属制度 文化适应的机制	1. 人的类别：社会、亲属、性别、年龄、职业等角色 2. 群体的类别：居住群体、亲属群体、等级群体 3. 社会组织
心理文化	
观念系统 文化适应的策略	1. 信念系统：宇宙观、权威观、财产观、文化内涵 2. 价值系统：估价、道德、审美、文化精神 3. 宗教系统

表1-1中，我们把文化分为三个层次。第一个层次即人们常说的物质文化，这实质上是人类为了处理与自然的关系而发明的一系列技术系统。为了适应自然，所有的人群都产生了一套有效的技术系统，只是复杂的程度不同而已。第二个层次即制度文化，是为了处理人与他者的关系而产生的。我们所有的人都生活在群体之中，每个人都在不同的群体中扮演着不同的角色，而制度就是用来规范每个人和组织的行为。当然，社会复杂化程度不同，制度的复杂化程度也不一样，当代法律体系就是制度复杂化的一例。第三个层次是心理文化，即观念文化，这是人调节心理，处理人与自我、权威与价值等精神方面的问题。这三个系统体现了文化人类学研究的三大任务。文化人类学研究三大关系：人与环境、人与社会、人与自我这三大关系。人与环境的互动造就了物质文化，人与社会的互动生成了制度文化，而人与自我和心理的互动形成了心理文化。从文化适应的角度来看，心理文化是文化适应的策略，制度文化是文化适应的机制，物质文化是文化适应的结果。当然，这三个系统并不是割裂开来的，而是高度整合在一起的。

第二节 人类学的理念

一、文化相对论

文化相对论（Cultural Relativism）是直接涉及文化价值判断的方法和理论，是人类学的核心。它认为任何一种文化都有自己的特征和个性。在过去、现在和将来，任何文化在价值上都是平等的。我们不能用普遍、共同、绝对的标准去衡量一种文化的价值。人类学家用文化相对观来反对种族主义、欧洲中心主义和民族中心主义（Ethnocentrism）。民族中心主义是指人们以自己的喜好和习惯来理解其他的文化，以自己的文化价值观念来理解和判断其他的文化价值观念和文化传统。除了科学研究的目的，人类学家还致力于研究不同文化之间的相互理解，因此，文化相对论的观点就认为文化或者文化事项都是相对而言的，文化相对论由两个连锁的意义组成：一是"文化或文化的形象是取决于保持该文化的社会群体或民族的独特表现"；二是"由此而产生的是否放诸四海而皆准的价值标准"。需要指出的是，"文化相对主义的理念，并不意味着放弃批评而赞成或接受某一特殊人群的所思所为，而是意味着将文化行为放入具体的历史、环境和社会中加以评估"[①]。只有在具体的、历史的环境中成立的文化或者文化事项，而没有脱离了具体的、历史的环境而存在的永恒不变的文化或者文化事项，文化的相对论是有条件的相对论，不是无条件的相对论。

二、文化整体观

这是人类学不同于社会学的又一个特征，社会学家主要集中在社会和社会制度上，而人类学家则是把人类的体质和行为（包括体质、社会、文化，甚至心理）的所有方面联系起来加以研究。这种研究通常称之为"整体论"（Holism），并成为人类学的一个基本点。人类学的整体观强调人类社会的不同部分是相互整合的，对人类学家来说，一个特定文化的研究不仅包括对政治、艺术、宗教、亲属关系、经济的逐项研究，而且要把特定文化的各个方面与更大的生物环境和社会环境相互整合形成系统来研究，例如，我们只有对某种习俗生存的广泛背景有所了解，才能真正认识这种习俗的意义。

---

① 庄孔韶：《人类学通论》，山西教育出版社 2003 年版，第 15 页。

三、文化比较观

正如前面提到的，人类学与社会学在19世纪的主要区别是，社会学集中研究西方社会，而人类学则有比较的传统，对整个世界的文化和民族进行比较。比较研究有三种形式：一是共时性比较，即对同一时代广大区域内的（包括许多的民族和文化）资料进行跨文化的人类学比较；二是历时性比较，对同一区域内不同时代的资料进行比较，以揭示变迁的模式（可以是生物的、社会的或文化的进化模式）；三是跨文化比较研究，通过对所有收集到的、不同文化的样本进行比较研究，从而得出跨文化比较的结论。跨文化比较的基本前提是，把全世界各种不同的文化作为样本，对这些资料展开比较，以便验证对人类行为的假设。

文化比较观的重要性在于，它不但使研究者免去单一狭窄范围的限制，而且可以使研究者发现更多、更广的人类行为的可能。更为重要的是，这种比较研究可以提供一种类似实验的研究方法。人类学家通过文化比较研究，既认识到文化的差异性、普遍性和复杂性；也清楚地认识到各种文化是怎样变迁、怎样适应变迁的，使我们能够预测文化变迁的方向；同时也可以端正我们的文化观，排除民族中心主义的观念或去除文化自卑感，使各种文化能够更好地交流。

第三节 人类学的分支学科

在一般的意义上，生物性和文化性是人作为一种本质存在的最为基本的两种属性。人类学的研究，也主要是围绕这两个基本属性的研究而展开，并由此衍生出以人的生物属性为主要研究对象的体质人类学（Physical Anthropology），以及以人的文化属性为主要研究对象的文化人类学（Cultural Anthropology）。而在文化人类学的学科内部，又以其研究对象的不同，分为考古学（Archaeology）、语言人类学（Linguistic Anthropology）和民族学（Ethnology）三个主要的分支学科。参见图1-1。

一、体质人类学

体质人类学，又称生物人类学（Biological Anthropology），主要研究作为生物有机物的人类的形态与行为，探讨人类生存和发展的生物性基础。威廉·A. 哈维兰认为，体质人类学家的工作，就是试图通过对化石的分析和对现在的灵长目动物的观察，重建人类的祖先，"以便理解我们怎样、什么时候，以及为什么成为我们今天这样的那种动物"①。

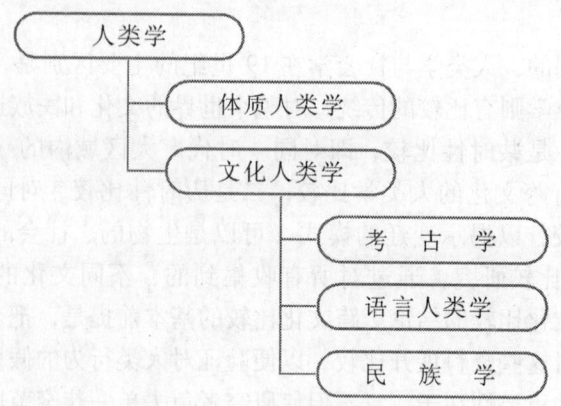

图1-1 人类学的学科分支

1501年,德国学者曼格纳斯·洪德（Magnus Hundlt）在《人是万物之灵》一书中首次使用了"人类学"这个学科名称,并将其作为"人体解剖和人的生理研究"的科学。实际上,就其研究内容而言,洪德所指的"人类学",与如今的体质人类学大体相同。1699年,英国医师爱德华·泰森（Edward Tyson）将解剖学知识引入到体质人类学的研究当中,他比较了人类、猴子和其他动物的解剖结构,认为黑猩猩是人与猴之间的一种过渡类型生物。1830年,库尔·奥巴（Kul Oba）在西亚塞西亚进行了考古发掘工作,在一定程度上推动了体质人类学的发展。② 1863年,托马斯·赫胥黎（Thomas Henry Huxley）在《人在自然界的位置》一书中,运用达尔文（C. R. Darwin）的进化论学说进一步解释了人类的起源问题。而同时代的德国学者艾伦斯特·赫克尔（Ernst Haeckel）则编写了一本灵长类解剖百科全书,描绘了灵长类的进化树,极大地丰富了体质人类学的研究成果。1858年,法国外科医师保罗·布罗卡（Paul Broca）创建了一个人类学实验室,并使之成为训练体质人类学研究者的场所。③ 1897年,美国华盛顿人类学学会成立,标志着人类学学科地位的最初确立,而体质人类学也随之成为人类学的一个重要分支学科。

对体质人类学研究有着较大影响的基础理论,主要包括施莱登（M. J. Schleiden）和施旺（M. J. Schwann）的细胞学说、达尔文的生物进化论、孟德尔（G. Mendel）的遗传与变异理论、弗洛伊德（S. Freud）的精神分析理论、华生（J. B. Watson）的行为主义理论、马斯洛（A. Maslow）和罗杰斯（C. Rogers）

---

① （美）威廉·A. 哈维兰：《文化人类学》,瞿铁鹏、张钰译,上海社会科学出版社2006年版,第9页。
② 张实：《体质人类学》,云南大学出版社2003年版,第2页。
③ 陈华：《体质人类学讲义》,http://www.slu.net.cn/nphy1.htm,2008-06-26。

的人本主义理论，以及人类学的整体观和文化相对观等。①

在研究方法上，传统的体质人类学者较多地采用形态观察法、人体测量方法、统计学方法、年代测定法、生理学方法对不同人类群体的体质进行研究。② 近20年来，一些体质人类学者开始采用分子生物学的方法，深入到生物的基因层面，对生物的进化和人类的起源进行了精确细致的研究，取得了突破性的进展，并促进了体质人类学的一个重要学科分支——分子人类学的形成和发展。③

二、文化人类学

文化人类学是人类学最为重要的分支学科之一，是一门以人类文化作为主要研究对象的学科。文化人类学的定义，有狭义的文化人类学和广义的文化人类学之分。狭义的文化人类学的传统定位，一般是指对异文化的共时性研究，这些研究立基于实在的田野工作，通过对特定人类群体的文化现象的研究，探寻人类文化的意义。狭义的文化人类学，在美国通常被称为"文化人类学"，而在欧洲大陆的一些国家，如德国等，则被称为"民族学"。在英国，狭义的文化人类学，又被称为"社会人类学"。广义的文化人类学，被认为是一门运用考古学、语言学和民族学的方法，对不同时代、不同地区、不同族群的文化进行描述、分析和研究，从而探讨人类文化的本质和意义的学科，包括考古学、语言学和民族学（文化人类学）三个分支学科。

（一）考古学

考古学是文化人类学的学科分支。在古希腊时期，"考古学"一词被用来泛指古代史的研究（公元前4世纪，柏拉图使用此词即属此种含义）。17世纪，考古学被重新使用时，主要是指对含有美术价值的古物和古迹的研究。而19世纪以后，考古学开始泛指对古物、古迹等物质文化的研究。一般认为，考古学萌芽于18世纪末19世纪初，形成于19世纪中叶，并在第一次世界大战以后取得了快速发展。④ 20世纪60年代以来，一个对"现存社会"（a living society）进行考古研究的学科分支应运而生。这个被称为"民族考古学"（Ethno-Archaeology）的学科分支，综合运用考古学的方法、技术以及民族志的研究方法，对前工业社会的物质遗

---

① 张实：《体质人类学》，云南大学出版社2003年版，第13~24页。
② 张实：《体质人类学》，云南大学出版社2003年版，第24~29页。
③ 徐杰舜、金力：《把基因分析引进人类学——人类学学者访谈录之三十九》，载《广西民族学院学报（哲学社会科学版）》，2006年第3期。
④ 中国大百科全书总编辑委员会《考古学》编辑委员会：《中国大百科全书·考古学》，中国大百科全书出版社1986年版，"考古学"词条。

存进行整体性研究,以理解这些社会的文化和行为方式。20世纪70年代以后,在美国、英国等西方发达国家,又先后出现"行为考古学"、"后过程考古学"、"族群考古学"等学术流派,进一步拓展了考古学的研究视野。① 从某种意义上讲,在现当代,考古学已成为一门技术与文化考察高度结合的综合性学科。②

考古学通常具有三种含义:一是指考古研究所得的历史知识,有时还可引申为记述这种知识的书籍;二是指借以获得这种知识的考古方法和技术,包括资料的收集和保存,以及资料的审定、编排、整理和考证等方法和技术;三是指理论性的研究和解释,包括阐明包含在各种考古资料中的因果关系,并论证其存在于古代社会历史发展过程中的规律等。国内一些学者据此认为,考古学是"根据古代人类通过各种活动遗留下来的实物资料,以研究人类古代社会历史的一门科学"③。

考古学的研究,主要是通过发掘、研究古代人类的物质遗存,来重构历史上不同文化群体的社会生活,探讨人类文化的形成和演变过程。从某种意义上讲,考古学的研究对象是人类社会的过去(study of the past),而考古学者的研究,则是试图通过跨越时空来考察人类文化的连续性,以更好地理解人类本身。④ 考古学的研究目标,通常被认为有三个方面:一是重建文化历史;二是重建文化形态;三是探讨历史发展的一般规律和特殊规律。有学者认为,此三个方面还可以看成是三个先后继起的阶段,"每一个阶段的考古学者都肩负着特定的责任,带有特定时代的目的性,有自己感兴趣的研究领域和各具特色的研究方法"⑤。

(二)语言人类学

语言人类学,也称"人类语言学"(Anthropological Linguistics),是人类学和语言学的交叉学科。⑥ 一般认为,语言人类学是以人类学的视角研究人类语言问题的文化人类学分支学科,主张把人类的语言作为社会文化的一个重要组成部分进行研究,着重考察语言的起源、形成、发展及演变规律。语言人类学的研究,旨在通过研究语言或借助语言学的成果,来达到深化认识人类文化的目的。⑦ 在语言人类学者的眼中,族群语言与族群的社会结构、思维模式、宗教信仰等社会生活内容密切相关,因而把语言看做是一种社会像符和文化资源,认为语言反映了群体和个人

---

① Stephen Shennan:"Introduction", in Stephen Shennan(ed.), *Archaeological Approaches to Cultural Identity*, Unwin Hyman, 1991;庄孔韶主编:《人类学概论》,中国人民大学出版社2006年版,第14~15页。
② 郭立新:《考古人类学》,广西民族出版社1998年版,第11~14页。
③ 孙英民:《中国考古学通论》,河南大学出版社1990年版,第1~2页。
④ 庄孔韶:《人类学概论》,中国人民大学出版社2006年版,第14页。
⑤ 郭立新:《考古人类学》,广西民族出版社1998年版,第11~14页。
⑥ 纳日碧力戈:《关于语言人类学》,载《民族语文》,2002年第5期。
⑦ 宋蜀华:《民族学理论与方法》,中央民族大学出版社1998年版,第293~294页。

的分类方式、思维特征和价值观，同时也反映了他们的行为方式和生活方式。尤为重要的是，语言人类学所研究的语言是社会构造的一部分，体现了人类的能动作用。①

语言人类学的学科渊源，大致可以追溯至西方的"民族语言即民族精神"的思想。早在 18 世纪末，德国学者赫尔德（Johann Gottfried von Herder）就曾指出，在语言与民族之间存在着同一关系。他认为，一种民族的语言就是本民族的精神，而民族的精神就是他的语言。② 语言学家洪堡特（Wilhelm von Humboldt）进而认为，语言是全部灵魂的总和，因为语言是按照精神的规律发展的。③ 为了回答语言对于人类学、民族学和史前史能否有所阐述，索绪尔（Ferdinand de Saussure）从语言与种族、民族统一体、语言古生物学、语言的类型和社会集团的心理素质等方面进行了论证，确立了从语言的角度来探索人类历史上文化现象的研究范式，从而为语言与民族、语言与文化相互关系的研究奠定了基础。④ 20 世纪初期，索绪尔的追随者梅耶（Antoine Meillet）和房德里耶斯（Joseph Vendryes）对于语言与民族以及文化之间关系的研究，也有诸多贡献。⑤

把语言人类学列为人类学的四个分支之一，据认为是北美学术体系的产物。它是美国著名人类学家弗朗兹·博厄斯（Franz Boas）为研究北美原住民的文化史而做的设计。博厄斯在研究印第安人时发现，每一种语言都有它自己的一套语音、形态的意义和结构、词汇的特点，因此，描写一种语言只能根据它自己的结构而不应该按照诸如希腊语、拉丁语的结构来进行。他的这一主张被称为"描写语言学"或"结构主义"理论，这种（理论）方法对于研究无文字民族的语言尤其有效，对研究那些鲜为人知的语言也很有用。此外，博厄斯把社会生活划分为有意识和无意识两大类的做法对语言学也有着重要影响，并且在一定程度上促使了结构语言学派的形成。⑥ 与此同时，晚年的布罗尼斯拉夫·马林诺夫斯基（Bronislaw Malinowski）也加强了人类学与语言学的结合研究，强调语言研究对于了解和揭示人类文化研究的重要意义。

语言人类学综合运用文化人类学和语言学的理论与方法，研究语言结构与社会文化结构之间的内在联系。语言人类学者把语言作为一种社会实践来研究。弗朗兹·博厄斯（Franz Boas）、爱德华·萨丕尔（Edward Sapir）、本杰明·沃尔夫

---

① 纳日碧力戈：《语言人类学阐释》，载《中央民族大学学报（哲学社会科学版）》，2003 年第 4 期。
② （德）J. G. 赫尔德：《论语言的起源》，姚小平译，商务印书馆 1997 年版。
③ （德）洪堡特：《论人类语言结构的差异及其对人类精神发展的影响》，姚小平译，商务印书馆 2002 年版。
④ （瑞士）索绪尔：《普通语言学教程》，高明凯译，商务印书馆 2001 年版。
⑤ 谭志满：《语言人类学及其在中国的发展》，载《广西民族研究》，2006 年第 3 期。
⑥ 宋蜀华：《民族学理论与方法》，中央民族大学出版社 1998 年版，第 37 页。

(Benjamin Whorf)、布罗尼斯拉夫·马林诺夫斯基（Bronislaw Malinowski）、列维-斯特劳斯（C. Claude Levi-Strauss）及其他现代人类学的奠基人，在其研究中都高度重视语言对于社会的解释和表现作用。① 不过，要在语言结构和社会文化结构之间建立某种稳定的对应关系似乎并不是一件容易的事。为了在语言结构与文化结构之间寻找一种对应关系，沃尔夫曾提出了著名的"萨丕尔-沃尔夫假说"。这个假说试图说明，一个人的思维完全由母语决定，因为一个人只能根据其母语中编码设定的范畴和区别定义来认识世界。这个带有浓重的语言决定论色彩的论断，因与社会现实的严重背离招来了人类学者和语言学者的质疑。② 1945 年，列维-斯特劳斯在《语言学和人类学中的结构分析》一文中，提出了把音位学中的结构分析法运用到人类学研究中去的观点，他试图借用雅各布逊（Roman Jacobson）、特鲁别茨科依（N. S. Troubetzkoy）和乔姆斯基（Noam Chomsky）等人的结构语言学方法，来解决人类行为的无意识结构问题。列氏的这些观点和研究方法，不仅成为全部结构人类学的基础，同时也使人们重拾语言与文化研究的信心。③ 事实上，语言、民族、文化之间的关系问题，至今仍然是人类学、语言学研究的热点问题。

（三）民族学

民族学，亦称"文化人类学"、"社会人类学"、"社会文化人类学"等。

"民族学"作为一个名词，起源于古希腊文，由"γos"（ethnos，族体、民族）和"λγos"（logos，科学）两个字组成，是一门研究民族共同体的学问。英文的"Ethnology"、法文的"Ethnologie"、德文的"Volkerkunde"、俄文的"Этнография"，都是民族学的意思。④ 1901 年，美国人类学者霍尔姆斯（W. H. Holmes）在《美国国立博物馆的报告》中，首次提出了"Cultural Anthropology"（文化人类学）这一学术概念，旨在强调与从生物特性角度研究人的体质人类学之间的区别。1908 年，英国人类学家弗雷泽（James George Frazer）在为利物浦大学开设荣誉讲座时创用"Social Anthropology"（社会人类学）这一学科名称，主张社会人类学应致力于社会结构的研究，以区别于专注人类体质研究的体质人类学。林耀华认为，英国的"社会人类学"（Social Anthropology）、美国的"文化人类学"（Cultural Anthropology）和当前合称的"社会文化人类学"（Socio-cultural Anthropology），在研究对象和范围上都与民族学相近。⑤

---

① 纳日碧力戈：《语言人类学阐释》，载《中央民族大学学报（哲学社会科学版）》，2003 年第 4 期。
② （美）威廉·A. 哈维兰：《文化人类学》，瞿铁鹏、张钰译，上海社会科学出版社 2006 年版，第 114～116 页。
③ 黄淑娉、龚佩华：《文化人类学理论方法研究》，广东高等教育出版社 2004 年版，第 247～252 页。
④ 林耀华：《民族学通论》，中央民族大学出版社 1997 年版，第 1 页。
⑤ 林耀华：《民族学通论》，中央民族大学出版社 1997 年版，第 1 页。

一般而言，民族学更多地关注人类文化现象，侧重于"描述、分析、解释人们的思想与行为方式，社会和文化的异同，包括人们在风俗习惯、婚姻家庭、亲属制度、宗教信仰、政治经济制度、原始艺术等方面存在的共性和差异"①，通过分析这些异同产生和形成的原因以及其对于当地人的现实意义，揭示人类文化的本质，从而不断完善人类的知识体系。

民族学专门研究"现在的人类文化"。此一研究取向与主要研究"过去的人类文化"的考古学有着明显的不同，同时也有别于以语言符号作为主要研究对象的语言人类学。自马林诺夫斯基以来，从事民族学研究的学者，往往需要运用参与观察的方法，通过长期的、深入的田野调查工作，了解研究对象深层的观念系统和现实的社会行为方式，探寻异文化的"地方性知识"的价值。从某种意义上讲，田野调查是民族学研究的"立学之根、镇学之宝"，因为只有通过全面而细致的田野调查，研究者才能深切体验研究对象社会生活各个方面的相互关系，也才有可能深入了解其所研究的文化事项对于当地人的实在意义。在一些严谨的人类学者、民族学者看来，没有经过田野调查、没有翔实的田野调查资料为基础的研究，算不上是严格意义上的民族学研究。

近几十年来，一些欧美国家的学者，倾向于使用"Socio-cultural Anthropology"（社会文化人类学）②，以减少彼此之间在学术术语使用上的某些分歧。不过，"社会"与"文化"的重合，对于人类学研究的影响，似乎并不仅限于词语使用上的便利。事实上，"社会人类学"与"文化人类学"的"重组"，对于人类学学科发展所产生的积极意义，远远超过其始作俑者的最初设想。20世纪下半叶以来，"社会文化人类学"的出现，便"以巨大的包容性和开放扩展性，构成人类学研究最主要和最活跃的领地"，并形成了庞大而壮观的研究阵容。③ 这个庞大而壮观的研究阵容，根据其研究对象、理论方法和研究技术可以分成众多"原子式"的学科门类。根据具体的研究对象，社会文化人类学大致可以分为理论人类学（Theoretical Anthropology）、语言人类学（Linguistic Anthropology）、人性人类学（Humanistic Anthropology）、心理人类学（Psychological Anthropology）、行为人类学（Behavioral Anthropology）、宗教人类学（Religious Anthropology）、生态人类学（Ecological Anthropology）、经济人类学（Economic Anthropology）、政治人类学（Political Anthropology）、法律人类学（Law Anthropology）、教育人类学（Educational Anthropology）、应用人类学（Applied Anthropology）、发展人类学（Development Anthropology）、都市人类学（Urban Anthropology）、医疗人类学（Medical Anthropology）等；

---

① 庄孔韶：《人类学概论》，中国人民大学出版社2006年版，第18页。
② 林坚：《文化概念演变及文化学研究历程》，载《文化学刊》，2007年第4期。
③ 陈庆德：《经济人类学》，人民出版社2001年版，第8页。

根据研究的理论、方法和观点，社会文化人类学可以分为进化论人类学（Evolutionism Anthropology）、传播论人类学（Diffusionism Anthropology）、功能主义人类学（Functionalism Anthropology）、批判或历史学派人类学（Critical or Historical School Anthropology）、结构人类学（Structural Anthropology）、认知人类学（Cognitive Anthropology）、符号人类学（Semiotics Anthropology）、象征人类学（Symbolic Anthropology）、阐释人类学（Interpretive Anthropology）、现象人类学（Phenomenalistic Anthropology）、激进主义人类学（Radical Anthropology）、形式主义人类学（Formalism Anthropology）、实体主义人类学（Substantialism Anthropology）等；根据研究的技术手段，社会文化人类学可以分为影视人类学（Visual Anthropology）、计算机人类学（Computer Anthropology）等。①

关键词

人类学　文化　文化相对论　文化整体观　文化比较观　文化人类学　体质人类学　考古学　语言人类学　民族学

复习思考题

[1] 什么是人类学？它包括哪些分支学科？
[2] "文化"的含义是什么？文化有哪些分层？
[3] 人类学的基本理念有哪些？
[4] 如何理解文化的相对观和整体观？
[5] 体质人类学的研究对象是什么？其研究方法有哪些？
[6] 考古学的研究目标有哪些？
[7] 民族学（文化人类学）的研究对象主要有哪些？
[8] 何为"萨丕尔－沃尔夫假说"？
[9] 如何看待田野工作对于民族学研究的意义？
[10] 不同族群文化的比较研究可能存在哪些问题？

阅读文献

[1]（英）爱德华·泰勒. 原始文化：神话、哲学、宗教、语言、艺术和习俗发展之研究. 连树声译. 桂林：广西师范大学出版社，2005

[2]（英）爱德华·泰勒. 人类学：人及其文化研究. 连树声译. 桂林：广西师范大学出版社，2004

[3]（美）威廉·A. 哈维兰. 文化人类学. 瞿铁鹏，张钰译. 上海：上海社会科学出版社，

---

① 陈庆德：《经济人类学》，人民出版社2001年版，第8~10页。

2006

[4] （美）罗伯特·F. 墨菲. 文化与社会人类学引论. 王卓君，吕迺基译. 北京：商务印书馆，2004
[5] （英）阿兰·巴纳德. 人类学历史与理论. 王建民等译. 北京：华夏出版社，2006
[6] 林惠祥. 文化人类学. 北京：商务印书馆，1991
[7] 林耀华. 民族学通论. 北京：中央民族大学出版社，1997
[8] 黄淑娉，龚佩华. 文化人类学理论方法研究. 广州：广东高等教育出版社，2004
[9] 宋蜀华. 民族学理论与方法. 北京：中央民族大学出版社，1998
[10] 庄孔韶. 人类学概论. 北京：中国人民大学出版社，2006
[11] 庄孔韶. 人类学经典导读. 北京：中国人民大学出版社，2008
[12] 张实. 体质人类学. 昆明：云南大学出版社，2003
[13] 孙英民. 中国考古学通论. 开封：河南大学出版社，1990
[14] 郭立新. 考古人类学. 南宁：广西民族出版社，1998
[15] 纳日碧力戈. 语言人类学阐释. 中央民族大学学报（哲学社会科学版），2003（4）
[16] （德）J. G. 赫尔德. 论语言的起源. 姚小平译. 北京：商务印书馆，1997
[17] （德）洪堡特. 论人类语言结构的差异及其对人类精神发展的影响. 姚小平译. 北京：商务印书馆，2002
[18] （瑞士）索绪尔. 普通语言学教程. 高明凯译. 北京：商务印书馆，2001

第二章 人类学理论研究的新进展

> **摘要**
>
> 20世纪80年代以来，人类学的理论与研究方法发生了深刻变革。社会实践理论、权力理论的发展，导致了人类学理论的后结构主义转向；历史人类学、阐释人类学以及实验民族志的出现，为后现代主义人类学的发展铺平了道路；而人类学者之于全球化以及地方性重建的关注，不仅拓展了人类学的研究领域，同时也提供了新的研究视角。

1984年，雪莉·奥特纳（Sherry Ortner）发表了一篇题为《20世纪60年代以来的人类学理论》（*Theory in Anthropology since the Sixties*）的著名论文，文章以宏观的视角和精到的理论分析，对20世纪60年代至20世纪80年代初期人类学理论的发展状况进行了全面的评析。[①] 奥氏认为，20世纪50年代末期，人类学的理论工具由三种主要范式组成，即由拉德克利夫-布朗（A. R. Radcliffe-Brown）和马林诺夫斯基创建的英国结构-功能主义（Structural-Functionalism），由玛格丽特·米德（Margret Mead）、露丝·本尼迪克特（Ruth Benedict）等人建立的美国文化与心理文化人类学（Cultural and Psychocultural Anthropology），以及以莱斯利·怀特（Leslie White）、朱利安·斯图尔德（Julian Steward）为中心的、与考古学有着密切联系的新进化论人类学（Evolutionist Anthropology）。[②] 而20世纪60年代的人类学理论研究，则主要围绕符号、自然和结构三个关键概念而展开。这些新概念、新观点的出现，催生了象征人类学（Symbolic Anthropology）、文化生态学（Cultural Ecology）和结构主义（Structuration）的形成和发展。20世纪70年代的人类学是马克思主义的时代，结构马克思主义与深受马克思主义影响的政治经济学，是这一时代的主流理论。将血缘关系、世系、婚姻、交换、家庭组织等因素纳入到政治与经济关系之中进行考察的结构马克思主义人类学，为当时缺乏细致的社会学分析的

[①] Sherry Ortner: Theory in Anthropology since the Sixties, in *Comparative Study of Society and History*, Vol. 26, No. 1, 1984, pp. 126~166.

[②] Sherry Ortner: Theory in Anthropology since the Sixties, in *Comparative Study of Society and History*, Vol. 26, No. 1, 1984, pp. 128.

学术研究做出了重要贡献。而与主要关注小规模的、分散的社会文化的结构马克思主义学派不同,马克思主义的另一学术流派——政治经济学派,则聚焦于大规模的区域性政治/经济体系之上,也更加强调外部因素对于社区的影响。政治经济学派的理论在20世纪80年代仍然十分活跃,然而,正如奥特纳所指出的那样,与其之前的一些人类学理论一样,不论是结构马克思主义还是政治经济学派,都无一例外地把人类行为和历史进程假定为几乎完全是由结构或者系统所决定的。[①] 在此意义上,20世纪70年代深受马克思主义影响的人类学理论,就只不过是人类学传统研究领域的一种外延性拓展,并没有导致人类学理论研究的深刻变革。与此同时,那种认为"人类行为和历史进程是由结构或系统决定的"的理论预设,也在不经意之间把人类设想为一些缺乏自主行为能力和反思能力的精密社会机器的零部件,从而导致了一种似乎不像是"真实的人在做真实的事"的理论后果。人类学理论界把这些理论预设的质疑之声,迅速转变为一种关注现实社会生活中的人的行动和理念的呼声。1972年,法国人类学者皮埃尔·布迪厄(Pierre Bourdieu)出版了《实践理论大纲》(Outline of a Theory of Practice),这部以批评爱弥尔·迪尔凯姆(Emile Durkheim)的社会结构理论和法国结构主义人类学为初衷的著作,在1977年被翻译成英文之后,对人类学的理论探索产生了巨大影响。融合了"结构主义"与"建构主义"两种途径的布氏社会实践理论,遂成为20世纪80年代最具影响力的人类学理论之一,而"实践"则被认为是20世纪80年代人类学研究的关键符号。自此,人类学的理论研究,便逐渐从抽象的宏大叙事式的理论探索,转向具体的人类社会实践的基础与动因的探求,一个新的理论时代开始了。

第一节　实践、权力与人类学的后结构主义

在20世纪70年代的大部分时间里,结构主义连同它全部的缺点和优点,成为在人类学理论领域当中占据着主导地位的结构马克思主义的理论基础之一。[②] 从某种意义上讲,布迪厄的社会实践理论、福柯的知识与权力理论以及社会性别理论等20世纪80年代人类学主流理论的形成,都源于对结构主义的承继、质疑与批判。这些理论试图摆脱功能主义和结构主义的形式主义观点,把结构与行为相结合,以解释蕴含其中的权力关系。[③] 由于这些理论基本上采用结构主义的术语对结构主

[①] Sherry Ortner: Theory in Anthropology since the Sixties, in *Comparative Study of Society and History*, Vol. 26, No. 1, 1984, pp. 140~145.

[②] Sherry Ortner: Theory in Anthropology since the Sixties, in *Comparative Study of Society and History*, Vol. 26, No. 1, 1984, p. 138.

[③] (英)阿兰·巴纳德:《人类学历史与理论》,王建民等译,华夏出版社2006年版,第168页。

思想进行批评，倡导对行为的解释方式、权力的审视和对话语创造者的解构，故而被称为后结构主义。在阿兰·巴纳德（Alan Barnard）看来，后结构主义的人类学最为显著的特点之一，就是拒绝承认主观与客观的区别。①

一、社会实践理论

结构与行动的关系问题，也就是主体与结构、社会与个人的关系问题，一直是社会科学的一般理论中最为棘手的老问题。② 在这个问题上，现代西方社会理论界形成了强调结构的基础性决定作用的各种形式的结构主义和功能主义，与强调个体的各种解释学思想传统明显对立。③ 社会实践理论的出现，就是要通过对充当连接主观与客观的桥梁与纽带的社会实践的基础和动因的探讨，弥合横亘在客观主义与主观主义、机械论与目的论、结构必然性与个人能动性之间的巨大鸿沟。

社会实践理论的倡导者，主要有皮埃尔·布迪厄、马歇尔·萨林斯（Marchall Sahlins）、安东尼·吉登斯（Anthony Giddens）等人，其中又以布迪厄的研究影响至深至广。

皮埃尔·布迪厄的社会实践理论，力图超越某些导致社会科学长期分裂的根深蒂固的二元对立，克服那种将社会学化为只关注物质结构的客观主义物理学，要么只强调认知形式的建构主义现象学（Construction Phenomenology）的企图，进而建构起一种总体性的社会科学。在布迪厄看来，社会学的任务，就是要揭示构成社会宇宙的各种不同的社会世界中掩藏最深的结构，同时揭示那些确保这些结构得以再生产或转化的"机制"。④ 为达此目标，布迪厄提出了"场域"（field）和"惯习"（habitus）这两个关键概念。布迪厄眼中的场域，首先，可以设想为由一些特定原则所界定的相对独立的社会空间，每个场域都规定了各自特有的价值观，拥有各自特有的调控原则。这些原则界定了一个社会构建的空间。其次，场域是一个活动着的、充满冲突和竞争的空间。在场域中，参与者彼此竞争，以确立对在场域内能发挥有效作用的资源和权力的垄断。在此过程中，场域本身的形塑和划分成为核心焦点。最后，场域是一种关系系统，由附着于某种权力（或资本）形式的各种位置

---

① （英）阿兰·巴纳德：《人类学历史与理论》，王建民等译，华夏出版社2006年版，第152页。
② 苏国勋：《当代西方著名哲学家评传》，第10卷《社会哲学》，山东人民出版社1996年版，第552页。
③ 李红专：《当代西方社会理论的实践论转向——吉登斯结构化理论的深度审视》，载《哲学动态》，2004年第11期。
④ （法）皮埃尔·布迪厄、（美）华康德：《实践与反思：反思社会学导引》，李猛、李康译，中央编译出版社2004年版，第2~6页。

间的一系列客观历史关系所构成。① 如果说，"场域"概念所指向的是一种社会世界的客观结构，那么"惯习"概念所描绘的则是行动者的性情倾向系统。在布迪厄看来，惯习是一种"结构形塑机制"（structuring mechanism），一种"生成策略的原则，这种原则能使行动者应付各种未被预见、变动不居的情境"。而作为一种外在结构内化的结果，惯习总是以某种大体上连贯一致的系统方式，对场域的要求做出回应，并通过体现于身体而实现集体的个人化。在这种意义上，惯习是一种"社会化了的主观性"，它来自于社会制度，寄居于身体之中。布迪厄认为，惯习和场域之间存在着十分密切的关系，一方面，场域形塑着惯习，惯习因此成为某个场域所固有的必然属性体现在身体之上的产物；另一方面，惯习又赋予场域以感觉和价值，并把它建构成一个充满意义的世界。因此，只有在彼此的关系之中，两者才能充分发挥作用，从而营造出一个有意义的"游戏的空间"。② "人是悬挂在由他们自己编织的意义之网上的动物。"③ 然而，人类如何编织真正属于自己的意义之网，却似乎是一个悬而未决的问题。从某种意义上讲，布迪厄的努力，使长期以来存在于人类学乃至整个社会科学理论研究之中的社会文化与社会实践者的行动之间的紧张关系，得到了一定程度的消解。

马歇尔·萨林斯的实践理论建立在对各种形式的功能主义理论的批判的基础之上。在其1976年出版的人类学名著《文化与实践理性》中，萨林斯对那种认为文化是从实践活动以及实践活动背后的实用利益中逐渐形成的观念进行了批评。在他看来，客观功利论的学说都是自然主义式的或生态学式的，这种学说的确切逻辑是对自然造成的生存力限制之下的适应性利益或者系统的维持。萨林斯把"实践"（praxis）一词主要限制在生产行动的意义上，即马克思主义著述中的主要意义上，它既包括生产过程的客观方面，也包括生产过程的主观方面。萨林斯对强调手段－目的关系最大化的形形色色的实践理性进行了批判。他认为，人的独特本性在于能够根据由他们自己设定的意义图式来生活，文化的决定性属性并不在于这种文化要无条件地拜伏在物质制约面前，是文化构造了功利，而不是相反。萨氏把人类文化的这种决定性属性称为意义理性。他认为，实践理性与意义理性的辩论，是现代社会思想的关键问题。文化是关于人与事物的意义秩序，这种文化概念以其最强有力的形式向实践理性提出了挑战。与此同时，萨林斯相信，人类文化的这些意义秩序都是系统性的，它们决不可能是由精神随意地创造出来的，而人类学的使命，就是

---

① （法）皮埃尔·布迪厄、（美）华康德：《实践与反思：反思社会学导引》，李猛、李康译，中央编译出版社2004年版，第17～18页、第138～145页。
② （法）皮埃尔·布迪厄、（美）华康德：《实践与反思：反思社会学导引》，李猛、李康译，中央编译出版社2004年版，第19页、第170～172页。
③ （美）克利福德·格尔兹：《文化的解释》，纳日碧力戈等译，上海人民出版社1999年版，第5页。

要坚持去发现这些系统。① 如果说，布迪厄的实践理论缓解了客观主义物理学与建构主义现象学之间的二元对立关系的话，那么，萨林斯之于实践理性的批判，以及对于实践理性与意义理性之间关系的阐释，则似乎使得这种对立关系被再度强化了。

安东尼·吉登斯所提出的结构化理论，被视为当代西方社会理论的"实践论"转向的重要标志。1984年出版的《社会的构成：结构化理论大纲》，是吉登斯的结构化理论的总体叙述。尽管吉登斯的学术成就主要体现在社会学、政治学、哲学等领域，但近年来，他的结构化理论在人类学的理论研究当中产生了重要影响。与布迪厄以及其他同时代的一些社会理论学家一样，吉登斯试图透过人类的社会实践活动，重新审视社会结构与个体能动性之间的关系问题。吉登斯认为，社会科学研究的基本领域既不是个体行动者的经验，也不是社会整体形式的存在，而是"在时空中秩序化了的社会实践"。② 在他的结构化理论中，吉登斯把社会结构看做是一系列被反复不断地组织起来的超越了时空限制的规则或者资源。在他看来，结构总是同时具有制约性和使能性，行动者和结构的构成过程，并不是彼此独立的两个既定现象系列，而是在互动中被反复生产出来的。社会系统的结构性特征，既是被反复组织起来的实践活动的中介，同时又是它的结果。与此同时，相对于个人而言，结构并不是什么"外在之物"，它们总是具体体现在各种社会实践，并且"内在于"人的活动之中。③ 总而言之，吉登斯的结构化理论聚焦于社会结构在人的日常生活当中的形成过程，认为人是有知识的行动主体，强调结构与行动的互动关系，并主张通过对日常生活的研究，来分析制度化实践的再生产过程。

二、权力理论

在米歇尔·福柯（Michel Foucault）的权力理论被广泛接受之前，在有关结构与行动的互动关系的诸多讨论中，尽管偶有一些学者注意到权力的运作之于两者关系的再生产的重要意义，但在相当多的情况下，这些讨论都在沿用西方社会自中世纪以来的权力观，即认为权力的运作总是表现在法律之中。这种权力观，在比较大的程度上，使得一些"非正式权力"在结构与行动关系的再生产过程中所起到的重要作用被遮蔽了。事实上，由于缺少"非正式权力"的中介，布迪厄所谓的"场域"、"惯习"与行动之间的关系似乎仍然是含混不清的。而为了应付对于实践

---

① （美）马歇尔·萨林斯：《文化与实践理性》，赵丙祥译，上海人民出版社2002年版。
② （英）安东尼·吉登斯：《结构化理论》，刘精明译；载苏国勋、刘小枫主编：《社会理论的诸理论》，上海三联书店2005年版，第127~128页。
③ （英）安东尼·吉登斯：《社会的构成：结构化理论大纲》，李康、李猛译，生活·读书·新知三联书店1998年版，第89~90页。

的连贯性的追问，布迪厄不得不挂出"实践有一种逻辑，一种不是逻辑的逻辑"的免战牌，① 试图以某种模糊的"实践感"来修补其社会实践理论的缺陷。

权力问题被认为是福柯全部著作的核心问题，以至于有人称其为"权力思想家"。与权力概念的法律模式的传统界定不同，福柯认为，不应该把国家主权、法律形式或统治体系视为原始的给予，因为它们只是权力的终极形式。福柯把权力看做是一种力量关系，这种关系内在于它们所运作的领域之中，并构成了它们的组织。他主张"把权力的机制当做理解社会领域的格式"，因为权力无所不在，它们来自下层，并从数不清的角度出发，在各种不平等的和变动的关系的相互作用中运作着。在福柯的眼里，"权力不是一种制度，不是一个结构，也不是某些人天生就有的某种力量"，而是人们"在既定社会中给予一个复杂的策略处境的名称"。②福柯试图透过对监狱史和性经验史的研究，探究社会生活中最直接的和最局部的权力关系。在他的设想中，权力是内在性的、连贯变化的、（战略与策略）双重调节的，而作为权力的话语在策略上则存在着多价规则。③ 这种无主体的、非中心化的权力的存在，是分散性的和多元性的。从某种意义上讲，福柯采取了片断性、非连续性、多样性的方式，相对主义地解释了权力问题。④

福柯曾多次指出，西方社会最近几个世纪的历史没有表明权力的作用本质上是压抑性的。他认为，权力并不完全是否定性的，它们具有能动的生产性。因为，权力"在每一时刻、在一切地点，或者在不同地点的相互关系之中都会生产出来"⑤。或许可以这样说，正是经由福柯的权力理论，长期以来困扰社会科学理论研究的结构与行动之间的复杂关系，才逐渐变得清晰起来。

从某种意义上讲，福柯的权力理论与注重"地方性知识"的人类学研究，可谓不谋而合，其之于人类学理论研究的影响也与日俱增。对于福柯式的"自下而上的"、"具有能动的生产性"的权力运作关系的关注，不仅进一步拓展了人类学者的研究视域，同时也使人类学的理论研究得到不断深化。

三、社会性别理论

尽管女性是人类社会的重要组成部分，尽管涌现了像米德、本尼迪克特这样一些享有世界声誉的女性人类学家，但传统的人类学研究，更主要地被认为是男人们从事的、研究男人的工作（man's works），女性之于人类学研究的重要意义在相当

---

① （法）皮埃尔·布迪厄：《实践感》，蒋梓骅译，译林出版社2003年版，第133页。
② （法）米歇尔·福柯：《性经验史》，佘碧平译，上海人民出版社2005年版，第60~61页。
③ （法）米歇尔·福柯：《性经验史》，佘碧平译，上海人民出版社2005年版，第64~67页。
④ 陈炳辉：《福柯的权力观》，载《厦门大学学报（哲学社会科学版）》，2002年第4期。
⑤ （法）米歇尔·福柯：《性经验史》，佘碧平译，上海人民出版社2005年版，第56页。

大的程度上被忽略了。长期以来，作为一个"缄默的、污秽的群体"，女性仅仅被当做是婚姻交换的对象，而不是社会生活的主角。①

20世纪60年代西方世界风起云涌的女权主义运动，为女权主义思想在人类学理论研究中的扩散提供了现实的社会基础。事实上，20世纪70年代以后人类学研究的诸多方面，都与女权主义有着密切联系。解构存在于社会生活各个领域的各种形式的男性偏见，被一些女权主义人类学家视为自己的责任。②

社会性别理论是女权主义人类学的理论渊源。在其理论视域当中，性别被看做是一种符号建构、一种社会关系的复合体。虽然，社会性别理论存在着建构主义理论、性别角色理论、性别差异理论、女权主义理论以及"性别/社会性别制度"学说等不同的理论派别及众多的分支，③但"性别（gender）是社会建构的"观点一直是其最为重要的核心理念。在西方女权主义的经典论著《第二性》中，西蒙娜·德·波伏娃（Simone de Beauvoir）曾声嘶力竭地指出："女人并不是生就的，而宁可说是逐渐形成的。在生理、心理或经济上，没有任何命运能决定人类女性在社会的表现形象。决定这种介于男性与阉人之间的、所谓具有女性气质的人的，是整个文明。"④波伏娃的这种观点，在较大程度上影响着20世纪70年代以来社会性别研究的理论走向。

如果说，早期的女权主义人类学者，主要是通过探究社会性别被社会文化所建构和体验的过程，来质疑白种欧洲男性的傲慢与偏见的话，那么，20世纪70年代以来，尤其20世纪80年代以后的女权主义人类学者，则更倾向于透过社会性别来体验和构建经济、亲属关系和仪式，进而提出自己的理论问题。⑤埃德温·阿登纳（Edwin Ardener）认为，社会的各个权力集团事实上都掌控着一定的话语权。因此，所谓的"缄默的"群体所保持的往往是相对的沉默。无论是在数量上还是在其他方面，妇女都是任何社会中最重要的"无言群体"，只是妇女的发言权往往受到男性的限制。亨利埃塔·穆尔（Henrietta L. Moore）对民族志书写过程的男性主导的偏见提出了批评。她对肯尼亚的玛拉凯特人（Marakwet）的研究表明，妇女也有通过性别来操纵社会生活的能力，譬如，她们可以通过控制性交机会来对丈夫施加压力等等。其他一些人类学者的民族志考察，也进一步证实了性别权力的主动性和积极性。卡玛拉·甘奈施（Kamara Ganesh）在印度南方一个因不允许妇女离开

---

① （英）阿兰·巴纳德：《人类学历史与理论》，王建民等译，华夏出版社2006年版，第157页。
② （英）阿兰·巴纳德：《人类学历史与理论》，王建民等译，华夏出版社2006年版，第157页。
③ 苏红主：《多重视角下的社会性别观》，上海大学出版社2004年版，第29~41页。
④ （法）西蒙娜·德·波伏娃：《第二性》（全译本），陶铁柱译，中国书籍出版社1998年版，第309页。
⑤ Henrietta L. Moore: *Feminism and Anthropology*, Polity Press, 1988, p.9；（英）阿兰·巴纳德：《人类学历史与理论》，王建民等译，华夏出版社2006年版，第157页。

她们生活的泥墙之堡半步而"声名狼藉"的小群体的田野工作，使她"惊奇地发现"，当地妇女远非以为自己身陷囹圄而被剥夺了基本权利，相反，她们为能够担负起延续本群体的主要责任而感到自豪。① 中国香港学者潘毅对20世纪90年代中后期深圳女工的研究，展现了打工妹们在充满压迫的工业化世界中，为求生存而不断进行反叛的"机灵的身体"。②

在一定程度上，福柯的权力理论已成为20世纪90年代以来女权主义人类学者屡试不爽的一种理论工具。在福柯看来，肉体是在性论述中被赋予性别的，是权力、论述、愉悦三者具有历史性的特定组织形态的一种效应。由于性话语是在权力的范围之内，作为权力运作的手段而起作用的，因此，具有性的主体（sex subject）可以被视为权力作用于身体之上的结果，通过在特定时间与空间中的意义化与重新意义化、分化和排斥等过程而被建构出来。③ 福柯把权力视为一种无所不在的力量关系的理论提示，以及有关性话语叙述的观点，使那些愿意将目光转向下层的女权主义人类学者，获得了更多的理论灵感。

第二节　历史、阐释与人类学的后现代主义转向

一、多元的历史

传统的人类学研究，主要聚焦于非西方的"没有历史"的社会。这种研究对象的选择，在一定程度上导致了人类学的众多研究文本对于历史的漠视。事实上，在人类学的主流理论当中，无论是早期的功能主义，还是20世纪60年代的结构主义，抑或是脱胎于结构主义的后结构主义，都没有对历史给予过多的关注。如果说功能主义不是不重视历史，而是不知道如何在其理论叙述的框架之中放置历史的话，那么，企图超越时间的结构主义则基本上排拒了历史的存在价值。后结构主义的人类学理论无疑为消解人类学传统理论中结构与行动的二元对立关系做出了重要贡献，但也同样没有对历史之于行动者的实在意义给予充分的重视。这样，人类学的研究也就如同它的研究对象那样，成了一种缺乏历史感的社会存在。

对传统理论的批判与反思，促成了人类学研究对于历史问题的关注。从某种意

---

① （英）罗伯特·莱顿：《他者的眼光》，蒙养山人译，华夏出版社2005年版，第169~170页。
② 潘毅：《中国女工——新兴打工阶级的呼唤》，任焰译，明报出版社有限公司2007年版。
③ （法）米歇尔·福柯：《性经验史》，佘碧平译，上海人民出版社2005年版，第21页；潘毅：《中国女工——新兴打工阶级的呼唤》，任焰译，明报出版社有限公司2007年版，第33页。

义上讲，人类学的"历史学化"，已经成为当代人类学研究的重要特点之一。

20世纪80年代以来，以萨林斯为主要代表的人类学者，开始了从文化的角度研究历史的尝试。这些研究执著于具体的历史事件，通过对事件的细致分析，探讨隐藏于其背后的一般历史理念。萨林斯试图重新确立被结构分析所摒弃的事件、行为过程、变化以及世界的重要地位，同时确立被史学家所拒斥的结构分析的重要意义，进而发展出一种"结构的历史人类学"，以弥合人类学与历史学之间的分歧。① 在萨氏看来，历史的辩证法自始至终都是结构的，历史过程往往展示为一种结构的实践与实践的结构之间持续不断又相辅相成的运动。② 他认为，"历史乃是依据事物的意义图式并以文化的方式安排的"。又或者说，文化是以历史的方式被再生产出来的，而所谓的"结构"只不过是一种历史的产物。只有当事件在文化系统中和通过文化系统而被挪用时，该事件才获得一种历史意义。③ 若以是观之，则不仅是结构主义，甚至于一些对结构主义非历史的分析方法的批判都有可能妨碍我们从文化的角度来理解历史。④

在一定程度上，人类学的历史研究，主要关注单一的社会环境中体现出的多元历史，这种历史"往往是同一群人在社会、政治、文化困境这一系列紧急时刻所做出的反应"。这样一种"自下而上"的历史，与传统意义上的"自上而下"的历史叙述大不一样。然而，此一领域的研究，在20世纪80年代以前的人类学当中是较为欠缺的。正如大卫·斯科特（David Scott）所指出的那样，殖民势力的话语和实践为人类学研究对象的构建，以及人类学知识的形成，从概念体系和观念形态上提供了至关重要的语境。然而，"非欧洲的社会、文化以及政治现实的历史是依照西方的一系列加以构造的，我们对这一点还缺乏足够的认识"⑤。而历史的人类学化，就是要寻求并关注那些一直被现代全球秩序这一宏大叙事所忽略的声音。⑥

不过，对于当代人类学的历史研究而言，如今其任务已不再仅仅是殖民主义的反映，也不再局限于从道义上对殖民主义进行批判，而是要建构起一种历史，将很

---

① Aletta Biersack: Local Knowledge, Local History: Geertz and Beyond, in L. Hunt (ed.): *The New Cultural History*, University of California Press, 1989, p.85；（美）麦克尔·赫兹菲尔德：《什么是人类常识：社会和文化领域中的人类学理论实践》，刘珩等译，华夏出版社2005年版，第77页。
② （美）马歇尔·萨林斯：《历史之岛》，蓝达居等译，上海人民出版社2003年版，第322页。
③ （美）马歇尔·萨林斯：《历史之岛》，蓝达居等译，上海人民出版社2003年版，第3、11页。
④ （美）麦克尔·赫兹菲尔德：《什么是人类常识：社会和文化领域中的人类学理论实践》，刘珩等译，华夏出版社2005年版，第66页。
⑤ David Scott: *Formations of Ritual: Colonial and Anthropological Discourses on the Sinbala Yaktovil*, University of Minnesota Press, 1994；（美）麦克尔·赫兹菲尔德：《什么是人类常识：社会和文化领域中的人类学理论实践》，刘珩等译，华夏出版社2005年版，第60~61页。
⑥ （美）麦克尔·赫兹菲尔德：《什么是人类常识：社会和文化领域中的人类学理论实践》，刘珩等译，华夏出版社2005年版，第91页。

多居于主导地位的概念得以产生的背景纳入到这种历史之中加以考察,从而使人类学关于殖民主义和族群关系的历史论述更加详尽和全面。麦克尔·赫兹菲尔德(Michael Herzfeld)认为,人类学的这一任务同样可以用来分析"人们如何将过去用于每天的日常生活"。在他看来,一个族群关于过去的一些描述,往往是按照相关性的标准进行精心编排的,这种社会事实与我们对事实观念的理解往往大相径庭。人类学者的任务,就是要探究历史的精确性得到形成的准则,然后运用这些准则来理解一个社会的成员通过何种方式将过去和现在联系起来。① 这种研究视角使得人类学的历史研究对于社会展演(social dramas)和口述史(oral history)的考察给予了前所未有的关注和重视。在约翰·麦克科尔(John McCall)和约翰纳斯·费边(Johnnes Fabian)看来,社会展演能将展示的节奏同过去的经历联系起来;而赫兹菲尔德则认为,口头形式所包含的社会情境能弥补结构分析无时间的抽象和空洞这一缺陷,并提供了有关过去的另一种视角。人类学者有责任判断有关过去的知识在多大程度上是建立在现实的变化无常的社会基础之上的。②

萨林斯与加纳纳斯·奥比耶斯科尔(Gananath Obeyesekere)有关英国探险家詹姆斯·库克(James Cook)船长死后是否被夏威夷人奉为神明的争论,折射了当地人参与历史建构的意识。在《历史之岛》中,萨林斯认为,库克船长的死说明当地人相信他就是转世的罗诺神。③ 然而萨林斯的这种观点,遭到了奥比耶斯科尔的强烈质疑。奥氏认为,萨林斯在其研究中所采用的,乃是一种欧洲人的叙述方式,因此,夏威夷神话实际上就是一个欧洲的神话。双方为此争执不休,并由此引发了人类学者可以在多大程度上用权威的语气对土著人的历史进行描述的诸多讨论。

或许可以说,人类学者之于"传统"的"非历史叙述"的研究,导致了一种完全不同于西方经验的历史解读方法,并由此建构了另一种形式的历史叙述方式。这种"另类"的历史叙述,往往呈现出多元性的特点,并处于不断变化之中。④ 尽管这种历史的建构最终还是要在较大程度上屈从于民族-国家这种统一的历史表述模式,从而预示了"非历史叙述"的某种宿命,但同时也展现了那些"没有历史的人民"建构自己历史的种种努力。

---

① (美)麦克尔·赫兹菲尔德:《什么是人类常识:社会和文化领域中的人类学理论实践》,刘珩等译,华夏出版社2005年版,第61~63页。
② (美)麦克尔·赫兹菲尔德:《什么是人类常识:社会和文化领域中的人类学理论实践》,刘珩等译,华夏出版社2005年版,第67~68页。
③ (美)马歇尔·萨林斯:《历史之岛》,蓝达居等译,上海人民出版社2003年版。
④ Andrew Shryock: *Nationalism and the Genealogical*: *Oral History and Textual Authority in Tribal Jordan*, University of California Press, 1997;(美)麦克尔·赫兹菲尔德:《什么是人类常识:社会和文化领域中的人类学理论实践》,刘珩等译,华夏出版社2005年版,第71页。

二、文化的阐释与地方性知识

早期的人类学者，大多把人类学当做一门致力于研究文化现象的一般规律的科学。一些早期的人类学理论，虽然观点不尽一致，有时甚至大相径庭，但似乎都以通过考察各种文化现象来探究人类文化的一般通则并以此解释既存的文化现象，作为其主要的研究目标。拉德克利夫－布朗曾说："如果说仪式或礼仪（ceremony）的主要功能是表达及维持对社会的凝聚所必需的情感，而且，这种说法是有根据的通则；那么，我们就能通过指出仪式或礼仪所表达的情感是什么，以及这些情感是怎样与社会的凝聚相联系的，来'解释'任何已知的仪式或礼仪。"① 一些人类学的传统研究方法，正是通过对研究对象进行长时间的田野调查，以参与观察的方式，"客观地"描述、研究各种社会文化现象，以寻找那种"有根据的通则"。

埃文斯－普理查德（Evans－Pritchard）在1951年出版的《社会人类学》一书中，批判了把人类学看做是"自然科学"的观点。他认为，人类学的对象应该是道德和符号的总体系，这些对象不受任何自然规律的制约，与自然界中任何已发现的体系迥然不同。埃文斯－普理查德拒绝将人类学视为一种科学，而将其视为一种人文学科，主张通过"文化的翻译"来理解研究对象的群体思维，并在微妙的日常话语中寻找文化的"意义"。② 埃文斯－普理查德在《阿赞德人的巫术、神谕和魔法》、《努尔人的宗教》等著作中所呈现出来的文化阐释的研究倾向，对于20世纪60年代的英国人类学产生了深远影响。

1967年，马林诺夫斯基的《严格意义上的日记》的出版，引发了人类学界对于民族志描写的真正性问题、人类学者职业道德问题、民族志之于文化的阐释能力问题等的质疑和批判，并使人类学传统的理论和研究方法面临严峻挑战。20世纪70年代以后，通过主位视角（emic）强调本族人的认知功能，以"文化持有者的内部眼界"（the native's point of view）来研究文化现象，以取代人类学传统研究方法的局限，逐渐成为一种潮流。然而，文化显然不是一些文化现象的简单拼接。一个整体的文化往往有着一定的"语法"。这些文化的语法，不仅表现在语言以及一些日常的认知活动中，同时也潜藏于各种形式的神话、宗教、仪式、艺术、民俗等文化现象当中。③ 单纯的主位视角以及文化现象的罗列，往往难以实现文化意义的完整表述，这就使得对文化的阐释成为必要。

---

① （英）拉德克利夫－布朗：《社会人类学方法》，夏建中译，华夏出版社2001年版，第37页。
② （英）阿兰·巴纳德：《人类学历史与理论》，王建民等译，华夏出版社2006年版，第173页。
③ （美）克利福德·格尔兹：《地方性知识——阐释人类学论文集》，王海龙等译，中央编译出版社2000年版，第16~19页。

与埃文斯－普理查德的观点比较接近的是，克利福德·格尔兹（Cliiford Geertz）认为，"文化的分析不是一种探索规律的实验科学，而是一种探索意义的阐释性学科"。格尔兹所追求的阐释，是阐释表面上神秘莫测的社会表达方式。他认为，文化不是一种力量，不是造成社会事件、行动、制度或过程的原因，而是一种社会现象可以在其中得到清晰描述的即深描的脉络。① 在主张"民族志是深描"的格尔兹看来，典型的人类学方法，是"通过极其广泛地了解鸡毛蒜皮的小事，来着手进行这种广泛的阐释和比较抽象的分析"。而阐释人类学学科进步的标志，与其说是达成一致的尽善尽美，不如说是争论的不断精细化。② 民族志，如同法律、驾船、园艺、政治及作诗一般，都是与所在地方性知识相关的工作。所谓的民族志事实，与法律事实一样，都是经由历史与文化的建构，以象征性符号呈现出来的事实。③

在格尔兹的眼里，文化是一个符号体系，而民族志的写作则是"一种创作"，只有通过对地方性知识的深描，对文化持有者的阐释进行阐释（the interpretation of other's interpretation），才有可能达到对文化现象的深刻理解。格尔兹曾以相对温和的方式指出，我们无法重返过去并验证民族志作者所描述的事件，因此只能把民族志作为文本来阅读，并从中寻求能说服读者的内容。由于修辞学和具有说服力的写作方式的应用，民族志只不过是一种文学造诣的练习，而不是对可证实的事实的陈述。④ 格氏的这些观点，为后现代化思想向人类学的渗透铺平了道路，并在一定程度上导致了人类学研究的后现代主义转向。

乔治·马尔库斯（George Marcus）和迈克尔·费彻尔（Michael Fischer）认为，人类学思想的发展，越来越倾向于把注意力从强调行动和社会结构的"社会的自然科学"转移到强调意义、符号象征、语言以及承认人类科学的核心是把社会生活当成"意义的协商"的认识上来。格尔兹把文化当成文本的主张，生动地表现了行为科学家与文化阐释者之间的区别。在文化阐释者看来，社会活动与文本和演讲一样，其意义是可以被观察者"阅读"的，民族志作者、处于相互关系之

---

① （美）克利福德·格尔兹：《文化的解释》，纳日碧力戈等译，上海人民出版社1999年版，第5页、16页。
② （美）克利福德·格尔兹：《文化的解释》，纳日碧力戈等译，上海人民出版社1999年版，第24页、33页。
③ （美）克利福德·格尔兹：《地方性知识——阐释人类学论文集》，王海龙等译，中央编译出版社2000年版，第222页；潘英海：《格尔兹的解释人类学》，载庄孔韶主编《人类学经典导读》，北京：中国人民大学出版社2008年版，第142页。
④ C. Geertz: *Works and Live: The Anthropologist as Author*, Stanford University Press, 1988, pp. 63~64；（英）罗伯特·莱顿：《反思、解构与写作的政治》，黄剑波译，载庄孔韶主编《人类学经典导读》，中国人民大学出版社2008年版，第664页。

中的行动者或者所谓的"被观察者",都在阅读社会活动和象征符号。①

格尔兹的阐释人类学对于民族志写作方法上的"深描"的强调、对于地方性知识的重视,以及格尔兹本人视民族志为一种创作的理念,在一定程度上迎合了后现代主义思想发展的要求,得到了众多文化研究者的追捧。格尔兹富有原创性的理论观点,在人类学、哲学、文学批评、宗教研究、语言学、民俗学等诸多领域产生了重要的影响,并为其赢得了广泛的学术声誉,格尔兹也因此成为当代最具影响力的人类学家之一。

第三节 文化批评与民族志的诗学和政治学

长久以来,做好田野笔记,精确绘制地图,"写出"结果,被认为是人类学者的核心工作。然而,现实的状况表明,民族志的写作在较多时候并不是在"客观"记录结果,而总是陷入到文化的发明而不是再现(representation)的境地之中。② 20世纪80年代中期以后(甚至更早以前),民族志的传统表述方式受到了强烈的质疑。后现代主义思想对人类学理论研究的渗透,使人类学研究面临着前所未有的表述危机,从而迫使人类学者开始对传统人类学的学术意识形态和工作方式进行反思。越来越多的人类学者倾向于认为,民族志不是从参与观察或适合于阐释的文化文本开始的,而是从写作、制作文本开始的。这样,写作就成为人类学者在田野工作之中及之后的中心内容,而不再处于边缘的、神秘的维度。③ 从某种意义上讲,20世纪80年代中期以来的人类学研究,更多地倡导反思性的实验民族志写作,强调文本形式并给予文本理论以特殊的地位,提倡在民族志写作过程中诗学、政治学和史学的结合,从而在一定程度上导致了后现代主义人类学的形成。

一、实验民族志与作为文化批评的人类学

就作者的异地经历的参与深度和讲述心态而言,民族志的演进大致可划分为三个时代。④ 第一个时代的民族志是记录性的,带有较大程度的自发性、随意性和业

---

① (美)乔治·E. 马尔库斯、米开尔·M. J. 费彻尔:《作为文化批评的人类学:一个人文学科的实验时代》,王铭铭、蓝达居译,生活·读书·新知三联书店1998年版,第48页。

② Roy Wagner: *The Invention of Culture*, Prentice – Hall Inc., 1975; James Clifford, George Marcus: *Writing Culture: The Poetics and Polotics of Ethnography*, The University of California Press, 1986, p. 2.

③ James Clifford, George Marcus: *Writing Culture: The Poetics and Polotics of Ethnography*, The University of California Press, 1986, p. 2.

④ 高丙中:《民族志发展的三个时代》,载《广西民族大学学报(哲学社会科学版)》,2006年第3期。

余性,这一类的民族志以作者在异族的生活经历和见闻为基础,早在人类学形成之前就已出现。第二个时代的民族志是科学性的,来源于经过专业训练的人类学者的写作,有相应的学科规范,马林诺夫斯基的研究确立了这种"科学人类学的民族志"的准则。第三个时代的民族志是反思性的,萌生于20世纪70年代以来对以"科学"自许的人类学者的知识生产过程所进行的反思。在马尔库斯和费彻尔看来,这种反思性民族志的出现,预示了一个视民族志为文本,把人类学者的工作经历和切身感受作为叙述的中心内容,并通过对异文化的描述进行文化批评的人文学科的实验时代的到来。

20世纪的社会文化人类学者曾经许下诺言,声称要拯救那些独特的文化与生活方式,使之幸免于激烈的全球西方化的破坏,同时通过对异文化的真实描述,反省西方的文化模式,对西方文化进行批评。① 然而,爱德华·萨义德(Edward Said)在《东方学》(1978)中对于西方人在表述非西方社会时所发展出来的写作风格的批判,以及德雷克·弗里曼(Derek Freeman)在《玛格丽特·米德和萨摩亚:一个人类学神话的形成》一书中对于米德之于萨摩亚人研究的准确性的质疑,在相当程度上使得支撑和维持人类学学术使命的传统理论和研究方法,陷入到学术意识形态和文化现象表述的双重危机之中。在萨义德看来,作为被描述对象的非西方人,他们的心声和愿望总是被置于西方殖民主义或新殖民主义所统治的世界中来看待。这种修辞手法不仅成为西方人统治的范例,而且成为加强西方人对非西方人的统治和支配的手段。甚至于修辞学的手段本身,也是一种权力的运用和发挥,它通过否认与作者不同观点的同等有效性来剥夺主体表达对立观点的权力。② 如果说萨义德的批判主要是在学术界内产生影响的话,那么,弗里曼对于米德研究的质疑,则引起了更为广泛的争论。弗里曼指出,由于受到报导人的误导和欺骗,米德对萨摩亚文化的许多描述是不准确的。因此,他认为,米德的《萨摩亚的成年》一书"实际上是一个人类学神话,是人类学中臆造的故事,与萨摩亚的人种史和历史事实相去甚远"③。不管弗里曼的批评是否妥贴,它都提示了这样一个问题,即,如果人类学者提供的文化描述缺乏科学的准确性,那么他们应当依赖什么样的权威性论述来使自己成为文化批评的工具?

马尔库斯和费彻尔认为,要改变传统人类学的陈述方式,有两种实验策略可以

---

① (美)乔治·E. 马尔库斯、米开尔·M. J. 费彻尔:《作为文化批评的人类学:一个人文学科的实验时代》,王铭铭、蓝达居译,生活·读书·新知三联书店1998年版,第16页。

② (美)爱德华·W. 萨义德:《东方学》,王宇根译,生活·读书·新知三联书店1999年版;(美)乔治·E. 马尔库斯、米开尔·M. J. 费彻尔:《作为文化批评的人类学:一个人文学科的实验时代》,王铭铭、蓝达居译,生活·读书·新知三联书店1998年版,第17页。

③ (澳)德雷克·弗里曼:《米德与萨摩亚人的青春期》,李传家、蔡曙光译,光明日报出版社1990年版,第96页。

选择。一种是直接表述对描述困境的新感受，或表达对于在当代压倒一切的全球均质化观念下表述文化差异性时所存在的困难的感受；另一种是在重视对历史和政治经济现实的认识的基础上，表达对异文化的精致微妙的认识，并从有关异文化的表述性作品的实验风格中，抽象出具有重要理论意义的论题。在马尔库斯和费彻尔看来，实验民族志的一个显著特征，就是它代表了人类学者对于他们自己社会的一种深度反省，而这种反省乃是从对异文化的描述中引申出来的。与传统人类学不同的是，这种反省可以从实验写作的领域，延伸到全球规模的文化批评。他们深信，只有在实验（民族志）中实现学理和实践的整合，不断深化对异文化的描述，才能提高人类学的文化批评功能，从而有效地解决萨义德和米德－弗里曼争论中所提出的问题。①

二、写文化：民族志的诗学与政治学

1986年，由詹姆斯·克利福德（James Clifford）和乔治·马尔库斯编辑出版的《写文化：民族志的诗学与政治学》一书，被认为是后现代主义民族志的宣言和人类学思想的分水岭。②

在人类学理论发展的早期，人类学者们以为民族志表述的应是经验的直接体现，而民族志的写作只不过是一种方法而已。詹姆斯·克利福德、乔治·马尔库斯以及他们的同道者认为，民族志的写作，往往混合了诗学、政治学和史学的方法，并且是变动不居的和富有创造性的。民族志积极投身于强有力的意义系统之间，在文明、文化、阶级、种族和性别的边界上提出问题。通过解码和重新编码，民族志试图描述集体秩序与多样性、包容性、排斥性的现实基础，以及创新和结构化的过程，而它本身也是这些过程的组成部分。③

克利福德指出，民族志从来都是文化的创作，而不是文化的表述。他认为，与传统人类学不同，写作已成为当代人类学者的中心任务。在他看来，民族志的真实往往是不完全的、部分的。决定民族志写作的因素，至少有六个方面：①场境。民族志源于充满意义的社会环境并创造社会环境。②修辞。民族志的写作总是使用富

---

① （美）乔治·E.马尔库斯、米开尔·M.J.费彻尔：《作为文化批评的人类学：一个人文学科的实验时代》，王铭铭、蓝达居译，生活·读书·新知三联书店1998年版，第19~21页。
② 徐鲁亚：《后现代主义民族志的宣言——〈写文化：民族志的诗学与政治学〉导读》，载庄孔韶主编：《人类学经典导读》，中国人民大学出版社2008年版，第547页。
③ James Clifford, George Marcus: *Writing Culture：The Poetics and Polotics of Ethnography*, The University of California Press, 1986, p.2；（美）詹姆斯·克利福德、乔治·E.马库斯：《写文化：民族志的诗学与政治学》，高丙中等译，商务印书馆2006年版，第31页；徐鲁亚：《后现代主义民族志的宣言——〈写文化：民族志的诗学与政治学〉导读》，载庄孔韶主编《人类学经典导读》，中国人民大学出版社2008年版，第548页。

有表达力的传统手法,同时也为其所使用。③制度。民族志在特定的传统、学科中写作,并有特定的受众。④类型。民族志通常与小说或者游记有别。⑤政治。表述文化现实的权威往往是不平等的,有时甚至是有斗争的。⑥历史。所有上述的传统和限制都是变化的。这些因素的存在,决定了民族志写作的内在的虚构性,① 从而使民族志的写作成为一种诗学和政治学。

与传统人类学者在民族志的写作过程中总是有意或者无意强调文化的相对性、特殊性的做法不同,费彻尔认为,民族志应当描写不同族性融为一体的世界,而不是描写不同的文化和传统,因为民族志文本的撰写总是在一种"自我塑造"的过程之中。② 这样,田野经历的个人叙述就成了民族志写作的一种方式,而民族志作者也就随之成为民族志作品中的主要人物。

作为一种合作发展的文本,后现代民族志往往是由话语碎片构成,旨在唤起一种对可能的现实世界的想象。由于后现代民族志赋予"话语"高于"文本"的特权,其所提倡的是对话而不是独白,因而摒弃了所谓"观察者—被观察"的思想,认为没有什么是被观察的,也没有观察者,有的只是对话和各种故事的对话式的生产。在此意义上,民族志可以被看成是合作撰写的故事。③ 从某种意义上讲,后现代主义人类学已经不再追求"客观地"描述现实的文化现象,而是选择"主观真实"地尽可能准确地描述研究者自己的观察和感受。这样,民族志的写作,就不再是一种文化的表述,而是一种意义的创造过程——当然,这种意义往往也是不确定的和多变的。

第四节 全球化语境下的人类学理论

早在 20 世纪 70 年代,人类学理论的政治经济学派就已注意到从更大的地理范围考察人类学文化现象的必要性。马尔库斯和费彻尔等人所倡导的实验人类学,也主张对异文化的认识要建立在其历史和政治经济的现实基础之上,从中提炼出具有理论意义的论题,以实现其文化批评的目的。如果说,政治经济学派得以形成和发

---

① James Clifford, George Marcus: *Writing Culture:The Poetics and Polotics of Ethnography*, The University of California Press, 1986, p. 6.

② Stephen Greenblatt, *Renaissance Self-Fashioning:From More to Shake-speare*, University of Chicago Press, 1980;徐鲁亚:《后现代主义民族志的宣言——〈写文化:民族志的诗学与政治学〉导读》,载庄孔韶主编《人类学经典导读》,中国人民大学出版社 2008 年版,第 551 页。

③ (美)詹姆斯·克利福德、乔治·E. 马库斯:《写文化:民族志的诗学与政治学》,高丙中等译,商务印书馆 2006 年版,第 166~167 页;徐鲁亚:《后现代主义民族志的宣言——〈写文化:民族志的诗学与政治学〉导读》,载庄孔韶主编《人类学经典导读》,中国人民大学出版社 2008 年版,第 554 页。

展的"现实基础"是殖民地国家相继独立、世界范围内的民族国家意识日益高涨的话,那么,马尔库斯和费彻尔等人的主张所产生的"出人意料"的反响,则与"冷战"时期世界政治经济的现实境况有着密切联系。20 世纪 90 年代中后期,随着"冷战"的结束以及全球化进程的不断推进,人类学理论也开始从极端的后现代主义立场后撤,并向更平衡的民族志"现实主义"回归,越来越多的人类学者聚焦于普遍的人类与文化的个体之间关系的经验研究。① 甚至于马尔库斯也不得不承认,以知识界的潮流,后现代主义的世界在 20 世纪 90 年代晚期已转变为全球化主宰的世界。②

一、全球化与地方性的再生产

尽管对于"全球化"(globalization)概念的阐释在学术界仍然存在诸多分歧,然而有一点可以肯定,那就是"全球化"已成为 20 世纪 90 年代以来的人类学理论研究最为重要的关键概念之一。托马斯·H. 埃里克森(Thomas H. Erickson)认为,全球化大致可以定义为"任何消弭互不相关地区之间的距离的进程"。就其外在形式而言,全球化主要表现在制度层面和文化表征(representation)上。在制度层面上,虽然形式不一,但国家和市民社会已成为比较普遍的社会组织原则,资本和劳工的流动成为全球化的重要维度,世界各地的政治、经济均被整合到全球体系当中,某一领域的变化都有可能引起全球性的变化;在文化表征上,则呈现出文化的同质化与文化的多样性存在之间的紧张关系。③

在全球化不断推进的当今世界,地方性(locality)到底意味着什么?这是一个广受人类学者关注的问题。地方性(化)通常被认为是与全球化相对应的概念。阿君·阿帕都莱(Arjun Appadurai)认为,地方性所体现的是一种复杂的现象学意义上的"质性"(quality),由一系列社会经验感觉、互动技术、语境的相对性(relativity of contexts)所构成。因此,与其把地方性看做是一种尺度或者空间上的概念,还不如说它是一种关系或者语境。④

---

① 托马斯·H. 埃里克森、芬恩·S. 尼尔森:《人类学的重构》,吕卓红译;载庄孔韶主编:《人类学经典导读》,中国人民出版社 2008 年版,第 677 页。
② (美)詹姆斯·克利福德、乔治·E. 马库斯:《写文化:民族志的诗学与政治学》,高丙中等译,商务印书馆 2006 年版,第 8 页。
③ Arjun Appadurai: Disjuncture and Different in the Global Cultural Economy, in *Theory, Culture & Society* (SAGE, London, Newbury Park Delphi), Vol. 7, 1990, p. 295.
④ Arjun Appadurai: *The Production of Locality*, Routledge, 1995, p. 178.

第二章 人类学理论研究的新进展

以"创造旅游品牌，传承民族文化"为主要目的的广西东兴市京族哈节，是全球化时代由资本、权力、媒体、游客和当地人共同"创造"的京族"传统文化"。

图2-1

从表面上看，随着资本、权力、信息的全球性渗透，以及产品、劳务、人口在世界范围内的流动，地域空间对于人类社会生活的限制逐渐减弱，传统意义上的地方性社会组织的权威遭到了不同程度的削弱，一个去地方化的世界似乎正在形成之中。然而，与强调资本主义思想和制度模式的全球性蔓延的传统认识不同的是，当代人类学者对于全球化的理解，似乎更关注殖民主义和资本主义的全球化扩散，以及由此所引发的"民族—国家"意识问题。事实上，民族主义和民族国家问题已成为当今世界最为棘手的社会问题之一。

或许可以这样说，全球化在一定程度上激发了地方性再生产的热潮。在政治和文化层面上，这股热潮较为明显地表现在地方认同、民族认同的勃兴，以及传统文化的复兴。各种传统的仪式和庆典活动的举办，以及与之相关的各种公共活动空间的构建，成为地方性再生产的主要方式。与此同时，在跨区域的社会经济活动中，一些显著的消费形式和民族文化的资本化运营，也逐渐成为地方性再生产的重要途径。阿帕都莱认为，全球化进程中的文化经济的离散现象，需要从民族、媒体、技术、财政和意识形态五个层面（dimension）进行全面考察。① 他指出，对于现代民族国家而言，地方性再生产是凝聚民族情感、强化民族意识的必要条件。它的出现，与一个族群对于邻邦（neighbors）存在的不安和焦虑，对经济利益的考量，以

---

① Arjun Appadurai: Disjuncture and Different in the Global Cultural Economy, in *Theory, Culture & Society* (SAGE, London, Newbury Park Delphi), Vol. 7, 1990, p. 296.

及电子媒体的传播等等，有着十分密切的联系。① 事实上，全球化时代的文化再生产，已不仅仅是种族、阶级、资本、性别、权力等表层问题，而更为重要的是地方性的再生产问题。对于人类学研究而言，只有透过地方性再生产过程的细致研究，才能体察全球化之于不同地区、不同社会群体的实在意义。

二、人类学的全球化理论景观

多学科理论的融合，是当代人类学理论研究的重要发展趋向。就目前的情况而言，全球化时代的人类学理论研究，大致有四种走向。

（一）既有研究的延伸

20世纪80年代以来的人类学研究，虽然侧重点各有不同，但在总体上，已逐渐放弃宏大叙事式的理论探讨，强调"微观社会学"的研究，倾向于从"小地方"（small place）研究"大问题"（large issue）。然而，这种转向并不意味着人类学研究对于传统理论的完全摒弃。事实上，无论是进化论还是传统的结构—功能主义理论，也无论是具体历史主义还是文化与心理文化人类学，抑或是象征人类学、文化生态学、结构主义（structuration）等传统的"旧理论"，在目前众多的人类学研究文献当中，其影响都依稀可辨。以乌尔夫·汉纳茨（Ulf Hannerz）为代表的一些学者，把全球化看做是现代性的全球投影，强调普遍的全球化进程对地方性社会生活以及地方性知识再生产的影响，这种研究取向似乎有着毋庸置疑的时代感。然而在埃里克森看来，这些都只不过是帝国主义理论、农民研究、现代化理论和20世纪70年代政治经济学理论的继承和发展而已。② 与此同时，一些非西方社会的人类学者的理论探索，则赋予了传统人类学理论更加新颖的研究视角和更为丰富的理论内涵。譬如，在传统人类学理论"中国化"的过程中，一些人类学者透过中国乡土社会的地方性知识的研究和探讨，弥补了传统功能主义理论的不足，进而发展出所谓的"历史功能论"；③ 一些学者基于中国社会的个案研究，对中国人的时空观进行了结构主义式的解读，并由此衍生出带有浓厚地方色彩的时空理论；④ 而中国社会近年以来一些传统的复兴与"发明"，以及由此所引发的诸多有关民族文化保护的理论研究，则为文化生态学的理论阐释提供了新的注解。

---

① Arjun Appadurai: *The Production of Locality*, Routledge, 1995, pp.190~195.
② 托马斯·H. 埃里克森、芬恩·S. 尼尔森：《人类学的重构》，吕卓红译；载庄孔韶主编：《人类学经典导读》，中国人民大学出版社2008年版，第684页。
③ 乔健：《试说费孝通的历史功能论》，载《中央民族大学学报（哲学社会科学版）》，2007年第1期。
④ 黄应贵：《空间、力与社会》，中央研究院民族学研究所（台北）1995年版。

(二)"行动者—网络理论"

在20世纪90年代以后的人类学视域当中,简单地区分观察者与被观察者已变得越来越没有说服力,而"传统—现代"的二分法也不可靠。在全球化浪潮的冲击之下,跨地区的社会流动日益频繁,从而使得一个具体的人群所属的"地理"边界受到严重质疑,曾经作为人类学标志的共时、单一场所、单一社会的研究越来越少见,而"一个社会或民族"享有"共同的文化"的观念也因此被"彻底摧毁"。在这样一种理论困境之下,布鲁诺·拉图尔(Bruno Latour)的"行动者—网络理论"(Actor-Network Theory,简称ANT),这个源于对科学实践研究的理论,受到了一些人类学者的关注。拉图尔认为,科学技术实践是由多种异质成分彼此联系、相互建构而形成的网络动态过程。在此过程中,自然与社会、人与物以及行动者之间的边界在不断改变,新的网络也在不断生成。[①] 从某种意义上讲,拉图尔的"行动者—网络理论",为科学与人文的融合以及全球化时代多元文化的再生产提供了本体论基础,并因此成为人类学之于全球化研究的有力工具。

(三)价值转换理论

20世纪90年代以来,对于全球化与地方化研究有着独特见解的阿帕都莱,发展了拉图尔的"行动者—网络理论",提出了全球化进程中的价值转换思想。他指出,就像任何社会都必然与它所在的自然环境发生联系一样,人类社会的不同群体也总是处于不同程度的紧张互动之中,并经历着地方化与全球化进程之间的共同演进。而在此过程中,全球化的地方性与地方化的全球性,是互相映照的两个方面,其内在的文化价值往往是相互转换的。全球化作为一种文化潮流和趋势,不可避免地会对地方社会文化产生影响。然而,地方性文化并不是完全被动的,在全球化的冲击之下,地方性文化也可以参照全球化的价值体系来实现自身的再生产,以确保地方社会不为全球化所湮没。[②] 这样,民族志就逐渐由对族群关系历史的书写转向全球化背景下地方性再生产的技术历史的书写,以拓展人类学研究的视域,并由此建构起有关全球化以及现代条件下地方性的再生产的民族志。

[①] (法)布鲁诺·拉图尔:《科学在行动:怎样在社会中跟随科学家和工程师》,刘文旋、郑开译,东方出版社2005年版;托马斯·H.埃里克森、芬恩·S.尼尔森:《人类学的重构》,吕卓红译,载庄孔韶主编《人类学经典导读》,中国人民大学出版社2008年版,第684页;曾晓强:《拉图尔科学人类学的反身性问题》,载《科学技术与辩证法》,2003年第6期;郭俊立:《巴黎学派的行动者网络理论及其哲学意蕴评析》,载《自然辩证法研究》,2007年第2期。

[②] Arjun Appadurai: *The Production of Locality*, Routledge, 1995.

（四）后异域人类学

尽管 20 世纪 30 年代费孝通对于他的家乡——江村的研究被其导师马林诺夫斯基认为具有"里程碑"式的意义，但社会人类学之于复杂社会研究的"合法性"，一直难以得到广泛的认可。因为，异文化的"简单社会"、"传统社会"通常被认为是人类学研究的领地，而"复杂社会"、"现代社会"则被视为社会学的研究范畴。20 世纪 70 年代初，阿萨德（T. Asad）对英国功能主义人类学的研究提出批评，认为这些研究是建立在西方世界与第三世界的权力关系基础之上，致力于欧洲人对被其支配的"非欧洲社会"进行描述和分析，其读者对象也主要是欧洲人。为了纠正这种偏见，法西姆（Helmar K. Fahim）与一些非西方世界的人类学者提出了"土著人类学"的概念，以指代在自己的祖国、社会或族群中进行的人类学研究。马登认为，"土著人类学"的提出，使人类学的研究视角实现了关键性的转变，而不仅仅是调查对象的简单替换。① 然而，这些来自人类学理论研究边缘地带的声音，并没有得到更多西方人类学者的应和。原因并不复杂。非西方人类学者对于作为"异文化"的"我们的社会"的研究，虽然提供了理解本土社会的诸多观点，但却在一定程度上滑向了传统西方人类学研究的另一个极端，因而一时难以为更多的西方人类学者接受。这种窘境的出现，实际上与传统人类学研究中一个十分关键的理论预设密切相关：人类学的田野工作是建立在明确区分作为基础的本土和外面的世界的基础之上的。克利福德认为，后异域和殖民主义的解体，使原先的本土和异域、社区内和社区外、田野和都市的观念受到严峻挑战。由此，把地方性的实践和话语当做一套既是地方的又是全球的"约定俗成的知识"进行研究就显得尤为重要。② 20 世纪 90 年代以来，不断推进的全球化进程，使得西方与非西方的区隔、"传统"与"现代"的界分、"自我"与"他者"的界限逐渐变得模糊，而异文化与本土文化的交流与整合，则使地方性的再生产融合了更多的、有些甚至是带有全球性特点的社会文化因素。这样，传统人类学之于"异域"、"异文化"等概念的界定，就有了重新阐释的必要。事实上，库珀（A. Kuper）的世界主义人类学、印度人类学者推动的"多重中心"以及所谓"家园人类学"的提出，都从不同的侧面解构了这些概念内在的不确定性，并预示人类学后异域主义时代的到来。

从进化论到传播论，从功能学派到历史学派，从新进化论到文化唯物主义，从

---

① 马里萨·G. S. 佩拉诺：《家园人类学：一个学科的不同场景》，梁宏玲译，载庄孔韶主编：《人类学经典导读》，中国人民大学出版社 2008 年版，第 691~692 页。

② James Clifford: *Routes: Travel and Translation in the Late Twentieth Century*, Harvard University Press, 1997; Henrietta L. Moor: *The Future of Anthropological Knowledge*, Routledge；马里萨·G. S. 佩拉诺：《家园人类学：一个学科的不同场景》，梁宏玲译，载庄孔韶主编《人类学经典导读》，中国人民大学出版社 2008 年版，第 64 页。

结构主义、马克思主义，再到实践理论……如果说 20 世纪 80 年代以前的人类学，还可以寻找到少数几个较为主要的理论流派、一些可以明辨的学术阵营以及一些简单的学术标签的话，① 那么，这种理论景观在 20 世纪 80 年代以后似乎已经一去不复返了。不过，此等情状的现实存在，并没有从根本上抑制人类学理论研究的发展。事实上，或许是受到后现代主义思潮的影响，自 20 世纪 60 年代以来，人类学的理论研究就开始与各种形式的理论流派的有意识建构渐行渐远。与以往专注于建构或者维护某一学术流派的理论和观点不同的是，越来越多的人类学者转向对一些人类学关键概念的解构和阐释，试图以此来克服那些宏大叙事式的传统理论的缺陷和不足。对符号的认知，对象征的阐释，对结构的解读，对实践的反思，对权力的解构，以及对全球化和地方化的重新认识，逐步拉近了人类学的理论研究与现实的社会生活之间的距离，从而使人类学成为一种文化批评的工具，一种对人类常识的追问。这种理论建构的策略性调整，固然难以形成一些具有鲜明特点的理论流派和学术阵营，然而却似乎使得各种人类常识的再度书写和阐释更具有包容性和辩证性。社会科学理论与方法的相互渗透，一方面使得人类学与其他社会科学之间的界限逐渐变得模糊，另一方面也为人类学理论的发展增添了新的活力。

关键词

场域　惯习　权力　性别　历史　实验民族志　全球化　地方性　行动者—网络理论　后异域人类学

复习思考题

［1］结构马克思主义人类学理论的主要特点是什么？
［2］布迪厄的社会实践理论的理论目标是什么？
［3］如何理解福柯的权力观？
［4］20 世纪 80 年代以来的女权主义人类学研究有何重大理论转向？
［5］克利福德认为，民族志从来都是文化的创作而不是文化的表述，你对此有何评价？
［6］民族志的演进大致可以划分为哪几个时代？
［7］实验民族志有哪些实验策略？
［8］影响实验民族志写作的因素主要有哪些？
［9］如何看待 20 世纪 90 年代中后期以来人类学理论的"现实主义回归"现象？
［10］如何看待全球化时代民族传统文化的复兴现象？

---

① Sherry Ortner: Theory in Anthropology since the Sixties, in *Comparative Study of Society and History*, 1984, p. 126.

阅读文献

[1] Arjun Appadurai. Disjuncture and Different in the Global Cultural Economy. In *Theory, Culture & Society* (SAGE, London, Newbury Park Delphi), 1990

[2] Arjun Appadurai. The Production of Locality. In Richard Fardon (ed.). *Counterwork*. London: Routledge, 1995

[3] Aletta Biersack. Local Knowledge, Local History: Geertz and Beyond. In L. Hunt (ed.). *The New Cultural History*. Berkeley: University of California Press, 1989

[4] Pierre Bourdieu. *Outline of a Theory of Pratice*. Richard Nice (trans.). Cambridge: Cambridge University Press, 1978 (1972)

[5] James Cliford, George Marcus. *Writing Culture: The Poetics and Polotics of Ethnography*. California: University of California Press, 1986

[6] James Clifford. *Routes: Travel and Translation in the Late Twentieth Century*. Cambridge: Harvard University Press, 1997

[7] Derek Freeman. *Margaret Mead and Samoa: The Making and Unmaking of an Anthropological Myth*. Cambridge: Harvard University Press, 1983

[8] C. Geertz. *Works and Live: The Anthropologist as Author*. Standford, California: Stanford University Press, 1988

[9] Stephen Greenblatt. *Renaissance Self-fashioning: From More to Shake-speare*. Chicago: University of Chicago Press, 1980

[10] A. Kuper. *Culure, Identidy and the Project of a Cosmopoliatan Anthropology*. Man (NS), 1994

[11] Henrietta L. Moore. *Feminism and Anthropology*. Cambridge: Polity Press, 1988

[12] Henrietta L. Moor. *The Future of Anthropological Knowledge*. London: Routledge, 1996

[13] Sherry Ortner. Theory in Anthropology since the Sixties. In *Comparative Study of Society and History*, 1984

[14] Andrew Shryock. *Nationalism and the Genealogical: Oral History and Textual Authority in Tribal Jordan*. Berkeley: University of California Press, 1997

[15] David Scott. *Formations of Ritual: Colonial and Anthropological Discourses on the Sinbala Yaktovil*. Minneapolis: University of Minnesota Press, 1992

[16] Stephen Tyler. Postmodern Anthropology. In *Proceedings of the Anthropological Society*, edited by Phyllis Chock, 1984

[17] Roy Wagner. *The Invention of Culture*. Englewood Cliffs: Prentice–Hall Inc., 1975

[18] (澳)德雷克·弗里曼. 米德与萨摩亚人的青春期. 李传家, 蔡曙光译. 北京: 光明日报出版社, 1990

[19] (法)布鲁诺·拉图尔. 科学在行动: 怎样在社会中跟随科学家和工程师. 刘文旋, 郑开译. 北京: 东方出版社, 2005

[20] (法)米歇尔·福柯. 性经验史. 佘碧平译. 上海: 上海人民出版社, 2005

[21] (法)西蒙娜·德·波伏娃.《第二性》(全译本). 陶铁柱译. 北京: 中国书籍出版社,

1998
- [22] （法）皮埃尔·布迪厄，（美）华康德. 实践与反思：反思社会学导引. 李猛，李康译. 北京：中央编译出版社，2004
- [23] （法）皮埃尔·布迪厄. 实践感. 蒋梓华译. 南京：译林出版社，2003
- [24] （美）爱德华·W. 萨义德. 东方学. 王宇根译. 北京：生活·读书·新知三联书店，1999
- [25] （美）克利福德·格尔兹. 文化的解释. 纳日碧力戈等译. 上海：上海人民出版社，1999
- [26] （美）克利福德·格尔兹. 地方性知识——阐释人类学论文集. 王海龙等译. 北京：中央编译出版社，2000
- [27] （美）马歇尔·萨林斯. 历史之岛. 蓝达居等译. 上海：上海人民出版社，2003
- [28] （美）马歇尔·萨林斯. 文化与实践理性. 赵丙祥译. 上海：上海人民出版社，2002
- [29] （美）麦克尔·赫兹菲尔德. 什么是人类常识：社会和文化领域中的人类学理论实践. 刘珩等译. 北京：华夏出版社，2005
- [30] （美）乔治·E. 马尔库斯，米开尔·M.J. 费彻尔. 作为文化批评的人类学：一个人文学科的实验时代. 王铭铭，蓝达居译. 北京：生活·读书·新知三联书店，1998
- [31] （美）詹姆斯·克利福德，乔治·E. 马库斯. 写文化：民族志的诗学与政治学. 高丙中等译. 北京：商务印书馆，2006
- [32] （英）阿兰·巴纳德. 人类学历史与理论. 王建民等译. 北京：华夏出版社，2006
- [33] （英）安东尼·吉登斯. 社会的构成：结构化理论大纲. 李康，李猛译. 北京：生活·读书·新知三联书店，1998
- [34] 苏国勋、刘小枫. 社会理论的诸理论. 上海：上海三联书店，2005
- [35] （英）拉德克利夫－布朗. 社会人类学方法. 夏建中译. 北京：华夏出版社，2001
- [36] 庄孔韶. 人类学经典导读. 北京：中国人民大学出版社，2008
- [37] 庄孔韶. 人类学概论. 北京：中国人民大学出版社，2006
- [38] （英）罗伯特·莱顿. 他者的眼光. 蒙养山人译. 北京：华夏出版社，2005
- [39] 陈炳辉. 福柯的权力观. 厦门大学学报（哲学社会科学版），2002（4）
- [40] 高丙中. 民族志发展的三个时代. 广西民族大学学报（哲学社会科学版），2006（3）
- [41] 郭俊立. 巴黎学派的行动者网络理论及其哲学意蕴评析. 自然辩证法研究，2007（2）
- [42] 李红专. 当代西方社会理论的实践论转向——吉登斯结构化理论的深度审视. 哲学动态，2004（11）
- [43] 潘毅. 中国女工——新兴打工阶级的呼唤. 任焰译. 香港：明报出版社有限公司，2007
- [44] 苏国勋. 当代西方著名哲学家评传（第10卷《社会哲学》）. 济南：山东人民出版社，1996
- [45] 苏红. 多重视角下的社会性别观. 上海：上海大学出版社，2004
- [46] 曾晓强. 拉图尔科学人类学的反身性问题. 科学技术与辩证法，2003（6）

第三章　文化人类学方法

> **摘要**
>
> 文化人类学作为一门学科有其独特的研究方法，这体现在它的研究策略、具体研究方法及研究伦理三个方面。在研究策略上，现代的文化人类学倾向于采取主位与客位、整体与专题、宏观与微观、定性与定量相结合的方法。在具体的研究方法上，随着研究范围和研究对象的扩大，除了田野调查，文化人类学还广泛地采用调查研究和参与式社会评估的方法。由于广泛地参与，文化人类学者的研究会涉及道德问题，因此要求人类学研究要合乎伦理，即要对其研究对象负责，对学问和科学负责，对公众负责。

第一节　文化人类学的研究策略

一、主位与客位[①]

主位（emic）和客位（etic）这两个词分别来自语音学中的音位的（phonemic）和语音的（phonetic）。

主位观点（当地人取向的观点）的研究取向，将焦点放在当地人的解释方式以及重要意义的判断标准，其目标是发现当地人的观点、信念与认知，探究当地人如何思考，如何感知与分类这个世界，以及他们用来解释行为的规则是什么；对他们而言，什么东西具有意义，他们如何想象与解释各种事物。在运用主位观点的研究之中，民族志研究者依靠当地人来解释事物，并且说明某件事物是否重要，由此探索"当地观点"。

客位观点（研究者取向的观点）的研究取向，强调研究者（而不是当地人）的解释方式、概念范畴以及判断重要性的标准。因一个文化的成员们通常过度投入

[①]（美）科塔克（Conrad Phillip Kottak）：《文化人类学——文化多样性的探索》，徐雨村译，麦格罗希尔出版2005年版，第61、62、70页。

自己正在从事的事情,以至于无法不偏不倚地讨论他们的文化,所以民族志研究者还要运用客位观点研究自己所注意到的并且被认定为重要的一些事情。作为一位训练有素的科学家,民族志研究者应该尝试将一种客观以及具有穿透力的观点带到异文化的研究之中。当然,民族志研究者如同其他科学家一样,也是一个带有文化盲点的人,这使得他们无法达到全然的客观。正如其他科学家一样,训练有素可以减少观察者的偏误,但是无法完全消除。

在进行文化人类学研究时,研究者通常采用结合客位与主位的研究策略。当地人的陈述、感知、分类范畴以及意见,有助于民族志研究者了解其文化如何运作。另外,当地人的信念也是相当有趣且有价值的。但是,当地人通常不会承认,甚至也不会认知到其行为的某些起因和结果。为了要描述与诠释文化,民族志研究者应该认识到有一些偏见来自他们的社会,也来自被研究者的社会。要真正了解当地文化,多数人认为调查和记录要以主位为主,但如为了解决某一社会问题而要找出真正原因,就要兼顾主位和客位两个方面,否则将是不负责任的行为。①

二、整体与专题

整体调查（holistic investigation）,是对一个群体或社区所做的全面详细的调查,调查的范围包括群体或社区的政治、经济、历史、宗教和风俗等在内的所有内容,最后是以民族志的撰写为目的。

专题调查（problem-oriented investigation,也叫问题取向的调查）,是对一个或者几个群体和社区所做的有专门目标的调查,其目的是为了验证某一理论或者就某一问题进行专题的探讨。

但由于文化本身乃是一个整体,其各个组成部分之间是相互联系、相互制约的,因此,即使是进行某一专题研究,也要注意文化各部分之间的有机联系。如笔者曾调查山东省两个村子的村委会民主选举情况,发现这一政治行为与家族关系以及村庄的经济类型有很大的关系。

三、微观与宏观

研究者根据研究范围来确定是采取微观研究还是采取宏观研究的方式。微观研究是用贴近的角度,就像用显微镜一样,观察一个小型的社会单位或社会单位内可辨别的活动。宏观研究则把焦点放在大图像上,这个大图像可以从一个区域到整个世界体系。

---

① 汪宁生：《文化人类学调查：正确认识社会的方法》,文物出版社2002年版,第42页。

采用宏观或微观的研究取决于研究者想要知道什么，研究的理论是什么，以及研究者如何定义他的研究问题。符号互动论学家会采取微观研究的方式，结构论学家则会采取宏观研究的方式。不论研究者采取哪种方式，都可将研究发现与下一个更大的影响系统联系在一起。

四、定性与定量

由于人类学研究的许多内容很难进行量化，因此人类学的研究更重视定性而不是定量。

过去，由于人类学研究多聚焦于小范围的同质性的社会，研究者多是定性描述，定量研究在人类学上多用于跨文化的比较，以寻求人类文化的普同性和差异性。现在，由于人类学的研究范围也扩大到复杂的大规模的社会，定量的方法也开始受到重视，现在的人类学者多采用定性与定量相结合的方法来进行研究。

第二节　田野调查

一、田野调查及其历史

田野调查是文化人类学最重要的研究方法。所谓田野调查，指的是经过专门训练的人类学者亲自进入某一社区，通过直接观察、访谈、居住体验等参与方式获取第一手研究资料的过程。[①]

尽管文化人类学的知识可以追溯到古希腊、古罗马时期，在希罗多德、塔西佗的著作中已有对异文化生活方式的记录；15世纪末开始的"地理大发现"，不少殖民者、航海家、商人、探险者和传教士也留下了大量的对于异文化的丰富资料；作为一门学科的文化人类学也在19世纪下半叶随着进化学派的形成而确立。但是，真正意义上的田野工作却是后来的事情。19世纪的人类学家和民族学家，大多都不从事田野调查，他们不是从土著民族中直接收集资料，而主要是依靠前人撰写的关于各地土著民族的资料，致力于重建人类文化的历史，解释各地文化差异的原因。因此，他们被称为"摇椅上的人类学家"。

19世纪末是文化人类学田野调查的萌芽时期。真正意义上的田野工作应从被誉为美国现代人类学之父的博厄斯开始。博厄斯原籍德国，他于1883—1884年曾

---

① 庄孔韶：《人类学通论》，山西教育出版社2004年版，第247～248页。

作为德国的地理学家参加了加拿大巴芬岛考察团，并在爱斯基摩人中生活了几个月，从而认识到人类学研究的重要性，并转向人类学研究。他乘皮船和雪橇在爱斯基摩人中做长期调查，经常和爱斯基摩人同睡一张鹿皮和同锅吃饭。1886年，他又到美国西北沿海地区考察印第安人，特别是夸扣特人，先后做过13次考察。他批评进化学派根据少量资料就排列出人类社会发展阶段的轻率论断，主张对一个地区的文化历史做认真仔细的研究，强调收集资料的重要性。在他的指导下，一大批美国人类学家开始从事关于印第安人的调查研究。1898—1899年，由英国人类学家A.C.哈登率领的考察队，到新几内亚的托雷斯海峡一带的土著民族中进行实地调查研究，其成员有里弗斯、塞利格曼、威尔金等人类学研究者。他们在当地的土著民族中调查了5个多月，通过翻译，较为系统地收集了土著民族的社会和文化资料。

20世纪20年代，田野工作成为文化人类学家的常规研究方法，英国功能学派代表人物马林诺夫斯基对此做出了突出的贡献。马林诺夫斯基原籍波兰，1910年到英国伦敦政治经济学院就读，师从塞利格曼和韦斯特马克学习人类学。第一次世界大战期间，他曾3次到新几内亚土著民族中做长期实地调查：第一次是在1914年9月至1915年3月，地点是在新几内亚东南海岸外的小岛——梅鲁岛；第二次是在1915年6月至1916年5月，地点是在新几内亚东北的特罗布里恩德群岛；第三次是在1917年10月至1918年10月，重返特罗布里恩德群岛考察。他学习当地土著民族的语言，直接观察土著民族每天的生活，获得了很多第一手的资料。这样长时间的田野调查，是西方人类学界从未有过的。马林诺夫斯基由此创立了人类学田野调查和撰写民族志的科学方法，并从理论上和技术上归纳出一套科学的田野调查原则。

马林诺夫斯基的调查方法，后来成为西方人类学社区田野作业的范式。根据这种方法，人类学家通常要长期居住在被调查民族的一个小社区中，通过"参与观察"和"深度访谈"这两种方法了解当地居民的生活和行为方式，熟悉当地居民的伦理、道德、价值观念及心理特征等，研究其文化全貌。马林诺夫斯基的田野调查和撰写民族志的方法，主要是在调查原始民族的基础上形成的，比较适用于无文字的、尚未分化的简单社会，对于历史悠久的复杂社会则不完全适用。80多年来，西方许多人类学家和民族学家吸收了社会学、心理学等学科的调查方法，发展了马林诺夫斯基的田野调查方法，使之逐步完善。

二、人类学者如何进行田野调查

人类学者进行田野调查大体可以分为五个步骤，它们是选题、调查设计、调查前的准备工作、做调查、资料分析和写作。

（一）选题

田野工作始于人类学者选定一个问题或主题，选题决定了整个研究的努力方向。在选题时，有以下几个原则需要注意：

第一，研究者对选题要有兴趣。对所研究的问题或是研究对象有兴趣，才能在工作中不觉得枯燥乏味。

第二，选题要有意义。这里的意义可以是理论意义，也可以是现实意义，或者两者皆有。首先是选题的理论意义。理论一般有两种基本的类型：基本的或具体的理论和普遍化理论。基本的理论用一个事例来解释说明事实。普遍化理论用许多事例来解释说明事实。一个理论解释说明的事实越多，它越具有普适性。要使选题具有理论意义，我们通常可以通过两种方式来达到，一是针对具体的理论和前人做过的研究，进行进一步的证明或者反驳，分析其逻辑和因果的联系；二是对原有理论进行补充，或是提出新的理论假设来进行验证和说明。其次是选题的现实意义，即所做的研究将有利于分析和解决社会现实中的实际问题，可以将研究的成果运用于现实。

第三，选题要有研究的可行性。所谓可行性，指的是田野研究的可操作性、可完成性。这一点非常重要，没有可行性，题目再有意义，研究者对此再有兴趣，都是枉然。很多同学在选题的时候往往就忽略了这一点，等到做田野工作的时候才发现困难重重。为避免这样的问题出现，在选题的时候，我们要清楚地知道对于所选择的题目是否具备了做田野调查的个人条件和社会条件。

所谓个人条件，就是看你当时的时间、财力和人力条件是否允许，是不是一个自己可以驾驭的题目等。在考虑时间条件时，首先要明确自己所做的是一次全面调查，还是一个专题调查，抑或是两者结合的调查。全面调查往往要花一年以上的时间，专题调查所需要的时间通常少一些，从几个星期到几个月不等。财力也是非常重要的因素，劳务、设备、差旅等各项费用在选题时都要计算清楚，看研究经费是否可以支撑整个研究，如果不行的话，则要放弃这个选题或者想办法再寻找补充经费。人力包括你自己和其他参与研究的人员，还包括那些被你研究的人。例如，如果你在海拔 3000 米便有强烈的高原反应，这说明你不具备研究西藏地区的身体条件。所谓社会条件，就是看将做的研究问题，或者将要运用的研究方法，是否违背道德和伦理，是否具有潜在的威胁性和伤害性，或者是否是一个根本无法解决的问题等。

此外，除了遵循以上原则，选题最好要符合自己的学术经历。具有一定的研究基础，熟悉某一领域的研究和理论，将有助于得到一个有价值的选题。

也许没有一张研究主题的列表，但是有一些有用的指导建议。表 3-1 基于五种主要的社会科学变量之间的关系，把所有的研究主题分成了 15 类。一旦对这 15

类变量关系熟悉了，你就会很容易产生许多关于研究主题的想法。

这五种主要的社会科学变量是：①内部状态。包括态度、信仰、价值、感觉、认知。②外部状态。包括典型人物，比如在年龄、财富、健康状态、高度、重量、性别等方面。③行为。包括人们的食物、与之交往的人、他们怎样工作怎样娱乐——简言之，人们所做的一切和社会学家最有兴趣了解的方面。④人造物品。包括人类行为的所有物质残余。⑤环境。包括物理环境和社会环境的空间及其特点，如降水量、每平方千米的生物数量、社会经济等级指示器、河岸线或海岸线上的定位、政治气候等等。

表 3-1 研究类型

	内部状态	外部状态	行 为		人造物品	环 境
			报道的	观察到的		
内部状态	I	II	IIIa	IIIb	IV	V
外部状态		VI	VIIa	VIIb	VIII	IX
报道和观察到的行为			Xa	Xb Xc	XIa XIb	XIIa XIIb
人造物品					XIII	XIV
环境						XV

大多数人类学家把他们的注意力集中在内部状态和报导人所说的行为上。但是一旦懂得把这五种变量和潜在关系综合考虑，人文研究范围就会更广泛。

（二）调查设计

调查设计指的是提供一套基本的方案，来引导在调查中该做些什么以及如何去做。调查设计通常包含以下内容：①调查主题及其意义；②具体调查的内容；③调查的地点和对象的选择；④如何进行调查；⑤预计调查的周期和起始时间；⑥预算；⑦田野调查所发现成果的呈现形式；⑧调查研究人员针对该调查所具备的基础条件。

一个详细的调查设计对于能否科学地完成调查任务至关重要。它除了使研究者更加深思熟虑地思考研究主题、研究内容和研究程序外，还有助于其他合作者对于该选题的理解。因为现在的一些专题研究以及应用研究已不再是传统上"一个人的田野"，所以参与调查者的工作也日益重要。而且，由于人类学的田野调查往往需要花费不少的资金，所以寻求基金的资助通常也是开展田野调查的一个前提条件（虽然也有少数人类学者自费出资调查），而一个好的调查设计在争取赞助基金方面则相对容易一些。

调查方案一旦获得基金资助,还要根据调查主题制订调查提纲。如果需要调查的是异质性比较强的群体,则需要对这一群体进行分类,针对不同的类型拟订不同的调查提纲。对于有经验并熟悉调查主题的调查者来说,调查提纲可以只是一页纸,其中主要列举调查中准备提哪些方面的问题,不必将每个方面的问题具体化为一个个的小问题;但是如果调查者对调查内容不是很熟悉,或者不自信,就需要拟订一份详细的包含每个具体小问题的提纲。调查提纲主要供调查者自己看,帮助调查者全面提出问题,防止调查中有所遗漏。

制订调查提纲时可以参考前人做过的相关主题的调查大纲或者论著。例如,要调查某地区的饮食文化,则可以参考卫惠林等编拟的"全国风俗调查问题"生活习惯之饮食部分;① 若要调查某乡村的经济体系,则可以参考费孝通的《江村经济》中所调查的与经济有关的各事项。需要注意的是,调查前制订的调查大纲是基于想象的基础上的,与现实情况会存在程度不同的不符,这种情况是不可避免的。因此,需要在预调查的基础上对调查提纲进行修改和补充。

在调查点的选择上,应选择与主题相关的、有可进入性和有一定典型性或者代表性的调查点。

(三) 调查前的准备工作

调查前的准备工作是人类学田野调查的必修功课。凡是做过调查的人类学者都会体会到调查前准备工作的重要性,有许多调查者因为没有做好充分的准备工作从而在调查后遗憾不已。因为,准备工作不充分会大大地影响调查的效率和质量。那么,人类学的田野调查需要做哪些准备工作呢?汪宁生在《文化人类学调查——正确认识社会的方法》② 一书中详细地列举了四项,很有借鉴意义,以下概述之:

(1) 了解地理和历史的材料。调查以前有必要对所去地区的地理情况,如该地区的自然环境(山脉、河床、矿藏、动植物)、气候条件(温度、湿度、雨量、震期或冰期等等)、交通情况、物品供应等等有所认识。对当地的历史,如何时有人居住、历代建制情况、有什么重要的文物古迹、历史上发生过什么重大事件、人们有什么特殊生活习俗等等,亦应通过查阅地方志书及其他有关资料,做初步了解。此外,还应了解当地的特殊问题,如有无流行病、地方病流行,有无危害健康的昆虫或食物,社会治安情况如何,等等,以便调查者注意个人安全及安排生活。

(2) 掌握前人的调查研究成果。一切科学研究都是在前人研究的基础上进行的。若所去地区过去已有同行做过调查,有关的调查报告和论文必须查阅,以便了

---

① 凌纯声、林耀华等:《20世纪中国人类学民族学研究方法与方法论》,民族出版社2004年版,第241页。

② 汪宁生:《文化人类学调查——正确认识社会的方法》,文物出版社2002年版,第17~21页。

解前人做过哪些田野调查，取得了什么成果，解决了哪些问题，还有哪些问题没有解决。前人做过的工作和已解决的问题，自然不必再重复。有些地区迄今无人类学家做过调查，但过去地方官吏、使臣、传教士、旅游者或已留下记载，他们虽不是专业的田野工作者，但他们的记载中往往包含珍贵的材料，也是调查者必须查阅参考的。

（3）调查队伍的组成。人类学家通常是深入边缘地区或不熟悉的地区，进行长期的居住观察和体验。早期的人类学调查是以一个人的工作或者夫妻的合作为主，但随着学科分工和知识的专门化发展，人类学家和其他专家组成的群体共同从事某一田野研究的机会日益增多。一个好的调查队的组成原则应该是：①根据调查课题性质而有各方面专家参加；②由一个有经验的人类学家为领导；③调查人员中最好有女性成员，便于调查婚姻或与妇女有关的问题。

（4）装备、物品的购置。携带什么样的装备和物品，应根据当地的地理、气候情况和调查时间的长短而定。调查设备除个人衣物、文具、书籍外，还应具备生活用品、常用药品、个人证件、地图、摄影器材、录音设备、特殊仪器以及准备好的调查大纲或表格。

除了以上四项外，还要注意的是：调查者自身的身体状况很重要。在出发前要看调查者的身体状况是否适合调查地的自然环境、气候条件等。对于人类学者来说，良好的身体素质是进行长期田野调查的基本条件。

田野工作之前对前人调查成果的掌握，绝对不能代替进入田野后的详尽调查。我们应该详细和充分地收集第一手资料，在仔细的观察中发现新情况、新问题，对前人的研究进行纠正和反思。

如果是第一次调查，调查者应该设法安排一次预调查——到预定的田野调查地点进行短期调查，测试所制定的调查方案和计划是否符合当地情况，并按照实际情况进行调整。预调查的一个很重要的方面，就是与调查目的地进行预先的联系，包括与当地政府和其他组织的联系，确保调查可以顺利合法地进行。经过预调查，确认调查方案和提纲可以顺利完成后，即可出发进行田野调查。

（四）做调查

1. 进入田野点

调查者进入调查点之后的首要的事情就是安排在调查点的食宿。食宿的方式根据调查点的具体情况可以有所不同。调查者可以选择当地的一户人家，交给主人一定的生活费，在这户人家吃住；也可以选择住在当地社区的空屋中，如假期空闲的校舍或者其他闲置的屋子，解决吃饭问题则要选择社区内的一户人家，交给主人一笔他认可的费用；如果社区附近有旅店，交通方便，调查者也可以选择住旅店。

以上三种方式各有利弊。吃住在主人家，调查者作为一个当地人亲身融入和参

第一编 文化研究的基础

与到他们的生活当中,可以将主人一家当做主要报导人,随时获取所需的各方面资料,但要遵守他们的生活习惯和作息时间,在某种程度上也会影响主人家的正常生活。选择住在附近的旅店里可以克服在居住和饮食上不习惯于当地的问题,本身的工作也不会因为当地的作息习惯而受到太大的影响,但在融入当地人这方面要差一些。住在社区的空屋中,调查者可以自由地支配时间和空间,还可以利用吃饭的时间向主人家询问一些调查信息,是一种比较理想的方式,只是在生活设施方面要差一些。

与安排食宿同时进行的是要向当地人表明来意。社区的领导人或者地方权威是最应该拜访的对象,他们通常对地方性的知识有比较全面和深入的了解,在得到他们的认可和带领下,才能更全面、更有效地了解整个社区的概况,以及当地的基本生活习俗、饮食习惯和禁忌等,从而更好地对社区的其他人员进行访问。对于社区的其他居民,调查者也应该清楚地、耐心地向他们表明来意和目的,包括出示证件和介绍信,以免引起不必要的顾忌和误会。只有在向被访问者说明来意,获得当地人信任的前提下,才能保证调查的顺利进行,也才会得到真实有效的资料。

得到当地人的初步认可之后,接下来的工作就是熟悉当地的环境、历史和人口等基本情况。这些可以通过初步的走访、画社区图和对地方文献资料进行查阅等方式获得。

进入田野调查点并使得调查顺利进行并不是件容易的事。David M. Fetterman在其《民族志》一书中介绍了进行田野调查的"入门守则"。① 其中,一个中间人的介绍推荐是调查者进入一个团体的最佳敲门砖。这个中间人可能是主管、首长、指导者、老师、流浪汉或帮派分子,他们都应该有对这个团体的信用度——是其中之一的成员或是公认的朋友或是一个关系人。这个中间人与团体的关系越密切越好。但是,调查者要明白,尽管选择主要而有影响力的团体成员很有用,但建立田野工作的独立性也是很重要的,这样才能防止过早与其他联系切断的情形。调查者在没有办法找到最适合的人来替他做介绍的情况下,则必须考虑如何进入一个团体,可以走进一家邻近的商店、参加教堂的集会、到学校当义工,或者在社区中扮演其他没有威胁性的角色。

在团体里,使用特定的方法和技巧,将有助于调查者进行资料的收集和分析。接下来我们将依序讨论这些方法和技巧。

2. 田野调查的方法

人类学田野调查的方法主要是观察和访谈。在实际的田野调查中,人类学者不仅仅是对调查对象的行为、态度进行客观描述,还要探究行为者的主观动机以及行为本身的意义。因此,观察和访谈两种方法常常交织在一起,互为补充。为得到客

---

① David M. Fetterman:《民族志》,赖文福译,弘智文化事业有限公司2000年版,第65~66页。

位材料则必须进行观察，为得到主位材料（被调查者的观点）则必须进行访谈。

◆ 观察

田野调查的一个重要任务便是说明研究对象的行为模式及相互作用，观察是得出有关人们行为的可信报道的最佳途径。观察分为直接观察、参与观察和直接系统观察。

（1）直接观察。直接观察是亲临现场进行观察，可以比较正式，也可以比较随意。如果是正式的观察，则要求观察者在一定时间之内实地测量某些行为的发生率；如果是非正式的观察，则是在实地访问期间穿插进行，有时候还可以收集其他资料，比如访谈信息。为了提高观察资料的可信度，通常的做法是安排几个而不是一个研究者进行观察。

（2）参与观察。参与观察是人类学田野调查的主要特征。一般来讲，参与观察要求调查者在调查地区住一段时间，从半年到一年，甚至更长的时间。通常一年是一个时间周期，因为这可以使调查者有机会看到当地人们一年内因季节而异的生产活动、宗教仪式和节庆事件。除了时间的要求外，调查者还要学习当地的语言，用当地语言进行交流，这不仅是对当地文化的一种尊重，更是融入和理解当地文化的条件。参与观察还要求调查者要像当地社会成员一样生活，深入到当地人们的生活之中，这样才能真正观察和了解当地文化的方方面面，这包括人们日常的工作和生活模式、重大活动及节庆中的仪式、人际关系、心理状态等。

由于参与观察是一个有一定时间跨度的过程，然而并不是每一个人类学者都有充足的时间，因而有很多人的研究采取定点追踪的方法——对调查点进行有间隔的、长时间的、持续不断的观察，以求从中发现整个社区或者村落的历史演变过程。这种参与观察的方法被称之为"历史追踪法"。

参与观察不但要求调查者参与被研究人群的生活，还要保持专业的距离，以便适当地观察和记录资料，然而要做到这一点却非易事。因为参与观察者像所有人一样受其兴趣和文化模式的驱动，会优先挑选某些行为作为"相关的"或"有趣的"，他们在如何描述行为方面也存在一定的偏见，由此会产生由于文化歪曲而导致的错误描述问题。要从方法论上解决这个问题，使调查者的注意力摆脱自我引导，便需要引入其他更为精确的观察方法，这种方法便是直接系统观察。

（3）直接系统观察。直接系统观察是由一些明确的规则结构而成，涉及观察什么，在什么时间和地点观察，以及如何记录观察。抽样和记录方法是直接系统观察的关键环节。

直接系统观察的抽样需要几个步骤。第一步是确立研究边界，包括社会边界、地理边界和时间边界，从中选择出作为观察的实体。第二步是选择观察单元。大多数行为研究关注三个变量的综合：行为者、活动和场所，通常我们聚集于其中一点并观察其他相关因素的变化。第三步是规划观察日程，需要确定的主要问题是：每一次观察在何时开始,持续多长时间,以及观察期内如何对时间进行抽样。

记录观察结果有两种方法:一是描述我们见到的活动,二是把它们编码。这留给我们三种选择:第一种,完全避免编码,保持文本描述,把我们的资料作为定性叙述的总集;第二种,收集文本描述,运用在调查完成时产生的目录来编码;第三种,在观察的同时,运用调查之前或在调查初期产生的目录把活动做编码。

◆ 访谈

按访谈形式,访谈可分为非正式的访谈和正式的访谈。

(1) 非正式的访谈。非正式的访谈是田野调查中常见的方法,就像是平常的闲聊,调查者没有预先设置问题,问题是在一定的情景中被自然提出。这种访谈是建立在观察的基础上并从观察过程中产生的,访谈可以随着访谈主体和背景环境的变化而调整。这种访谈形式的缺点是,由于情景的不可重复性,从不同的人所得到的对各个问题的信息往往是不同的,因此从正确性和效率性两方面来看,这种方法并不合适;而且,由于访谈缺乏系统性和整体性,对于资料的分析和整理比较困难。但是,非正式的访谈对于访谈双方建立和维持健康的密切关系很有用,对于发现重要的信息也很有用,通常在田野调查初期和中期较常使用。

(2) 正式的访谈。正式的访谈按结构可分为结构性访谈、非结构性访谈和半结构性访谈。

结构性访谈是指调查者提前决定了问题的精确表述和提问的顺序,在访谈的过程中,所有被访者都被按同样的顺序问及相同的问题。这种访谈的优点是,被访者回答相同的问题增加了答案间的可比性;而且,对每一个被访者来讲,与话题相关的资料是完善的。如果是同时使用几个访谈者,还可以减少访谈者的影响和偏见。这种访谈形式的缺点是缺乏灵活性,通常在田野调查的中后期及某些专题调查中较常使用。

非结构性访谈则与结构性访谈相反,访谈者没有设定好要访谈的具体内容,而是以某些主题为切入点,与访谈对象进行交流。访谈的内容比较宽泛,形式仍然是相当谈话式和情景式的,这有助于从被研究对象的角度来发现问题。但这类访谈对访谈者要求比较高,只有经验丰富以及非常熟悉调查任务的访谈者才能胜任,对资料的组织和分析也存在一定的难度。

半结构性访谈介于结构性访谈和非结构性访谈之间。这种访谈有一定的目的性,访谈的题目和内容预先以提纲的形式予以说明,但没有设定严格的问题的限制,在访谈的过程中访谈者决定提问的问题和顺序。这种方法的优点是,提纲增加了资料的全面性,使资料的收集更有系统性,且访谈具有一定的灵活性。

除了以上分类外,根据访谈对象,访谈还可分为与个人进行的访谈和与小组进行的访谈。如个体访谈、主要报道人访谈、小组访谈、焦点小组访谈或讨论。个体访谈是以访谈目标群体中的一个样本来获取代表性的信息;主要报道人访谈的目的是获取特定的知识和信息，一般来说，主要报道人是那些了解与调查主题相关的知识的人；小组访谈则是访谈一群人来了解社区的基本情况；焦点小组访谈或讨论的目的在于详细讨论一个特定的题目。

以上的访谈形式在实际应用中会重叠和混合，然而不管是在何种形式的访谈中，调查者都要注意遵守以下原则：

第一，尊重所要研究群体的文化。在访谈中或其他的互动中，调查者要对调查对象群体的文化规范保持敏锐，包括在穿着、语言和行为等各方面。

第二，仔细考虑如何向受访者解释清楚你的研究计划，不要让他们感到无聊、困惑、事不关己、神秘，或者产生偏见。要考虑资料提供者对访谈的看法，尽量消除他们的不适感，营造愉快的气氛。

第三，提的问题要清楚、明确，这样，访谈对象才能够准确知道调查者问的是什么问题。

第四，保持中立的立场，避免带有倾向性的问题和词语，而且要鼓励访谈对象按照自己的思维进行叙述。

第五，注意聆听。注意力集中的聆听不仅帮助调查者决定实施正确的"干预"，它也告诉回答者调查者对他或她讲述的事情感兴趣，同时它还能使访谈人通过回到已经陈述过的事情的方式，鼓励回答者就某个特定话题进行详细阐述。

第六，若在访问时间采取了某种记录方式，访问结束后应立即把这种记录方式无法记录的要点全部写下来（例如，录音机无法记录资料提供者具有特殊意义的面部表情）。若在访问时没有记录，应在访问结束后尽快记录，不要拖延。访谈笔记上要注明访谈的日期、时间、地点，受访者的身份，并编上页码。

第七，对于访谈对象提供的信息，调查者必须有所警惕，虽然他们对于调查者来说，对研究对象更有直接和亲身的体验，但是有可能他们所提供的信息是事实和个人观点的综合，这就需要对信息进行多方验证。

3. 田野调查的工具

在田野调查中，我们可以使用一些工具来帮助我们观察、访谈、记录和描述。

◆ 笔和纸

笔和纸是在田野调查中使用最广泛的工具。借此，调查者可以描绘调查地的自然风貌、描述事件发生的情境、记录访谈的具体内容等。之所以使用最广泛，第一是因为使用简单、方便，不仅调查者可以用，被调查者也可以用，以帮助我们收集资料，如被调查者可以用调查者提供的纸和笔画出所调查社区的资源图、社区图等；第二是因为成本低；第三是受环境限制少，我们几乎可以在任何情况下随时掏出笔和纸进行记录；第四是使用时显得不突兀，易于为被调查对象所接受。使用笔和纸的缺点，一是观察记录情境时需要花费大量的时间；二是访谈中由于低头记录从而影响了与访谈对象的有效互动，如不能够进行持续的眼神交流，也妨碍了对互动情境的观察；三是用笔和纸不能够记录观察到的每一个事物以及听到的每一个字。

◆ 笔记本电脑

笔记本电脑在适当的情况下可以代替笔和纸，以提高调查工作的效率。如在进行座谈会时，尤其是在市、县、镇级的正规座谈会中可以很方便地使用笔记本电脑；在进行个别访谈时，视访谈的背景，我们也可以在合适的场景下使用它。在以上两种情况下，它为我们节省了将调查笔记再输入电脑的时间。除了这个优点之外，即使不能够在调查时使用它，在晚上及其他不能够进行调查的时间里，调查者可以将调查资料输入电脑，进行资料的扩充、修正以及组织、分析和写作。笔记本电脑还为调查者和参与者的互动提供机会，调查者可以当场让参与者分享他的观察和访谈记录，以获得他们的看法并修正记录，增加资料的正确性。此外，笔记本电脑上装备无线上网卡，可以随时与有关人员交流以及查阅网上资料。

使用笔记本电脑也有它的缺点，在使用时会受到一些因素的限制。首先，使用时所具备的条件，除了电源，还要有合适的空间放置和操纵电脑；其次，在一些场合使用笔记本电脑显得突兀，不合时宜，有时不易于为被调查者所接受；最后，如被调查者对电脑感到陌生，就可能会过于吸引被调查者的注意力，从而影响调查的进程。

◆ 录音笔

录音笔在访谈中以及记录一些特殊资料（如民歌、神话、故事等）时可担重任。使用录音笔的好处是可以长时间地、准确地记录每一个字句，且不影响与访谈对象的互动；另外，调查者还可以将自己的话录音，例如，调查者在不便使用其他方法记录容易忘记的内容和想法时，便可以掏出录音笔，将自己的观察描述和想法及时录下来。

使用录音笔也会产生一些问题。一是录音要得到对方的允许，而多数人面对访谈录音很紧张，因此接受程度低。通常可接受的做法是，先用笔和纸，过一会再问受访人可否用录音笔，并向他解释笔和纸记录的速度不够快，不能够把每个字都记下来，而且调查者记录时要花时间，从而会耽误受访人更多的时间。这种情况下，受访人通常可以接受，避免了一开始就面对录音笔时产生的紧张。二是录音笔会对访谈内容有所限制。有些受访人对于一些他认为敏感的话题有所保留，因为声音是可辨识的，为了不得罪人，对有些问题只好三缄其口。三是誊写时产生的问题。将声音资料转变为文字资料需要誊写，而誊写是一项需要花费大量时间且枯燥乏味的工作，调查者可以根据需要只誊写重要的部分。另外，如果找人誊写的话，则准确性也是一个问题。一般情况下，为确保准确性，誊写者必须熟悉录音中人物的语言、方言和俚语等，而且要逐字誊写，避免删减和润饰。

◆ 相机

相机可以为某一时间、地方、人群、事件和环境提供影像记录，以作为永久的证据。而且因为这些记录的精确性、生动性以及可以在视觉上被复制、放大、缩小，以满足我们不同的需求，所以相机在田野调查中占据重要的地位。相机还可以被用来帮助调查者建立与被调查者之间的融洽关系。笔者常用数码相机给被调查者拍一些生活照，当场给他们看，然后冲印出来寄给他们。这不但在调查期间促进了彼此的关系，而且还加强了后续的联系。而拍照本身的行为，以及拿着其他事物的照片给被调查者看，也是引出他们主观反应的一种方法。通过他们面对镜头的反应，我们可以了解他们对自我、对调查者介入的看法。通过手持某个事物的图片，我们可以引出他们对此事物所关心的话题和态度。相机还是一种记忆的装置，一种延伸人类眼睛的装置，它可以记下大量田野工作者记不得的细节，抓住一些人类眼睛没有注意到的细节。

在使用相机时要注意三个问题。一是拍照时要得到口头允许，如果要在公众场所展示图片，则要得到书面的允许。因为宗教的原因，或者隐私的理由，再或者心理因素等，不同的群体和个人对被拍照有不同的反应。有的人认为拍照能够摄去自己的灵魂，因而对照相十分恐惧；有的人对偷拍十分愤怒，认为是一种侵权；有的人则不清楚自己的照片会被如何使用，因而拒绝拍照。所以，本着尊重对方的原则，以及建立良好关系的目的，我们要避免偷拍和强行拍照。二是要注意"摆拍"问题。由于人类学田野调查主要是现时性的社会状况的调查，因此要杜绝"摆拍"，否则会引起读者对调查对象的误解。笔者就曾看到一些基于当前某些少数民族村寨调查的书籍，例如，明明有的民族已不再穿本民族服装，但调查者和拍摄者还是让人家从箱底翻出传统服装穿着拍照，并把照片印在书中，使读者误以为他们现在还是这个样子。三是在使用照片时，要对照片所置事件或者背景有清晰的了解，若除去一个事件前后的关联，照片就会令人迷惑或者被误解。正如 Fetterman 所说："摄影可以帮助观察者了解一个文化的模式，但在这个文化的基本原则和规则被理解之前，只具有初步的概念时，是不应该用任何方式来描绘它的。"[①]

◆ 摄像机

摄像机在捕捉一些复杂而细腻的行为流时非常有用。像某项民间工艺的操作流程，人们在一些宗教和非宗教生活的仪式里所表现出来的表情、手势和姿势等，都是其他工具所不能持续而准确记录的，这时使用摄像机便十分必要。然而，由于摄像机这种仪器本身比较突兀，而且容易引起人们一般行为的故意扭曲，加之在文化描述中很多方面并不需要十分细腻的影像，因此，除了进行一些特殊的行为流记录外，摄像机在一般的田野调查中并不十分常用。另外，仪器本身的花费以及在成果中难以对影像进行有效的、系统的展示也限制了它的流行。

---

① David M. Fetterman：《民族志》，赖文福译，弘智文化事业有限公司 2000 年版，第 130 页。

第三节 调查研究

调查研究通常从一个较大规模的母群体中抽取一个样本，借由研究一个经过妥善选择且具代表性的样本，社会科学家可对这个较大的群体，做出精确的推论。调查研究有如下特点：①通常研究一个较大的母群体中的一组小样本；②在研究对象与研究者间，往往很少有个人的接触，访谈通常是由调查员透过电话访谈或预先印妥的问卷来进行；③通常关注少数变量，例如，影响选举的各种因素，而不是关注人们生活的整体；④通常在现代国家中进行，大多数的人们识字，受访者能够自行填写问卷；⑤大量依赖统计分析，以便对一个大型且具差异性的人群进行推论，其基础在于对这个群体的一个小规模的次群体所收集的资料。①

调查研究是社会学、经济学、政治学等社会科学研究者采用的典型的研究方法，随着人类学家的研究工作越来越多地在大规模的复杂社会中进行，人类学家在研究中采用了田野工作与调查研究相结合的方法。田野工作可用来补充调查研究的不足，并且加以微调。人类学家可以将田野调查的个人化、第一手研究的技术，转移到任何一处包含人类在内的场景之中。调查研究与田野调查的结合，可以为复杂社会的生活提供一些新观点。先期的田野调查，也有助于在调查研究中发展出一些与当地有关并合乎当地文化的问卷。

问卷法是调查研究的主要方法。这种方法是一种由调查对象填写表格或者回答所列问题的方法，是在调查对象数目较大，覆盖区域较为广泛时采用的抽样调查。运用问卷法调查的第一步是围绕调查的主题设计问卷。问卷的设计要符合实际，并有可以改动的余地，以便在调查过程中对发现的问题及时地进行修改。第二步就是在所需要的调查群体中进行抽样。最常见的抽样技术是"随机抽样"和"分层随机抽样"。随机抽样是在研究对象总体中随机地选择一定数量的人组成样本，通常适用于同质性较高的对象群体。分层随机抽样适用于异质性较高的对象群体，通常是先对研究对象总体进行一个粗略的普查，有一个总体的了解，然后再根据研究对象的特征进行分类，确定每一类人口在调查中所需的比例，最后再按照比例进行随机抽样。

在大多数情况下，人类学的问卷调查并不是把问卷发给所调查的对象，让其单独完成，而是在拟定好的提纲指引下与被访问者共同完成的。随着人类学学科本身的发展和与其他学科的结合，问卷调查方法已经越来越多地被运用于人类学的田野

---

① （美）科塔克（Conrad Phillip Kottak）：《文化人类学——文化多样性的探索》，徐雨村译，麦格罗希尔出版2005年版，第69~70页。

调查当中,受到人类学界的普遍接受和运用。

第四节 参与式社会评估[①]

一、参与式社会评估的概念

参与式社会评估是与参与式发展的思想相联系的。参与式发展的思想核心在于"赋权",强调多方参与,尤其是项目目标群体(当地人)积极地、主动地参与,以保证项目决策的公正、科学,以及项目实施的效益。参与式社会评估正是实现这一目标的有效手段和途径。

参与式社会评估是从项目对社会发展目标的贡献和影响等方面分析其利弊得失,使项目得以整体优化,保证其顺利实施,并实现项目经济与社会效益的最优化。由于项目的实施及效益最终通过目标群体体现出来,因此参与式社会评估的关键在于通过有效的方式将当地人的参与热情调动起来,让他们对项目产生兴趣和感想,并谈出他们的意见和看法,从而促进当地人进行调查和分析,分享调查和分析的结果,达到使当地人自我分析、做出计划和采取相应的行动。

二、参与式社会评估的目标

参与式社会评估的目标是将项目的设计和实施与区域性社会发展相结合,并尽可能地强调经济与社会之间的有机联系和降低对社会的负面影响,并有利于社会稳定。在进行评估的时候主要关注以下几方面的内容:

(一) 自然环境

在农村发展项目中,保护当地社区的自然环境,充分利用好当地的自然资源是相当重要的。尤其是一些基础建设项目,如公路、水库的建设,必然会改变当地的生态环境。如何避免或者把对当地生态环境的破坏降低到最低限度,是项目评估中应该考虑到的重要问题。

[①] 周大鸣、秦红增:《参与式社会评估:在倾听中求得决策》,中山大学出版社 2005 年版,第 42～71 页。

（二）社区群体

社区群体是参与式发展项目的受益者及实施者。在项目评估中，针对社区群体应考虑两个方面：一是群体参与性如何，在项目的决策、评估和实施中，能不能体现出广泛的参与性；二是社区内每个群体的受益程度及发展机会如何，这也是评估的一个重要指标，因为项目实施得怎样，最终还要看当地人从中得到了哪些好处。

（三）地方文化

在参与式发展的过程中，地方文化的影响是一个很重要的因素。地方文化往往可以将不同社区区别开来。但是，生活在不同社区的同一民族往往又表现出不同的文化特点。因此，不论一个社区是单一民族还是由多民族组成，一个社区的存在与延续往往由社区内部有形或无形的文化来维系着。外来者进入社区，社区内的人知道什么该不该对外人说，什么能不能对外人说。对于外来者，必须尊重地方的习惯和风俗，并将所要实行的项目尽可能地与当地的需求和文化习俗结合起来。同时，在项目评估中，应尽可能地利用和保护地方文化，以维持文化的多样性和地方特色。

（四）发展机会

一个项目可对社区提供怎样的发展机会也是社会评估的重要内容。评估发展机会围绕以下几个方面：①确定受益者需求并估量其发展的潜力；②在确定与性别有关的问题时，强调避免或减轻对弱势群体的负面影响；③确定发展项目对减轻贫困的作用；④确定利用参与式发展政策的机会；⑤确定项目目标群体的收入；⑥确定实现目标、解决问题的发展机会；⑦确定最符合社区群体的需要和项目可行性的计划。

（五）项目可行性

评估项目的可行性主要从以下几个方面着手：①确定主要利益主体并让他们参与项目的全过程，包括对项目的选择、设计、实施、监控和实施效果评估；②强调从受益群体的角度设计项目，使他们能够接受项目目标和变化动机，且项目设计能够考虑到性别、民族及其他社会区别问题；③评估项目的社会影响，并在确定有负面影响的情况下（特别是对弱势群体的负面影响），决定如何避免、降低或实质性地减轻这些影响；④强调受益者的主动参与性，给予他们及时的帮助和有效的信息，并用符合社会要求的方式实施减轻影响的措施。

三、参与式社会评估的程序

参与式社会评估需要遵循如下程序：①组建参与式项目工作小组。②与社区各级官员召开座谈会。社区各级官员是社区的代表，具有一定的权力，对县里各社区的发展重点比较熟悉，也比较全面，他们还了解更广范围内的规划背景。③与社区项目村庄的村民举行座谈会。通过座谈会来讨论重要的规划问题以及得到反映地方需求的反馈性意见。④对农户进行入户调查。⑤初步分析所收集的信息和社区反馈，找出存在的问题、制约因素、潜力以及发展机会，进而制定发展规划并形成社区的共同承诺。⑥制定项目计划，明确各方责任。⑦项目实施。⑧监测和评估。

在遵循以上程序的过程中，还有以下几点原则需要注意：

（1）初次进入社区时，要非常诚实地告诉当地人前来的目的和目标。作为外来者，在个人的态度和行为上应该表现出谦虚、尊重与耐心，与社区群众建立一种平等和谐的伙伴关系。

（2）在调查对象的选取上，需要明确调查地是典型社区，还是特殊社区。根据调查的目的，初步确定的调查对象要包括不同阶层、不同性别、不同民族的群体。可以在调查前对预选的若干个调查对象进行考察后再选择。

（3）在调查资料的获取和分析上，要包括当地自然环境、人口状况、地方文化和人口、生产活动和社会服务、社区群体的想法等各方面的材料。还需要分析项目发展机会和限制条件，并需要社区群众参与，对发展机会进行优先排序。

（4）在评估报告的写作上，报告的写法应有利于详述项目的社会目标，并有利于完成适于这些目标的项目设计。具体来说，评估报告应包含的内容有：项目背景的社会信息；阐释在所有选定的范围内和条件下进行社会分析的过程和作用；确定受益群体的需求、支持和参与项目的意愿；阐明项目设计与实施过程中存在的问题和建议，以及有关的解决方法；项目对不同利益主体所做的承诺和提出的建议，并提出增强他们参与能力的建议，基础上对减轻贫困、降低社会风险和代价的可行性分析，以及基础上对减轻项目影响区效益的预测；提出获得最佳项目收益和实现项目目标的建议，并提出机构继续自我发展以及与当地可持续性发展有关的规划；对监控和评估提出结论与建议。

（5）项目信息反馈是参与式社会评估的重要一环。作为一个参与式项目，实施过程完成了并不表示项目也完成了。在基础上实施过程结束后，收益者能否行使对项目的所有权和受益权并承担义务，反映了项目是否导入了参与式。特别是对于那些收益周期比较长的项目，信息反馈更是重要。

四、参与式社会评估的方法——参与式农村评估

参与式农村评估（Participatory Rural Appraisal，简称 PRA）是一套快速收集村庄资源状况、发展现状、农户意愿，并评估其发展途径的田野调查工具。其宗旨是要通过外来者的协调作用，鼓励唤醒当地社会的参与意识。这套工具来自于发达国家在第三世界国家开展的多种发展项目的实践，其目的在于把发言权、分析权、决策权交给当地人们，促使当地人们加深对自身、社区及其环境条件的理解，与发展工作者一道制定出合适的行动计划并付诸于实施。

PRA 的应用以非政府机构的发展学者于 1988 年分别在肯尼亚和印度的农村实践工作为开端，目前实践和应用的范围越来越广，主要包括自然资源管理，农业，人民、贫困与生活，健康与营养，城市中的需求评价、社区参与、城市贫困与暴力，政策分析，替代问卷调查等领域。[①]

具体运用 PRA 方法时的可操作工具有：绘地图与制模型，时间趋势与变化分析，季节历，每日活动安排，机构关系图，联系图，贫富排序，差异性分析，矩阵打分与排序，小组活动，交流与分享，参与式计划、预算、实施与监测，制作小品与录像，数据记录，快速撰写报告等。[②]

对于以上工具的使用，必须提醒注意的是：PRA 工具是一套来自于田野实践的经验总结，而非一套封闭死板的教条，对 PRA 工具补充和创新的过程至今仍在进行，在使用时切勿盲目照搬，而应根据调查主题、田野情况灵活采用。另外，PRA 的特点在于快速和灵活，但由于时间上比较短促，在调查深度和与调查对象建立伙伴关系方面存在欠缺，这就需要辅助使用人类学的传统调查方法，例如参与观察法等。同时，调查者与调查对象之间要努力建构融洽的关系。

第五节 研究伦理

人类学专家在进行各种研究时，会遇到一系列的道德问题。根据《美国人类学协会伦理法则》，人类学者应该做到他们的研究是合乎伦理的，概而言之，即是对三类对象负责。[③]

---

① 李小云：《参与式发展概论》，中国农业大学出版社 2001 年版，第 60~62 页。
② 李小云：《参与式发展概论》，中国农业大学出版社 2001 年版，第 63 页。
③ *Code of Ethics of the American Anthropological Association*, Approved June, 1998, http://www.aaa-net.org/committees/ethics/ethicscode.pdf.

第一，人类学专家对与其一起工作的人和动物，以及所要研究的他们的生活和文化负责。

（1）人类学专家对他们所研究的人、物种和物质以及与他们共事的人有根本的伦理上的职责。这些职责可能代替探索新知识的目标，也可能使他们发现在根本的职责与其他责任相冲突的时候决定不再继续或中止一项研究项目。这些伦理职责包括：①避免造成伤害或失误。必须明白，知识的发展可能会导致一些对他们所研究的人或动物可能是积极或消极的变化；②尊重人类的健康和非人类的灵长目动物；③为考古学的、化石的和历史的记录的长期保存而工作；④以建立一种对所有有关的团体有利的工作关系为目标，积极向相关的个人或群体咨询。

（2）人类学专家必须尽其所能以保证他们的研究不会伤害那些与他们一起工作的、开展研究的或与其他专业性的活动相关的人的安全、尊严或隐私。研究动物的人类学专家应该尽其所能以保证其研究活动不会伤害他们所研究的动物或物种的安全、心理健康或生存。

（3）人类学专家必须预先决定他们的主人/信息的提供者是愿意始终保持匿名还是接受公认，然后尽力与其愿望一致。专家们必须向其研究的参与者呈现选择可能带来的影响，同时使他们清楚不管他们如何尽力，匿名可能会被破坏或者确认失败以至物化。

（4）人类学专家应该预先得到可靠的赞同，包括来自被研究者的、消息提供者的、拥有或者控制着所要研究的材料的获取权的人，或者甚至是那些被认为感兴趣的可能受到研究影响的人。所需要的可靠赞同的程度和广度将取决于项目的性质，也可能会被其他法规、法律和研究所在的国家或社区伦理所影响，这是可以理解的。再者，取得可靠赞同的程序是动态持续的，它应该在项目设计的时候就开始，并以与其所研究者进行对话和谈判的方式在项目执行的过程中继续。专家们应该负责确认和协调不同的可能影响取得可靠赞同的法规、法律和规则。可靠的赞同作为本法则的目的，并不是意味着必须或需要一个特殊的书面或签名的形式。

（5）不管是与提供信息的个人，还是与研究客体发展密切和持久联系（如集合关系）的人类学专家，都必须在小心谨慎地商榷关系限度的同时，坚持开放和集思广益的职责。

（6）人类学专家可能会从他们的工作中受惠，但他们不可以破坏个体、群体、动物、或者文化或生物的物质。他们应该认识到他们对其所服务的社会的责任和义务，以适当的方式报答他们所研究的人。

第二，人类学专家对学问和科学负责。

（1）人类学专家必须预见到在他们工作的任何阶段会遇见的伦理困境，在准备提议和项目执行阶段，也必须有好的信念努力去预先识别可能存在的伦理控诉和冲突。关于潜在伦理议题及其应对措施，应该成为任何研究提案的内容之一。

（2）人类学专家承担了他们的学科、学问和科学的诚信、名誉的责任。因此，人类学专家服从科学和学术行为的一般道德规则：他们不应该欺骗或有意说假话（如捏造证据、伪造、剽窃等），或者试图避免报告错误行为，或者阻止其他专家的科学/学术研究。

（3）人类学专家应该尽其所能去保护潜能，为未来的实地考察工作者继续此领域的研究。

（4）人类学专家应该以适当的方式利用他们的工作成果，在任何可能的时候，向科学和学术团体传播他们的发现。

（5）人类学专家应该对所有合理的研究数据和获取其他材料的要求给予认真考虑。他们也应该尽力去确保他们的实地考察数据能供后代使用。

第三，人类学专家对公众负责。

人类学专家应该让他们的投资者、学生、决策者和其他非人类学家适当地了解他们的研究成果。这就要求他们必须是说实话的。他们不仅要对他们陈述的事实的内容负责，也应该仔细考虑他们所散布的信息对社会和政策的牵连。他们必须尽其所能去确保这些信息能得以正确理解，并且是被可靠地利用的。他们应该把报告的立足点的经验主义基础说清楚，公正地对待对他们的条件和哲学的或政策的偏见，并认识和解释人类学专家的意见的局限性。

关键词

主位观点　客位观点　整体调查　专题调查　田野调查　参与观察　调查研究　社会评估

复习思考题

[1] 什么是主位观点？什么是客位观点？
[2] 什么是田野调查？田野调查的重要技术有哪些？
[3] 田野调查与调查研究的主要区别在哪里？
[4] 什么是参与式社会评估？主要评估哪些方面的内容？
[5] 人类学研究的伦理责任有哪些？

阅读文献

[1] 李小云. 参与式发展概论. 北京：中国农业大学出版社，2001
[2] 凌纯声，林耀华等. 20世纪中国人类学民族学研究方法与方法论，北京：民族出版社，2004
[3] 容观琼. 人类学方法论. 南宁：广西民族出版社，1999
[4] 汪宁生. 文化人类学调查：正确认识社会的方法. 北京：文物出版社，2002
[5] 周大鸣. 人类学导论. 昆明：云南大学出版社，2007

［6］周大鸣，秦红增. 参与式社会评估：在倾听中求得决策. 广州：中山大学出版社，2005
［7］庄孔韶. 人类学通论. 太原：山西教育出版社，2004
［8］（美）科塔克（Conrad Phillip Kottak）. 文化人类学——文化多样性的探索. 徐雨村译. 台北：麦格罗希尔出版，2005
［9］David M. Fetterman. 民族志. 赖文福译. 弘智文化事业有限公司，2000
［10］H. Russell Bernard（ed.）. *Handbook of Methods in Cultural Anthropology*. Walnut Creek：Alta Mira Press，1998

文化的多样性

在了解了文化研究的基础后，本编将介绍文化人类学研究的主题和不同的视野，以展示文化的多样性。

作为文化人类学的核心——文化，是第四章所关注的。这一章将讨论文化的概念、文化的结构、文化的特征以及文化变迁等等。

第五章讨论现代社会最常见的群体"族群"、"民族"和"种族"。全球化、交通条件的改变、移民的增加，大大地改变了族群的分布，越来越多的族群共同生活在一个社区、一个城镇；那些单一的民族国家，不再那么"单一"。不同的族群生活在一起，如何互相理解、互相尊重、减少族群冲突成为亟需解决的问题。"民族"问题作为中国特有的问题，在今天也日益彰显。例如，政府虽然终止了民族识别和民族认定的工作，但人群的流动、分化、整合从未停止过；随着人群的流动，民族的分布在改变，少数民族不再仅停留在原有的"区域"内，而是不断地流向东南沿海地区、流向城市。此外，族群与民族如何界定、区分等问题也需要我们仔细地研究。

第六章介绍生计方式，了解人们是怎样适应不同的生态环境的，不同的生计方式与社会组织、交换方式、分配方式是如何整合的，等等。

第七章介绍人类最基本的组织——家庭、亲属、亲属关系、继嗣和继嗣体系等等，也将介绍家庭、亲属、继嗣的分类、功能和结构。

第八章讨论婚姻，不仅介绍婚姻的形式、类型和一些特定的婚俗，也介绍了新媒体时代的"网恋"和"网婚"。

第九章讨论时髦的话题"性别"，讨论生物性别和社会性别的建构，以及针对西方社会的"主流"研究，人类学家如何介入社会性别的研究，等等。

第十章介绍宗教，宗教是人类学家最关注的主题。克拉克洪甚至说，宗教是人与动物相区别的一个主要的因素。面对人类学汗牛充栋的文献，本章只是简单地介绍宗教的类型、宗教的本质和宗教与生活的关联。

第十一章介绍艺术人类学，介绍人类学是怎样介入艺术的研究，又是怎样把艺术与人的生活方式联系起来的。

总之，从艺术、婚姻家庭、性别、族群等，你可以看到，不同的文化是千差万别的。

第四章 什么是文化

摘要

文化是文化人类学的核心概念，它是人们在生活中实践和传承的思维、行为和组织的方式及其产品。按照此定义，我们可以把文化分为物质的、社会的（或制度的）、精神的（或意识形态的）三个层面。为了便于认知和研究具有可操作性，我们抽象出文化的构成要素，包括物质设备，经济体系，亲属关系、婚姻与家庭，社会分层，法律与政治制度，宗教、巫术与世界观。

所有人类文化都有一些基本特性，即共享性与习得性、实践性与功能性、符号性、整合性、普遍性与特殊性，以及适应性与变迁性。文化变迁指文化内容与文化结构的变化，创新和借用是文化变迁的主要机制。

第一节 文化的概念

文化人类学的核心概念是"文化"。为了更好地理解人类学的文化概念，让我们先置身于一个异域环境中，比如说西藏。

西藏日喀则地区7月份的晴空下，白云团簇，牦牛成群，这与高原半干旱地区的草场相匹配的情景，让人很自然地想到畜牧是该地区一种主要的生计模式。（刘华芹摄于2002年）

图4-1

西藏日喀则地区一个大家庭全家照的不完全版。家中的三个男人未在其中，一位父辈长期在拉萨工作，有两个成年的子辈在外干活未归。兄弟共妻的婚姻制度在该地区一部分家庭中还存在着，不同于此的一夫一妻制的婚姻形式开始在年轻人身上体现。（刘华芹摄于2002年）

图4-2

到过西藏的人，哪怕只是做短暂的停留，都会感受到一种不同于"我们的"自然和人文景观。那日夜奔腾的雅鲁藏布江水，静谧的拉萨河，蔚蓝纯静的天，变幻无穷的云……那布达拉宫神奇的建筑，大昭寺不熄的香火，信徒们虔诚的叩拜，牧民们纯朴的生活……都给人留下了难以忘怀的深深记忆。

为什么我们会如此印象深刻？因为它不同于我们，我们之前从未见过。类似于这些我

寺院里的小和尚。藏族信仰藏传佛教，寺院遍布藏族地区。（刘华芹摄于2002年）

图4-3

们自己从来没有见过的场景，早期的探险家、传教士、人类学家都遇到过。根据他们的观察，得出一个显而易见的结论，即世界各地的人们，他们的外表和行为都有极大的不同，这些差异与群体有关。西藏人的行为和穿戴与蒙古人不同，印度人的习俗又与阿拉伯人不同。

对于群体的差异有两种可能的解释。有的人，如种族主义者，认为群体行为是

遗传而来的,一生下来就是那样;另外一种解释认为,一个群体的行为特征不是遗传的产物,而是学习得来的。人们的穿衣方式、饮食习惯、讲话方式都可以解释为获得物。一个印度婴儿如果一出生就把他带到中国,与其他孩子一样养育,那么他的衣着、饮食和讲话方式就会像一个中国人。文化人类学家主要就是解释这种习得的行为。

习得的观念,以及需要标识特定群体的生活方式,导致了文化的定义。1871年,英国人类学家泰勒认为:"文化,就其在民族志中的广义而言,是个复合的整体,它包含知识、信仰、艺术、道德、法律、习俗和个人作为社会成员所获得的其他能力和习惯。"①

在泰勒之后的不同历史时期,不同的理论流派对文化有不同的认识和阐释,体现了文化人类学者不同的研究关注点,如历史学派复数的文化概念、功能主义者和结构主义者实体的文化概念、象征学派符号的文化概念,其他还有行为方式的文化概念、实践的文化概念等。

我们在此给文化下的简单定义是:文化是人们在生活中实践和传承的思维、行为和组织的方式及其产品。② 这个定义同样把文化看做是一个复合的整体,强调从人们的行为和组织、制造的物件以及观念的角度来理解和研究文化。

第二节 文化的结构与要素

按照以上的文化定义,我们可以把文化分为物质的、社会的(或制度的)、精神的(或意识形态的)三个层面。物质层面的文化,指的是人类活动有意或无意的残留物,包括远古和现代的建筑物和人造物品。这些物品提供了可供选择的洞察力,用以透视人们感知和适应其生活的方法。③ 社会层面的文化,指的是人们的行为和组织方式,以及对人们的行为进行约束的规范或制度。精神层面的文化,指的是人们用来解释经验,生成行为的抽象的价值、信念以及世界观。值得注意的是,这三个层面只是我们认识文化的分类工具,它们之间并不是相互分离的,而是彼此紧密联系,整合为一体。为了便于认知和研究时具有可操作性,我们参考马林诺夫斯基的《文化论》及其"文化表格"、哈里斯的《文化唯物主义》,以抽象出文化的构成要素。

---

① Edward B. Tylor: *Primitive Culture*, Harper & Row, 1958, p. 1.
② 庄孔韶:《人类学通论》,山西教育出版社2004年版,第34页。
③ 诺曼·K. 邓津、伊冯娜·S. 林肯:《定性研究》(第3卷),风笑天等译,重庆大学出版社2007年版,第747页。

一、物质设备

所有的人类社会都必须满足他们的成员的物质需求，如人们的吃、穿、住、行等。但是物质的东西不仅满足我们的生存需求（needs），它们还满足我们文化上界定的需求（wants）。例如，我们需要衣服来取暖，但是我们还需要特定款式、裁剪和质地的服装以标明我们的社会地位或等级，或者其他我们希望的以进行社会交流；又如，我们需要食物来维持生命，但是我们需要以特殊方式加工而成的特别食物来满足人们的审美和社会要求。

二、经济体系

世界各地的人们都体验过那种只能通过别人的货物和服务才能满足的需求，为了满足这样的需求，人们依赖于文化库中的一个方面——经济体系（economic system）。我们把它定义为：为了满足生物和社会需要，在货物和服务上的供给。

经济体系的一个方面是与生产相关的，生产的意思是提供可供使用的物质产品以供人类消费。生产体系必须指定分配资源的方式。资源分配指的是人们用来分配资源所有权和使用权的文化规则。生产体系也必定包括技术。美国人通常将技术与用来制造产品的机器联系起来，而不是与用来制造它们的知识相联系。但是许多人类学家将生产直接与文化相联系。这里，我们将技术界定为制造和使用工具、开采和加工原材料的文化知识。生产体系还包括劳力分配。劳力分配指的是支持人们工作任务的规则。在狩猎和采集社会，劳力通常是根据性别来分工，有时候是根据年龄。在这些社会中，几乎每个人都知道如何生产、使用和收集必须的物质资料。然而，在工业社会，工作被高度专门化了，劳力被按照技术和经验分工。

经济系统的另外一个组成部分是分配。目前，存在三种基本的分配方式：市场交换、互惠交换和再分配。

三、亲属关系、婚姻与家庭

除了物质上的需求外，社会生活对于人类生存也是必需的。我们从出生的那一刻起直至死亡都是与其他人联系在一起的。人们教会我们说话，他们向我们展示如何与我们的周边环境发生关系，他们给我们帮助与支持，通过他们的帮助与支持，我们获得个人的安全和精神的健康。单独的时候，我们是非常脆弱、无抵抗力的灵长类动物；成为群体的时候，我们具有惊人的适应力和力量。然而，尽管有这些优点，组织完善的人类社会要实现起来却非常难。尽管我们似乎继承了求得社会赞同的生物需求，我们也心怀个人利益和野心，但这些会妨碍或破坏亲密的社会联系。为了克服这些分裂的倾向，人类群体围绕着几个原则来培养合作与群体忠诚感，亲属关系是这些原则中最强有力的。

我们可以把亲属关系界定为由文化界定的、基于姻亲关系和血亲关系而建立的复杂的社会关系系统。亲属关系研究包括考察这些原则，如世系、亲属地位与角色、家庭与其他亲属群、婚姻、居住等。

四、社会分层

在人们的社会生活中，虽然对于大多数人来说，社会互动是无意识、自动进行的，但是大多数的社会互动都存在着一定程度的不平等（inequality）。配偶中的一方或许支配着另一方；一个孩子或许比他的兄弟姐妹受到更多的关注；老板的朋友或许比其他员工提升得更快。但是，当不平等系统地影响到整个社会阶层的时候，不平等就会变得非常突出。社会不平等的一个明显的表现形态是社会分层（social stratification），社会分层的特征是在获取重要经济资源和声望时通常所经历的不平等。

人类学者认为至少有两种不同的社会分层，即阶级（class）和等级（caste）。阶级分层是在一个部分灵活的体系内规定个体获取重要资源和声望。尽管它经常是一个困难的过程，个体如果努力获得必要的条件还是可以在阶级体系内改变阶层的。社会等级是第二种社会分层，建立在永久的成员关系上。一个人的社会等级一出生便决定下来，没有人能够改变。比如，在印度，社会等级制是社会组织的一个普遍特征。

不平等或许还基于其他的人类属性，如年龄和性别。在许多社会，年龄与性别影响着声望、权力和资源的获取。

五、法律与政治制度

任何社会中，都经常会发生个体间的争吵，如何处理这些争执是人类学者界定的法律制度。法律（law）是人们通过代理人的手段来解决争论的文化知识。

尽管我们经常将法庭与法律系统视为同义词，社会还是发展出多种解决争论的机制。例如，一些争论可以通过自我补救（selfredress）的方式平息，意思是犯错误的个体有权通过自己解决事件。竞赛（contests），通常是争执双方在体力与智力上的较量，也可以用来解决争论。一个被信任的第三方，或者中间人，也可以用来协调争论双方，直到事情解决。在一些社会中，超自然的力量或者人有时也被用来解决争吵。

政治制度与法律紧密相关，政治制度包含根据法律规则制定并执行公共政策的过程。政治过程要求人们制定并遵从一定的政策，这样做的话，一项政策必须要获得支持，它可以是任何有助于它的采纳和执行的东西。人类学家识别出两种主要的支持——合法性的支持和强制性的支持。

政治过程还有其他一些重要的方面。一个社会的一些成员会被给予一定的职权，即对公共政策具有制定和施加力量的权力。然而，具有职权的正式政治机构并不是在每个社会都有。大多数的狩猎采集社会，以及许多采用刀耕火种技术的社会就缺乏这样的职权。领导才能，即影响其他成员行为的能力，在这些社会中被非正式地行使着。

六、宗教、巫术与世界观

当人们对自己及其周围秩序充满信心的时候，他们看起来便很满足。不确定使人们产生焦虑，不安全会削弱人们的目的感及他们参与社会活动的积极主动性。大部分的时间里，文化制度充当了透镜的作用，通过它们来观察和解释世界以及对它们的要求做出反应。但死亡、自然灾祸和其他无数的突如其来的不幸打击会侵蚀自信的根基。在这些生命的紧要关头，许多人用宗教来帮助解释他们生命的反常行为。

宗教（religion）是人们用来处理人类生存根本问题（ultimate problem）的超自然（supernatural）的文化知识。在这个定义中，"超自然的"指的是超越正常体验的领域，如信仰上帝、灵魂、鬼魂、魔力等都属超自然之列。"根本问题"产生于人类生活的普遍特征，包括生活的意义、死亡、邪恶，以及先验价值。世界各地的人们都想了解为什么他们活着，为什么他们得死，为什么不幸会突然降临到某些人身上而不是其他人身上。在每个社会，个体的需要和目标会与较大群体的价值相冲突。宗教经常提供一套先验价值（transcendent value），超越个体间的不同，将群体统一起来。

巫术（magic）指的是人们用来控制超自然力的技法（strategies）。巫师在实施巫术的时候头脑中有清晰的目标，他们使用一套明确的程序来控制和操纵超自然力。例如，特罗布里恩德岛的宗教人士会通过重复有力量的谚语来影响天气，以确保政治活动那天有个好天气。

大多数宗教具有超自然影响力，或者如果神灵在附近，有能够与它们直接交流的方式。例如，人们会祈祷请求超自然的事物，他们也可以通过牺牲和祭品来赠送礼物。几乎所有的宗教都包括具有特殊知识的人，他们或者直接控制超自然力，或者帮助其他人尝试影响它。萨满（Shamans）是专门的宗教人士，他们直接控制超自然力。牧师（priest）也是专门的宗教人士，他们是人和超自然物之间的媒介。

他们不控制神力，相反，他们在仪式中举行圣会并帮助其他人祈求上帝。

世界观（world view）指的是一个概念系统以及未定的关于生活的假设。它通常包含与事物存在方式相关的宇宙论（cosmology）和与事物是如何产生的相关的神话（mythology）。世界观回答人类的根本问题：生命、死亡、罪恶、相冲突的价值。

第三节 文化的特征

所有人类文化共有一些基本特征，对这些特征进行归纳与阐述，有助于我们更好地理解文化。以下笔者将以航标文化①为例具体阐述这些特征。

一、文化的共享性与习得性

文化是同一文化群体的成员所共享的，它不是一种完全属于个人的属性，而是作为群体成员的个人所具有的属性。② 共享的信念、价值、记忆和期望，将一个相同文化中成长的人群联结在一起。正是这种群体共享性，使个人的行为能为社会其他成员所理解，而且赋予他们的生活以意义。因为人们分享共同的文化，他们能够预见其他人在特定环境里最倾向于如何行为，以及如何做出相应的反应。

濡化过程提供我们许多共同经验，使人们结合在一起。文化借以从一代传递到下一代，以及个人借以成为其社会成员的过程被称为"濡化"（enculturation）。孩童能够轻易地吸收任何文化传统，这凭借的是人类独一无二的复杂的学习能力。每一个人透过一套有意识或无意识的学习，以及与他人互动的过程，随时间开始内化或整合一个文化传统。有时候文化是直接被教导的，就像父母教导孩子，当某人给了他们某些东西，或是帮了忙之后，要说"谢谢"一样。文化也透过观察而传递。例如，孩子们在注意周遭发生的事情的时候，修正自己的行为，不仅是因为别人告诉他们要这么做，还有些是出于他们自己的观察，并渐渐认识到他们的文化所认定的是非对错。

以笔者曾研究的航标文化为例，从事航标行业的人要经过一个从非航标人到航标人，从新手到老手的学习和成长过程。例如，航标船上的新手一般要经过由老师傅传带的学徒阶段；一个航标工的培养要经过三四年的时间，新手通常一边跟着

---

① 航标文化是为保障船舶的航行安全，人们在对航标的设置、管理和维护中实践和传承的思维、行为和组织的方式及其产品。笔者对航标文化的研究参见孔繁弘主编的《航标文化》第三、七章，人民交通出版社2008年版。

② （美）科塔克（Conrad Phillip Kottak）：《文化人类学——文化多样性的探索》，徐雨村译，麦格罗希尔出版2005年版，第81页。

干，一边学，老手则在适当的时候给予新手必要的提醒和指点。20 世纪 80 年代以前，航标人可以带家属或者由子女顶替，因此父子都从事航标工作的情况比较多，有的甚至是几代相传，小孩子在这样的家庭中长大，受长辈的影响，耳濡目染颇多，不仅从小了解航标，而且还对航标产生了浓厚的感情。

二、文化的实践性与功能性

文化产生于为满足某种需求的实践，具有一定的功能。文化必须为生活所需的物品和服务的生产及分配提供保证，如果文化不能成功地处理基本的问题，就不可能持续存在下去。它必须通过其成员的繁衍，为生物的延续提供保证；它必须使新成员濡化，这样他们才能成为有用的成人；它必须维持其成员之间的秩序，以及他们与外人之间的秩序；它必须激发成员持续生存下去并参加持续生存所必需的各种活动。[1]

航标文化具有很强的实践性与功能性。以航标物质文化重要载体的航标为例，航标首先产生于社会实践，为人们的生产生活服务。据《中国航标史》记载，中国沿海渔场周围的小渔港，由渔民自筹资金建立的灯标，一般在港域内选一高地或山坡的突出点悬挂油灯，供当地渔民所用，在渔汛时期点燃，灯光微弱。这些民办、民有、民用的渔标，在北海三山岛、海后庙、虎头崖等小港均有。中国沿海自唐、宋以来，在舟帆云集商贸不绝的商港，相继在海湾港埠显著之处建立宝塔、寺庙，大都以积德行善为名，由地方绅士募捐和高僧化缘而建，多由僧人管之。[2] 元代至大年间（1311 年），海道府为避免海运漕粮触浅造成粮毁人亡，同意船民用两艘小船抛泊在长江口刘家港西暗沙嘴二处，竖立旗缨，并张榜通告船民，指引粮船出浅。这是中国最早的"水上航标"和"航船通告"。在内河方面，随着经济发展，为运输安全需要，船民或官府在滩险、礁石和湖区设立航标的事，仍屡见文史记载。[3]

三、文化的符号性

文化是符号的，人类学家怀特（Leslie White）认为，当我们的祖先获得使用符号的能力时，就是文化萌芽时。[4]

---

[1] （美）威廉·A. 哈维兰：《文化人类学》，瞿铁鹏等译，上海社会科学院出版社 2002 年版，第 53 页。
[2] 中华人民共和国海事局组：《中国航标史》（内部资料），2000 年版，第 16 页。
[3] 中华人民共和国海事局组：《中国航标史》（内部资料），2000 年版，第 3～4 页。
[4] （美）怀特：《文化科学——人和文明的研究》，曹锦清等译，浙江人民出版社 1988 年版。

符号就是某种口语的或非口语的事物，在一个特定的语言或文化中，用以代表某些其他事情。符号通常是语言的，通过语言，人类可以在代与代之间传递文化信息，特别是语言可以使人们在积累的经验中学习。因此，萨皮尔（Edward Sapir）认为，语言是纯粹属于人类非本能的交流观念、情感和期望的方式，这种方式通过受意志控制而产生的符号体系表现出来，因而人类能够把文化一代代传递下去。但也有一些非语言的符号，例如，国旗代表着国家，圣水被天主教认为是一种具有力量的象征。

符号有三种类型：图标、象征和表征。航标文化极具符号性。浮标这种图标，它的颜色和形状具有交通上的指示意义。例如，红色的左侧标标示航道的左侧界限，顺航道走向行驶的船舶，应将本标置于左舷通过；绿色的右侧标标示航道的右侧界限，顺航道走向行驶的船舶，应将本标置于右舷通过，由此界定了"左红右绿"的航行规则，如此等等。灯塔作为一种目视航标，在茫茫大海中看到了它，表示离陆地和港湾不远了；除此之外，灯塔具有极普遍的象征意义，无论在中国，还是在西方的文艺作品和现实人的感知中，灯塔都具有方向、安全和光明的寓意。目前，文化和信息交流日益频繁，航标人可以走出国门或通过其他途径了解航标业的国际发展状况，如果中国航标业处于国际领先水平了，那么这便会成为国家和航标事业的国际地位和航标人对自我职业认同的表征。

四、文化的整合性

文化的所有方面在功能上相互关联的趋向称为整合（integration）。文化是整合的、有模式可循的体系。一种文化中任何一部分的变化经常会引起其他部分不同程度的变化。例如，如果一个体系的某个部分，比如经济，发生变迁，其他部分也会发生改变。文化不仅借由其主要的经济活动与相关社会模式被整合起来，也借由价值、观念、象征与判断的组合进行整合。文化训练他们的成员，共享某些人格特质。一套特定的中心价值或核心价值（主要的、基本的、中心的价值）整合了每一种文化，并且有助于把这种文化与其他文化区分开来。例如，工作伦理与个人主义，就是世世代代整合了美国文化的核心价值。

航标文化是整合的，正是在一定的特殊地理环境下应航行的安全需要才设立航标，而且不同的环境地段需要设置不同种类、形状和颜色的航标，以便航行人员识别，航标的设立也需要人来管理和维护，由此产生了社会层面的文化。文化中的成员受他们所在的文化的模塑，但同时又是能动的实践者。航标人在日常的工作实践中学习经验，在已有的基础上发明创造或者借用新科技，促进了航标业的发展。同样，在日常的工作实践中，航标人形成了自己的基本价值，如20世纪50年代他们提倡的忠于职守、无私奉献，这些基本的价值观反过来又来指导他们的行为。

另外，航标文化在整个大的社会环境中也不是孤立的文化现象，它与生计方式、技术和经济发展、政治和社会各方面的因素相关联。捕鱼的生计方式产生了渔业航标；技术的发展使航标由天然航标发展到人工航标，从航标的电器化发展到无线电航标、数字航标，航标科技的发展实在是一部中国科技发展史；经济的发展，导致通商往来频繁，航线增多，航标也增多，给航标的管理和维护加大了工作量；政治、军事事件更是对航标文化产生举足轻重的影响，明清抗倭的"海禁"、鸦片战争、抗日战争、国共内战、新中国成立、"文化大革命"、改革开放等事件无不对中国的航标业产生了极大影响。具体举例来说，明代宣德、嘉靖年间，朝廷以倭患为由实施"海禁"，焚烧出海船舶，阻断海外交通。明、清两代多次实施"海禁"，合计长达150多年。"海禁"制约了航海事业，也制约了航标的发展。① 而航标管理体制的沿革，体现的是一部中国近现代的政治史。

五、文化的普遍性与特殊性

人类学家研究不同时空里的人类群体，他们发现每一种文化既具有普遍性，又具有特殊性。某一些生物、心理、社会与文化的特质见诸于每一种文化，是为文化的普遍性；还有一些特性只为某些文化传统所独有，是为文化的特殊性。

普遍性，就是使得人类和其他物种有所区别的特性。基于生物基础所产生的普遍性，如漫长的婴儿依赖期，男性与女性的某些体质差异，一个复杂的大脑使我们得以运用象征、语言与工具。心理普同性包含人们思考、感知与处理信息的常见方式。社会普遍性，就是在群体及某种家庭中的人类生活。家庭生活与食物分享是普遍的现象，而最显著的文化普遍性就是乱伦禁忌。②

航标文化具有所有以上的普遍性。基于生物性别的体质差异，从事航标工作的职工大部分是男性。他们对事物的认知与其他人一样都经历了一个相同的程序：物体发光、声响等刺激—有选择性地感知部分刺激—有选择性地对之做出反应。他们都属于航标系统的职工，工作的同时都有或者正努力建造自己的家庭。

文化特殊性，就是一种并未被普遍传播的文化特征或特质；相反地，它被局限在一个单独的地点、文化或社会。③

航标文化的特殊性，表现在它被局限在特定的行业内（如海事），并未被社会上的其他成员所认识和采借。例如，在基层工作的航标人上班采取值一个班期休一

---

① 中华人民共和国海事局组：《中国航标史》（内部资料），2000年，第4页。
② （美）科塔克（Conrad Phillip Kottak）：《文化人类学——文化多样性的探索》，徐雨村译，麦格罗希尔出版2005年版，第90页。
③ （美）科塔克（Conrad Phillip Kottak）：《文化人类学——文化多样性的探索》，徐雨村译，麦格罗希尔出版2005年版，第91页。

个班期甚至两个班期的制度，根据工种和地理环境，他们的一个班期，有的为一个星期，有的为半个月，还有的为一个月。在进行航标文化研究前，我们以及社会上绝大部分人都不清楚这一轮休制度，而我们通常采取的是国家法定的工作日和休息日的工作制度，一些行业如教育部门的学校在此基础上还有自己特殊的安排，如寒暑假制度，但这都是大家所熟知的。再如，现代的航标人中有相当比例的职工来自军队，这与历史上航标曾由海军管理的特殊经历有关。在现代社会，除了军事部门以外，还没有哪个行业像航标业那样有那么多的军人出身的职工。

六、文化的适应性与变迁性

人们用生物与文化的方法来克服环境压力，除了生物性适应手段外，我们也运用"文化的适应工具箱"，这包含了习惯的行为与工具。虽然人类继续用生物方式适应环境，但在人类演化过程中，依赖社会与文化的适应手段逐渐增多。[①]

航标文化的适应性很大程度上体现在工具上。随着科技的进步，航标从自然航标发展到人工航标，航标的种类也不断增多，从目视航标、音响航标，到无线电航标和数字化航标，能源上也经历了从柴草、动植物油、煤油到乙炔、电能、太阳能的转变。

所有的文化都历时而变迁，适应的过程也是变迁的过程。虽然文化必须有某种灵活性以保持适应，但是文化的适应和变迁也可能引起意料不到的后果。换言之，适应有时在产生正功能的同时又产生了某种负功能。比如，科技的发展，太阳能取代了灯器的其他能源，为灯塔的无人值守提供了条件，但这些新科技的使用往往又产生新的问题，灯塔无人值守或精减人员后，原先那些守塔人就会面临失业的窘境。同样，长江三峡大坝建成后，信号台被撤销，原先那些信号员不得不面临或者转业或者提前退休的现实。

第四节　文化变迁

一、文化变迁的概念

文化变迁是指文化内容与文化结构的变化。前者是单个文化特质或文化丛的独

[①]（美）科塔克（Conrad Phillip Kottak）：《文化人类学——文化多样性的探索》，徐雨村译，麦格罗希尔出版2005年版，第85页。

自变化；后者则是文化整体或是大部分特质的变化。

世界上没有一个地方的事物会年复一年地保持不变。即使是最稳固的群体，做事的新方式也会在历史上留下痕迹。当一个澳大利亚土著梦到一个新的神话并讲给他的群队成员时；当餐馆厨房里的装卸工发明了一种在洗碗机中更加快捷的堆盘子方法时；或者当新几内亚的头人引用了传统的关于幽灵的信仰为殖民统治设计的新政府的存在辩护时，变迁便发生了。当人们用一种新的方式来解释他们的自然和社会时，文化变迁便发生了。不论范围的宽窄，速度的快慢，这样的变迁就是人类社会生活的一部分。

二、文化变迁的机制

文化变迁来源于两个方面，即创新和借用。创新（innovation）是指新方式在质上的发明，它包括人们把已经熟悉的东西合并成不同的东西。例如，加拿大人 Joseph - Armand Bombardier 将用来推进掘土的装置履带与最初在轮胎上跑的小汽车组合在一起，生产出 20 世纪 50 年代第一个雪上汽车（机动雪橇）。后来，1961年，当芬兰的 Skolt Lapp 夫妇把更加小型、精致的雪橇用来放牧驯鹿时，他们也成为创新者。Skolt Lapp 夫妇创新的并不是运载工具本身，而是借用，其创新之处在于使用这种工具来放牧，而以前通常是由人驾在滑雪板上。

当传统文化处于不再运作良好的急迫时刻，创新更有可能发生并被接受。例如，Bombardier 因为一个暴雪天气不能急时赶到医院救他病危的儿子之后，他便开始创造雪上汽车。马和雪橇在速度上的怠工，迫使他着手制造一种更快捷的工具。

另外一种文化变迁的基础是借用（borrowing）。借用，有时候称为传播（diffusion），指的是从其他的群体采纳新事物。如烟草，最初在新大陆种植，但 1492 年后很快地传到欧洲和亚洲。诸如伞、睡衣、阿拉伯数字，以及甚至制钢铁的技术都是从印度传到欧洲。意识形态和宗教信仰也可能从一个社会传到另一个社会。

不管是创新还是借用，它在成为文化的一部分之前都必须经过一个被社会接受（social acceptance）的过程。为了获得社会接纳，创新必须为社会成员所认识，被有效地接受，纳入文化知识体系。

遵循几个原则有利于被社会接受。例如，如果变迁获得权威人士的支持，它就会获得其他人的认同。时机也是十分重要的。对于 Lapp 来说，如果那里没有雪或者放牧驯鹿的人们分散在广阔的草地上，引进雪上汽车的意义便不大。其他因素也影响社会接受。如果变迁满足迫切的需要，如果它们变迁人们的声望（在声望特别重要的社会），如果变迁提供一些传统习俗的连续性，它们被接受的机会便很大。

变迁可以在多种情形下发生，从稳定社会的日复一日的沉闷生活到改革的狂暴。许多人类学家感兴趣的情形是文化接触（cultural contact），尤其是一个社会在政治上控制另一个社会时发生的接触。世界历史充满了这样的控制个案，从歼灭塔斯马尼亚与北美、南美数百的部落，到将无数成百万的人民束缚于殖民力量的政治条约。研究由这些情形导致的变迁称为涵化（acculturation）。涵化是由文化接触所导致的变迁的过程。涵化的变迁除了可以影响占从属地位的社会外，还可以影响占统治地位的社会。例如，英国人取得在印度的支配地位后，他们开始穿卡其布（khaki）衣服，住带走廊的平房（bungalows），跋涉丛林……所有这些都是印度的概念。

但是那些受支配的人们却经历了深远的生活方式的变迁。他们从政治独立的、自足的隔离状态变成下属的、依赖的受支配状态。巨大的社会结构与价值的变迁也会随着社会组织的破坏而发生。

尽管殖民统治的时代基本上已经结束了，部落文化的毁灭还是以极快的速度在继续。正如我们所看到的，由于入侵边境和发展项目，数百数千的亚马逊印第安人已经消失了。几乎就在殖民开发的脚步之后，现代政府一心想着"进步"，转移并且经常消灭本土的部落居民。发展的时常失败，伴随着对本地人毁灭性的影响，导致了许多人类学者重新评价他们的角色。结果，越来越多的人类学家已成为本土人抵抗外来者的一部分。

不那么激烈但是又在许多方面依旧很重要的变迁因素是世界经济。大多数的人不再生活在自足的隔离状态，他们的未来不可避免地与全面的市场经济体系联结在一起。以 Marshall Islanders 为例，尽管他们培育了满足他们自己生计需求的椰子，但他们还种植椰子在世界市场中出售。用来自椰子的收入来买外来的汽车和汽油、厨房器具，以及许多他们本身不制造但又开始依赖的商品。最近几个重要的美国食品公司因为椰子油中高含量的动物脂肪而从他们的产品中除去椰子油。这一损失导致了较低的干椰子肉需求，因为油是从椰子肉中榨出来的。降低的需求反过来导致 Marshall Islanders 的损失是很可观的。一个曾经在生计上自足的人现在变成世界经济体系的俘虏。

人类学家本身通过将他们的工作应用于实际问题也会成为变迁的因素。应用人类学（Applied Anthropology）与学院的或者理论人类学（Academic Anthropology）相对，包括任何使用人类学的知识来影响社会互动、维持或者改变社会情形，或者引导文化变迁的进程。

关键词

文化　文化的结构　文化的特征　文化变迁

复习思考题

[1] 你对人类学文化的概念是怎样理解的？
[2] 文化有哪些特征？
[3] 如何理解涵化的概念？
[4] 促使文化变迁的因素有哪些？

阅读文献

[1]（英）马林诺夫斯基. 文化论. 费孝通译. 北京：华夏出版社，2002
[2]（美）威廉·A. 哈维兰. 文化人类学. 瞿铁鹏，张钰译. 上海：上海社会科学院出版社，2006
[3]（美）科塔克（Conrad Phillip Kottak）. 文化人类学——文化多样性的探索. 徐雨村译. 台北：麦格罗希尔出版，2005
[4] 黄淑娉，龚佩华. 文化人类学理论方法研究. 广州：广东高等教育出版社，1998
[5] 凌纯声，林耀华等. 20世纪中国人类学民族学研究方法与方法论. 北京：民族出版社，2004
[6] 周大鸣. 人类学导论. 昆明：云南大学出版社，2007
[7] 庄孔韶. 人类学通论. 太原：山西教育出版社，2004

第五章　族群、民族与种族

> **摘要**
>
> 　　族群、民族与种族是人类学、民族学研究领域的关键词。它们都是人类成员的组成形式，是特定的群体组织，都可指代人们的共同体。然而，族群、民族与种族这三个概念常常容易相互混淆，它们既有一定的共同之处，但其内涵却大不相同，侧重点不一。一般而言，族群强调的是"群"，重心在"群"；民族强调的是"族"，重心在"族"；种族强调的是"种"，重心在"种"。如果说民族是历史结构的产物，族群是利益互动的"宠儿"，那么种族则主要是天赋血统的"孩子"。从族群、民族和种族所涵盖的范围来看，族群范围似乎要比民族、种族的范围更大，形式更为灵活多变。对于族群、民族和种族的研究，不仅要对它们各自的语言、文化、血统等群体外部的共同特征，还要对它们的"历史形成"和"稳定的共同体"的本质内涵进行深入探讨。
>
> 　　尽管学术界已就它们三者的定义、内涵及其使用进行了长期的讨论，但始终未形成一个为各方所普遍接受的结论。关于族群、民族与种族三者异同的讨论，已不仅是一个重要的研究命题和学术纷争，通过学习和研究，还可以使我们丰富对世界人类群体的认识，掌握人类文化的多样性与复杂性。更为重要的是，我们还应该看到这场学术之争的背后牵扯到的复杂的社会利益群体、剧烈的流血冲突、多变的国际政治环境以及相关民族理论体系的建构基础，甚至可以说在一定程度上还将涉及对我国长期以来所实行的民族政策、政治制度的反思与调整，以及世界和平发展的走向。

阅读材料5-1　族群区隔使伊拉克的情势恶化

　　2007年8月14日，在伊拉克北方两座小城镇爆发的自杀炸弹攻击，死亡人数超过500人，成为美军入侵伊拉克以来伤亡最惨重的攻击，其他炸弹攻击事件的死伤人数最多还不及这两起的一半。为何这四名卡车炸弹客将这些叶日第教徒（Yezidis）当做攻击目标？很多人都想知道答案。

　　叶日第教徒是伊拉克各宗教中人数最少的一支，拥有独特的膜拜仪式，他们没有任何政治或经济权，居住在离伊拉克大城市很远的地区。这两起自杀炸弹攻击事件不仅是两个偏远小区的悲剧，也为伊拉克的未来上了一课。更巧的是，这两起事件与印度纪念独立60周年所举办的庆祝活动相呼应，关键之处在于族群区隔，伊拉克所学到的一课就是：当心族群区隔。

多数媒体在报道叶日第教徒这两起炸弹攻击事件时都聚焦在宗教面上。很多报道指出，最近一群叶日第教徒用石头将一名嫁给穆斯林，并且改信伊斯兰教的叶日第女孩砸死，这起杀人事件被拍摄成影片，并且在网络上播放，与盖达组织关系密切的逊尼派阿拉伯极端分子非常愤怒，因此把气出在叶日第教徒身上。

但如《卫报》的报道，族群因素在这两起事件中可能扮演更重要的角色。叶日第教徒是库德族人的一支，居住在人口日益密集的地区，根据伊拉克宪法，年底前该地区将举行公投，决定是否加入库德族自治区，消灭叶日第教徒可以降低公投支持库德族人的几率。

在这起炸弹攻击事件之前，种族净化行动已在伊拉克北部的尼尼微省和省会摩苏尔进行，就像英国在南部大城巴斯拉无力阻止什叶派内部倾轧，美国在摩苏尔也无力干预阿拉伯人和库德族人之间的斗争。摩苏尔的东边和紧邻的尼尼微平原住着库德族人，西半部主要是阿拉伯人，叶日第教徒遭到恐吓，要求他们迁移，这个地区的基督徒和土库曼人因感到不安而纷纷逃离。在伊拉克产油最多的大城基尔库克，种族净化行动也在进行之中，只是行动较不激烈。

我们可以大胆猜测，如果这些不同地区（库德族人视为祖传之地）未遭到领土改变的威胁，多数的暴力事件将会减少。就官僚的角度而言，族群区隔是最简单的解决问题之道，但族群区隔所衍生的问题比解决掉的问题更多，新的界线如何划定，并由谁来划定？英国在统治印度期间，由对印度毫无经验的律师瑞德克里夫（Cyril Radcliffe）执行区域划分，他多半靠着地图执行工作，完全没有与受影响的居民协商，在不到五周的时间内就划分了印度大陆。当他在执行工作之际，种族净化和杀戮行动也跟着展开，因为印度教徒、锡克教徒和穆斯林教徒都想宣示，他们在每个多文化地区都是占人口的多数。

在区域划分之后，成为少数人的族裔会发生什么事？他们通常在违背自己意志下遭多数族裔任意迁移，或像巴基斯坦拉合尔市的印度人一样被迫逃离。有人辩称，若印度没有进行区域划分，种族净化行动可能会更严重，1947年至1948年的种族杀戮仅占区域人口总数的极小比例，印度独立之后，该国的穆斯林人数仍比巴基斯坦多，证明印度仍是个多族群和多宗教的国家。

但伊拉克今天的情况迥异于印度，这并不代表伊拉克未来不会恢复成海珊统治之前对不同文化的容忍社会，海珊刻意培养宗派意识为分隔和压迫的基础，占领伊拉克的英美联军也重蹈覆辙，将宗派和族群作为选择伊拉克战后盟友的标准。最后连盖达组织也视此为羞辱美军的绝佳机会，故意渗透伊拉克，借由对什叶派平民的自杀炸弹攻击，挑起宗派之间的暴力冲突。

（材料来源：2007年8月26日《卫报》周评。）

第一节 族　　群

族群是一个较新的概念，尽管人们对它的认识和看法不一，但都不影响它已经构成了人类结盟和构建共同体的一个基本模式。特别是随着现代化和全球化的到来，族群之间的交往越来越频繁，此外，连绵不断的族群矛盾、冲突与摩擦，尤其是近年来更因族群问题与国际政治、战争动乱的叠合共生关系，如科索沃冲突、中东冲突、9·11事件等，使族群成为世人关注的焦点。如何正确对待和理解族群与族群关系成为时代的主题。

一、族群概念的系谱

族群概念的产生，有其特定的政治、社会和文化背景。由于"民族"一词具有强烈的政治色彩，尤其在中国，民族成了表明国家对某一人们共同体参与国家政权的资格的认可，许多得不到正式认定或国家承认为"民族"的人群，如摩梭人、白马藏人等，就只能称之为"某某人"，而不是"某某族"。这样，一些在学术上可以成为民族的人群因得不到政治上的认可而在归属问题上长期没有着落。还有一种情况，一些民族内部有诸多个分支，而且各有其强烈的认同，很难用一个统一的民族名称来统称。就是同一个民族内部的不同亚文化群体，也有着强烈的认同，如客家人，但又不能把它称之为民族。族群概念的引入恰好可以解决这个难题，因为无论是否经过国家的认可，只要具有共同文化特征和共同认同意识的人们共同体，都可称为族群。那到底什么是族群呢？

族群，它的英文对应词是 ethnic group，它的概念内涵也有一个发展变化过程。ethnic，来源于希腊语 ethnos，意指种族（race）。英语 ethnic 一词最早出现在20世纪30年代，其意义表示不属于基督教或犹太教的"异教徒的"、"外来的"或"异类的"群体。以西班牙为例，"族群"只能用来界定那些脱离母体的非世居的外来移民群体，如阿拉伯人、华人和黑人等，以及早先流散在西班牙被当地人视为东方异类的吉卜赛人和犹太人等；而对世居的当地人们如加泰罗尼亚人、巴斯克人和加利西亚人，无论他称还是自称，无论官方文件还是学术著作，都不叫"族群"，而是叫"民族"。

"族群"在美洲也常被用来指称不同于主体居民的人们，但又不像欧洲那样仅指异族移民，同时还指土著印第安人。

所以，早期欧美的"族群"并不是一个"中性"词汇，而是指那些"异类"

的、非主流的、亚文化的或少数民族的群体。

但第二次世界大战后,"族群"一词的意义和用法逐渐变得宽泛起来,在人类学、社会学和民族学等研究领域更加显著。

20世纪50年代,马克斯·韦伯(Max Weber)率先提出综合性族群定义,并为巴斯(Fredrik Barth)、本尼迪克特·安德森等所继承和发扬。20世纪80年代以后,族群一方面强调种族、祖先、语言、文化、宗教等基本特征要素,另一方面也纳入了共同迁移、社会互动、职业模式等新要素。到了20世纪90年代,族群定义中出现社会阶级、社会集团、都市和工业社会群体等新成分。族群概念的逐步演变和扩展过程由此可见一斑。

二、族群的定义

有关族群的定义,可谓是众说纷纭,其中具有较大影响的有下列定义:

著名社会学家、人类学家马克斯·韦伯认为,族群是"某种群体由于体质类型、文化的相似,或者由于迁移中的共同记忆,而对他们共同的世系抱有一种主观的信念,此种信念对于非亲属社区关系的延续相当重要,这个群体就被称为族群"。这个定义对中国(包括港台地区)的学者影响较大并被采用。

《麦克米伦人类学词典》对族群的定义是:"族群,是指一群人或是自成一部分,或是从其他群体分离而成,他们与其他共存的或交往的群体具有不同的特征,这些用以区分彼此的特征可以是语言的、种族的和文化的;族群这一概念包含着这些群体交互关系和认同的社会过程。"

1969年,挪威人类学家弗雷克·巴斯(Fredrik Barth)对族群的定义是:"族群这个名称用以指一个群体,表现在:①生物上具有极强的自我延续性;②分享基本的文化价值,实现文化价值上的统一;③形成交流和互动的领域;④具有自我认同和他人认同的成员资格。"

《哈佛美国族群百科全书》的定义是:"族群是一个有一定规模的群体,意识到自己或被意识到其与周围不同,'我们不像他们,他们不像我们',并具有一定的特征以与其他族群相区别。这些特征有共同的地理来源、迁移情况、种族、语言或方言、宗教信仰,以及超越亲属、邻里和社区界限的联系,并具有共有的传统、价值和象征,文字、民间创作和音乐,饮食习惯,居住和职业模式,对群体内外不同的感觉。"[①]

国内学界在借用族群概念的同时,也试图对之进行重新定义和解释。

---

① Stephan Thernstrom: *Harvard Encyclopedia of American Ethnic Groups*, The Belknap Press of Harvard University Press, 1980;转引自周大鸣主编:《中国的族群与族群关系》,广西民族出版社2002年版,第4页。

吴泽霖认为:"族群,是由民族和种族自己聚集而结合在一起的群体。这种结合的界限在其成员手中是无意识地承认,而外界则认为它们是同一体。也可能是由于语言、民族或文化的特殊而被原来一向有交往或共处的人群所排挤而聚居。因此,族群是一个含义极广的概念,它既可用来指社会阶级、都市和工业社会中的种族或少数民族群体,也可以用来区分土著居民的不同文化和社会集团。"

孙九霞认为:族群是在较大的社会文化体系中,由于客观上具有共同的渊源和文化,因此主观上自我认同并被其他群体所区分的一群人。其中共同的渊源是指世系、血统、体质的相似;共同的文化是指相似的语言、宗教、习俗等。并主张在较广的范围内使用族群定义,既可以等同于"民族"一词,也可指民族的下位集团"民系",还可以在超出民族的外延上使用。

纳日碧力戈认为,族群兼具"种族"、"语言"、"文化"的含义,本质上是家族结构的象征性扩展,它继承了家族象征体系的核心部分,以默认或者隐喻的方式在族群乃至国家的层面上演练原本属于家族范围的象征仪式,并且通过构造各种有象征意义的设施加以巩固。

尽管目前学术界对族群尚未有一个统一的界定,然而其定义核心基本倾向于文化(包括主观心理)要素,也就是说,族群这一概念是建立在文化认同等核心要素的基础上的。第一,族群是人群的一种分类,它所表示的群体有一个名称符号。第二,族群的区别特征在不同时代与场合体现的内容和侧重点有所不同,其中包括血统与体貌(种族)、民族归属(国家、祖籍地等)、祖先记、宗教信仰、语言文化、历史习俗、共同迁移等因素,它们随社会变化发展而更新拓展或侧重不一。第三,族群成员在心理、感情和价值观念上通过感知他者的特征而产生认同。第四,族群在自我认同的基础上维护群体的边界,同时排斥异己群体。第五,族群通常指在一个较大社会中居于文化非主流地位并且人口规模相对较小的群体,其中包括移民群体。

总之,族群是一个极富弹性、可以伸缩的人群分类概念,它表示的人群范围可以根据参照对象的变化而改变。它是比"民族"更具动态性和灵活性的概念范畴。

三、族群性

对于族群,人类学家感兴趣的是他们的族群性(ethnicity)。他们想探讨一个族群为什么认同自己,是如何认同的,以及如何区分"我们"和"他们",如何表达自己的"本族意识"和"异族意识"。

对于族群性有很多不同的解释。例如,《麦克米伦人类学词典》认为:族群概念的关键特征是指对任何群体或类别的人进行区分或标识,且将被识别的群体与其他群体或类别的人之间做明确的或含蓄的对比。在此,族群性强调的是族群间互动的可识别性，而并没有描述族群间差别的客观标准。日本人类学家绫部恒雄认为，族群性是指"国民国家的结构中，在相互间行为联系的状况下，根据出身和文化的共同性所组成的人们的集团及其意识"。这种观点认为，族群性兼有实体（即族群）和意识（族群意识）的双重含义。香港中文大学人类学系吴燕和教授认为，ethnicity 指的是族群认同或一个族群的特性。台湾中央研究院民族学研究所陈茂泰教授对 ethnicity 的解释是："一套互动中的族群区分彼此的社会文化属性，这些属性为我群与他群各依不同程度所确认。"这种观点与《麦克米伦人类学词典》的解释较为相似。总之，对于族群性，有的认为是实体，等同于族群；有的认为是族群的性质和特点；有的认为是族群意识；有的认为兼有族群及其意识。

周大鸣教授在对国内外人类学家关于族群性的论述进行归纳、总结的基础上，提出了"族群的性质和特点"的看法，认为 ethnicity 可用族群性（有的译作民族性）表示。因为实体可用族群直接表述，意识也可通过认同来表达，族群性表示某一族群的社会文化区别，基于这种群体的特有属性，可将一群人从另一群人中区分出来，所以可以把族群和族群性结合起来运用，使其各有表达，也可减少语义学上的混乱。

四、族群认同

族群认同是族群研究的核心内容之一，并因全球化的浪潮而逐渐纳入到统一的世界体系中，随着族群之间的交流与互动更加频繁和深入，由此便引发族群认同。

（一）族群认同的概念

"认同"一词有许多不同的用法，原本属于哲学范畴，后来在心理学中的应用日益频繁，但作为一种操作性概念，它主要指一种能动的与个人主义的价值理念密切相连的归属性。"认同"过去是心理学的一个定义，现在在心理学本身很少应用，但在别的领域却大量出现，并成为这个时代民族政治紧张和压力的矛盾中最核心的词。由于大量使用，因而对它的界定也有多种。有的把"认同"解释为"心理学中人的自我概念"。在社会科学领域，这个概念的使用范围日益扩大，包括社会认同、文化认同和民族认同等，它们分别指个人认为自己与所处的特定的社会地位、文化传统或民族群体的统一。还有的把"认同"定义为"指个人与他人、群体或模仿人物在感情上、心理上趋同的过程"。因为"认同"一词来源于心理学，心理学是注重个体研究的，因此一个个体对某一个个体的接纳是其本义。由于哲学、社会学、人类学等领域的学者采纳，后又转为着重揭示个人与群体，甚至群体与群体的归属，因此有学者认为，族群认同是"社会成员对自己族群归属的认知和感情依附"。

在与世隔绝的孤立群体中，是不会产生族群认同的，至少族群认同是在族群间互动的基础上发展起来的；如果一个族群中的个体，从未接触过异质的文化，那么就无从产生认同，首先存在一种差异、对比，才会产生将自己归类、划界的认同感。这是认同产生及存在的基本条件。

（二）族群认同的要素

任何族群离开文化都不能存在，族群认同总是通过一系列的文化要素表现出来，是以文化认同为基础的，因此，这些文化要素基本上等同于族群构成中的客观因素。共同的文化渊源是族群的基础，族群是建立在一个共同的文化渊源上的。族群组织经常强调共同的继嗣和血缘，由于有共同的祖先、历史和文化渊源，因而容易形成凝聚力强的群体。社会科学家们认为，文化渊源是群体中个人认同最重要的因素，也是其基本的社会身份；同时文化渊源又是重要的族群边界和维持族群边界的要素。

共同的历史记忆和遭遇是族群认同的基础要素。每一个族群对于自己的来源或者某些遭遇有共同的记忆，如瑶族关于"千家峒"的传说，珠江三角洲各姓关于"南雄珠玑巷"、客家"宁化石壁"的传说等，都是族群的共同记忆；这种历史记忆具有凝聚族内人和区分族外人的重要意义。人在社会化过程中，便逐渐地获得了他所出生的族群的历史和渊源，这个族群的历史和文化将会模塑他的族群认同意识。

语言、宗教、地域、习俗等文化特征也是族群认同的要素。语言在某种程度上是表征族群性的符号。从一个族群语词的语源和演变、造词心理、亲属称谓、姓氏等等，都可以追溯其文化渊源。语言可称为是维系族群认同的明显成分，这也促使有的学者依据语言进行族群划分，如李泳集认为，客家人是以方言为组织原则的，方言是他们的群体认同标识。宗教也是族群认同中作为区分依据的重要因素。在族群内部，共同的宗教信仰是一种强大的文化聚合力，如藏族和回族；在族群之间，不同的宗教信仰也是强化我群（self-group）和他群（others-group）的区分力量。如果不同的族群有着同一宗教，这种共同的信仰可能会成为促使族群相互认同的潜在动力。例如，宁夏回族自治区信奉伊斯兰教的回族、东乡族、撒拉族之间保持互相通婚，而禁止与非伊斯兰教的民族通婚。"宗教是文化中真正能够持久的基质，它同本族的民族意识紧密结合为一。同时，宗教在人们之间造成的认同和歧视更为剧烈，而且排斥性更强。"

尽管共同的历史渊源和相似的文化特质是族群认同的要素，但在实际中，认同并非完全在这些客观要素上成正比等量地发生。因为存在这样的情况："只要任何一方发现维持和建立民族界线于己方有利，哪怕轻微的口音甚至细小的举止都可能被当做族群标志。"也就是说，正是族群认同强化了文化的差异，而不是文化因素真有这么大的差别。通过这一点，也可以发现族群认同并不仅仅依存于诸多文化要素，例如，海外华人自认为是"中国人"，他们的后代尽管许多并不会讲汉语，也不奉行中国的民间信仰，但他们依然认同中国文化，认同中国人。族群认同不仅是族群成员对族群文化的接纳，而且还是他们主观心理归属的反映。因此，吴燕和先生认为文化在族群认同的图式中有时是虚幻的，王明珂先生也认为一个族群共同的历史记忆并非是历史事实。

家庭、亲属、宗族的认同也会影响到族群的认同。费孝通先生讲过中国人的"差序格局"，认同也是从自己逐渐向外推。父母、亲戚、本家、本乡人对个人的认同是影响很大的。

（三）族群认同的层次

族群认同的形式是多种多样的，这就导致了族群认同层次的产生。周大鸣教授认为，某一特定族群的成员，根据其所生存的族内和族际环境，而以自我为中心在不同的层次上选择其认同。这种层次可以反映出感情的亲疏和归宿。不同的层次和形式交织在一起，形成了人们族群认同的多重性。一般来说，与自我中心越近的层次，认同感就越强且分明；与之越远的层次，认同感就越弱且混乱。顾定国认为，认同的基础是阶级、亲属关系、村落，然后是本地（镇、县、市）方言社区、省或区域，最后是社会的或民族的大区域（如西南、西北）。

五、族群认同理论

关于族群认同的理论探讨，主要有原生论、情况论、边界论、融合论、对立论等几种主要理论。

（一）原生论

原生论也称为根基论，该理论认为族群认同主要来自天赋或根基性的情感联系。原生论认为，族群的情感纽带是原生的，甚至是自然的，就像一个人能够说话，能看见和闻到东西那样，自人类有记忆以来，族群就存在了。基于语言、宗教、种族、族属性和领土的"原生纽带"是族群成员互相联系的因素，强调语言、宗教、种族、族属性和领土是整个人类历史上最基本的社会组织原则，而且这样的原生纽带存在于一切人类团体之中，并超越时空而存在。所以，对族群成员来说，原生性的纽带和感情是根深蒂固的、非理性的和下意识的。原生论的一个基本假设是：人们处于某一社会中，生活在其他成员周围，与他们相互联系，共享宗教信仰，说同一种语言，遵循共同的生产生活习俗，从而产生一致感，油然而生感情认同，而且这样的认同可以超越时空而维持。

但原生论者并不强调生物遗传造成族群，也不是单纯以客观文化特征定义族群。相反，他们注重主观的文化因素，认为造成族群的血缘传承，只是文化解释的传承。例如，一个中国人自称是"炎黄子孙"，并非说他真的是炎帝、黄帝的后代，而是他主观上认为如此。

阅读材料5-2

1989年4月，我从南京乘火车到厦门，共两天两夜，目的是欣赏沿途风光，享受在山峦野林间奔驰的感觉。同在软卧包厢里的是一位福建晋江县的个体户青年，二十四五岁，穿着时髦，但透着乡下人的土气，他是列车开动前一刻临时贿赂插进软卧包厢的。我对眼前的青年感到好奇的是，他跟我所熟悉的台湾本土商人的形象完全一样：浓厚的闽南腔，热情好客，用塑料带包钞票，谈到赚钱时从容自信，甚至穿着西装配着白色球鞋的模样与台湾本地商人亦毫无二致。我当时不禁想到，这种相似不应该只是偶然。何况这位闽南青年从未去过台湾，也没有跟台商做生意的经验，不存在模仿的问题。相似的原因应该是闽南与台湾一样的地域文化。①

上述材料是徐宗懋这位台湾资深媒体记者在旅途上的偶遇与思考，他在描写火车上一位闽南青年的族群特质时，就是采用原生论的观点，假定语言、地域文化特质作为族群性的基本内容，意即这些基本团体身份要素，是决定个人与群体认同的主要机制。

（二）情境论

情境论也称为工具论，这种理论是将族群视为一政治、社会或经济现象，以政治与经济资源的竞争与分配，来解释族群的形成、维持和变迁。该理论的代表人物有利奥·迪斯普斯（Leo A. Despres）、冈纳·哈兰特（Gunnar Haaland）、阿博纳·柯亨（Abner Cohen）等。

人类学家冈纳·哈兰特对苏丹的福尔人（Fur）的研究是工具论的典型例子。他的研究表明，福尔人本来是一个定居的农耕部落，他们与另一个以游牧为生的巴嘎拉人（Baggara）之间的族群界限的维持，是建立在个人对牧场的选择与利用上的。当一些福尔人拥有了大量的牲畜需要放牧的时候，他们为了获得草场资源，于是逐渐认同巴嘎拉人。工具论者强调族群认同的多重性，认为族群认同随不同情势、不同环境而变化，所以工具论者又被称为"况遇论者"（circumstantialists）。

---

① 徐宗懋：《台湾人论》，时报文化出版企业有限公司1993年版，第3页。

它强调族群认同的场景性、族群性的不稳定性和群体成员的理性选择。情境论主张：政治、经济结构等族群面临的外部环境引起和决定了集体认同的出现，引起了成员的共同立场、利益意识、制度创建和文化建构。例如，在澳门回归前，一些大陆的移民想方设法申请葡萄牙国籍，认同葡萄牙文化，但葡萄牙失势以后就转而认同中国文化了，语言的使用也会随场合的变化而变化。

（三）边界论

族群并不是孤立存在的，作为一个相对概念，族群是比较的产物，它存在于与其他族群的互动关系中，没有"他族"就没有"本族"，没有"他们"就没有"我们"，这是一个很显然的问题。一些学者开始注意到用族群的排他性和归属性来界定族群，代表人物是弗里德里克·巴斯。他认为，族群是由其本身组成人员认定的范畴，族群的形成最主要是因其边界，而非语言、文化、血缘等"内涵"；一个族群与另一个族群的边界主要是"社会边界"，而不一定是地理边界。族群边界不是孤立静止的，而是动态的、双向运动的。从某种程度上说，族群的边界是族群内涵的前提与基础，没有边界问题，就不存在族群的内涵、特征，也就谈不上族群的认同与互动了。

（四）融合论

近年来，一些学者试图调和原生论和情境论，把两派理论综合起来，认为只有在可行的根基认同与可见的工具利益汇合时，族群认同才会产生。笔者将这种族群认同理论称之为融合论。也就是说，血缘、语言、宗教、风俗习惯等客观的、天赋的文化因素是族群认同和归属的基础，而现实的、具体的社会场景和利益诉求则是导致族群认同的关键。

（五）对立论

对立论的前提是：不同族群之间的对立过程是族群认同得以维持的首要原因。其核心是"持久的认同体系"和"对立过程"两个概念。前者指的是一种文化成功地抵御了政治经济和宗教的同化而存留下来，后者指的是一个族群企图吞并另一个族群，前者受到后者的抵御。这样，在这个对立过程中，由于群体目标的政治组织或机制，族群认同在时间的推进中得以维持。

族群认同虽说是基于语言、血缘、习俗等文化特质的认同，但这种认同更多的是以族群的互动、族群之间的对立甚至是冲突为前提的。也就是说，一些族群虽然有着共同的文化习俗、相同的历史渊源和语言等，但并不等于说这些族群内部就一定有着强烈的认同与归属。常见的情形可能是，在外力的逼迫、冲击和驱动下，族群与族群之间的界限才能逐渐彰显出来，并上升为群体的认同感。经过族群互动与对立过程后的族群关系呈现的是多元化模式的局面，如有的表现为多种文化并行、多个族群并存，而不是一种族群及其文化统治乃至消灭另一种族群与文化的同化现象，而是一种文化多元现象；有的则表现为族群在发展过程中逐渐改变或放弃了其原先族群的文化特征、习俗、语言等，乃至最后丧失了对原来群体的认同，转而对新的族群具有认同感和归属感。

阅读材料5-3　客家人的族群认同

客家是中国汉族的一个支系，客家人有着强烈的族群意识和群体认同感。上述族群认同理论在客家人的族群认同上都可找到例证。

客家研究的奠基人、著名历史学家罗香林教授首次以"民系"的概念来称呼客家，认为客家人是中原汉人由于战乱、灾荒等原因辗转迁徙至赣闽粤交界山区，并与当地土著居民互动融合。它发源于赣南，发展于闽西，成熟于粤东。这种看法是一种立基于地域文化的原生论。

后来又有学者认为，客家人的族群认同基本上属于"情境策略"，认为"客家"是个文化概念，在客家称谓被接受的数百年间，存在的是个别的地方社群，他们往往以嘉应、汀州或大埔人自称。因此，客家意识形成的关键不在于特定的地域或独特的文化，而在于与他群互动过程中我群意识的觉醒。客家意识不是一步到位的，是逐渐被唤醒后逐渐被引入、借用而构成的，并逐步波及。华裔历史学家梁肇庭教授认为，"客家"之所以成为了粤东客民的代号，是因为他们跟广府人发生争执时被迫认同的。这两个群体的争执，从19世纪50年代开始的土客武斗，到20世纪初期发展成为文斗。此期客家族群意识的兴起与凝聚，事实上是透过现代化过程中的教育普及与大众传媒所完成的。客家学者成功地建构出"客家"这个民系。至此，"客家"一词所涵括的族群范围才正式地由广东省扩展到闽西、赣南及其他地区移民。本来，赣南、闽西并无广东那强烈的客家意识和认同感，在海外客家的倡应下，大有后来居上之势，发明出一系列的文化象征符号。然后是四川、广西、云南、赣北等地，纷纷响应。因此，客家的存在成为一种"想象"的共同体，其过程有一个从他者（外）至自我（内）的演变阶段，由地理区域群体而发展为一个跨空间、跨区域的泛客家。无论是闽西的"客家祖地"、"客家公祠"，还是赣南的"客家摇篮"或"客家大本营"，很多地域性的物质与文化资源也被冠以"客家"的品牌，成为新时期民族主义的地域性建构。可见，客家的历史与文化似乎是他者与自我的共同建构过程，这一过程今天还在继续。①

---

① 周建新：《族群认同、文化自觉与客家研究》，载《广西民族大学学报》，2005年第2期。

六、族群认同与文化相对论

文化相对论是文化人类学基本的观点和方法,在20世纪50年代成为一种比较流行的思潮,代表人物是美国人类学家赫斯科维茨(Melville J. Herskovits)。文化相对论的主要观点是,每一种文化都有其独创性和充分的价值准则,一切文化的价值都是相对的,对各群体所起的作用都是相等的,因此,文化谈不上进步或落后。

作为一个族群的成员,都有自己的族群认同,而不同族群的人们又把自己的文化认同作为一种重要的价值来加以维护,这也是维护一个族群存在、激发一个族群发展的重要动因,因为文化对于一个族群来说,更具有强有力的内聚力和粘合力。但是,这种文化认同要注意"度"的问题,要正确理解它在族群认同中的意义。比如,在族群认同中,会出现一种"种族、文化优越感",具有比较强烈族群意识的族群,有时会对其他族群产生鲜明的排斥态度,如希特勒曾鼓动日耳曼人歧视和迫害犹太人,这种民族歧视就是站在本民族的立场上对于另一个民族的不平等的看法。另外,还存在这样一种情况:"只要任何一方发现维持和建立民族界限于己方有利,哪怕轻微的口音甚至细小的举止都可能被用做族群标志。"也就是说,正是族群认同强化了文化的差异。通过以上两个例子,有些人可能会对族群认同的合理性产生怀疑,产生族群认同与文化相对论是相对立的感觉。之所以强调族群文化的差异性,并不是以自己族群的文化认同尺度去加以衡量(即当一个族群的文化与自己族群的文化不相符合时,便从自己族群的基准出发去加以否定),而是为了更好地保护和继承族群中优秀的传统文化,维系族群精神。比如,许多学者对客家文化进行研究,其实是充满自豪、积极看待客家文化的一种态度,是对自己族群的文化充满感情,是对本族群生存发展的一种关注,实际上也是对本族群的一种强烈的责任感。他们在认同自身族群文化的同时,也认同其他族群的文化,这与文化相对论理论的观点是不相违背的。

总之,在强调族群平等和"文化多元"的今天,族群间差异的缩小是一个必然发展的趋势,我们不应当主观地去推动任何形式的"同化",也不人为抵制自然发生的族群间的文化融合,我们强调肯定某一族群的文化价值其实是对少数族群文化的尊重,从而更好地揭示族群认同的意义。

第二节 民　　族

一、民族概念的系谱

"民族"一词的起源甚早。在西方,"民族"最早在古希腊的《荷马史诗》中使用,有"山居民族"、"公民权利"、"整个民族"的说法,但当时的民族概念还不太确定,它既可指人群,也可指种族。据日本学者夭郭贞治说,西方第一个给"民族"一词下定义的是意大利政治思想家马志尼(Giuseppe Mazzini),他认为民族具有"土地、起源、习惯、语言的统一"。

近代以后,人们对民族概念的认识有了突破性的发展。民族更多地与"国家"、"主权"、"政治共同体"联系起来。正如英国学者史密斯在《民族主义的理论》中所说,西方学者比较一致的看法是,"民族是一个在横向和纵向联系上一体化的、拥有固定领土的集团,它是以共同的公民权利和具有一种共同特点的集体情感为特征的,这种特征使其成员有别于那些和他们保持结盟或冲突关系的类似集团的成员"。这个概念和后来斯大林的"民族"定义基本一致。而斯大林的定义也就是我们现在通常所使用的"民族"的含义。

"民族",对应的英文是 nation 或 nationality。nation 的基本含义是"国家"或"民族",多指国民国家。中国的学者为了避免"国民国家"的含义,常用 nationality 而不用 nation 表示民族。其实,nationality 的准确含义是"国籍"。"用反映主权特征的 nationality 一词来套用中国没有主权意识的少数民族,本身就不确切。"

汉语中的"民族"一词,由"民"和"族"两个词素组成。早在先秦时期,中国古籍中就有"民族"二字连用。据《南齐书》记载:"今诸华士女,民族弗革,而露首偏踞,滥用夷礼,云于蒻落之徒,全是胡人,国有旧风,法不可变。"此段话是道士顾欢抨击当时南朝汉人改信佛教。"民族弗革",系指国人的族属即所谓华夷之分未变。这是"民族"在中国古代文献中的最早记录。更为常见的是,用"民"、"族"、"人"、"种"、"部"、"类",以及"民人"、"民种"、"民群"、"种人"、"部人"、"族类"等词汇来指代"族类"概念。

"族",在甲骨文中表达的是"旗所以标众,矢所以杀敌"的意思。因此,它最初是指氏族军事组织。汉代的《说文解字》进一步突显了这个含义,"族,矢峰也,束之族也,众矢之所集,又聚也"。可见,由于"族"字与"聚"、"凑"、"簇"等为同源字,均有聚结、集中的意思,故后来"族"逐渐突显其聚结、群的含义,与军事组织或"战斗单位"已无干系了。故《左传》成公四年说:"非我族类,其心必异,楚虽大,非我族也。"这个故事讲述的是,楚晋争霸,交相会盟以笼络各国,鲁国君因在晋国受到冷遇而产生投奔楚国的念头,鲁国秉政的季氏公族势力以周礼劝阻。这里所说的"非我族也",是指楚国非周氏宗室之故,而鲁是周之封国。"臣闻江右闽粤民多聚族而居,其族长、乡正诚得端人为之,一族中匪类有所不容。地方官府勾摄人犯常赖其协捕,是以祠谱修明之处,其人民皎然难欺,不特一方之民族无可假冒,而一乡之良莠无可掩藏。"这条收入《皇朝经世文续编》的奏请实行保甲制疏是清朝咸丰元年宗稷辰所上,所谓"一方之民族",是指聚族而居的乡民百姓。

由此可见,中国古代的"族",既指血缘性集团,如宗族、亲族,又指基于华夷之分的地域性的文化类型群体。

"民",《礼纪·王制》中说:"中国戎夷,五方之民皆有性也,不可推移。东方曰夷,被发文身,有不火食者矣;南方曰蛮,雕题交趾(在额上刺字或纹图案),有不火食者矣;西方曰戎,披衣皮毛,有不粒食者矣(不食五谷);北方曰狄,衣羽毛,穴居,有不粒食者矣。"这里的"民",是根据地域、经济生活、风俗习惯等不同而划分的人群。这种人群分类标准一直沿袭到清代,尤其用于识别和描述周边少数民族。

西方现代意义上的"民族"概念,是迟至近代才传入中国的。清朝末年,由于政府的腐败无能和列强宰割,唤起了一批仁人志士的民族意识。1903年,中国近代资产阶级学者梁启超把瑞士-德国的政治理论家、法学家J.K.布伦奇利的"民族"概念介绍到中国来以后,"民族"一词便在中国普遍使用起来,其含义常与"种族"或"国家"概念相混淆。据考证,中国最早使用"民族"一词的是清朝末年的改良主义思想家王韬。他游历欧美诸国家后,创办《循环日报》,并在《洋务在用其所长》一文中说:"夫我中国乃天下之大国也,幅员辽阔,民族殷繁,物产饶富,苟能一旦奋发自雄,其坐致富强,天下当莫能与颉顽。"

再如,孙中山先生于1894年创立兴中会时,就提出"驱逐鞑虏,恢复中华"的革命主张,到1905年同盟会成立把它改为"驱逐鞑虏,恢复中华,创立民国,平均地权"。这时孙中山先生的革命思想主要还是民族主义,核心便是"反清",后来他的思想日渐发展和丰富,突破了狭隘的民族主义,将民族主义与国家主义统合起来。辛亥革命后,孙中山等资产阶级革命派很快改变了以前的"排满"、"反清"做法,而倡言满汉一家、五族共和。"中华民族"这一概念在当时学者的文章中、政治家的讲演中、政府的公告中,越来越多地被使用,其含义也不断充实,由原来主要指汉族,扩展为包含中国境内各个民族的民族共同体。后来,费孝通提出"中华民族多元一体格局",指出民族包括自觉的民族实体和自在的民族实体,自觉的民族实体是近百年来在中国和西方列强的对抗中出现的,但作为一个自在的民族实体,则是在几千年的历史过程中形成的。

二、民族的定义与发展

概言之,所谓民族,就是民族共同体的简称。然而细究之,什么是民族,哪些人群才能称之为民族呢?古今中外对于民族的定义多种多样,可谓是众说纷纭,并有过很大争论。

孙中山的民族五要素说:民族是由血统、生活、语言、宗教、风俗习惯这五种力而形成的。费孝通先生则认为,民族应当是人们在历史上逐渐形成的有共同语言、共同聚居地、相似的经济生活以及共同的认同意识的共同体。

目前比较一致认可的还是斯大林的民族定义,即"民族是指人们在历史上逐渐形成的有共同语言、共同地域、共同经济生活以及表现于共同民族文化特点上的共同心理素质这四个基本特征的稳定的共同体"。这个定义包含了三层意思:第一,民族是历史上形成的;第二,民族有"共同语言、共同地域、共同经济生活、共同心理素质"这"四大要素"或"四大特征";第三,民族是一个稳定的人们共同体。斯大林认为,要成为或被"定义"为一个"民族",上述四条标准缺一不可,"只有一切特征都具备时才算是一个民族"。

斯大林的民族定义提出后,得到了世界各国马克思主义者的公认,甚至也为西方一些民族学家所承认。20世纪30年代,斯大林的民族定义被译为中文后,也为中国共产党人所接受和运用。尤其在新中国成立后,更是被作为制定民族政策和进行民族识别工作的理论依据。在中国学术界,也有一些人对斯大林的民族定义提出了一些补充和修改意见,比如有人认为应增加"民族的共同名称",有人认为"民族自我意识是最为重要的特征"。

需要注意的是,实际上汉语中的"民族"概念与西方的"民族"概念不尽相同。在汉语中,"民族"这一概念的内涵十分丰富,往往包含着多重含义。它可以泛指一切历史阶段的人们共同体,这导致它与英语 nation 在含义所指上出现很大的不相符和不对等现象。在《辞海》等汉语权威辞典中,汉族的"民族"一词至少包含四种不同层次的含义:第一层次表现族群概念意义上的民族,如少数民族、民族政策、民族学院等;第二层次表示中华民族构成单位概念意义上的民族,如五十六个民族、民族团结、汉族、藏族等;第三层次表示政治独立体即民族国家或国民国家概念意义上的民族,如中华民族、日本民族、加拿大民族等;第四层次表示族类共同体或民族共同体概念意义上的民族,如阿拉伯民族、日耳曼民族、法兰西民族、犹太民族等。除了表示不同层次的概念意义外,汉族的"民族"一词还可用来表示按不同时代和不同生产、生活方式划分出来的人类群体。例如,根据历史阶段的不同,汉族中有原始民族、古代民族、现代民族之分;根据生产、生活方式的不同,汉族可分为狩猎民族、游牧民族、农业民族和工业民族。

三、民族与族群的关系及其运用

前面我们对"民族"与"族群"概念的系谱及其相关背景进行了简单的分析及梳理。总体上看,这两个概念具有较强的相关性,都是指一种稳定的人们共同体,断然割裂两者的联系是不妥的;然而,两者在内涵上还是存在较大的差别,"民族"往往强调的是政治性,"族群"侧重的是文化性。同时,这两个概念在外延上同样存在着差别,族群相对于民族而言,其适用范围可能更广一些。

周大鸣认为,"族群可以是一个民族,亦可是一个民族中的次级群体,如汉族中的客家人、闽南人、广府人等,而'民族'一词无法包含这些内容"。

美国人类学家斯蒂文·郝瑞认为,族群是在地方性语境中被界定的、强调群体成员的主体性和主观认同的概念。与族群相反,民族则是被框定在国家的民族主义语境里的概念,强调的是人口和文化这样的客观事实。

纳日碧力戈论述了家族、族群对于民族形成的重要作用。他认为,在符号意义上讲,他们是一脉相承的,但绝不能就此认为民族就是家族、族群的延续("原生说"),因为他们所共有的只是一些符号结构关系和符号,而并不一定是具体的内容;同时,也不能将家族、族群、民族三者断然割裂开来,认为民族是现代化的产物,与家族、族群毫无关系("现代说")。在此基础上,他提出了"民族是在家族符号结构和家族符号资本基础上形成的超族群政治—文化体"的论断。另外,在其《现代背景下的族群构建》一书中,纳日碧力戈提出,"族群"是情感—文化共同体,"民族"是情感—政治共同体。

徐杰舜也对"民族"与"族群"两个概念的差别进行了较为详尽的分析。他认为,"族群"更多地强调其文化性,其根本在于文化上的自我认同,对此几乎所有学者都没有分歧;而"民族"则强调的是政治性,民族从形成到发展都与国家有着密不可分的关系。从使用范围上看,族群概念的使用十分宽泛,而民族概念的使用更为狭小。徐杰舜将汉民族的族群结构分为三级,即:第一级族群结构以汉族的人文地理划分,可将汉民族分为华南汉族、华东汉族、华中汉族、华北汉族、东北汉族、西北汉族和西南汉族。第二级族群结构在第一级族群结构之下,华南汉族可分为广府人、客家人、闽南福佬人、福州人、平话人、桂柳人等族群;华东汉族可分为上海人、南京人、杭州人、徽州人、苏州人、宁波人、温州人等族群;华中汉族可分为湖北人、湖南人、江西人等族群;华北汉族可分为北京人、河北人、河南人、山东人、山西人等族群;东北汉族可分为沈阳人、大连人、哈尔滨人、长春人等族群;西北汉族可分为河湟人、河西人、关中人、西安人、陕北人、秦州天水人等族群;西南汉族可分为四川人、云南人、贵州人等族群。第三级族群结构主要指"族群岛",如广西的"高山汉"、伢人、富川本地人,贵州的屯堡人,福建的惠安人，以及疍人等族群。汉民族的这三级族群结构，构成了汉民族的族群体系。

张海洋认为，族群概念适用于民族的文化定义，民族概念适用于族群的政治含义。

在1998年由中国社会科学院民族研究所、中国世界民族学会等单位共同主办的"民族"概念暨相关理论问题专题研讨会上，与会专家指出，"族群"一词具有很大的伸缩性，涵盖了"民族"、"族群"、"族体"、"民系"等，既是文化群体，又是社会群体。

孙九霞也主张在较广的范围内使用族群定义，既可以等同于"民族"一词，也可以指民族的下位集团"民系"，还可以在超出民族的外延上使用。

表5-1 不同语境下的民族与族群的运用①

民　　族	族　　群
中国/俄罗斯的概念	西欧/北美的概念
国家语境	地方语境
精英	平民百姓
客位	主位
客体性	主体性
固定性	流动性
minzu	ethnic group

关于"民族"与"族群"在中国的运用问题，学术界有过激烈的论争，存在不同的看法和意见。归纳起来主要有以下几点：①"民族"与"族群"二者并非是完全等价的概念，在中文语境中的"民族"概念有其特定的政治和政策含义在其中，中国的"民族"是经过政府识别后确定的，因此用"族群"来指称中国的五十六个民族是不妥的；②"族群"与"民族"各有其特定不同的含义，对于"民族"概念而言，文化不是其唯一的基准指标，两个概念实际上是居于不同的层次，故而两者不能互相取代和兼用；③在引进西方的学术术语和理论时，要对其产生的社会背景、理论渊源等进行客观的分析与梳理，同时国际学术对话也应是双向交流，不能采用"拿来主义"的方式；④学术研究并不能完全脱离社会实际，在现实中对中国的民族问题研究采用何种概念、术语的背后，是复杂的社会群体利益，往往关系到国家的政治建构、民族的权力关系等。

---

① （美）斯蒂文·郝瑞：《田野关系中的族群关系与民族认同——中国西南彝族社区考察研究》，巴莫阿依、曲木铁西译，广西人民出版社2000年版，第262页。

郝时远提出，在西方，"族群"主要是指移民群体、土著人群体，所以不能用来指称中国的五十六个"民族"；此外，他还认为当今"族群"这一概念的使用有泛化的趋势，突出了其社会学意义，淡化了民族性。

马戎认为，"民族"与"族群"是两个完全不同的词汇，在西方话语体系中，"民族"往往与"民族—国家"紧密结合，与近代出现的"民族主义"和"民族自决"政治运动相联系，具有较强的政治色彩；而"族群"则指多族群国家内部具有不同历史和文化传统的群体，可视为"亚文化群体"中的一类。建议保留"中华民族"（the Chinese nation）的提法，同时把五十六个"民族"在统称时改称为"族群"或"少数族群"，在具体称呼时称为"某族"（如"汉族"、"蒙古族"）而不是"某民族"（如"汉民族"、"蒙古民族"）。提出这一建议有三个理由：一是中国的"少数民族"在社会、文化含义等方面与其他国家（如美国）的少数种族、族群是大致相对应的，改称"族群"可以更准确地反映中国民族结构的实际情况；二是可以避免在两个层面（"中华民族"和下属各"民族"）使用同一个词汇所造成的概念体系混乱；三是当我们讲到中国的五十六个"民族"和地方"民族主义"，并把这些词汇译成英文的 nationalities 以及 nationalism 时，国外的读者从这些英文词汇中很容易联想到有权利实行"民族自决"并建立"民族国家"（nation-state）的某种政治实体和分裂主义运动，从而在国际社会造成严重误导。

黄凤祥认为，ethnic group 应译为"民族"，而非"族群"。同时提出，"族群"概念宽泛，学界进行研究是可以的，但是这种研究必须符合中国的实际。故而在中国只能提"民族"或"民族内部各支系"，用"族群"指称国内民族，不利于民族团结，容易在现实中引起混乱。

郝瑞教授认为，"民族"无法转译，在英文中干脆保留中文音译，即 minzu。周大鸣也认为这是一个很好的方法，可用 minzu 表示中国法定的五十六个民族，而族群作为一个学术概念，可以涵盖民族和次级群体，如藏族中的康巴人、安多人，汉族中的客家人、广府人等。

潘蛟在对"民族"、"族群"概念源流进行论述的基础上指出，中国的 55 个少数民族拥有法定的区域自治权利，包含着浓重的政治含义和政策背景，因而不能用"族群"概念去指称。

陈延超认为，应该用"族群"表示中国的五十六个民族，用"民族"表示中华民族。

总的来说，族群概念的使用很灵活方便，但它不能完全替代民族。尤其在中国，每一个民族的地位都是国家确认的，并且有宪法和民族区域自治法给予保障。

四、中国的民族识别与民族政策

中国自古以来就是一个多民族国家，从西汉《史记》起，历代封建政权所修的正史都有对国内少数民族及其政权的专门记述，可是这些记述在对少数民族名称与族体的区分上都不严格与科学，加之历代实施的民族歧视和民族压迫政策，以致许多少数民族隐瞒、更改了自己的族称。新中国成立后，民族识别就提上了议事日程，成为一项急迫且重要的任务。

中国的民族识别工作自1949年就已开始，先是由各民族自己申报。结果，许多大大小小的族体或族群都纷纷公开了自己的族称，要求单独为一个民族。截至1953年，汇总登记下来的民族名称有400多个，其中仅云南一省就上报了260多个。如此众多的族称，是否每个都成为一个单一的民族呢，依靠什么标准予以界定、识别和认定呢？

于是，中国民族工作者提出了民族识别的三个主要原则：一是结合中国的实际，灵活地运用斯大林关于民族四个特征的理论，这也是最主要的理论依据；二是从民族集团的现状出发，分析研究历史；三是尊重本民族集团中大多数成员的意愿，遵从"名从主人"的原则。最终，陆续识别并认定55个少数民族。

自古以来，如何处理民族关系是统治阶级的重要问题。在古代中国，历代王朝统治者为了维护和巩固其统治地位，对被征服或臣服的民族主要采取"羁縻"和"怀柔"政策。所谓"羁縻"，就是给予少数民族一定自主权，"以夷治夷"，即在少数民族所在地划分地域，设立特殊的行政单位，任命少数民族首领为"土官土吏"，政治上隶属中央王朝，经济上有朝贡的义务，其余一切事务由少数民族首领自己管理。如秦汉时期在少数民族地区设立"道"或"属国"，南朝时期设立"左郡"、"左县"，唐宋时期设立羁縻州，元明清时期设立土司制度。所谓"怀柔"，就是对被统治民族实行优待照顾的安抚政策。如秦汉两朝与匈奴的"和亲"，唐朝与土蕃的"和亲"，文成公主与松赞干布的联姻佳话就是民族团结的生动写照。通过这些政策，逐渐使少数民族同化于居统治地位的主体民族中来。

孙中山领导的民主革命推翻清王朝，建立中华民国后，在民族关系与民族问题上，开始注重从法律上承认各个民族的平等地位，制定一些政策、法规保障少数民族的权益，其中最重要的就是民族自治，保障民族地区业已存在的社会制度和组织，如西藏的政教合一制度，内蒙古的盟旗、王公制度等。

新中国成立后，中国共产党遵循马克思主义的民族理论，制定了以民族平等和民族团结为基础的一系列民族政策，如民族地区的民主改革、民族识别、民族区域自治等。新中国的民族政策更具平等性、团结性和自治性，成为世界各国处理民族关系的光辉典范。

第三节 种 族

一、种族的概念

人们对种族（race）概念的认识有一个渐变的过程。传统的观点认为，种族又称人种，是指在体质形态上具有某些共同遗传特征的人群。"种族"这一概念以及种族的具体划分都是具有相当争议性的课题，其在不同的时代和不同的文化中都有差异，种族的概念也牵涉到诸如社会认同感以及民族主义等其他范畴。20世纪以前，科学家普遍认为，人类分为以若干个本质主义方式划分的（即以不可缺的特征来划分的）种族，如尼格罗人种（黑种人）、蒙古人种（黄种人）、高加索人种（白种人）等。20世纪30年代以后的一段时间，人们在理论上认为"种族"是根据人们的遗传体征来区分的人群，是属于生物学上的概念。但自20世纪40年代尤其是第二次世界大战以来，进化论科学家开始淘汰这种理论。另外，种族长期以来是从科学分类的角度来理解的，即将种族视为一个分类的层次，如将种族等同于亚种；但从20世纪60年代起，群体遗传学研究中新出现的数据以及模型也使一些科学家开始质疑这种理解，转而以群体、特征线等其他概念来研究人类内部的差别。20世纪90年代以来，基因体学及其分支系统学研究中新出现的数据和模型也使科学界对人类起源有了新的认识，使一些科学家转而用世系而非特征来定义种族的划分，并且认为种族应该理解为模糊集合、统计群体或广义的家族。有许多进化学家以及社会学家认为，基于近年来的生物学研究结果，任何对于人类种族的定义，都缺乏科学分类的严谨性和正确性；"种族"的定义是不准确的、随意性的、约定俗成的，随文化视角的差异而变化，从而与其说种族是一种生物学上的事实，倒不如说它是人们的一种社会文化的构建，而且这种构建常常是与种族歧视和政治经济压迫相关联的。因而，当前的人类学家都不太乐意或尽量回避使用"种族"的概念，而更倾向使用"族群"的称谓，如亚裔美国人、西班牙裔美国人等，我们称之为"一个族群"，而尽量不称之为"某种族"。

二、种族主义

种族主义（racism）是一种以自我为中心，认为种族差异决定人类社会历史和文化的发展，自己所属的团体，例如人种、民族或国家等，优越于其他的团体，宣扬人类的不同种族在本质上有优劣之分，"优等"种族应当统治和奴役"劣等"种族等政治主张。种族主义由来已久，19世纪法国社会学家戈宾诺和德国社会学家、种族主义者张伯伦（Houston Stewart Chamber‐lain）助长了种族主义的扩散。种族主义的极端派宣扬某些人种天生就具有优越性，并激起人们对所谓劣等人群的偏见和仇视。当时非洲的资源被大量掳掠到欧美各国，包括人力资源。种族主义的基本内容是种族歧视和种族隔离，其极端发展是种族灭绝。现代种族主义伴随着殖民主义、帝国主义的出现，而成为侵略、掠夺、压迫殖民地人民和弱小民族的工具。19世纪以来，随着科学和技术的进步，出现了为种族主义提供"科学"依据的思潮。法国社会学家C. de·戈比诺在《论人类种族的不平等》一书中，将人类种族分成不同等级，宣传日耳曼民族是最优秀的。还有人从生物学和遗传学的角度"论证"人类不同种族的优劣，宣扬白人种族优于黑人种族和其他种族。社会达尔文主义认为，人类社会也在进行"优胜劣汰、适者生存"的斗争，白人是优胜者。希特勒法西斯分子竭力宣扬雅利安人是最优秀的人种，应当统治世界，为他们迫害犹太人和发动第二次世界大战制造理论根据。迄今，还有人用智商测验、社会生物学等来论证人种的优劣。

种族主义者的第一个种族差异的依据是认为种族间存在行为上的差别，这种观点直到现在还经常引起争论，很难消除，认为不同种族的人具有不同的国民性格、精神、性情等。美国人类学家本尼迪克特、玛格丽特等人的研究已经证明，这些概念其实和人的生物性没有任何关系，完全是人类文化的结果；而且这些概念本身也是很含糊的，许多观念与生物学上的种族概念毫无关系，只是被人利用，造成了不幸的后果。到现在为止，还没有人能将固有的行为特征归结为某个不能按文化习惯来解释的人类群体。相反的是，许多科学家从各个方面证明，人类来自一个共同的种源，不同种族的出现和发展主要取决于它们所处的环境条件和文化背景，认为先天就存在质的优劣是没有科学根据的。

种族主义者的第二个种族差异的依据是种族存在着智力上的差异。但是科学家认为，智力测验只能应用于特定的文化环境，只有对特定的文化环境进行详细的考察，这些智力测验的结果才有意义。但是有关什么样的智力才能实际构成智力的特质这一点还没有能够被普遍接受的意见。因此智力测验很难准确地判断智力情况，它不是测量遗传智力的好办法。目前为止，人类种群间是否存在智力方面的差别还没有得到证实。

尽管种族主义者的宣传至今还有一定的市场，但一些严肃认真的人类学家们都不同意他们的论点。1963年的《联合国消除一切形式种族歧视宣言》明确指出："任何种族差别或种族优越的学说在科学上均属错误，在道德上应受谴责，在社会上实为不公，且有危险，无论在理论上或实践上均不能为种族歧视辩解。"在全世界最终消除种族歧视、种族隔离是历史发展的必然趋势。

三、种族（族群）冲突及其根源

种族冲突（ethnic conflicts）是指因为种族主义、殖民侵略、殖民压迫、种族歧视、文化殖民以及其他原因而导致的各族人民之间的仇视、冲突甚至仇杀。种族冲突的根源可能是政治、经济、语言、文化、种族等。种族冲突是与殖民主义、种族主义等相伴而生的，只要种族主义存在，种族冲突就不会消失。世界历史上比较著名的种族冲突主要有欧洲殖民主义者对美洲印第安人的屠杀、"二战"期间希特勒领导的纳粹党对犹太人的灭绝政策、1994年卢旺达胡图族对图西族的大屠杀等。在这些种族冲突中，种族主义者可以说是犯下了为人类不可饶恕的罪行。

下面择要介绍种族冲突的根源。

（一）偏见与歧视

偏见（prejudice）是指根据错误或不完全的信息或者是缺乏客观依据先入为主地对于个人或群体所持的敌对或负面的态度。人们如果对某个群体抱着刻板印象，并且把这种刻板印象加诸个人身上，就是具有偏见。这种刻板印象通常是一成不变的，不受人喜欢的。如发达地区的族群对于落后地区的族群通常具有偏见，城里人看不起乡下人，大城市的人看不起小城市的人，发达国家的人看不起欠发达国家的人等。歧视（discrimination）是指伤害一个群体的政策或行为。这种歧视可以是事实上的，也可以是法律上的。比如，在绝大多数国家，在传统社会中有对女性法律的歧视，有的国家甚至不准女人抛头露面，但是更多的是如在工种和人员招聘上有歧视，同工不同酬等。美国宪法自制定之日起就声称人人生而平等，然而对于黑人的事实上的歧视却延续了数百年。偏见和歧视的内涵和外延比较接近，有时并不能截然不同地分开。某一族群对另一族群的偏见和歧视是导致种族冲突的最主要的根源。

（二）殖民主义

殖民主义（colonialism）也是导致种族冲突的重要原因。人类具有热爱和平和自由的天性，对于侵略和不正义战争等殖民行为也具有天然的反抗。如不屈的中国人民对于日本帝国主义的殖民侵略行为坚持了8年的不懈抗战，终于迫使日本帝国主义缴械投降。古今中外，因为反抗殖民主义侵略而导致的种族冲突不胜枚举。

（三）文化殖民主义

文化殖民主义（cultural colonialism）是指以美国为首的西方强势文化凭借其超强的经济、政治、军事以及报刊、书籍、电脑软件、电影、电视和互联网等传媒优势,自觉或不自觉地推销自己的经济理念、政治理念、文化意识形态、价值观和生活方式等,以便在文化和思想上影响、同化他国的一种不平等的国际文化交流现象。它是殖民态度与行为过程的一种延续,但与早期的殖民主义有着明显的区别。通过这种文化殖民主义,可以削弱或者同化当地族群的凝聚力、向心力以及意识形态。处于文化自觉状态的当地族群就可能与处于强势文化的族群产生族群冲突。

当然,导致种族(族群)冲突的原因除了上述几个因素之外还有很多,如政治、经济、语言等方面的因素,限于篇幅,在这里不再赘述。

四、种族与民族

我们前面已经对民族和种族的概念进行了探讨,下面简单比较两者的关系。两者的共同特征在于都是指具有一定特征的人类群体。其主要区别有如下几点:

(1)前面已经说过,在人类学界人们已经尽量避免使用"种族"的概念,即使使用,绝大部分是体质人类学家在涉及到人类生物学意义的区分时才涉及此概念,因此它是一个自然科学特别是生物科学所研究的对象,属于体质人类学的概念。而民族所涉及的则是人类的社会文化群体与生态环境之间的互动关系,它主要是社会科学,特别是行为科学研究的对象,属于社会历史的范畴,是文化人类学的概念。

(2)民族是主要以斯大林所定义的四个基本特征作为识别依据的,而种族则是以人的生理特点、生理差别来区分人类的。

(3)同一个种族的人可以属于不同的民族,如我国的汉族和日本的大和民族都是属于黄种人,而同一个民族(狭义意义上的)的人一般不会属于不同的种族。

关键词

族群　族群性　族群认同　文化相对论　民族　种族　种族冲突　种族主义

复习思考题

[1] 族群、民族和种族有什么区别?
[2] 导致族群冲突的原因有哪些?
[3] 族群、民族或种族的身份对你有何意义?是否影响你的生活?
[4] 什么时候会特别使你感受到族群强烈的情感?
[5] 你对于当前的客家研究与客家族群有何认同?

阅读文献

[1] 黄平,罗红光,许宝强.社会学、人类学新词典.长春:吉林人民出版社,2002

[2] 中南民族大学. 族群与族际交流研讨会论文集. 北京：民族出版社，2003
[3] 林耀华. 民族学通论. 北京：中央民族大学出版社，1997
[4] 马戎. 民族与社会发展. 北京：民族出版社，2001
[5] 王建娥，陈建樾等. 族际政治与现代民族国家. 北京：社会科学文献出版社，2006
[6] 张海洋. 浅论中国文化的多样性，族群认同与跨文化传统. 北京：中国社会科学出版社，1995
[7] 乔健. 文化、族群与社会的反思. 北京：北京大学出版社，2006
[8] 王明珂. 华夏边缘——历史记忆与族群认同. 台北：允晨文化出版公司，1997
[9] 纳日碧力戈. 现代背景下的族群建构. 昆明：云南教育出版社，2000
[10] 周大鸣. 中国的族群与族群关系. 南宁：广西民族出版社，2002
[11] 吴泽霖. 人类学词典. 上海：上海辞书出版社，1991
[12] 徐杰舜. 雪球——汉民族的人类学分析. 上海：上海人民出版社，1999
[13] 黄淑娉，龚佩华. 广东族群和区域文化研究. 广州：广东高等教育出版社，1999
[14] 郝时远. 台湾的"族群"与"族群政治论". 江西社会科学，2004（2）
[15] 周建新等. 江西客家. 桂林：广西师范大学出版社，2007
[16] 宋蜀华，陈克进. 中国民族概论. 北京：中央民族大学出版社，2003

第六章 生计方式

> **摘要**
> 本章将重点探讨人类的生计方式。生计即是人们维持生活的计谋或办法,其首先与自然资源相关。生计方式指的是人们相对稳定、持续地维持生活的计谋或办法,即通常所说的生计模式或生活习惯,大致可分为搜食(狩猎采集)、粗耕、农耕、畜牧、工业化五个阶段。同时,在任何一个社会中,往往有一种主导性的交换原则,也就是该社会进行资源配置的原则。由于生计模式与自然环境、人口及劳动工具、所种植作物等因素的密切相关性,因而当这些因素发生变化时,生计方式也就相应地发生变化,可称之为生计变迁与转型。

第一节 生计和生计方式

一、生计

生计即是人们维持生活的计谋或办法。由于与自然界有着不能缺少的能量交换,因此,人们的生计首先与自然资源相关。也就是说,自然条件不同,人们满足衣食住行的方式就不一样。如从饮食习俗上讲,所谓"东辣西酸,南甜北咸","南人习米,北人喜面"等;再如,所谓"南人驾船,北人乘马"等,说的正是这个道理。当然,在漫长的历史进程中,随着南北互动和各民族的融合与交流,地域性的生计特征也可为"他者"所共享。

阅读材料6-1 南人驾船,北人乘马

二人共览之次,江风浩荡,洪波滚雪,白浪掀天。忽见波上一叶小舟,行于江面上,如行平地。玄德叹曰:"南人驾船,北人乘马,信有之也。"孙权闻言自思曰:"刘备此言,戏我不惯乘马耳。"乃令左右牵过马来,飞身上马,驰骤下山,复

加鞭上岭，笑谓玄德曰："南人不能乘马乎？"玄德闻言，撩衣一跃，跃上马背，飞走下山，复驰骋而上。二人立马于山坡之上，扬鞭大笑。至今此处名为"驻马坡"。后人有诗曰："驰骤龙驹气概多，二人并辔望山河。东吴西蜀成王霸，千古犹存驻马坡。"当日二人并辔而回。南徐之民，无不称贺。

（材料来源：《三国演义》第五十四回：吴国太佛寺看新郎 刘皇叔洞房续佳偶。）

阅读材料6-2 南甜北咸，东辣西酸

南甜北咸，东辣西酸，在一定程度上反映了中国人饮食文化的地区差异，同时也反映了口味与地理环境的相关性。如从主食上看，南方气候湿热，盛产水稻，故以大米为主食；北方气候相对干冷，适宜小麦等作物生长，故以面粉为主食。

山西人能吃醋，可谓"西酸"之首。他们吃饭前，往往先把醋瓶子拿过来，每人喝三调羹醋用以"解馋"。改革开放前，每逢春节，别处都供应一点好酒，太原的油盐店都贴出一个条子："供应老陈醋，每户一斤。"有人来给姑娘说亲，当妈的先问："他家有几口酸菜缸。"酸菜缸多，说明家底丰厚。此外，聚居于湖南、贵州、云南、广西交界处的西南山地民族也有吃"酸"的习俗，"侗不离酸"就是最好的印证。

山西等地的"西方人"何以爱吃酸？从他们所居住的地理特征上看，黄土高原、云贵高原及其周边地区的水土中含有大量的钙，因而他们的食物中钙的含量也相应较多。这样，通过饮食，易在体内引起钙质淀积，形成结石。而多吃酸性食物有利于减少结石等疾病。久而久之，这些地方的人也就渐渐养成了爱吃酸的习惯。

湖南、湖北、江西、贵州、四川及东北的朝鲜族等地居民多喜辣，民间流传有"贵州人不怕辣，湖南人辣不怕，四川人怕不辣"之说。喜辣的食俗多与气候潮湿的地理环境有关。像四川盆地，潮湿多雾，一年四季少见太阳，因而有"蜀犬吠日"之说。这种气候导致人的身体表面湿度与空气饱和湿度相当，难以排出汗液，令人感到烦闷不安，时间久了，还易使人患风湿寒邪、脾胃虚弱等病症。吃辣椒浑身出汗，汗液当然能轻而易举地排出，经常吃辣还可以驱寒祛湿，养脾健胃，对健康极为有利（对当地人而言）。

中国北方地处暖温带，冬季寒冷干燥，夏季温和多雨，气温年较差大，在过去，蔬菜少，难以越冬，北方人便把菜腌制起来慢慢"享用"，这样一来，北方大多数人也养成了吃咸的习惯。而南方多雨，光热条件好，盛产甘蔗，比起北方来，蔬菜更是一年几茬。南方人被糖类"包围"，自然也就养成了吃甜的习惯。

当然，"南人习米，北人喜面"，"南甜北咸，东辣西酸"只是个笼统而又相对的说法，中国地大物博，饮食习惯差别很大，甚至在局部地区也有许多不同之处，这与各地的经济发展、民族习俗和个人习性也有重要关系。

阅读材料6-3　干栏式建筑

　　干栏式建筑是在木（竹）柱底架上建筑的高出地面的房屋。中国古代史书中又有干栏、干兰、高栏、阁栏和葛栏等名，当是由其他少数民族语言转译而来的音变。此外，一般所说的栅居、巢居等，大体所指的也是干栏式建筑。考古学和民族学中的所谓的水上居住或栅居，以及日本所谓的高床住居，亦属此类建筑。这种建筑自新石器时代至现代均有流行，主要分布于中国的长江流域以南以及东南亚，中国的内蒙古自治区和黑龙江省北部，以及西伯利亚和日本等地都有类似的建筑。从考古发现看，中国新石器时代的河姆渡文化、马家浜文化和良渚文化的许多遗址中，都发现埋在地下的木桩以及底架上的横梁和木板，表明当时已产生干栏式建筑。西周时代的湖北蕲春毛家嘴遗址中，也发现规模较大的干栏式建筑。江西清江营盘里新石器时代遗址出土的陶制干栏式建筑模型，带有长脊短檐式的屋顶。云南晋宁石寨山滇墓中发现的4件汉代青铜干栏式建筑模型，亦有长脊短檐式屋顶，代表干栏式建筑的原始特征。广东、广西、湖南、四川和贵州等地区的东汉墓中，也发现许多陶制的干栏式建筑模型，但除保留底架和木桩外，一般陶屋已是悬山顶，而圆形陶仓则是穹庐顶，表明当地这些建筑的基本形式已经汉化。干栏式建筑主要为防潮湿而建，长脊短檐式的屋顶以及高出地面的底架，也都是为了适应多雨地区的需要。各地发现的干栏式陶屋、陶囷以及栅居式陶屋，均代表了防潮湿的建筑形制，特别是仓廪建筑采用这种形制的用意更为明显。直到今天，东南亚一带还较盛行栅居，以适应潮湿多雨的需要。

　　广西都安县下坳乡布努瑶的干栏式房屋，外围的墙是用黄泥和一些小石块混合在一起的土坯墙，一般分上中下三层，上下层间用木板隔开。猪栏、牛栏、羊栏、鸡笼、厕所设在底层，有时也放些杂物等。中层设有堂屋、卧室、厨房等，一般是半边是地，半边与地面相接，底层与中层用木板隔开。顶层堆放谷物和一些杂物，主要起通风作用，也是用木板隔开，屋顶盖瓦。住房和厨房又黑又暗，采光和通风条件差，几乎没有窗。大多数家里都没有单独的房间，全家住在一间既做客厅又做卧室的房间里，有的甚至人畜混居。家中也没什么家具，很多村民在屋内拉一条绳子，衣服随便挂在绳子上，蚊帐一年四季都挂着。因为中层与底层离得很近，木板间有很多的缝隙，猪牛栏里的蚊蝇很容易飞到中层，而且即使在中层，仍可以闻到底层的粪臭味。厨房与地面相接触，主要是为了防火。很多家里没有专门的洗澡间，在屋内的一个角落里用盆洗澡。屋外的排水措施也不是很好，有的只是随便挖个几米长的小沟将脏水引到屋子旁边，有的根本没有这方面的措施，脏水随便倒在屋前屋后，四处乱流，引来许多苍蝇。

　　广西龙胜县大寨乡红瑶的传统干栏式建筑房以杉木为主，由于居山坡陡，难于平整宅基，建的是半边楼，即把宅基地砌为上下两层，一个或两个长柱脚落下层，上铺楼板,与上层宅地基平,其余柱脚落上层,开成一半实地一半楼。猪栏、牛栏、羊栏、鸡笼、厕所设在底层,有时也放些杂物等。二楼设有堂屋、卧室、厨房等,半边是地,半边与底层相接。堂屋占整个房子的1/3以上的面积,在堂屋的前面没有门,但开了一扇窗,以便增加室内光线,但没有安装玻璃窗,人可以自由地从窗户爬进爬出。在窗户的偏下方用木头搭了一小棚,以方便平时晒东西用。厨房设在堂屋的右边,一般是在主屋后面高及第二层处整出一块平地建厨房。房间很少,最多2间卧室,住的地方和厨房或堂屋在一间,进房间的门设在侧面。底层与中层用木板隔开。上层顶部小半部分随便用木板隔了一下,也没放什么东西,屋顶盖瓦。而现在红瑶的住房一般是三层或者四层,底层关养牲畜,二楼设有堂屋、杂物房、厨房等,半边是地,半边与底层相接,香火设在堂屋正中央。大多数二楼不住人,堂屋比较宽敞,有一道长廊,并开有一整排的窗户,条件好的家庭在窗户上用各式好看的木雕做装饰,通风采光效果都比较好。在二楼长廊洗脸用的镜框的窗户下面,有一个漏斗形的容器,下面有一根中空的竹筒与之相连,平时用过的脏水就可以通过竹筒流到一楼下面的排水沟中。三楼住人,一般是3~5间房间,程"回"字形设计,像北方的四合院似的,中间是楼梯,四周是房间及其过道,他们之所以选择住三楼,是因为他们觉得二楼与一楼离得太近了,不时会闻到楼下牲畜的味道,不大好。在当地有句俗语叫做"不三不四丢上去",所以四楼放些不经常用的杂物,同时也起到调节三楼温度的作用,夏天时,房屋通风,可以起到隔热的作用;冬天时,上面有东西遮拦,也不会感觉很冷。从建筑的构建方式来讲,这种房子用几根较高大的柱子做框架,从一楼一直到顶楼都是完整的一根,没有分开,村民觉得这样建成会好看一些,而且比以前那样建的房子更加结实一些。(秦红增等,2008)

不过,人们与自然界的能量交换是通过特定的中介完成的,这个中介就是人的体力或体力的延伸——技术,因此,生计又与体力或技术密切相关。尤其是工业革命以来,技术更是成为发展的主导因素,从而使人们在生计方面呈现某些趋同性。正是在这一意义上,斯图尔德提出了"社会文化整合水平"概念,并分析了家庭的、部落的或社区的、国家的社会文化整合层次。

二、生计方式

生计方式指的是人们相对稳定、持续地维持生活的计谋或办法,即通常所说的生计模式或生活习惯。据此可以将生计方式进行分类。人类学家孔恩(Yehudi Cohen,1974b)运用"适应策略"(adaptive strategy)这个词汇,描述一个群体的经济生产体系。孔恩主张,在两个(或两个以上)毫无关联的社会间如果出现了类似的特性，最重要的理由就在于他们拥有相似的适应策略。例如，那些以搜食（狩猎采集）为经济策略的社会，就会有非常明显的相似性。他归纳的社会类型包含了五种适应策略：搜食（狩猎采集）、粗耕、农耕、畜牧、工业化。李亦园先生将社会类型分为三个阶段：第一阶段是采集狩猎阶段，在这个阶段，人是自然的一部分，人是适应自然而存在的；第二阶段是"产食革命"阶段，人类开始生产，开始种植作物或饲养动物；第三阶段是工业革命阶段，其最重要的表征是对能源的利用，具体分为热能、电力和核能三个阶段（李亦园，2004）。下面我们将讨论狩猎采集、游牧和畜牧、粗耕和农耕这几种形式。

第二节 狩猎采集

　　狩猎采集是指猎捕食物和直接采摘可食用果实的生存技能。人类各个文明在初始阶段可能都经历过狩猎采集，但有些文明直到近现代还在以狩猎采集作为最主要的生产方式，例如，在马达加斯加的某些偏远森林中，在东南亚包括马来西亚与菲律宾的一些地方，以及在印度外海的某些岛屿。最广为人知的近代搜食者是澳洲的原住民，这些澳洲土著已在他们的岛屿大陆上生活超过4万年，而未发展出食物生产技术。

　　西半球也有近代的搜食者。在阿拉斯加和加拿大的爱斯基摩人，或称因纽特人，是有名的猎人。这些北方搜食者，已经把现代科技运用到其生计活动上，包括步枪和引擎雪车。在美国的加州、奥勒冈州、华盛顿州、阿拉斯加州，以及加拿大卑诗省地区、极地附近的内陆地区及大湖区，原住民族都是搜食者。对于许多美洲原住民而言，捕鱼、狩猎、采集依然是重要的生计活动（有时是商业活动）。

　　海岸搜食者也生活在接近南美洲最南端的巴塔哥尼亚地区。阿根廷、巴西、乌拉圭、巴拉圭等国的草原地区，也仍有其他的狩猎采集者。现在，巴拉圭的阿切人依然常被称为狩猎采集者，即使他们从搜食所取得的东西只占生活所需的1/3。阿切人也种植谷物、畜养动物，并且住进（或住在靠近）传教站的所在地点，他们可在那里取得传教单位提供的食物。

　　在世界各地，以搜食生活形态存续下来的地点，主要是对于食物生产具有重大环境障碍的地区（在食物生产、国家、殖民主义、当代世界体系兴起后，由于外力的介入，这些地区的某些搜食者变成了难民）。在北极地区，栽种作物显然非常困难。在非洲南部，李理察所研究的杜比朱侯安西闪族地区，环绕着宽达70~200公里的无水地带。即使到现在，杜比地区还是难以到达，而且没有任何考古证据显示在20世纪前曾有食物生产者占据此地。然而，对于其他适应策略的环境限制，并不是搜食者存续至今的唯一理由，他们的生态区位具有一个共同点——他们的边

缘性质。他们所处的环境，从来就不是采取其他适应策略的群体会立即感兴趣的。（科塔克，2005）

狩猎采集依赖于环境和气候，搜食的区域也必须广阔，才足以维持一个部族的日常生存需要。正因为如此，人们缺乏应对环境变化挑战的能力，在相对封闭的得天独厚的环境中还可以维持生存，可一旦遇到外来挑战，就会迅速解体崩溃。但在适合农耕的地区，农业便从中脱胎而出。

所有的人类社会都具有某些以性别为基础的劳动分工模式。在搜食者社会当中，男人往往负责狩猎与捕鱼，女人则负责收集与采集，但这类工作的独特性质，则依各个文化的情况而定。有时女性的工作提供了大多数的饮食，有时男性的狩猎与捕鱼占了绝大部分。在热带与亚热带地区，采集所提供的饮食量比狩猎和捕鱼多——即使采集花费的劳力成本较狩猎及捕鱼高出许多。

所有的搜食者都依据年龄来产生社会层级的区别。老人往往被视为神、传说、故事与传统的守护者而较受尊重，年轻一辈则看重长者在仪式与日常事务方面所具有的特殊知识。大多数的搜食社会是平权社会（egalitarian），这意味着人们在声望方面的差异不大，且这些差异系建立在年龄与性别的基础上。

阅读材料6-4　中国古代的狩猎、采集、捕鱼、人工养鱼

【狩猎】　商代狩猎活动比较频繁，卜辞中常有狩猎的记载。猎获量最多的动物是鹿类和狐，还有豕、兔、马、鸡以至虎、兕象等。有时，一次猎获鹿可达几百头，可见其规模是很大的。西周春秋，狩猎仍然常见于记载。《逸周书·世俘解》谈到了武王克殷后进行的狩猎活动，《诗经·小雅·吉日》、《车攻》、《郑风·叔于田》、《大叔于田》等都描述了西周春秋王室贵族大规模狩猎的场面。《周礼》言田猎者甚多，"山虞""川虞""迹人"等的职掌都与狩猎有关。但这时的狩猎一般在农闲进行，且与军事演习相结合。《左传》隐公五年说："故春蒐、夏苗、秋狝、冬狩，皆于农隙以讲事。"对劳动人民来讲，狩猎是肉食来源之一（如《豳风·七月》载，冬闲时农夫狩猎捕得小野猪可以归己），但狩猎的主要意义还在于保护农业生产。因为当时地旷人稀，鸟兽尚多，为害庄稼。如《春秋》庄公十七年记载，多麋成灾。因此，对付野兽是一件要紧的事。《周礼》中有"雍氏"一职，"春令为阱获""秋令塞阱获"，就是一种对付野兽保护农田的措施。

【采集】　先秦时代野生植物的采集仍是人们生活资料的来源之一。从《诗经》记载看，当时采集活动很频繁，采集范围很广泛。其中很多是佐食的野菜，如荼、堇、荠、芑、莫、葑、葍、蓬、蕨、薇、卷耳、芹菜等等。《礼记·月令》记载："山林薮泽有能取蔬食、田猎禽兽者，野虞教导之。"《荀子·王制》谈到的山林川泽中的"百索"，也就是百蔬。《周礼·冢宰》的九职中"八曰臣妾敛疏

材"。疏材也是指"百草根实之可食者"（郑玄注）。这些蔬食之所以仍有必要，是因为当时农业生产尚不够稳定，受自然灾害威胁较大，所以它们除平时辅助主食外，凶年还可以作为度荒食品。故《尔雅·释天》说："谷不熟为饥，蔬不熟为馑，果不熟为荒。"

【捕鱼业】 捕鱼是先秦时代人们肉食的重要来源。"炰鳖鲜鱼"（诗·大雅·韩奕）是贵族的佳肴。《周礼》中有"歔人""掌以时歔，为梁，春秋献王鲔，辨鱼物为鲜蒉，以供王膳羞"。又有"鳖人"掌供应王室鳖类食品。由于大牲畜向役用发展，鱼类食品在一般人的肉食中占有相当重要的地位。孟子在谈到民食时就是把鱼鳖同五谷和鸡豚狗彘之畜并提的（《孟子·梁惠王上》）。《诗·小雅·无羊》云："牧人乃梦，众维鱼矣。""大人占之，众惟鱼矣，实惟丰年。"郑笺云："鱼者，众人之所养也，今众人相与捕鱼，则是岁熟相供养之祥。"由于鱼为庶人常食，故亦为庶人祭祀之品。《国语·楚语上》说："祭典有之曰：国君有牛享，大夫有羊馈，士有豕犬之奠，庶人有鱼炙之荐。"

【人工养鱼】 随着捕鱼业的发展，人工养鱼在先秦时代亦已出现。《卜辞》中有："贞，其雨，在圃渔。"这里的圃应与园囿相类，是在围起来的一定范围内保护、繁殖和利用野生动植物的地方。在圃中生长的鱼可能是人工养鱼的萌芽。《诗·大雅·灵台》说："王在灵沼，於牣鱼跃。"郑笺："灵沼之水鱼盈满其中，皆跳跃，亦言得其所。"灵沼是周文王在丰京宫城修的水池，故其中之鱼当为人工养殖。又《孟子·万章上》载：昔者有馈生鱼予郑子产，子产使校人（赵注：主池沼小吏也）畜之池。校人烹之。反命曰："始舍之，圉圉焉，少则洋洋焉，攸然而逝。"

可见，周代人工养鱼确实开始了。以上两例都是在园囿中养鱼，这种经验必然会推广到人工陂塘中去。《史记·货殖列传》在谈到战国至汉初的大宗农产品商品生产时，有"水居千石鱼陂"一项，这种大规模的陂塘养鱼不可能是突然发生的，必有一个较长的发展过程。

"饭稻羹鱼"是楚越地区经济生活的重要特点，在这基础上可能较早地发展了人工养鱼。《吴越春秋》载："越王既栖会稽，范蠡等曰：臣窃见会稽之山，有鱼池上下二处，水中有三江四渎之流，九溪六谷之广，上池宜君王，下池宜民臣。畜鱼三年，其利可数千万，越国当富盈。"这反映了吴越之地很早就有人工养鱼的池沼，而这种池沼可能是和用于稻田灌溉的陂塘结合在一起的。所谓《范蠡养鱼法》虽是西汉人托名范蠡之作，但亦当与南方养鱼比较发达有关。又《华阳国志》记载李冰在成都平原也建造过养鱼的陂池。

（材料来源：白寿彝总主编，徐喜辰、斯维至、杨钊主编，1994）

第三节　畜牧和游牧

　　人类直到1万年前开始农耕或畜牧生活为止，用狩猎采集的生活方式适应于新旧各大陆的多种多样的自然生态环境。在几十万年甚至上百万年的漫长历史中，他们经过了几次冰河期，但到了1万年前，随着最后一次冰河期的结束，人类开始进入新石器时代的晚期，开始了农耕生活。部分生态人类学家认为，在狩猎采集阶段，居住在季节性食料丰富地区的狩猎采集民，可能依靠储存这些食物实现了定居。因此，有人推测这样定居下来的狩猎采集民，把居住地周围的二次植被进行保护和管理，通过半栽培阶段转移到农耕生活。根据考古学的资料，西亚地区大约在1万年前开始了种植小麦，稍后的时代也开始了养殖羊等家畜，不久他们就开始了游牧生活。

　　畜牧业和游牧业并不能划上等号。严格来讲，畜牧业包括三种形式。第一种形式为定居放牧。采取这种放牧形式时，人类往往拥有固定的住所，家畜靠放牧饲养，但放牧的半径范围并不大。第二种形式为游牧。采取这种形式时，人类不拥有固定的住所，每隔一段时间，由于种种原因，他们需要搬迁。前两种方式在人类的畜牧业历史上，直到目前为止，占据了多半时间。第三种形式为舍饲。这种饲养方式和农耕文化区的猪、鸡等家畜养殖方法有关系。除了猪、狗、鸡等动物之外，对牛、羊等有蹄类动物采取这种舍饲方式饲养的历史并不长。另外，这种方式和工业化、现代化有着紧密的关系。为了产业化管理，人们才开始想到这种饲养方式，加上人口压力、市场经济、金钱的诱惑，也迫使人们改变饲养方式。用这种方式养殖牛、羊等和养殖鸡、猪等并没有太大的区别。

　　我们在此把家畜饲养和游牧这两种饲养方法也应该分开讨论。如果探讨人类饲养的动物的全部种类，有时还包括猪等动物。尤其在农耕文化传统里，认为"家畜是所谓的'六畜'，即马、牛、羊、猪、狗、鸡"。但牧民放养的家畜往往不包括猪、狗、鸡等。猪大概从新时期时代开始被饲养，是农民的主要家畜，但游牧民族一般不饲养猪，因为游牧民以移动的方式放养的家畜食用的饲料是以草地上的粗纤维野草为主。但养殖狗和鸡的饲料就不同，它们的饲料比较接近于人类的食物。鸡的饲养年代比较晚，大约在公元前3000年，在东南亚到印度一带开始被饲养。狗的饲养年代比较早，可能是人类饲养最早的动物之一，据说旧石器时代的居住遗址里出现过狗的骨骼，因此学者们认为可能那个时候人类和狗就有了比较密切的关系。以上三种动物虽然都属于人类家庭饲养的动物，但不属于以游牧方式放养的动物。其中狗的饲养无论在农民或游牧民当中都普遍存在，但游牧民不养殖猪和鸡，猪和鸡是定居农民的传统家畜。农民在固定的范围内耕地，这就和需要大面积草场的牛、羊等草食动物群的放养相矛盾。不过农民为了解决肉食问题，他们选择了不需要大面积草场的，而且可以圈养的猪和鸡以及头数不多的羊或牛来饲养。农耕文化认为六畜平等，认为六畜都可采取同样的饲养方法。

　　和农耕一样，游牧也是一种生活方式，是畜牧生活的一种方式。在生态人类学的研究领域里，这种生活方式被认为是一种对干旱环境的适应性生活方式，而且这种生活方式的起源年代被认为大约在1万年前。目前这种生活方式分布在北非、东非、中东地域，以及内陆亚细亚和蒙古高原的广大干旱地带。游牧民以移动的方式放养的重要的动物种类大致包括马、牛、绵羊、山羊、骆驼等。另外，在蒙古国西部和中国的青藏高原还可见到放养牦牛；中亚地区放养的骆驼是双峰驼，而在西亚和北非地区则放养单峰驼；在南美地区，安蒂斯高原也有放养驼、羊等。

阅读材料6-5　马的文化生态学

　　学术界普遍认为游牧起源的另一个重要的标志是马的驯化。我们在内蒙古自治区的阿巴嘎旗做田野工作的时候拍摄到一处古代岩画。岩画中画有马的图案。他们画的是猎物还是家畜？到底是何时何人画的？虽然答案不明，但我们可以推测在很早的年代人类在这一地区和这里的动物已建立了某一种关系，也许是食物链的关系，也许是崇拜，也许是家畜。但无法说明家畜关系，难点在于考古资料的缺乏。因此我们只好相信马的家畜化大约在公元前4000年前的欧亚大陆西端，今乌克兰境内的德聂伯河岸边。这个信息早已经被传达到我国学术界，而且好多学者都引用过这个信息，至今尚未有否定的报道。因为那里发现了最早的马的家畜化的痕迹。

　　根据考古学家的介绍，在马的驯化起源地点和年代方面，乌克兰境内德聂伯（Dineper）河岸的德列夫卡（Dereivka）遗址成为关注的焦点。根据碳十四检验结果，此遗址年代为公元前4000年，目前被认为是有关马的驯化利用的年代最早的遗址。根据介绍，此遗址出土了16种哺乳类动物骨骼，其中马的骨骼最多。因为该遗址中，家畜的动物占80%，而在家畜当中，74%为马，19%为牛；全部发掘出的3938点动物骨骼中有2412点马的骨骼，占据全体的61%，出土52匹马。此遗址除了马匹的数量多以外，引人注目的还有被认为是祭祀埋葬里出土的两匹马，马的牙齿上发现马嚼子磨伤的痕迹。为此，美国学者安东尼做了如下的解释。大约在公元前6000年，原先狩猎马和其他动物的德聂伯河西岸德列夫卡附近传来了西亚型的复合农牧业，人们便开始懂得如何饲养羊和牛，后来人们也开始把养牛的知识用到原先只当做狩猎对象的马的家畜化上。因此安东尼认为，那时还没有车辆牵引技术，如果不采取乘骑方式，人们无法以徒步的方式饲养像马这样的大型而且奔跑速度快的野兽，所以德列夫卡出土的带有马嚼子痕迹的马可能是为乘骑用的马，而且很可能是为了狩猎其他的野马用的。另外，考虑草原地带的话，如果没有家畜的话，人们不能直接利用那里的草本植物资源，不好维持生存。因此，首先是拥有羊和牛等家畜的人们进入草原，在遇到积雪的情况下，因为马的生存能力强，马可以用马蹄翻开积雪寻找干草吃，所以他们也慢慢开始饲养马群。

马的驯化给人类社会的交通带来了变化，可以说是交通工具的一次革命。马的驯化给人类的作战技术也带来了变化。不能否认，后来航海时代的到来，以及当今的全球化时代的到来等，好像多少和马的驯化有一点联系，因为至少马启发人类可以在更大的范围内进行交流。另外，马的驯化对人类生活的其他方面也带来了变化。历史学家称："人类能够豢养野兽，并加以利用，对人类文明是最重要的因素之一。"根据他们的考察，古代中亚地区的人们因为养马和骑马之故，不得不废弃当时人们普遍服用的宽袍，而发明一灵便之物即裤子。最初若干世纪，裤子的使用还仅限于中亚，后来因骑马的习惯渐渐普及，于是穿裤的习惯也由中亚传至世界各地。和乘马有密切关系的又一中亚产物是靴子。中亚地区人们穿用皮制或毡制的靴子。由此推理毡子的制造，亦应为中亚的文化特征。（阿拉宝力格，2008）

第四节 粗耕和农耕

大约在1万年前的两河流域，古代世界开始出现了农耕。世界上先后出现了几个各具特色的农耕中心。最早的是西亚，在美索不达米亚周围地带，这里的居民最早驯化了野生麦类，发展为种植小麦、大麦的农耕中心。其次是包括中国在内的东亚、东南亚。中国的黄河流域培育了小麦；中国长江以南以至东南亚、印度恒河一带，则以培育水稻为特色。另外，种植玉米的中心是墨西哥；秘鲁可能是另一个种植玉米的中心。还有撒哈拉沙漠以南的非洲内陆，学界认为可能也有独自发展起来的农耕中心。农耕中心形成以后，就缓慢地向易于农耕的其他地方发展。经过几千年的发展，就欧亚大陆而言，中国由黄河至长江，印度由印度河至恒河，西亚、中亚由安那托尼亚至伊朗、阿富汗，欧洲由地中海沿岸，都先后成为农耕和半农耕地带。这个地带绵亘于亚欧大陆两端之间，形成一个偏南的长弧形，史学界称此长弧形地带为农耕世界。在欧亚大陆，易于农耕的地带基本偏南，即从东到西形成了农耕世界。

在非工业化社会有两种耕作类型：粗耕与农耕。两者最重要的差异在于，粗耕大多会有一段休耕期，但农耕没有。最早出现在中东和墨西哥的耕作者，是依赖降雨的粗耕者。直到现在，在许多地区，粗耕依然是最主要的耕作形态，包括非洲、东南亚、太平洋诸岛、墨西哥、中美洲，以及南美洲热带雨林的部分地区。相对于粗耕，农耕（agriculture）需要更多的劳动力，因为农耕采取了集约且持续不断的方式使用土地。与农耕有关的更多的劳力需求，反映在大量的劳力经常运用在驯养动物、灌溉或梯田耕作上（科塔克，2005）。因此，与游牧和粗耕相比，农耕生产的增长率要大得多。农耕必然趋于定居，这又使它的发展以及随之而来的社会、文明方面的发展，有较大的和较为稳定的连续承袭的可能。食物生产丰饶后，就有可能分出一部分劳动力从事农耕以外的活动。因此，农耕世界较快地产生了文明，较早地出现了阶级分化和公共权利，也在较大范围内形成了有利于扩大再生产的社会秩序。

但同时，农耕也造成人们所居住的生态环境的改变。首先是，农耕会选择一种或几种专门种植的作物，而排除其他植物生长，如把杂草排除了，那个地区的生态也就改变了，而畜耕等耕作技术的改进，也使得人们能够轻而易举地做到这一点；其次是兴修水利进行灌溉、修筑梯田种植作物等，直接影响了当地的自然生态；尤其是随着人口的大量增长，大规模地开垦荒地和草原，更是导致了环境的恶化。

阅读材料6-6　苏美尔人

苏美尔人（也译作苏默），黄色人种，是历史上两河流域（底格里斯河和幼发拉底河中下游）早期的定居民族，他们所建立的苏美尔文明是整个美索不达米亚文明中最早的，同时也是全世界最早产生的文明。苏美尔文明主要位于美索不达米亚的南部，通过放射性碳十四的断代测试，表明苏美尔文明的开端可以追溯至公元前4000年。约在公元前2000年苏美尔文明结束，被闪米特人（闪族人）建立的巴比伦所代替。这里发现的含有楔形文字前文字的最古老的石板（这是目前公认的最早的文字记录）可以被定期为约前36世纪。苏美尔人种植的植物中包括大麦、鹰嘴豆、小扁豆、黍子、小麦、芜菁、枣椰、洋葱、大蒜、苦菜花、韭菜和山葵；他们饲养的牲畜包括牛、绵羊、山羊和猪，其中家牛是他们主要的负物牲畜，驴是主要的运输牲畜。苏美尔人还捕鱼和猎鸟。

苏美尔农业依靠巨大的灌溉系统，包括汲水吊杆、运河、水渠、堤坝、堰和水库。水渠和运河必须常常修补，清除淤泥。政府有专门管理水渠和运河的人，富人则可以使用他们自己的水渠。农民使用运河来淹他们的地，然后将水排掉。他们用牛来践踏农田和杀草，使用鹤嘴锄来挖地，地干后他们锄地、耙地和用铲将土壤松散开来。苏美尔人秋季收割，通常是组成3人一组的队进行。收割后使用碾石来分离谷粒和茎，使用打稻棍来分离谷粒和麸皮，最后使用风吹来分离谷粒和麸皮。苏美尔的技术有：轮、锯、皮革、镯子、锤子、鞍、钉子、大头针、指环、铲子、釜、刀、长矛、箭、剑、胶、匕首、袋子、头盔、船、盔甲、箭桶、剑鞘、靴子、拖鞋、叉和酿酒。

阅读材料6-7　农耕对生态环境的破坏

秦汉和隋唐以咸阳或长安为都城时，不仅附近各处的森林遭到破坏，就是邻近的草原地区也遭到破坏。本来关中农耕地区之北就接连着草原地区。由于咸阳和长安相继作了都城，农业地区向北推广，草原地区就相应向北退缩。远在战国末年，秦国已经以咸阳为都，并于西北各地分设郡县，其北地郡设在今甘肃省东北部泾河上游，北地郡的设立显示当地已由草原地区转变为农业地区。秦汉王朝继起，更是向这里迁徙人口，残留的草原也都尽量开垦。草原的破坏加剧了水土流失。泾河在西周时本是相当清澈的，甚至比渭河还要清澈，到秦汉时却已十分浑浊，郑国渠开凿时，就引的是填阏之水；后来开凿白渠，又有"泾水一石、其泥数斗"的说法，这都说明了泾河浑浊的程度。西汉和隋唐之间，长安虽有一些政权以之作为都城，但因历年都很短促，对于植被的破坏尚不至于过分严重，而且农耕地区由北向南退缩，草原又复扩大，这时期泾河再度清澈起来。可是隋唐两代和秦汉一样，又在泾河上游设置了许多州县，农耕有了起色，水土流失继续加剧，泾河甚至较前更为浑浊。泾河如此，渭河也不是没有变化的，陇山以西渭河上游的森林同样遭到大量的砍伐，水土流失严重，渭河内也含了大量泥沙。这些都影响到长安附近的航运。（史念海，1998：279）

一、粗耕

粗耕（horticulture）这种耕作方式并不会密集使用任何一项生产工具（土地、劳力、资本与机械）。粗耕者使用简单的工具（如圆锹或掘棒）种植作物。他们的田地并不会被永远耕种，并且会有长短不一的休耕期。

粗耕往往包含了许多类型的山田烧垦技术（slash-and-burn techniques）。粗耕者清理土地时，砍除草并放火烧森林或树丛，或是直接焚烧地上的杂草。原先的植物被砍倒、害虫被杀死，还可留下灰烬肥化土壤。然后依次经历种植作物、照料与收成几个阶段。通常田地只耕作1年。然而，耕作时间的具体长短，则视土壤肥力与杂草而定，因为杂草会与农作物抢夺养分。

当一块农地的地力耗尽或杂草丛生后，粗耕者就放弃这块土地，清理另一块土地，原先的农地回复成森林。经过几年的休耕后（各个社会的休耕年数不同），耕作者又回过头来耕作原来的农地。粗耕也称为游耕（shifting cultivation）。从一块农地转换到另一块农地，并不意味着当这些农地全被废弃后，整个村子都必须迁走。粗耕可以支持大型的永久居住聚落。居住在南美洲热带雨林的桂库鲁人，有个150人的聚落停留在同一地点长达90年。桂库鲁人具有大型家屋，且建置完备。因为建筑家屋所需的工作非常庞大，桂库鲁人宁可步行更远的路到达园圃，也不愿兴建一个新的聚落。所以他们更换田地，而不是更换聚落。又如，秘鲁安地斯山丘陵地带的粗耕者，生活在大约30人的小村落里面，家屋较小且简陋。他们在一个地方居住几年后，在接近未经耕作的处女地附近，搭建新村落。因为他们的家屋简单，宁可重建村落，也不愿多走200公尺才到达田里。（科塔克，2005）

二、农耕

由于驯养动物、兴修水利、修筑梯田等技术的持续进步和累积，使得农耕文明，尤其是像古代中国这样，经过几千年的发展而达到了非常完备的阶段。关于农耕技术，此处主要以科塔克的描述为线索，以便了解世界范围内的农耕技术概貌，但同时我们将以中国为实例，以期对最高水平的农耕文化有所掌握。

（一）驯养动物

许多农耕者运用动物作为生产工具——用来运输、作为耕作工具；以及运用他们的粪便。亚洲农耕者往往以水稻作为农耕经济体系的基础，他们将黄牛或水牛纳入这个体系中。稻作在插秧前，让牛双踩过水田，使土壤与水分充分混合。许多农耕者使用牛双犁田与耙平，完成在种植或插秧前的准备工作。农耕者也收集这些动物的粪便为农地施肥，以增加产量。动物除了作为耕作工具外，也可佩挂拖车作为运输工具。

（二）灌溉

当粗耕者必须等待雨季来临才可展开种植时，农耕者可以预先计划农事，因为他们控制了水源。如同菲律宾其他擅长灌溉的专家一样，伊富高人从河流、溪流、池塘，兴筑水渠灌溉他们的农地。灌溉使得年复一年的耕作得以实现。灌溉涵养了土壤肥力，因为灌溉农田是一套独特的生态体系，多种植物与动物包括许多微小生物的排泄物使得土壤肥沃。

一处灌溉农田是一项资本投资，这往往使得农地的价值升高。开垦一块农地需要花费一些时间，但只需耕作数年后，就能达到完整的生产能力。伊富高人和其他灌溉者一样，在地块田地上代代相传。然而，在某些农耕地区（包括中东地区在内）灌溉水源所带来的盐分，会使得这些田地在50年或60年之后无法再被利用。

在中国，自春秋中后期至战国时期，由于冶铁技术的发明，使农业生产有了飞跃的发展。当时中原地区已使用了牛耕和铁口犁，有了这些耕作技术，完全可以淘汰原始的石、骨、蚌、木器，更可以代替用人力踩耒耜的劳动。这样，就为大规模地开垦荒地，进行深耕细作和兴修水利创造了物质条件，在农业生产上引起了一场革命。

阅读材料6-8 中国古代的农耕与灌溉

铁制农具出现以后，牛耕渐趋普遍起来，牛耕技术的发展，只有与铁器的使用相结合，方可发挥出它的功能。社会上的语言习俗，能够反映一种行为或事实的普遍存在，而且这种行为或事实，又多是存在了一段相当长的时间。孔子弟子冉耕字伯牛，司马耕，字子牛，都以"牛"和"耕"作为名和字，显示了牛耕的行为早在孔子以前已存在了。

铁制工具的使用，也给兴修水利提供了方便。公元前563年，郑国大夫子驷"为田洫"（《左传》襄公十年），因须在田里挖掘沟洫，遭到贵族的反对。后来子产执政时，使"田有封洫"，即一面调整土地，一面挖掘沟洫，似乎取得了成功，"我有田畴，子产殖之"（《左传》襄公十年），就是当时人们对他的歌颂。此外，传说，楚国令尹孙叔敖主持修建了芍陂（在今安徽寿县），灌溉农田1万多顷，扩大了稻田（《后汉书·王景传》）。吴国在春秋末年曾修运河"邗沟"。正是由于当时各国都有国家经营的水利事业，所以在"葵丘之会"的盟约中有"无障谷"（《公羊传》僖公三年）、"无曲防"（《孟子·告天下》），即或以邻国为壑，或断邻国的水源的规定。上述水利事业的发展，也促进了农业生产的发达。

西汉以后，长安仍间断地作过都城，虽然大都是些分裂时期的政权，都城附近农田水利的兴修却是时有所闻的。曹魏时延伸成国渠，使之上承汧河，扩大灌溉的范围；苻坚也尝开泾河水，通渠引渎；西魏更先后修理过郑国渠和成国渠，置堰引水。隋唐时，长安再次作为统一王朝的都城，农田水利越发受到重视。这时所谓关中八水中的镐河，久已湮没无闻，其他诸河的引水渠道又复交错于田塍间，再度形成了农田的灌溉网。原来引用泾河水的郑白渠，仍然能发挥一定的作用。由于渠道分支增多，故又称为三白渠。还增修了刘公渠和彭城渠。（史念海，1998）

（三）梯田

梯田是伊富高人娴熟的另一项农耕技术。他们的土地是被陡峭的山脉所分割的小河谷。由于人口稠密，人们必须在山岳上从事农耕。然而，如果他们把作物种在陡峭的山坡上，在雨季期间，肥沃的土壤与农作物可能被冲走。为了防止这种情况，伊富高人切割山坡，从河谷底部开始向上兴建一阶又一阶的梯田。位于梯田上方的涌泉，供应了灌溉所需的水源。兴建与维持一个梯田系统需要相当庞大的劳力。梯田的山壁每年都会发生崩塌，而且部分必须被重建。将水往下输送到梯田的水渠，也需要悉心维护。

与伊富高人相似的例子很多，如中国广西龙胜县的壮族龙脊梯田和红瑶大寨梯田、云南元阳县的哈尼族梯田等。不过，由于旅游业的开发，梯田与当地独特的少数民族文化风情一起，成为吸引游客前来的最主要景观，这也可以说是在现代社会背景之下，古老农耕文化的又一新生。

> **阅读材料6-9　气势磅礴的梯田风光**

大寨是个极具特色的山村，三面被层层的梯田环绕，一条山溪从山上流下穿村而过，寨里的住房都是两层以上的木结构楼房。3月，山上寨里盛开着一簇簇雪白雪白的梨花，将山村衬托得更加秀丽多姿。从寨子徒步沿着石板路攀行而上，层层梯田尽收眼底。爬上山头高处，再顺着石块铺成的山间小路，边走边俯视四周的梯田，不能不感叹这里世世代代瑶族人民的勤劳与智慧，以及大自然给人类的恩赐：只见层层梯田拾级而下，弯弯曲曲，巧夺天工；层层梯田顺势而造，坡面垂直平平滑滑，一丝不苟；梯田与梯田首尾相连，层层依偎，高低错落，向远处延伸；一块块梯田，就像一个个美妙的音符，凑出一曲美丽动听的田园曲。正是这梦幻般美丽苍茫的梯田景观，吸引了众多中外游客及摄影家前来观光、创作。

大寨红瑶梯田属"龙脊"梯田风景区，始建于元朝，完工于清初，至今已有650多年的历史。海拔在800米至1100米之间，总面积1917亩。层层梯田依山势从山脚一直盘旋到山顶，垂直落差高达500多米，大者不过一亩，小者仅能插下两三行禾苗。梯田如练似带，线条行云流水，规模蔚为壮观。小山如螺，大山似塔，层层叠叠，高低错落，"层层梯田绕山村，条条渠道涌山泉"。与别处的梯田景观相比，红瑶梯田在外观上更大气，总体上更加开阔、壮观，层次感、曲线美感都很明显，且景观变化大，观景点和景致都更加丰富。金坑红瑶梯田有"大界千层天梯"、"西山韶乐"和"金佛顶"三大著名景观，气势磅礴，直上云端。由于处于龙脊的纵深地带，这一社区的红瑶文化更趋于朴秀的原情态。干净明亮的吊脚木楼，和谐宁静的小桥流水，韵味醇厚的红瑶山歌，靓丽如花的红瑶女子，为这里绝美的梯田烘托出待字深闺的那种神秘含蓄的情调。

（四）农耕的成本与效益

农耕需要投入人类劳动力，以建造与维持灌溉系统、梯田及其他工事，人们必须照料、驯养动物，给它们喂食、喂水。在充分的劳力投入与经营情况下，农耕田地每年可收成1~2次，年复一年，甚至代代相传。就每个单一年份的收益而言，农耕田地的产量未必会比粗耕田地高。在一块长年抛荒的土地上，粗耕者所种出的第一次收成，可能比相同面积的农耕土地的产量更高。而且，由于农耕者的工作比粗耕者更辛苦，农耕产出与投入劳力时间的比例也较低。农耕的主要优势在于，每单位面积的长期产出比粗耕多得多，且更加可靠。由于一块农耕田地就能让田地主维持年复一年的生活，所以田地主也就没有必要像粗耕者一样，保留另一块未耕作的土地。这也是为何农耕社会的人口密度往往较粗耕社会高的原因之一。

三、耕作的连续体

因为非工业的经济体系可能兼具粗耕与农耕的特性，将两种类型的耕作者安插在一条耕作形态的连续体（cultivation continum）中进行讨论，对我们的理解将会更有所助益。粗耕者位于这个连续体的一个极端"花费较少劳力、不断转换的田地"，农耕者位于另一个极端"劳力密集、永久耕作的田地"。

我们讨论这个连续体，是因为世界上有许多中间形态的经济体系——比每年更换耕地的粗耕更为集约，但比农耕更不集约。它们令人回想起在中东、墨西哥及其他早期进行食物生产的区域，从那里出土的考古证据显示，由粗耕到农耕，有许多中间形态的经济体系。南美洲的桂库鲁人与那些只种植一次作物就休耕的非集约粗耕者有所不同，他们在同一块农地上种植2~3次才休耕。在马布亚新几内亚某些人口较密集的地区，农地被耕作2~3年，然后再重新种植，经过几次循环后，这些农地大都被抛荒，接下来再休息一段更长的时间，这种模式被称为区段休耕（sectorial fallowing）。除了巴布亚新几内亚外，这种体系也出现在西非与墨西哥高地地区。区段休耕与密度较高的人口有关，而与简单的粗耕方式无关联。较简单的粗耕体系常出现在热带地区，在那里杂草导致土壤贫瘠，阻碍了人们发展更集约的耕作形态。

在中国，长江三角洲、珠江三角洲及成都平原等地，由于自然资源极佳，故农业的集约化水平发展到了很高的程度。长江三角洲地区开发的加快，是从三国时的吴国开始的。为了获得兵源和农业劳力，孙吴政权曾将今浙、闽、皖、赣交接地带的大量土著居民山越强行赶出山区，为政府屯田。当时江北地区的农民因不愿做政府的屯田客，也大量偷渡过江，成为吴国的自耕农。东吴政府注意兴修水利，疏通河道，农业和商业也都有相当大的发展，吴都建业（今南京市）成为繁华的都会，江南大族阶层也随之出现。东晋时北方人大量地南移，再经过宋、齐、梁、陈四代，南方的开发逐渐扩展开来。大体上从长江中游向南，湖南的湘水流域，江西的赣水流域，广州的郁水流域，农业都得到深度的开发，并且连线成面。此外，四川的中部与北部，长江以北的淮河、汉水流域，也都得到了相当程度的开发。（朱大渭，1998）南方的开发，为后代中国历史的发展提供了一个稳固的经济后方，也使中国农耕文化的长期发展获得了新的基础。

阅读材料6-10 《齐民要术》的农本思想

"农本"自《齐民要术》的时代起，作为一种社会意识统治了中国思想界达十五六个世纪之久,对中国社会、对中华民族产生的影响是无法估量的。这里只能粗略地做一分析。

首先,由于此后历代统治者都坚定不移地执行"农本"政策,使中国走上了一个农业大国的道路,形成了它早期的辉煌时期,也成了它最终落伍的主要根源。因而,几乎可以说,中国古代社会的每一项成就,每一个缺陷,都与"农本"两个字有着直接联系。

其次,"农本"思想对中国民族性格和道德观念的影响深远。这从《齐民要术》的记载中,我们可以真切地感受到。下面主要对此做些说明。

古代农业生产是一种依赖天时、地利的小农生产。长期对天时、地利的依赖性,养成了中华民族的务实践、不浮夸、实事求是的优良作风。天时、地利等条件如此,加上个人能力有限,来不得半点虚伪,只能就现有条件做事,量力而行,脚踏实地。

《齐民要术》说:"凡人蒙胧营田,须量己力,宁可少好,不可多恶。假如一具牛,总营得小亩三顷。""每年两易,必莫频种。""宁可少好,不可多恶",这形成了农业耕种要精耕细作的基本原则。耕地时要"务求深细,不得趁多",不得违时,所谓"凡种之本,在于趣时、和土、务粪泽"。按时令耕地,用功少,而收益多。比如秋耕,若在秋分前后,"一而当五";五月内耕一以当三;"六月耕,一当再,若七月耕,五不当一"。对于种谷,须知:"凡谷成熟有早晚,苗秆有高下,收实有多少,质性有强弱,米味有美恶,粒实有息耗",往往"收少者美而耗,收多者恶而息",不能两全。此外,"地势有良薄,山泽有异宜。顺天时,量地利,则用力少而成功多;任情反道,劳而无获"。耕种是一项老老实实的工作,半点也虚假不得,书引《庄子》语说:"昔予为禾耕而鲁莽之,则其实亦鲁莽而报予;芸而灭裂之,其实亦灭裂而报予。予来年变齐,深其耕而熟耰之,其禾繁以滋,予终年厌飧。"对于农时的重要性,《种谷》篇有极精妙的论述:"日回而月周,时不与人游。故圣人不贵尺璧而重寸阴,时难得而易失也。"在《齐民要术》许多篇中都讲到"耕不厌熟"、"锄不厌数",有一分耕耘,就有一分收获。

对于以一家一户为生产单位的农民,长期从事这种莳弄土地的生产劳动,须要严格按照土地和天时条件,根据不同作物的脾性,确定自己的工作日程而且半点马虎不得,你马虎一丁点儿,收获就给你一丁点颜色看,长年累月如此,世世代代如此,耳濡目染,子孙相传,都是这种要"老老实实"、"实事求是"的教导,到处充满这种例证,可以说,务实践、老实、踏实,这类字眼已深入到人们的骨髓之中,成了中华民族的民族特性。在这种历史环境下陶铸出来的民族,希望它有什么过分的理想、或者要它去做什么从未经历过的事,该有多么困难。

中国农民个体生产的生产方式还形成了自食其力、不贪分外之物的优良品格,这在《齐民要术》中到处可见。比如书引《淮南子》的话说:"不能耕而欲黍粱,不能织而喜缝裳，无其事而求其功，难矣。"又引仲长统的话说："鸡豚狗彘毋失其时，女修蚕织，则五十可以衣帛，七十可以食肉。"吃肉就要养鸡、养狗、养猪，穿帛就要养蚕织布，没有别的路子可走。由于事事靠自己，做事往往防后虑危，几乎无所不备，算计得特别周到。丰收时要不忘灾荒，书中收载了许多卜年的内容：什么年份种什么作物，收成最好；什么年份、什么季节，某种农作物能卖最好的价钱；何时该买，何时该卖，都认真讲求。这也是根据农业主要依靠天时这样一个基本特点产生的，书中说："风虫水旱，饥馑荐臻，十年之仙，俭居四五，安可不预备凶灾也。"另外，婚丧嫁娶，养老送终，事事都要预为之谋。比如子女初生，就要为他们的嫁娶做准备，书中说："男女初生，各与小树二十株。比至嫁娶，悉任车毂。一树三具，一具值绢三匹，成绢一百八十匹，聘财次遣，粗得充事。"又引史例说，有人名叫樊重，想打造一件家具，他就先种梓树、漆树。当时人们多讥笑他这样做未免太笨。可是，若干年后，他种的树长成了，做了家具，那些耻笑他的人却仍然一事无成，只得向他求取木料。中国有句俗话：临上轿现扎耳朵眼，就是用来讥笑那些临时抱佛脚的人。而这位樊重，临做家具再种树，比那些临上轿才扎耳朵的人更加愚蠢，可是却受到人们的赞扬，道理就在于农业中崇尚的正是这种一切自己动手，凡事备而后动的精神。书中收载一条谚语说："一年之计莫如树谷，十年之计莫如树木。"为了替你一年后要做的事做准备，最好的办法是种谷（五谷）；而且要替你十年后做准备，最好的办法是种树。连十年后要做的事也要预备，只有对于从事像农业这种变动性极小的职业的人才才是可能的。

事事有备，除了备荒、备婚丧嫁娶等事之外，备盗贼也是一件大事。每年三月，冬谷食尽，新麦未熟，正是青黄不接之时，窃盗者多，中产以上人家，必"葺治墙屋，修门户，警设守备"。九月，天气转寒，农事已毕，则"缮五兵（修治各种器枪械），习战射，以备寒冻穷厄之寇"。为了防盗，对于修治墙垣特别上心。富家高墙大屋，自不必论，穷苦人家的篱垣也颇多讲究。《齐民要术》有专篇记此事，讲了三种方法：一是用酸枣树做篱垣，借其枝上的针刺核播于垄中，至第二年秋，苗高可达三尺左右。间苗，除去弱者，每一尺留一株，使成直行，且株距均匀。来年春天，削去横枝，将竖条编成笆篱。过一年再削再编。横枝越削，生长越旺，数年后就成了一面枝叶繁密的树墙。长到高七尺以上时，奸盗、狐狼等都无法越过，只能望"树"兴叹了。另外两种方法分别是用榆、柳做墙。柳树也是一尺一株，所不同者是初杆时就用柳枝斜插，编成笆篱。成活以后，自成篱墙，与酸枣篱相同。榆柳无刺，防护作用不及酸枣。但正因无刺，编篱较易，可以随心所欲，编成各种形状，甚至修制成龙蛇鸟兽之形。不仅防盗，又益观瞻，是酸枣篱所不及。

以农为本，给中华民族带来的第三个优良传统就是敬老惜贫、亲亲睦邻的淳朴民风。中国农业的生产方式是以家庭为单位的，抵御天灾人祸的能力很低，时时需要借助亲戚、邻里的帮助。同时由于面临穷困的威胁，今日面前的穷困老弱者，可能就是自己今后的样子，因而很容易产生同情心。《齐民要术·杂说》记述农民一年12个月中的生活内容时说，每年正月初一，有全家给家长敬椒酒庆寿，一片欢欣和乐气象。三月是周济贫乏人家的日子，自然，首先是周济亲族中人，由亲及邻，书中说：切不可家有余财，却眼看别人家忍饥受穷；也不可贪图虚名，罄其所有施舍给那些并不穷困的人，要"度入为出"，恰到好处。四月蚕熟缫丝，便用蚕蛹招待宾客。九月新谷入仓，天转寒冷，则要"存问九族孤寡老病不能自存者，分厚彻重，以救其寒"。十月，"同宗有贫穷久丧不堪葬者，则纠合宗人共兴举之"。以亲疏贫富为差，正心平敛，无相逾越，先自竭以率不随。十二月，"请召宗族婚姻宾旅，讲好和礼，以笃恩纪"。这种互相同情、帮助的精神，带有很浓的人情味，体现了中华民族的善良和淳朴，增强了民族凝聚力。

中国是一个农业国，农业人口始终占全国人口的绝大多数，因而对中国古代社会而言，在某种程度上可以说，农民的品格就是中华民族的品格，中华民族的文化主要是农民的文化。由此可知农本思想对于中国文化的重要意义。可是"农本"思想发展到《齐民要求》的时代并没有终止，比如这一时期，在农业中，商业的成分和地位还是次要的。此后，随着商业的发展，不仅农商关系，而且农业和农副业的关系都在不断变化。后来随着手工业和城市的发展，对"农本"思想和有关政策的影响就更为突出，而中华民族的文化就是在这种文化中不断发展起来的。（庞朴、刘泽华，1995）

第五节　分配与交换

在今天的世界资本主义经济体系中，市场原则（market principle）居于主导地位。它掌控着生产工具的分配状况，包括土地、劳力、自然资源、技术、资本。"市场交换系指有组织的购买与销售过程，这是以运用货币价格计算而进行的。"在市场交换原则下，财货项目被购买与贩售，使用货币，使利润达到最大的目标，价格由供需法则决定（一旦东西变得更加稀少，或更多人需要它们时，价格就会更高）。

讨价还价是市场原则交换形态的特色。买家与卖家尽可能争取自己的最大利益——让他们的"货币更值钱"。在讨价还价的过程中，买家与卖家并不一定要亲自碰面，但是他们的喊价与还价，必须容许在一段极短时间内进行。

当财货、劳务或它们的同等性质之物，从地方屡次朝一个中心移动时，再分配（redistribution）就开始运作。这个中心可能是一个首都、一个区域性的收集点，或是酋长住家旁的仓库。各项产品经常透过一套政府的上下层级系统，向位于中心的仓库移动。沿着这条途径，各级政府官员及其随从可能会用掉其中一部分，然而在这里，交换原则是再分配。财货的流动方向最终反转过来——由中心根本出来，沿着这套层级系统而下，最后回到平民。

再分配体系的例证之一来自切洛矶人——美国田纳西河谷原来的主人。生产力高的农夫依赖玉米、豆类与南瓜等维持生计，辅以狩猎与捕鱼。切洛矶人没有酋长。他们的每个主要村落都有一座中央广场，这是酋长召开会议的地点，也是举行再分配盛宴的地点。依据切洛矶人的习俗，每一个家庭农场都会留下一块区域，如果他们愿意，也可以留下每年收成的一部分给酋长。这些食物可以用来救助穷人，提供给准备经过盟友区域的旅行者和战士，也可让任何有需要的人取得，只是人们必须了解这是"属于"酋长的，而且是透过他的慷慨而散播出去的。

平等互惠关系（balanced reciprocity）的交换对象，是社会距离较我们的同一游群或家户还要更远的人群。例如，在一个粗耕社会，某个男人赠送一项礼物给邻村的某个人，这个相互对象可能是贸易伙伴或兄弟的拟亲。送出礼物者希望得到某种东西作为回报，这个回报可能不会立刻到来，但如果得不到任何回报，社会关系就会变得紧张。

在非工业化社会的交换，可以用来作为负面互欺关系（negative reciprocity）的例证，主要对象是位于其社会体系外或边缘地带的人们。对于活在一个由紧密人际关系所建立的世界中的人们来说，与外人的交换充满着模棱两可与互不信任。交换是与外人建立友善关系的途径之一，然而这个关系依然是非常紧张的，尤其在交易开始时。这种交换行为，往往非常类似纯粹的经济行为，人们希望立刻可以拿回一些东西。这就像在市场经济体系一样，但这个交换过程并未使用货币，他们尝试针对这项投资，取得最有可能的立即回报。

一般性相互关系与平等互惠关系的基础，建立在信任和一种社会连结关系上。但是负面互欺关系包含了尽可能运用最小的花费，换取某些东西，就算是这个行为意味着精明、狡猾或欺骗。负面互欺关系是最极端与"负面"的例子，是19世纪北美印地安人原住民的盗马行为——男人潜进邻近部落的营帐与村子偷走马匹。现在的东非库利亚人的部落间，一种类似的偷牛行为还在持续进行。在这些例子中，展开掠夺的一方可以预期对方的相互关系行为——对自己村子的另一场掠夺——或更糟的情况。库利亚人会追捕偷牛贼并杀掉他们。这也是相互关系行为，其规则是"以牙还牙"。

有一种方法可以减低在负面互欺关系下的潜在紧张关系，就是从事"沉默贸易"。例如，非洲赤道雨林的恩布提人"矮黑人"搜食者，与邻近粗耕村人之间所进行的沉默贸易。在他们的交换过程中，并没有个人的接触。一个恩布提猎人在一处经常进行交易的地点留下猎物、蜂蜜或是山产，村落居民拿走这些东西，留下谷物进行交换。通常这些团体采取一种沉默的喊价方式。如果其中一方觉得这些回报还不足够，只要把东西留在交易地点，就可以进行喊价；如果另一方希望继续进行交易，就会增加这些回报的物品数量。（科塔克，2005）

阅读材料6-11　　中国的村落集市

　　由于发展的滞后，20世纪90年代以前（高度计划经济及"文化大革命"时期除外，当时把其当资本主义来批判，乡村里的集市几乎都被取缔），在中国，几乎所有的乡村贸易往往都集中在几个相对固定的中心村庄（一般是乡镇政府机关所在地）进行，当地人约定俗成，逢农历初几为集（圩）日，这一习惯也沿用至今。村子里虽开有店铺，不过，很多消费品是买不来的，农产品更是交换不出去。但近年来，随着乡村经济的发展，村级集市已初具规模，村民们可在这里买到自己所需的生活用品和农用资料，并进行少量的农产品交换，如青菜、生猪等。

　　村级集市既是乡镇集市的延伸，因为店铺里的货物多是从乡镇集市进来的，有的店铺还是乡镇店铺的代销点，但由于店铺的主人与顾客有着相同的地缘、亲缘和行政组织关系，因而，也是村庄内部市场交换的一部分。

　　氏族社会或传统农民社会依循的是对等性的互惠原则，因而，即便是乡镇集市贸易上生人之间的商品交换，人们也常常会觉得不好意思，人类学将其称为"silent trade"，即无声交易。而在时下的村级集市交易中，熟人之间的交换则体现出平等的商品性，村民们觉得一手交钱、一手交货是天经地义的事情。当然，对等性的互惠原则也有所体现，它使得村级集市表现出一些集市的异质性。

　　一是买方一般都能接受卖方给出的商品价格，且在一定时间段价格基本上都是固定的，如每把青菜5毛钱、每斤猪肉5元钱、鱼3元钱、豆腐8毛钱等，因而，交易双方很少讨价还价，给钱拿东西就行了，可以说是另类无声的交易。

　　二是农产品商品质量有保证，青菜、肉类、酒类，通常是本村人自产自销，与运到大的乡镇集市上卖的有所不同，如青菜是自己种的，用的是农家肥，吃不完才卖；猪是"杀猪佬"精心挑选、用精饲料喂大的；豆腐也纯粹是用黄豆制的，老远就能闻到香味。

　　三是允许赊账，这在农用资料交易中表现得尤为明显。除了这些异质性外，村级集市的商品价格往往维持在低廉的水平，低价格可以说是村级集市贸易得以正常进行的前提条件，很显然这与农民们的购买力相关。不过，在这一问题上应对几类产品做出区分。农产品，正如前文所讲的，价廉物美，真正的绿色食品，城里人是很难享受得到的；工业产品，城镇里卖的同类中高档商品一般看不到，质量自然就次些；农用资料，对农民们来说，属于缺乏弹性的商品，且在销售中多有赊账行为，但在同类产品中，农民们一般倾向于购买价格较低的产品。

　　还有，村级集市规模常常随农时波动，表现出时令性特征。据摊主们说，农闲时,劳动消耗少,家里没有雇工,村民们也有较多的时间从事消费生产,所以交易量少,商品的种类少。农忙时,像桂村在荔枝、甘蔗收获季节,劳动消耗多,有些家里有雇工,村民们也无暇从事消费生产,因而交易量大,商品的种类多。

阅读材料6-12 村落内部生产交换

　　家庭承包经营制度的实施,使得每个农户都成为一个相对独立的生产单元,而近年来随着农业结构调整和产业化经营的深入,又使得农户们的生产日趋社会化。在桂村,农户们满足自身需要的生产如稻谷种植量逐渐减少,而满足市场需求的产品如荔枝、甘蔗、木薯、玉米等则逐年增加,因此产品的市场交换业已成为农户们生产的有机组成部分。

　　这同时也表明,村庄物品的市场流动是个双向过程,即把外界的商品买进来,把自己的产品卖出去。买进与卖出的性质不同,物品迥异,因而分属两类市场构成。"买进"是从上到下的物品流动,从城市到城镇、集镇再到乡村的垂直层级市场体系的建立,让村民们在村子里或集镇上的店铺中能轻而易举地买到自己所需要的商品。"卖出"是从下到上的物品流动,虽然有集镇或城镇里的"龙头公司"来收购农产品,但并不是每样产品如桂村的荔枝、生猪等,都有公司来收购,而且村子里或集镇上的店铺也没有该项业务,加之目前严密的、功能齐全的从乡村到集镇、城镇再到城市的市场体系并没有建立起来,如此以来,相当部分的农产品还得靠农户们自己找市场。由于社会网络关系、营销本领等条件的限制,大多数农户并没有自己找市场的能力,这就得找销售代理人。而这类销售代理人除了与外界联系广泛外,还必须熟悉村子里的情况,能够获得村民们的信任,所以往往由一些村民来担当,从而这部分村民与其他村民发生了生产交换。

　　再者,现代农业生产中科技含量的提高,也使农户们在资金、技术、农用机械力等方面有了需求。比如,要购买化肥、农药等农用资料,钱不够时就需借贷;"小金牛"、摩托车等农用车辆的使用,就得要有人来维修;在种植、养殖方面,尽管农户们掌握了一定的技能,但一些关键技术如荔枝高接换种技术,鱼塘的鱼类搭配技术、疾病防治技术,并不是每个农户都能够掌握;有些农用机械如碾米机、收割机,村子里只有几户人家有;等等。

　　另外,还有劳动力上的需求。村子里的经济作物如荔枝、甘蔗、板栗、木薯等,每家农户种植的量都较大,收获时就得请人来帮工。一些专业户,自己平时忙于生意,但又不愿放弃土地,家里又没有多余的劳动力,每到农时也得请人来帮工。而这些帮工中就有本村人。

　　除了市场、资金、技术、劳动力、农用机械力等生产中的需求外,村庄内生产交换产生的另一个基础是村民们能够在一定程度上满足这些需求,这主要应归功于科技下乡。原因一是农业生产中机械化、技术化程度的提高，如"小金牛"、收割机、抛秧技术等的使用，大大节约了土地耕种时间，使得农户们有余力来兼业。原因二是科技下乡多年来也培养了一批"土专家"和技术能手，这些人勤于钻研，能给其他村民提供一些技术服务，如种养技术、机械修理等，当年的乡村建设运动中就有这样的例子。（秦红增，2005）

阅读材料6-13 村落人际关系的二元格局

目前乡村社会里的人际关系有着"差序格局"与"团体格局"的二元性质，两种格局对村民们来讲都是必要的、基本的，都是乡下人满足自身利益所依赖的关系资源，少了哪一样都不行。

"团体格局"自不必说。现在农村是家户经营，随着生产中的科技化、机械化、产业化程度的不断提高，农户们实物或劳务上的需求也日趋多元化，单纯的义务或礼物性的互惠交换已不能满足这些需求，从而便出现了村庄内的市场交换，这也就表明，原先在血缘或姻缘关系基础上确立的"差序格局"已不能容纳新的生产力，自然而然地就出现了讲求互利、平等与合作的"团体格局"，如生产上的合伙人、朋友圈、行会等。

至于"差序格局"，其本身就有由亲缘关系决定的利益关系，即相同的关系圈便是相同的利益圈，圈子近的利益就密切，义务或礼物性的交换就频繁，对等性质的也就少些；圈子远的利益相关性就不大，义务或礼物性的交换也多是仪式性、对等性质的；圈子破裂时，利益关系也就破裂。这也正是为什么市场交换很容易引起家里人、自家人之间发生冲突的原因。因为原本对方提供给自己的劳务或实物是不要钱的，但现在却要了，显得不够意思，关系不那么亲了。

在市场交换中，血缘或姻缘关系已不能左右利益关系，决定人们之间利益关系亲疏的正是利益本身，这样建立起来的利益圈、人际关系圈就与原先的有所不同。但这并不等于说"差序格局"性质的人际关系与人们之间平等的利益关系不相容。因为在问题的另一方面，平等的利益关系虽可改变利益圈、进而改变人际关系圈，但却无法改变人们在血缘或姻缘上的近远，在这种情形之下，最明智的选择是维持、利用，而不是打破、取代"差序格局"。因为讲究宗法宗亲是中国人的传统，这是乡性，与生俱来的东西，是一个人的立足之本。农村的市场化与城市有很大的不同，一个村庄的市场就那么大，社会圈子就那么宽，如果某个人只顾自己的利益，连起码的亲情、人情都不顾，就会被排除在社区之外，也就更谈不上与别人合作，这么一来，他在市场竞争中就会处在不利的地位。目前乡村的市场秩序之所以还好，原因就在这里。再退一步来说，血缘或姻缘关系，这是一个人最牢固的社会资本，哪个人这方面的关系资源多，获取利益的机会可能就多些。事实上，村民们也是这样看的、做的。

当然，不可否认的是，市场交换、平等的利益关系会给村民们的社会关系、尤其是"差序格局"中的主支人际关系带来一定的负面影响，但从时下乡村的实际情况看，村民们还是有修复的办法。如躲避法，些许小事如犁地、碾米之类的，就绕开自家人；再如补偿法，如给点小便宜，逢年过节多给些礼物，上辈那里多尽些义务，族里的事情多出点钱物，等等。而且，随着市场经济在农村的逐步建立，村民们的观念也转了过来。

总的说来，村庄内部市场交换的产生，满足了目前乡村社会生产和生活上的分工与合作的需求，也导致了乡村社会人际关系格局的变更。但是从中衍生出的"团体格局"并不是对原有的"差序格局"的打破、取代，而是乡村社会人际关系的拓展，是村民们获取社会资本和利益的新形式。不过，"团体格局"的出现也表明，在乡村，人际关系与利益关系越来越紧密地挂上了钩，变得理性化了。相应的，也就造就了"经济能人"这类新的乡村网络专家。（秦红增，2005）

第六节　生计转型与文化变迁

每一个民族或群体在漫长的历史演进中，都形成了自身相对稳定的生计模式及相应的文化特质。例如，畜牧业民族以畜牧养殖为生计模式，他们逐水源和草资源丰富的地区放牧，会随时变动居住的地点，有自己的一套畜牧技术和生活方式，具有很强的流动性；而耕作民族以经济作物种植为生计模式，因为有固定的土地用于耕作，因此有固定的村落、家等，也有自己的一套耕种技术和生活方式，相对稳定。即使是同一种适应策略，但由于地理环境、知识技术、种植或饲养的品种有所差别，每个地区每个民族也会有自己的文化特色。

由于生计模式与自然环境、人口及劳动工具、所种植作物等因素的密切相关性，因而当这些因素发生变化时，生计方式也就相应地发生变化。下面我们将以瑶族为例，来阐明生计转型与作物、技术的相关性，及其所带来的文化变迁。

广西大化瑶族自治县是布努瑶重要的聚居地之一，总人口41.35万，其中瑶族人口占21.68%。七百弄（弄，是瑶语对洼地的称呼；七百弄，泛指很多的洼地。布努瑶寨即分布于各个弄中）乡是1987年大化瑶族自治县成立时划分的一个瑶族聚居乡，位于县西北部，距县城约95公里。区内全部是大石山，耕地少，石漠化严重。

本研究选取了七百弄乡政府所在地弄合村的弄南屯为调查点。该屯由上南屯和下南屯两个屯组成。共有住户50户，其中上南屯22户，下南屯28户。总人口350多人，其中上南屯130人左右，下南屯220多人。两屯居民全部为布努瑶族，共有

3个姓氏,其中蒙姓最多,有45户,韦姓3户,蓝姓2户。现在屯里约有40%的年轻人外出打工,中老年人在家干农活。

种植方面,弄南屯的主要农作物是玉米,其他还有黄豆和红薯等。近年来随着政府"退耕还林"政策的实施,弄南屯已将山坡上种植玉米的土地改为种植砍头树和金银花。养殖方面,农户主要养猪、山羊和牛。其中养猪最为普遍,家家都养。目前全屯的人均月收入不足100元,主要来源是靠养猪、山羊和种植金银花,还有就是外出打工所赚的钱。

玉米大约在16世纪上半叶传入中国,而瑶族开始种植玉米距今约300年,在种植玉米之前,仅以小米和粒子(亦称麦粒和鸭脚薯)为主要的粮食。玉米之所以在布努瑶社区得以推广并成为其主要生计来源,有两方面原因。首先,布努瑶族居住的地方如七百弄乡自然条件恶劣,水利条件差,耕地很少,人均仅为0.3亩,农作物只能种在山腰、山顶、峒场甚至是石头缝中间,玉米因其较强的耐旱性和生存能力,适合在这些地方种植。其次,玉米种植属于粗耕,技术含量低,在耕作、灌溉、管理方面没有过高的要求,基本上是下种后就等着收获,因而较容易被布努瑶人掌握。这与早期玉米传入中国只出现在不能开展其他农业方式的西南省份和周围发展缓慢的山区和丘陵地区的历史情形也是一致的。

玉米种植为布努瑶提供了较为稳定的食物来源,解决了其在极其恶劣的环境中的生存问题。也正是基于此,布努瑶人才能够在大石山区安全避过其他强势民族的侵袭,停止长时期的迁徙,立寨建屋,逐渐形成一整套与玉米紧密相关的、以定居为特质的耕作文化。这与瑶族居住中心到清代又逐步移至广西,并分布于湖南、云南、贵州、江西南部和广东北部山区,形成今天大分散小集中的分布局面的历史事实也是基本一致的。

但是,由于土地狭窄、水资源缺乏等恶劣生存环境的缘故,玉米的亩产量和总产量都较低,仅仅勉强够吃,这就使得布努瑶族丧失与外部进行交换和自我发展的能力,且长久以来处在生存或亚生存状态,所形成的耕作文化,与汉族、壮族等在农耕基础上形成的耕作文化相比,有着超常的稳定性和发展的不充分性等特点,这也是那些长期处在发展边缘的民族所共有的文化特征。

自20世纪80年代以来,在外界各类组织的扶持和推动下,布努瑶族农民打破了当地过去以种植玉米为主的自给自足的生计方式和传统的耕作模式,普遍养殖了猪、羊,种植金银花等经济作物,与外界的商品交换以及人员、技术、信息等的接触、交流也变得越来越频繁、密切,从而引发了其农耕文化特质从定居到流动的转变,并呈现出以下一些新的特征:

(1)开放性。基于自给自足的生产方式,保守性和封闭性通常被界定为农耕文化的核心特征。只是到了现代工业、市场及新兴农业产业全面侵入乡村后,由于交换性的生产和劳动成为农民必要性的付出,且有了一定专业化的分工,农耕文化也就由封闭逐步趋向开放。布努瑶族也不例外。虽然其发展仍受到土地规模、灌溉等诸多条件的限制,但是,由于大石山居住地能够为其提供养殖猪、黑山羊和种植金银花等经济作物的自然资源,政府等外部组织又为其提供了技术、资金上的保障,新的产业便在当地日渐兴盛,布努瑶族的耕作文化也便衍生出开放性特点。

(2) 科学知识性。自 20 世纪中期以来,借助"二分法"思维方式来描述人类的文化或知识体系已成为某种时尚,如大传统与小传统、精英与大众(俗民)、现代性与地方性等等,而农民所处的乡土社会由于是"前工业社会",往往被看成是传统知识的代表。而且,从对中国乡村社区的研究来看,已有的探讨都很少触及现代农业科学技术知识在乡村社区中的文化意义。但实际上,在全球化的大背景下,伴随着新的经济作物的引入和规模化种养,现代农业科技已通过各式各样的"科技下乡"活动被输送、引进、应用到乡村社会中,且在当地已产生了相应的知识变革,以及组织、制度等文化上的系列变迁。因此,科学知识性便成为农民文化的突出性特征,这一点也清楚地反映在布努瑶族现代的种养活动中。

(3) 相对丰富性。某一文化的丰富性不只是表现在作物、器具及其相关的知识、职业等方面,而且更为重要地表现在信仰、仪式等层面。布努瑶族随着作物种养种类的增多和生计模式的转型,其文化内容也越来越丰富。例如,与新的经济作物种养相关的知识和技能的推广,销售网络的建立和组织,新的产业和职业的兴起等。另外,在风俗习惯上也有了些变化。例如,宰羊已经表示了一种富贵和地位的象征,一般是在比较尊贵的亲戚或者朋友到来时,以及在庆祝"达努节"时才杀羊。"达努"是瑶语,意为"不要忘记";达努节,又叫"祖娘节",是为纪念创世女神密洛陀而过的节日,日期为农历五月二十九日。当地农民养羊多数是养来卖的,因为羊肉对于当地人来讲还是奢侈品,一头羊的收入可以换很多的粮食。(秦红增、唐剑玲,2006)

斯图尔德在说明文化变迁时曾提出了"社会文化整合水平"的概念,并通过几种文化类型实例的分析来阐述,如家庭的社会文化整合水平、部落的或社区的社会文化整合水平以及国家的社会文化整合水平。这也就表明,人们的生计方式还有着其相应的社会组织形式,如家庭、部落或国家等,也就是说,人们总是结成这样或那样的组织来完成其谋求生计的活动。而一旦组织发生变化,如人员、政策等发生变化,人们的生计方式也就会跟着变化,下面的京族个案就是这样的例子。

京族三岛一带的平均海拔不足 20 米,浅海滩涂面积辽阔,渔业资源丰富。据当地老人讲,过去(1949 年以前)京族三岛附近海域的鱼虾非常之多,虽然捕捞工具十分简陋,但几乎每次出海都是满载而归。浅海捕捞过去一直是京族人最为直接、同时也是最主要的生计来源。根据 1954 年当时的中南民族事务委员会和广西省民族事务委员会共同派出的工作组的调查,当时绝大多数的京族人家每年的生活费用约有 70% 以上依靠捕鱼。然而一个不容回避的事实却是,京族地区的鱼虾产量虽大，但由于价格极为低廉（即便是在1949年以后往往也只有两三角钱甚至几分钱一斤），丰富的渔业资源并没有使京族人民脱离贫困，很多人依然过着"衣不遮体、食不裹腹"的清贫生活。在红坎村"哈亭"的碑文上，就曾有官施事重役，而"人民饥馑，不堪其苦"的记载。

新中国成立后，在1952年至1954年间，京族地区先后进行了土地改革和渔业民主改革，"彻底废除了封建剥削制度"，并逐步走上了合作化道路。至1956年，京族地区基本完成了渔业和农业的社会主义改造，并在1958年秋建立了人民公社。在生产所有制上的"一大二公"的主流意识形态的冲击之下，京族地区的产业结构受到了很大的冲击。传统渔业的主导产业地位受到了挑战，而曾经作为一种附属产业的农业则得到了前所未有的重视。尤其是在20世纪60年代以后，在"围海造田"成功的热情鼓舞之下，"以粮为纲"的生产方针得到了全面贯彻，农业生产尤其是水稻生产的重要性在京族地区被过分地强调。然而，由于京族地区的海岛大多是由海水冲积而成的沙岛，田地土壤多为沙质，碱性大，不耐旱，并不适宜于栽种水稻一类的作物，因而水稻的产量很低，亩产多则三五百斤，少则一二百斤。"以粮为纲"的产业转移虽然从某种程度上"结束"了京族地区不能"大量"生产水稻的历史，但农业上人力、物力的大投入并没有带来相应的回报，相反却大大削弱了传统渔业的生产能力，给京族地区原有经济体系造成了极大的破坏，人民生活依然十分贫困。

20世纪80年代初，随着家庭联产承包责任制的落实，京族家庭拥有了生产的自主权。这种改变使得京族地区的生产力得到了相当程度的解放，京族人的生计方式也变得日益多元化，渔业、农业、手工业、海产品加工业、商业等传统的或新兴的产业都得到了一定程度的发展。商品流通环境的好转，使京族地区的渔业资源得以走出狭小的地方性市场，在更广泛的国内市场中实现其价值。然而，在20世纪80年代整整十年当中，由于众所周知的原因，中越两国关系一直处于低潮，中越边境地区的经济发展也受到严重影响。地方性生产资金匮乏，而外来投资又不敢贸然进入，从而使得京族地区的经济发展仍旧缺乏生机和活力，社会生产力的发展仍旧在低水平上徘徊。

1990年春节期间，数以千计的越南人肩挑背扛当地的农副产品，趟过冰凉的北仑河涌入东兴镇，将东兴镇上的大小商品席卷而归，从而拉开了中越边境贸易的新序幕。京族人对边境贸易的参与是广泛的。京族三岛上的京族人在20世纪90年代初的几年时间里，几乎每个家户都有人参与边境贸易，有的家户甚至全家"倾巢出动"。他们或是作为贸易的中介人，或是利用语言上的优势充当中越两国客商的翻译，或是自己做商业上的买主或卖主，或者承担货物的运输业务，等等。或许可以说，在20世纪90年代最初的几年时间里，边境贸易成为京族人压倒一切的"主营业务"。

1996年以后，受全国打击走私活动的影响，京族地区的边境贸易也逐渐萎缩。虽然仍旧存在不少零星的、小额的贸易，但与其兴盛时期相比，可以说是不可同日而语，京族人的经济收入也受到一定影响。于是，在边境贸易中积累了资金的京族人便及时把目光从边境贸易转移到浅海捕捞及海水养殖上来。尽管京族人依然"重复"着"靠海吃海"的生计，但他们并不是简单地回归到旧有的那一套生计方式中。浅海捕捞固然是一些京族人谋生的手段，但一些有钱的京族人家已经开始进入高投入、高风险、高回报的海水养殖及海产品加工等新兴行业。此外，与渔业相关的普通贸易与运输业也得到了一定程度的发展。除少数村落外，不适应当地的自然环境而且收益过低的农业种植业大体上已被京族人所放弃。目前，水稻已极少有人栽种，红薯、玉米、花生等作物也只有少数人（主要是妇女）种植，一些富裕家庭甚至连蔬菜都不再种植，而完全是从市场上购买。一些过去的"良田"如今大多数已被挖成虾塘进行海水养虾，而一些缺水的田地则被荒弃。产业结构的及时调整巩固了京族人原有的经济优势，有效避免了由于政策的改变而产生的负面影响。（吕俊彪，2003）

当然，导致某一民族或群体生计发生变迁的因素还有很多，如旅游开发、技术更新、生态环境突变等等，这就要求我们运用人类学的学科方法，分析其中的变迁规律及其所产生的文化影响力。这也可以说是人类学研究的永恒课题。

关键词

生计　生计方式　生计转型　生计变迁　市场交换　村落集市　农耕　畜牧　分配与交换

复习思考题

[1] 生计方式可分为哪些类型？
[2] 简述农耕文化的特征及其对生态环境的影响。
[3] 简述生计方式与文化的共变性。
[4] 谈谈中国村落集市的特点。

阅读文献

[1] 周建新，吕俊彪. 从边缘到前沿——广西京族地区社会经济文化变迁. 北京：民族出版社，2007

[2] 玉时阶. 瑶族文化变迁. 北京：民族出版社，2005

[3]（法）马塞尔·莫斯. 礼物. 汲喆译. 陈瑞桦校. 上海：上海人民出版社，2002

[4] 周大鸣，刘志扬，秦红增. 寻求内源发展——中国西部的民族与文化. 广州：中山大学出版社，2006

[5] 韦茂繁，秦红增. 苗族文化的变迁图像——广西融水雨卜村调查研究. 北京：民族出版社，

2007

[6] 周大鸣,秦红增. 中国文化精神. 广州:广东省出版集团,广东人民出版社,2007
[7] 黄淑聘,龚佩华. 文化人类学理论方法研究. 广州:广东高等教育出版社,2004
[8] 秦红增. 桂村科技——科技下乡中的乡村社会研究. 北京:民族出版社,2005
[9] 费孝通. 江村经济——中国农民的生活. 北京:商务印书馆,2001
[10] (美)科塔克(Conrad Phillip Kottak). 文化人类学——文化多样性的探索. 徐雨村译. 谢继昌校订. 麦格罗希尔出版,2005
[11] 秦红增,韦茂繁等. 瑶族村寨的生计转型与文化变迁. 北京:民族出版社,2008
[12] 阿拉宝力格. 试论干旱戈壁地区游牧生活方式的历史文化定位. 广西民族大学学报(哲学社会科学版),2008(2)
[13] 秦红增,唐剑玲. 定居与流动:布努瑶作物、生计与文化的共变. 思想战线,2006(5)
[14] 吕俊彪. "靠海吃海"生计内涵的演变——广西京族人生计方式变迁. 东南亚纵横,2003(10)
[15] 朱大渭. 六朝史论. 北京:中华书局,1998
[16] 庞朴,刘泽华. 中国传统文化精神. 沈阳:辽宁人民出版社,1995
[17] 徐喜辰,斯维至,杨钊. 中国通史(第三卷). 上古时代(上册). 上海:上海人民出版社,1994
[18] 史念海. 中国古都和文化. 北京:中华书局,1998

第七章 家庭、亲属关系与继嗣

> **摘要**
>
> 人类学最初是将简单社会作为研究对象的学科，家庭、亲属关系与继嗣被视为简单社会的主要构成规则而成为人类学研究的经典领域之一。今天的人类学早已经走出简单社会，把研究的视野投向了现代复杂社会，但是以血亲和姻亲关系为核心而联结起来的人类组织仍然是现代社会的基础性结构，因此，家庭、亲属关系与继嗣已经成为人类学特有的研究"他者"的认知方式。
>
> 家庭是以姻亲和血亲为主线发展起来的基本社会组织单位，在构成上其核心和基本的部分应包括双亲和他们的子女。随着人口的繁衍和分化，以家庭为核心，家庭中的每个成员都有各自的血亲和姻亲亲属，这群人之间就形成了亲属关系。有关亲属关系的研究，是人类学最重要的研究领域，也是人类学最经典的研究领域。继嗣常常是与亲属关系联系在一起，从文化意义上讲是指一个人为社会承认的，与其祖先之间的联系。继嗣群体在社会中产生的作用十分重大，家庭生活的组织结构、儿童的社会化、政治礼仪制度及财产的利用和转移、宗教仪式的进行、争执冲突的解决以及政治战事的组织等等，都离不开它的积极功能。

第一节　家庭：社会结构中的基本三角

"两点之间只能划一条直线。这条直线并不能固定任何一点的位置，两点尽管可以不改变距离而四处移动。若要固定这两点和其间直线的位置，只须再加一点，划成一个三角。三点之间要能维持三条直线的长度就只有一个三角的形式。两点地位的固定得靠第三点的存在。这是结构学上的原理，在社会团体的形式中也常常看见，两人间的关系靠了第三者的存在而得到固定。""从人类学者看来，社会结构中真正的三角是由共同情操说结合的儿女和他们的父母。"[①] 男女通过婚姻的结合成为夫妇，只是完成了三角形的一边，这一边若没有另外一点和两线加以联系成为

---

① 费孝通：《乡土中国生育制度》，北京大学出版社1998年版，第159~167页。

三角,则被联系的男女,实质上并没有完全达到夫妇关系。社会对他们时常另眼相看。这是一种过渡的身份。孩子的出世才完成了正常的夫妇关系,稳定和充实了他们合作的生活。这个完成了的三角在人类学和社会学的术语里被称为家庭。

家庭是基于关系密切的亲人组成的社会单位,在构成上其核心和基本的部分应包括双亲和他们的子女。这一社会最小的单位是一种经济上的合作体,它担负着子女养育的任务。构成双亲-子女核心的人们组成了一个经济上合作、可以养育儿童的家庭群体,这些人可能有共同的居所,也可能不住在一起。家庭是一个人开始社会化的基地,儿童经过濡化过程学会了在特定社会环境下的行为规范,社会的正常运转有赖于每个家庭是否能够养育出合格的社会成员。家庭成员还要参加非正式的社会控制过程,迫使异常分子就范需要有社会压力为个人提供反馈,无论这类控制有效与否,家庭往往会承担起这项任务。

一、家庭的功能

为生存而依赖群体生活是人类的一个基本特征,基于这一特征人类才开始建立家庭,并使家庭在演化的过程中产生各种与之相关的功能。

家庭的第一个功能就是儿童的养育功能。灵长类动物的幼子生来都比较脆弱,所以需要一段很长时间的照顾,而照顾幼子的职责通常由雌性动物完成。这种照顾不仅是为了喂食和身体,更是为了幼子能够在群体间得到正常的成长和发展。在人类中间也是如此。人类劳动的性分工已经超过了其他的灵长类动物,母亲在儿童或者幼儿的养育过程中承担着繁重的劳动,这种角色和劳动大大超越了其他灵长类动物。其原因主要是因为人类婴儿生下来更羸弱,依赖母亲的时间也就更长,此外人类的婴儿需要在母亲和家庭的帮助下获得一个正常的社会化的过程。当然,这并不是说家庭是提供儿童养育的唯一场所,从理论上讲,其他的安排或者是其他的群体也是可以给儿童提供健康生长和社会化的条件。

家庭的第二个功能就是经济的合作功能。在人类社会,女性除了具有重要的儿童养育功能以外,一般还要从事与她们的儿童养育角色相适应的经济活动。这种经济活动可以作为男性经济活动的补充,并使男人和女人之间可以共享经济和劳动的成果。经济活动还是一个有利于两性之间的交往和提升他们之间密切关系的有效方法,是建立两性居住群体或者家庭的基础条件和保障。

此外,家庭还具有控制性关系的功能。通过以往人类学家对灵长类动物行为的研究表明,相对于动物而言,人类女性和男性一样都有或多或少的经常的性感观需要的倾向,继而推断出这一特质可能具有进化的优势。以往的研究表明,性关系确实有助于把一个由不同性别的人组成的群体结合在一起,经常的性行为会加强群体的内聚力,从而使该群体享有选择上的优势。但是,人们也注意到,在性活动促进群体关系的同时,也具有破坏性的作用。因此,家庭的产生和家庭规则的建立,在一定程度上规范了男女双方的性活动和性行为,控制了整个社会的性关系。

二、家庭的种类

家庭的类型在历史上经历了很多变化,人类学总结出来的主要的家庭类型是核心家庭(nuclear family)、复合家庭(compound family)和扩大式家庭(extended family)。

目前,世界上大部分地区家庭的基本形态普遍以核心家庭为主。核心家庭是由一个男性、一个女性及其子女组成的家庭形式,家庭中以夫妻关系为组织核心。它主要存在于两种情况的社会:一种情况是社会存在很大的流动性,人们要到处找工作,而人与人之间不存在大的地位差别;另一种情况是社会存在专门的支持系统,例如学校、老人院等,以减少家庭成员对核心家庭和其他家庭成员的依赖。在美国,核心家庭和夫妻双方的父母家庭分开居住,夫妻两人家庭独立,经济也独立,父母长辈或者其他亲属不参与他们的择偶恋爱,群体亦无须控制和参与,对核心家庭的日常事务,亲属群体也无须干涉。核心家庭中的妻子和丈夫在生活、经济和儿童养育上各自承担自己的角色,社会对此也有一定的期待和要求。如果角色失败或者家庭成员中有人死亡,核心家庭会因此而解体,家庭中的权利与义务的关系也会随之转移。① 当然,在人类学家的研究中也有例外的情况。在一些经济欠发达地区和社会,在一些生活较为艰苦的环境中也发现了核心家庭的存在,比如,在北美的爱斯基摩人中就是以一夫一妻制的核心家庭为主体,妻子和丈夫都有各自的分工和工作,父亲负责造房子和狩猎,母亲负责做饭、照顾孩子和修补衣服,他们的生活中离开谁的劳动都是无法正常运作下去的,妻子和丈夫在家庭生产活动中享有共同的地位和作用。②

人类学古典进化论学者,将核心家庭视为人类社会进化最高阶段的产物。不过,人类学的跨文化比较却表明,核心家庭具有极大的普遍性。美国人类学家罗维指出:"不论婚姻关系是长期的或是临时的,不论婚姻形式是一夫多妻、一妻多夫或简单的同居,不论家庭成员的复杂情况如何,有一个现象是普遍突出地存在的,那就是丈夫、妻子及其未成年的子女组成的团体,总是能与家庭其他的成员区别开来。"③ 默多克曾经对250个不同的社会进行过研究,证实了罗维的结论,即不论家族的形式扩展到多大,核心家庭始终存在,并且具有其独特的、不可代替的功

---

① (美)S. 南达:《文化人类学》,刘燕鸣、韩养民编译,陕西人民教育出版社1987年版,第216页。
② 威廉·哈维兰:《现代人类学》,王铭铭译,上海人民出版社1987年版,第372页。
③ R. H. Lowie: *Primitive Society*, Cosmo Publications, 2004, pp. 66~67.

能：性的功能、经济的功能、繁殖后代的功能及教育的功能。而任何社会要能够存在都不能缺乏这四种基本功能。核心家庭是能起到这些作用的最起码的单位，这就是它在人类社会中从远古到现在如此普遍存在的原因。

核心家庭多见于狩猎采集社会和近代资本主义社会。在狩猎采集社会中，贫困的生活资料经常迫使人们分裂成最小的单位游动，如此方能保证最大的经济效益，所以亲族间不需要经常性的合作。而在资本主义社会中，人们是以小家庭为单位谋生，职业的流动性很大。

另一种家庭的形式是复合家庭，它是以一个共同的配偶，父亲或者是母亲为主线把数个核心家庭连接起来的家庭集合体。一夫多妻和各个妻子的孩子的家庭是复合家庭最常见的形式。以一夫多妻的家庭为例，同一个男子是几个核心家庭的丈夫和父亲，这些核心家庭可以各自占有独立的住宅，也可以在同一住宅中共同居住，但每一个妻子和其子女还是相对独立地生活。在中国的封建社会，一些官僚地主阶级往往实行一夫多妻婚，每一个妻子住在同一庄园内相对独立的区域里，俗语称之为"房"，即大妻为"大房"，二妻为"二房"，以此类推。①

还有一种家庭的形式是扩大式家庭。扩大式家庭是由两个或者两个以上的血缘关系为纽带，居住在一起的核心家庭的集合组成。这种类型的家庭通常有着姻亲和血缘的关系，包括祖父母、父亲和母亲、兄弟姐妹或者叔叔阿姨和堂兄弟姐妹。所有这些由婚姻和血缘关系联系起来的人居住在一起，一起工作来维持这个家庭。扩大式家庭的组织轴心可以是男性，也可以是女性。父系扩大式家庭以男人、男人的儿子以及儿子的妻子和儿女为纵轴线组成；母系扩大式家庭以女人、女人的女儿以及女儿的丈夫和子女为纵轴线组成。由于年青一代的家庭成员会把他们的妻子或是丈夫带到家庭中来，在家庭中，老人去世，新的成员出生不断交替，所以，扩大式家庭能够不断地维持下去。

阅读材料7—1　摩梭人的母系大家庭

摩梭人是纳西族的一个分支，四川的盐源、木里、盐边县以及云南宁蒗县是摩梭人聚居的地区，总人口约4万人；宁蒗境内的摩梭人约2万人，分布在永宁、拉伯、红旗等9个乡镇。此外，云南丽江、永胜、华坪、维西等县都有摩梭人散居。摩梭人至今还实行着以女性为中心的家庭制度。家庭世系按母系计算，子女从母居。妇女为家庭的主要人物，担任家长。财产制度实行母系继承制，由母亲传给子女或由舅父传给外甥或外甥女。这类地区在婚姻的缔结方面，有"阿注"异居、"阿注"同居、结婚三种形式。缔结"阿注"关系的双方通常是男子晚间到女家过

---

① 童恩正：《文化人类学》，上海人民出版社1989年版，第166页。

偶居生活，次日清晨返回自己家中。这种婚姻关系没有共同的经济基础，因而建立和解除相当容易。由这种"阿注"关系所生的子女，属于母方，男子对这些子女没有必须抚养的义务。"阿注"关系到中年以后，一般都固定下来。还有一些男女，通过"阿注"关系的发展建立一个家庭。子女完全可以确认父母，如是女居男家，子女的世系按父方计算；如是男居女家，子女的世系则按母方计算。改革开放以来，由于旅游业的发展，居住在泸沽湖边的摩梭人村寨主要从事旅游接待和服务，但大部分村寨的摩梭人仍然主要从事农牧业。

三、传统社会的中国家庭

中国传统社会对家有一种理想化的模式，理想的家族结构应为：在父系家族的权威下，妻妾成群，和所有已婚儿子及妻、儿孙及未婚的兄弟姊妹住在一起。

中国汉代末叶就出现了这种大家庭的形式。南北朝之后，统治者大力倡导和鼓励大家庭。宋代大家庭较为发达，"父母在，子孙不得异居"。元明清三代，亦多因唐律。这些大家庭经过历代倡导，逐渐形成中国理想化的同居共财的大家庭模式。这种累世聚居的大家庭，被称为"义门"，人数几十口至千余口。但这样庞大的组织，就血缘而论，五世之后已超出服制的范围，情意疏远；而且大家庭关系复杂，需要较强的经济后盾，所以很难普及。多代同居的义门自古以来其实很少见，这种大家庭模式只是封建政权的理想而已。

半个世纪以前，很多学者认为，汉族的家庭以四世同堂的大家庭为主。实际上，大家庭只是汉民族对家族形态的一种理想而已。费孝通先生认为，80%以上的农民最普遍的结合形态为父、母、子三角结构组成的基本家庭形态，大家庭充其量也只是在乡绅阶层较为流行。他认为，在当时小农经济中，农田经营和劳动与大家庭并不适应，农民受传统伦理观念的影响，并不足以抵住经济上及家庭内部结构上趋向于分家的力量。他在江村经济的研究中特别强调了这一点。

著名人类学家奥歌兰从1937年开始就关注中国传统农村社会的家庭研究。他认为，汉族农村大家庭之所以几乎不存在，主要原因有以下几个：一是人的寿命太短，平均在50岁以下，无法活到多代同居的年龄；二是家庭贫穷，缺少维持大家庭的财富，从汉代至20世纪50年代前，中国家庭平均人口为4~6人。①

历史学家梁方仲的相关研究也证实了上述观点。根据他编纂的《中国历代户口、田地、田赋统计》一书正编甲中的"中国历代户口、田地的总数，每户平均口数和每户每口平均田亩数"一表的资料，将中国历代人口和每户平均人口数摘要列表（见表7-1）如下：

---

① 麻国庆：《家与中国社会结构》，文物出版社1999年版，第24~25页。

表7-1 中国历代人口和每户平均人口

年代	户数	人口数	每户平均人口数
2（西汉）	12233062	59594978	4.87
105（东汉）	9237112	53256229	5.77
609（隋）	8907546	46019956	5.17
705（唐）	6156141	37140000	6.03
1006（宋）	7417570	16280254	2.19
1291（元）	13430322	59848964	4.46
1391（明）	10684435	56774561	5.31
1403（明）	11415829	66598337	5.83
1502（明）	10409788	50908672	4.89
1602（明）	10030241	56305050	5.61
1911（清）	71268651	368146052	5.17

资料来源：张琢：《中国古代家庭规模到底有多大》，载《社会学研究》，1987年第6期。

对于农民阶层来说，维持一个大家庭，一是需要财产，尤其是土地；二是与父母在世关系很大，特别是父亲。在特定的家庭生命周期中，大家庭也可能在农民阶层存在。但这种大家庭并不是一个恒久的单位，它在一定条件下又会出现分的势头，分家就是大家庭这一动态过程的具体表现。

分家是中国社会家庭增殖的一种主要方式。分家一般是指已婚兄弟间通过分割财产，从原有的大家庭中分离出去的状态和过程，也就是俗话所说的"另起炉灶，另立门户"。门户的另立自然就是一个新家庭的产生，也就是家庭再生产的表现。传统中国农村的分家是按股分，一个兄弟就是一股，每个兄弟都代表了一个大家庭内不同的支系，这也就是诸子均分制。分家是把本在一个亲属团体里的分子，分成几个经济上独立的小团体的过程。

分家过程中"分"的主要是财产，而维系所有男性血缘关系的父子一体关系却没有被割裂。分中有继，"继"主要包含两层意思：一为继人，就是对老人的抚养义务；二是宗祧，就是要继祖先的祭祀，在一些地方继的是牌位。分家大多数是兄弟成婚以后才提出的问题，指的是兄弟分家，不是指父子分家。继的核心在于"上以继祖先"，而"下以继后世"。依照习惯，只有儿子才有权继承财产，女儿外嫁他姓即失去了财产继承的资格，诸子按平均继承原则继承财产，常常长子因继承宗祧一般可另外再得一份，以供家祭之用。而对于没有儿子的家庭，在继承上有很多规定。为避免因产争嗣而在宗族内部引起争端，宗族习惯法也常常会对承继立嗣的顺序进行规定。

这样的分家事实上很少是整体的破裂，有如细胞一分为二的分裂，很多是从原有老根上分出的新枝，这样也使家庭的再生产成为一种有根的再生产。

分家并不是家的彻底分裂，分出去的家和原来的家在"继"的前提下，又以特有的形式，体现出一定"合"的状态。"合"主要体现在分家之后各个家庭在老人赡养、经济生产、仪式祭祀等方面的合作。

由此可见，从汉族家庭的发展历程来看，很难用固有的一种家庭分类来清楚地描述村民的家庭结构，家庭的连续性和动态变化事实上与"分"、"继"、"合"的观念相连在一起。①

阅读材料7-2　同宅分家

著名人类学家许烺光对云南喜洲镇的研究发现，这里绝大部分的大家庭在儿子们结婚之后分为小家庭。但不同的是，喜洲镇的大家庭在分家之后，各个小家庭仍然共同住在同一住宅内，大家庭在社会习俗方面仍然被视为是一个独立的大整体，但从经济意义上来看就分成了若干更小的单位，许烺光先生称这种现象为"同宅分家"。分家之后，家庭的神龛仍然留在西屋内，所有家庭成员一如过去，仍然在此祭祀共同的祖先和保护神。除在几种场合外，各家均分别供奉自己的供品，各家均安心地居住在属于自己的那一排房子里，既无心走出另立家门，也无意另设自己家的祭坛。如碰上全镇的大事，无论是宗教方面还是社会方面的事宜，各个小家庭便又联合成了原来的大家庭。镇上举行祈神会时，大家联合起来以父亲的名义献上祭品。如果父亲已经去世，便以长子的名义。碰上亲戚或朋友的婚礼、葬礼、生儿得女，各家联合或以父亲的名义送礼，如果父亲已死，各家也许就以各自家庭的名义送礼。逢年过节，各家可以轮流做东宴请亲朋好友（各家一年），也可以各家联合宴请亲朋好友。如果父母在世，通常各家就联合起来请亲戚朋友共度良宵。

（资料来源：许烺光：《祖荫下：中国乡村的亲属、人格与社会流动》，王凡、徐隆德译，台北南天书局，第98~105页。）

出于同一祖先的家，通过分家这一机制，逐渐形成了不同的分支，这些不同分支的家，又依靠父系血缘结合成一个宗族。这样以父子关系为主轴的中国家庭，随着结婚生子及分家这一家庭再生产方式的逐渐扩大，形成宗族集团。

一般来说，宗族具有如下特征：①名称；②外婚；③单系共同祖先；④作为核心的性别——父系宗族为男性，母系宗族为女性；⑤所有或大多数成员之间相互交谈或指某个人时使用亲族称谓；⑥许多社会的宗族还有某种形式的公共财产；⑦某种程度的连带责任。这种在系谱上可向上追溯的、核心性别共同的单系祖先构造，

---

① 麻国庆：《家与中国社会结构》，文物出版社1999年版，第37~72页。

在大多数人类学文献中称为宗族（lineage），而不是氏族（clan）。

宗族作为社会的一种组织形式，大约在殷商时代就成熟了，到周代，其注释制度更加完善。虽然经历了几次波折，但宗族的历史与中国文字的历史并存。一般认为，宗族制度经历了四个大的发展阶段：春秋以前的宗法式宗族制度、魏晋至唐代的世家大族式的宗族制度、宋以后的近代祠堂族长的族权式宗族制度，近代以后平民式的宗族制度。从总体上看，宗族经历了从贵族组织向民间组织转化的过程。

在中国漫长的封建社会历史中，宗法宗族制式国家统治力量的有机补充，在某些历史时期，对稳定封建统治秩序、传承儒家文化起着相当大的作用。从明清时代尤其是清代各个族姓所制定的族规宗约来看，其"不只限于提倡孝敬尊长、和睦乡里，致力于维护宗族内部的封建伦常关系，还进而令族众遵守封建法纪、完纳国家赋税，以实现维护封建统治的目的"①。

在传统的中国社会，宗族的内在结构在于通过一套系统的人伦结构以维持父系血缘上的认同和归属。这种内在结构的外在表现在于，群体中的每个个体按代与代之间的前后顺序排列，被赋予了具有人伦道德意味的辈分、排行名称，并相应地形成了其内部上下尊卑、长幼有序的血缘等级秩序。成员间的相互关系及相应的权利义务都视其与祖先的血缘亲疏等级而定，表现出明显的亲等序列性的特性。

"不孝有三，无后为大。"人生的意义和血缘的延续紧密联系，生命的意义在于把祖宗的香火延续下去。祖先崇拜在培养宗族家系观念中起决定性作用，也是宗族最核心和最重要的仪式。祖先崇拜是宗族最重要的祭祀活动，也是汉族家族制度的重要特质。若无祖先崇拜，也就无汉族的家族制度和宗族体系。汉民族以阳界的亲子关系组成的家，通过对阴界祖先之祭祀，把个人的行为与活动汇集起来，把人们的情感凝聚起来，把家族的力量集中起来，构成社会结合的基本形式。

宗族内部长幼尊卑区别明显，注重辈分和性别界限。族长制是宗族这种结构的典型体现。族长是一族的最高首领，一般来说，一个宗族组织有族长一人，各种名目的族长副手、助手若干人，由他们负责管理族中事务，主持宗族活动，行使族权。少数人口众多或者分居于相邻的几个村子的宗族还有大宗族、支族之分，各设总族长、支族长。在很多宗族中，管祭祀的长老（即宗子）和负责宗族具体事务的族长是分开的。那些在血缘上离祖先最近、且年长的族人在宗族中获得了一种象征性的最高地位，这种人就成为长老，负责祭祀等礼仪性活动。而那些主要依靠他们自身的能力和品质及经济和社会地位而确定他们在宗族中的领导地位的人，辈分可能很低，负责宗族中的具体事务，特别是与外部的联系等。

宗族管理人员为了更好地控制族人，处理好族内成员的关系，都会有一套控制族人的办法，如大量见于族谱的族规、族诫、族约、族禁等宗族法，通过对婚姻、

---

① 李文治、江太新：《中国宗法宗族制合族田义庄》，社会科学文献出版社2000年版，第22页。

财产、社会地位、伦理风尚、权利义务甚至行为举止等社会生活各方面内容的规定，为族人设立规范，并通过族内管理机关强制推行。此外，宗族还以经济的资助来笼络贫穷族人，通过祭祖扫墓活动增强族人的内聚力，以此达到对地域化宗族所在地区的控制。

阅读材料7-3　人口流动与当代农村家庭

2005年国家统计局公布的全国1%人口抽样调查数据显示，我国流动人口为14735万人，其中，跨省流动人口4779万人，"与第五次全国人口普查相比，流动人口增加296万人，跨省流动人口增加537万人"。目前，农村剩余劳动力仍有115万至117万人，大规模的劳动力流动将持续存在。按人口城镇化水平年均增长1%测算，今后20年将有3亿农村人口陆续转化为城镇人口。

大规模的城乡人口流动为我国的基础建设和城市发展做出了巨大的贡献，缓解了农村一些地区的贫困状况，促进了社会结构的变化，同时也给中国的家庭等带来了全方位的冲击。自古以来，我国的社会结构几乎都是以家庭为中心，重视人伦关系是中国传统伦理思想的特点之一，认为"父义、母慈、兄友、弟恭、子孝"才能使家庭和睦，天下太平。随着市场经济的发展，社会生活的多元化，人们的价值观念不断发生变化，对传统家庭和社会伦理道德的冲击日益强烈，尤其是依赖传统的伦理道德观念来维持的农村家庭养老、婚姻及抚幼等问题更为突出。家庭或以家族、地方为中心的社会组织结构曾经是维系社会最有效的纽带，而在市场经济下，这种以身份和血缘为纽带的传统的家庭制度面临危机，社会伦理道德面临挑战。

◆留守老人的赡养问题

随着工业化和城镇化的加快，流动人口规模的增加，人们已经不可能再恪守"父母在，不远游"的信条，部分农村地区由于青壮年劳动力的离开，出现了大量的"空心村"，一些土地被迫丢荒，同时也出现了许多"空巢家庭"、"空巢老人"。在绝大多数农村老年人主要依靠子女赡养的情况下，随着劳动力的大量外流，农村家庭养老功能日益弱化，留守老年人的养老与照顾问题日益凸显。在留守老人中，中高龄老人偏多，老年人随着年龄的增高，其身体状况逐渐下降，患病率不断上升。他们不仅缺少医疗保障，普遍存在看病难的问题，而且有的连基本生活都难以保障。大部分留守老人没有积蓄，依然需要干农活、照看孙子女。尽管部分外出打工子女可以为老人提供一定的经济支持，但由于空间分离，难以提供日常照顾和精神上的慰藉，老年人容易感到孤独。部分老人既得不到经济上的支持，也得不到生活上的照顾，有的老年人甚至不堪生活重负，导致极端事件的发生。有调查显示，留守老人中，70岁及以上老年人的比例较高，占有子女外出老人的35%，其中80岁以上老人占41.7%；丧偶老人所占比例也较大，占有子女外出老人的

30.16%；留守老人的健康状况也较差，更需要有人照顾和陪伴。

◆留守妇女的婚姻不稳定性

目前，留守在农村的妇女，大多要承担生产劳动、家务劳动、教育子女和赡养老人的责任，其劳动强度高，精神负担重，并且缺乏安全感。长期两地分居，给原本相对稳定的婚姻带来了不安定的因素。一部分家庭中的外出务工人员，由于接触到城市崭新的生活，受现代多元价值观念的影响，加上自身经济地位发生了变化，容易与文化素质相对较低的留守妻子产生裂痕；长时间所处环境、背景的不同，夫妻之间的共同语言逐渐减少，婚姻也容易出现危机。近年来，流动人口的离婚率呈上升趋势，部分留守妇女婚姻不稳定现象越来越严重，她们不仅生活单调，精神苦闷，承受着心理和生活双重压力，而且个人名誉容易受到损害，人身安全容易受到威胁。在性骚扰案件中，其中不少受害者是留守妇女。即使夫妻同时外出打工，也因居住环境差，影响家庭生活质量。

◆留守儿童的问题

据2000年全国人口普查资料显示，不能与父母同住的农村儿童比例高达56.17%，全国农村留守儿童规模达到2000万人左右。这些留守儿童的主要监护形式是隔代监护、单亲监护、亲戚监护、同辈监护和自我监护。有调查显示，单亲监护占79.12%，隔代监护占16.19%。在这样的监护状况下，留守儿童在学业、心理发展等各方面容易出现问题，尤其是由祖父母或亲友监护的留守儿童，家庭教育缺位，使他们学习动力不足，成绩和学习能力普遍不如正常家庭的儿童。由于缺乏父母的关爱和亲情，留守儿童容易出现心理障碍，造成性格孤僻、冷漠和自我封闭，甚至出现道德滑坡和行为失范。因监护不力，留守儿童的人身安全也容易出现问题，少数同辈监护或自我监护的留守儿童的安全问题更为突出。而跟随父母外出打工的流动儿童也很难保证完成九年义务教育。目前，情感缺乏是留守儿童成长中最严重也是最主要的问题。这些孩子年龄较小，正处在身心发展和性格形成的关键时期，他们需要与父母交流和沟通，需要亲情的抚慰。当他们缺少父母的关爱时，经常会把情感的需要转移到异性朋友、网友和游戏中的虚拟人物身上。厌学、逃学、弃学、侮辱老师、不服管教的现象时有发生，他们对责任、自立和纪律、尊老爱幼等基本道德规范都很认同，道德的认识水平较高，但自律性不强，比较缺乏对传统美德和现代公德的实践，一定程度上存在着知行分离的现象，性格和心理上都有可能出现一些障碍。一些孩子（包括孩子的家长）认为，不用读多少书一样可以在城市里赚钱，好像读不读书并不重要。这种观念加大了家庭教育和学校教育思维的对立，增加了留守儿童学校教育的难度。农村留守儿童可能是相当长时期都会存在的一个现象，是社会转型期农村发展中的一个重要的现实问题。

（资料来源：朱尧耿、朱犁：《关于流动人口的伦理思考》，载《人口研究》，2007年第3期。）

阅读材料7-4 最后一代传统婆婆

多数中外学者都同意这样的看法：中国妇女在传统的家族制度中的地位很低。但也有些学者认为，传统社会妇女的地位并不是在生活的每一个阶段都低，而是随着儿子的出生和自己年龄的增长而不断有所提高。在实际生活中，母亲常常可以做儿子的主，并得到儿子的孝敬。另一种说法是，婆媳关系实际上反映了父权家族制度中的女性等级制。在一定的生活阶段中，妇女被男人和一部分年长的女人所压迫；在另一些生活阶段中，这种压迫被解除，一些妇女成为在家主事的人。

父系家庭中的婆媳关系正在苏南乡镇企业发达的地区发生变化。笑冬在无锡的一个叫姑亭庙的村庄所做的有关"妇女与乡镇企业发展"的调查过程中，关注了婆媳关系发展的新动向。在这个村庄，几乎所有受访的中年妇女都众口一词地说："看现在的这些媳妇们！过去是婆婆凶，现在刚好倒过来！"用妇联主任的话来说："婆媳关系从一个极端走到另一个极端。"最不幸的是那些60～70岁的妇女，笑冬把她们称为"最后一代传统婆婆"。她们年轻的时候是受气的小媳妇，等到熬成了婆婆又丧失了权威，两头不得益。这些妇女有不少孩子，当她们年老的时候，赖以生存的资源和劳动能力已经基本枯竭。如果传统的道德观念还起作用的话，她们在每一个生活阶段上尽心尽意的表现会得到她们的儿子感情上和经济上的回报。可是，当她们成为上了年纪的婆婆时，这个世界已经变了。她们丧失了权威，她们过去的贡献被现在的市场经济的价值标准所衡量。这些新的价值标准包括：一是要求婆婆对儿子婚姻的大量投资以换取老年生活的保证；二是年老的婆婆还不断被要求为孙子付出劳动。婆婆照看孙子一向是中国的传统，特别是在农村。但是，在过去，婆婆照看孙子，同时也统治着媳妇，而现在媳妇在要求婆婆提供劳动来换取养老保障这一过程中占了上风。而相对年轻一些的母亲对儿子不尽心养老的担心更加强化了这些流行的价值观念。这样一来，留给传统婆婆的空间就小之又小了。

最后一代传统婆婆的命运警告了年青一代的妇女。就像这些妇女自己说的那样："儿子多并不说明你会有一个好的晚年。"的确，在苏南沿海等经济比较发达的地区，年青一代的农村妇女在相当程度上获得了解放。对她们来讲，自由恋爱已经成为比较容易实现的事情，婚姻不再是父母把对她们的控制权从娘家转让给婆家。她们生活在自己的核心家庭，自己挣钱，自己管理家庭财政。但是，与她们的上辈女性一样，她们一方面要求婆婆为她们的"母体家庭"付出劳动，以换取婆婆的养老保障；另一方面把几乎所有的家庭资源都投入在儿子的房子和婚事上，以求儿子的孝心和养老。当媳妇们毫无愧色地要求婆婆付出劳动力时，她们呕心沥血为儿子积累资金的努力也可能会把她们置于和她们的婆婆相同的位置上。

（资料来源：笑冬：《最后一代传统婆婆》，载《社会学研究》，2002年第3期。）

第二节 亲属关系

家庭是以姻亲和血亲为主线发展出来的基本社会组织单位，随着人口的繁衍和分化，以家庭为核心，家庭中的每个成员都有各自的血亲和姻亲亲属，这群人之间就形成了亲属关系。有关亲属关系的研究，是人类学最重要的研究领域，也是人类学最经典的研究领域。有人类学家说："如果说存在一个领域人类学家可以正当地宣布为自己所独有的，那就是亲属关系。""亲属关系之于人类学，就像逻辑之于哲学或裸露的身体之于艺术，它是这个学科的基础修养。"在人类学家看来，亲属关系是社会构成的一种秩序，是人类学社会的一种基础结构。人类学家常常通过观察一个社会的亲属关系及其变迁，来分析这个社会的结构特点及其变迁的过程。

一、亲属关系的概念

亲属关系是指人们通过婚姻和家庭而结成的相互关系。尽管从表面上看，亲属关系是一个生物学范畴的问题，但实际上生物学仅仅是提供亲属关系的基础。当人类学开始研究亲属关系时，首先是着眼于对社会关系和文化确定性的研究。人类学对亲属关系的区分和使用更大程度上是由社会文化所决定的，在不同的社会中采用不同的标准来划分亲属。

当人类学家开始研究一个亲属关系网络时，一般是以特定的个人为起点。从"自我"（ego）的观念上，追寻自我与其他人的关系。确定一个人的辈分关系是第一步的工作，因为辈分在确立亲属的分类方面特别重要；第二步要明确亲属网络中人们的性别以及直系亲属和旁系亲属；再进一步就是要区分亲属中的血亲和姻亲。

在任何亲属关系系统中，父母和子女的关系，以及兄弟姐妹间的关系是最基本的关系。即使是这种完全基于生物学基础的亲属关系，在不同的文化中也有不同的区分标准。例如，苏丹的努埃尔人允许妇女甚至鬼魂拥有"社会父亲"的地位，在美洲印第安人中就有几个亲兄弟一起充当某人的社会父亲的例子。表亲通常是指兄弟姐妹们的孩子及孩子们的配偶，他们同样是任何亲属关系系统的基础成分。在一些社会中，父方表亲与母方表亲的区分具有明显的文化意义。例如，中国传统社会就要区分姑表与姨表，"姑表"是指一个男性的子女与这位男性的姐妹的子女之间的关系，换句话说，就是两兄妹或者两姐弟子女之间的关系；而"姨表"是指一女性的子女与这位女性的姐妹的子女之间的关系，也就是两姐妹的子女之间的关系。

二、亲属分类的原则

生物学的事实是人类亲属分类最基本的标准。根据这一原则，一个人的亲属可以大致分为两类。一类是由出生所决定的亲属，彼此之间有血缘关系，如父亲、母亲、兄弟、姊妹、祖父母、祖父母所有的子女以及这些子女的子女等等。这一类亲属称为"血亲"。另一类则是由婚姻产生的，包括一个人的配偶及其配偶的一切亲戚，从理论上讲，同时也包括了他的一切血亲的配偶及其配偶的一切亲戚。此类亲属则称为"姻亲"。几乎所有的社会都能分辨这两类亲属性质之不同。如果将血亲和姻亲中的一切远亲都加起来，那么每个人的亲属都是非常众多的。在任何社会中，人们都会将众多的亲属分成若干类，每一类用一个名称去概括。

我国古代对于亲属分类即有"九族"的说法。1909年，美国学者克罗伯曾发表《亲属关系的分类系统》一文，提出了划分亲属关系的八项原则，基本上概括了各种社会亲属分类的标准。这八项原则是：

（1）辈分原则。即不同的辈分采取不同的称谓，如儿女辈、同辈、父母辈、祖父母辈、曾祖父母辈等等。

（2）年龄原则。即对不同年龄的同一类亲戚采取区别的称呼。这一点在我国汉族的亲属称谓中十分突出，如大哥、二哥、大姐、二姐等称呼。但在说英语的民族中，这一点并不重要，只有如 brother、sister 等统一称呼，其间并无年龄区别。

（3）直系旁系有别的原则。所谓直系亲属，是指直接的先人和后代如父母和子女的关系就是直系关系。所谓旁系亲属，就是两者之间没有直接的关系，他们发生关系是因为另有一个中介亲属的存在。当代大多数社会对于直系、旁系的区分都很严格，但也有少数社会是不区分直系和旁系的。

（4）性别原则。即用不同的称呼来分类区别亲属，如对于父亲和母亲、兄弟和姊妹、弟弟和妹妹的区分。

（5）称呼者本身性别的原则。即对于同一个被称呼的人，由于称呼者的性别不同，所以称呼也就不同。汉族的习惯中没有这个原则，但是在北美纳瓦霍印第安人中，男人叫他的儿子是一种称呼，而他的妻子叫儿子，则是另外一种称呼。

（6）中介亲属性别差异的原则。这一原则是适用于某些旁系亲属的，即由于中介亲属的性别不同，导致自我对与他（或她）发生关系的那个亲属的称呼不同。这一原则在汉族的亲属分类中有极为严格的表现：父亲的兄弟的子女是"堂表兄弟姊妹"，父亲的姊妹的子女则是"姑表兄弟姊妹"，母亲的兄弟的子女是"舅表兄弟姊妹"，母亲的姊妹的子女是"姨表兄弟姊妹"。

（7）婚姻的原则。即姻亲，由婚姻产生的，包括一个人的配偶及其配偶的一切亲戚。

(8) 亲属关系人的存亡。如阿柏奇印第安人的男子婚后住到女家，与妻方的家人发生了姻亲关系。妻子亡故，他即不能再用旧的称呼。在这种情况下，男子往往会再娶亡妻家中未婚的姊妹或堂表姊妹以维持第一次婚姻所产生的亲属称呼。

三、亲属称谓制度

亲属关系的基本表达方式就是亲属称谓。一方面，通过各种不同的称谓，人们可以将亲疏不同的亲属加以区别；另一方面，亲属称谓是指为了表示由亲子关系和婚姻关系而产生的人际关系的用语。亲属之间的这种称谓方式不仅表示出生物学意义上的血缘关系，而且还包含一定的社会权利和义务在内，它并不是孤立的，而是一个具有社会意义的体系。所以，多数人类学家都认为，亲属称谓制度是人类社会中一份系统的、可以进行跨文化比较研究的资料。

美国人类学家摩尔根（L. H. Morgan）首先开始对亲属称谓制度进行研究，同时也注意到了对其研究的社会学意义。他认为，亲属称谓制度的基础是家庭形态，而且它的发展比家庭形态的发展更为滞后，所以对亲属称谓制度的综合分析，可以反映家族、婚姻形态的历史变迁情况，了解家族观念的发展。摩尔根根据他收集的各地的民族志资料，把世界上不同民族的亲属称谓制度分为两大类、三种形式，它们分别是类分式和叙述式，类分式包括马来亚式和图兰尼亚式，叙述式主要是雅利安式。摩尔根的进化论思想同样也影响了他对家族形态历史演进的看法。他认为，亲属制度也有一个进化的过程，那就是从类分式到叙述式，从马来亚式到图兰尼亚式，再到雅利安式的发展过程。

摩尔根的分类法在现在看来是有一定的缺陷的，目前大多数人类学家采用的是美国人类学家默多克（G. P. Murdock）在《社会结构》一书中提出的六型式分类法。默多克在他的书中将世界上所有民族使用的亲属称谓分为六大类型，每一种类型都用一个典型的民族名称来命名。这六种类型分别是：夏威夷式（Hawaiian）、爱斯基摩式（Eskimo）、易洛魁式（Iroquois）、克洛式（Crow）、奥马哈式（Omaha）和苏丹式（Sudanese）。

为了展示各种亲属称谓制度的特点，并比较它们之间的不同，人类学者用图表显示亲属之间的关系。首先要解释一下各种符号的含义：

□：代表自我（Ego），不分性别，是计算亲属的起点；
△：代表男性亲属；
○：代表女性亲属；
＝：代表夫妻关系；
│：父母与子女的关系；
⌐：兄弟姊妹的关系。

夏威夷式亲属制度是现存最简单的亲属制，它只有少数几种称谓来指各种亲属关系。在夏威夷式亲属称谓制度中，所有同性别、同辈分的亲属都用一种称谓。对于所有的堂、表兄弟姐妹都用与亲兄弟姐妹一样的称谓。这种称谓制度常出现于两可继嗣制中，一个人可以选择父系或者母系的任何一方作为继嗣。见图7-1。

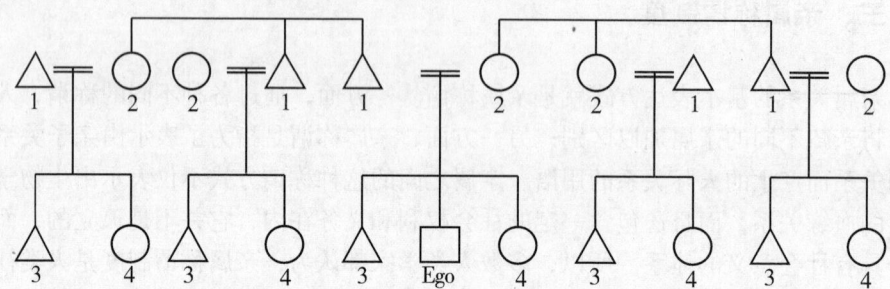

图7-1 夏威夷式亲属称谓制度

1—父母辈所有男性亲属；2—父母辈所有女性亲属；3—同辈所有男性亲属；4—同辈所有女性亲属。

爱斯基摩式亲属称谓制度对亲兄弟姐妹与表兄弟姐妹进行了区分，对核心家庭成员的称谓有别于其他亲属，但所有的表亲则用一种相同的称谓。爱斯基摩式亲属称谓常见于强调小型家庭群体的双系继嗣社会中，在这类社会中父系和母系得到了相同的强调。有的人类学家，例如罗维（R. Lowie），将这种亲属制度称为直系型亲属称谓制度，它把直系的亲属称谓与旁系的亲属称谓区别开来，但对旁系的同辈亲属称谓则不加区分。见图7-2。

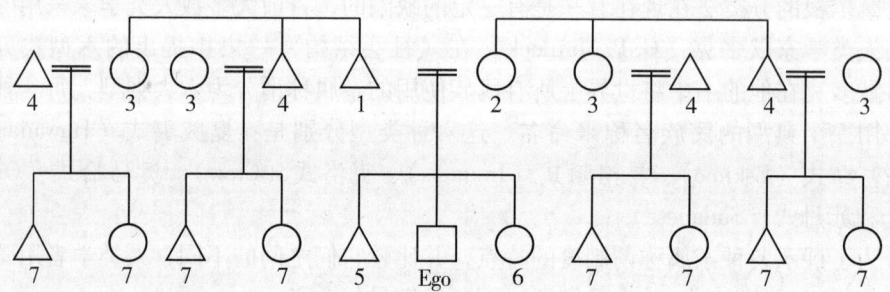

图7-2 爱斯基摩式亲属称谓制度

1—父；2—母；3—Ego父母所有的兄弟和父母所有的姊妹的丈夫；4—Ego父母所有的姊妹和父母所有的兄弟的妻子；5—亲兄弟；6—亲姊妹；7—Ego父母的兄弟姊妹的子女以及若干更疏远的同辈亲属。

苏丹式亲属称谓制度将所有的表亲按照他与"自我"的关系而区别开来，即区别同胞与堂、表兄弟姐妹。这种亲属称谓制度常出现于基于父系继嗣的群体中，也与复杂的社会劳动分工及社会分层相联系。称谓的复杂性有时可以直接指示出人们不同的社会地位。见图7-3。

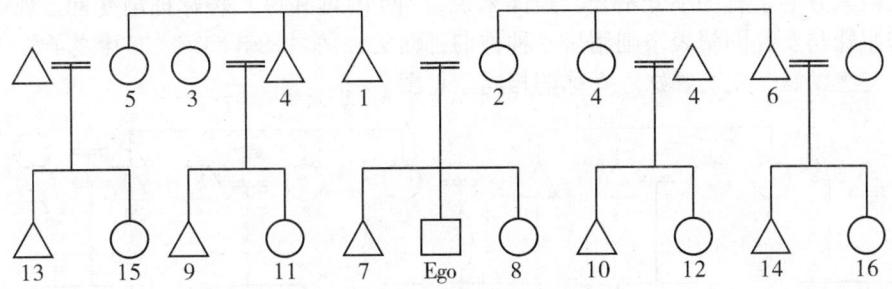

图7-3 苏丹式亲属称谓制度

1—父；2—母；3—父之兄弟（叔伯）；4—母之姊妹（姨母）；5—父之姊妹（姑母）；6—母之兄弟（舅父）；7—亲兄弟；8—亲姊妹；9—父之兄弟之子（堂兄弟）；10—母之姊妹之子（姨表兄弟）；11—父之兄弟之女（堂姊妹）；12—母之姊妹之女（姨表姊妹）；13—父之姊妹之子（姑表姊妹）；14—母之兄弟之子（舅表兄弟）；15—父之姊妹之女（姑表姊妹）；16—母之兄弟之女（舅表姊妹）。

奥马哈式亲属称谓制度是根据北美奥马哈印第安部落而得名的，这种亲属称谓制度通常与父系继嗣的社会相联系。奥马哈式亲属称谓制度将亲属分成两大类，即父系的一类和母系的一类。从图7-4中可以看出，在父系亲属的区分中，有辈分的差别，父与父之兄弟是用同一称呼，亲兄弟与堂、表兄弟则用另一种称谓。在母系亲属中，辈分差别不明显，也即Ego的母、母之姊妹、母之兄弟之女均使用同一称呼，与此对应的是母系亲属中任何一辈的男性成员其称呼也是一样的。

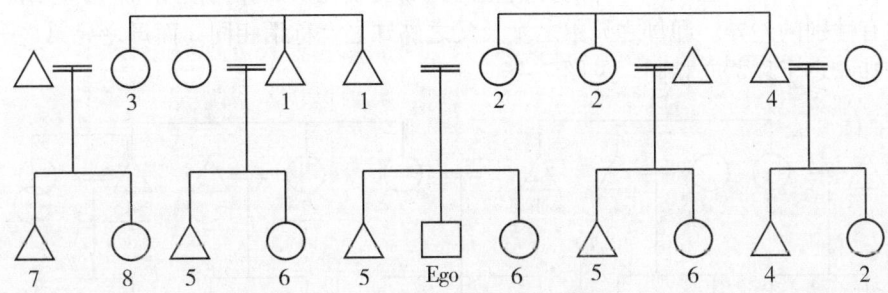

图7-4 奥马哈式亲属称谓制度

1—父及父之兄弟；2—母、母之姊妹、母之兄弟之女；3—父之姊妹；4—母之兄弟及母之兄弟之子；5—兄弟、父之兄弟之子、母之姊妹之子；6—姊妹、父之兄弟之女、母之姊妹之女；7—父之姊妹之子；8—父之姊妹之女。

克洛式亲属称谓制度以北美另一个印第安部落而命名，被视为奥马哈式亲属称谓制度的镜像反映，也就是说，其分类原则一致，但分类方法刚好相反。这一亲属称谓制度一般是与母系继嗣的社会相联系，所以 Ego 母方的亲属并不是混淆辈分的，但父方的亲属则不分辈分。具体来说，Ego 的母和母之姊妹称谓相同，Ego 的同胞姐妹与女性同辈表亲则用另一种称谓；而父、父之兄弟、父之姊妹之子称谓相同，父之姊妹、父之姊妹之女称谓相同。见图7-5。

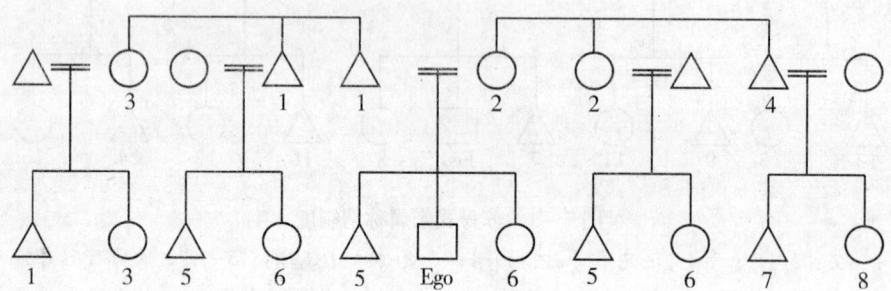

图7-5 克洛式亲属称谓制度

1—父及父之兄弟、父之姊妹之子；2—母、母之姊妹；3—父之姊妹、父之姊妹之女；4—母之兄弟；5—兄弟、父之兄弟之子、母之姊妹之子；6—姊妹、父之兄弟之女、母之姊妹之女；7—母之兄弟之子；8—母之兄弟之女。

易洛魁式亲属称谓制度，因北美易洛魁印第安部落而得名，此种称谓制度在世界上流行的程度仅次于夏威夷式称谓制度。在对待父母一辈的亲属方面，它与奥马哈式及克洛式称谓制度一样，即 Ego 的父亲及父亲的兄弟用同一称呼，母亲及母亲的姊妹也用同一称呼。但在 Ego 的同辈亲属中，易洛魁式亲属称谓制则与上述两种称谓制不同。换句话说，这种称谓制的重要特征就是区分平表和交表，平表兄弟姊妹的称呼一般与亲生兄弟姊妹的称谓相同，而交表兄弟姊妹则使用共同的称谓，其间仅有性别的差异。即母之兄弟之女及父之姊妹之女称谓相同，而母之兄弟之子及父之姊妹之子称谓亦相同。见图7-6。

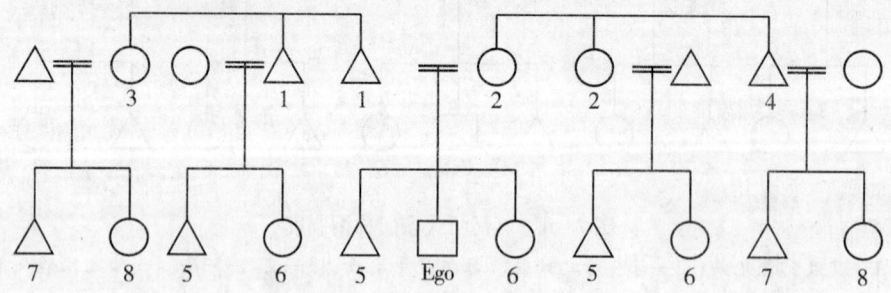

图7-6 易洛魁式亲属称谓制度

1—父及父之兄弟；2—母及母之姊妹；3—父之姊妹；4—母之兄弟；5—兄弟及平表兄弟；6—姊妹及平表姊妹；7—交表兄弟；8—交表姊妹。

四、亲属称谓制度的应用

亲属称谓制度的研究对于人们了解社会组织的基础具有重要作用，人类学家对它的研究相当深入。在研究中，人类学家注意到一种亲属称谓并不是一种因素单独作用的结果，而是由许多因素影响形成的，这些因素包括居住习俗、继嗣方式、财产的拥有和继承、婚姻规则，以及社会的各种基本单位的组织状况等。

当代人类学家认为，不能将亲属关系系统与亲属称谓等同起来，仅基于亲属称谓就想对亲属关系系统的结构性模式进行分析，其可信度尤其值得怀疑。在具体的社会环境中，亲属称谓的使用具有一定的灵活性，当涉及态度和行为方面时，人们会在一系列可用的称谓中做出选择，以显示讲话人在不同时候或者对不同被称谓者的态度。当代人类学家还很注意在观察亲属称谓使用情况时男性"自我"和女性"自我"在称谓使用上的区别。一些人类学家指出，以往的亲属称谓研究多多少少带有男性中心主义的偏见，因而未能完整反映亲属称谓制度背后的文化内容。

第三节 继 嗣

继嗣（descent）有"世系"、"血统"的含义，作为人类学的术语，常常是与亲属关系联系在一起。继嗣从文化意义上讲是指一个人为社会承认的，与其祖先之间的联系。在许多社会中，继嗣是一个群体赖以形成的基础，通过继嗣，一个人的亲属关系由父母兄弟的窄小范围扩展开来。不同的社会有着不同的继嗣原则，继嗣不仅仅是一个抽象的结构，它在形成社会生活方面扮演着重要的角色。人类学家南达（S. Nanda）就指出，继嗣群体在社会中产生的作用十分重大，家庭生活的组织结构、儿童的社会化、政治礼仪制度及财产的利用和转移、宗教仪式的举行、争执冲突的解决以及政治战事的组织等等，都离不开它的积极功能。[①]

一、继嗣规则

如果一个人将他所有的亲属不问亲疏全部加以计算，那么他的亲属网将扩大到不可思议的地步，从而丧失了亲属的意义。所以在任何社会中，人们都有一套计算亲属的规则，强调亲属之间的一部分联系而忽视另一部分联系，使每一个人只和一部分划分清楚的亲属发生关系，这种规则即为继嗣规则。

---

① （美）S. 南达：《文化人类学》，刘燕鸣、韩养民编译，陕西人民教育出版社 1987 年版，第 231 页。

继嗣规则可以分为两大类,即单系继嗣(unilineal descent)和复系继嗣(non-unilineal descent)。单系继嗣包括父系继嗣(patrilineal descent)和母系继嗣(matrilineal descent)两种;复系继嗣则包含了双系继嗣(ambilineal descent)和双边继嗣(bilateral descent)两大类。一个族群采取何种继嗣原则与该社会的生态环境、资源控制、婚姻缔结、财产继承与分配等都有关系,而不仅仅限于亲属(kins)或亲类(kindred)的确认。①

二、单系继嗣

单系继嗣是最普遍的一种继嗣规则,是从父系或母系的血统来追溯祖先的继嗣方式。以单系继嗣为基础,人们形成世系群,这是一个成员彼此有亲属关系的集团,大家根据明确的谱系追溯到一个共同的祖先。

如果血统以父系计算,即称父系继嗣,按照这一原则,每一代儿童的世系都是由他们的父亲或者父系血统确定的,一个人的亲属群体是由这条男性的世系线索划定的。在父系继嗣的社会中,妇女必须与世系群以外的男子结婚,所生儿女不能产生新的世系群,而只能属于她的丈夫的世系群。典型的父系继嗣的社会有古代中国、罗马、东非和南非的养牛民族等等,其社会经济状况呈现明显的多样性。一般而言,父系继嗣社会中,男子(特别是年长的男子)具有较高的权威,婚后的居住方式是从夫居,财产依父系一方传递给后代。父亲继嗣传递的方式如图7-7所示。

如果血统以母系计算,则称母系继嗣,按照这一原则,每一代儿童都是根据其母亲或者母系血统确定的,亲属群的范围依母亲一方而定。实行母系继嗣的民族有中国的纳西族、美洲印第安人、澳洲民族、印度尼西亚和马来西亚的很多土著民族、中非的班图人和加纳的阿肯人等。在这种社会里,尽管继嗣是通过妇女传递的,但这并不意味着妇女在社会上必然掌握权力。在很多母系社会中,真正的权力仍然操在男子手中,特别是在Ego母亲的兄弟手中;最重要的亲属关系,往往存在于母亲和女儿、兄弟和姊妹、舅父和侄儿之间。相对来说,在母系继嗣社会中,婚姻关系并不那么重要,丈夫和父亲的社会地位并不显著,因为在妻子的继嗣群里,他始终是一个外人。可见,在母系社会里,继嗣和权力存在一种脱节的现象。② 母系继嗣传递的方式如图7-8所示。

---

① (美)迈克尔·霍华德(Michael C. Howard):《文化人类学》,李茂兴、蓝美华译,弘智文化事业有限公司1997年版,第273页。
② 童恩正:《文化人类学》,上海人民出版社1989年版,第192页。

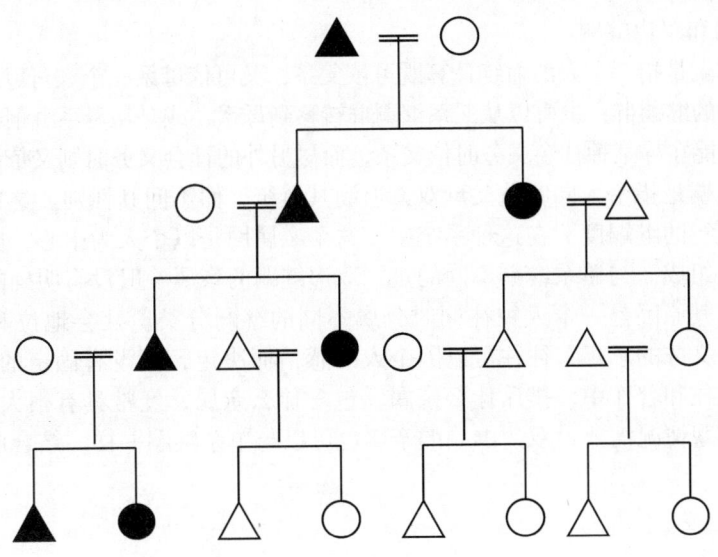

图 7-7　父系继嗣传递的方式

注：黑色表示父系继嗣传递的成员。

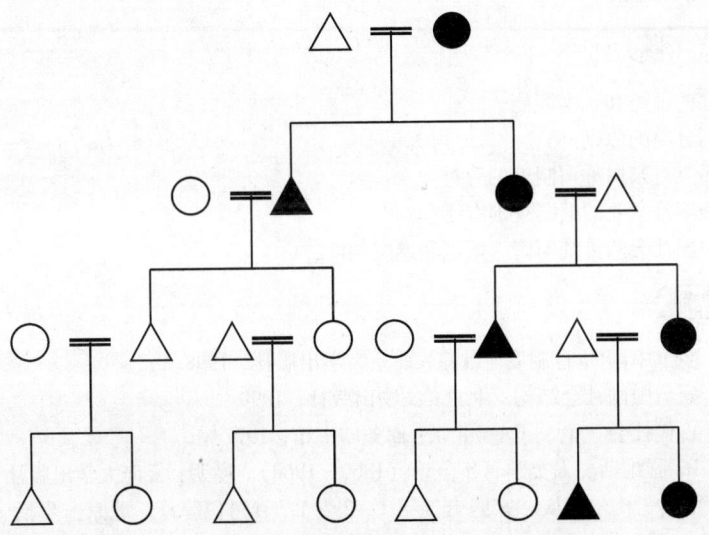

图 7-8　母系继嗣传递的方式

注：黑色表示母系继嗣传递的成员。

三、复系继嗣

复系继嗣的发现和被确认，是 20 世纪 30 年代以来文化人类学研究的新成果之一。复系继嗣不明确区分母系和父系的继嗣规则。复系继嗣可分为两种基本类型，即双系继嗣和双边继嗣。

双系继嗣是指一个人的血统计算既可依父系，又可依母系。个人可以选择他所愿意发生联系的继嗣群；也可以从父系继嗣群转移到母系，或是从母系继嗣群转移到父系；还有可能在尽某种社会义务时依父系，而尽另外的社会义务时则又依母系。

双边继嗣是指个人同时从父母双方追溯其血统，而不问其性别。这也就是当今欧美各国流行的继嗣度。在这种系统中，这个亲属网是以个人为中心，由父母双方的亲属共同组成。与单系继嗣不同的是，双边继嗣的亲属一般没有明确的义务、权利或责任，其原因是一个人往往同时分属不同的继嗣分类。社会地位和财产的继承，责任和义务的承担，往往可以因个人的感情而决定，而没有固定的继嗣规则。在平时的交往和合作中，排斥什么亲属，包含什么亲属，经常具有很大的灵活性。不过如果客观情况需要，双边继嗣的亲属也可以与单系继嗣一样，结合成稳固而有效的群体。

关键词

家庭　亲属关系　继嗣

复习思考题

[1] 简述家庭的种类和基本职能。
[2] 简述亲属分类的原则。
[3] 简述默多克对亲属称谓制度的分类。
[4] 什么是继嗣？主要的继嗣规则有哪些？
[5] 谈一谈中国社会的传统家庭、婚姻和继嗣制度。

阅读文献

[1] 费孝通. 乡土中国 生育制度. 北京：北京大学出版社，1998
[2] 麻国庆. 家与中国社会结构. 北京：文物出版社，1999
[3] 摩尔根. 古代社会（上、下）. 北京：商务印书馆，1977
[4] 埃尔曼·R. 瑟维斯. 人类学百年争论（1860—1960）. 昆明：云南大学出版社，1997
[5] （法）安德烈·比尔基埃. 家庭史（第1、2卷）. 袁树仁等译. 北京：生活·读书·新知三联书店，1998
[6] 马林诺夫斯基. 两性社会学. 李安宅译. 北京：中国民间文艺出版社，1986；上海：上海人民出版社，2003
[7] 爱德华·韦斯特马克. 人类婚姻史. 李彬等译. 北京：商务印书馆，2002
[8] G. P. Murdock. *Social Structure*. Macmillan, 1949/1965
[9] Holy Ladislav. *Anthropological Perspectives on Kinship*. Pluto Press, 1996
[10] R. Needham. *Rethinking Kinship and Marriage*. London：Tavistock, 1971
[11] David M. Schneider. *American Kinship：A Cultural Account*. Chicago：University of Chicago Press, 1980

第八章 婚　　姻

摘要　婚姻是社会认可的一个或多个男人（男性或女性）与一个或多个女人（女性或男性）的关系——相互之间有持续的性接触的权利。我们很难给婚姻下一个可以涵盖一切婚姻形态的定义。婚姻作为一定时期社会文化认可的两性关系的结合，具有性的满足、为繁衍后代提供条件、经济互助、保持社会群体的稳定、增进不同群体间的联合的功能。人类婚姻是从内婚制逐渐走向外婚制的。这期间经历了乱婚制（是否存在此阶段还有待证明）、群婚制、一妻多夫制、一夫多妻制、一夫一妻制等婚姻形式，其中一夫一妻制属于单偶婚，其余状态属于多偶婚。在某些社会中，经常规定某人在娶妻时应当优先在某一类亲属中选择女子，反过来女子择夫也应首先考虑某一范围的男子，这种婚姻叫优先婚，如果这种规定是强制性的，则称为指定婚。从人猿相揖别发展到信息化时代的今天，人类婚姻缔结的形式也在不断发生着变迁，从掠夺婚、媒妁婚、买卖婚、劳务婚、交换婚、收继婚、童婚等逐渐向自主婚、试婚，甚至同性婚姻和网络婚姻的方向变迁。如果一段婚姻失去了依照当时的价值观念存在的价值，则面临着离婚的边缘，离婚也逐渐从男权主义向男女平等的方向变迁。自第二次世界大战以来，世界各国的离婚率都有大幅度上升，当然，原因也复杂多样。虽然婚姻的解除对男女双方来说是一种解脱，但婚姻的解除还涉及一系列因素，尤其对未成年子女影响最大。

图8-1 传统婚礼　　　　　　　　图8-2 现代婚礼

阅读材料8-1　等郎妹

"等郎妹"是全国解放以前客家山区的一种畸型婚俗,年幼女孩嫁到没有男孩的家中,苦苦等待婆婆为自己生一个丈夫。故事发生在20世纪30年代的客家山区。客家女润月幼年丧母,8岁那年,润月便被无力抚养她的父亲送到王家做等郎妹。在去王家的路上,儿时的伙伴春生,默默地看着坐在竹筏上的润月,随波而去,消失在远方。

但由于年纪小,夜晚醒来时,润月哭着要回家,阿姆(婆婆)桃花告诉她,进了王家的门,就是王家的人,外出是要犯忌讳的。阿姆5岁那年开始做等郎妹,苦苦等到的丈夫命丧南洋后,留给阿姆唯一的希望便是腹中的胎儿。在客家人聚居的地方,像阿姆一样命苦的女人不在少数。

阿菊比润月小一岁。阿菊做等郎妹的5年来,阿姆一连给她生了三个女娃。阿菊的阿姆把自己接二连三生女娃的原因归结于阿菊,常常无端地责骂和殴打阿菊。比起阿菊,润月幸运得多。幸运的原因是,阿姆不久生下一个男孩,取名思焕。时光流逝,思焕一天天长大。农忙时节,阿姆请春生来家里帮工。春生的勤劳和对润月的细心爱护,招来村里人的闲话。阿姆担心春生和润月会有什么事情,找到族长老叔公,希望找个好日子,举办思焕成人礼,好与润月圆房。16年的辛苦劳作和等待,润月终于等来了和她一手带大的丈夫王思焕结婚。新婚之夜,受过启蒙教育的思焕无法逾越心中的伦理束约。在16岁的思焕心中,润月是阿姐,不是老婆。思焕不肯与润月圆房。为躲避国民党部队抓壮丁,思焕决定离开家乡,去往南洋。思焕的决定,让阿姆撕心裂肺地痛哭。从此,润月陷入绝望的等待之中。

不久,南洋传来思焕的死讯。春生同情润月的不幸,时常来帮润月干活。从春生那里,润月无意中得知思焕的死讯。润月在巨大的悲痛中,毅然拒绝春生的爱,坚持在漫长的岁月中等待渺茫的消息。几度春暖,几度冬寒,几十年后的润月已是满头银发的老人。客家人的围屋迎来一批又一批参观者。导游跟参观者介绍,这位老奶奶是围屋里的等郎妹,也是这里唯一的女主人。阳光下,润月依然数着豆子,等着丈夫的归来。

(材料来源:郑华导演、张五洲编剧的数字电影《等郎妹》。)

婚姻是人类学的经典课题之一,婚姻在人类的繁衍发展中起着重要的作用,可以说,没有婚姻就没有人类社会。对于婚姻问题处理得当,可以增加我们的生活幸福度,降低工作压力;相反,如果婚姻问题处理不当,将会严重影响人们的幸福感,使人心力交瘁,带来无尽的烦恼。因此,对婚姻问题做一个纵向的考察,对从事人类学专业研究的学生来说,具有积极的意义。

第一节 婚姻概述

一、婚姻的定义

无论是社会学家、人类学家,还是历史学家等,都试图给婚姻(marriage)下一个可以涵盖人类社会所有婚姻形式的定义,却鲜有成功者,可以毫不夸张地说,每一种定义都有例外。如韦斯特马克(Edward Westermark)、默多克(G. P. Murdock)、凯瑟琳·高富(Kathleen E. Gough)等都曾经对婚姻下过定义。在这里,我们沿用美国人类学家威廉·A. 哈维兰(William A. Haviland)对婚姻的定义:婚姻是社会认可的一个或多个男人(男性或女性)与一个或多个女人(女性或男性)的关系——相互之间有持续的性接触的权利。[①] 因为性别是文化界定的,所以"男人"可以是女性,或者"女人"可以是男性,如互为同性恋的一对男人或女人,必有一个扮演男人的角色,另一个扮演女人的角色。尽管在许多社会,丈夫和妻子生活在一起成为同一家户(household)的成员,但并不是所有社会都是如此,在有的地区,女性就有"不落夫家"的习俗,还有的地区有"走婚"的习俗。而且虽然世界各地大部分婚姻通常包含单个配偶,但是大多数社会允许个体与多个配偶结婚,而且认为这是最可取的婚姻。从以上哈维兰关于婚姻的定义中我们可以看出,这个定义既包括对偶婚(多个男人与多个女人),也包括一夫多妻制婚姻(一个男人与多个女人)、一妻多夫制婚姻(一个女人与多个男人)、一夫一妻制婚姻(一男一女)、同性婚姻(男性与男性或女性与女性)。因此,这个关

---

① (美)威廉·A. 哈维兰:《文化人类学》,瞿铁鹏、张钰译,上海社会科学院出版社2006年版。

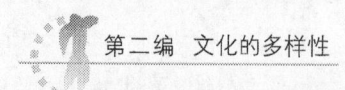
第二编 文化的多样性

于婚姻的定义涵盖了世界上绝大部分婚姻形式。

二、婚姻的功能

婚姻作为得到一定时期社会文化认可的两性关系的结合，具有特定的社会功能。

（一）性的满足

孔子曰，食色，性也。生理正常的人达到一定年龄之后就会有正常的性的需要。婚姻关系的确立，为婚姻关系双方提供了稳固的性伙伴关系。如果没有稳固的婚姻关系，人们在配偶之间得不到有规律的性的满足，则必然从婚姻关系之外寻求满足，从而整个人类社会的性的秩序将处于失控的状态，这也将会极大地增加社会的不稳定状态，从而也为大量与性有关的疾病的孳生提供了条件。因此，性的满足是人类婚姻得以产生并得以存续的非常重要的功能。

（二）为繁衍后代提供适宜的条件

在人类历史上，人类自身的生产，即种的繁衍，是婚姻最主要的也是最显著的目的。如费孝通先生就认为："婚姻是社会为孩子们确定父母的手段。"① 中国古代有多子多孙的传统，封建国家也需要大量的劳动力从事农业生产和军事战争，人口的大量增长是封建统治者追求的客观目标，也是他们政绩的体现方式之一，因此历代都采取鼓励生育的政策，规定一定年龄的适婚男女必须结婚，如果适龄男女不行婚配，则要按照当时的法律制裁。我国历代都提倡早婚，例如，汉惠帝曾规定："女子十五以上不嫁者，五算。"晋武帝规定："女年十七父母不嫁者，长吏配之。"北周建德三年发布诏书："自今以后，男年十五、女年十三以上，所在军民必须依时嫁娶。"唐宋时期及以后，适婚年龄虽有差异，但都属早婚，例如，唐贞观令：男20岁，女15岁；唐开元令：男15岁，女13岁；宋开圣令：男15岁，女13岁；朱子家礼：男16岁，女14岁；明洪武令：男16岁，女14岁；大清通礼：男16岁，女14岁。早婚陋习在国外同样存在，如印度、阿拉伯国家都有早婚习俗。婚姻关系的确立，也为男女联合共同抚育后代创造了条件。在知母不知父的年代，照顾和抚育、教育后代的责任完全落在了女性的身上；稳固的婚姻关系确立之后，对后代的照顾、抚育则成了双方的共同责任。

即使在今天的社会生活中，繁衍后代也是婚姻的重要功能之一，虽然在当今中国，由于人口基数较大，不得已而实行计划生育的政策，但这也掩盖不了婚姻能够

---

① 费孝通：《生育制度》，商务印书馆1999年版。

为人类繁衍后代创造条件的功能。综观世界各国，虽然有的家庭以"丁克"为时尚，但从总的趋势来看，尤其是一些发达国家还是鼓励生育的，并且给予生育两个以上孩子的家庭以一定的奖励。

（三）经济互助

婚姻的经济互助功能在于它将在劳动上互为补充的两种人即男人和女人结合在一起了。从生理上讲，男子的体力优于妇女，能胜任繁重的劳动，并在哺养婴儿期间，行动比妇女自由，因此倾向于专业性强的或需要长期在户外的工作。妇女承担生育和哺育后代的任务，十分自然地也就负起了照顾子女和承担家务劳动的责任。中国传统社会的男耕女织就是夫妻双方经济互助的典型代表形式。这种互助功能尤其体现在当一方由于种种原因丧失劳动能力之时。不过，需要指出的是，婚姻功能的互助不仅包括夫妻双方的互助，还包括对夫妻双方老人的赡养，如果没有婚姻形态的存在，很难想象丧失劳动能力尤其是没有经济来源的老人会得到有效的赡养和经济上的扶助。

（四）保持社会群体的稳定

在大多数情况下，婚姻作为一种规范能够减少由于性的方面的原因而招致的社会（群体）冲突，有助于保持社会群体的稳定，不致因争夺异性而产生两败俱伤的灾难性后果。因此，就必须确立婚姻关系以对性行为的对象做出限制。如果婚姻关系处理不好，就会有灾难性的后果，如古希腊就有为了争夺美女海伦而发动的特洛伊战争，中国亦有冲冠一怒为红颜的典型事例。

婚姻得以保持社会群体的稳定，其中非常重要的一条是男女比例要大致相当，如果男女比例失调的话，就会出现对异性的直接或间接的争夺，从而也会影响到人类的婚配关系，从而影响到社会群体的稳定。据统计，当今中国，20世纪90年代出生人口的男女性比例为110:100，这就意味着将来有10%左右的适婚男性找不到合适的婚配对象，这也将是影响将来社会稳定的隐患之一。

（五）增进不同群体间的联合

《礼记》云："昏礼者，将合二姓之好，上以事宗庙，而下以继后世也，故君子重之。"所以，传统婚姻并非两个人之间的私事，而是关系到两个家庭甚至两个家族的关系问题的大事。如果能够很好地处理婚姻双方的关系，则可以增进不同群体间的联合，避免战争的发生。从这个意思上讲，即使古代帝王的婚姻也并非全由自己做主，而是要考虑到方方面面关系的联合和平衡，更何况普通的平民百姓了。原始社会中互相通婚的集团往往结成联盟，互相对抗其他群体，这有助于处于原始状态下人类的生存和发展。在阶级社会里，联姻也是一种密切不同家族之间关系乃至民族之间、国家之间关系的有效手段。中国的汉朝和唐朝就因为采取了和亲的政策而和北方少数民族政权保持了数百年的和平共处关系。再如春秋时，秦国（今陕西一带）和晋国（今山西和河北南部一带）是相邻的两个强国，两国统治集团之间勾心斗角，争夺霸权，矛盾很尖锐，有时还出兵对阵，打起仗来；但另一方面，他们为了自身利益的需要，有时却又互相联合，互相利用，甚至彼此通婚，结成关系密切的亲家。春秋五霸之一的秦穆公，他的夫人是晋献公的女儿；晋献公的儿子晋文公，也是春秋五霸之一，他的夫人文嬴，便是秦穆公的女儿。所以，秦、晋两国尽管互有矛盾，而彼此一再联姻这一点，在各国关系中也还是比较突出的。由于秦、晋两国世为婚姻，后人称两家联姻，就叫"互结秦晋"，或称为"秦晋之好"。此外，西周时的姬、姜两族，春秋时的齐、鲁两国也是通过联姻增进不同群体间联合的典型，在此不再赘述。

第二节　婚姻的分类和发展形式

一、婚姻的分类

（一）外婚制与内婚制

内婚制（endogamy）和外婚制（exogamy）都是对结婚对象加以某种限定的婚姻制度规则。内婚制和外婚制的概念是英国法律和人类学家麦克伦南（John Furgasor Mclennan）在《原始婚姻》一书中首先提出来的。内婚制是把婚姻对象严格限制在某一群体内部的婚姻禁令，即只准某一群体内部的人员通婚，严禁同群体外的成员通婚。人类社会的早期是实行血族内婚制的，随着社会分化开始后，逐渐由血族内婚制过渡到族际内婚制。族际内婚制，既有内婚的含义（避异求同），又有外婚的特点（避同求异），就是既不许在血族内通婚，又把婚姻限制在一个特定的范围内，所以又可以称为非血族的内婚制，如印度的种姓制度。外婚制是内婚制的对称，指只能在本人所属的一定社会集团以外选择配偶的婚姻制度。这种外婚制的社会集团，因不同的时代、民族、国家和地区而异。原始社会中的氏族组织普遍实行族外婚制，同一氏族的男女不得互为配偶。中国古代素有同姓不婚之制，后改为同宗共姓不得为婚；朝鲜古代也有同籍贯之同姓者不相通婚的禁例。当代各国的婚姻制度仍然禁止一定范围的亲属结婚，近亲属是实行外婚制的。

（二）指定婚与优先婚

在某些社会中，经常规定某人在娶妻时应当优先在某一类亲属中选择女子，反过来女子择夫也应首先考虑某一范围的男子，这种婚姻称为优先婚（preferential marriage）。如果这种规定是强制性的，则称为指定婚（prescribed marriage），常见的属于这类婚姻的是交表婚。

表亲婚可以分为两种，即平表婚和交表婚。平表婚是指嫁娶父亲兄弟的儿女或母亲姐妹的儿女，而交表婚是指嫁娶父亲姐妹的儿女或母亲兄弟的儿女。相对于平表婚而言，交表婚在历史上更加流行。从理论上讲，交表婚有三种形式，即双边交表婚、父方交表婚和母方交表婚。实行双边交表婚时，一个男子既可以娶舅父之女为妻，也可以娶姑母之女为妻。实行父方交表婚时，一个男子只能选择其姑母的女儿为妻；而实行母方交表婚时，则他只能与其舅父之女结婚。

云南德宏傣族景颇族自治州的景颇族存在着一种母方交表婚，他们叫做"丈人种"和"姑爷种"。它的含义是：姑母的儿子有权而且必须娶舅家的女儿为妻，而舅父家的儿子却绝对不容许娶姑表姊妹，意味"血不倒流"。在实践上，这种婚姻关系远远超出了姑家和舅家的范围，而是扩大到姑家姓氏和舅家姓氏，即姑爷种姓氏的任一男子必须娶丈人种姓氏的任一女子，而丈人种姓氏的男子却不准倒娶姑爷种姓氏的女子。因为这种婚姻规定是强制性的，因此，很明显，这种婚姻规定就是指定婚。

阅读材料8-2

交错姑舅表婚，在云南沧源佤族中曾十分盛行。据1956年的调查，在"央冷部落"被调查的40对婚姻中，就有27对属于这种婚例，约占7/10。他们的交错姑舅表婚是相当严格的，比其他民族更具典型性：舅方嫁出一个姑娘到姑方，姑方必须回嫁一个姑娘作抵，如果这一代无法回嫁，也应在下一代把姑娘嫁给舅方；即使舅方这一代没有或没有相当的匹配对象，姑娘出嫁所得的彩礼通常全部归舅方。倘若双方都有可匹配的对象，而姑方的姑娘不嫁给舅方却嫁给他人，往往会引起严重的婚姻纠纷，即舅方要对姑方和她的亲家进行报复，甚至允许任意夺取他们的动产。[①]

从上面的阅读材料中我们可以看出，在一些少数民族中交表婚的流行程度。直至20世纪50年代交表婚在云南沧源佤族中还占到7/10之多，说明这是当地婚姻

[①] 林耀华：《民族学通论》，中央民族大学出版社1997年版，第325页。

的主流而非例外形式。而且他们这种交表婚不仅仅是优先婚而且还是指定婚,而且严格到即使对方当代没有合适婚配对象,在下一代也要把姑娘嫁给舅方。而且,在这种交表婚中,舅权在其中占有重要地位,这种权力甚至大到允许舅方对姑方和她的亲家进行报复和夺取动产。

在漫长的中国古代社会,大多数交表婚主要是优先婚,而不是指定婚。而在当前的中国,三代以内的旁系血亲都在法律禁止结婚的范围之内,因而,交表婚是违反《中华人民共和国婚姻法》的,除某些极边远的山区之外,指定婚和优先婚已经成为了历史。

(三) 单偶婚与多偶婚

当前,我们已经适应了一夫一妻制的生活,我们习惯地设想,婚姻就意味着一个丈夫和一个妻子的结合,即所谓的单偶婚(single-mate marriage)。确实,包括中国在内的当代工业化国家,实行的都是一系列的单偶婚,因为一个人可以结婚、离婚、再结婚。这样,虽然他一生中可能会有几个配偶,但是却不能同时拥有两个或两上以上的配偶。但是,世界上也有很多民族允许一个男子同时娶一个以上的女子为妻,这被称为一夫多妻婚;作为一夫多妻婚的反面,还存在一妻多夫婚,即一个女子同时具有一个以上的丈夫。另外还有所谓的群婚,即两个或两个以上的男子在同一时期与两个以上的女子成婚。这三种形式,在文化人类学上都被称为多偶婚(plural-mate marriage)。统计数据表明,多偶婚是全世界流行最广的一种婚姻制度。

二、婚姻的发展形式

(一) 乱婚制

对于人类社会是否存在乱婚制(promiscuity)的阶段,人类学界内部还存在激烈的争论。

摩尔根认为,最早的婚姻阶段是乱婚,即性交不受任何规则的限制。他认为,世界上所有民族都经历过乱婚阶段,然后才逐渐演进到一夫一妻制的文明阶段。这是典型的社会进化论的观点。

也有很多学者对乱婚制的存在持怀疑和反对态度。韦斯特马克认为,无数维持乱婚说的事实都不足以使我们相信乱婚是某民族两性关系的主要形态。在人类社会发展的过程中,乱婚不曾形成一般的阶段,更无从设想它是人类史的出发点。一些反对乱婚制理论的学者还举出动物学、生理学和心理学的证据。例如,从动物学上讲,在类人猿中,幼儿的养育已经需要父母的协作,而在其他与人类最接近的动物中,它们的性关系也已经不是乱交,所以由共同的动物祖先进化的原始人类更不可能实行乱婚；从生理学上看，乱婚必然会发生近亲繁殖，而近亲繁殖又往往导致畸形儿、低能儿的产生，这或许也能证明人类社会不可能存在乱婚制的阶段；心理学则认为，人和动物都有嫉妒心理，嫉妒心理也是乱婚制的一种障碍。

（二）群婚制

群婚制（group marriage）指一群男子和一群女子互为夫妻的婚姻家庭制度。群婚制始于原始群向氏族公社过渡时期，其间经历了两个阶段：初级形式为血缘婚，即同一群体内同胞或非同胞的兄弟姐妹互为夫妻，禁止不同辈分男女间的婚姻形式，是人类社会发展史上第一种婚姻形式；较高级形式为普那路亚婚，即一群同胞或血缘较远的姊妹和一群同辈而不包括她们的兄弟在内的男子通婚，或一群同胞兄弟或血缘较远的兄弟和一群同辈而不包括他们的姊妹在内的女子相互通婚。普那路亚婚不仅排除了不同辈分男女间的通婚，也排除了兄弟姐妹之间的通婚，实行同一氏族不婚，两个氏族之间的伙婚。这样的婚姻形式就由族内婚发展到族外婚，到母系氏族后期，为对偶婚所代替。对偶婚是一种有限制的性的共有状态。这种制度就是一群男的与一群女的建立性关系，通常一个男的有一个在一定期间内较为固定的正妻，一个女的在一定期间内有一个较为固定的正夫。而且这一群男的或这一群女的通常是有关联的，他们或她们可能属于同一血统，也可能只是随便拼凑在一起的许多男女。对偶婚曾流行于澳洲、西伯利亚、美拉尼西亚等地方和中国的少数民族地区。

群婚制的残余在当今世界一些落后的民族中仍有不同程度的保留。兄弟共妻、朋友共妻、父子共妻、姊妹共夫、母女共夫等现象都是群婚制的残余形式。

（三）一妻多夫制

一妻多夫制（polyandry），又称共妻制，指一个女子同时和两个或多个男子结成夫妻的婚姻形式。一妻多夫制由群婚制演变而来，存在于原始社会的母系社会阶段。一妻多夫的主要形式有以下几种：一是兄弟共妻，一般由长子出面迎娶，以后造成兄弟共妻的事实；二是朋友共妻，其形式多为依次同居，不是联合同居，所生子女依先后顺序各归其夫，或归母亲所指定的父亲。人类社会发展到现在，某些地区仍存在着这种婚姻形式，如中国西藏门巴族的一妻多夫制主要是兄弟共妻，其形成的原因主要是由于农奴制度的压迫，兄弟共妻不分家，才能有力量应付繁重的差役。世界上其他地区存在一妻多夫制的原因除了群婚制的渊源外，还有经济原因，如丈夫贫穷，无力娶妻，或娶妻后无力抚养后代，因此由多夫共同负担。在阶级社会中，这种婚姻制度与保护财产不被分割有关；有人还认为可能与男子经常外出，妻子需要人照顾或婚后丈夫不育等有关。一妻多夫制是人类婚姻的例外形式，而不是流行形式。

（四）一夫多妻制

一夫多妻制（polygany）也是一种多偶婚制，指一个男子同时娶几个女子为妻的婚姻形式。一夫多妻制始于母权制后期，具有明显的父权制特点，是生产资料私有制的产物，也是富人和显贵人物的特权。在中国奴隶社会和封建社会中，奴隶主和封建主公开实行以纳妾为主要形式的多妻制，并以妻妾的多少作为财产和地位的象征，在世界其他国家也有类似的情形。据称，乌尼奥罗人（Unyoro）一般酋长须娶妻 10~15 人，否则与其酋长地位不相称。伊斯兰教国家和民族，按《古兰经》规定，一个男子可以娶 4 个妻子。我国的汉族、藏族、门巴族、独龙族和佤族的部分地区，在解放前还不同程度地保留着一夫多妻制。一夫多妻家庭中，最初的元配夫人多为地位较高的主妻。一夫多妻或纳妾制大多盛行于古代文明民族中。

（五）一夫一妻制

一夫一妻制（monogamous marriage）是现代最普遍的一种婚姻形式。在很多民族中，一夫一妻制都是被习俗和法律公认为唯一合法的婚姻形态，甚至一些比较原始的民族也严格地奉行一夫一妻制。韦斯特马克认为："假如人类向着未来的同一方向而前进，因而在最进步的社会中促成一夫一妻的原因不断增加力量，特别是能够尊重妇女的感情，给妇女在立法上的地位，则我们可以毫不踌躇地断言在将来的社会中不会废除一夫一妻的法律。"[①] 但即使是最严格奉行一夫一妻制的国家，在婚姻关系之外，也有一些婚姻关系的补充形式，如男人的"包二奶"，女人的"养小白脸"，总之，一部分人存在着或明或暗的多妻或多夫形式。

第三节 婚姻缔结的形式

一、掠夺婚

掠夺婚（marriage by capture），又称抢婚，一般是指男子未征得女子及其家人同意，用掠夺的方法强娶女子为妻的婚姻形式。掠夺婚姻是否真正存在过，在学术界还是一个有争议的问题。不过，大多数学者都认为历史上曾经出现过抢婚的阶段。从掠夺婚的遗迹可以看出，最初的婚姻缔结形式起于掠夺。《易·贲》、《易·

[①]（芬兰）E. A. 韦斯特马克（Edward A. Westermark）：《人类婚姻史》，李彬等译，商务印书馆 2002 年版。

屯》爻辞中就分别有"贲如，皤如，白马翰如。匪寇，婚媾"、"乘马班如，泣血涟如，匪寇婚媾"的句子，近代学人就认为这里将婚姻与寇联系在一起，说明上古之时缔结婚姻所使用的是匪寇一般的掠夺手段。《说文》解释："礼，娶妇以昏时，故曰婚。"为什么在黄昏时娶妇呢？掠夺妇女只有在黄昏时分进行才容易得手。后世结婚沿用了这种习惯，都在黄昏期间迎娶，由此逐渐形成婚姻的概念，并把结婚之礼称为婚礼。当然，后来随着婚姻缔结形式的变迁，已经看不出婚姻和黄昏有什么联系了，不过在我国的一些地区还存在着黄昏结婚的习俗，这可以作为部分的佐证。古希腊《荷马史诗》中所讲述的特洛伊战争，起因就是围绕着美女海伦的一场抢婚。

关于掠夺婚的起源，除了人类早期社会各族群间经常发生的战争是其中一个原因外，也有人认为，由于男子要独占妻子，所以实行抢婚。另外还有人挖掘其中的经济因素，指出在娶妻需要向女方补偿而男子无力偿付聘金的情况下，便只好采用掠夺手段了。可以确定的是，掠夺婚是在外婚制原则下进行的。两个群体一强一弱，弱者被强者抢走女性，初看起来是吃了亏，但因此两群体建立起了联系，甚至可能由此结成联盟，对弱者也不无益处。这大概就是当时的社会文化不反对掠夺婚的初衷。

掠夺婚发展到后来，渐渐只剩下外在的形式，不妨称之为佯抢。一般来说，男方要事先征得女方的默许，然后邀集帮手择日将女子抢走，而女方则装出一副阻截追赶的模样，共同演出一场抢婚的喜剧。如解放前我国南方的傈僳族、景颇族、瑶族和傣族中就流行这种婚俗。

阅读材料8-3　抢婚

　　傈僳族的抢婚过程饶有风趣：男女双方结婚，事先约好抢婚的时间、地点，然后男方结伴执刀，按约定时间、地点去抢夺姑娘，姑娘要装出呼救姿态，女方的人也要佯装追赶营救。这时，抢婚者要向追者抛撒铜钱，诱使追者拾钱，好趁机便带着姑娘一起逃走。姑娘被抢回家后，方举行正式的结婚仪式。这种抢婚，婚礼过程波澜迭起，惊喜交加，增添戏谑、热闹的气氛。瑶族的抢婚过程同汉族小孩玩的"捉迷藏"游戏相似：有三次逃跑，三次被抓回，新娘最后一次被新郎"抓"回之后，便在村中央或村外祭神的场地，拜神成亲。[①]

从以上阅读材料中可以看出，这种佯抢婚只是一种仪式，具有非常强的表演性，它只是原始抢婚仪式的一种孑遗。但同时它也具有其现实功能，如增加婚礼的

[①] 鲍宗豪：《婚俗与中国传统文化》，广西师范大学出版社2006年版，第130页。

趣味性，避免男女双方正规婚礼的耗费，如妇女是再嫁，也可用此形式表示自己并非自愿而是出于强迫。有时佯抢是因为女方家长不同意这门婚事，新娘便约心上人将自己抢走，这样的抢婚就会出现争斗，甚至流血。

现在已很难找到以抢婚为主要婚姻方式的民族。但在历史上则不乏这样的民族。如在印度的《摩奴法典》中，掠夺婚姻是八种正当的结婚方法之一；古代阿拉伯半岛的闪米特人，在穆罕默德诞生之前，就是普遍以抢夺的妇女为妻；在古代的美洲印第安人中，抢婚也曾经广泛流行；在中国的蒙古族，历史上也曾广泛流行抢婚，这在《蒙古秘史》等史籍中都有记载。

二、媒妁婚

媒妁婚（marriage by matchmaker）是指通过父母之命、媒妁之言而成立的婚姻。在这里，父母之命与媒妁之言是相提并论的，是婚姻成立所不可或缺的条件。我国《诗经》里面就有"伐柯如何？匪斧不克，取妻如何？匪媒不得"（《伐柯》）、"匪我愆期，子无良媒"（《氓》）、"析薪如之何？匪斧不克。取妻如之何？匪媒不得"（《南山》）、"父母之言，亦可畏也"（《将仲子》）等句子，可见早在先秦时期，媒妁婚就已经成为我国重要的婚姻形式。从那时开始，2000多年来，媒妁婚在我国历史上占有主导地位。

媒人，虽自古就被视为使婚姻合乎道德的楔子、不可缺少的中介人，但是，她并不具有绝对普遍意义。宋、元时代就曾经实行过一种无媒的婚姻。一些权贵之家往往采用搭彩楼、抛绣球的方法，在朝廷大考、进士及第游街的时候，竞相招聘为婿。在民间，尤其是少数民族，通过对歌、出游、传递情物等方式缔结婚姻的更多。对媒人之言，一些人往往感到不可信，如宋代袁采在所著《世范·睦亲》中说："古人谓周人恶媒，以其言语反复，给女家则曰男富，给男家则曰女美。若轻信其言而成婚，则责恨见欺，夫妻反目，至于仳离者有之。大抵嫁娶固不可无媒，而媒者之言不可信如此，宜谨察于始。"有一首民歌这样形容媒婆："三寸舌头一嘴油，男婚女嫁把我求，哄得狐狸团转转，哄得孔雀配斑鸡。"

但是，不可否认的是，在整个中国封建社会，有媒的婚姻占整个历史的主流，甚至直到今天，不仅在农村还可见到媒人说亲的婚俗，就是在城市里仍有种种新型的媒人，诸如介绍人、婚姻介绍所、征婚启事、婚姻速配等。虽然今天的媒人不同于封建社会充当包办婚姻中介人的角色，而且随着社会的开放与文明程度的提高，人际交往的广泛化，男女自由结识、恋爱机遇的增加，介绍人的地位和意义在缩小，但是，作为一种文化观念，作为男女结识、交往的手段，介绍人仍将在一定时期发挥作用，只是失去了原有的道德和法律的意义而已。

三、买卖婚

买卖婚（mercenary marriage）是一种直接用经济手段交换的婚姻形式，通过这种方式男方给予女方父母或亲属若干代价而换得与女子成婚。这种婚姻形式在世界各地流行极广。在此社会中，视妇女为财物，可以转移或买卖。

早期的买卖婚是以公开的购买方式把女子作为商品买去，这在实行奴隶制的社会特别盛行，如美国南部的文安族曾设买妻市场。后来公开的买卖婚为较为隐蔽的形式所取代，主要是以聘金的方式进行，即男子付给女方一笔财物。

阅读材料8-4

在笔者的家乡，一个苏北县城的农村A村，只有人口数百人，20世纪八九十年代，一些村民因为家境较穷，且相貌不太好，在当地不容易讨到老婆，于是就从人贩子手里买老婆，在这么小的一个村子里，就有买来的老婆近10人，分别来自云南、四川、安徽、河南等更加贫穷的地区。这些被买来的老婆一般原来也是嫌本地贫穷想外嫁，没想到自己以为理想中的地方差不多比本地更加贫穷，她们一般被拐骗人以介绍对象名义花言巧语骗来，也有本来是被拐骗的受害人，转而又去拐骗别人。拐骗人将拐骗对象以数千元不等的价格卖出，一旦被卖到男方家，拐来的女性就丧失了人身自由。男方家为防止女方逃跑，整日看守。但女方一旦找到机会，还是要逃跑，万一逃跑未成被抓则会被打得遍体鳞伤。直到女方生下一两个孩子之后，男方家对女方的看守才会稍有松懈，然而在这时，由于牵挂孩子，大部分妇女也打消了再逃跑的念头。

以上阅读材料是一个买卖婚的极端案例，这一时期，妇女被卖作人妻的事情在很多地区比较普遍。这种买卖婚已经不同于一般形式人类学中研究的婚姻缔结的民俗行为，而是一种触犯法律的刑事犯罪行为。令人不解的是，在此个案中的一些被害人却会在以后作为加害人又去拐骗别人，而且数年之后，等有了儿女，许多被拐骗妇女即使被解救，因为挂念子女不愿再重返家乡。像这种形式的买卖婚姻在古代社会已经经常出现，有些甚至是父母因为家庭贫困主动把女儿卖作人妻。

在严格的买卖婚中，男方要付的聘礼极重，往往需要从小积攒，分期交付女方，待聘礼过半时方可与女子见面，全部付清时才能成婚。聘礼如此之重，因而妻子绝对被视为男子财物的一部分，逃走或犯有过夫（如发生奸情），丈夫都要向岳家索赔。妻子不能生育，也常要求退换或赔偿。

在不严格的买卖婚中，聘礼成为一种形式，因为女方常有相当的回礼，即人们常说的陪嫁。在实行买卖婚的社会，陪嫁的多少可以影响妻子在夫家地位的高低。在大家庭里，妯娌之间也少不了这方面的比较。

四、劳务婚

劳务婚（marriage by service）是指男子在婚前或婚后住在女方家中劳动一段时间，以此作为代价偿还女方的损失，从而换取妻子的婚姻方式。至于服役的期限，各地并不一致，通常为3~5年，长的可达10余年。有的对时间无明确规定，而以生育子女为界，有子女便可携妻返家。古希伯人、印度人、条顿人以及中国的拉祜族、傣族、高山族等民族曾经盛行此婚，近现代的印度、缅甸、俄罗斯等地的居民中亦有此俗。

很明显，劳务婚也是一种经济型的婚姻。对于这种婚姻的产生，人们有不同的观点。有人认为，它源于女方父母不愿无偿嫁女，而男方又拿不出相应的聘金，便采取了劳务形式；也有人认为，这是女方在婚前通过劳务形式，对来求婚的男子进行考验、磨炼，以期选择佳婿；还有人认为，通过劳务补偿娶来妻子，从而可能变妻方居住为夫方居住，使所生子女成为父系氏族的成员，变母系继承为父系继承。

五、交换婚

交换婚（marriage by exchange）是指个人或家庭互以其亲属或家庭成员相交换而达成的婚姻关系。如两个男子以其姊妹或女儿相交换，使自身、兄弟或儿子得到妻子。交换婚有其经济上的原因，在女子的交换过程中，双方的家庭都可省去相应的聘金。在某些情况下，交换婚还有社会或政治的原因，如同等社会地位的家庭交换女子成婚，对巩固各自的社会地位有相当大的作用。在我国实行改革开放之前，由于农村地区的贫穷状况，许多家庭付不起财礼，因此交换婚占有相当大的比例。而且，有时交换并不是两家进行交换，而是形成一种环形婚，如甲家的男子娶乙家的女子为妻，乙家的男子娶丙家的女子为妻，丙家的男子再娶甲家的女子为妻，这在以前我国农村地区俗称"转亲"。从理论上看，交表婚就具有交换的性质，即表兄弟之间互相交换姊妹为婚。

六、收继婚

收继婚（adoptive marriage）是我国古代社会流行于少数民族地区的一种婚俗，亦称转房婚，是指丈夫死后，寡妇改嫁与丈夫亲属的一种婚姻形式。收继婚的具体类型可分为两种，一种是平辈间的转房婚，另一种是非平辈间的转房婚。例如，

《史记·匈奴列传》记载："父死，妻其后母，兄弟死，皆取其妻妻之。"汉族早在春秋时期已废止这种婚俗，但在部分少数民族地区，一直到中华人民共和国成立之前，尚有保存这种婚俗。收继婚既是血缘婚的遗俗，也是把妇女看成财货的一种行为。除中国外，世界上许多民族也曾广泛流行过这种婚姻形式。

阅读材料8-5

土家族婚俗中，如果是哥哥去世，嫂子成了寡妇，弟弟可以与嫂子结成夫妻，这谓之"弟继兄室"。民间流行一句俗语："哥哥的婆娘（妻子），兄弟有一半；兄弟的婆娘，哥哥只得一看。""弟继兄室"的情况过去在土家族地区比较多。这是因为嫂子对小叔子比较了解，因长期同吃同住同劳动，只要兄弟不嫌嫂子年纪大一点，两人在祖先堂祭一下祖先，就可以结为夫妻了。另外，也从子女的抚养与教育出发，若改嫁别人，丢下子女，做母亲的于心不忍；若带去子女，又担心别人对自己的孩子不好。所以，"弟继兄室"是比较理想的选择，这样家庭不会散，子女的教育与健康成长又得到保障。因此，这种习俗比较普遍。[①]

七、童婚

童婚（child/infant marriage）是指在一对男女很小甚至还没有出生时就为他们安排好了婚姻关系的婚姻形式，是父母包办婚姻的一种形式。指腹婚是童婚的一种。指腹婚俗称"胎婚"，即两家主妇同时怀孕，双方指腹相约，如果产下一男一女，待其成年后则结为夫妻。指腹为婚时，双方还常常割下两家主妇的衣襟，以此作为信物，因而也俗称指腹婚为"割襟"或"割衫襟"。但更多的童婚是把女子作童养媳，这一般是男大女小的婚姻，双方年龄相差悬殊。童养媳形成的原因大多是因为女方父母已生有多名男孩，而家庭经济状况也比较困难，因此把年幼的女儿寄养在家境稍微好一点的人家，许配给别人作儿媳，等女子成年再举行婚礼。庄英章在台湾的研究认为，中国南方盛行的童养媳婚，除了费用因素之外，还有婚姻市场妇女短缺的因素。阿瑟·沃尔夫（Arthur P. Wolf）认为，中国普遍的早婚，包括童养媳制，正是从婚姻习惯上表达了尽早尽量多生孩子的愿望，但是由于自小就生活在一起，双方由于熟识而缺乏性的吸引力，实际产生的效果恰好相反。另一种童婚是一些人家担心儿子将来难以娶亲而在儿子很小时就为之确定一个已经接近成年的女性为妻。更有甚者，在儿子还没有出生时先招一个儿媳，认为这样比较容易生儿子。这种女大男小且年龄异常悬殊的婚姻，是童婚的另外一种形式，民间把这些女

---

① 陈廷亮、彭南均：《土家族婚俗与婚礼歌》，民族出版社2005年版。

子俗称"等郎妹",即这些已经有婚约的女子要等到这些男孩子成年才能与之正式完婚。在我国有不少描写"等郎妹"不幸生活的民歌,如在客家地区非常流行的民歌"十八岁大姐九岁郎,晚上抱郎上牙床。不是公婆成双在,你做儿来我做娘"便是其中的代表,阅读材料8-1即是客家地区等郎妹不幸生活的真实写照。

八、自主婚

自主婚(marriage by mutual consent)是指男女双方通过互相交往情投意合,不受家庭支配而自主选择婚姻对象的一种婚姻形式。自主婚主要是从当事人双方的意愿出发,较少考虑家族及其他社会因素而缔结的婚姻。在我国古代,也曾有部分自主婚的例子,如卓文君与司马相如的婚姻,但只是特例。在现代社会,自由恋爱结婚已经成为婚姻缔结的最主要形式。自主婚被认为是最合理、最高尚的婚姻缔结方式,人们预测它将成为人类最普遍的婚姻缔结方式。

九、试婚

试婚(trial marriage),顾名思义就是实验婚姻,它不是正式的婚姻,只是男女双方在正式步入婚姻殿堂前的一次实验。试婚是在世界上某些民族中广泛存在的一种婚俗,即在男女正式结婚前,可在一起生活一个阶段,以求彼此相互熟悉、相互适应,在此期间允许自由发生性关系。通过这个试婚阶段,如果彼此感情融洽、性生活和谐,都有正式结合的愿望,可以进行正式结婚。

在中国的儒家文化里,试婚是被谴责的,它打破了人们对于婚姻的严肃性,抛弃了一夫一妻婚姻制的性道德。但中国唐时敦煌文献中也有试婚的侧面记载,《优先婚前同居书》便足可说明这种风俗的存在。试婚期间男方到女方家,与未婚妻同床而眠,但只能背靠背,不能性交,可以认为是试验对方是否忠贞的办法。这与北美印第安人、阿富汗的某些部落、芬兰某些地区普遍实行的"床昵"试验风俗颇为接近:未婚夫妻和衣同床,不得性交。而更多的试验则是婚前有性交的同居,如新西兰毛利人、马来西亚沙捞越和埃塞俄比亚一些地方的人、菲律宾内鲁润岛上的伊罗人,尽管试婚的时间与方式不尽相同,但允许试婚期间有性交关系。现流行于欧美并波及到世界的试婚,则为"性"的随意性提供了更大的方便,"试验夫妻"、"临时夫妻"成为一种较为普遍的性风俗了。

世界各国学者,对试婚有不同的看法。有人认为,经过试婚,可以充分暴露双方性格上的弱点和问题,彼此能更好地了解,可避免结婚后发生麻烦。但一些学者经研究证明,许多人在同居期间为了维持融洽的关系,会隐蔽自己的弱点和缺点,而在结婚以后,这些弱点和缺点才真正暴露出来,结婚不久就发生矛盾冲突,婚姻难以维持。夫妻关系的幸福美满程度，并不与是否经过试婚阶段成正比。现在大学中许多未婚男女学生在校外租房同居，其实也是试婚的一种，而这种试婚的成功率之低显而易见，大多数学生毕业之后由于异地工作而劳燕分飞，能够最终结婚的连10%都不到，所以在选择试婚或未婚同居之前一定要慎之又慎。

十、同性婚姻

对于同性婚姻（homosexual marriage），人们有着两种截然不同的态度。

自从人类社会出现文字记载以来，婚姻作为一种社会制度历来就是男女两性之间的结合，并且包含着在家庭中生育和抚养子女的内容，这已经作为一项真理或历史规律为全世界所普遍默认并沿袭至今。然而，近年来，随着后工业化时代文明的快速演进，随着社会生活各领域的急剧变迁，人们的情感生活日趋丰富化，价值观念日趋多元化，生活方式日趋自主化，同性恋权利运动和人权运动逐渐在世界上一些国家和地区不同程度地开展，传统的婚姻法律关系及婚姻家庭制度受到了前所未有的挑战，同性婚姻问题由此成为婚姻家庭法领域中的一个新课题，引起了越来越多的专家学者的关注和思考，人们从正反两方面各抒己见，形成激烈的争论。如我国性学者李银河女士就是强烈赞同同性婚姻的一位学者，并且在2004年向全国政协代表大会提交关于同性婚姻合法化的议案。但是在中国，人们接受同性婚姻的道路依然遥远而漫长。

目前世界已经有5个国家把同性婚姻赋予同异性婚姻同等地位写进本国婚姻法中，同性伴侣将在各方面获得和异性配偶完全平等的权利。如南非议会2006年11月14日批准"同性婚姻合法化"法案，成为非洲首个承认"同性婚姻"的国家。此前，加拿大、比利时、荷兰及西班牙已经在全国范围内允许同性恋结婚。除此之外，在有的国家，同性婚姻虽没写进婚姻法，但是部分承认同性婚姻的权利，如美国、英国、德国、丹麦、瑞典等。

十一、网络婚姻

网络婚姻（web marriage）是指男女双方通过网络这个互动平台，在虚拟的图文环境中体验男欢女爱的婚姻生活和毫无顾忌地谈情说爱，甚至过所谓"夫妻生活"和虚拟"生儿育女"的一种虚拟婚姻形式。据了解，目前相当一部分网站为网民提供网络"婚姻登记"的服务项目，甚至模仿现实婚姻登记的要求和程序，颁发"结婚证"等。对此，支持者认为，这是网民之间"一种情感交流互动的主要方式"，是一场"游戏"，是适当平衡和弥补新世纪生活在物欲年代的人们的空虚和寂寞的有效手段，不值得大惊小怪；而反对者则认为，"网婚"有可能违反伦理道德，其后果表现在它对现实婚姻家庭的冲击和对家庭美德的破坏，极易引发离婚等纠纷，有悖公序良俗的原则和法律精神。对"网婚"，我们应理性、务实和审慎对待。如果"网婚"者仅仅是做纯粹的游戏，作为一种情感沟通和交友的方式，并未深陷其中，也未冷落或伤害婚姻的另一方，即只要遵守"游戏规则"，也无须将其视为洪水猛兽而妄加指责。但是，如果"网婚"者过分痴迷和沉溺于此，久而久之定会冷落或伤害其现实中的配偶，引发夫妻感情危机，甚至导致离婚等纠纷发生；而在有些看似平静的家庭里，丈夫或妻子的所谓"网上重婚"，正给家庭带来潜在危机；有些还没有涉足现实婚恋的年轻人，有不只一次的从网恋到虚拟婚姻的经历，这会对他们的健康成长产生不利影响；还有一些自控能力差的人，从"网婚"发展到现实生活中的婚外恋甚至重婚，这就不再是一场"游戏"，而有可能引发道德风险和法律责任，构成侵权，甚至重婚犯罪的问题了，这不能不引起我们的警惕和关注，也决不能听之任之。因此，亟需出台相关措施来制约网络婚姻，并运用道德、法律等手段予以规范。

目前，由于有些人过分痴迷和沉溺于网络婚姻，对业已存在的家庭关系造成了冲击，并使有关法律遭遇尴尬。而由此导致夫妻感情破裂而离婚的案件呈逐年上升趋势，甚至还出现夫妻一方状告另一方"网上重婚"的情况。因此，我们必须正视网络婚姻给现实生活带来的冲击，对网络婚姻行为给予积极的引导。

第四节 婚姻关系的解除：离婚

从法律的角度讲，离婚是指通过合法手段解除双方因婚姻而带来的权利与义务。但是，从文化角度来讲，各个民族对于离婚的看法不尽相同。如天主教婚姻教义主张婚姻是神圣的、延续终生的约束；而另有许多文化，将婚姻看做是可以依一方或双方的意愿而随时解除的协议。

在中国传统社会，不仅在婚姻的缔结方面男方处于居高临下的主导地位，而且因男尊女卑观念的长期制约，婚姻的解除也多出于男方的单方意愿。如在漫长的中国古代社会，"七出三不去"是离婚的原则。"七出"的说法在《大戴礼记·本命》中有明确的记载："妇有七去：不顺父母去，无子去，淫去，妒去，有恶疾去，多言去，盗窃去。"按照"七出"的规定，为人妻者，只要违反了上述的任一条规定，夫家就可以单方面地解除婚姻关系，将其逐出家门。这也部分地决定了在漫长的古代社会，妇女所处的悲惨地位。但是，这也并非就是说男子可以任由自己的意愿随意地休弃妻子，"三不去"就是对丈夫休妻权利的制约，规定如果具有法律规定的三种情形，则妻子不得被休弃，"一是有所取无所归，二是与更三年丧，三是前贫贱后富贵。""有所取无所归"是指结婚时女方父母健在，休妻时已去世，原来的大家庭已不存在，休妻等于妻子无家可归。"与更三年丧"是指和丈夫一起为丈夫的父亲或母亲守孝三年。"前贫贱后富贵"是指结婚时贫穷，后来由于女方的勤劳致使家庭富贵的。除了"七出三不去"外，在中国古代还有"和离"和"义绝"作为离婚的补充形式。"和离"正式写入律典，始见于《唐律·户婚》，其规定："若夫妻不相安谐而和离者，不坐。"不坐就是不犯法。"和离"是基于双方感情破裂而发生的，婚姻讲究缘份，既然双方感情不和，不如好聚好散。宋朝的律典《宋刑统》规定："若夫妻不相和谐而离者，不坐。"元、明、清也有类似的规定，在夫妻感情确实不和、无法共同生活的情况下，准许离婚。所谓"义绝"，就是在特定情况下，夫妻双方可视为恩义已绝，无法共同生活下去。"义绝"一词最早出现于汉代《白虎通·嫁娶》，是对礼的一种补充。礼规定丈夫可以休弃妻子，而妻子不能离弃丈夫。但是丈夫如果"悖逆人伦，杀妻父母"，这就属于"废绝纲纪，乱之大者"——当女婿的把岳父岳母杀了，当然得离婚了。在这种情况下，"义绝，乃得去也"。"义绝"正式入律也是在唐朝，唐律扩大了"义绝"的范围，规定若有杀伤对方直系或旁系尊亲属等行为，则必须离婚——即使夫妻双方感情良好，愿意继续延续夫妻关系也不可以，如果不离婚要处徒刑1年。至宋代，"义绝"基本承袭唐律。

新中国成立之初，第一部婚姻法即提出婚姻自由的原则，婚姻自由既包括结婚自由，也包括离婚自由。离婚自由是结婚自由的补充和完善，是婚姻自由原则的重要体现，是现行婚姻法的基本原则和指导思想。最高人民法院《关于适用〈中华人民共和国婚姻法〉若干问题的解释（一）》第二十二条规定：人民法院审理离婚案件，符合婚姻法第三十二条第二款规定"应准予离婚"情形的，不应当因当事人有过错而判决不准离婚。这是对离婚自由原则的具体化和彻底化。夫妻感情确已出现破裂情形的不因当事人存在过错而判决不准离婚，确立了我国现行婚姻法采取的是无过错离婚主义的离婚制度。

第二次世界大战后的几十年间，世界许多国家包括中国在内的离婚率都有较大幅度上升，引起了各界人士的关注。经过研究，人们认为造成这种状况的原因主要有以下几点：一是家庭功能的变化。家庭本来具有生物的、心理的、经济的、教育的、娱乐的乃至政治的、宗教的诸种功能，但目前已有许多功能不同程度地为社会所取代，因此家庭的维系力量大大削弱。二是社会生活变迁速度加快，致使社会对婚姻关系的控制能力明显减弱。三是妇女地位的提高，使其争取自由独立较以往容易。四是对浪漫爱情的注重，追求爱情的男女一旦发现爱情已经不存在，就会离对方而去。除了这些理由外，宗教势力的衰落、结婚不生育者的增加、法律对于离婚限制的放宽等也是促使离婚率上升的重要因素。

没有爱情的婚姻的解体对夫妻双方来说都是一种解脱。但是，婚姻并不仅仅是夫妻双方的私事，还涉及一系列的相关因素，如婚姻的解体还会对当事人的亲属朋友以及社会产生较大的影响。离婚后当事人双方在身份角色上会有一系列的变化，不仅相互间原有的权利、义务终止，而且还涉及子女抚育、赡养、财产分割、亲属关系等问题。离婚者需要相当长的时间来进行心理及社会等方面的调适。当然，受离婚影响最大的是离婚者的子女，他们不得不在长时间内生活在单亲家庭的环境中，这对他们的人格成长会产生不利的影响，如父母离异后和父亲生活在一起的女孩子会有不同程度的恋父情结，而和母亲生活在一起的男孩子会有程度不同的恋母情结，即使父母离婚后会再重新组织家庭，子女也会对继父、继母产生一定的排拒心理，因此，缺乏家庭温暖的孩子们，人格发展常常不健全，也常常会对社会产生仇视的心理。所以，离婚虽然对当事人来说是一种解脱，但考虑到上述负面影响，多数国家的社会舆论还是希望想离婚者三思而后行。

阅读材料8-6 独生子女离婚个案调查：暗礁击沉"快餐婚姻"

目前，离婚人群的比例中，有近一半是30岁以下的年轻人。他们大多数恰恰是20世纪70年代末和80年代初出生的独生子女群体。这种"快餐婚姻"已经成了一个社会现象，它的许多影响才刚刚显现——也许，太多的人还没有感觉它将对社会带来的种种改变。

本报记者经过一周的采访调查，挖掘到7个独生子女离婚案例呈现给读者。岁末年初，又是众多年轻人忙着操办婚事之时，特别希望年轻读者以此为鉴。

◆暗礁一：不做家务

调查：小李和小刘两人是在朋友的婚宴上认识的，据说一见钟情，所以两人在2个月后就登记结婚了。可是，结婚一个星期后他们就离婚了，典型的"快餐婚姻"。原来，两人都是独生子女，婚前都和父母住在一起，家务活基本都不会做。"谁去做家务"就成为争吵开端和离婚的导火索。据了解，小李在家时，连内衣裤甚至袜子都是妈妈来洗，小刘在娘家时也是从来不做家务。结婚后小李认为，从前老妈做的事现在就应该由自己的老婆来做。当然，从小在家娇生惯养的小刘就不干了："我在家的时候连我妈都不使唤我，你凭什么使唤我？你自己不会做啊？"最后两人都忍受不了对方，一气之下就离了婚。

结论：独生子女身上那种自我、任性、依赖性强、不愿承担家庭责任的性格和认识，正成为他们的婚姻要面对的第一暗礁。

◆暗礁二：觉得委屈

调查：小毕和小梁是20世纪70年代末出生的第一代独生子女。通过相亲认识后，不到半年就结婚了。平时，小两口都是到双方父母家"蹭饭"。偶尔自己吃一顿，不是叫外卖就是上饭馆，因为没有人愿意承担洗碗这件事。而且，作为妻子的小梁不习惯把家收拾得干干净净。如果朋友要去他们家做客，一定要事先打招呼，否则家里像个垃圾桶,朋友根本进不了门。结婚已经半年,小梁的习惯还是没有改,婆婆实在是看不下去了。一次,他们回家吃饭时,婆婆就说了她几句,当时小毕也没说什么。回到家后小梁再也忍不住,就质问小毕为什么不为她辩解,而小毕却说他妈说的是对的。从此以后,小两口就经常因为一些小事争吵,也不再像以前那么粘乎了。渐渐地,在无休止的争吵中,两人都感到对这样的婚姻厌倦了,决定散伙。

结论:结婚做了别人的妻子、丈夫,就会有一些责任需要承担,不再像在自己家里当父母的宝贝千金、宝贝儿子,如果角色转换不过来,觉得委屈,那很可能就会选择离婚了。

◆暗礁三:不懂包容

调查:小杨和小罗是大学同学,毕业后就结了婚。可他们结婚还不到1年,两人就离婚了。原因是小杨朋友多,常常叫小杨出去玩,他也是随叫随到,每天早出晚归。结婚后小罗希望小杨多陪她,可小杨总说叫他的都是铁哥们儿,他不好推辞。小罗说了他很多次,可是没什么改变,时间一长两人就因这事吵嘴。最后小罗向小杨发出了最后通牒,可小杨不以为然:"我们虽然结婚了,但我们仍然是两个独立的人,我有我的社交圈,你也有你的社交圈,我不干涉你,你也不要来干涉我。"

结论:不少独生子女长大成家后,仍以自我为中心,在夫妻间发生争执或意见不一致时,他们很难懂得去包容对方,更谈不上站在别人的角度去看问题了。因此,只要一有冲突,哪怕仅仅是一点鸡毛蒜皮的小事,也会上升到离婚的高度。陈丹燕在《独生子女宣言》中写道:"两只过冬的刺猬因互相靠近取暖,同时身上的刺难免会刺痛对方。"许多独生子女夫妻就是因为不会处理"刺痛了以后怎么办",而草率地选择了离婚。

◆暗礁四:没有激情

调查:婷婷在结婚3个月后就离婚了。她和老公都毕业于云南大学,她是学经济的,毕业后在外企找了一份比较好的工作,月收入有三四千元。她老公是公务员,工作和收入也都不错。婷婷说当初是被爱情迷昏了头,才会结婚的。当激情过后就没什么感觉了,两人就这样平静地分了手。

结论:对婚姻认识出现典型错误,这种在激素下催生的激情,在激情下产生的婚姻肯定是昙花一现,因为从古自今,没有任何婚姻是靠激情伴随一生的。

◆暗礁五:移情别恋

调查:26岁的夏天说,2004年7月刚毕业时,他的工作很辛苦且收入不高,更没升迁指望,干了3个月后干脆辞职。接下来又屡屡碰壁,对人生有些灰心的他每天借酒浇愁。这期间,河北姑娘小文闯进了他的生活,并在生活和经济上给予他很大帮助。2个月后两人正式确立了恋爱关系,过了1个月便登记结婚了。随后,小文有了身孕。去年5月,夏天应聘到一家外企做医药代表,每月收入在8000元以上,加上小文每月也有2000多元收入,小日子过得似乎很惬意。可好景不长,夏天感觉与小文的共同语言越来越少,最后竟无话可说,去年10月孩子出生后更是争吵不休。今年3月,夏天认识了某医院的一名护士,两人无话不谈,竟有相见恨晚之感。今年8月,当小文终于发现夏天有外遇时,两人协议离婚,孩子跟小文。

结论:在当今社会,特别是在年轻时,诱惑最多,如果禁不住诱惑,婚姻只有解体。

◆暗礁六:动机不纯

调查:24岁的小袁来自新疆,为了实现自己留在昆明的梦想,嫁给了比自己小1岁的丈夫。由于丈夫是独生子,公公、婆婆总放心不下呵护了20多年的儿子突然独立门户,所以隔三岔五往儿子家跑。看着丈夫凡事都把公公、婆婆放在先,而对自己和自己的父母却几乎不闻不问,小袁心里总不是滋味。丈夫的"长不大",让她对这段婚姻多少有些灰心。婚前,小袁曾抱着侥幸心理接受了比自己小1岁的"顽童"丈夫,她一直认为,再好的感情也会被婚后琐碎的日常生活耗尽,"合不合适"更不重要,只要能留在她心仪已久的城市就够了。可如今,小袁怎么也鼓不起勇气将这段婚姻继续下去,矛盾了半年之后,今年6月,终于下决心离婚。

结论:婚姻以感情为基础,出于感情以外的因素而勉强结婚,终究不会长远,到头来只会搬起石头砸自己的脚。

◆暗礁七:过度攀比

调查:从高中早恋到大学期间两地分隔,再到毕业后终于修得正果,25岁的小师和丈夫的恋爱史一直被朋友们传为佳话。但是,过度的攀比却没有让这段婚姻长久。原来,小师自认为有小资情结,爱用高档化妆品、爱穿品牌服装、爱上高档餐馆。可夫妻俩每月近5000元的收入仍远远满足不了她永无止境的需求,看着身边的朋友一个个有了高档轿车、有了豪华住所,小师心里总不是滋味,每次聚会归来总忍不住数落丈夫几句。丈夫终于忍受不了小师的"无聊举动",大吵一通后开始了长达半年的冷战,维持了2年的婚姻最终解体。

结论:爱攀比是许多女人的毛病,但什么事情都得有个度。

(资料来源:朱咏梅、杨玉婷、陆敏,《春城晚报》,2006年12月19日。)

关键词

婚姻 外婚制 内婚制 指定婚 优先婚 单偶婚 多偶婚 乱婚制 群婚制 一夫多妻制 一妻多夫制 一夫一妻制 抢婚 媒妁婚 买卖婚 劳务婚 交换婚 收继婚 童婚 自主婚

试婚　同性婚姻　网络婚姻　离婚

> 复习思考题

[1] 人类婚姻有什么功能？
[2] 简述婚姻的分类。
[3] 人类婚姻经历了哪几个发展阶段？
[4] 婚姻缔结的形式有哪些？
[5] 离婚会对家庭和社会产生什么样的影响？

> 阅读文献

[1] 庄孔韶. 人类学通论. 太原：山西教育出版社，2004
[2] （美）威廉·A. 哈维兰. 文化人类学（第10版）. 瞿铁鹏，张钰译. 上海：上海社会科学院出版社，2006
[3] 林耀华. 民族学通论. 北京：中央民族大学出版社，1997
[4] 田兆元. 文化人类学教程. 上海：华东师范大学出版社，2006
[5] 庄英章. 家族与婚姻. 台北：中央研究院民族学研究所，1994
[6] 汪芬玲. 中国婚姻史. 上海：上海人民出版社，2001
[7] 鲍宗豪. 婚俗与中国传统文化. 桂林：广西师范大学出版社，2006
[8] 陈江. 百年好合：图说古代婚姻文化. 扬州：广陵书社，2004
[9] 杨大文. 婚姻法学. 北京：北京大学出版社，1991
[10] 张伟. 网络婚络引发道德和法律难题. 法学杂志，2005（2）
[11] 费孝通. 乡土中国　生育制度. 北京：北京大学出版社，1998
[12] 郭兴文. 中国传统婚姻风俗. 西安：陕西人民出版社，2002
[13] 陈廷亮，彭南均. 土家族婚俗与婚礼歌. 北京：民族出版社，2005
[14] 吉国秀. 婚姻礼仪变迁与社会网络重建. 北京：中国社会科学出版社，2005
[15] 王巍. 诗经民俗文化阐释. 北京：商务印书馆，2004
[16] 庄英章，武雅士. 台湾北部闽、客妇女地位与生育率：一个理论假设的建构；载庄英章，潘英海. 台湾与福建社会文化研究论文集. 台北：中央研究院民族学研究所，1994

第九章 性别

> **摘要**
>
> 在人类学家看来，人类的态度、价值与行为，不仅受到遗传因素的限制，也会被我们的濡化经验所影响。人类学家对于性别问题的关注，正是他们对人类的生物性别及社会性别的角色，以及对于性关系的讨论所衍生出来的。生物性别指男人与女人在生理方面的差别。社会性别是指由社会文化形成的对男女差异的理解，以及在社会文化中形成的属于女性或男性的群体特征和行为方式。20世纪70年代以后发展起来的"社会性别"概念对妇女运动产生了重大的影响，它很快成为女性人类学研究的基本方法，为女性人类学的出现与发展奠定了理论基础。
>
> 人类社会的社会性别关系主要表现在劳动的社会性别分工和价值体现上。人类依据性别分配劳动，显示出人类有效组织劳动的智慧。围绕社会性别的概念，女性主义的相关研究对现代社会的劳动性别分工体制进行了反思，认为其中包含着等级化的劳动性别分工意识形态，是产生和再生产两性不平等关系的重要机制。在今天的社会，人们还将性别平等纳入了政治、经济、社会、文化和人的全面发展框架中，形成了"妇女与发展"的研究与实践领域。

第一节 生物的性别与文化的性别

人类学家从生物与社会文化的角度对人类展开研究，他们在探讨人类行为的决定因素究竟是自然因素还是文化因素时，总是处于一个独特的位置。在人类学家看来，人类的态度、价值与行为，不仅受到遗传因素的限制，也会被我们的濡化经验所影响。成年人的特质是在成长与发展过程中，同时由生物性的遗传基因与社会文化的意义网络所决定。人类学家对于性别问题的关注，正是他们对人类的生物性别（sex）及文化性别（gender）的角色，以及对于性关系的讨论所衍生出来的。

性别往往被理解为男性和女性的差别。在中文中，性别主要是指男性与女性的生物学差异。而在英文中，则存在两个分别表示生物性别——即性（sex），和社会性别——即性别（gender）的不同名词。

生物性别（sex）指男人与女人在生理方面的差别。男人与女人在遗传基因上有所不同。女人具有两个 X 染色体，男人则具有一个 X 染色体与一个 Y 染色体。父亲决定了婴儿的性别，因为只有他可以传递 Y 染色体。母亲则提供一个 X 染色体。染色体的差异，体现男女在荷尔蒙及生理的对比上。人类雌雄性差异的程度较某些灵长类更明显，例如长臂猿；或较其他灵长类更不明显，例如大猩猩与红毛猩猩。男女的不同之处除了第一性征（性器官与生殖器）与第二性征（乳房、声音、毛发分布状态）外，还包括平均体重、身高、体力与寿命等。例如，女人的寿命大多比男人更长，并具有极佳的忍耐力；在某个特定群体中，男人也往往比女人更高、更重等。此外，Sex 在今天的日常用语中的意义还指两性在肉体上的关系。它作为"肉体关系"或"肉体行为"的意涵是在 19 世纪之后开始普遍的。

社会性别（gender）这个词的本义是产生、酿成。Gender 也是一种语法分类，用于名词、代词或形容词的分析，已被主要用来指"阳性"、"阴性"和"中性"的语法类别。

"Gender"一词最为引人瞩目的用法是用来指由社会文化形成的对男女差异的理解，以及在社会文化中形成的属于女性或男性的群体特征和行为方式。不同文化赋予男女不同的社会作用、行为准则、表现形式及象征意义等的现象，这个词强调男女差异并不取决于生理上的不同，而是由社会文化因素造成的。

不同的文化赋予男女的社会性别特征有所不同。中国有句古话叫"弄璋弄瓦"。"弄璋、弄瓦"典出《诗经·小雅·斯干》。生男孩子叫"弄璋之喜"，生女孩子叫"弄瓦之喜"。璋是好的玉石，瓦是纺车上的零件。男孩弄璋，女孩弄瓦，体现中国古代文化对男女性别的不同定位。在我们的社会里，人们往往把男性与刚强、理智联想到一起，而把女子与柔弱、情绪化等同为一体。因此，从孩童时代开始，大人常常教育男孩"男儿有泪不轻弹"，却着力培养女孩顺从听话的淑女气质。

性别角色不是一成不变的，同一社会随着历史的变迁，性别的内容和形式也会发生变化。新中国成立以后，大力推进男女平等，赋予女性平等享有受教育、医疗、继承财产、政治参与和就业的权利，中国的妇女顶起了社会主义建设的半边天。

社会性别在本文化中常常被视为"自然而然"。其实，这种自然而然的感觉正是文化的特点和力量之处。一旦跨出本文化，与异文化接触，你就会与人类学家一样感到这些习惯并不是自然现象。比如，来自不同文化背景的一男一女，或两男，或两女，初次相遇时，很可能某一方认为理所当然，符合"性别规范"的言行，却会使对方误解或不知所措。这也就是文化的另一特点，即文化是某群体成员共享的"内部"知识。

社会性别不仅具有象征作用,它与年龄和亲属关系等观念一样,普遍存在于世界上各种组织形式的社会里,起着把分类归属和相互连接人们的重要的社会作用。人类学家进入异文化做田野调查时,一方面把性别作为研究对象,另一方面自己也要尽量入乡随俗,尊重当地文化中男女行为有别的不成文规定。

总之,熟练地运用社会性别这一概念去观察我们周围日常生活的各种现象,可谓人类学入门的标志之一。因为人类学研究的关键问题就是文化,研究文化怎样通过各种方式塑造人类群体的行为、思维、情感、语言,以及个人与社会的关系等等。

几个世纪以来,妇女的从属地位被归结为她们有异于男人的生理结构。女性主义以社会性别概念为切入点,认为妇女的从属地位并不是天经地义的,而是社会文化歧视的结果。不平等的社会性别关系不是指所有的男人压迫所有的女人,而是指男女处于相对的不平等的社会关系之中。这种不平等是基于性别产生的,形成了一种以男性为中心的社会性别压迫体制:人们因性别决定劳动分工、工作待遇及行为方式,男性总是比女性得到更多的机会和资源,掌握更多的权力。这种社会性别歧视可以说是跨越历史和地域的,虽然有各种不同形式,但却存在于社会生活的各个领域,表现为各种形式,可以是个体的或群体的行为,也可以是社会性的、体制性的国家行为,如在收入分配、资源获取及参政方面的系统的、结构性的歧视。

20世纪70年代以后发展起来的"社会性别"概念对妇女运动产生了重大的影响,它很快成为女性主义的基本方法,为女性主义的存在奠定了理论基础,为女性主义学术研究开辟了新的视野,同时极大地促进了有关妇女发展的政策和实践。

第二节 女性人类学[①]

由于社会性别在亲属关系、婚姻、经济活动、礼仪和象征意义等方面起着重要的作用,人类学从一开始就对它有详细的记载和长期研究。只不过这些研究不是以女性为主题的研究,女性只是人类学家整体研究的一部分。

女性人类学的出现与妇女运动和女性主义理论的发展密切相关。20世纪60年代初,西方妇女运动风起云涌,当时的情况就是很多妇女都参与到这场运动中,对社会赋予她们的性别角色和性别的不平等发起挑战。与此密切相关的妇女研究很快以其跨学科横向发展的特点,在各个人文社会科学领域中引起反响,促成女性人类学的产生。

---

① 乐梅:《美国女性人类学述论》,载《广西民族学院学报(哲学社会科学版)》,1997年第4期;李霞:《国外女性人类学的发展过程》,载《民族研究》,2001年第5期。

首先引起部分人类学家（其中大多数是女人类学家）注意的是民族志里表现出来的男性意识偏见，这是一个很容易感觉到的问题。尽管我们人类学界有着像玛格丽特·米德（Margaret Mead）和露丝·本尼第克特（Ruth Benedict）等优秀的女人类学家，但是大多数西方人类学家在异文化中做田野调查时，仍然带着本民族中男性文化占主导的意念，认为异文化也是男性掌握最重要的知识，问起问题来也方便。男性调查对象提供的情况因此代替了全社区、全"文化"的状况。而妇女的存在、观点和经历则被弃置不顾，其结果是所谓"真实地"再现文化的民族志每每只表述男性的活动和世界观。这一点在我们今天的人类学界包括中国人类学界也普遍存在。

因此，女性人类学家做的第一件事就是开展以女性为调查对象的田野工作。她们和当地妇女交朋友，详细记录她们日常从事的各种活动和对自身经历的回顾，充分体现她们的内心世界，努力捕捉她们看社会、看个人、看周围事物活动的特殊眼光。在这个过程中，一些很平凡的表述媒介，例如书信、日记、字条、口述等等得到重视和重用。经过大家的努力，一批描写各种文化中女性生活的民族志问世了。这些民族志作者放弃传统写作中惯用的"无所不知"、"绝对客观"的第三人称叙述方式，强调对话式的访谈和共同生活（田野调查），以富有主观色彩的生动描述，再现了民族志的创作过程事实上是由调查者和调查对象之间不断相互询问、相互交流、相互影响而构成的。而且，这一类女性民族志揭示了一些向来描写为安宁平静的田园社区，实际上在其女性日常生活里有着许多压抑、冲突、暴力及其他矛盾和动荡。还特别值得一提的是，在这场革新中，依靠集中描写某位妇女一生中具有代表性的大事为主线（从出生、少女、青年谈起，直到结婚、做母亲、做祖母等等为止）和侧重表述某社区人们的情感特点（爱、愤怒、恐惧等等）来挖掘和研究当地群体的社会结构以及这些人怎样看世界的民族志，为传统的结构功能现实主义写作方式增添了新的内容。

女性民族志的出现标志着女性人类学的开始，但大家并不满足于在硕大的民族志文库里添进几个关于妇女的故事而已。那么，女性人类学应该以何种解释体系来分析性别，展现女性的世界呢？

随着跨文化描写女性生活的民族志不断涌现，以及从女性研究的角度重新阅读原有的民族志，女性人类学家发现，几乎所有的社会都把女性置于从属男性的地位。说俗了，就是都存在重男轻女、男尊女卑的现象。她们还注意到，许多文化中都流行"因为女人在生理力量上不及男人，所以在社会地位上次于男人"的观念。她们认为有必要从人类学的角度给予辩驳和新的解释；人类学家不会满意把社会性别的差异归纳为生理原因的解释，要突出文化在其中起到的决定性作用。

1974年，在同一本论文集《妇女、文化和社会》里出现了两篇后来挑起女性人类学有关男女性别差异问题讨论的论文，一篇是米歇尔·罗莎都写的《女性、文化和社会：理论概述》，另一篇是奥特讷写的《女性与男性的关系相当于自然与文化的关系吗》。下面分别介绍她们的观点。

罗莎都将男性活动归于公共范畴（orientations），女性活动归于家庭范畴，认为这两个范畴的区分普遍存在于各种社会组织结构中，起着依靠性别实施社会分工的作用。分工所形成两个范畴中的活动具有高低贵贱的差别。正是公共范畴和家庭范畴所具有的权力和威望不等造成了世界不同文化中女性屈从于男性的现象。

妇女在家里从事的主要活动是与养育孩子有关，而繁衍后代这一人类再生产活动往往不受社会重视，在名誉上也远远低于男性在公共范畴里从事的活动，因而妇女的地位也劣于男子。罗莎都指出，男性的工作受尊敬是由于社会赋予他们的成就一种"人为"的性质，是干出来的，创造而来。而女性要改变其社会地位只能靠她们"自然"的生育能力，做了母亲，受到的尊敬就多些。比如在印度，生了男孩的母亲受到的尊敬就会倍增。另外，公共范畴是权力之争的场所，而权力本身象征着威望，伴之而来高于他人的社会距离，使在此范畴内活动的男性得到众人的仰视。相比之下，家庭是以情感为主的场所，日常小事繁琐却亲切，女性缩短了人与人之间的距离，但她们在人们眼前做出的贡献却容易被忽视，好像没什么了不起。再有，公共范畴内的经济生产创造出来的金钱价值得到全社会的认同和恭维，而妇女在家里付出的劳动（例如，带孩子、照看老人、洗衣做饭等等）则往往得不到社会的承认。罗莎都最后得出结论，只有男女双方相互进入对方的活动领域，特别是当男性更多地担任起家庭生活中的角色和劳动时，男女之间的不平等才可能得到缓解。

奥特讷的论点是，各种文化中普遍存在的女性屈从于男性的现象，根源在于意识领域赋予性别"自然"和"文化"象征喻意之间的不平等。无论什么样的文化都有人类社会与自然界之分；人类创造文化旨在征服自然，超越自然。文化也因此视为高于自然，优越于自然。几乎所有的社会，都存在把女性与自然相联系，而把男性与文化相提并论的象征观念。由此，自然低劣于文化的意识，也就相应地影响和转换到女性屈从于男性的相对关系中。

奥特讷归纳了各种文化中有关女性在象征意义上接近于自然的说法，它们大致可分为三种解释。其一，女性具有的生殖功能，使得她们与自然状态相近。男性依靠文化手段进行创造，而女性本身就有创造自然生命的能力。其二，女性的活动多限于家庭范畴之内，以哺养教育幼儿为中心，而在许多文化意识中，幼儿一般被认为仍旧处在尚未驯化的"原始"状态，因此女性活动的范围也具有"自然"的属性。其三，女性的心理在社会化过程中形成比较实用的、注重"这个世界里的生活"的思维习惯，而男性则更倾向于抽象思维，善于观察和分析超自然世界的现象和问题。

罗莎都和奥特讷的观点发表之后，围绕"女与男、自然与文化、家庭范畴与公共范畴"的讨论很热烈,从简单到复杂,持续了大约 10 年。观点不同的各家坐下来,一起开座谈会,一起出书写文章,从多方面共同探索和理解女性在不同社会中的象征喻意,以及女性在人类学家研究文化、表述文化中的作用和位置。大家看到,依赖一连串的象征比喻进行推理分析颇欠稳妥,而且原命题中的分析元素本身就有以生理性别为根本区别标志之嫌。

这场争论带来的最大益处是,它促进了(女性)人类学的发展和成熟。社会性别这一概念也随着争论深入人心。女性人类学强调女性与男性的意识,性别是后天形成的文化历史现象,男性和女性在相互依存、相互区别的条件下,一起维持、继续或改变现存的某种社会规范。

穆尔给女性人类学下了一个定义:大量描写妇女生活的民族志,成功地把女性带回到人类学研究人类社会的整个画面里来,是女性人类学的前奏。而女性人类学不仅仅研究妇女,更侧重研究性别,研究男性与女性之间的关系,研究性别在构成人类社会、历史、思想意识、经济制度和政治结构过程中所起的作用。[①]

女性人类学既和各种现代社会理论结合或碰撞,也参与到社会领域的许多活动中。性别概念不仅继续列在人类学教学大纲传统的研究题目里(亲属关系、礼仪象征等等),而且涉及到空间(space)、话语(discourse)、形象(image)、性活动(sexuality)、身体与精神(body and mind)、人生(personhood)、国家(state)、权力(power)等哲学、政治概念的讨论。现在的女性人类学界一般不提倡把女性自然化的观点。如果把某种文化中女性的眼光归结为她们生来就是女的,从而自然而然地带着如此看问题的方法,那我们就还是没有跳出生理性别的局限。女性人类学强调女性与男性的意识,一是后天形成的文化历史现象,二是同以相异相依为各自存在的条件,一起维持、继续或改变某种现在的社会规范。

第三节 劳动性别分工

一、劳动性别分工的世界性模式[②]

人类社会的社会性别关系主要表现在劳动的社会性别分工和价值体现上。所有社会的传统劳动分工方法都在某种程度上利用了性别的差异。默多克通过对 185 个

[①] Henrietta L. Moore: Feminism and Anthropology, University of Minnesota Press, 1988, p.6.

[②] (美) C. 恩伯、M. 恩伯:《文化的变异:现代文化人类学通论》,杜杉杉译,辽宁人民出版社 1988 年版,第 248~252 页。

社会的跨文化比较显示，性别分工是男女生理差异和文化型塑的共同结果。几乎在所有的社会中，某些劳动总是分配给男人的，而另一些则总是分配给妇女的。例如，在食物获取活动中，狩猎、下陷阱捕捉猎物、捕捉水生的大动物（如海豹）几乎全是男子的任务，男人们通常要畜养大牲畜、捕鱼、采蜂蜜、开垦土地以及为种植准备土地；妇女则通常采集野生植物食物。在手工业方面，同坚硬物体（如石头、木材和金属）打交道的全是男子，男人们通常修建房屋、织网和编绳；妇女则通常干的是纺纱、织布、做衣服、做罐子和编篮子等活。然而，当手工业商业化后，即为了出售而生产之后，原来由妇女从事的手工业劳动也成为男子的专业了。见表9-1。

表9-1 根据性别进行劳动分工的世界性模式

	几乎总是男性	通常是男性	两性皆可	通常为女性	几乎总是女性
基本生计活动	狩猎（陆地、海上的大动物和大鸟）；捕猎小动物	捕鱼；驯养大动物；采集蜂蜜；开垦土地；为耕作整理土地	采集贝类；照料小动物；栽培、管理、收获农作物；挤奶	采集野生植物	
食物准备与家务劳动		屠宰牲畜	腌制肉和鱼	带孩子；做饭；洗衣；取水；收集燃料	
其他	与木材打交道（伐木、造船、制乐器）；与矿石打交道（挖矿与采石、冶炼矿石）；与骨器、角器和贝壳打交道；从事战争；行使政治领导	建房；搓绳；织网	处理兽皮；编篮子；织席子；做衣服；制陶器	纺线	

资料来源：（美）C. 恩伯、M. 恩伯：《文化的变异：现代文化人类学通论》，杜杉杉译，辽宁人民出版社1988年版，第250页。

除了建造房屋以外，家务劳动一般都是妇女的工作。妇女们不仅是儿童的主要照管者，她们还要做饭、清扫房屋、洗衣服以及找柴和取水。在所有被研究的185个社会中，大约有一半的男人根本就不做家务。即使在男人会协助做一些家事的社会中，大约有一半的事情仍然由女人完成。若是将生计活动加起来，女人的工作时数往往比男人更多。在养育孩子方面，大多数社会中，女人似乎是主要照料者，但男人大多也会扮演一个角色。在占总数2/3的社会中，女人对婴儿具有基本的权威，但依然有一些社会（总数的18%）由男性拥有主要的权威。

对上述性别分工世界性趋同趋势的解释，一种可以称之为力量理论。这种理论认为，根据性别进行劳动分工之所以具有普遍或近乎普遍模式的原因是，男性的力量更大，而且力量的爆发能力更强。男性最善于从事那些需要提举重物的活动（如猎取大动物、屠宰、开垦土地，或与石头、金属或木材打交道），以及投掷武器和快速奔跑等活动。而在妇女所从事的活动中，没有一项需要同等的体力或能量的快速爆发。但是，力量理论并不具有充分的说服力，比如说，男子所从事的捕捉小动物、采集野蜂蜜或制造乐器等活动并不明显地需要多少体力。此外，某些批评者指出，在有的社会里能够观察到妇女从事相当繁重的体力劳动。实际上，许多男性所从事的工作是通过承担特定角色而被训练出来的结果。

对按性别进行劳动分工具有世界性模式的另一解释可以叫做育儿适应性。这个理论的论点是，妇女的工作往往是要和带孩子的工作相适应才行，在大多数社会里，妇女平均要给自己的孩子哺乳达2年之久。妇女的工作因此只可能是那些不需要她们离家很远和时间很久的工作，带着孩子出去时不会有潜在危险的工作，和为了必须照顾孩子可以随时停下来和重新开始的工作。育儿适应性理论似乎能够解释为什么在表9-1的最右一栏里没有任何活动的原因。这就是说，不存在任何普遍的或近乎普遍的纯粹由妇女从事的活动，这可能是因为妇女普遍地要在一部分时间来带孩子。适应理论还有可能解释为什么男人从事狩猎、下陷阱、捕鱼、采蜂蜜、伐木和采矿等工作，这些工作都有危险而且不宜中断。适应理论还能解释为什么在实行全日制专业化的社会中似乎是由男子包揽了某些手工业工作的原因。但是，适应理论也并不能解释一切。比如说，它很难解释为什么通常是男子准备耕种的土地、造船、建房、制乐器或者制骨器、角器和贝壳用品等。这些工作没有一件是特别危险的或者不能受到干扰，那为什么往往是由男子从事这些活动呢？

另外有些理论，像节约能耗理论，就有助于对那些用力量理论和适应理论都难以解释的问题加以解释。比如说，由于男子通常采集与制造乐器有关的坚硬材料，所以由他们来制造乐器可能更为有利。而且，由于这些材料是由男子采集的，他们对这些材料的属性自然更为了解，因此也就更有可能知道如何对它们进行加工。节约能耗的理论还指出，某一性别的人从事的工作应当离他们越近越有利。这样一来，因为妇女不得不离家很近以便带孩子，所以让她们从事那些可以在家里或距家很近的地方做的其他劳动，就更省事得多。

要解释世界性的性别分工模式，也许需要把上面所论述到的各个因素都用上。到目前为止，大多数都只是猜测而已。

二、等级化的劳动性别分工：女性主义的反思

人类依据性别分配劳动显示出人类有效组织劳动的智慧。现代社会劳动性别分工依然存在。围绕社会性别的概念，女性主义的相关研究对现代社会的劳动性别分工体制进行了反思，认为其中包含着等级化的劳动性别分工意识形态，是产生和再生产两性不平等关系的重要机制。

这些研究指出，女性的生育能力或男性的不能生育，使人们相信劳动性别分工是"自然的"、"合适的"人类分配劳动的方式。本质上，劳动性别分工并非是简单的组织劳动的方式，它早已成为一种意识形态。这种劳动性别分工的意识形态将两性劳动赋予了不同的价值，是将男性置于有更多机会和更具优势的岗位上的社会机制。这被女性主义的相关研究视为是父权制的意识形态，它导致了等级化的劳动性别分工，即女性从事的劳动价值永远低于男性从事的劳动价值，或男性劳动永远比女性劳动更有价值，它使人们相信男性劳动是社会生产发展的主要推动者，女性劳动只是辅助性的。

女性主义的反思指出，社会通过三种主要方式建构等级化的劳动性别分工。一是建构有关劳动分工的信仰，它使人们相信"女性以家庭为主，男性以社会为主"的生物性分工是天经地义、合情合理的。二是建构性别角色意识，即对与性别分工相关的性别角色的看法，具体体现在对传统"男主外女主内"的性别分工的看法、对有关女性就业对家庭及孩子影响的看法、对有关妇女工作在经济上的重要性的看法三个方面。三是将女性劳动视为情感劳动的信仰，相信女性的劳动付出是她们心甘情愿的，是她们关怀情绪的自然表达。由此，等级化的劳动性别分工成为看不见的、制度化的、合法化的产生两性不平等的社会机制，它使女性自觉地付出无报酬的劳动，因为她们相信，相夫教子、做贤妻良母、默默无闻地从事家务劳动和社会劳动是她们的本分，男性自觉地把取得社会地位和名誉视为自己的天职，不仅要有份职业，养家糊口，还要担负起光宗耀祖的家庭责任。① 家庭作为应对各种变迁的策略单位是等级化劳动性别分工中重要的中介力量。夫妻间在衡量机会成本的前提下，多做出"保丈夫"发展策略的选择，即全力保障丈夫事业的发展，表现为夫妻双方在有酬劳动中丈夫占据资源、时间和发展机会上的优势。因为在传统社会中，男性在各个方面占据优先地位，使他们具有相对高的受教育水平和工作经验，而这种优势又使妻子出于家庭利益而做出自我牺牲，巩固丈夫在社会和家庭中的优势地位。社会中的劳动分工经由家庭而使资源和发展机会自然地属于了男性，实现了社会性的等级化劳动性别分工。据人口研究所 1992 年的调查表明，中国有

---

① 佟新：《社会性别研究导论》，北京大学出版社 2005 年版，第 144 页。

72.87%的城市妇女认为，妇女应为丈夫的事业牺牲自己的事业。由此表现为家庭在妇女心中的分量比男性大得多，耗费的精力和时间也多得多。①

等级化劳动性别分工不仅将两性分配到不同的劳动和工作岗位上，还意味着这些工作岗位有着高低之差。现代社会，公私领域的分化纳入了两性劳动分工的意识形态，它将女性劳动在观念形态上归于家庭等私人领域，要求其完成与人类再生产相关的劳动活动，即家务劳动。因此，即使女性参加生产领域的劳动，但依然被视为次要的和辅助性的社会角色。而男性劳动是社会性的，政治、军事、经济活动是理所当然的男性活动。虽然在工业革命之后，女性已经越来越多地进入到生产领域，但父权制的意识形态仍然被保留下来，等级化的劳动性别分工还在延续。虽然妇女可能承担着某种过去是男人承担的社会角色，但是其内在的利益原则未变。比较利益总是使男性获益大于女性。

"妇女的重心应当在家庭"的传统观念更是导致了一系列社会政策中的性别偏见。社会政策和相关决策者的前提假设常常是妇女适合于"某种"职业和劳动，因此工作单位应当承担养育及生育的补偿等，在这种前提下，许多用人单位从自身利益出发，不愿雇佣女性，也不愿给女性委以重任。还有学者已经洞察到当今社会普遍流行的、没有受到有力批判的新消费主义的观点。今日的传媒在消费文化的泛滥下，大力把妇女的角色归于家庭，宣传所谓的女人味、消费和家庭生活等，并由此建立评判好女人的标准。正是这些传统观念和传统观念的复活强化着妇女对于家庭的自愿式牺牲，成为"男性优先"分工原则的基础。

三、当代中国的劳动性别分工

就业是民生之本。我国《劳动法》规定，除特殊行业工种外，女性就业年龄为16~54岁，男性就业年龄为16~59岁，女子和男子在择业录用、劳动报酬和晋升等方面不能有任何形式的歧视。

我国劳动力资源非常丰富，劳动参与率较高。根据2000年人口普查资料计算，我国劳动参与率为77.99%，其中男性为82.47%，女性为71.52%，男性比女性高10.59%。

从行业分布看，女性就业主要集中在农林牧渔业、制造业、批发零售贸易餐饮业、教育文化艺术和广播电影电视业。这四个行业的女性就业比重，分别比男性高8.1%、0.1%、1.1%和0.4%。

从文化素质看，女性受教育程度普遍低于男性，小学及以下文化程度的就业人

---

① 佟新、龙彦：《反思与重构——对中国劳动性别分工研究的回顾》，载《浙江学刊》，2002年第4期。

员占48.9%，比男性高4.3%，这也在一定程度上影响和制约了女性的岗位竞争和择业机会。

从收入水平看，各行业女性的工资收入普遍低于男性。其中，采掘业和公共服务业的男女收入差距最大，女性工资仅相当于男性工资的74%左右。

2002年我国城镇登记失业人数为770万人，登记失业率为4%。但是，根据有关资料推算，我国城镇实际失业率要高于登记失业率。其中，女性的实际失业率比男性高1%。目前，在下岗职工中，40岁以上的女性再就业比较困难。

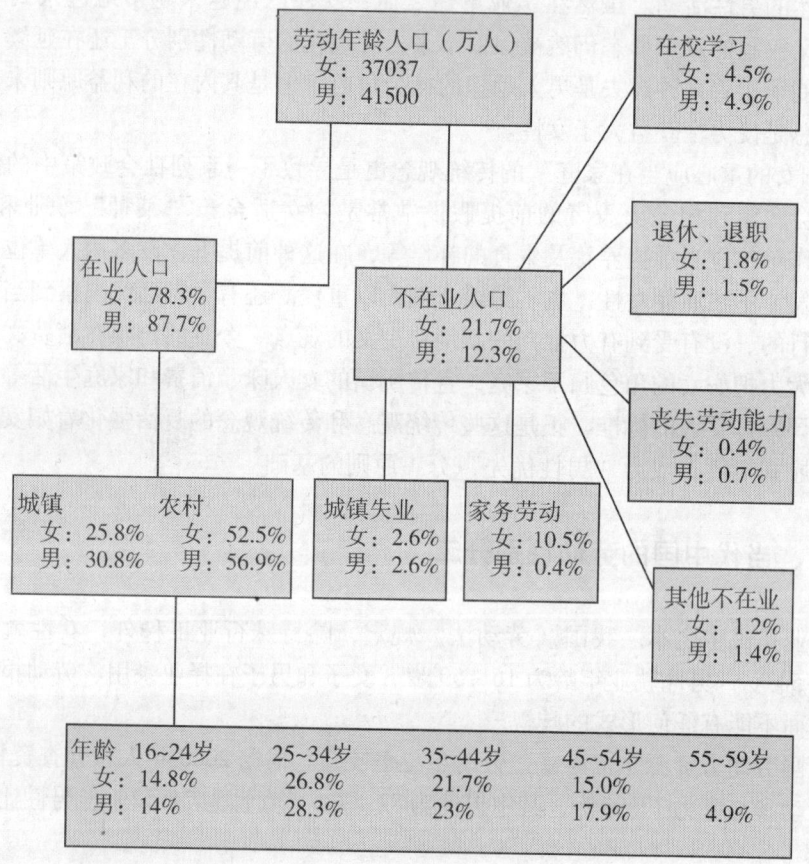

图9-1 2000年中国劳动年龄人口构成情况
（女16~54岁、男16~59岁，分别以女、男劳动年龄人口数为100%）

资料来源：《中国2000年人口普查资料》。

表9-2 1982年、1990年、2000年中国就业人口的职业构成和性别构成（%）

职业分类	1982年		1990年		2000年	
	女	男	女	男	女	男
职业构成						
国家机关、党群组织、企业、事业单位负责人	0.4	2.5	0.4	2.8	0.6	2.5
专业技术人员	4.4	5.6	5.3	5.3	6.5	5.0
办事人员和有关人员	0.7	1.7	1.0	2.4	2.1	4.0
商业、服务业人员	4.3	3.8	5.9	5.0	10.1	8.4
农、林、牧、渔、水利业生产人员	77.1	68.0	75.3	66.8	69.0	60.7
生产、运输设备操作人员和有关人员	13.0	18.3	12.0	17.7	11.7	19.3
不便分类的其他劳动者	0.1	0.1	0.1	0.1	0.1	0.1
合计	100.0	100.0	100.0	100.0	100.0	100.0
性别构成						
国家机关、党群组织、企业、事业单位负责人	10.4	89.6	11.5	88.5	16.8	83.2
专业技术人员	38.3	61.7	45.3	54.7	51.7	48.3
办事人员和有关人员	24.5	75.5	25.7	74.3	30.3	69.7
商业、服务业人员	47.0	53.0	48.9	51.1	50.0	50.0
农、林、牧、渔、水利业生产人员	46.8	53.2	47.9	52.1	48.5	51.5
生产、运输设备操作人员和有关人员	35.4	64.6	35.7	64.3	33.4	66.6
不便分类的其他劳动者	41.7	58.3	42.5	57.5	36.2	63.8
合计	43.7	56.3	45.0	55.0	45.3	54.7
人数（万人）	22784	29366	29101	35623	31688	38260

资料来源：1982年、1990年、2000年人口普查资料。

西方社会学家常常习惯于用公共领域和私人领域的概念来描述劳动的性别分工，而对于中国来说，这对概念即使有学者翻译和介绍也是很难使用的。在中国人的日常生活中，公私领域间没有明显分割的界限，中国人以"家"为核心建构着方方面面的生活。无论是农村还是城市，一方面是妇女的收入是家庭收入中不可缺少的一部分，另一方面是妇女也是家务劳动的主要承担者。无论是家庭角色，还是社会角色，妇女成为社会中不可被忽视的另一半。劳动性别分工是深深地嵌入在传统的劳动分工与社会角色的互动之中,只有对这种互动过程与互动关系进行细致考察,才能真正窥视中国劳动性别分工的内核。

以家庭为单位,开展男女生活时间利用调查是观察、研究男女性别分工变化的重要分析方法。男性和女性由于在家庭中的角色不同,在看电视、学习、家务劳动以及其他自由支配时间上,往往有较大差别。

在家务劳动方面,女性劳动时间多于男性。2000年妇女地位调查资料显示,85%以上的家庭做饭、洗碗、洗衣、打扫卫生等日常家务劳动主要由妻子承担。女性平均每天用于家务劳动的时间比男性多2个多小时。两性家务劳动时间的差距,与1990年相比,仅仅只缩短了6分钟。

在休闲方面,女性看电视时间少于男性。2000年女性平均每天用于看电视的时间为1小时53分钟,男性为2小时6分钟,女性比男性少13分钟。分城乡看,城镇女性平均每天用于看电视的时间比男性少8分钟,农村女性比男性少18分钟。

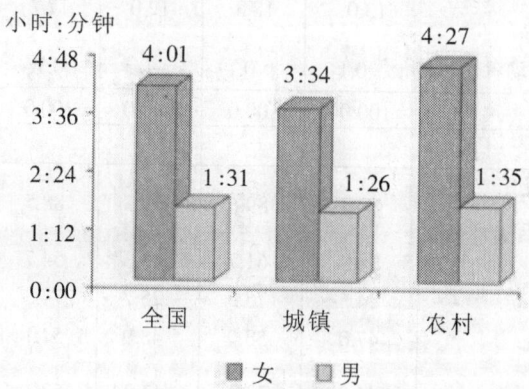

图9-2 男女平均一天用于家务劳动时间的比较
资料来源:2000年第二期中国妇女社会地位调查。

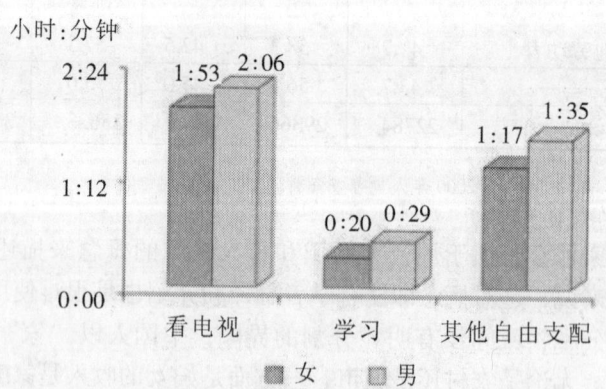

图9-3 男女用于学习、看电视及其他自由支配时间的比较
资料来源:2000年第二期中国妇女社会地位调查。

在学习方面，用于学习的时间女性少于男性。2000年女性平均每天用于学习的时间为20分钟，男性为29分钟，女性比男性少9分钟。与1990年相比，男女差距有所缩小，其中，城市的男女差距变动较大，由1990年的相差22分钟，缩小到2000年的11分钟。

在其他自由支配时间方面，女性也低于男性。2000年女性平均每天其他自由支配时间为1小时17分钟，男性为1小时35分钟，女性比男性少18分钟。

表9-3 1990年、2000年男女平均一天用于各种活动时间的比较　　　单位：小时:分钟

项　目	1990年		2000年	
	女	男	女	男
城　镇				
工作	7:03	7:36	4:56	6:38
上下班路途	0:37	0:35	0:26	0:36
做饭	1:28	0:42	1:26	0:31
洗衣	0:45	0:16	1:07	0:21
其他家务劳动	1:32	0:48	1:02	0:34
学习	0:38	1:00	0:29	0:40
看电视	1:04	1:43	2:05	2:13
其他自由支配	2:37	2:55	1:20	1:31
睡觉	7:46	7:04	7:51	7:45
农　村				
工作	5:46	7:13	4:29	6:07
上下班路途	0:26	0:37	0:29	0:43
做饭	1:56	0:28	1:51	0:23
洗衣	0:51	0:01	1:13	0:17
其他家务劳动	2:03	1:15	1:24	0:55
学习	0:11	0:26	0:11	0:18
看电视	1:05	1:18	1:41	1:59
其他自由支配	2:27	3:04	1:14	1:38
睡觉	8:13	8:11	8:14	8:08

资料来源：第一期和第二期中国妇女社会地位调查。

> **阅读材料9-1**　建国以来中国城乡劳动性别分工的变迁

◆中国农村劳动性别分工的变迁

中国的社会变迁有一条重要的脉络——城乡关系的变迁。1949—1979年，中国经历了城乡二元结构的严格分割，城市和乡村经历着不同的劳动性别分工；此后，这种分割不断被突破，劳动的性别分工便嵌入在这种变迁之中，在城乡间自身等级化的前提下，呈现出多元化的特征。

第一，从1949—1979年的情况看，一方面，从总体社会地位和资源分配看，城乡二元结构是等级化的，城市优于农村。这一点极为重要，它成为农村劳动性别分工的一个重要前提。另一方面，农村和城市有着两种不同的劳动性别分工模式，农村妇女由村一级行政组织安排集体劳动，城市妇女则是由国家和集体所有制企事业单位安排的。在"男女平等"的社会动员力量下，农村妇女开始了具有历史意义的参与集体性的生产劳动的社会活动。她们既承担着繁重的家务劳动，还从事着共同的集体生产。由于中国的农业劳动主要建立在体力劳动的基础上，因此妇女体力上的弱势决定了妇女收入普遍低于男性（原则上是男性一天10个工分，而妇女是6~8个工分）。与城市人口相比，农村人口没有什么社会福利和社会保障。而在1949—1979年的计划经济时期，在"统包统配"的就业制度下，除个别时期，中国城镇妇女的就业基本上是由国家直接安排在各类公有制的企业中。在"高就业、低工资、低效益、低素质"的就业格局下，我国城镇妇女的就业一直也没有成为社会经济问题。

第二，20世纪80年代初至今，中国农村经历两种主要的变迁，一是集体所有制解体和家庭联产承包责任制的普遍实施；二是不断进行着的城市化过程，农村自身的工业化进程与农村人口不断涌入城市的潮流重叠在一起。这两种变迁都深刻地反映在劳动的性别分工中。家庭联产承包责任制的制度变迁使家庭又一次成为独立的经济单位，这一改革虽然符合生产力发展的历史条件，但对劳动性别分工的影响可能有着极为深远的意义。有学者认为，在集体生产中，是生产队代替家庭实行对妇女劳动的支配。妇女劳动成为一种义务，并且其成果由于效率低下往往不能兑现。而实行承包制后，妇女劳动成为理性的家庭策略的一部分。作为家庭策略一部分的妇女劳动同城市家庭的策略考虑一样，家庭利益决定了夫妻分工是男工女农的现状，因此表现为一个持续进行并日益明显的农业女性化的过程。虽然1990年的第四次人口普查显示，"农林牧渔业"的从业者中，男性占52.1%，女性占47.9%，但76.09%的女性劳动力的第一产业就业率仍比男性高出4.2%，是仅次于服务业的第二大职业。一项对山东和福建的对比研究发现，妻子（农业）一般比丈夫（非农业）劳动的时间更长，干的活更重。

如何评价农业的女性化过程，学者的争论是非常有意思的。有的学者持乐观的态度，然而更多的学者看到了这种变化潜在的性别问题。

其一，在城乡存在着分割与等级的情况下，农业极低的收益使妇女们为她们在生产中所处的主导地位付出的远远超过了收益。在高技术和高收益的城市经济得到肯定的前提下，妇女参与农业生产意味着失去了更好的发展机会，因此，妇女处在"机会的相对剥夺"的状况下。

其二，从整个社会资源的分配看，农民身份对妇女的意义与男性存在着差别。农村妇女作为农业劳动的主要参与者并不能赋予她们所有者和管理者的身份；责任田在观念上和习惯法上是属于丈夫的。对妇女来说，土地、房屋等的权利只有通过使用才能保留，甚至经由生育（子）来强化其合法权利与地位。因此，农业的女性化使妇女更多地受到家庭角色和制度性因素的束缚。

其三，20世纪80年代后，伴随着家庭联合承包责任制的实施，使农村劳动力不断地城市化，其过程表现为两个方面：一是农村人口通过各种途径进入城市；二是农村自身发展工业，展开非农化的进程。从非农化过程看，传统研究相信，只要经济发展，必然会把妇女从传统束缚中解放出来，妇女必然会进步。农村社区工业化和服务业等的发展有助于妇女经济地位的提高。

但是更多的学者从性别角度分析得出了与此不同的结论，强调这一过程强化了妇女在劳动性别分工中的不利地位。

其一，从性别分工的角度看，在经济相对发达的地区，务工还是务农不是性别差异的主要方面，因为农村的非农化主要以社区内转移的形式为主，乡镇企业的性别偏好被社区倾向抵消，过程性歧视并不明显，重要的是两性在工业社会等级结构中的位置差别。妇女资源远低于男性，性别利益格局并未改变。

其二，非农化对妇女地位发展的作用十分微弱，数据上的微小进步往往是通过家庭内总利益的削弱和上代利益的转移而实现的。

其三，传统父系制和现代科层制结合在一起作用于农村妇女的非农化。传统父系制的文化观念提供了对婚姻和家庭的道德规范和妇女资源分配的前提；现代科层制则扩大了分工的等级差异并将其制度化。妇女面临被文化和制度抛出的危险的可能性。工业化造成的性别分工变化带来了严格的等级制，男性因此获得比女性更大的支配权。

其四，有学者分析到中国农村家庭所起的作用，在妇女不被看做"家长"的情形下，她们的收入只是边缘化的、非主导性的。虽然农村妇女经历了巨大的结构变换，其身份从农业生产者转变为工业生产者，但是以血缘、地缘为基础成长起来的乡村工业体系仍然是父系等级制的复制。

◆ 中国城市劳动性别分工的变迁

从总社会资源分配的角度看，20世纪80年代前，城市妇女处于体制的核心部分，与农村妇女相比是原有体制的受益者。但改革开放后，城市妇女失去了国家对于妇女就业的扶持，劳动分工发生深刻的变化。20世纪90年代，国家实施了一系列国有企业改革，如企业改制等，引发了国有和集体企业大面积的生产不足和效益欠佳，它通过职工的下岗、分流、内退和待岗重塑了城市劳动的性别分工。

第一，妇女职业结构出现女性就业年龄轻，就业结构层次低的趋势。从1990年第四次人口普查的资料来看，我国的劳动力年龄构成偏低，而女性在其中的比例更高于男性，女性有77.8%的人在15~19岁时便就业了。中国女性的就业曲线是，15~19岁就业程度很高，到20~24岁达到峰顶，以后逐渐下降。这种状况表明了妇女就业与受教育程度之间的逆相关关系。妇女劳动力被排斥出国有企业，不得不进入低收入的次要部门和非正规经济之中。

第二，妇女劳动群体分化。一方面，经济改革为那些处于高级劳动力市场的妇女提供了更多的角色选择和发展机会，这部分职业妇女大多具有良好的教育背景和经验背景，她们的就业大多具有自主性，并正通过自下而上的变迁提高自身职业地位。另一方面，那些没有技术专长的妇女，首先成为下岗者或失业者，她们成为市场经济条件下最经不起打击的人。一些企业强迫或变相强迫40~45岁的女工退休。根据全国总工会1993年对于1230个公有制企业的调查统计，这些企业共有职工92万人，其中女职工占37%，失业和下岗女职工有2.3万人，占职工总数的2.5%，占失业和下岗职工总数的60%。与此同时，这些被重新就业边缘化的妇女们最易于成为新的城市贫困人口，为了生存，不断向着"适合妇女"的、以服务业为主的女性就业优势领域转移。但这并不是解决妇女就业问题的灵丹妙药，正是这一转移的机制不断把妇女排挤到那些职业发展潜力小、可替代性强、工资低的职业领域中。此外，分化的一个重要方面是，那些进入城市的农村妇女更加处于劳动分工的底层，她们不仅要服从男性优先发展的需要，还处在比具有城市户口的人们（包括女性）更低的社会位置上。

第三，社会变迁把劳动性别分工与阶级重构在一起。作为中国产业工人的一部分，妇女的命运是与工人阶级整体命运联系在一起的。改革开放后，处于弱势群体的妇女们，在计划经济向市场经济的转型过程中失去了可以依赖的最基本的生活条件。如果说，农村妇女有土地作为基本的生活保障的话，城市妇女则有时不得不依靠出卖身体来维持生存。

第四，劳动性别分工的等级化的机制还在于双职工家庭（从事的行业和所有制当然可以千差万别，与国有企业主导时代的双职工概念完全不同）依然是社会最基础的运作单位。虽然社会收入有所提高，但一名普通劳动者的收入还不足以达到丈夫工资足以养活全家人口的水平，因此当妇女被迫下岗或待业时，她们只能寻找各种临时的间断性的工作和收入低且无保障的工作来维持家庭的生计。据国家劳动部和国际劳工组织主持的"就业政策与向市场经济过渡"课题组调查，许多下岗女工得到的工资或补贴，远远达不到当地最低生活水准。当工人家庭的丈夫也面临下岗问题时，家庭的贫困化在所难免。事实表明，在双下岗职工中，妇女以各种形式从事着最基本的、风险极大的、维持家庭生存的劳动。

第五，市场经济的出现还在于中国必须面对国际资本的积累和竞争，以及中国劳动力在国际市场劳动分工中的位置和角色。对外资不同程度的依赖既改变着中国的经济形势，也加剧了阶级和性别的分化。外国资本增殖的需求和中国经济发展的需求共同决定了大量妇女作为廉价劳动力的存在。朱敏等人的一篇有关"非公有企业女工调查报告"的文章揭示出，在非公有企业中，大量廉价女性劳动力一方面是其主要劳动力的提供者，另一方面受到各种形式的剥夺。非公有企业女性职工存在的种种问题有：对女性就业年龄的限制；生育权益受到侵犯的歧视；女工多在较低层次的工作岗位，因而工资偏低；超时加班，变相克扣加班费及工资被拖欠，使女性健康和经济利益受到双重侵害；不良的工作环境及不健全的社会保障，特别是对女性特殊生理保护的不重视，埋下了影响其身心健康的长期隐患。这些女工完全没有"政治经济发言权"，她们的工作性质决定了她们工作群体的同质性，造成在资源和机会上相对于男工的匮乏——这与她们的纯粹廉价劳动力的地位相互决定。而这些都与劳资双方力量相比、工作环境等等问题结合在一起。

（资料来源：佟新、龙彦：《反思与重构——对中国劳动性别分工研究的回顾》，载《浙江学刊》，2002年第4期。）

第四节　社会性别与发展[①]

一、经济增长中的性别问题

第二次世界大战之后，发展被定义为以促进经济增长为核心来促进社会的发展。其假设是，只要经济收入提高了，就会自然带动社会的进步。在这种发展理念占主导的情况下，妇女问题并没有被识别为一个有异于男性的群体而被特殊关注，妇女被认为理所当然会从经济和社会发展中受益。

20世纪70年代，人们逐渐认识到，经济增长不等于经济发展，而且经济增长也不必然带来社会和政治的进步，单纯的经济增长反而可能会引起诸多的社会和政治问题。人们开始反思对"发展"的理解。贫困问题、失业问题和社会不均等等社会问题得到了关注。"发展"的概念得以扩展和深化，其含指了政治、经济、社

[①] 李小云、林志斌：《性别与发展理论评述》，载《妇女研究》，1999年第4期；佟新：《社会性别研究导论》，北京大学出版社2005年版，第200~217页。

会、文化和人的全面发展。

1970年，勃斯鲁普撰写了《妇女在经济发展中的作用》一书，第一次从量化的角度分析了妇女在经济发展中的作用，为发展理论中融入社会性别的要素奠定了基本的理论框架。她的研究明确提出了发展中国家的妇女在经济发展中发挥着极其显著的作用。其研究在方法论上基本摆脱了男性视角的主导。虽然她的基本理论仍局限在现代化理论的框架之中，然而她的结论动摇了现代化和西方化会自然解放妇女的传统观点。这也构成了其理论观点与自由女权主义的区别。在其后的10年中，勃斯鲁普和她的追随者对发展中国家妇女对经济的贡献进行了大量的研究。这些研究第一次从量化的角度告诉我们妇女是粮食生产的主体力量。在非洲和亚洲，60%~80%的农业劳动力是妇女；在拉丁美洲，40%的农业劳动力是妇女；世界上大约有1/3的家庭是妇女主导家庭，妇女的生产作用是大多数家庭的生存基础。然而，妇女的这些具体的、重要的作用在官方统计中未能得到体现，在发展政策的制定中也有所忽视。这些研究同时也发现，发展中国家的妇女比较集中地在家庭和非正式就业部门从事劳动。勃斯鲁普和她的同事们对这一现象的解释是，欧洲殖民主义在殖民初期往往将技术、技能和教育优先给予男性，从而迫使女性不得不去从事低生产率的、对技能要求低的活动。家庭事务与公共事务的分离和妇女被局限于家庭的现象是妇女经济边缘化和社会依附化的根源。勃斯鲁普的研究以此为基础，指出经济现代化过程正在导致妇女的经济边缘化，而且其根本原因在于妇女的非解放状态。

阅读材料9-2　中国社会性别平等面临的几个关键挑战

◆就业的性别不平等现象日益加剧

中国妇女就业的比例比世界上许多国家都要高。随着市场的进一步放开，以及结构性调整的深入，劳动力市场上的矛盾越来越突出。与经济改革的后果相关的就业中的性别不平等问题包括：①妇女的工作缺乏社会保障，女性就业多在职业声望较低的工作岗位。②城市的失业率在增加。妇女在下岗的人数中占有相当高的比例。③女性打工者很难享受到医疗服务（主要是生育健康及性传播疾病和艾滋病的预防），也很难让她们的孩子享受到合法的医疗及教育。④在竞争激烈的市场上，女性由于受教育程度较低，技能有限，加上她们的社会关系网和社会地位也不如男性，因此处在很不利的地位。⑤尽管女性占了整个个体经营者的40%，而且占了全职农业人口的一半以上，但她们获得贷款的可能性比男性小得多。对比之下，目前借非正式贷款的有2/3是女性。

◆女性相对贫困现象日益突出

在农村，由于男子外出打工，越来越多的女性承担了农活。男人走后，压在这些妇女身上的越来越重的担子使得她们"筋疲力尽"。农业的收入已经很低了,如果汇款没有保障或是数额减少,那么农业生产的主力女性化也就意味着贫困的女性化。文盲或缺乏教育的现象主要集中在妇女和女孩中,女孩比男孩接受的医疗服务要少;而且和男孩相比,女孩所吃的食品营养也较低。

都市中,女工的失业率高得多,而且再就业也困难得多。即便能再就业,薪酬也普遍偏低。城市老龄人口中女性偏多,她们中很多人无生活来源或退休金较低。

资源分配及利用上的不平等,还有机遇机会的不平等,必然会使社会地位原本就低的中国妇女处境更糟糕。较低的社会地位加剧了妇女边缘化的过程。

◆教育的"市场化"带来了受教育机会的性别不平等

在中国,阻碍实现男女平等目标的仍然是两性之间受教育程度的差距,尤其是在农村,这种差距可能会因为教育的"市场化"而扩大。政府从20世纪90年代中期开始向所有的父母征收学费,比较贫困的农村父母经常让他们的女儿辍学,因为他们交不起学费,而且家中缺劳力,在女孩身上的教育投资被认为是没有回报的。另外,在边远、少数民族地区,教学条件差,学生上学路途远,交通不便,加上农村男性教师多,许多家长出于安全的考虑不送女孩上学,而政府部门并未照顾到女孩的特点。

◆医疗的"市场化"和计划生育政策的负面效应

由于承担生育的角色,妇女(还有她们的孩子)对医疗保健和服务的利用依赖性很强。然而她们享受医疗服务的程度在很大程度上取决于她们的收入水平。农村家庭倾向于把本来就很少的医疗资源都用在男人和男孩身上,而不是女人和女孩身上。年老的妇女是中国老龄人口的大部分,由于公费医疗减少,她们很难享受到医疗服务。

较低的社会地位增加了妇女和女孩的易遭损害性。两份全国性的妇女状况调查显示,有25%的城市妇女和33%的农村妇女曾偶尔地或多次地遭受过其伴侣施加的暴力。

拐卖妇女、儿童——把妇女、儿童当做商品强制买卖的犯罪行为——也在威胁妇女的人身安全。一个典型的模式是把妇女从贫困的西南省份(云南、贵州、四川、广西)拐卖到华中及沿海省份(山东、河北南部、江苏北部、福建和河南)。还有就是把妇女从山区及边疆地区拐卖到内地。也有一些跨国境的拐卖行为,涉及诸如泰国、缅甸、越南等邻国。全国人口中女性人口的数量越来越低于男性人口的趋势,将使这个问题进一步恶化。

中国妇女,尤其是农村妇女异乎寻常的高自杀率,也越来越引起人们的关注。在全世界范围,有1.6%的妇女死于自杀,而在中国,这个比例则高达4.5%。事实上,中国是唯一的女性自杀人数高于男性的国家:女性的自杀率比男性高出40%。1990年,自杀女性中的56%年龄都在15~29岁之间。农村妇女的自杀率是城市妇女的3倍。导致中国妇女,尤其是农村妇女的高自杀率的原因非常复杂,可能与丈夫去城市打工,农活和家庭负担加重,家庭暴力,强迫性婚姻,以及在丈夫家受到的不公平对待有关。喝农药,因为威力大,且在农村又很容易得到,因此是农村妇女最常用的自杀方式。

◆妇女在参与决策方面进展缓慢

中国妇女也是在最近几十年才慢慢步入政治领域的。1949年以后,中国共产党一直积极让妇女参与决策。尽管如此,中国和大多数国家一样,各级行政机构和政治领域的高级职位绝大多数仍被男性占据着。少数女性官员大多负责诸如教育、卫生、环境、保护妇女/儿童/残疾人的权利,以及社会福利等社会性的工作。而男性官员则主导着权力更大、资金更雄厚的部门,诸如国家安全、金融、建筑、能源、水利和对外关系等。这样的分工进一步延续了女性的传统角色定型,使得女性不能参加经济体制改革等关键领域的大部分决策。

(资料来源:世界银行:《中国国别社会性别报告》,2002。)

二、发展项目与性别

各种国际组织和发展机构通过发展援助项目,改善发展过程中出现的不平等、贫困、健康、环境和暴力等方面的问题。在反思传统发展模式的基础上,人们发现绝大多数发展项目中存在对妇女的歧视,这使得妇女的经济参与受到忽视和削弱;由于妇女的现实角色没有得到政策上和发展项目的重视,导致了"女性的贫困化"这一趋势;此外,有的发展项目单纯追求经济利益而将妇女作为未被充分利用的劳力,因为这样会加重她们已经非常繁重的劳动负担。

性别计划(gender planning)因此成为发展项目必须考虑的内容。性别计划是把社会性别的概念和理论纳入到各项与发展相关的工作中的一系列努力。因为在发展过程中面临的问题是,女性不仅仅是一个单纯的利益群体,还是一种关系的存在,是一种性别关系的存在。

因此,性别计划的首要任务就是要了解女性和男性在社会中充当的角色,即生育、生产和社区管理的角色。其次是了解性别需求。需求有两种,一是实用性的性别需求,是指在社会生活中女性就其社会承认的角色确定的需要,一般是女性对直接感受的需要所作的反应,这些需要是很实际的,涉及到供水、保健、就业等基本的生活条件。二是战略性的性别需要,是指由于女性在社会中的从属地位而产生的需要,这类需要根据具体情况有所不同,具体情况涉及社会性别、劳动分工、权利和控制权,也包括合法权益、家庭暴力、同工同酬、妇女对其身体的控制权等等问题,目的是改善妇女的从属地位。最后是政策分析。针对两种性别需要,存在着两种性别与发展的概念和策略。一是妇女参与发展策略(women in development),是为了使妇女摆脱长期被排斥在社会发展进程之外的状况，以提高女性劳动生产率、提高收入、提高管理社会和家务的能力等方法将女性纳入发展过程的发展战略。二是性别与发展策略（women and development），其目的是针对不平等的性别权利关系，实现妇女在发展中的充分参与，注重两性发展的长期需求与利益，以实现女性与男性共同决策、分享权力的平等和可持续的发展。无论是采用何种发展策略，是否能满足妇女在发展中的需求依然是悬而未决的问题。

为了实现两性在社会发展中获得同等的机会，性别发展战略要求做以下几个方面的工作：第一，对社会政策进行性别诊断。对出台的各类社会政策、法规等进行性别分析。确定性别需求，如在劳动分工、家务分工、住房、土地等政策方面两性有怎样的需求，其需求实现的程度。在需求调查的过程中，发现主导问题，并对主导问题进行因果关系的分析。性别诊断的主要方法是利用统计资料。第二，确定性别目标。确定性别目标应当是一个系统目标，有最初目标和最终目标，还有具体目标。其中包括进行性别监测，建立指标体系。在整个目标确定的过程中，性别化的磋商与参与应贯穿始终。性别导入战略，从社会、经济、政治等方面来理解性别问题的因果关系，进行全社会的战略改革。

在性别发展战略的实施过程中，核心概念是"性别意识纳入决策的主流"，其基本特点是：在分析发展战略时，重点不是谈女性问题，而是谈性别关系，两性关系不是对立的，而是协调发展的。女性应当被视为发展的积极参与者。建立整体的理论观，对生产领域性别关系的认识必然建立在对家庭的认识基础上。把发展理解为社会及其成员在一定历史背景下满足其物资、情感和创造的需求能力的提高。平等、福利和反贫困的政策并不是相互对立的不同选择，可以通过激进式的改革来影响历史进程。战略选择要求女性要有自己的组织，这样可以增加她们的谈判能力，从而增强政治权力。

关键词

性　社会性别　劳动性别分工　妇女与发展

复习思考题

[1] 男人与女人的特性有哪些与两性之间的生物差异有最直接的关系？有哪些特性受文化的影响最多？
[2] 你认为有哪些主要的因素在改革开放之后改变了中国内地男女的性别角色？你预期今后的社会性别角色会如何改变？
[3] 女性人类学开展社会性别研究的特点是什么？

阅读文献

[1]（美）凯特·米利特. 性的政治. 钟良明译. 北京：社会科学文献出版社，1999
[2]（法）西蒙娜·德·波伏娃. 第二性. 陶铁柱译. 北京：中国书籍出版社，1998
[3]（法）皮埃尔·布迪厄. 男性统治. 刘晖译. 深圳：海天出版社，2002
[4] 李小云，林志斌. 性别与发展导论. 北京：中国农业大学出版社，2001
[5] 佟新. 社会性别研究导论——两性不平等的社会机制分析. 北京：北京大学出版社，2007

第十章 宗　教

> **摘要**
>
> 　　宗教是人类社会具有普同性的社会文化现象，宗教最本质的特征是对超自然力量的信仰，这些信仰引导人们理解世界，或者帮助人们处理那些被认为重要，但靠现有的组织技术和技巧无法解决的问题。仪式是宗教的重要组成部分，如果把宗教看做是观念和意义的体系，那么仪式则是对这些观念的行为实践和具体表达。仪式往往是集体的、高度程式化的，从中可以传达社会认为有价值的观念，社会成员通过一系列特殊的仪式显示其信仰。人类学从来不将宗教作为一种孤立的社会现象看待，而是认为它与社会生产和生活的全面背景密不可分。要理解人类社会，必然不能脱离对宗教的理解。
>
> 　　所有宗教都承担一些重要的心理和社会功能，在不确定与危机时刻，宗教可以提供安抚，缓解心理焦虑。同时，宗教透过一些由个人内化的道德与伦理观念，以及实际与想象的报偿与惩罚，达到维持社会控制的目的。

第一节　什么是宗教

　　宗教是人类社会普遍存在的一种社会文化现象。民族志资料表明，几乎所有的民族、所有的社会都存在一定程度的某种信仰，这些信仰因文化的不同而不同，但无论其如何变异，有一点是共同的，即他们都相信超自然力量的存在。

　　宗教与一定的社会和文化有着紧密的联系，在很多文化中，宗教成为文化特质重要的组成部分，也正因为如此，在对某一特定社会和文化开展研究时，常常很难绕开宗教这个重要的文化因子。所以自从人类学这个学科发端之初，宗教就成为重要的研究对象，人类学家就一直活跃在宗教研究这一领域，并一度长时间地主导了宗教学的研究，尤其是宗教起源问题的研究。与其他学科的研究不同的是，人类学家所研究的宗教是广义的宗教，即所有的宗教形式。回顾一下人类学发展的历史，不难发现人类学家在对不同时空的各种宗教现象的考察和研究过程中，从宗教民族志资料的积累、研究方法和方法论的提炼乃至诸多宗教解释理论的提出，人类学家对宗教的研究和宗教学的发展做出了独特的学术贡献。

由于早期人类学对原始文化和"他者"关怀的旨趣,因而人类学在跨文化的比较宗教学和宗教起源问题的研究上积累丰厚。早期人类学家在原始文化研究中普遍涉及到了如何定义和解释宗教的问题,他们见仁见智、从各自的学术背景和研究视角出发,提出了多种不同的关于原始宗教和宗教起源问题的理论。对宗教起源和宗教现象的多元化阐释,并不表明宗教本身是难以捉摸和不可认识的现象,而是正好表明宗教本身是一个纷繁复杂的社会现象,对于这样一个复杂社会文化现象的认识在理智上需要有一个不断深化、综合的过程。

弗雷泽和泰勒是较早研究宗教的两位学者,他们都试图从把握宗教的本质属性出发,说明宗教是什么。弗雷泽在其宏篇巨制的著作《金枝——巫术与宗教之研究》中给宗教以简明的定义:"我说的宗教,指的是对被认为能够指导和控制自然与人生进程的超自然力量的迎合和抚慰。这样说来,宗教包含理论和实践两大部分,就是:对超人力量的信仰,以及讨其欢心,使其息怒的种种企图。"[①] 在这个定义中,弗雷泽提出宗教的两个基本特点或要素,即"信仰"(理论)和"讨好"(实践),两个要素中首要的是信仰,即相信宇宙或世界的主宰是神灵,"讨好"是对具体观念的行为实践。同样被誉为人类学之父的人类学家泰勒强调的也是信仰与实践,他给宗教的最低限度的定义是:"对神灵(spiritual beings)的信仰,是人类理解他们的经验及生活于期间的世界的一种努力。"[②] 以上两种定义旨在说明宗教是什么,试图把握宗教的本质属性。一方面,这种定义倾向于将某些信仰或仪式称为宗教,但不对它们做价值判断;另一方面,这种定义并不说明宗教的功能或者不极力发现其他的信仰与仪式是否履行类似的功能。人们以对所谓"神灵"、"超自然存在"、"无限者"的信仰来界定宗教的本质。

与以上学者基于心理学的解释不同,涂尔干从宗教社会学或社会本体论的角度对宗教现象的特征给出解释,从而也解释了宗教是什么的问题。涂尔干不赞同任何非客观性的解释,比如以"神灵的存在"或"神秘的事物"之类的字眼来定义宗教信仰,他批判说:"有种很普遍的看法,认为一切宗教都具有超自然的特征。这意味着,各种宗教事物都超出了我们知识的范围,超自然世界是一个神秘的、不可知、无法理解的世界。这样宗教就成了一种冥想,它排斥所有的科学,或者说排斥所有的真知灼见。"[③] 他提出:"所有已知的宗教不管是简单的还是复杂的,都表现出一个共同的特征:即它们对所有事物都进行了分类,把人类所能想象到的所有事物,不管是真实的还是理想的,都划分成两类,或两个对立的门类,并在一般意

[①] (英)弗雷泽:《金枝——巫术与宗教之研究》,徐育新等译,中国民间文艺出版社1987年版,第77页。

[②] (英)爱德华·泰勒:《原始文化》,连树声译,上海文艺出版社1992年版,第412页。

[③] (法)爱弥尔·涂尔干:《宗教生活的基本形式》,渠东、汲喆译,上海人民出版社2000年版,第29页。

义上用两个截然不同的术语来称呼它们，即凡俗与神圣，整个世界也被划分为两大领域，一个领域包括所有神圣的事物，另一个领域包括所有凡俗的事物，宗教思想的显著特征便是这种划分。"① 涂尔干进一步说，圣物就是被分离出来的事物。圣物不仅受到禁忌的保护，同时也被禁忌隔离开来，只所以是神圣的，是因为神圣事物与凡俗事物之间有条不可逾越的鸿沟。通常来说，神圣事物超脱于其他事物之外；凡俗事物则是实施这些禁忌的对象，它们必须对神圣事物敬而远之。在此基础上，涂尔干提出对宗教的界定：任何宗教都是一个与神圣事物相关的信念与实践的统一体系，这里说的神圣事物是划分出来的、带禁忌性的，信念与实践则使所有的信奉者团结为一个叫做教会的道德团体。涂尔干的宗教社会学思想始终贯穿一个基本原则：他注重社会对宗教的决定性作用，即社会是本原、起因或原型，宗教是社会的表象、产物，宗教信仰不是超自然、超社会的，而是根源于客观具体的社会实在。

当代美国人类学家格尔兹对宗教的定义则关注宗教的象征和意义以及对于社会生活的隐喻，他关注的是象征与仪式行为作为社会生活之隐喻的方式方法，而不是力图去解释宗教是什么。他说："宗教是一个象征的体系；其目的是确立人类强有力的、普遍的、恒久的情绪与动机；其建立方式是系统阐述关于一般存在秩序的观念；给这些观念披上实在性的外衣；使得这些情绪和动机仿佛具有独特的真实性。"②

人类学家安东尼·华莱士说："宗教指的是将仪式合理化的超自然力量的有组织信仰，旨在解释和控制用其他方式人类无法控制的宇宙各个方面。"③ 在这一定义的背后潜藏着这样一种认识：当人们用技术或组织手段无法"搞定"那些引发他们焦虑的重大问题时，他们就试图通过操纵超自然存在或力量来这样做。这就需要使用仪式，因为仪式可被视为宗教的主要表现形式，或"行动中的宗教"。它的主要功能是减少焦虑和维持较高的信心，这是使人们保持某种状态以应对现实所必须的。

从上述诸种定义中可以看出，有的学者试图把握宗教的本质属性，注重从宗教的本质出发说明宗教是什么，重点在于说明宗教是对超自然力量或神灵的信仰，或对超验的人生境界的追求；有的学者强调宗教的根本功能，即强调宗教是人们面对和处理终极性问题，建构神圣的秩序和意义系统的资源；象征主义学者的宗教定义则聚焦于宗教所代表的东西，关注象征与仪式作为社会生活的隐喻、目的和方式。

---

① （法）爱弥尔·涂尔干：《宗教生活的基本形式》，渠东、汲喆译，上海人民出版社 2000 年版，第 43 页。

② （美）克利福德·格尔兹：《文化的解释》，纳日碧力戈等译，上海人民出版社 1999 年版，第 105 页。

③ （美）威廉·A. 哈维兰：《文化人类学》，上海社会科学院出版社 2006 年版，第 392 页。

第二节 宗教的起源和类型

一、宗教的起源

宗教起源问题是宗教学中一个十分重要的问题,因为只有对宗教起源问题有了真正科学的说明,才能揭示宗教产生发展的途径,从根源上发现宗教之所以为宗教的本质。人类学家在早期对于原始文化的研究中,一直活跃在宗教人类学这个交叉性的研究领域,大量宗教民族志资料的积累,使得宗教研究,尤其是宗教起源问题的研究成为人类学研究中成果较为丰厚的领域,并在19世纪70年代到20世纪20年代曾经主导宗教起源问题的研究,提出了不同的宗教起源理论,其中最具影响和代表性的有如下几种:

(一)自然神话论

自然神话论是近代宗教研究中较早提出的关于宗教起源问题的一种学说,发端于德国学者对于印度-日耳曼语系的语言学与民族学的比较研究,最关注的是印欧宗教。其观点是:古代诸神,也就是任何地方和所有时代的诸神,都不过是人格化了的自然现象,宗教的起源及其最早形式为自然神话,尤其是星辰神话。他们认为,神话和宗教中的神都是自然物、自然力和自然现象的人格化。该学派强有力的代表人物是马克斯·缪勒,他是该学派中太阳神话支派的一名德国籍学者,他主张,这些自然对象为人们提供了关于无限者的感受,并且可以作为关于无限者的象征。他的论点是,一旦关于无限者的观念已经产生,那么,就只能以隐喻和象征的形式来思考无限者,而隐喻和象征又只能取自那些在已知的世界里看上去威严雄伟的东西,如各种天体。普洛伊克认为,神话的主要题材是天空的各种形式;阿尔伯特·昆主张神话的主题是风雨雷电等。

(二)万物有灵论

万物有灵论(animism)也称"泛灵论",是关于超自然存在最普遍的信仰之一。1871年,英国著名人类学家泰勒在其著作《原始文化》中,提出了万物有灵的宗教起源学说。在此之前,斯宾塞在其《社会学原理》一书中探讨过原始信仰,提出宗教起源于梦的观点,然而泰勒在对宗教起源的解释中,更强调灵魂的作用。泰勒认为,梦、睡眠、出神、死亡等为原始人提供了自身的二元论观念,于是原始人便将那个在晚上游荡的梦——自我与在白天出现的影子——自我等同起来。通过对睡眠、昏厥、晕厥等不同形式的短暂的无知觉状态的经验,这种二元论观念又得到强化,以至于连死亡本身也被仅仅看做是一种持久的无知觉状态。原始人对诸如死亡、疾病、昏睡、异象以及梦这类经验的反思,引导得出这样的结论,即这些经验必须通过某种非物质性的实体,也就是灵魂而得到解释。然后原始人用同样的方式将关于灵魂的观念移植到其他动物身上,如果人有幽灵,有灵魂,通过同样的推理,动物必定有灵魂,而且植物和无生命的物质性的客体也必定有灵魂。灵魂由于能够从它附着于其中的任何东西上分离出来,就能够被想象成是独立于其物质性载体的。于是,便产生了灵魂观念,而神灵的那种被假定的存在构成了泰勒最低限度的宗教定义。而这些神灵最终发展成为诸神,并且控制着人们的命运。宗教发展演化的顺序为万物有灵论→多神教→一神教。

(三) 前万物有灵论

在泰勒提出"万物有灵论"后,人类学家们一方面承认原始人信仰万物有灵这一事实,但同时认为一定有一个比万物有灵论的阶段更早而且更原始的宗教阶段,也就是"前万物有灵论(preanimatism)"。美国人约翰·H. 金(John H. King)在《超自然者:它的起源、性质和进化》的著作中提出该观点。约翰·H. 金认为,每个事物都是从某个比较简单和粗糙的事物发展而来,认为鬼神和神灵观念对于原始人来说过于复杂,一定有一个早于万物有灵论的阶段,也就是玛纳阶段。"玛纳"是人类学家们已经纳入到概念词汇中的来自美拉尼西亚语中的一个词汇,指的是非人格的力量,它是作为事物和事件的内在属性而存在于它们自身之内的。"玛纳"本身并没有形状,但它却可以有形地将自己显身出来。如一个武士在战斗中的胜利,并不归因于他自己的力量,而是归因于挂在他脖子上的护身符中所包含的"玛纳"。相似的,一个农夫可能知道大量的关于园艺、土壤培育和适时播种收获的知识,但他们却必须依赖"玛纳"才能获得一个好收成,所以他们经常在田地的尽头为"玛纳"建立一个祭坛。如果收成不错,就表明这个农夫在某种程度上动用了必要的"玛纳"。"玛纳"观念使得原始人产生了符咒和魔力的思想,并出现了巫术阶段。按照马雷特的看法,原始人有这样一种感受,即在某些人和事物里存在着一种神秘的力量,正是这种感受的存在与缺席使得神圣与凡俗世界隔绝开来,他把这种非人格力量的观念称为泛生信仰。泛生信仰在不同地区、不同族群的民族志资料中有不同的表现形式,在青藏高原的藏族地区有一种"央"的观念,它是一种能够与物质实体相分离但又作为事物的内在属性存在于事物自身之内的力量。藏族认为马有马的"央"、牛有牛的"央"、羊有羊的"央",同样,人也有人的"央"。在安多藏区,如果一个人想卖掉他的马,他就从马鬃上揪下一些鬃毛,贴在马厩围栏的门上,尽管它可以被售以高价,但这是保留马的"央"的一种方式,如果家中牛羊出现成群死亡的情况,则被认为是"央"的丢失造成的,因此，要举行招"央"仪式，这是泛生信仰的一种地方性表现形式。

（四）图腾论

"图腾"一词源于北美印第安人奥季布瓦（Ojibwa）语"Totem"的音译，意为"他是我的一个亲属"和"他的标记"。"一个亲属"指代同一个外婚群体或氏族，氏族部落相信他们分别源出于各种特定的物类，因此，每一个氏族都以某一物类或动物命名。

麦克伦南（McLennan）是最早研究图腾制度的人，他试图证明图腾制度不仅仅是一种宗教，同时也是许多比较先进的宗教体系所具有的大量信仰和仪轨的起源。甚至麦克伦南把图腾体系说成是古代各个民族中所有动物崇拜和植物崇拜的起源。罗伯特森·史密斯从麦克伦南那里拣拾了一些基本观念，1885年，在研究古代阿拉伯人的闪米特社会的著作《闪米特人的宗教》中，提出图腾崇拜是一切宗教的起点的主张。他提出的乃是一种可称之为宗教起源的结构理论，认为古代阿拉伯人的闪米特社会是由母系氏族组成的，每个母系氏族都与一种动物，也就是他们的图腾动物有一定的神圣关系。进一步地，他认为氏族的人民被认为具有统一血统，是因为他们的图腾也是如此；氏族的神被认为具有相同的血统，是因为他被看做是创建该氏族的生物学意义上的父亲。从社会学的角度来说，神就是被理想化和神圣化了的氏族本身。它的观点是宗教起源于原始社会的本质本身，这也是后来的涂尔干宗教研究的路径。涂尔干在《宗教生活的初级形式》中发展了这一理论，认为图腾崇拜是我们所知的最基本的或原始的，也就是最原初意义上的宗教形式，是将神灵的观念与社会的观念结合为一体的一种手段。在他看来，图腾崇拜是早期的和原始的社会将自身与自然相适应，自然秩序关系投射到人类社会关系上来的文化方式。图腾制度把自然作为社会的模型，宗教对人们而言是一个社会事实，是一种社会分类的手段。

其后，弗洛伊德通过建立心理分析理论发展了图腾论（totemism），他不仅主张图腾是一切宗教的起源，而且图腾还是一切文化、道德和社会组织的起源。

图腾论有广泛的民族志资料作为论证的基础，早期人类学者对于图腾崇拜的研究主要关注的是宗教的起源问题，以及外婚制群体图腾物的关系。后来的反对者反对图腾崇拜是最早的宗教形式的理论，但不反对图腾崇拜是一种古老的社会现象。列维-斯特劳斯认为，图腾崇拜并非宗教的起源，而是早期人类社会的一种分类手段，用来调整人类群体以及他们与自然界的关系。

二、宗教的类型

马克斯·缪勒曾说："一切真正的科学均以分类为基础，只有在我们处于不能成功地对各种信仰予以分类的场合,我们才会承认,宗教的科学实际上是不可能成立的。"如果没有对宗教现象的分类研究,科学的宗教学也难以真正得到确立。在对宗教的研究中,学者们确立了不同的宗教分类标准,不同学科的学者根据自己对宗教的理解常常在各自的研究中采用这些分类概念。

(一) 制度型宗教与扩散型宗教

这种分类是根据宗教的组织结构的程度与特性所做的分类。杨庆堃先生曾经在《汉人社会中的宗教》一书中设专章探讨了宗教分类问题,指出中国存在"制度型宗教"(institutional religion) 和"扩散型宗教"(diffused religion) 两类宗教体系。①但他的分类标准不是宗教现象的内容本身,而是根据二者与中国社会文化制度的结构性关系以及发挥功能的机制。后来,李亦园先生用"制度化宗教"和"普化宗教"对杨庆堃先生提出的两种宗教体系的内容做了具体说明,指出"扩散型宗教"或"普化宗教"没有教会组织、经典、教义,并与民众日常生活密不可分,从而从内容及特征上将两种宗教体系明确区分开来。所谓制度型宗教,是指那些具有宗教经典、教义教规、宗教组织、宗教活动场所、神职人员及大规模集体祭祀活动的宗教体系。制度型宗教本身就是一种社会制度,拥有自己的基本观念和自己的结构体系。而扩散型宗教是指那些作为地方性文化传统,其信仰活动扩散到日常生活中,但没有形成严格的宗教组织,也没有明显的经典和体系化教义,不具有制度化宗教诸要素的宗教现象。扩散型宗教既包括基于不同地区生态环境的自然神灵信仰体系,也包括围绕巫师、萨满作法而形成的,以治病祛灾为主要目的的灵能信仰体系;既有大规模地区性的集体祭祀,也有家庭、个人性的仪式活动等。

(二) "世界"宗教与"原初"宗教

所谓"世界"宗教有以下特征:以成文的经典为基础;有拯救的观念;它是普遍的或有普遍的潜质;它可以取代"原初的"拯救;它往往形成严格独立的活动范围。

所谓"原初"宗教的特征有:它们是口头的——即使是有文字的文化,其宗教也缺乏成文的经典和正式的信条;它们在取向上是面向"此岸—俗世"的;它们被限定在一种语言或族群内;它们构成世界宗教得以发展的基础;宗教与社会生活是密不可分的和缠绕在一起的,"神圣"与"世俗"或自然与超自然之间没有明确的划分。

---

① C. K. Yang(杨庆堃):*Religion in Chinese Society*, University of California Press, 1961.

（三）自然宗教与人为宗教

这是从宗教发生学的角度对宗教所做的分类。自然宗教主要指在超自然力量压迫下的人们中自发形成的宗教，一般都难以确定其形成的年代，也无法确定其创始人。原始宗教都是自然宗教。人为宗教则是有意识创建的产物，有具体的创建者。佛教、基督教和伊斯兰教等在文明社会中出现的宗教都是人为宗教。

第三节　巫术与宗教

宗教和巫术、宗教仪式和巫术实践常常难以精确区分。莫斯说："宗教和巫术是不同两级的两个极端现象：一个是祭祀，另一个是邪咒。宗教总在制造一种理想，让人们向它致以圣赞、誓言和牺牲，是一个靠训诫支撑起来的理想。巫术对这个空间是避而远之的……。这两者之间，我们可以看到很多特性难辨、混杂不清的行为。"[1] 弗雷泽认为，宗教是对力图控制自然过程的人的劝解或抚慰，而巫术则是人们企图借助和操弄某种超自然力量达成某种特别目的的仪式行为和技术，这些技术包括运用在神祇或其他非人类精灵力量上的咒语、信条及符咒等。正如上述两位学者一样，西方人类学、宗教学者普遍认为，巫术与宗教虽有联系，但在性质上却是完全不同的社会文化现象。但也正如莫斯所说，巫术和宗教实在难以精确区分，从广义上讲，人们之所以进行巫术的实践活动，还是在于他们相信有某种支配人们生活的外部力量的存在，只有有了这种信仰，人们才进一步利用巫术这种力量。因此，在广义上人类学常把巫术划归到宗教的范畴。

在人类学对巫术较为系统的研究中，泰勒是较早的一位，在其《原始文化》一书中，他曾两度讨论巫术。他也是最早提出"交感巫术"的人类学家之一；这个术语包括所有那些遵循所谓交感法则的巫术仪式：相似生成相似、接触导致传染、形象生成物体本身、部分被认为等同于整体。泰勒的主要目的是想说明这些仪式在各个遗存系统中所发挥的功能。实际上，除了普遍的泛灵论外，他对巫术没有做其他任何解释。

弗雷泽在其巨著《金枝——巫术和宗教之研究》中提出了一个较为系统的巫术理论。他认为，巫术阶段是前宗教或前万物有灵论阶段，他通过大量的人类学材料来论证一种遍及世界各地的文化现象，即原始人企图通过巫术来控制现实。他认为，巫术所基于的思想原则可以分为两种形式：第一种形式是"同类相生"或结

---

[1] （法）马塞尔·莫斯：《巫术的一般理论：献祭的性质与功能》，杨渝东等译，广西师范大学出版社2007年版，第30页。

果相似于原因；第二种形式是凡接触过的东西在脱离接触后继续发挥相互影响。前者称为"相似律"，后者称为"接触律"或者"感染律"。这是交感巫术的两条基本规律，也是两种主要形式，所有巫术无不出于这两条规律。

同类相生的模仿巫术，在许多时代和许多族群中最常见的应用就是模仿敌人的形象去达到伤害或毁灭敌人的目的。他举例说，在北美印第安人中，人们相信假如在沙上、灰上或土上画上一个人的形象，然后用长矛刺这一形象，那么就会对该图案所代表的人造成伤害。

弗雷泽说，虽然顺势巫术或模仿巫术常被人用来作为消灭其所憎恶的人的目的，这是一种比较普遍的情况，但是它偶尔也被用于乐于助人的善良意图，例如它可以被用来助产和帮助不妊的妇女怀孕。他举例说，在苏门答腊的巴塔人中间，一个不妊的妇女想怀孕的话，就做一个木质的娃娃放在膝盖上抚摸，相信这样可以达到目的。同样逻辑的巫术在中国各民族中可以例举很多。例如，在青海黄南地区的藏族中保留着一种用于人类自身生产的丰产巫术，这种巫术与龙神信仰有关，在每年盛夏的村落性祭神活动中举行。在藏族文化中，龙神是地下和水中超自然力量的象征，凡水族类动物都与龙神有关，被具象的龙神一般是女神形象，人身鱼尾，鱼尾部分常在汹涌波涛的水中。龙神主司雨水，同时又是地下矿藏的主人，因而具有财神的功能；同时龙神类动物鱼、蝌蚪、虾、青蛙等都有多产的特征，因而龙神又具有丰产的功能。在每年农历六月祭祀龙神时，有一个重要的仪式，龙神庙中供奉有木质男女生殖器模具，届时主持仪式的巫师在对龙神进行祭祀的同时，村中一男青年从神庙中拿出男女性模具，混杂在向龙神献舞的人群中挥动模具夸张地做出男女交媾的动作，并伺机将手中的男性性模具塞进围观的村妇怀中去戏谑，而这些被戏谑的对象往往是村中久婚不育或有特殊生育偏好者，她们期待着龙母能赐予她们生育的能力或满足她们特殊的生育愿望，村民们相信这种巫术非常灵验。

弗雷泽认为巫术有两种逻辑，一种是积极的，即"做了某事便能诱发某事发生"；另一种是消极的，即"切勿做某事以免某事发生"。前者称为积极的巫术，后者称为消极的巫术，消极的巫术所包含的否定性教训便是禁忌。积极的巫术或法术，其目的在于诱发欲求的事情；消极的巫术或禁忌，其目的在于去避免不愿发生的事情。但无论哪一类都可以通过相似律加以诱发。

交感巫术的另一种类型为接触巫术，它所遵循的原则是，凡是接触过的东西在脱离接触后仍可继续发挥作用。因此，只要对两件接触过的事物中的一事物施加影响就会影响到另一事物。最为常见的是认为一个人的身体的某一部分如头发、指甲在被剪之后，仍可用来对这些头发和指甲的所有者施加影响。例如，在马来人中有同类巫术，他们把所欲加害的人的指甲、头发、眉毛、唾液等东西收集起来，便足以代表某人的全身，然后用蜂窝中的蜂蜡调和在一起制成形象放在灯上烤，连烤七夜，一边烤，一边唱：我要烤焦的不是腊，而是某人的肝、心、脾，之后再把形象埋掉，那么所要加害的人必死无疑。

第四节 人类学的宗教研究

文化人类学认为，宗教不是一种孤立存在的社会现象，它与社会生产和生活的全面背景密不可分。宗教的产生具有社会学的、心理学的和生态学等的功能，是满足了社会的某种需要。因此，要理解人类社会，必然不能不理解宗教。宗教人类学是人类学研究的一个分支领域，也是人类学中最受重视、积累最为丰厚的一个领域，形成了诸多对宗教的解释理论，这些理论丰富了对宗教现象的理性认识和理解。人类学宗教研究的源流可追溯到古代的人文思潮，但作为人类学的一个分支学科，可以认为形成于19世纪后半期的英国，其标志为泰勒所著的《原始文化——关于神话、哲学、宗教、艺术和风俗的发展的研究》（1871）。之后的半个多世纪里，人类学的宗教研究主要关注无文字、相对孤立的小型社会的宗教文化。20世纪中叶以后，随着现代人类学开始将农民社会、工业及都市社会纳入学术视野，宗教人类学也开始研究文明发达地区居民的宗教文化。西方人类学的宗教研究涉猎广泛、门类严整，其研究内容包括世界各地几乎所有的宗教现象，在材料挖掘、方法论开发和理论概括方面都具独到之处。

一、心理学的理论

早期人类学家对于宗教起源问题的解释基本上都是通过心理学的途径，认为宗教起源于人们对某些现象要求加以解释的理智需要。斯宾塞认为，原始人没有自然解释的观念，梦为原始人提供了自身二元论的观念，通过对梦的经验的二元论观念到睡眠、昏厥、晕厥等不同形式的短暂无知觉状态的经验，强化了人与灵魂的二元论观念，由此而引发的鬼神的观念不可避免地要发展为诸神的观念。他得出的最后结论是：祖先崇拜是每一种宗教的根源。泰勒的万物有灵论强调的是关于灵魂的观念，认为原始人通过对诸如死亡、昏睡等经验的反思，引导他得出结论，即这些经验必须通过灵魂而得到解释。鬼神理论和灵魂理论可以被视为关于宗教起源的梦的理论的两种说法。

对于宗教在人类社会具有普遍性的原因，研究心理学解释的人类学家都认为是一种功能的需要，即宗教有助于克服人类心理上的不安。马林诺夫斯基主张，宗教乃是对个人的焦虑和疑惧的答复，如果这个问题不解决，则人类社会难以巩固。他认为，面对生命中的诸多危机，尤其是在面对死亡的危机时，陷入恐惧和焦虑中的人会通过宗教仪式的举行而减缓他们的紧张，并消除他们的绝望。换句话说，宗教有助于达到提供安慰和安全感、信心、宽慰和保证的目的。

二、社会学的理论

与心理学理论的观点不同，社会学理论的观点认为，宗教并非起源于个人的心理活动，而是起源于社会本身，宗教是一种社会事实，它产生于社会生活自身的本性。较早对宗教做出深刻而全面的社会学研究的当属费斯泰尔·德·库朗热（Fustel de Coulanges），他在《古代城市》一书中提出古代社会是以宽泛的意义上的家庭——大家庭或以世系为中心的，而将这种父系集团结合为一个社团并且赋予它一持久性的乃是祖先崇拜。罗伯特逊·史密斯通过对阿拉伯人的闪米特社会的研究，认为古代阿拉伯人的闪米特社会是由母系氏族组成的，每个母系氏族都与一种动物，也就是他们的图腾有一种神圣的关系。费斯泰尔·德·库朗热和罗伯特逊·史密斯提出的乃是一种可以称之为关于宗教起源的结构理论，认为宗教起源于原始社会的本质本身。涂尔干的宗教研究路径深受以上学者的影响，认为宗教的实质乃是一个社会的集体表象，每一个社会均能分辨出两种性质不同的现象，即神圣与世俗。所谓神圣事物，是指那些由禁忌隔离开来并受保护的东西，世俗事物则是须与神圣事物保持一定距离的东西。宗教信仰是社会对神圣观念的表达。这种观念有时可以象征化，通过十字架、雕像等表达，但这些崇拜物并不能自动地变为神圣，神圣的意义乃是社会赋予它们的。

三、功能主义理论

马林诺夫斯基和拉德克利夫－布朗点燃了"仪式—焦虑关联"的功能主义争鸣。马林诺夫斯基力图探究的一个基本问题是：宗教在原始文化中到底占有什么地位，发生什么作用。通过对土著人的参与式观察，马林诺夫斯基发现，在土著人的生活里，人生的每一生理阶段特别是重大转折阶段，几乎都伴有宗教的需要；换言之，大多数原始宗教的信念、仪式、行为等，都与生命过程息息相关，宗教是根植于人类的基本需要，是满足这些需要的文化形式。马林诺夫斯基还认为，宗教并非产生于臆测或反映，更不是产生于错觉和误会，而是产生于人类生活的真实悲剧，产生于人们的计划与现实的冲突。拉德克利夫－布朗则更系统地把宗教观念与社会结构相联系，认为原始人之消极的与积极的仪式之所以能够存在和延续，是在于它们是秩序化生活赖以自我维系的部分机制，并用来建构某些根本的社会价值。宗教的基本功能包括以文化的方式提出解决人类社会问题和心理问题的办法，以及各种表现与重申社会核心价值的方法。

四、文化象征论

象征在文化中占有十分重要的地位，西方不少学者甚至认为文化就是象征和意义的体系，人是使用象征符号的动物。研究文化中的各种象征的类型、结构及其意义，对于理解一种文化具有十分重要的意义。美国著名人类学家格尔兹（Clifsord Geertz）则把"意义"与"象征"紧密地结合起来，认为"象征符号是指作为观念载体的物、行为、性质或关系——观念是象征的意义"。

在格尔兹看来，宗教是当地人们对其所在的世界的符号表述，是当地人们认识、理解、解释和描述其所在世界的一般观念的"文本"。格尔兹认为，宗教的象征可以从两个方面加以理解。首先，象征提供了一种解决问题的框架，使个人可以明了自己在宇宙中的位置，从而使生活具有意义而且可以被理解；其次，象征往往代表了人类生存的最基本的需要，也因为如此，象征本身具有了重要的意义。

列维-斯特劳斯和另外一些人类学家则以神话为例来解释宗教的象征性。他们认为，体现在神话之中的象征性的表达是被安排成了一种共同的模式。典型的神话传说结构中并列有三套象征性因素：一是确立一种价值观念，一种美好的事物或行动的原因；二是树立上述因素的对立面；三是一套中立的观念以调节二者之间的冲突。这样，神话就成为一种象征性的公式，其目的在于解决社会内部不同准则的价值观念之间的矛盾和不同的道德观念之间的分歧。

第五节　宗教仪式和宗教职业者

一、仪式及其特征

如果说信仰代表着宗教的认知方面，那么，宗教仪式则是宗教意义的演示或发布，是由象征着宗教意义的象征性行为组成的。也就是说，仪式是宗教的行的方面，是对宗教信仰以及宗教经验的一种外在的表现或表达。法国著名社会学家爱弥尔·涂尔干把仪式看做是人类宗教现象的重要组成部分，认为宗教就是由信仰（思想观念）和仪式（行为实践）两个范畴组成的，作为宗教构成因素的仪式，属于神圣事物，认为如果仪式不具有一定程度的神圣性，它就不可能存在。特纳（Victor Turner）对"仪式"这个词的定义是："用于特定场合的一套规定好了的正式行为，它们虽然放弃技术惯例，是对神秘的（或非经验的）存在或力量的信仰，这些存在或力量被看做所有结果的第一位或终极的原因。"①

当代人类学将人类文化分为观念、行为、物质三种范畴。仪式自然不属于物质范畴，也不是存在于人脑中的观念，而是付诸于实践的一种行为，是一种特定的行为方式。

人类的行为多种多样，什么样的行为才能称之为"仪式"？这是一个需要讨论的问题。当一群原始人射杀一只猎物，并将这只猎物放在火堆上烧烤分食时，他们的行为也许只是为了果腹而进行的一次日常活动；然而当有一天这群原始人射杀一只猎物，并抛洒鲜血，焚烧牲肉，口中还有念念有词的祈祷行为时，这种行为已经超出日常行为的范畴，是一种超常态的行为，因而具有一定的仪式的意义。美国人类学家克利福德·格尔兹列举了印尼巴里人在仪式中神灵附体时生理、心理的超常状态，他说："巴里人陷入极度的游离恍惚状态，并做出各种惊人的举动——拧断活鸡的脑袋、用匕首捅自己、疯狂地四处摔自己、说粗话、表演非凡的平衡技术、模仿性交动作、吃粪便等等……"可见，仪式行为是不同于生活常态行为的超常态行为，和日常的正常状态的行为相比，仪式行为无论从行为频率到行为目的，都具有超越常态的特征。就行为频率而言，日常行为每天都在发生，而仪式行为只是偶然或定期举行；就行为目的而言，日常行为是为基本的生理需求而进行的实用性行为，而仪式行为并非具有生活的实用价值，而是表达某种精神价值的行为。

有几项特征使仪式与其他生活常态行为有所区别，仪式是形式化的、具有固定的风格、一再重复并具有固定的形态，人们在某些特定地点与特定时间举行。

这些特征会让人将仪式联想到戏剧。维克多·特纳对仪式持戏剧主义观点，他指出仪式和戏剧之间至少存在五个共同点：①角色的表演；②修辞风格语言的应用；③有观众；④知识和对一组单项规则的接受；⑤高潮。但两者间仍有许多重要的差异。戏剧有观众，而非参与者；戏剧表演的特点之一，就是要求扮演者进入角色，把自己变成故事中人物，并以所扮演角色的思想和感情进行表演，演员只是表演某些事情，而仪式的参与者是宗教的信众，他们非常虔诚和认真；仪式要求有效，而戏剧则表现为"娱乐"；仪式表演为求结果，与不在场的人也有关，表演者的投入可达到"附体"状态，观众参与并相信，而戏剧表演是为了娱乐，只与在场的人有关，演出者投入但却清醒，观众观看并欣赏。人类仪式的原理是象征性的，仪式对于仪式行为者来说是有意义的，美国人类学家格尔兹说：正是在特定仪式中，宗教象征符号所引发的情绪和动机，与象征符号为人们系统表述的有关存在及秩序的一般观念相遇，相互强化。在仪式中，生存世界与想象世界借助单独一组象征符号形式得到融合，变成同一个世界。有意义人们才行为，但这个意义更多的是精神领域的意义。仪式行为者正是通过行动、姿势、舞蹈、吟唱、演奏等表演活

---

① （英）布莱恩·莫里斯：《宗教人类学》，周国黎译，今日中国出版社1992年版，第332页。

动和物件、场景等实物安排拟构出一个有意义的仪式情境，并从这样的情景中重温和体验这些意义带给他们的心灵慰藉和精神需求。在仪式的整个过程中，表演活动和场景、实物都是表达或表现意义的手段。一个仪式，就是一个充满意义的世界，一个用感性手段作为意义符号的象征体系。

仪式蕴含了有关参与者及其传统的资讯。仪式年复一年重复出现，代代相传，将价值与情感转换成行动。仪式是社会性质的行动，某些参与者不可避免地会比其他人更投入。然而，只要借着参与一个联合的公开行动，就表示参与者接受了公开的社会道德秩序。

宗教仪式与世俗仪式具有很大的不同。宗教仪式的举行不是随意的，而是往往有着特殊的时间和空间的要求，例如有些仪式是在特定的宗教节庆日在寺观和教堂举行；宗教仪式是以神圣化的方式转化空间与时间的一种有效方式。

二、宗教仪式

（一）人类学的宗教仪式研究

信仰和仪式一直以来都是人类学田野民族志关注的重要内容，它构成了一个文化的基本特质。人类学者强调对一个民族的文化符号体系做系统阐释时，必须以行为者为取向，必须关注行为，其目的是通过行为理解这些文化用以表达自身的方式，认为文化就潜藏在人们的社会行为中。宗教的仪式被看做是"行动中的宗教"，人类学仪式研究的意义在于把从社会行动出发探究行为所承载意义作为宗教研究的一条重要路径。

人类学家普遍认为，宗教有两个重要的组成部分，一是宗教信仰，即观念的系统，二是宗教仪式的系统，这两者既有关联，又有区别。自从法国人 N. D. Fustel de Coulanges 于 1864 年提出希腊罗马古代城邦社会的核心社会组织是氏族，而氏族是依赖祖先崇拜来维持的理论后，信仰与仪式的社会功能便备受关注。罗伯特·史密斯提出，宗教祭祀仪式的最基本的社会功能是为创造和维持社会之存在。甚至说，宗教不是为了拯救灵魂而是为了保存与造福社会而存在。在罗伯特·史密斯关于"仪式比信仰更重要"观点的基础上，经过涂尔干的阐发，宗教人类学一直秉持着重仪式轻信仰的传统。涂尔干提出，宗教在本质上可以归结为两个基本的范畴：信仰和仪式。信仰是主张和见解，并存在于许多表象之中，而仪式则是明确的行为模式，是社会的象征表现。"信仰是舆论的状态，是由各种表现构成的；仪式则是某些明确的行为方式。这两类事实之间的差别，就是思想和行为之间的差别。"① 他强调仪式在凝聚社会团结、强化集体力量方面的功能，认为仪式强化的是作为社会成员的个体对其社会的归属关系。从严格的意义上讲，涂尔干开创了近代学术史上对宗教和仪式社会功能研究的先河。在涂尔干仪式功能学说的基础上，马林诺夫斯基和拉德克利夫－布朗点燃了"仪式—焦虑关联"的功能主义争鸣。马林诺夫斯基认为，宗教并非产生于臆测或反映，更不是产生于错觉和误会，而是产生于人类生活的真实悲剧，产生于人们的计划与现实的冲突。拉德克利夫－布朗则更有系统地把宗教观念与社会结构相联系，认为原始人之消极的与积极的仪式之所以能够存在和延续，是在于它们是秩序化生活赖以自我维系的部分机制，并用来建构某些根本的社会价值。他甚至认为，宗教的支柱是仪式而不是信仰，因此，不管是文明社会还是原始社会，仪式可以作为宗教体系加以研究。宗教的基本功能包括以文化的方式提出解决人类社会问题和心理问题的办法，以及各种表现与重申社会核心价值的方法。他说，大部分人都不重视仪式的应验问题，重视的只是它的社会功能，即仪式在建立和维持一个具有正常社会秩序的人类社会时发挥的作用。因此，布朗将仪式的核心功能归结为"维持社会秩序"。

维克多·特纳继承了涂尔干和拉德克利夫－布朗的学术传统，按照冲突解决的一种分析来解释仪式的社会作用。他继承老师 Gluckman 把社会冲突仪式化的论点和范·盖那普的仪式三阶段论的论点，发展出他自己的新的分析仪式的模式。他认为，仪式有如一"社会剧"，可以把社会结构之间的冲突紧张表现出来并弥合之。他通过赞比亚恩丹布人的民族志研究解释仪式象征和社会结构关系，认为仪式具有一种政治上的结合作用，是恢复群体的平衡和稳定的一种社会手段的组成部分。仪式不仅将内聚力、社会价值观念和社会情感灌输给人们，而且仪式还夸大了社会统治的实际冲突，并且确信尽管存在着这些冲突，但还是有联合一致性。

克莱德·克拉克洪通过对那伐鹤人个案的研究，认为神话与仪式有一个共同的心理基础，仪式是某种难以摆脱的重复性行动——经常是对社会的基本需要而做的某种象征性的戏剧化表演，这种需要有可能是经济的、社会的、生物的或性的。任何文化都有一种类型冲突和类型解答，仪式做法倾向于描绘那种冲突的象征性解决。

埃温斯·普理查德提出，宗教与社会的关系应该是有一个中介变项，而通过当地人的文化认知分类才完成。仪式展现并沟通了土著的文化认知分类，回过来再影响和反映在社会关系的分类上。

埃蒙德·利奇赋予仪式在文化研究上极为重要的位置，认为仪式是表达文化概念与模式的媒介，反过来再引导其他社会行为。既然是媒介，仪式便会促使人在修

---

① （法）爱弥尔·涂尔干：《宗教生活的基本形式》，渠东、汲喆译，上海人民出版社 2000 年版，第 42 页。

正社会秩序的同时，确认社会秩序之基本范畴。利奇把仪式象征主义看做是社会结构的一种反映或隐喻，认为仪式是一种象征活动，仪式表示了社会结构，他说，仪式和信仰同样可以理解成是关于社会秩序的象征说明形式。仪式使得社会结构更明朗……这种用仪式形式象征的社会结构，就是那种社会都接受的，个人与群众之间"恰当的"关系体制。格尔兹比利奇更进一步，他将仪式视为一个文化体系，认为象征体系（仪式与文化）不只是反映社会结构，也不是依赖社会结构，和利奇一样，格尔兹也重视仪式在投射实际社会存在的同时，也可重塑、重整社会事实。在格尔兹看来，宗教是当地人们对其所在的世界的符号表述，而符号所承载的便是意义。仪式则是一种"文化表演"，宗教和仪式是当地人们认识、理解、解释和描述其所在世界的一般观念的"文本"，人类学可以把仪式当成认识、理解、解释和描述文化秩序和存在一般观念的文本和符号体系。

三、仪式理论

人类学的仪式研究通常将仪式分为两大类，即生命过渡仪式和强化仪式。生命仪式一般是个体生命不同阶段的过渡仪式，强化仪式则是标志着群体生命而非个体生命危机时刻的仪式。

出生于德国的人类学家阿劳德·凡·盖纳普（Van Gennep）将所有仪式概括为"个人生命转折仪式"（individual life-crisis ceremonials），"历年再现仪式"（recurrent calendric ceremonials）。"个人生命转折仪式"指伴随出生、成年、结婚和死亡等生命过程发生的仪式。盖纳普认为，在任何社会中，一个人的生命总有从一个年龄到另一个年龄的一系列的过渡阶段。在多数人类群体中，主要的转变——出生、青春期、婚姻和死亡都是各种精心安排的仪式的主题。在原始部落群体中，这样的仪式构成了文化生活的主要方面。"历年再现仪式"指周期性再现的节日仪式和生日仪式等。这些仪式被统称为"过渡仪式"或"通过仪式"（rite of passage）。盖纳普给"通过仪式"下的定义是："伴随着每一次地点、状况、社会地位，以及年龄的改变而举行的仪式。"[①] "通过"或"过渡"的意思是改变状态或地位，标志着从一个生命阶段、季节或事件，转向另一个生命阶段、季节或事件。参与通过仪式的每个人，以及整个社会，都以不同的方式标志这些转变。关于"过渡仪式"，盖纳普提出了仪式过程的三阶段论，即：隔离阶段、阈限或转换阶段和重整阶段，所有这些转折仪式都是由这三个基本的仪式阶段构成的。首先，第一阶段（分离阶段）包含带有象征意义的行为，表现个人或群体从原有的处境——社会结

---

① （英）维克多·特纳：《仪式过程：结构与反结构》，英剑波等译，中国人民大学出版社 2006 年版，第 94 页。

构里先前所固定的位置，或整体的一种文化状态中分离出去的行为。这是由净化仪式、削发和献祭等仪式所表达的一个转折点的前期阶段，是与原来的状态、地点、时间或地位相分离的。其次，是转折点时期，也就是转折仪式，在这个阶段，仪式主体象征性地被置于"社会之外"，并且往往要服从某些禁忌或限制。处于这个阶段中的人既不是转变前的人，也不是在第三阶段经过重新整合的人，而是处于转变状态中。最后，是转折点的后期阶段，仪式主体——无论是个人还是群体——重新获得了相对稳定的状态，完成了转折而达到一种新的状况。禁制的解除、新徽章的佩戴和圣餐的分享都表明了仪式进程的这个第三阶段。

盖纳普说，从一个群体过渡到另一个群体，从一种社会状态过渡到另一种社会状态，都被看做存在之天经地义的事情，由此人的一生变成了由一连串有着相似终点和起点的阶段所组成：出生、社会性的青春期、结婚、为人父母、提升到更高级的等级、职业的专门化、死亡。这些事件中的每一个都有庆典，其根本的目的在于使个人离开一种确定的位置而转入另一种同样确定的位置。

强化仪式是指强化共同体既已存在的秩序和价值观等，主要是指群体生命或生活危机时刻举行的仪式。如遇到严重少雨威胁农作物生长、疫病横行、部落之间的战争等危机到每个成员的天灾、人祸事件时，人们都会举行大型仪式以求减轻群体面临的危险。这种仪式的功能是强化集体意识和价值的认同，把内聚力、社会价值观念和社会情感灌输给社会群体，凝聚社会意识，强化集体力量，用集体行动和集体力量应对危机。

强化仪式并非局限于明显危机的时候，一些周期性的岁时节令庆典也具有强化的意义。如在一些传统的农业社会中，人们在播种、果实成熟收割之时举行庆典，对于这些社会中的人们而言，这些都是他们生活中特别重要的时刻，而庆典则表达出人们对于他们赖以生存的自然之生产和繁育力量的一种尊敬态度。如果农事顺利，这些庆典活动将强化群体的介入，同时通过庆典也使群体获得对生产和生活的更多信心。

维克多·特纳在学术渊源上继承了凡·盖纳普关于过渡仪式或通过仪式的研究路径，在对恩登布人做社会田野调查的基础上，提出了"社会戏剧"的重要独创性概念和"阈限—交融"的理论。社会戏剧是发生于破裂（breach）、转折（crisis）、调整行为（redressive action）、重新整合（reintegration）可以观察到的四个主要阶段的社会行动。他把人类的社会关系分为两种状态：一种是日常状态，在这种状态下，人们的社会关系保持着相对稳定的结构模式，特纳称之为"位置结构"。位置包括法权地位、职业、职务、等级等社会常数，个人为社会所承认的成熟状况以及人在特定时间内的生理、心理或感情状态。另一种是不同于日常社会生活及社会关系的仪式状态，仪式是处于稳定结构交界处的反结构现象，仪式过程就是对仪式前和仪式后两个稳定状态的转换过程。特纳把仪式过程的这一阶段称为"阈限期"(liminal phase)，意指处于反结构状态的有限的时空阶段。特纳认为，过渡仪式包括一种在两个稳定状态之间的转换，他把状态定义为是一种"相对固定不变的和稳定的状况"。他说，阈限或阈限人的特征是不可能清晰的，因为这种情况和这些人员会从类别（即正常情况下，在文化空间里为状况和位置进行定位的类别）的网状结构中躲避或逃逸出去。阈限的实体既不在这里，也不在那里；他们在法律、习俗、传统和典礼所指定和安排的那些位置之间的地方。在《仪式过程：结构与反结构》一书中，特纳描述了恩登布人的首领就职仪式，他描写了这位首领如何在腰间系块破碎的腰布并受到头人们的训斥和粗暴对待，他们要这位新任首领去做各种下贱的事情。他提出了与阈限阶段有关的各种论题——性欲节制、谦恭与默默无闻及甘当无名鼠辈。他写道，关于这种阈限阶段，其令人感兴趣之处就在于他促成了"卑贱与神圣、同质与同伴关系"交融为一体。

特纳在分析过渡仪式时指出，仪式的阈限有公开性与隐秘性之别。公开性阈限通常发生在季节性的庆典仪式（如耕种仪式、收获仪式、节日庆典）当中，而隐秘性阈限通常发生在人生过渡礼仪和为社会地位晋升而举行的过渡礼仪中。在公开性阈限阶段，社会的每个成员都成为阈限人，在仪式过程中表现出社会正常关系的彻底颠倒（如穷人扮演富人、富人扮演穷人等）。然而仪式一旦结束，人们的社会关系又回到日常结构中。相比之下，在隐秘性阈限阶段，阈限人无贵贱之别，直到阈限期结束后，他们的地位和身份才重新发生变化，使男孩变为成年汉子，使普通人变为酋长等。在阈限前后的阶段中，社会结构存在于社会当中，规定着社会关系和社会地位。到了阈限阶段，人们之间形成了一种特殊的关系，使社会结构出现一时的空白，显示出反结构的主要特征。当仪式结束时，社会结构又得以重新恢复，把阈限阶段特殊的关系消弭了，从而使日常的社会结构得以重新确立。换言之，社会生活是由结构和反结构的二元对立构成的，社会结构的特征是异质、不平等、世俗、复杂、等级分明，反结构的特征是同质、平等、信仰、简单。在特纳看来，仪式的本质正在于它的反结构特征。

阅读材料10-1　热贡藏族的村落祭神仪式

"热贡"是青海藏区一个传统的藏族社区和族群单位名称，位于青海省东南部黄河支流——隆务河流域。

农历六月，正是隆务河谷流火的时节，两岸的麦田里泛着金黄色麦浪，丰收在望。此时，隆务河两岸的藏族村落中正在忙碌地筹备即将来临的村落祭神仪式，当地人将此仪式称为"勒如"。仪式以村落为祭团单位展开，是村民们一年中最为隆重的仪式，胜似年节，当地有句谚语说："美味佳肴在年节上享用，美饰华服要在'勒如'祭神时展示。"每到农历六月中旬，隆务河谷一片狂热，人人华饰美服，村村桑烟袅袅，锣声、龙鼓声、海螺声和村民们的吆喝声渲染出浓郁的宗教仪式的氛围，村民们都沉浸在神圣的人神交流的仪式中。只有当祭神仪式结束后，大规模收割小麦的生产才能开始。

"勒如"仪式所要祭祀的对象是民间信仰中的年神和龙神，他们是守护一方水土的地方守护神。年神是土地之上一切资源的主人，龙神则是土地之下和水中一切资源的守护者。在藏族文化中，年神和龙神被认为是世俗世界之神，社区的清吉平安、物阜民康、人丁繁衍以及社会和人事的诸多事情都要仰仗守护神的恩赐福照，因而与一定社区内人们实际的生产、生活密切相关。当地人认为，"勒如"仪式是为神举办的宴会，认为保护神一年中在各自的领地上巡游，司职守护一方水土，没有时间相聚，而只有在"勒如"祭神仪式期间，村落和社区的各路神灵齐聚叙怀，享受人们为它们准备的歌舞饮宴。

仪式有程式化的结构，一般都按以下程序展演：

◆ "拉曲嘎"仪式

"拉曲嘎"仪式意为请神沐浴的仪式，实际上这是在仪式前使参与仪式的村民集体沐浴，进入仪式的"阈限"状态。

在热贡藏族的观念中，"勒如"是一个人神交流的仪式，仪式中的二元关系是"民"和"神"，"民"代表凡俗，是仪式执行者，而"神"则代表神圣、超凡界，是仪式的对象和接受者。他们认为，凡俗世界是被"污染"过的世界，如若不经过适当的净化，将无法与神圣世界交通，尤其是充当人神媒介的"拉巴"（神巫）更是如此。与神交通需要两个条件，其一是请神降临凡俗界，其二是凡俗界主动阈限以期与神接近。因此，每个村落的仪式无一例外都是从净化仪式和阈限开始的。传统的净化仪式有两种：一是"煨桑焚香"。"桑"的本意是"驱污、消毒、净化"。通过"煨桑"使神灵降临的凡俗空间得以净化，迎接神灵降临。二是沐浴。通过水的净化作用涤除尘俗的不洁，达到清洁的目的。

清晨，家家户户陆陆续续燃起桑烟，净化家屋庭院，为迎接神灵降临做准备。早饭后，男人们盛装来到神庙，焚香祭神。陆续来到神庙的村民们在焚香完毕后，便有组织地整列仪仗，队列最前面的人高高擎起绘着神像的"唐卡"（藏传佛教的一种绘画形式），仪仗队列中的人们举着旌旗，手持刀、矛等被认为神灵使用的法器，伴着锣鼓铿锵的节奏向神献舞，这是一种专门用于向神献祭的舞蹈，叫神舞。当"拉巴"（能够使村落神附体的神巫）在神龛前降神开始时，仪式便进入了人神交通的神圣时刻，随着"拉巴"突然之间癫狂抖动，预示着神已降临到人们中间，随之，村民们情绪变得紧张，不敢稍有懈怠，仪式井然有序。从此刻起，"拉巴"便是神的代言者，整个仪式由他"导演"。

神庙中一套完整的仪式结束后，在"拉巴"的主持下，祭神的仪仗走出神庙，颠着神轿边走边舞逶迤来到河边，为神沐浴、为人沐浴。其实，在参与祭祀仪式前，村民们在家中要通过熏香、沐浴等方式做一些仪式前的清洁准备，而今天是一次集体的沐浴净化仪式，村民们在河边为神轿抛洒清水以示沐浴，村民们淌河沐浴、相互戏水。从此时起仪式参与者都要严格禁绝性生活，尤其要做"插口钎"（两腮插钢钎，向神献祭的一种祭祀方式）、插背钎（背肌插钢钎，向神献祭的一种祭祀方式）、"开红山"（血祭的一种，颅顶用刀划破，用鲜血向神献祭的一种祭祀方式）等仪式。做特殊供养的村民尤其要保持身体绝对洁净，在有些村落中，这些做特殊供养的人从"拉曲嘎"仪式开始直到仪式结束就住在神庙中，为的是保持身体的绝对洁净。实际上参与仪式的村民已经进入了"阈限"状态，而"拉巴"则在此前一周就已沐浴洁身，诵经安神，进入"阈限"状态了。

◆ "拉羌嘎" 仪式

"拉羌嘎"仪式的意思是"为神敬酒"，实际上是请神巡游村户，为各家各户祛除灾难的仪式。仪式当天，各家各户煨桑焚香为迎神做准备，每家庭院中设置好了供桌，桌上摆放神喜欢的酸奶、奶茶、酒、鲜花、绸缎等供品，当"拉巴"和神轿在仪仗的簇拥下到来时，象征神已莅临该户人家。在每一户人家，神轿落在院中的供桌前，"拉巴"先为神敬酒、泼洒酸奶，然后用青稞籽投洒房屋院落，进行祛祓，再掷珓问卜，对此户人家一年中可能的运气以神的名义进行卜测，并提出禳解的办法。

◆ "拉什则" 仪式

"拉什则"仪式的主要内容是娱神、飨神、酬神，向神献祭，取悦神灵。这是仪式中最主要的部分，一般要进行两三天。每一天，村中男女老少美饰华服集中在神庙中，沉浸在神圣的娱乐之中，"拉巴"以舞降神，交通人神，村民们以数十种程式化的舞蹈不断向神献祭，娱神娱人；村民们奉献的供品丰富多样，奶茶、酸奶、青稞酒、新熟麦穗、鲜花、朵玛（一种祭神食品）、茯茶以及绸缎、哈达和古老的牲祭和血祭（村民们划破头皮，用自己的鲜血献祭的一种祭祀方式）等。献祭是仪式的核心内容，一切都为了取悦于神。村民们说，仪式目的就是取悦神灵，当神喜欢、高兴的时候，人自然也就无忧了！当神享受村民们供献的歌舞饮宴乘兴而归的时候，人们为新的人神关系而欢喜，这是仪式的目的，也是人神关系的最高境界。

◆ 神谕和送神

这是仪式最为神圣的时刻，也是人神交流的一个高潮。在几天的祭祀仪式即将结束的时候，"拉巴"在神灵附体的状态下，要以神的名义向村民们做出神谕。当全体村民无论男女老少在神殿院落的台阶下躬身而立，一手高高托起供品，一手用酒祭洒，同时集体向神诵念祈诵文的时候，仪式进入最神圣的时刻，此时此刻，仪式对于参与仪式的村民而言，就是一种实在，人们以紧张的心情期待着。"拉巴"在人们久久的期待中，进入了神情亢奋、精神癫狂的状态，开始了神圣的宣谕。神承诺对村落和社区的清吉平安、物阜民康和村民们人身安全和日常关心的社会和人事的诸多问题尽保护之责。当神谕结束,人们从神灵神谕中获取承诺的时候,人们紧张的心情释然了,神给了人们安定、力量和对未知生活的信心。

◆ "阈限"解除,仪式结束

当仪式结束,人神各得其所时,一种新的人神关系确立了,人们在神庙中喝酒、唱歌、娱乐,庆祝一种秩序的重新建立,他们从仪式中获取对实利生活的信心,不再对未知生活感到焦虑。仪式结束后,人们就开始紧张的麦收工作。

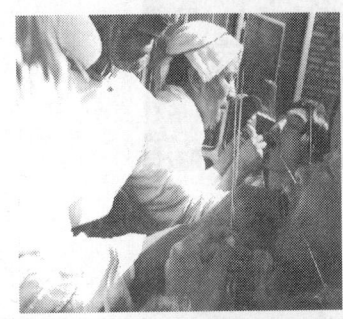

图 10-1　热贡藏族民间祭神仪式中的插口钎、插背钎献祭者

图 10-2　青海黄南藏族的六月祭神仪式

图 10-3　祭神仪式中的仪仗

图 10-4　仪式中村民们手捧供品，准备献祭

四、人神之媒——宗教职业者

几乎所有的社会都有这样一些人，他们的任务是帮助他人完成宗教实践。这些人非常擅长与超自然存在打交道，对超自然存在施加影响，操纵超自然力量。这些宗教专业人士可以分为两种类型：一种是能够通过特殊的神灵"附体"的实践和超自然

世界交通，成为神的代言者，这类宗教专业人士具有"萨满"的一般特征，在不同民族和地方文化体系中有多样化的表现形式。另一种是通过正式的宗教教育和训练掌握了专门的宗教知识，在宗教组织中居于核心地位，扮演着执行宗教仪式、解释宗教经典和维持宗教传统的重要角色，这类在宗教仪典中发挥司祭功能的人物在各种宗教体系中都存在，可以用"祭司"来泛称这类宗教神职人员。

(一)"萨满"式宗教职业者

宗教祭祀仪式是宗教的基本构成要素，仪式的目的是为了交通人神，开展人神交流。在仪式中，信仰者通过献祭、祈祷和通过巫师"通神"的特殊宗教实践，将人的愿望与祈求上祝于神，将神的意志下达给人，达到人神交流的目的。人神交通的特殊需要，产生了一个专门从事人神之媒的古老职业——巫师。

巫师是一种古老的职业。《国语·楚语下》观射父说："古者民神不杂。民之精爽不携贰者，而又能齐肃衷正，其智能上下比义，其圣能光远宣朗，其明能光照之，其聪能听彻之，如是则明神降之，在男曰觋，在女曰巫。"张光直先生通过对古代文献的研究，提出古代宗教祭祀制度有以下几个特点："宗教仪式行为的两方面是'民'和'神'；民的中间有生具异禀者称为巫；他们的作用是'明神降之'；降神以仪式而行，仪式的主要成分是'以物享'，即以动物牺牲供奉于神。"① 民族志资料表明，以巫通神是世界很多民族和地方文化体系中较为普遍的宗教文化现象，在很多民族中，人们都相信人神之间不能直接沟通，人神交通必须通过中间的媒介，这个媒介就是通晓神灵奥秘的专家。他们或生具异禀，或因偶然的神灵"附体"而产生了特别的品质，擅长于同超自然存在打交道，对超自然存在施加影响，操纵超自然力量，引导和帮助他人完成宗教实践。

"萨满"一词，一般认为源于西伯利亚的通古斯语，指那些借助守护精灵的帮助，在通神附体状态下，能够进入神秘的状态，以便形成与其群体成员所信仰的超自然世界交通和交流的人。

"萨满"是一种古老的宗教形式，学者们的研究认为，萨满教可以追溯到人类的史前社会。同时，萨满教是一种流传广泛的地方性知识形式，在不同民族和地方文化体系中有不同的表现形式。

阅读材料10-2 　青海黄南藏族的"拉巴"

在藏族人的神灵分类中，把整个神灵世界划分为两大范畴，即世间神和出世间神。佛教的世界观包括了此世和彼岸，佛教的诸神脱离了六道轮回而居于出世的彼

---

① 张光直：《商代的巫与巫术》，见《中国青铜时代》，台北联经出版事业公司1990年版，第43页。

岸，以救度六道中的众生为己任，因而属于出世的、彼岸世界之神；而一些地方神和地域守护神虽属于神圣的范畴，但因其仍处在六道轮回之中，不具备佛教意义上的善根，自身尚未解脱，更不具备救度他者的能力，因而被归入世俗世界之神的范畴。藏族认为世间神和出世间神的主要区别在于，世间神可以寻找并控制某人作为他们的代言人，通过这些代言人在一定的场合向人们表达神灵的意愿，向信众做出神谕。在黄南藏区这类被世间神选中的代言神巫称为"拉巴"，意为"神汉"或"能够通神的人"。他们是祭神仪式不可或缺的，也是仪式的核心人物，在一定意义上他们扮演着"导演"仪式的作用。

从当地人的文化逻辑来看，"拉巴"的产生一般有以下两种模式：

（1）普选的方式。当地人认为，"拉巴"角色的获得并非是一种主观自愿的选择，也不需要任何学习过程，而仅仅是被神选中借以附体并被驱使的对象。任何一个男人（当地只有男巫）都有被神选中作为附体对象的可能，也就是说，在理论上任何一个男人都有"通神"的先天能力。"拉巴"产生的方式是将某一年龄段的年轻人集中在神庙中数日，在经过一定的宗教仪轨后，这些年轻人便开始神灵附体的实践，然后从中选择最具"通神"能力者，到寺院活佛处确认。这种类型还有一种形式就是在一个偶然的场景下，一个人突然被神灵附体，表现出这个人具有异于一般人的通神能力，被信众认可，成为某一村落的代言神巫。

（2）家族内传承。当地人认为这种传承基于一种特质的遗传，这种特质在当地叫做"拉居"（意为通神能力的血缘性遗传），认为传承的原因是基于某种血统或世系，某些家族成员具有通神的先天特质或禀赋，认为"拉巴"家族具有神灵附体的先天秉赋或能力，因而在前任"拉巴"去世后，村落神一般会选中同一世袭家族的男性成员作为附体的对象。

在黄南藏区的隆务河流域，每个村落都有一个或数个"拉巴"，有些村落供奉几尊神灵就会有几个"拉巴"，每个神附体的对象都是固定的；有些村落中则是多个神灵都选择同一"拉巴"附体，换句话说，就是同一"拉巴"可以充任多尊神灵的代言神巫，因而一个村只有一个"拉巴"。"拉巴"在日常是一个普普通通的村民，身体健康，娶妻生子，参加生产劳动，可饮酒吸烟，唯一外显的区别就是常年蓄发，脑后留一长辫。只在周期性的祭神仪式中表现出特殊的状态。

"拉巴"降神需要先在神像前煨桑、洒酒、洒酸奶祭祀，继而手持羯鼓急促敲击，在铿锵急剧的羯鼓声伴奏下合着参与仪式村民们高声的吆喝，会在突然间出现身体剧烈抖动继而进入癫狂状态，口中不断大口吹气。在整日的仪式中，"拉巴"要么手持羯鼓且鼓且舞，要么手持所附体神灵的法器，指挥着献祭的仪仗、舞蹈，扮演着祭司的角色。

"拉巴"角色的诞生是神圣与凡俗二元结构的派生物，没有"拉巴"，交通人神的仪式将无法举行，因此，"拉巴"是仪式的中心人物。他的身份在仪式中不断转换,他不断往来于神圣和凡俗两界,忽而神灵附体,进入神圣界,在幻迷状态下以神的代言者的身份传达神的旨意,忽而又返回凡俗界以祭司的角色,带领村民向神献祭,是典型的人神之媒。

当仪式行将结束时,人们举行送神的仪式,参与仪式的村民们列队站在神殿前面,手拿献给保护神的供品,高声朗诵着"祈诵文",请求保护神一如既往尽保护之能,并请神灵乘愿而归。此时,"拉巴"高坐在信众面前,依旧会像降神时一样出现剧烈抖动、癫狂的状态,当"拉巴"突然之间身体停止抖动、抽搐,恢复平静并疲倦地瘫倒在地的时候,象征着神灵离开他的身体,人神脱离,"拉巴"回复了常态。

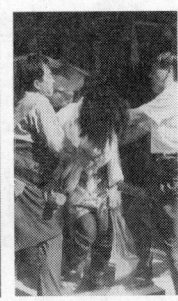

图10-5 祭神仪式中的"拉巴"(神巫)

(二) 祭司

各种宗教及其组织都有一套如何向神礼拜、献祭、祷告、祈求神灵赐福免灾的行为与活动,并把此类行为规范化为一套固定的程式,这就是宗教仪式。伴随着人类社会宗教崇拜行为的日益多样化,宗教仪式也越来越复杂,其中渗透着越来越多、越来越深的宗教知识。由于这种发展,一般的宗教信徒越来越难以掌握和熟悉一套专门的知识和技巧,因此,应运而生了一个专门从事宗教仪式的专门职业——祭司,他们的职责和作用是利用其精通宗教仪式的知识和技术,主持宗教仪式活动,帮助社会的其他信仰者完成宗教实践。

祭司作为一种专业的宗教神职人员,主要存在于较大规模的社会和相对较为复杂的文化体系中。制度化宗教一般都有祭司。在不同的宗教中,祭司有不同的名称,如方丈、喇嘛、阿訇、先知、神父、牧师等,在不同宗教中的这些神职人员在宗教活动中各有专门的功能。一般情况下,祭司以特殊的衣着或发型等与其他人区别开来。培养祭司可能要花很大的精力和很长的时间,要系统地学习本宗教的教义和礼仪。

图10-6 藏传佛教寺院大法会期间的僧人仪仗

图10-7 藏传佛教寺院的法会场面

第六节 宗教与社会

一、宗教的生态适应性

人类学家布朗在论述宗教与社会的关系时曾说:"任何宗教都是社会机器的一个重要或基本的部件,都是一个复杂体系的一部分,凭借这个复杂体系,人们才能共同生活在一个稳定有序的社会关系安排之中。"他还说:"社会人类学的宗教研究就是要把那些大量的宗教和宗教崇拜与它们各自的社会联系起来加以研究。如果不把宗教放到它与其他社会制度的关系中考察,我们就不能很好地理解宗教。"[①] 不同地区的行为模式,在一定意义上,每一种都是对不同环境状况求生挑战的适应。人类学上一个重要的概念是"适应",人类学家常从物质环境适应的视角解释人类群体的习俗,认为不同的人类社会群体由于他们与环境的特殊关系而发展出完全不同的生活方式。尤其在功能主义那里,文化被视为一个工具性装置,认为文化是人类为了生存而与自然适应的一部分,是社会生存的一种手段。

人类学者常用印度教对圣牛信仰的个案来作为宗教生态适应性的经典案例。很多人都觉得印度教对圣牛的信仰是一种没有用的或不具有适应性的习俗,因为这种宗教不允许教徒屠宰母牛,这与一般社会利用母牛的习惯大相径庭。为什么印度教

---

① 拉德克利夫-布朗:《原始社会的结构与功能》,蟠蛟等译,中央民族大学出版社1999年版,第171、182页。

徒会保持这一信仰？为什么他们允许所有的母牛游哉游哉地东游西逛，而不宰杀它们呢？马文·哈里斯认为，印度教对母牛的利用可能有着其他利用方法所不具备的有利效果。他的研究分析表明，圣牛在印度生态系统中扮演了一个重要的适应性角色。母牛为人们提供了一些资源，这是用其他方法所不易获得的。与此同时，它们四处觅食，不会增加任何食物生产方面的负担。首先，对于印度的许多小农场来说必须有一对阉公牛作为耕畜，要做到这点，印度人可以用较少的母牛来生产较多的阉公牛，但这样做就得消耗大量的粮食产品。而在现行的系统中，他们不必消耗粮食，用于畜力的公牛仍然在不用付出经济代价的前提下不断生产出来。其次，母牛粪是必不可少的燃料和肥料。最后，虽然印度教徒不吃牛肉，但低种姓的人却吃自然死亡或非印度教徒屠宰的牛，如果高种姓的人没有吃牛肉的禁忌，低种姓的人可能就得不到这种为身体所需要的蛋白质了。由于圣牛本身并不消费人们所必需的资源，而且又为生产提供了廉价的畜力、燃料和肥料，所以，马文·哈里斯认为屠杀牛的禁忌可能是非常具有适应性的。

宗教是生态适应的一部分，是人类文化生存的手段。当代许多民族的生态环境伦理和自然禁忌都源自古老的宗教，尤其是原生的宗教。以生活在青藏高原上的藏族为例，数千年来生活在"世界屋脊"之上的高原藏族在特殊严酷的自然环境下生生不息，世代守望，在人与自然关系的调适过程中形成对周围环境的独特理解，以及在此基础之上有效的文化适应，以千百年绵延的一整套宗教和文化习俗形成对周围生态环境的一套特殊的适应模式。

获食方式和资源观最能反映一个群体对环境和可供资源的适应，也就是说，对于哪些动物和植物可以食用这样一个简单的问题，不同的文化就有迥然不同的理解。在高原藏族中，对周围环境和动植物资源存在广泛的禁忌行为，山宗水源地、地上地下的矿藏、旷野和江河中的珍禽鱼类在一定意义上都被当做禁忌的对象，资源观念罩上了神山、圣水、圣物的神圣面纱。这些神圣观念源自于高原特殊生态基础上原生的自然崇拜，是以宗教观念形态表现出来的集体表象，实际上是高原藏族整体的文化适应的一部分，反映出高原藏族对脆弱的自然环境的谨慎适应。

苯教是青藏高原原生的古老宗教，高原藏族的生态伦理观念大多源自于苯教的信仰。苯教的三界宇宙观把世界分为天、地、水（地下）三个部分，这三部分各有其神主，赞神居天上，年神居地上，龙神居地下。三界神灵分别代表的是天上、地上和地下水中的神圣力量，是对不同空间中人力难以控制的超自然力的一种崇拜行为。藏族认为，赞神是指雷鸣闪电和冰雹雨雪等自然力的掌管者，年神是土地之上生灵万物和地下矿藏资源的主人，而龙神是指与水相关的自然力的控制者。水土、草原、林木、花草和地上的一切资源都受年神的控制，藏区的一些大山神都是年神，一些区域内的神山都是年神的寄居地。如果侵犯了年神的领地，冒犯了年神就会招致灾祸；水中和地下的一些资源都由龙神掌管，龙神居于水中，因而高原上的一些圣湖都是龙神的宫殿,如果人们污染水源,捕杀鱼、虾、蛙等水类动物会招致龙神的降祸,导致水源短缺、干旱、财富失散和病疫蔓延等;同样,赞神控制着雷电霜雹、风云雨雪,还掌管着众多的疾病。在藏族人的观念中,三界神灵是世俗世界之神,是人类生活的诸多资源的掌控者,因而与人们的实际生活关联密切。如果人们供养得力,人神关系协调,则风调雨顺,社区平安,物阜民康;供养不力,则社会和人事都要深受其祸。因此,高原藏族一年中有一些周期性的宗教祭祀仪式,如转山、祭海等,目的就是为了交通人神,和这些自然神建立良好的人神关系,其实质是建立人与自然的良好关系。在青海黄南藏族地区,每月11日都有一个专门酬补村落守护神的公共仪式叫"冈哇",每月的这一天,村中成年男性都要到神庙集会,向地方神煨桑献供,并集体在神庙中念诵"冈哇"经,酬补村落守护神。酬补仪式的目的是协调人和守护神之间的关系。在仪式中,人们向守护神祈祷说:"持明的守护神啊!请宽恕我们疏于供养的不敬吧!我们在平时的生产中,砍伐了林木,污染了水源,破坏了环境,而这一切都是我们无意间的过失,我们整日忙于自己的生计,疏于对您的奉祀,请宽恕我们对您的不敬,并一如既往地尽守护之能!"这样的观念反映在社区人们的集体表象中,支配着社区人们生产和生活的实际行动。可见,生态伦理与禁忌及宗教有着直接的渊源关系,而原生宗教的形成又与特定的地理和生态环境直接相关。

二、宗教与社会控制

所谓社会控制,是指社会对作为社会行为主体的个体或群体的各个方面的约束。社会控制包括狭义的和广义的两个方面。狭义的社会控制,指的是社会对犯罪行为和越轨行为的预防、阻止和处置的举措和过程;广义的社会控制,指的是依据社会力量,以一定的方式对社会生活的各个方面施加影响,协调个人与社会之间、社会各个构成要素与部分之间的关系,以便保持社会的相对稳定与和谐发展。社会控制的手段有多种,法律、习俗、行政、道德、宗教、艺术、舆论都可作为社会控制的手段,只是在不同的社会里,这些手段发挥的作用有所不同。

宗教在社会控制方面的特殊性在于,通过诉诸超自然的力量,为人类建构的社会秩序涂上神圣化的色彩,达到维系社会稳定的目的。在宗教与主流意识形态基本协调的情况下,统治者一般乐于将宗教作为社会控制的主要手段。因为,宗教能够使统治者更具神圣的合法性和正当性。"君权神授"是统治阶级用宗教手段来巩固统治,使权力合法化的重要手段。历史上有一些国家将某一宗教定为国教,使宗教国家化;还有一些国家和地区实行政教合一的政治制度。国教的祭司或僧侣享有较高的特权地位,对国家的社会政治生活产生举足轻重的影响,以宗教信仰上的一致性来维护统治秩序的稳定。

宗教仪式和仪礼强化社会秩序，宗教仪式以象征方式展演各种社会中的关系，并起到凝聚社会团结、强化集体力量的作用，仪式所强化的是作为社会成员的个体对其社会的归属关系。如我国汉族儒家的礼教习俗中，丧礼与祭礼是对人们之间的伦常关系以及处理这些关系的准则——三纲无常的展演。在传统中国社会，当一个家族的重要成员的死亡没有引起晚辈在丧礼中的哭泣时，后者的行为将被视为对家族的不忠、对长辈的不忠不孝，因而会受到相应的惩罚。这种宗教性社会控制手段对于封建纲常这一在古代中国至为重要的社会秩序，无疑具有维系其稳定的功能。

图 10-8　正月"默兰姆"大法会上争相瞻礼"先巴佛"的信众

宗教还可以通过自己制定的伦理道德准则教化人们，指导人们的行为实践，以维护社会秩序和稳定。各种宗教体系都把宗教说成是全部道德的源泉和基础，由于每一种宗教都信奉作为赏善罚恶的神的存在，这才促使世人去恶向善，并为人们的道德行为提供神圣的保证，为社会伦理秩序的稳定和道德的净化奠定可靠的基础。各种宗教的伦理道德和宗教的教义一起通过各种仪式的宣扬和布道被反复强调，在人的社会化过程中逐渐濡化，内化而成为指导人们自觉行动的思想规范。制度化宗教人多会规定一套伦理和道德准则，用以指导人们的行为，世界各大宗教体系所规定的基本戒律都反映了这方面的内容。耆那教、佛教和中国道教的"五戒"（佛教还有十戒），犹太教、基督教奉为上帝神启的"摩西十戒"，其基本内容都大同小异，都提出不可杀人（佛教提出"不杀生"）、不可偷盗、不可奸淫、不说谎（佛道主张"不妄语"）等规定，对于信仰这些宗教的群体而言，这些戒律不仅是他们必须自觉遵守的伦理规范，而且构成社会群体强制其一切成员必须服从遵行的准则。

三、宗教与社会整合

社会整合指的是将社会发展中的各要素凝聚在一起,使之成为一个统一的整体,从而维系社会大系统的团结与稳定。社会整合大致有以下几个层面:其一是社会制度层面的整合。在社会制度中,规范和行为准则是重要因素,只有当社会行为的主体按照这些规范行事时,整个社会关系才显得结构完整,各个方面才能运转协调。其二是社会组织层面的整合。在各种社会制度的执行过程中,如有违反制度的社会越轨行为,社会组织层面就会采取行动,控制越轨行为,或对社会制度本身进行调适,达到社会整合的目的。其三是精神和价值层面的整合。

宗教是一个包括信仰观念、仪式实践和宗教组织的体系,宗教的这些构成要素在社会整合方面都可以发挥一定的作用。

宗教信仰是一个有意义的体系,它对人们是有意义的,对于同一个宗教中的人们来说,这种意义会使信仰群体产生价值的一体性,因而信仰是履行社会整合功能的基础。作为宗教中认知性最强的因素,宗教的世界观有助于信徒形成一种对其共同体的认同感和归属感,同时共同的信仰往往会带来共同的价值观,而价值的一体性对社会整合有着十分重要的作用,会强化对共同体的认同。

宗教仪式对社会结构的稳定所起的作用一直以来为人类学家所关注和研究,罗伯特·史密斯提出,宗教祭祀仪式的最基本社会功能是为创造和维持社会之存在。涂尔干强调仪式在凝聚社会团结、强化集体力量方面的功能,认为仪式强化的是作为社会成员的个体对其社会的归属关系。拉德克利夫-布朗则更有系统地把宗教观念与社会结构相联系,认为原始人之消极的与积极的仪式之所以能够存在和延续,是在于它们是秩序化生活赖以自我维系的部分机制,并用来建构某些根本的社会价值。一直到特纳,人类学者都认为宗教对于群体起着整合、协调和心理支持的作用。

作为一种社会制度的宗教,还会以其特有的宗教组织和宗教礼仪发挥社会整合的功能。宗教组织不仅是传播宗教教义的载体,而且还会通过组织结构内的神职人员将信徒从情感和精神上结合到一起。宗教的教规对信徒具有约束力,使得宗教群体成为一个相对稳定的社会实体。

关键词

宗教　交感巫术　万物有灵论　泛生信仰　图腾崇拜　制度型宗教　扩散型宗教　过渡仪式　强化仪式　萨满　祭司

复习思考题

[1] 什么是宗教？什么是制度型宗教和扩散型宗教？
[2] 人类学宗教研究的理论途径有哪些？
[3] 人类学关于宗教起源的理论有哪些？
[4] 宗教是如何实现社会控制的？
[5] 如何看待宗教信仰和宗教仪式之间的关系？
[6] 结合个案，对特纳的仪式理论进行评析。

阅读文献

[1] （英）爱德华·泰勒. 原始文化. 连树声译. 上海：上海文艺出版社，1992
[2] （英）弗雷泽. 金枝——巫术与宗教之研究. 徐育新等译. 北京：中国民间文艺出版社，1987
[3] （法）列维-斯特劳斯. 图腾制度. 渠东译. 上海：上海人民出版社，2002
[4] （英）E. E. 埃文斯-普理查德. 原始宗教理论. 北京：商务印书馆，2001
[5] （法）爱弥尔·涂尔干. 宗教生活的基本形式. 渠东，汲喆译. 上海：上海人民出版社，2000
[6] W. 斯密特. 原始宗教与神话. 萧师毅等译. 上海：上海文艺出版社，1987
[7] （法）马塞尔·莫斯. 巫术的一般理论：献祭的性质与功能. 杨渝东等译. 桂林：广西师范大学出版社，2007
[8] 梁钊韬. 中国古代的巫术. 广州：中山大学出版社，2004
[9] （英）布赖恩·莫里斯. 宗教人类学. 周国黎译. 北京：今日中国出版社，1992
[10] （英）菲奥纳·鲍伊. 宗教人类学导论. 金泽等译. 北京：中国人民大学出版社，2004
[11] （英）维克多·特纳. 仪式过程：结构与反结构. 黄剑波等译. 北京：中国人民大学出版社，2006
[12] （德）西美尔. 现代人与宗教. 曹卫东译. 北京：中国人民大学出版社，2003
[13] 史宗. 20世纪西方宗教人类学文选（上、下册）. 金泽等译. 上海：上海三联书店，1995
[14] 吕大吉. 宗教学通论. 北京：社会科学出版社，1998
[15] 张志刚. 宗教研究指要. 北京：北京大学出版社，2005
[16] Roy Rappaport. *Ritual and Religion in the Making of Humanity.* Cambridge University Press, 1999
[17] Bronislaw Malinowski. *Science and Religion.* Waveland Press, 1992

第十一章 艺 术

> **摘要**
>
> 艺术是人类独有的一种情感表达方式，在所有的社会，人们都会通过艺术媒介来表达思想和感情。人类学对各种艺术的观照并不满足于停留在审美的层次上，而是将其作为理解、把握、研究文化的重要路径，人类学家总想寻找和解释隐藏在这些艺术背后的文化叙事，通过舞蹈、音乐、歌谣、绘画、雕塑、陶艺、服饰、说故事、作诗、剧场及戏剧等文化表演的各种形式，阐释和还原艺术对于一个群体生活的意义，探寻艺术与文化之间的相关性。

艺术是一种审美活动，是人类独有的一种情感表达方式。如果人的人性中没有对美的感受和审美的需要，人就不会对客观存在的事物做出审美的判断，或按此判断认识美在形式和内容方面的规律，进行艺术的创造。在所有的社会，人们都会通过艺术媒介来表达思想和感情，例如，所有人类都用某种方式来装饰他们的身体，并以此表明自己的身份——既作为个体的身份，也作为各种社会群体成员的身份；类似的，所有的人都讲故事，在故事中他们表达自己的价值、希望和关怀，并且在讲故事的过程中，他们还揭示关于他们自身以及关于他们眼中的世界性质的各个方面。简言之，所有的民族都进行艺术表现，即创造性地使用他们的想像力，以解释、理解、庆祝甚至享受生活。事实上，艺术表现与讲话一样，是人类生活的一个基本要素。

艺术活动在某种程度上是文化的活动，因为它们包含着共同享有和习得的行为、信念和感情模式。由于人类象征性能力的创造性运用是普遍存在的，而且是由文化的价值观所表达或塑造的，所以人类学家也特别关注一个文化或一个族群中的"艺术"或审美活动。人类学家发现，世界上任何一种文化，任何一个族群，无论这种文化和这个族群的生活是如何的简单，都毫无例外地会有他们独特的艺术表达方式。如果没有最起码的一些给人以美的享受的音乐、舞蹈、说唱、装饰，那么，世界上也许就没有了文化。事实上，人类可能都有一种发挥其想象才能的实际需求或内驱力。所有的社会都是通过发明一些兼具审美性和实用性的独特艺术形式来理解和阐明他们周遭的生活世界的。

既然艺术表现是人类普遍的、特有的一种生存方式，那么人类艺术表现的类型是否具有共同性呢？显而易见的是，尽管不同的社会艺术活动的形式和风格有多样性，但所有的社会都可以找到某些相同类型的艺术表现，如舞蹈、音乐、歌谣、绘画、雕塑、陶艺、服饰、说故事、作诗、剧场及戏剧等，这些活动的共同之处在于它们都是感情要素和观念要素的结合。这些显示人类创造力的表意文化的各种形式被人类学家称为"表演文化"（represention of culture），并将其作为理解、把握、研究文化的路径之一，通过文化表演的各种形式，阐释和还原艺术对于一个群体生活的意义，探寻艺术与文化之间的相关性。

艺术活动的形式和内容与其生成的地理生态环境和文化传统密切关联，受制于文化传统。以建筑为例，在北方草原上蒙古包是一种非常具有游牧适应性的建筑形式，古名"穹庐"，在北方草原游牧的哈萨克、塔吉克、柯尔克孜、鄂温克民族中，也普遍以这种伞顶圆柱形白毡毛屋为住所；在南方一些民族地区，最为普遍的建筑形式是"干栏"，这种类型的住房由于适应于南方多雨潮湿的天气和山区、丘陵地区的地理特点，所以在南方一些民族中较为流行，直到今天，在壮、傣、布依、侗、水、毛南、苗、瑶、拉祜、哈尼、景颇等民族中仍保留着这种建筑形式；而在川西北的羌藏地区则适用着一种全用石头堆砌成的平顶石碉形住房，历史上曾称为"邛笼"。这些不同的建筑形式，不仅具有适应地理生态和经济生活方式的实用性，而且具有很强的美感，在历史进程中已经成为比较鲜明的民族文化的符号和民族传统文化的一部分。又以音乐乐器为例，据汉刘熙《释名·释乐器》说道："枇杷本出于胡中，马上所鼓也。"琵琶是来自西北少数民族的乐器，显然，它是适应于游牧生活的场景下创造出来的，牧人骑在马上，怀抱琵琶，自然而又实用。再以舞蹈为例，蒙古族舞蹈热情豪放、刚健，同时又细腻含蓄，伸展稳重，表现力极为丰富；藏族舞蹈则粗犷、奔放；维吾尔族舞蹈欢快、轻巧、自由，不同民族的舞蹈各具风格。这些艺术表现的风格来源于特定民族生存的特定自然环境、文化传统、精神特性、民族心理、审美观念等各种要素的汇通。

人类学对各种艺术的关照并不满足于停留在审美的层次上。人类学家总想寻找和解释隐蔽在这些艺术背后的文化叙事，总想把它看做是一个文化整体中的一部分，这些艺术表现形式对于文化整体而言是无法剥离的，并且在整体的文化中发挥着别的东西难以替代的功能。

第一节　艺术及其分类

人类思维着的头脑用艺术的、宗教的、实践-精神的和理论的（科学的）四种方式掌握世界。艺术掌握世界的方式可以理解为人类以心灵关照世界整体的方式。所谓艺术，是指人类创造的具有审美情感和形象特征的精神产品。《简明不列颠百科全书》对"艺术"下了这样一个定义:"用技巧和想象创造可与他人共享的有美感的物品、环境或经验。"它进一步解释说:"'艺术'一词亦可专指习惯上以所使用的媒介或产品的形式来分类的多种表达方式中的一种;因此,我们把绘画、雕刻、影片制作、舞蹈及其他许多审美表达方式皆称为艺术,而对它们的总体也称为艺术。"①

在对"艺术"做出界定时,有两点很重要的认识:首先,承认艺术是人的创造物,而非自然存在物。艺术是人类创造的,它源自人类独特的能力:用符号赋予物理世界以超功利目的的形态和意义。自然界(包括动物与植物)常常会形成一些美丽的奇观,如自然界中的高山大川、朝日夕阳都能给人以美感,但这些奇观不是人类的创造,不是艺术,因为它们都是非人工创造的自然形态。艺术表现的对象虽然本质上是现实生活所依的"自然",但艺术如果只是镜子似地映照生活与自然,而没有人性的创造与附加,那就不成其为艺术,而只是生活与自然本身。审美情感是一种以美为目的的情感,审美价值是将艺术与其他区分出来的一条途径。其次,艺术这种创造物的主要价值是满足人的审美需求,审美价值是将艺术区分出来的一个途径,艺术品都有某项美丽或超越日常意义的特质。从艺术萌芽和发展的历史可以看出,艺术不是人类生活中偶然发生的现象,而是人类在改造客观世界、争取自由的社会实践中的创造,并且满足了人类的一种基本需求,即审美。很难想象,如果失去了艺术,没有音乐、美术,没有文字、戏剧等,人类生活将会是何等的暗淡和沉寂!总之,艺术被定义为是蕴含美感与超乎日常意义的东西。

艺术分类是为了更深入地研究艺术的审美特征,把握艺术的特殊规律。艺术起源于旧石器时代,最初的艺术似乎没有分类问题,当时的艺术类型也确实简单,一种是绘画、雕塑等美术作品,另一种是舞蹈、音乐、诗歌的合体。随着人类社会的发展,艺术作为专门的精神生产,逐渐从普通劳动中离析出来,才慢慢有了艺术分类。诗歌、音乐、舞蹈开始独立为三种艺术形式,建筑也在人类审美意识发育的过程中从完全实用的生活产品转化为实用艺术。迄今为止,新的艺术样式仍然在生成,在传统艺术样式如建筑、雕刻、绘画、音乐、诗、舞蹈、戏剧等之后,电影艺术、电脑艺术等新样式不断生成。

对艺术如何进行分类,学术界有不同的观点,归结起来大致有以下几种:

(1)艺术从形态上可分为三大类,即时间艺术(文学、音乐等)、空间艺术(绘画、雕刻、建筑等)、时空艺术(戏剧、舞蹈、电影等)。

(2)从艺术形象的感知方式上,艺术可以分为视觉艺术、听觉艺术、视听艺术和想象艺术。视觉艺术主要指雕塑、绘画、建筑等;听觉艺术主要指音乐;视听艺术主要指戏剧、舞蹈、影视等;想象艺术主要指文学。

---

① 《简明不列颠百科全书》,第11卷,第325页。

（3）根据艺术形象的媒介方式，艺术可以分为造型艺术、音响艺术和语言艺术。造型艺术主要指雕塑、绘画、建筑、舞蹈、影视等；音响艺术主要指音乐；语言艺术主要指文学。

时间艺术的物化结构形式，主要是在一定的时间过程中展开。如像音乐，无论声乐、歌唱表演或器乐演奏，它们提供的艺术形式，都是在一定时间里具有程序性的存在，都大体经过起始、高潮到尾声的阶段，在一定时间过程中去召唤欣赏者的审美期待和审美体验。

空间艺术包括绘画、雕塑和建筑－造型艺术等。空间艺术的物化结构形式，主要是在一定的空间并列地展开。绘画、雕塑的艺术内涵，情感情绪的表达，都是在一个特定空间静态地实现的。

时空艺术的形式首推舞蹈，此外也包括表演——舞蹈的综合形式。舞蹈是人类最古老的艺术活动之一，是以经过提炼、加工的人体动作作为主要的表现手段，表达人们的思想情感，反映社会生活的一种艺术样式。

人体装饰、音乐舞蹈、绘画和口头艺术是人类最为普遍的艺术表现形式，也是人们经常参与的艺术活动，在此做简单讨论。

一、人体装饰

人体装饰可能比其他装饰品更为古老。当达尔文将一段红布送给一个印第安人观察他做什么用时，看到那人并不用它做衣服，而是把布撕成细条缠绕在冻僵的尸体上面作为装饰品。后来他又遇到澳洲土著，再次做了同样的试验，也同样被用做装饰。只有爱斯基摩人例外，因为他们生活在北极，非衣服不能御寒。正如库克所说，他们情愿裸体，却渴望美观。人类有一股不可抗拒的审美冲动，这种冲动就是艺术之根，它引领我们去装饰几乎每一类物体，包括我们自己的身体。人体装饰可能是最早的一种艺术形式，也是装饰艺术中最重要、最普遍，也最能揭示装饰艺术本质规定性的一种，全世界的人们都通过绘画、文身、划痕、穿孔等手段来美化自己的身体。人类中有不装饰工具、器皿和住宅者，但很少有不装饰自身者。这种装饰有些可能是永久的，如文身、黥面等；有些可能是暂时的，如羽饰、皮毛等饰物。

人体装饰是对人体直接打扮和美化。而美化的方式大体可以分为文身和亏体两种。文身系指在身体上涂绘、刺亏、划痕三种方法；亏体是指为了美使身体的一部分残缺，如穿耳、穿鼻、凿唇、凿齿、束腰、缠足等。

人体可能是最早的艺术对象之一，人类甚至在尚不知衣着为何物时，就已发明了人体装饰。人们把作为自然物的人体通过添加某些象征性的符号把它转化为表现文化的对象。原始人体装饰的最简单、最基本的方法是画身，即用各种涂料在身体的皮肤上进行涂抹和描绘，这在一些低级文化中较为普遍地存在。博厄斯在《原始艺术》一书中谈到了夸扣特尔印第安人的两例较为复杂的画身。一例是在人的胸部画着颠倒的熊头，锁骨上的两个白点是熊眼，下面由半圆圈组成的曲线是熊嘴和牙齿，上臂画着熊的前腿，肘部以下画着熊爪，大腿的正面画着熊的后腿，在人背部的上半部画着熊的后颈，下面是熊背，许多短线代表熊毛，臀部的黑色图案代表熊的胯关节，左腿上的螺旋形纹样代表熊尾。另一例是表现青蛙的画身，把人体当成了青蛙的身体。

除了满足审美需要外，人体装饰或装饰品还可能有宗教的意义和用来描述社会内部的社会地位、阶层、性别和职业等。如夸扣特尔印第安人的画身可能与他们的图腾制度和图腾观念有关，而图腾是一个族群的社会性标志，具有鲜明的社会性意义。在许多社会中，成年礼是普遍存在的生命过渡仪式，在中国一些少数民族中至今仍然可以见到这样的仪式。例如，在青藏高原地区的藏族和土族中，女孩到了青春期一般要举行"戴头"的仪式，仪式的主要内容是将即将成年的女孩的少女发式改梳为成年妇女的发式，并公开举行仪式接受族人和亲朋的祝贺，象征女孩已经成年，通过举行仪式，女孩完成了社会角色的过渡和转换，可以在社会上以成年女性的角色生活。在这里，发式是一种重要的社会性符号，具有重要的社会性意义，发式的改变象征着社会地位和角色的转变。

中国古代先民很早就把人体装饰的社会文化意义作为区分不同族群的标识，《礼记·王制》所言："中国戎夷，五方之民，皆有性也，不可推移。东方曰夷，被发纹身，有不火食者也；南方曰蛮，雕题交趾，有不火食者也；西方曰戎，被发衣皮，有不粒食者也；北方曰狄，衣羽毛，穴居，有不粒食者也。"这是中国古代学者对不同民族的生活方式、文化特点的比较研究。周代就以语言、服饰、礼仪、习俗为标志来区分华夏与四夷的不同特点。"五方之民、言语不同、嗜欲不同。"蓄发冠带右衽是华夏族的重要特点，有别于四夷的被发左衽、断发文身。

人体装饰的另一个普遍的形式是佩戴饰物，这种装饰方法历史久远，而且至今也是人体装饰的主要方法。中国现知最早的人体饰物是宁夏水洞沟文化发现的用鸵鸟蛋壳穿孔而成的饰物，年代在3万至4万年前。旧石器时代人体饰物最为丰富的发现是山顶洞遗址，有光滑而刻纹的骨器，穿孔的兽牙、小石坠，钻孔的小石珠，等等。在青海同德县宗日文化中，发现有青藏高原先民留下的骨质穿珠和衣饰骨牌片等。至今，人体装饰仍然是重要的文化象征和表现方式，佩戴饰物同样具有社会和文化的符号和象征意义，如藏族群众日常在胸前系戴银质的护身符，里面装有佛像和佛经，除了装饰和美的意义外，还反映出藏族人民信佛崇佛的社会生活。

二、口头艺术

口头艺术包括叙事、戏剧、神话、童话和游戏等在内。所有的社会都有一个故事宝库，人们世代口耳相传，传承和记忆着人类历史的诸多信息。叙事似乎是最容易记录和搜集的一种口头艺术。一般而言，叙事分为三种基本类别，即神话、传奇和故事。

人类学对于艺术的研究取向，有别于传统的人文学科对"精致艺术"和"精英艺术"的表现方式的关注，对于人类学而言，每一个人透过濡化过程而习得文化，超出了精英观点的高等艺术与文化的意义。在许多社会，神话、传说、故事以及说故事的艺术，在文化传统与传统保存方面扮演着许多重要角色。尤其在欠缺书写文字的情况下，口语传统可保留历史与系谱关系的许多细节。因此，人类学的文化定义也将有助于将人文学科的研究从"精致艺术"和"精英艺术"拓展到民俗艺术和跨文化的艺术创造表现领域。

"民俗"(folklore)一词是19世纪创造出来的，最初用来指传统欧洲农民没有书面记载的口述故事和谚语等，后来扩大到所有社会那些经口述得以保存的传统。这种以民俗艺术形式在普通老百姓中世代传承的表演文化形式，与统治精英的"高级"艺术或"古典"艺术相对照。人们往往认为，当民俗音乐被表演出来，一套服饰、音乐、歌谣与舞蹈的组合，就诉说着某些地方文化与传统的东西，观光游客和外地人经常透过这类表演，来了解乡村生活或"民俗"生活。乡民也在旅游文化活动中运用这类表演，向外来者展现其地方文化及其传统。

民间艺术是民间智慧和乡土知识的结晶，是生生不息的人类文化的载体。与精英艺术不同，民间艺术是由普通人创造的，有着深厚的生活基础和浓郁的生活气息，是群众审美创造力的具象表征。各种民间艺术往往是特定时代、特定地域的人们所共同喜欢的审美形式，反映了不同时空的人们独特的思想、感情、审美观和艺术趣味，具有鲜明的个性和独特的审美价值。民间艺术还常常与一定的民间习俗联系在一起，形成内涵丰富的民间习俗文化。

研究民间艺术和少数民族艺术具有重要的人类学意义。它有利于新兴的艺术和美学学科摆脱传统美学对精英艺术的过度关注和对民间艺术、群众性艺术漠视的狭窄思想束缚，从文化多样性和文化相对性的视角拓宽美学研究的视域，使美学得到民间审美经验和大众审美经验的启发，汲取边缘文化和"他者"文化的活力和审美经验，从而弥合美学与草根文化之间的裂痕，拓展艺术研究的路径和领域。

神话被认为是人类年幼的诗，它的起源也被看做是文学，尤其是叙事文学的起源。神话的主题关系到人类存在的根本法则。神话作为文学的母胎，同文学一样具有"人学"的性质。神话一般都有一些普同的和重复出现的母题，它涉及宇宙、自然、超自然、人类起源以及人在世界中的位置等，如开天辟地和人类由来是一切创始神话反复讲述的两大主题，《圣经》中的人祖亚当，印度《吠陀》神话中的原初巨人普鲁沙，中国古代神话中的盘古神、女娲等，人由神造的观念通过神话和宗教的传播，已经成为世界性的观念。又如克莱德·克拉克洪（Clyde Kluckhohn）提出，所有的社会的神话都有五个主题：大灾祸（一般是洪水造成的）、杀死怪物、乱伦、同胞竞争（一般是弟兄之间的）和阉割（有时是实际阉割，但象征性的阉割更为常见）。对神话的分析和阐释有多种理论学派，芬兰学者劳里·杭柯综合归纳了现代神话研究理论的 12 种维度：作为认识范畴来源的神话，作为象征性表述形式的神话，作为一种潜意识投射的神话，作为世界观和生活整合要素的神话，作为行为特许状的神话，作为社会制度合法化证明的神话，作为文化的镜子和社会的组织等的神话，作为历史状况之结果的神话，作为结构媒介的神话，等等。

三、音乐和舞蹈艺术

音乐和舞蹈人类学也被称为表演人类学，音乐和舞蹈在早期是二位一体的艺术，是非常紧密地结合在一起的。自从 19 世纪以来，因为工业文明的影响，音乐和舞蹈在相互分离的状态下进行着各自的发展。

音乐是人类艺术史上最古老的艺术样式之一，也是人类情感表达的重要形式。它通过一定形式的音响组合来塑造音乐形象，表现人们的思想感情。首先，音乐是一种社会行为形式，通过这种社会行为，人们能够相互交流并分享感情和经验。其次，音乐是民族文化表现的重要形式。一种具体的文化产品，一种特定的音乐传统，一般都会有文化归属，脱离具体民族文化土壤的抽象的音乐是不存在的。每一种音乐都有其文化背景的依托，每一种音乐都依存于其文化背景，音乐的文化背景依托就是音乐的文化归属。因为每个人的创造性都受到文化传统的限制，所以每个社会的艺术都是独特的而且有助于其成员确立认同感。正因为如此，音乐还是一种强有力的身份标志，很多族群和边缘群体使用音乐强化群体认同——把整个群体集合到一起来，在一些情况下，是针对强势文化的冲击而提出的他们自己的文化形式。

对特定文化环境中音乐的研究，开始于 19 世纪对民歌的搜集，现在发展成为专门的学科——民族音乐学（ethnomusicology），该学科对世界各地的音乐和音乐作为文化与社会的一个层面进行比较研究。民族音乐学结合了音乐学和人类学。音乐学方面研究与分析音乐本身及剧作音乐的乐器；人类学方面则将音乐视为一种表现文化的形式，从而决定音乐在某社会的历史及其音乐在当代所扮演的角色，以及影响音乐如何被创造与表演的特定社会文化特质。

考古学发现和民族志的研究表明，音乐似乎是所有文化的一个组成部分，考古学家发现了 4 万年前的骨制长笛和哨子，而且从历史上考察，没有哪个已知的民族没有自己的民族音乐，而且制作乐器的材料大多取自于生产和生活。

舞蹈是以人类特有的生理体质为基础，用肢体语言表现人类文化的艺术，是人类所具有的自由运用象征符号的能力，使人类能够通过有意识创造连续而有序列的肢体动作来表现和象征特定的文化内涵。舞蹈和音乐、诗歌是同时诞生的，在旧石器时代它们是三位一体的艺术样式。与其他艺术类型一样，舞蹈艺术反映人类社会生活。

与民族音乐一样，民族舞蹈学（ethnochoreology）通过对民族志材料的比较研究，对不同社会和文化中的舞蹈从文化整体观出发予以阐释和比较研究。虽然舞蹈是具有人类普同性的艺术表现形式，但具体某一社会的舞蹈又与该社会整体的文化密切相关，植根于社会和民族集团的社会生活深处，基本上每一族群都有本族群独特的人体叙事。世界上各个民族由于生存环境和生活经历不同，不可避免地存在文化的差异。不同地域、不同民族甚至同一民族的不同支系之间，创造并拥有不同的舞蹈文化。它反映的是民族文化的特性和地域文化的特色。人类学视野中的舞蹈，重点不在于它的艺术表现力，而在于舞蹈文化在人类社会生活中的作用以及它与其他文化形式之间的关系。人类学研究就是要关注不同舞蹈文化产生和形成的不同地理环境、社会历史背景、风俗习惯、经济条件等，从而阐释和还原舞蹈所表达的意义。跨文化比较研究是人类学研究的基本方法，对舞蹈艺术进行跨文化的比较研究有助于我们解读这些舞蹈所蕴含的生命和生活的讯息，进而理解和认识不同文化的个性。

四、绘画艺术

在旧石器时代的考古发现中，有大量的洞穴壁画和岩画被发现，1879 年在西班牙发现的阿尔塔米拉岩画，是旧石器时代壁画中最为著名的一个。欧洲的壁画大量出现于旧石器时代晚期的马德林文化期。洞穴壁画的题材多以动物为主，几乎都是巨大的食草动物，其中以野牛、长毛象、鹿和驯鹿最为普遍。洞穴壁画的画法，分为彩绘和线刻两种，彩绘也有先在岩壁上刻出轮廓来，然后涂色，使用的色彩有黑色、红褐色和黄色等。我国广阔的国土上存有大量的古代岩画，黑龙江的牡丹江，内蒙古的阴山、乌兰察布、白岔河，宁夏的贺兰山，甘肃的黑山峡、祁连山、吴家川，新疆的天山南北，青海的青海湖畔，四川的珙县，贵州的盘江流域，云南的沧源、怒江、耿马、麻栗坡，广西的左江、明江沿岸等地都发现了古代岩画。这些岩画遗存都与古代生活在当地的少数民族有关。如青海湖边的哈龙岩画可能与古代羌、吐谷浑民族有关，内蒙古的阴山岩画是北方草原游牧民族的作品，甘肃的黑山岩画可能是羌族和大月氏或匈奴早期的文化遗物，广西左江沿岸的岩画可能与广

第二编 文化的多样性

西壮族先民有关。

各地发现的岩画反映了一定时代族群生活的图像。例如,北方草原游牧民族的岩画,所表现的内容主要是游牧和狩猎,如黑龙江牡丹江岩画表现的是渔猎题材,内蒙古阴山岩画表现的是游牧的场景,描绘穹庐、毡帐、车轮和天神地祇、祖先神像等,这些岩画都比较全面地反映了古代北方游牧民族的经济生活、宗教信仰、意识形态、审美观念等。

彩陶艺术是史前艺术的又一新领域。如果说在此之前是以绘画和雕塑为中心的造型艺术时代,那么,彩陶艺术则使艺术进入以实用美术为中心的工艺美术时代。艺术沿着装饰的道路发展着,而且装饰类型及其繁多。人们企图把围绕着他们的日常用器都装饰起来,从最简单的涡形或原始的几何图形,直到极为复杂的、表现高度艺术性的纹样。由于陶器的产生是新时期时代的标志,因而陶器上的图案装饰也就成为新时期时代的特点。

所有已知的社会和文化中都有某种形式的绘画艺术。确实,在世界各个地方,一直以来人们都在以一定的方式绘画,有铭刻在骨头和木头上的,有雕刻在岩崖和画在山洞中的,有画在布帛、兽皮和树皮上的,等等。用来创作艺术品的材料,使用这些材料的方法以及艺术家选中要表现的自然对象——所有这些在不同的社会各不相同,而且在很大程度上揭示了一个社会与其环境的关系。甚至一些研究表明,艺术图案与社会分层之间存在着相关性。

作为一种象征性的表现形式,绘画艺术既可以被看成是具象的,是对自然存在的写实;也可以被看成是抽象的,是从自然存在形式中吸取一些元素,但只表现其基本的模式或格局。

第二节 人类学的艺术研究

艺术是人类的生存方式之一,艺术与文化的其他方面一样,它使我们得以窥视人们生活的其他方面,包括人们的价值观和世界观。不论一件特殊的艺术品是被人纯粹地用以欣赏,还是用以某种实用的目的,它都要求一种特殊的结合,即形式的符号表现与构成创造性想像力的情感表达的结合。既然人类符号化能力的创造性应用是普遍的,并且这种符号化能力和创造性想像力既表达了文化价值和关怀,反过来又由后者塑造,所以艺术对人类学家来说是一个重要的研究主题。

人类学家关注的是一种反映文化价值和人类关怀的艺术。把艺术作为一种文化现象加以研究,在特定文化的背景中对所有富有想像力的各种艺术表现形式进行记录、描述和研究,这些艺术表现形式包括:装饰品、身体装饰、服饰、建筑形式和修饰、陶器工艺、劳动歌谣、舞蹈以及其他各种艺术形式。人类学家发现,艺术反映了一个民族的文化价值和关怀，人类学家通过艺术可以知道一个民族是如何安排其世界的，还可以发现许多有关其历史的信息。人类学家对一个族群艺术的解读，是企图从中发现更多更丰富的文化内涵。因此，人类学的解读是把它们还原到这种艺术发生的文化语境中来对待的，只有在艺术产生的整体文化背景下，才能理解这些艺术自身独特的形态和图像。人类学家一般采用三种方式研究艺术，即美学的、叙事的和阐释的。美学的和叙事的研究方式集中关注事物怎样得到描绘，以及什么事物得到描绘，但它们很少揭示艺术究竟是什么；而阐释的研究方式则揭示一个民族艺术的意义，这种研究方式需要借助丰富的民族志和其他各种可靠资料，把艺术重新纳入一文化的整体中进行综合考察，研究艺术在文化体系中发挥的特有功能和作用，以及艺术对人类社会生活的意义。

作为一个人类学分支学科，艺术人类学或人类学的艺术研究的发展已经经历了100多年的发展历程。在艺术人类学的发展过程中，与人类学学科理论的进展同步，人类学的艺术研究也表现了理论范式的转换。

19世纪中期，伴随着进化理论在社会和文化研究领域的普遍应用，人类学开始成为一个独立学科。从这个时候起到20世纪初，很多人类学家关注艺术起源与进化的研究，即艺术发生学的研究。他们通过对史前艺术和当时的"原始民族"艺术的研究，来讨论艺术的起源和发展问题。古典进化论学派的很多人类学家都提出了自己对艺术起源的看法，其中影响较大的有德国人格罗塞（Ernst Grosse）的《艺术的起源》，英国人哈登（Alfred Haddon）的《艺术的进化》、《英属几内亚装饰艺术》等。哈登试图对艺术进行"科学"式的研究。他提倡从生物学或自然史的角度研究图案艺术，主张对艺术的研究应该从艺术最简单的形式，也就是文明艺术得以产生的原始艺术开始。和其他进化论者一样，他也将艺术发展分为起源、进化和衰落三个阶段，认为艺术像生物体一样，有其历时性进化序列。其他一些人类学家尽管没有像哈登那样聚焦于艺术研究，但也是用进化的理论来理解艺术，如泰勒（Edward Tylor）、摩尔根（Lewis H. Morgan）、弗雷泽（James Frazer）等将原始社会的舞蹈和宗教信仰的初期阶段联系在一起，将音乐舞蹈和在原始社会十分重要的巫术仪式密切联系起来，提出了艺术起源的巫术理论。按古典进化论的观点，艺术和其他社会文化现象一样都是由低级到高级发展的，原始人的社会结构简单，他们的艺术也因此处于原始阶段，而以欧美为代表的文明社会的艺术形式则被认为是人类艺术的最高成就。当时关于艺术起源的很多理论，如艺术源于劳动说、艺术源于游戏说等，也都借鉴了大量的人类学资料，人类学家对这些理论的出现做出了重要贡献。

德国、奥地利和英国的传播论理论范式强调艺术的传播特性。他们认为，与自然现象不同，文化历史现象不会重复出现，人们不可能在不同的时期、不同的地点创造出相同的文化，存在于不同民族、不同地区之间的相似的文化现象是由文化传播造成的。按照这种理论范式,某种艺术形式也是从某个特定的地方起源,然后再传播到其他地方。在进化论范式衰退之时,人们将更多注意力放在了对非西方小规模社会艺术的实地考察上。美国人类学历史学派的创始人博厄斯(Franz Boas)研究北美印第安人各部落的艺术形式,试图对此进行文化相对论的解释,以发现各原始民族艺术中的审美价值。博厄斯认为,非西方艺术不是西方的过去,它们具有自身的价值。通过对原始艺术的若干基本特性进行分析研究,他讨论了各种艺术风格的发展问题以及各种风格得以发展的能动条件;他强调艺术的技术性,认为形式的美感是随技术活动的发展而不断发展的。哈登与博厄斯的艺术研究虽然以不同的理论背景为基础,但是他们都关注艺术品本身,强调资料收集,反对理论归纳。哈登提倡用生物学的方式研究艺术,而博厄斯强调的是艺术的技术性,简言之,娴熟的技术产生艺术。但是他们之间最大的差别在于,哈登按照高低将艺术进行历时排列,把非西方艺术视为需要加以研究和保护的"历史残余";而博厄斯的研究将人类学从"显性"的民族中心主义、欧洲中心主义的描述中暂时解脱出来,避免把非西方社会当成"历史残余"。

博厄斯的艺术研究对古典进化论的理论模式提出了挑战,在其艺术人类学经典著作《原始艺术》中,他通过对印第安人的实地考察发掘出艺术的价值和其中蕴含的审美观念。他认为,形式的美感随技术活动的发展而不断发展,艺术来自生产技术和具有一定形式的思想情感的表现。对称、节奏和图像这些原则是绘画和造型艺术最古老、最基本的特点。许多原始艺术所共有的表现因素是赋予表面纯式的艺术以某些超出了形式美的情感含义。在艺术研究中运用文化相对论,使得人们从跨文化的角度上重新思考美的意义,说明不同文化之中都有美学感受,需要人们去发现和认识。

马林诺夫斯基主张把满足文化成员的生理和物质需要作为文化的主要功能,在参与观察中,把注意力放到生计方式、婚姻、家庭、亲属制度、宗教和对满足人的生存需要有直接关系的层面,认为这些方面是可以加以理性认识的范围,在此情况下,对艺术和审美等方面的关注就因此而减弱了。对在"库拉圈"中有重要地位的用以"库拉"交换的项链和臂镯,在马林诺夫斯基眼中,与这种艺术品的价值比较起来,更重要的是它们在"库拉"交换仪式中如何演变成隐藏在其后的不同人群间经济交换的缩影。

结构主义大师列维-斯特劳斯(Claude Lvi-Strauss)对人类思维深层结构的分析路径之一是对艺术的研究,这在其《忧郁的热带》、《结构人类学》、《面具的路径》等著作中有明显的表现。在艺术人类学研究中,列维-斯特劳斯提出了"不稳定能指"和"剩余所指"的重要概念。人们借用象征思维的不稳定能指的艺术方式阐发难以明确表达的那部分意义,即剩余所指。他也说明了艺术活动与社会的关系,分析了不同文化之中艺术的定义,在艺术品造型形式的对比分析中探寻蕴含其中的意义。

在结构主义之后,许多人类学家开始对不同族群的艺术进行实地考察。20世纪70年代涌现了以格尔兹(Clifford Geertz)为代表的将艺术与国家政治象征、仪式等相结合的阐释人类学研究的大量民族志,他们运用学科主体的理论方法对不同文化语境中的艺术进行意义的阐释,用以解析复杂的文化意义。格尔兹提出,对象征符号活动的理论分析在复杂程度上应当与对社会及心理活动的理论分析相匹配,以便有效地处理人类学艺术的研究。随着象征人类学、符号人类学等新兴学派的兴起,人类学界开始把艺术视为文化象征体系的一个重要部分,对艺术加以象征人类学和阐释人类学的分析和认识。人类学家对艺术方面有了更多的关注,在阐释人类学的研究中,通过对艺术的深层次分析,对人类学家所研究的文化进行深描,以更深入地理解、更强烈地表达和更准确地感知其文化意义。随着解释人类学的出现,学科主体从"客观"的科学研究转向对象征体系的"主观阐释性"的研究,并且承认人类学者在知识生产中的主观性本身就意味着一种艺术性的转变。格尔兹从日常生活的游戏、国家的政治象征中找寻戏剧的直接展演,或隐喻国家政治象征,提倡一种"艺术符号学",认为艺术是日常社会的折射,反映的是人们对生活的理解,是用来阐释社会关系、维护社会秩序、强化社会价值观而精心制作的产物。例如,在对巴厘人的日常游戏——斗鸡的精细阐释中,格尔兹将其视为一种直接的戏剧形态,把人类区分为固定的等级序列,并围绕这一区分,为共同生活的主题提供一个超越社会的解说。斗鸡是巴厘人对自己心理经验的解读,而蕴含在这种戏剧中的意义通过一种日常普通的方式更加强烈地得以表达和更准确地被感知。

20世纪80年代中期之后,随着人类学反思的进行,人类学的研究对象发生了变化,艺术人类学研究的侧重点从非西方小规模社会中的艺术转移到当代文明社会中的艺术,即使在非西方小规模艺术讨论中,也注意在世界体系中来讨论过去被认为与世隔绝的小规模社会艺术,将之与现代艺术联系起来进行考察。这一转型也对艺术人类学产生了很大的推动力,使人们对艺术的文化表现做出深刻的思考。如对现代社会中的博物馆和美术馆制度,收藏家、艺术家与公众之间的互动关系,文化市场活动等等对艺术的影响和艺术对社会文化的反作用等问题加以研究。一些民族志作品也揭示了来自某些土著族群的"艺术品"是如何被"盗用",又如何根据不同文化、不同社会群体和各地的不同需要重新进行设计,从而出现在国际艺术市场之中的。这种艺术人类学研究成为人类学反思的一部分,通过反思以重新认识人类学的学科定位,检讨人类学的理论和方法论,发现人类学自身的"文化"、"差异"等概念是如何受到研究对象的影响的。一些学者也通过不同角度的论述确立艺术人类学研究的历史性和根源性,及其合法性、可行性和拓展性,从而反思和发展艺术人类学的研究。同时,人类学也在转向思考新的问题,如性别政治、族群认同、文化表现等,这种状况使人类学家在观念上发生了转折。当代社会急剧的社会变迁和文化转型也使人们更多地以艺术作为维系价值规范的延续和寻求心灵安慰的手段，人们认识到艺术对人们具有极为重要的价值。艺术与族群政治、性别角色、利益诉求、阶级象征、文化身份的展示的内在的、密切的联系，尤其是艺术在文化再生产和再创造中的作用等也都纳入了艺术人类学的视野。艺术被赋予更多的意义，成为族群认同、身份诉求的表述途径，艺术品的生产和消费体现了不同群体、阶层、文化之间的交流和冲突，尤其是艺术品的收藏集中体现了艺术品、生产者及其所在的文化、消费者及其所在的文化之间的微妙关系，将权力话语和意识形态分析贯穿于反思的艺术人类学研究中。

总之，在漫长的人类学发展历程中，艺术人类学经历了从文献到器物再到艺术所在的文化意义的研究这样一个发展过程。在这一过程中，人类学对艺术的研究，或者不断精细化，或者变换研究角度，以不断地提高其解释力。

关键词

艺术　艺术人类学　表演文化　时间艺术　空间艺术　时空艺术

复习思考题

[1] 什么是艺术？
[2] 何为时间艺术和空间艺术？
[3] 艺术可以分为哪些类型？
[4] 为什么人类学家要研究艺术？
[5] 象征人类学对艺术的研究有什么特点？
[6] 人类学怎样研究艺术？

阅读文献

[1]（美）弗朗兹·博厄斯. 原始艺术. 金辉译. 贵阳：贵州人民出版社，2004
[2] Alfred C. Haddon. *Evolution in Art*. London: Walter Press, 1895
[3]（美）克利福德·格尔兹. 文化的解释. 纳日碧力戈等译. 上海：上海人民出版社，1999
[4]（英）罗伯特·莱顿. 靳大成等译. 艺术人类学. 北京：文化艺术出版社，1992
[5] 朱狄. 艺术的起源. 北京：中国青年出版社，1999
[6] 孙美兰. 艺术概论. 北京：高等教育出版社，2006
[7] 易中天. 艺术人类学. 上海：上海文艺出版社，2001

文化研究的应用

　　文化人类学发展到一定阶段，便显示出该学科的应用价值。尽管这种应用性的最初展现是借助于"为殖民地管理服务"的名义，但其中闪现着的文化相对主义及种族平等的观念，则散发出熠熠光辉。时至今日，人类学已在很多领域表现出了自己的学科理念与学科价值，为人类社会的进步与发展，以及传承、保护人类文化的多样性做出了极大的努力。本编在分类概述人类学各应用分支学科的基础上，也对人类学在中国的应用做了介绍。

　　人类学的应用历程曲折、复杂。早期人类学注重对原始文化起源的探讨和描述，仅满足于非西方文化与西方文化进化和传播序列的建构，而且当时人类学的著作一般发表在人类学家自己的国家，这种"人类学著述的地理分隔"很容易让人类学家获得"我曾在那里"的成就感和炫耀心。但是，第一次世界大战后，帝国主义在全世界的殖民地受到了民族运动的剧烈冲击，殖民统治陷入全面危机。殖民统治者认为，危机源起于对殖民地文化价值的忽视。"在非洲的英殖民当局以及德国、法国的殖民者，均不重视非洲社会原有的各种传统文化和社会组织，他们破坏一切氏族部落制度，消灭了可以依靠的部落首领和氏族长老。殖民地危机的发生，提出了如何利用土著社会制度的问题，从而要求殖民官吏必须研究、精通这些社会制度，懂得这些制度在氏族社会中所起的作用（即功能）。"在这一背景下，马林诺夫斯基和拉德克利夫-布朗从功能观点出发，创立了功能-结构学派。其为殖民统治服务的理论核心是：一切文化都是有功能的，同样，土著氏族部落的社会规范、组织也有其功能。殖民者应该发挥其功能，利用它来为自己的殖民统治服务。殖民者只要进行"间接统治"，便可坐享其成，避免殖民危机的发生。从此便开创了人类学的应用先河。

　　早期的人类学家主要是为殖民地管理服务，为统治者提供当地土著的有关风俗、习惯的知识，或者是培训殖民地官员。到第二次世界大战期间，人类学家为战争服务，研究敌对国的情况（如国民性研究），使应用人类学的研究达到一个高潮。第二次世界大战后，应用人类学发生了根本的转变，一是发达国家人类学家转向对本土的研究，开始关注并探讨国内社会的现实问题，如种族、族群、吸毒、艾滋病等等；二是应用人类学家关注发展中国家的经济增长、人口增长、人口控制、公共卫生、文化教育、农业发展，以及都市化、工业化引起的问题；三是越来越多的人类学家在更广泛的领域工作，这些包括决策研究者、社会评估员、投资分析家、文化经纪人、公共参与专家、广告设计家、传播专家、辩护人以及流行病防治专家等等。本编将分别介绍语言、政治、都市、经济、发展、医学、旅游这几个人类学分支学科及其应用情况。

第十二章　语言人类学

> **摘要**
>
> 　　本章将重点探讨语言与文化、思维、民族的关系以及语言人类学方法。语言是文化最为重要的要素，同时，语言作为独立的文化因素，又与文化的整体有着作用与反作用、反映与被反映的互动关系。此外，萨丕尔－沃尔夫假说等理论观点强调了思维与语言的密切关系，引发了人们对于语言与思维、世界观之间的相互关系的长期探讨。语言总是从属于每一个具体的民族，成为民族的一个重要特征，而语言的发展和变化又深受民族发展的影响和制约。经过不断的吸收和积累，语言人类学逐步发展出以话语分析和交际民族志为主体的语言研究方法，从而在跨文化交际研究方面，发挥着重要作用。

　　人类和其他动物的不同，就是人类能直立行走，因此可以利用双手并制造工具，同时还知道用火，因此使得人类适应环境的能力显著提高。然而，事实上有不少人认为，人类和其他动物比较，最具特色的是在大脑中具有运动性与知觉性的语言中枢（speech center）。这种语言中枢，除了在黑猩猩中稍具萌芽状态以外，为人类所独有。[①]

　　正是由于这样的原因，人类有语言，并与动物的鸣声有着本质上的差异。人类的声音经过细微的分化，并且在一定的语法结构下组合成句，故此可以自由地表达复杂的意义。人类的语言具有"象征化的机能"，从而与动物简单的鸣声迥异。

　　根据 J. B. S. Haldane 的研究，黑猩猩（chimpanzee）的语言中枢虽有萌芽的痕迹，可是在教它们学习语言时，它们对 pa－pa，ma－ma，cup 等最简单的三个字也无法发音。而后 B. Gardner 夫妻俩，曾对一只雌性的小黑猩猩授习手语，经过 4 年的训练，它已能习得 13 种表现手法，有时甚至还能够将若干手法连起来传达比较复杂的资讯，例如"门外有一只大犬，也许会咬你"。Gardner 的报告发表后，引起了各方学者的注意，即人类以外的动物，并不像人们以往想象的那样全无表达象征的能力，证实了在灵长类中确实有语言中枢萌芽的迹象。然而，即便如此，黑

[①] 刘其伟：《文化人类学》，艺术家出版社（台北）1991 年版，第 194 页。

猩猩的这种十分初级的能力与人类相比,还是有着质上的巨大差异。①

由于人类能言语,因此人类和动物之间最本质上的差异,就是只有人类才拥有"文化"。② 人类学家 A. I. Hallowell 对类人猿的"后天学习的行动"称为"原文化"(proto-culture),藉以与人类的文化相区别。Wallace 对这一名词更详加诠释,认为动物的"后天学习的行动"仅仅是一种动作的反应,而人类的文化,却是一种精神的、内在的作用的结果,它特别建立在具有象征作用的语言条件之上。可是,其后又有部分专门研究猕猴行为的学者,根据众多的研究成果认为,文化并不一定要有"语言"才能存在。纵使如此,语言是文化最为重要的要素则是无可置疑的事实。③

那么,究竟什么是语言?我们能对语言做出哪些理解?语言人类学要关注哪些东西?语言与文化的关联怎样?语言究竟与思维有没有内在的关联?语言与民族的关系又如何?这些都将是本章所要解答的问题。

第一节 语　　言

一、人类语言的产生

大凡群居的动物,多有传达讯息的渠道。毋庸置疑,人类在最远古之时,至少也有一种类似一般动物的原始的讯息传递方法。根据 B. Washington 的说法,当时人类是用嘀唏聒噪、呐喊叫嚷等来彼此沟通的。例如爪哇原人,他们的语言中枢就已相当发达。

关于人类语言的产生,大概有四种说法:其一为 bow - bow 或 moo - noo theory,即模拟说或摹拟说(imitation),此说认为人类语言乃模拟各种动物的声音而得,例如印第安人称乌鸦为 kaw - kaw,称一种夜啼鸟为 pono - pono。其二为 pooh - pooh theory 或感叹说,此说认为语言由感叹声演变而来。其三为 yo - he - yo theory 或社会说,此说认为语言源自人类因劳动所发生的声音(例如叱马的诸种单语)。其四为 boot theory 或语根说,认为所有的简单语言都由"语根"(roots)构成。语根犹如树枝和石头,两者同是最原始的素材,由这两种素材再制作成为各种器皿。

---

① 刘其伟:《文化人类学》,艺术家出版社(台北)1991 年版,第 194~195 页。
② 刘其伟:《文化人类学》,艺术家出版社(台北)1991 年版,第 196 页。
③ 刘其伟:《文化人类学》,艺术家出版社(台北)1991 年版,第 196~198 页。

同样道理，由基本语根构成了无数复杂的语词。①

二、人类语言的特点

到目前为止，学术界还是认为语言是人类特有的文化现象，当然这并不否认其他的一些灵长类动物具有一些语言能力，像非洲黑猩猩已被证实精通一些初步的语言技巧。除灵长类外，其他动物也有交际能力。一只蜜蜂发现一片花丛后，会飞回蜂房，跳一种"舞蹈"，不久，它的同伴便倾巢出动，飞往那片花丛。黑猩猩也能运用一些简单的姿势、声音进行交际。

但是，动物"语言"不能算是一种真正意义上的语言。最新的研究表明，蜜蜂舞蹈所起的作用并不像人们想象的那样大。前苏联学者温纳做了大量实验证明，蜜蜂回到蜂房时身上携带的花蜜的香味是最主要的因素，蜜蜂是凭借它们灵敏的嗅觉找到蜜源的。没有蜜蜂身上的香味，任何热烈的舞蹈都不起作用。可见，所谓"蜜蜂语言"仍然是一种生理信号，同作为符号的语言相差甚远。黑猩猩的手势、表情、叫声都比较原始，远不能同人类语言相比。许多科学家试图教会黑猩猩说话，但都无突破性进展。

那么，人类特有的语言究竟具有哪些特征呢？美国语言学家霍基特（C. F. Hockett）认为，人类语言具有"时空位移性"，即能用符号表示时间和空间上相当遥远的事件，动物"语言"则不具备这一特征。德国哲学家卡西尔认为，人类语言不仅以感情的方式运用着，也以命题的方式运用着。日本人类学家祖父江孝男认为，人类语言具有"符号性"，使人类的语言"不限于仅仅表达出感情、情绪及迫近即来的消息，还能够叙述出不久以前或者过去了很久的事情"。我国学者卫志强认为，人类语言与动物"语言"相比有五大特征：迟延性、延伸性、内存性、能产性（或生成性）和分离性。迟延性使人类在解释或发出信息时，将信息内容跟情感成分区分开来；延伸性使语言不仅能表达目前正在进行的事情，还能表达过去做过的事情；内在性使人类具有十分独特的天赋：自言自语，心理语言学上称为"内部言语"；能产性或生成性使人类将有限声音组合排列而获得无限多的意义；分离性使一句话能够分解为个别的概念，动物叫出的声音也是一个"句子"，但它不能分离。

综合上述观点，语言的特征可以从两个方面来进行理解：从语言符号的特殊性来理解，语言具有线性、任意性、相对稳定性和可变性、系统性四大特征；从人类语言与动物"语言"相比较来理解，语言具有时空位移性、命题性、内在性、能产性和分离性五大特征。

---

① 刘其伟：《文化人类学》，艺术家出版社（台北）1991年版，第195页。

第二节 语言人类学概述

由于语言既是一种交流工具,又是一种文化现象,它在文化人类学诞生初期就受到了广泛的重视。以异域社会为主要研究对象的早期人类学家们一方面努力学习异族语言以达致更精确的理解,一方面又逐步认识到语言这一文化事象本身的重要性,从而将其视为一种重要的文化构成加以探求。正是这种对语言的文化研究的需要催生了语言人类学(linguistic anthropology)这一文化人类学的分支学科及语言学与人类学的交叉学科。

简而言之,语言人类学旨在从语言的角度来探讨文化,从文化的视角来透视语言。在中国,由于与文化人类学基本一致的民族学的存在和发展,语言人类学往往又被称为民族语言学。其他相关的称呼有人类语言学、文化语言学、人类文化语言学等。一般认为,语言人类学始于20世纪初期,至20世纪50年代以后渐成体系。它涉及从传统的历史比较、亲属关系构拟,到"认知人类学"(cognitive anthropology)、"说话民族志"(ethnography of speaking)、语用学和语言规划等十分广泛的范畴。①

一、何谓语言人类学

对于语言人类学,不同的学者有着不同的界定。语言人类学家海姆斯(Dell Hymes)在1963年发表的《语言人类学的研究对象和概念》一文中,把语言人类学定义为:"人类学背景下的语言和言语研究(the study of speech and language within the context of anthropology)。"② 而 Hoijer 的定义则是:一个致力于无文字民族的语言的共时性和历时性的研究领域。加州大学教授 Duranti 则将语言人类学概括为:"对作为一种文化资源的语言的研究和对作为一种文化实践的言语行为的研究。"③ 中国学者马京将其归结为一门综合运用语言学和社会文化人类学的理论方法,研究人类群体的语言结构、语言变化和社会历史文化现象的关系的边缘学科。④ 富晓星则认为,语言人类学实际上指的是综合运用文化人类学和语言学的理论与方法,从

---

① 纳日碧力戈:《关于语言人类学》,载《民族语文》,2002年第5期。
② Dell Hymes: Objectives and Concepts of Linguistic Anthropology; In D. G. Mandelbaum, G. W. Lasker and E. M. Albert (eds), The Teaching of Anthropology, American Anthropological Association, 1963, Memoir 94.
③ 富晓星:《语言民族学与民族语言学在人类学研究中的作用》,载《南宁职业技术学院学报》,2002年第4期。
④ 马京:《语言人类学的学科建设和本土化问题》,载《广西民族研究》,2000年第3期。

人类的文化模式及文化信仰的角度研究语言变异及语言使用的一门学科。它不仅着重人类学对语言学的影响，更强调的是人类学和语言学这两个学科之间的互动关系。[1]

由于语言人类学是人类学与语言学相结合的产物，人们对其学科定位有所争论。有人认为它既可属于语言学，也可属于人类学，其定位取决于研究者本人，并没有绝对的限制。事实上，许多研究者并不十分在乎学科名称，用法比较随意。例如，海姆斯在定义语言人类学的时候，就同时使用了"语言人类学"和"人类语言学"这两个名称。[2] 尽管如此，经过一部分人类学者大半个世纪的努力，语言人类学已经被视为人类学的一个分支学科，从而在学术界有了自己的一席之地。

二、语言人类学的研究内容

语言人类学把说话人（speakers）即最重要的社会行为者（social actors）视为研究对象，把语言作为社会实践来研究，具有独特、深远的意义。语言人类学的研究内容包括：作为文化资源（cultural resource）的语言、作为社会实践（social practice）的语言、作为历史记忆的语言、作为话语权力的语言。[3]

语言人类学的研究内容可以说十分广泛。1964年语言人类学者海姆斯曾汇编过一部有关语言人类学研究的重要读物。通过该读物的目录，我们可以从一个侧面了解语言人类学者所关注的内容：①评价各种语言的异同（特别是外国语与本族语）；②民族词语与其他兴趣领域之间的关系；③语言模式对一个民族基本观念的意义；④介入人与人之间互相作用的话语规范；⑤戏剧和艺术动机如何以言语表现；⑥言语层次间或变体间的关系，社区各种类型及其界限；⑦语言间类同点的归纳和界定方式（特别是历史内容）。[4]

三、语言人类学的发展历程

西方的语言人类学大致经历了田野工作、比较分析、理论概括几个阶段。索绪尔（Ferdinand de Saussure，1857—1913）可以说是真正把人类学与语言学结合起来研究的第一人。他树立了从语言的角度来探索人类历史上文化现象的典范，为以后

---

[1] 富晓星：《语言民族学与民族语言学在人类学研究中的作用》，载《南宁职业技术学院学报》，2002年第4期。

[2] Dell Hymes：*Language in Culture and Society：A Reader in Linguistics and Anthropology*，Harper & Row，1964.

[3] 纳日碧力戈：《语言人类学阐释》，载《中央民族大学学报》（哲学社会科学版），2003年第4期。

[4] 朱文俊：《人类语言学论题研究》，北京语言文化大学出版社2002年版，第9～10页。

语言与民族、语言与文化相互关系的研究开了先河。同时在一定程度上，通过"回顾法"（retrospective method）进行语言重建的方法为人类学开展史前史的研究提供了借鉴。而后的马林诺夫斯基（B. K. Malinowski）加强了人类学与语言学的结合，强化了语言研究对于了解和揭示人类文化研究的重要意义。

作为一门学科，语言人类学则是在美国建立和发展起来的。摩尔根（L. H. Morgan）于1871年发表了《人类家族的血亲和姻亲制度》，从语言学的角度讨论了印第安人的亲属称谓和族源问题。博厄斯（Franz Boas）花了大量的精力研究印第安人的语言，发现每一种语言都有它自己的一套语音、形态意义、结构和词汇，因而主张描写一种语言只能根据它自己的结构入手。他的这一主张被称为"描写语言学"或"结构主义理论"，在当时具有划时代的意义。1911年，博厄斯出版了《美洲印第安语言手册》（A Handbook of American Indian Language），收集了几十种语言资料，他为该书所写的序言一直被列为语言学的经典著作。1940年，博厄斯写成《种族、语言和文化》。1941年，又出版了《达利他人的语法》。这些著作都成为语言人类学的重要文本。[①] 同一时期的萨丕尔（Edward Sapir）特别重视语言与民族文化的密切关系。沃尔夫（Benjamin Lee Whorf）发展了萨丕尔的观点，认为语言形式决定着语言使用者对宇宙的看法。他们的观点被浓缩为萨丕尔－沃尔夫假说（the Sapir–Whorf Hypothesis），成为人们长期讨论的一个主题。

20世纪40年代末和50年代初，法国人类学家列维－斯特劳斯（Claude Levi–Strauss）受到布拉格结构语言学派代表人物雅克布逊（Roman Jakobson）的结构主义理论的启发，创立结构主义人类学。他认为可以把音位结构分析法运用到人类学的亲属制度研究中，发表了《语言学与人类学的结构分析》一文，开始了用结构主义方法进行人类学和民族学研究的新阶段。

20世纪中叶以来，语言人类学作为一门学科日臻完善。这一阶段出现了大量的语言人类学成果，尤以菲力普森（Robert Philipson）、萨斯曼（Zdenek Salzmann）等人为代表。菲力普森从语言人类学视角对英语进行了个案研究，指出由于文化上的不平衡，英语的支配地位造成了英语帝国主义，实际上是间接反映了一种盎格鲁文化中心观。萨斯曼同样从语言人类学的视角对语言、文化和社会的相互关系进行了论述，指出不同的语言结构与其所反映的思维方式具有协同性；同时还对当今的语言人类学的"实用性"展开了论述，在一定程度上推动了语言人类学学科理论与方法的发展。

---

① 谭志满：《语言人类学及其在中国的发展》，载《青海民族研究》，2006年第2期。

第三节 语言与文化

一、语言与文化的关系

关于语言与文化的关系，说法很多，国外较具代表性的观点大致有如下几种：①语言结构是文化结构的本源和决定因素，如"萨丕尔-沃尔夫假说"；②社会文化结构是语言的决定因素，如马克思主义的观点；③语言结构和社会文化结构"互限"（co-determination），如格里姆肖的观点；④语言结构和社会文化结构都由第三种因素如人的本质、人脑结构、人类思维特征等决定，如乔姆斯基的观点；⑤语言结构与社会文化结构之间只有"伙伴关系"、相关关系，而无因果关系，如实证主义观点。

以上观点各自从不同的侧面揭示了语言与文化的关系，其中第三种观点因考虑到了语言与文化的双向关系，故较为国内学者认同。总的来看，语言与文化之间的关系可以归纳为作用和反作用的关系以及反映和被反映的关系。

（一）作用和反作用的关系

作为文化整体的一部分，语言确实在文化的产生、发展和传播中扮演着至关重要的角色。人类社会如果没有语言，今天所谓的政治、经济、教育、法律、艺术、宗教等恐怕就不会存在或至少不会发展到现在这样复杂精深的程度。

美国人类学家 L. A. 怀特（Leslie A. White）对于语言之于文化的这种建构作用，曾有如下的论述："全部文化或文明都依赖于符号。正是使用符合的能力使文化得以产生，也正是对符号的运用使文化延续成为可能。没有符号就不可能有文化，人也只能是一种动物，而不是人类。音节清晰的语言是符号表达之最重要的形式。把语言从文化中抽掉，还会剩下什么东西呢？……没有音节清晰的语言，我们就不会有人类的社会组织。……没有语言，我们就不会有政治、经济、宗教和军事的组织；没有礼仪和道德规范；没有法律；没有科学、神学和文学；除了猿猴水平的嬉戏外，不会有游戏和音乐。……没有音节清晰的语言，就差不多等于丧失了使用工具的能力……"

当然，无论语言的地位如何重要，它毕竟只是文化的一个部分。文化的其他部分对于语言的影响作用也是显而易见的。在文化自身发展及与外界文化接触的过程中，语言都不可避免地受到影响。最明显的是，异质文化的接触往往会造成语言间的借用乃至融合。例如，汉文化在日本、朝鲜的传播就使得日语和朝鲜语中出现了大量的汉语借词，而解放前大量操英语的外国人在上海做生意就引发了洋泾浜语的出现。

总之，语言和文化间的关系是一种双向的影响制约关系。例如，我国北方有婚礼时向新婚夫妇床帐里撒枣子和栗子的风俗，枣谐"早"，栗子谐"立子"，意为"早立子"；而闽南方言"枣"与"早"不同音，所以为新婚夫妇撒帐时不是撒枣，而是撒花生，意为男女间着生。为何要撒枣、撒栗子或是撒花生，而不是撒梨子、撒无花果？这就是语言对文化的影响使然。又如，苏沪一带忌讳"死"，因口语中"死"与"洗"同音，故而不说"洗"，而说"汰"或"净"。再如，因"梨"与"离"同音，男女情侣往往忌讳将梨子切开分吃，为的就是忌讳"分离（梨）"这一不祥的寓意。这些显然又是文化对语言的影响。

（二）反映和被反映的关系

语言不仅是人类的沟通工具，它还沉淀、凝结着使用这一语言的群体自身在长期的生存发展历程中对周遭的客观世界、生态环境及个人心灵的普遍的或特殊的认识，以及在长期的生产生活中积累的共同的或独特的经验等。也就是说，一定的语言形式反映了特定的社会经济、思维方式、价值观念等文化内涵。

例如，爱斯基摩人（Eskimo，亦称 Inuit）因为常年生活在冰天雪地之中，对雪的感知非常强烈，对雪的观察和分辨也就非常细微，体现在语言中，就有许多关于"雪"的名词，如"飘落的雪"、"地上雪"、"板结的雪"、"漂流的雪"、"堆积的雪"、"雨雪"、"飞雪"等等。云南省拉祜族和布朗族的母女连名制体现了约半个世纪以前的母权制文化特征，而哈尼族、彝族等藏缅语族的父子连名制则反映了其社会从母系氏族向父系氏族过渡过程中形成的一种重要的文化特征。另外，"牛录山"、"牛录堡"、"甲喇山"、"固山屯"、"章京河"、"章京堡子"等地名反映了满族历史上的牛录制和八旗制度。不同的亲属称谓制度也深刻地折射了不同社会的伦理秩序、尊卑关系、关系远近和家庭结构特点等内容。

二、语言对文化的影响

作为客体世界与主体世界之间桥梁的"中间世界"，语言对文化的影响主要表现在如下几个方面：

第一，语言直接制约着人的思维或交流。离开了语言（包括内部语言如内心独白和外部语言如有声语言），一个人既无法思维，也不可能与他人交流。旗语、数字符号、电报代码都是建立在一定语言系统上的语言符号或语言的代用品。

第二，语言是一个既受制于又独立于客体世界与主体世界的文化世界。作为媒介，语言在联结主体世界与客体世界时，只能也必须有所遗漏、有所补充或有所含蓄，言难尽意，意义本身就是从语言组成的信息中产生的。因此，人类社会在支配语言世界的同时也受到语言世界的反控制。这正如新洪堡主义欧洲语言学派学者瓦尔特布尔格（W. Von Wartburg）所说的那样："我们说掌握语言，但是，实际上是人被语言所掌握。"

第三，语言关乎着民族的集体意识或集体无意识。民族文化的传承离不开语言，民族之间的区分也主要借助于语言。语言是民族文化的活化石，沉积着一个民族的文化积淀，也累积着民族的意识。不少海外华侨华人要求他们的子孙学习中文，主要是期望唤起后代对中华文化的认同感。

第四，语言对民族语言艺术的制约也是显而易见的。中国古代律诗为什么独盛"五言"、"七言"？为什么讲求平仄对仗？而英美诗歌为什么会主要依靠重音的交替出现来构成轻重和谐的韵律呢？这与汉语和英语的不同语言特点直接相关。英语是利用重音作为主要的非音质音位的，多音节词居多，加上英文又是表音文字，这些决定了英美诗歌的韵律主要依靠语言的轻重长短而不是高低，不能像中国诗歌那样普遍地采取排比对仗；相反，汉语利用音高作为自己的主要非音质音位，汉字又长期处于以表意为主、表音为辅的表意文字阶段，单音节词或词素多，缺少词形变化，除了作用于听觉，还可作用于人的视觉。所以，无论中国古代律诗讲平仄、讲对偶、讲意象，还是英美诗歌音韵讲轻重，实际上都是各民族语言对民族语言艺术的必然要求。

三、文化对语言的影响

（一）文化与词汇

语言不能脱离文化而存在，它总受到文化的制约和影响。任何一种语言中某类词汇的构成，往往与以下三个因素有关：一是该类词汇在社会中的重要性；二是社会环境中所出现的各种实际现象；三是基本词汇（必须使用的词语）的量的大小。因此，文化对整个语言系统，包括词汇、语法、语音和语句等方面都有影响力。这种影响大量地通过词汇表现出来。

例如，哈萨克语中有很丰富的关于牲畜的词汇，羊、马、牛、骆驼等主要牲畜因性别、年岁的不同而有各种不同的名称。但有关蔬菜的名称，在哈萨克语里则较少，一些主要的蔬菜，如"白菜"、"萝卜"等都借自汉语。这种情况的出现，就是因为游牧是他们的主要生存方式，故而对其频繁接触的牲畜有系统的认知，但却对处于边缘地位的蔬菜只需知其大概即可。在阿拉伯语中，人们至少用了6000个词来表示各种骆驼及其各个部位和有关的装备。由此可见，骆驼及与骆驼有关的一切，在阿拉伯人的生活与文化中占有多么重要的地位。① 一般而言，对一个民族越是重要的东西，该民族对它的语言分割就往往越细致。人类的生产方式在言语中也有反映。如英语中一般表示"负担"的词为 carry，而汉语中反映"负担"的词却相当丰富，在不同的词语中各有不同的表达，如荷锄、挑米、背小孩、挎篮子、提箱子、抱被子、拎篓子等等，这种不同是由古代的中国人与英国人的不同的生产方式和生活方式所决定的。关于狗的叫声，英语中有 bark、bay、gnar、howl、wail、snarl、whine、yaff 等表达法，字（词）字（词）不同；汉语中相对应的只能是"吠叫"、"狂吠"、"怒吠"、"吼叫"、"哀叫"等，实际上只有一个"叫"字。这与狗在两个民族古代的生产方式和生活方式中所处的地位不无关系。②

不同的民族、不同的文化往往还会形成一些特有的词语，这些词语又叫非等值词，是其他民族所没有的、无法对译的。例如，汉语中的"五行"、"八卦"、"宗庙"、"筷子"、"饺子"、"虚火上升"等，其他语言就没有这一类词，这与中国特有的物质文化和精神文化密切相关。同样，英语的"fairplay"（费厄泼赖）、法语的"salon"（沙龙）、德语的"Konzern"（康采恩）、俄语的"водка"（伏特加）等词语也与其民族特有的文化有关。

还有一类词语是不完全等值词，即虽然在民族语言中有相同的词语，但在意义、用法、感情色彩上并不完全相同。例如，汉语中的"狗"，英语是"dog"。中国人对狗的感情很复杂，很多的时候，"狗"与很多贬义词相联系，如"狗东西"、"狗杂种"、"走狗"、"狗腿子"、"狗头军师"、"狼心狗肺"、"狗眼看人低"、"狗嘴里吐不出象牙来"等等，不一而足，翻遍字典，似乎很难找出一个有利于狗的成语来；而在英国人、美国人眼中，"dog"却是一种爱畜和宠物，是忠诚善良、跟人交情深厚的好伙伴，所以常说"love me, love my dog"（爱屋及乌）、"a lucky dog"（幸运儿）、"my dear dog"等等，他们喜欢养狗，并常视其为家庭的重要成员。此外，在法语国家里，狗更是人类亲密朋友的代名词，与狗连在一起的成语和典故基本上都是正面的。再说"蝙蝠"。在汉语中，因为"蝠"与"福"谐音，蝙蝠便成为了一种吉祥健康的象征。蝙蝠和寿桃组成的谐音图案意为"福寿双全"，蝙蝠和鹿组成的谐音图案意为"福禄双全"，而蝙蝠和鱼所组成的图案和谐音则取其"富裕"之意，表明人们对美好生活的一种憧憬。红蝙蝠是大吉大利的象征，因为"红蝠"与"洪福"谐音。但在西方文化中，"bat"却是一种丑陋的动物，如"as blind as a bat"（有眼无珠）。在欧洲的民间传说中，蝙蝠是一种邪恶的动物，总是与黑暗联系在一起。综上所述，相同的词之所以具有不同的意义，是由其社会文化背景所决定的。

---

① 富晓星：《人类学视野下的语言与文化》，载《学术论坛》，2002 年第 6 期。
② 孙秋云：《文化人类学教程》，民族出版社 2004 年版，第 98 页。

（二）社会制度与语言

语言还反映了人类的社会制度。例如，美国人类学家摩尔根在其《古代社会》一书中记录了古夏威夷人的亲属称谓，其中"wäheena"意为"我的妻"，但这里的"我的妻"却是既包括我的妻子，也包括我的大姨子、小姨子，还包括了我兄弟的媳妇、我堂兄表兄的媳妇等，完全不同于当今专偶婚姻中所说的妻子。原来，这个词反映了古夏威夷人的"普那路亚"婚姻制度（Punalua）。

（三）社会心理与语言

语言也反映了人们的普遍心理。古人忌怕凶猛的老虎，因此，旧时的浙江温州人改称老虎为大猫，长沙人由于"虎""腐"同音，也叫腐乳为猫乳。清朝晚年，社会动荡，为了表明推翻异族统治的志向，一些革命党人纷纷易名，"章太炎"表示的是对抗清志士顾炎武的景仰；蔡元培改字子民，明言自己为炎黄的子遗之民。一般而言，文物易毁，而民族不亡，则语言就不会灭，人类或民族的历史变迁在语言中能够打下深深的烙印。

（四）文化与语法特征

文化也对语法产生影响。例如，以游牧为生的纳瓦霍人，他们语言中的动词范畴主要集中于报道事件，即充当事件的描述语。对发生过程中的事情的连续不断地强调，被认为是他们的游牧生活经验的曲折反映。

（五）文化与社会方言

社会方言指的是在同一种语言中，由于年龄、性别、职业、阶级等差别所形成的语言的变化和差异。行话、黑话、小孩话、礼貌语、禁忌语等都属于社会方言。社会方言的产生受文化的影响甚深。例如，男女性别不同，往往在使用的词语、语音、词调甚至语法上都有所不同。一般说来，在公共场合，妇女说话要比男人文雅，粗话、脏话少一些。这与社会对男女性别的角色期望相关。

（六）文化接触与语言变化

不同文化间的频繁接触往往导致借词的出现。例如，汉民族在古代同西域一带的民族接触中，引进了"葡萄"、"苜蓿"、"骆驼"、"哈巴（狗）"、"八哥"等词，这些都是西域的植物和珍禽异兽的名称。而据《高昌馆杂字》记载，当时吐鲁番和哈密一带的维吾尔语中也有不少汉语借词，如"莲花"、"龙"、"凳"、"茶"、"功劳"、"太师"、"总兵"等等。

文化的交流还会在特定的情况下导致语言同化或语言融合。语言同化是指一个民族放弃自己的语言而采用另一个民族的语言，如满族入关后就开始习用汉语，至乾隆时已多数改用汉语，以后逐步被汉语同化。语言融合是指操不同语言的族群因频繁接触所导致的语言上的汇流，其结果就是形成一种混合语，如青海省的五屯话就是融汉语和藏语为一体的一种新的语言。

洋泾浜语（Pidgin）是指在使用过程中得到简化而且结构也起了变化的混合语。它一般随着征服者和殖民者的船队，或随着外贸商人的足迹，产生于沿海或港口地区。它既不是单纯的成分借用，也不是完全的语言替代，而是两种语言接触后产生的一种非甲非乙的简便的交际体系。例如，旧中国上海滩的洋泾浜英语，其词汇成分基本来自英语，而在语音语法方面受到汉语的影响而产生了变形，如人们将"我不能"说成"My no can"，用的就是英语的词和汉语的语法；将"number one"说得像"拿摩温"。洋泾浜语是一种不稳定的、临时凑合使用的非正式的交际工具，通常存在时间不长，但如果洋泾浜语因为某种原因得到了发展，语汇不断增加，语法规则不断完善，被有的族群作为母语来学习和使用，或者获得官方语言的地位，就成为了克里奥尔语（Creole）。例如，使用于新几内亚的Tok Pisin，在巴布亚新几内亚就获得了官方语言的地位，可以在无线电广播和出版物中使用，还被用来翻译《圣经》和莎士比亚的著作。又如，清代西北回乱之后移居中亚的回民（东干人）所使用的东干语也是一种克里奥尔语，它以汉语为基础，加入了大量周边突厥语及俄语等的成分。另外，海地和加勒比海其他地区也存在着典型的克里奥尔语。

综上所述，语言的词汇和语法、语言的分化和融合往往受到文化的影响和制约。

第四节 语言与思维

一、语言与思维的关系

语言是人类思维的主要工具，究竟语言与思维之间是一种什么样的关系，一直是众多哲学家、心理学家、人类学家和语言学家等倍加关注但又争议颇多的问题。

归纳起来，现今主要有三种代表性的观点。

（1）思维决定语言。早在2500多年前，亚里士多德就提出过思维范畴决定语言范畴的论断，认为"语言是思维范畴诸经验的表现"。现代西方心理学家皮亚杰（J. Piaget）仍坚持这一观点，认为思维先于语言，思维决定语言。他提出，语言是由逻辑构成的，无论从语言和思维的起源史看，还是从语言和思维在儿童个体身上的发生形成过程看，逻辑运算都要早于语言或言语的发生。逻辑思维不仅早于语言，而且比语言更为深刻，因此思维对语言有决定作用。

（2）语言决定思维。这种观点认为，劳动及其所产生的语言是思维和意识产生的最主要的推动力，各种活动（包括动作）和语言是个体思维产生的基础。持这一观点的主要代表人物是下文将专门介绍的萨丕尔（E. Sapir）和沃尔夫（B. L. Whorf）。

（3）语言和思维既相互独立又相互作用。这一观点的主要代表人物是前苏联著名心理学家维戈茨基。他认为，思维和语言具有不同的发生根源，两者具有不同的遗传根基，它们的发展也不总是平行的，其发展曲线有时会有交叉或合并。

除了上述观点以外，还有人认为语言和思维是同一个东西，如美国行为主义心理学家华生（J. B. Watson）就认为，言语是"出声的思维"，思维是"无声的言语"。另外，德国自然主义学派语言学家施莱赫尔等人认为，语言和思维的关系是形式和内容的关系，就如一张纸的正面和反面。

二、萨丕尔－沃尔夫假说

"萨丕尔－沃尔夫假说"（The Sapir–Whorf Hypothesis）是关于语言决定思维的最为有名并引发相当多争论的论断。

萨丕尔（Edward Sapir）是美国著名的语言学家，晚年开始转向人类学研究。萨氏重视语言与民族文化思维的密切关系，认为不同的语言表达方式会对同一客观世界提出不同的分析和解释，人们主要是通过语言去理解世界的。他说："人们不仅仅生活在事物的客观世界中，也不仅仅生活在社会活动的世界之中——像我们通常所想象的那样；他们在很大程度上还处在该社会用来作为交际工具的那种具体语言的影响之下。……实际上，真实世界是在该族人的语言规范的基础上不知不觉地建立起来的。"

沃尔夫（Benjamin Lee Whorf）发展了萨丕尔的观点，认为语言形式决定着语言使用者对宇宙的看法；语言怎样描写世界，我们就怎样观察世界；世界上的语言不同，所以各民族对世界的分析也不同。他说，我们迄今所具有的关于思维的最好说明，是由语言的研究提供的。语言的研究表明，一个人的思想形式，是受他所意识不到的那些不可抗拒的形式规律所支配的。人的思维本身总是在一种语言中，在英语、梵语或汉语中。每一种语言都是一个庞大的不同于其他的形式体系。在这样一个形式体系中，形式和范畴都是一种文化规定——人们不仅应用这些形式和范畴来交际，而且还应用它们来分析自然，来引导推理，来建造意识大厦。"使用不同语法的人，受其语法结构的支配，对外表相同的事物进行各种不同的观察，做各种不同的评价。因此，作为观察者来说，他们不可能是相同的，因为他们对世界所持的观点不同。"①

他们两人的观点被浓缩为萨丕尔-沃尔夫假说。其基本立场就是人的认知和世界图式受制于语言的支配。他们提出了语言相对性和语言绝对性假设。语言相对性假设认为,由于语言不同,人们对客观世界的认识也不同。语言绝对性假设认为,人们对客观世界的认识必须通过语言,思维是由语言来决定的。

依据他们的观点,语言不仅仅是人类经验的客观记录,它还有其内在的强制力量。在他们看来,人类所了解的客观真实只不过是被语言简化了的形象。所以就某种意义而言,可以说人类是语言的奴隶。萨丕尔曾经指出:"在很大的程度上,真实世界是无意识地建立在人类集团的语言习惯之上的。从来没有两种语言相似到足以被认为是反映同一社会实际的地步。不同社会所处的世界乃是各有区别的世界,而并非同一世界被贴上了不同的标签。"这也就是说,不同社会的人观察到的客观实际是不同的,原因就在于他们讲述不同的语言,而每一种语言又将客观实际强制纳入了独特的模式。

如果确如假设所言,是语言塑造了人类的思维,那么两个语言相近的人类集团就会具有共同的信仰和实践。然而事实并非如此。例如,纳瓦霍人的文化就与很多语言完全不同的部落相同。在人类历史上,语言不同但是文化经济情况却非常相近的社会也屡见不鲜。

因而,多数的人类学者认为,语言和思想的变迁应该是由社会和经济的实践引起的,而并非语言和思想决定了社会和经济的变迁。② 萨丕尔-沃尔夫假说过分强调了语言对文化的塑造作用,因而在诸多的民族志资料面前难以自圆其说,遭到了许多人的质疑。但是,语言与思维、世界观之间的相互关系却一直成为人们长期讨论的主题,引发了人们对语言与文化关系的思考,颇具启发作用。

第五节　语言与民族

一、语言与民族的关系

语言作为人类文化的载体,是一个社会集体的历史遗产,是长期相沿的社会习惯的产物,是一种非本能的、获得的"文化的"功能。自人类出现民族以后,任何一种语言都属于一定的民族。民族语言作为民族文化的形式,是维系一个民族的

---

① 孙秋云:《文化人类学教程》,民族出版社 2004 年版,第 95 页。
② 富晓星:《人类学视野下的语言与文化》,载《学术论坛》,2002 年第 6 期。

主要特征。① 很早以前就有学者探讨过语言与民族之间的关系，事实上，语言人类学的学科渊源也可以追溯至西方的"民族语言即民族精神"的思想。

18世纪末，德国学者海德尔（G. Herder）就认为语言与民族之间存在着同一关系。他认为，一种民族的语言就是本民族的精神，民族的精神就是他的语言。语言学家洪堡特（Wilhelm von Humboldt）进一步发展了海德尔的观点，认为语言是全部灵魂的总和，语言是按照精神的规律发展的。"语言的所有最为纤细的根茎生长在民族精神力量之中，民族精神力量对语言的影响越恰当，语言的发展也就越合乎规律，越丰富多彩。"海德尔和洪堡特都认为，"民族的语言是特殊的民族文化、民族精神、民族世界观和语言才能的体现"。语言是人们在长期的历史过程中创造出来的，是一种特殊的民族文化，语言同时也是文化的载体，各民族都会把自己的各种文化放在用语言作为标识的贮聚库里，通过语言可以透视民族的文化以及民族的心理素质。②

一般来说，语言与民族既有区别又有联系。其区别主要有：①两者产生的时间不同。语言出现较早，而民族的出现则较晚，是人类社会发展到一定阶段的产物。②两者各有自己的特征。语言是人类表达与交流思想的工具，而民族则是人类在历史上形成的一种相对稳定的共同体。③两者各有自己的发展规律，有不同的发展线索与脉络。

由于以上的区别，语言和民族是两个不能混同的研究客体。其联系首先表现为语言对民族的依赖关系。自民族形成以后，语言总是从属于每一个具体的民族，被打上民族的烙印，成为民族的一个重要特征。其次表现为语言与民族的相互影响、相互制约。一方面，语言的发展和变化受民族发展的影响和制约；另一方面，语言也影响民族的发展。语言史与民族史紧密相联。

二、语言与族属

在世界各地民族中，族属和语言并非一种简单对应的关系，由于历史上的分分合合、征服融合、移民交流等等因素的影响，在语言和族属之间往往存在着"一对多"或"多对一"等参差不齐的纷繁复杂的联系。其中，有些民族的大多数成员的母语是本族语，且本族语能够世代相传，这种现象体现了语言和族属之间的一致性关系。有些民族则没有形成自己的共同语，有些民族虽然有过自己的共同语，但全部或大多数的成员已经不会使用自己祖先的语言，转而把其他民族的语言作为母语。

---

① 马京：《语言人类学的学科建设和本土化问题》，载《广西民族研究》，2000年第3期。
② 谭志满：《语言人类学及其在中国的发展》，载《青海民族研究》，2006年第2期。

(一) 一族一语

以中国 56 个民族为例,具有这种"一族一语"对应关系的共计有汉、蒙古、维吾尔、苗、彝、壮、布依、朝鲜、侗、哈尼等 37 个民族。在这些民族内部,其语言是最为明显的民族认同标志,成为区分本民族与外民族、我群体与他群体的最显著和最易辨识的标准。

(二) 一族多语和一语多族

当代世界有 2000 多个民族、5000~6000 种语言,民族数目只占语言数目的 33%~40%。中国现有 56 个民族、120 多种语言,语言的数目要比民族的数目多一倍多。由此可见,民族数目和语言数目之间存在着相当的不一致现象,其具体表现就是"一族多语"和"一语多族"。

如果一个民族没有形成自己的共同语并使用两种以上的语言,我们就称其为"一族多语"现象。这些不同的语言有可能相差很大,有分属不同语支的,也有分属不同语族的。例如,瑶族使用三种语言:一种叫勉语,属于瑶语支;一种叫布努语,接近苗语;还有一种叫拉伽语,属壮侗语族。前两种属于同一语族,后一种则属于不同的语族。

如果几个民族的大多数成员(占总人口的 2/3 以上)丧失了自己的本族语,转而使用另外一个民族的语言,就出现了所谓的"一语多族"现象。例如,我国的回族、满族、赫哲族、畲族、土家族、仡佬族等就全部或大部分转用了汉语,大部分的乌兹别克族和塔塔尔族则转用了维吾尔语和哈萨克语。爱尔兰共和国的爱尔兰人大多转用英语,墨西哥人、阿根廷人和古巴人等则共同使用西班牙语。

三、语言民族学

民族和语言的密切关系,促成了两门新兴学科即民族语言学和语言民族学的诞生。其中的语言民族学旨在通过语言研究民族或族群诸方面的问题。

当前的语言民族学研究主要关注以下几个方面的内容:

(1) 通过语言研究一个民族过去的状况。例如,古代的雅利安民族,因其语言中无农耕的字样,故知其没有农业;又由"daughter"(女儿)一词可证明其有畜牛饮乳的习俗,因为这个词的原意是"挤奶者"(milker)。

(2) 通过双语现象研究民族之间的文化传播与交流。双语现象是诸民族及其语言长期影响、融合或分化的结果,因此研究双语现象可以了解民族之间的关系。

(3) 通过语言了解一个民族的文化。语言是一个民族或族群的重要标志,因此可以从语言中看出许多文化的内容。语言有可能为民族历史的研究提供线索和旁证材料，其重要性不亚于文物、化石等物质证据。因此，人类学者在研究那些缺乏史料记载的民族时，就特别重视语言材料。比如研究景颇族支系的分化和统一问题，史料没能给我们提供多少有价值的东西，而语言则起了关键作用。景颇族内部分七个支系，支系的划分同语言的异同密切相关。这七个支系分别使用两种不同的语言，其中景颇、高日、蒙支三个支系使用景颇语，载佤、勒期、龙沃、布拉四个支系使用载佤语。一个民族一般只使用一种语言，而景颇族使用两种语言必然有其社会历史发展的某种原因。通过比较，人们发现景颇语和载佤语在词汇方面呈现的三种不同层次比较集中地反映了两种语言在不同历史时期的关系，使我们有可能通过它去认识景颇族的不同支系在历史上的发展过程。[①]

第六节 语言人类学方法

语言人类学经过不断地吸收、积累，逐步发展出具有学科特色的语言研究方法，话语分析和交际民族志是其中两个重要的方面，它们在语言文化研究，特别是跨文化交际研究方面，发挥着重要作用。

一、话语分析

(一) 方法的提出及其主要观点

在一定的程度上，语言是根植于历史文化和社会实践之中的社会行为规范。在言语互动行为中这些规范得到了反映。人们使用语言与他人交流合作，但仅仅会说语法无误的句子，还不能在日常生活中进行有效的交际。人们交谈的时候，必须依赖一些共有的背景知识。这些背景知识中必须包括有关交际场合、谈话内容、讲话方式等方面的约定俗成的社会规约。这些知识由讲话人从过去的交际经验中获得。在交谈时，人们一方面需要利用这些知识来理解对方的言语和举止，另一方面也要提供必要的语言信号提示对方启用有关的交际知识，以便其正确地理解自己的意思。

在结构语言学看来，音位、词法、句法等是语言的核心特征，而像语气、语调等都被认为是边缘性的东西。但语言人类学的研究则认为，这些所谓的边缘特征往往是交际信号系统的非常重要的组成部分，具有实实在在的交际意义。因而语言研

[①] 富晓星：《语言民族学与民族语言学在人类学研究中的作用》，载《南宁职业技术学院学报》，2002年第4期。

究的对象应扩展到音律、习惯说法、套语等语言手段的各个方面。

基于这样一种认识，语言人类学者提出话语分析（discourse analysis）的方法。话语分析是针对社会文化知识和语法之间关系研究的主要领域之一。1952年，Zellig Harris在《语言》杂志（Language）上发表了一篇名为 Discourse Analysis（话语分析）的文章，自此以后，"Discourse Analysis"这一术语逐渐为大家所熟知。话语分析在形成和发展过程中，特别受到了人类学和社会语言学的渗透。

在话语分析中，"会话推理"（conversational inferences）起着中心作用。这种推理是一种依赖于语境的解释过程。① "语境分析"（context analysis）强调在语境中考察人们互动行为的重要性，并认为一个特定的行动，不管是投向他人的一瞥，还是姿势的变换或对天气的评论，并没有固有的意义，这样的行动只有放在与他人的关系中才能被理解。② 作为一个研究领域，话语包括了语言运用的方方面面。从句子段落的"话题—说明"结构到随意的谈话和玩笑都是话语分析者的研究对象。近年来，话语的研究已经扩展到书面话语和文化、符号系统的全部领域。会议、会话和面谈等言语事件中的面对面的会话交际是话语分析者的主要兴趣之所在。③

话语分析的主要研究对象是情景和其他知识的认知功能。语言人类学家甘柏兹（John J. Gumperz）认为，每一成功传送的信息都附带有第二条超信息，它告诉听者如何诠释基本信息。甘柏兹用"语境化提示"（contextualization cues）来表示在一般话语中传达超信息的方式。因此，会话实践中的语外行为或者说话人交际意图成为话语分析研究的重点。④

话语分析往往被认为是民族学方法论的一个分支，但因为它研究谈话或交谈等活动的结构，所以和民族学方法论还是有所不同。⑤ 它在对具体话语情境进行结构分析的基础上，试图探寻不同文化背景的人们的语言模式。

（三）两个实例

以下是两个话语分析研究的个案。

在一次中国香港的商业人士和英裔北美商业人士之间的商务会谈上，面对北美同行，其中一位中国商人说："因为现在我们大部分产品在中国生产，嗯——现在还不能肯定1997年以前政府过渡时期会有什么样的表现，还有，从经费考虑，我

---

① （德）哈杜默德·布斯曼：《语言学词典》，陈慧瑛等编译，商务印书馆2003年版，第140页。
② （英）亚当·肯顿：《行为互动》，张凯译，社会科学文献出版社2001年版，第15页。
③ （美）罗纳德·斯考伦、苏珊·王·斯考伦：《跨文化交际：话语分析法》，施家炜译，社会科学文献出版社2001年版，第5页。
④ （美）约翰·甘柏兹：《会话策略》，徐大明、高海洋译，社会科学文献出版社2001年版，第202页。
⑤ （英）亚当·肯顿：《行为互动》，张凯译，社会科学文献出版社2001年版，第50页，我

认为对于电视广告问题我们得谨慎一些,因此,我建议我们在莱格高公司做出决定以后再做打算。"中国人或亚洲人在与来自英语国家的人用英语进行交际时,这样的会谈记录屡见不鲜。大多数情况下,我们对于词和句子的理解没有困难。然而,即使说话者运用的词和句子的意思十分明确,这段话究竟想说什么,对于西方人来说似乎仍不是十分清楚。

对话语的研究表明,在理解另一个人话语的主旨时,产生困惑的原因往往是说话双方运用了不同的话语原则来组织自己的表达。在上述个案中,东亚人使用的表达顺序是"话题—说明",而主旨(即说明)的出现是以关于话题的背景被充分交代为条件的。

这种结构最常见的形式如下:

因为

Y(话题、背景或原因)

所以

X(说明、主旨或行动建议)

与此迥然不同的是,西方人说英语时倾向于运用开门见山式的话语策略,一上来就交代主旨。这样,其他谈话者对此就能做出反馈,而他本人也能根据需要完善自己的论据。其结构形式如下:

X(说明、主旨或行动建议)

因为

Y(话题、背景或原因)

因此,如果是由一个西方人来陈述,上面的那段话就会变成:"我建议我们在莱格高公司做出决定之后再作打算,这是因为从经费考虑,对于电视广告问题我们应该谨慎一些。另外,现在我们大部分产品在中国生产,现在还不能肯定政府在1997年前的过渡时期会有什么样的表现。"这样,一开始就提出了推迟决定的建议,然后才是说话者这样做的理由。但如果要一个亚洲人在分析理由之前就提出建议,他会感到不舒服。这种话语模式的不同导致了话语焦点的不同:西方人认为话语的开头部分是最重要的,而亚洲人更倾向于从话语的后面部分寻找重要的信息。[1]

另一个例子。王先生和理查德森先生的会谈使理查德森先生很高兴,他在分手时表示要找个时间与王先生共进午餐,王先生欣然应允。几周后他开始怀疑对方毫无诚意,因为理查德森先生在发出邀请后,再没有来约定午餐的具体时间和地点。我们可以从话语模式来解读这一现象。由于东亚人喜欢将重要的观点置于谈话结

---

[1] (美)罗纳德·斯考伦、苏珊·王·斯考伦:《跨文化交际:话语分析法》,施家炜译,社会科学文献出版社2001年版,第1~2页。

尾，因而王先生认为理查德森先生在会谈最后发出的邀请是很重要的。相反，理查德森先生却觉得此事无关紧要，因此才在会谈结束时提出共进午餐的建议。对他而言，这仅仅意味着他的心情在会谈之后很愉快。①

从以上例子可以看出，不同文化背景的人所使用的话语策略和说话方式不尽相同。"说话方式"包括人们在交际中使用的语法、语气、词汇以及韵律、语气、停顿和惯用语等具体的语言形式。人们通过不同的说话方式来显示不同的行为、文化要求和谈话意图，在交谈中自动地、习惯性地遵循自己的说话方式。如怎样开始交谈和保持谈话继续进行，如何表示话语的连接、强调和体现礼貌等。说话方式是伴随着成长过程，在日常交往和生活中逐渐形成的，有很大的惯性，很难改变。②

二、交际民族志

话语/交际民族志（Ethnography of Speaking/Communication）是人类学家研究语言现象时所运用的重要方法，也是社会文化知识和语言关系研究的传统流派之一。它是由海姆斯和甘柏兹在20世纪60年代初使用的方法，用于分析语言在社会文化联系中的使用问题。

（一）基本观点

交际民族志从语言与文化、社会之间的相互关系来研究语言的使用规律，它侧重用文化人类学的观念来描述语言的运用，尤其注重研究在不同的社团、组织、社区以及社会中因文化习俗的不同给语言运用所带来的限制特征。③

与从转换生成语法（transformational generative grammar）框架中产生的语言学理论不同，语言人类学认为，只有联系话语表达所涉及的事件或交际事件（speech event/communicative event），才能领会在有关场景中使用的言语意义。这种言语事件（如布道、法庭诉讼或电话交谈）都有各自文化的印记。④ 特定的文化价值和文化模式决定了谈话的内容和形式，社会文化知识在交际中表露无遗。交际民族志学者已经搜集到大量有价值的描述性信息，证明每一种文化中都存在着大量的标志性

---

① （美）罗纳德·斯考伦、苏珊·王·斯考伦：《跨文化交际：话语分析法》，施家炜译，社会科学文献出版社2001年版，第5~6页。
② 李朝辉：《话语分析与交际民族志：语言人类学的两个研究视角》，载《满语研究》，2005年第2期。
③ 徐大明、陶红印、谢天蔚：《当代社会语言学》，中国社会科学出版社1997年版。
④ （德）哈杜默德·布斯曼：《语言学词典》，陈慧瑛等编译，商务印书馆2003年版，第140页。

信号资源，在一特定的文化中，言语规则随情景不同而不同。①

因此，一个人仅仅知道如何造出正确的句子是不够的，他还必须懂得什么时候、对谁该说什么话、应当怎样说，即如何运用语言。一些语言人类学者对参与者文化背景相同的面谈和文化背景不同的面谈进行了比较，通过对话语的节奏模式、举止神态的细致分析，说明了在参与者文化背景不同的面谈里，"麻烦"的来源可以追溯到互动惯例的某些方面的差异。② 在跨文化交际中，人们发现大多数交际失误的主要原因并不在于发音或语法的偏误，很多误解是文化差异导致的。当某一群体因为不能破解另一群体的文化规则而无法理解对方意图时，交际失败便随之产生。

1970 年，美日双方曾举行过一次最高级会谈。在会谈中，美方尼克森出于国内外政治、经济因素的考虑，向日方佐藤荣作施加压力，要求他为改变美国对日贸易的逆差、削减日本对美国急剧增长的纺织品出口采取措施。佐藤荣作对尼克森的要求采取了典型日本式的、含义很不严格的回答。他的回答如果按字面解释就是："是，我会尽力而为。"佐藤荣作的意思实际上想表明，他将过问这件事，并看看能以什么妥善的办法缓和这一矛盾，同时又不致引起太多令人棘手的反应。但尼克森听了这句话，却认为佐藤荣作已经答应改变这种局面。因此，当以后佐藤荣作并没有采取真正有效的措施时，尼克森理所当然地认为佐藤荣作言而无信，从而产生一种上当受骗的感觉。这一误解，对美日关系产生了相当不利的影响。事实上，佐藤荣作并没有故意欺骗尼克森，也没有蓄意使尼克森产生错觉，他只不过是实践了日本人传统的价值观念，即不使人当面难堪。③

正如甘柏兹所指出的那样，我们必须摒弃那种把交际简单地一分为二，分成社会文化知识和语言形式过程的观点。不应该简单地把意义看成语音通过句法语义规则组成语素、从句、句子所产生的结果，也不能简单地把社会规范当成仅能决定如何以及在何种条件下使用某一意义的语言外部条件。实际上，社会文化规约影响话语产生、理解的各个层面。从作为理解基础的抽象文化逻辑到话语分段，从划分语义范畴、构建理解框架到安排句子中的韵律曲线，乃至词汇、语法的选择，无一不受到社会文化规约的影响。④

交际民族志的研究往往需要研究者长期居住在一个社区，观察社区的各个方面，从而使研究者能在最大程度上以一个本地人的眼光解读交际代码系统及其文化

---

① （美）约翰·甘柏兹：《会话策略》，徐大明、高海洋译，社会科学文献出版社 2001 年版，第 200~201 页。
② （英）亚当·肯顿：《行为互动》，张凯译，社会科学文献出版社 2001 年版，第 47 页。
③ 冯伟：《日本的智慧：大和民族的乐章》，新潮社文化事业有限公司（台北）2004 年版，第 73 页。
④ （美）约翰·甘柏兹：《会话策略》，徐大明、高海洋译，社会科学文献出版社 2001 年版，第 242 页。

意义。交际民族志不仅注重研究同一族群内部的交际差异，如同一族群的男女性别差异对交际的影响，同时也关注不同民族跨文化交际的研究。交际民族志的研究程序大致如下：①选择研究分析对象；②提出问题；③通过参与性观察、访谈收集民族志资料；④进行民族志分析；⑤撰写民族志。①

（二）海姆斯及其研究

交际民族志领域的代表人物海姆斯针对乔姆斯基的"语言能力"提出"交际能力"这一概念。在乔姆斯基看来，语言能力是指"说话人－听话人所具有的关于语言的知识"。他认为这种知识主要是一种语法知识，人们利用这种能力可以造出无数合乎语法规则的句子。事实上，语言能力不只限于语法知识，还应当包含语音和语义方面的知识。海姆斯认为，一个人的语言能力不仅包括乔姆斯基提出的能否造出合乎语法规范的句子的语言能力，而且还包括他能否恰当地使用语言的能力。由此他提出了包含"语言能力"和"语言运用"两个方面的交际能力。语言能力是组织并规范使用语言的能力，使人不说出错话和病句。交际能力是选择并恰当运用语言的能力，使人能够根据交际内容、对象、场合等说出得体的话。

作为交际民族志学的先行者，海姆斯很早就关注语言与交际的关系，并对美国西海岸的印第安人做过深入的田野观察。1964 年，海姆斯在 *American Anthropologist*（《美国人类学家》）杂志上发表文章，首次提出"交际民族志"的概念，他认为，交际民族志包括两大特征。其一，我们需要直接考察语言在情境中的使用，以此揭示适于语言活动的模式。其二，必须把一个社区作为语境，把交际习惯作为整体进行考察，这样，任何特定的交际手段和语码的使用都是作为社区成员所依赖的共享资源的一部分而发挥作用。②

进一步，海姆斯将交际情景的组成部分归纳为如下八个基本因素：①环境和场面（setting and scene）；②会话参与者（participants，包括说话者和听话者）；③会话目标（ends，包括目标和结果）；④信息的内容和形式（act sequence，包括有别于其他文化的会话技能）；⑤表达信息的方式和态度（key，说话者的语言风格）；⑥交际工具（instrumentalities，包括信道"channel"和形式"form of speech"，如语言及其方言、代码、变体等）；⑦交际规范（norms，即交际双方在交谈时应该遵守的规范等）；⑧言语题材（genres，指语言体裁，如诗歌、神话、谚语、商业信息等）。海姆斯将以上表示交际情景的八个英文词词首的字母按顺序排列为一个

---

① 李朝辉：《话语分析与交际民族志：语言人类学的两个研究视角》，载《满语研究》，2005 年第 2 期。

② Dell Hymes：Introduction：Toward Ethnographies of Communication. *American Anthropologists*, 1964, 66: 6, part 2.

缩写词"SPEAKING",以表示"言语情景组成部分"。① 海姆斯所说的言语交际的这八个因素,和交际双方的文化都有不同程度的关联。

(三) 甘柏兹及其研究

交际民族志学的另一位奠基人甘柏兹在跨文化交际误读研究方面进行了有益的尝试,并取得了突出的成就。他早期的学术兴趣是文化人类学和双语、多语问题,后来转向英国的社会语言学问题,并进而转入交际民族志的研究。甘柏兹利用交际民族志的研究方法,对不同文化背景的人在进行跨文化交际过程中出现的误解现象做出了合理的解释。

甘柏兹在其著作《会话策略》中,记述了这样一个跨民族交际的例子:英国一家机场的自助餐厅新雇佣了一批原籍为印度和巴基斯坦的女服务员,不久之后,餐厅的领班和主要顾客——机场搬运工就发现这些新来的服务员似乎很傲慢而且固执。观察表明,尽管服务过程中只有相当少的语言交流,但这些女服务员说话的语调及方式却产生了十分消极的作用。比如,当询问顾客所点的肉是否要加肉汁时,英国女招待会说:"肉汁?"使用升调,而印度女招待则用降调说"肉汁"。甘柏兹等人录下了一些此类对话及相关情景,随后请服务员解释每一组对话的意思。一开始,印度籍雇员感觉不出自己所说的"肉汁"与英国人有何不同。听了录音的英国教师和自助餐厅的领班都指出用降调说的"肉汁"很容易被理解为"这是肉汁"——不是建议而是陈述,这在对话情境中似乎多余且相当无礼。听到这种解释之后,印度女服务员才明白为什么顾客对她们的话总是有特别的反应。然后她们开始主动采用对她们来说很奇怪的英国语音语调。同时,餐厅的管理者们也开始明白印度女招待的降调是其正常询问的方式而并没有无礼冒犯之意。经过几次诸如此类的讨论,自助餐厅的管理者和顾客都反映印度女服务员在对待工作和顾客的态度上有了明显的进步。印度女服务员早已感到她们受到了误解但却无法客观地辩解,她们只是感觉遭到了歧视。在此研究中并没有人去教女服务员如何讲得体的英语,研究者只是向她们介绍了分析结果,并着重介绍了与语境有关的话语理解习惯。通过这样的活动,研究者就为那些有交际困难的人提供了自我诊断的方法。②

---

① Ralph Fasold:*The Sociolinguistics of Language*. Foreign Language and Research Press(Beijing),2000,pp. 44~46.

② (美)约翰·甘柏兹:《会话策略》,徐大明、高海洋译,社会科学文献出版社2001年版,第221~222页。

第七节　中国的语言人类学研究

就中国而言，自20世纪30年代左右就已有学者从语言人类学的视角开展了卓有成效的研究。其中，罗常培先生当属这方面的先行者。罗常培当时对语言的研究就已经将视角拓展到了语言学之外。他通过对山东临川音系的调查，并结合方志、史籍、族谱和已有论著，撰写了《从客家迁徙的踪迹论客赣方言的关系》这一论述方言与社会历史移民关系的文章。在抗日战争期间，受到费孝通先生《关于功能派文化论》的影响，又把研究方向从音韵学和方言研究转向少数民族语言的田野调查研究，实地调查了多种少数民族语言。此后，罗常培的治学道路从语言学转向了语言与文化关系的研究，他的研究范围涉及从地名研究民族迁徙的踪迹、从人名研究民族来源和宗教信仰、从造词心理研究民族的文化程度、从词的来源和演变研究古代文化的遗迹等等语言人类学的范畴。对于上述研究，他本人的评价是，"假如我这一次尝试能够有些许贡献，那就可以给语言学和人类学的研究搭起一个桥梁来"①。他确实做到了这一点，其著作《语言与文化》，就侧重从语言所反映出的文化因素来透视民族文化的特点，可谓中国语言人类学的先声。

中华人民共和国成立初期，为了配合少数民族的识别工作，国家民族事务委员会和中国科学院组织语言学、民族学、社会学和历史学的专家到少数民族地区进行了语言调查和社会历史调查。其中1956年组织了700多人的少数民族语言调查工作队到少数民族地区进行语言调查。1958年又组织了500多人的社会历史调查工作队到少数民族地区进行社会历史调查。语言调查队除重点调查语言文字、方言以外，也要取得一些社会结构、民族特征、宗教信仰、风俗习惯等方面的资料，这就和语言人类学的调查内容有很多相同之处。这两次调查获得了大量的第一手资料。20世纪80年代国家民委组织出版的"民族问题五种丛书"之一的《语言简志》便是20世纪50年代调查研究的初期成果。这些语言简志为以后国内语言人类学的发展奠定了基础。由于众所周知的原因，自20世纪60年代初至80年代初的近20年时间里，语言人类学与其他社会科学一样，基本处于停滞状态。②

20世纪80年代以后，由于全球性文化研究热潮的兴起，民族自觉意识得到显著增强，文化语言人类学在国内重新被认识。众多学者纷纷运用田野工作方法从事少数民族语言与文化关系的研究，以达到深化认识民族文化、促进不同族群相互尊重以及和谐对话的目的。例如，傅懋勣于1979年曾到云南省宁蒗彝族自治县永宁

---

① 罗常培：《语言与文化》，北京出版社2004年版。
② 谭志满：《语言人类学及其在中国的发展》，载《青海民族研究》，2006年第2期。

人民公社，对保留母系家庭特征的一部分纳西人的家庭和亲属称谓进行过现场调查，后在《民族研究》发表了《永宁纳西族的母系家庭和亲属称谓》一文，该文提出，在这种母系家庭中，妇女作为家长掌握着家庭的经济大权，他们没有姨甥关系，但有舅甥关系，这是母系家庭的重要特征之一；此外，他还通过母系家庭中对称关系的研究来观察亲属名称演变的历史。① 练铭志运用田野调查材料，对现行土家语与古代土家语中的亲属称谓进行了比较，认为湘西土家族古老亲属制的材料，不仅证明了摩尔根关于亲属制理论的主要观点是正确的，同时也反映了土家族历史上婚姻制度的演变过程。② 罗美珍从语言角度阐述了傣、泰民族的发展脉络及其文化上的渊源关系。③ 周庆生根据傣族亲属称谓以及人名构建了傣族社会历史和社会结构。④ 纳日碧力戈运用结构主义理论，分析了蓝靛瑶亲属称谓的一些特点，在一定程度上再现了语言学与人类学之间的对话。⑤ 吴东海运用傣族诗歌、谚语等语言材料阐释傣族的水文化特征。⑥

在进行民族语言个案研究的同时，国内学者还从宏观角度对语言与文化、语言与人类等问题进行了理论上的阐述，为语言人类学在中国的进一步发展奠定了理论基础。马学良和戴庆厦两位先生从语言在民族诸特征中的地位、语言界限同民族界限的关系、通过语言研究民族等几个方面论述了语言与民族的关系，提出了从语言特点可以映射出民族特点的观点。⑦ 陈保亚认为，"思维轨迹是思维能力在语言系统中的实现。思维轨迹的差异是语言系统决定的，语言浇筑了思维轨迹"⑧。武铁平等人对陈保亚的观点进行了批评，认为人的思维方式并不是受制于语言，而是受制于人所生活的社会。⑨ 张公瑾把混沌理论引入语言研究，开阔了语言和文化研究的视野，同时也为语言人类学的方法注入了活力。⑩ 周庆生则对语言与文化、语言交际与传播、语言政策与语言规划等多个方面的关系进行了阐释。⑪ 除了对语言与文化、语言与人类相互关系的研究外，学者们还从理论和实践等方面对语言人类学

---

① 傅懋勣：《永宁纳西族的母系家庭和亲属称谓》，载《民族研究》，1980 年第 3 期。
② 练铭志：《湘西土家族古老亲属制述论》，载《土家族历史讨论会论文集》，1981 年。
③ 罗美珍：《从语言角度看傣、泰民族的发展脉络及其文化上的渊源关系》，载《民族语文》，1992 年第 6 期。
④ 周庆生：《傣族人名的等级结构与社会功能》，载《民族语文》，1998 年第 2 期。
⑤ 纳日碧力戈：《从结构主义看蓝靛瑶亲属称谓的特点》，载《民族语文》，2000 年第 5 期。
⑥ 吴东海：《傣语中的水文化》，载《湖北民族学院学报》（哲学社会科学版），2005 年第 1 期。
⑦ 戴庆厦：《语言和民族》，中央民族大学出版社 1994 年版。
⑧ 陈保亚：《语言文化论》，云南大学出版社 1993 年版。
⑨ 武铁平、潘绍典：《语言·思维·客观世界——评陈保亚〈语言影响文化精神的两种方式〉》，《民族语文》，2000 年第 2 期。
⑩ 张公瑾：《文化语言学发凡》，云南大学出版社 1996 年版。
⑪ 周庆生：《语言与人类》，中央民族大学出版社 2000 年版。

学科进行了阐释，如李如龙、邓晓华等人。① 这些理论上的研究虽然多奠基于国外的已有成果，但加入了我国的本土资料，其学术作用仍值得肯定。

语言人类学认为，语言既是一种社会工具，又是一种文化实践，它是着重考察人类各地语言使用与文化关系的人类学的分支学科。作为一个专门学科，语言人类学广泛吸收了其他独立学科特别是语言学和人类学的基础理论与研究成果。语言人类学者不仅把语言视为一种交际工具和一种思维模式，更重要的是将其视为一种文化实践，也就是说，把语言视为一种行动的形式（form of action）。这种语言观，即把"语言作为文化源泉和把言语作为文化实践"的研究（language as a culture resource and speaking as a culture practice），对我们理解语言对于人类的意义有其独特的贡献。② 我们加强语言人类学的研究不仅有利于人类学的学科建设，同时对保护语言文化的多样性、不同的语言文化族群的相互尊重以及和谐对话都具有重要意义。

关键词

语言　语言人类学　语言与文化　语言与思维　萨丕尔－沃尔夫假说　语言与民族　话语分析　交际民族志

复习思考题

[1] 人类语言有哪些特点？
[2] 简述语言人类学的发展历程。
[3] 简述语言与文化的关系。
[4] 简述语言与思维的关系。
[5] 简述语言与民族的关系。
[6] 试述交际民族志的研究方法。

阅读文献

[1] 陈保亚. 语言文化论. 昆明：云南大学出版社, 1993
[2] 戴庆厦. 语言和民族. 北京：中央民族大学出版社, 1994
[3] 邓晓华. 人类文化语言学. 厦门：厦门大学出版社, 1993
[4] （美）约翰·甘柏兹. 会话策略. 徐大明, 高海洋译. 北京：社会科学文献出版社, 2001
[5] 黄淑娉, 龚佩华. 文化人类学理论方法研究. 广州：广东高等教育出版社, 1998
[6] （英）亚当·肯顿. 行为互动. 张凯译. 北京：社会科学文献出版社, 2001

---

① 李如龙：《略论语言人类学的一些课题》，载《人类学研究》（试刊号，厦门大学），1986年；邓晓华：《人类文化语言学》，厦门大学出版社1993年版。

② Alessandro Duranti：*Linguistic Anthropology*. Cambridge University Press（London），1997, pp.1~21.

[7] 刘其伟. 文化人类学. 台北：艺术家出版社，1991
[8] 罗常培. 语言与文化. 北京：北京出版社，2004
[9]（美）罗纳德·斯考伦，苏珊·王·斯考伦. 跨文化交际：话语分析法. 施家炜译. 北京：社会科学文献出版社，2001
[10]（美）诺姆·乔姆斯基. 句法理论的若干问题. 黄长著，林书武，沈家煊译. 北京：中国社会科学出版社，1986
[11] 孙秋云. 文化人类学教程. 北京：民族出版社，2004
[12] 徐大明，陶红印，谢天蔚. 当代社会语言学. 北京：中国社会科学出版社，1997
[13] 张公瑾. 文化语言学发凡. 昆明：云南大学出版社，1996
[14] 周庆生. 语言与人类. 北京：中央民族大学出版社，2000
[15] 朱文俊. 人类语言学论题研究. 北京：北京语言文化大学出版社，2002
[16] 庄孔韶. 人类学通论（修订版）. 太原：山西教育出版社，2004
[17] Alessandro Duranti. *Linguistic Anthropology*. London：Cambridge University Press，1997
[18] Ralph Fasold. *The Sociolinguistics of Language*. Beijing：Foreign Language and Research Press，2000

第三编 文化研究的应用

第十三章 政治人类学

> **摘要**
>
> 本章将重点探讨社会政治的发展脉络与相关理论观点，政治人类学的内涵、缘起与研究对象，以及政治人类学的研究方法。较之政治学，政治人类学所使用的"政治"概念的含义要广泛得多，认为所有社会包括原始社会都存在着政府（政治组织）。社会进化论等各种派别从不同角度出发，提出了关于社会政治发展脉络的诸多见解。虽然观点各异，但多数论者仍认同从队群和部落到酋邦再到早期国家的政治发展轨迹。政治人类学的理论基础是文化人类学，研究对象主要是原始社会中的非正式权力关系，后来扩展至现代的社会政治制度。政治人类学的研究方法主要有起源分析法、结构－功能分析法、过程分析法和行为分析法等。

第一节 政　　治

政治人类学所研究的"政治"与政治学家通常所说的"政治"在含义上并不完全相同。在政治学中，说到"政治"便往往意味着政府与国家的存在。而在政治人类学所研究的社会中，有很多还没有形成这样的政治体系。在这些社会中，内部秩序的维持、领土权的保证、权力的分配、有关团体行动的决策等政治因素无一例外地都存在，但唯独找不到政府，也没有国家。所以，当政治人类学家宣称他们也是在研究"政治"时，他们所使用的"政治"概念的含义要比政治学中的"政治"概念广泛得多。在政治人类学者看来，狭义地说，并非所有社会都有政府存在，许多社会还处在无政府状态之中；广义地说，所有社会包括原始社会都存在着政府（政治组织）。尽管在原始社会中找不到任何专门的政府机构或行政机构，但它们透过家族、亲属制、宗教仪式等，起着类似于当今社会中的政府那样的作用。

由于原始社会中不存在政府和国家，政治活动是通过家族、亲属关系和宗教仪式等文化制度表现出来的，人们很难把政治活动和其他社会活动明确地区分开来，所以，人类学家在对"政治"下定义时，所面临的困难要比政治学家大得多。此外，人类学家对某一问题的研究，往往要经过许多个案的田野调查，然后加以分

析、比较，在此基础上才提出该问题的定义。因此，对大多数人类学者而言，尽量避免对"政治"下定义并不足为奇。①

不过，仍然有一些人不畏艰难，企图给"政治"下一个准确的定义。例如，史密斯（M. G. Smith）认为，政治是调节公共事务中权威和权力关系的结合和相互作用。② 斯沃兹（Swartz）、特纳（Turner）和图登（Tuden）在合编的《政治人类学》一书的导言中提出，政治是涉及公众目标的选择和实现，以及与目标有关联的团体的成员有差异地行使权力的进程。③

根据巴朗迪埃（George Balandier）的归纳，人类学者主要从以下四个方面给"政治"下定义：①从空间方面，把政治与一定的领土结合起来，认为在界限分明和自成一体的空间内的组织系统就是政治的范围。例如，马克斯·韦伯。②从功能方面，认为政治活动的功能就在于保证社会内部的合作，防止外部侵略和维持社会的稳定。例如，拉德克利夫-布朗。③从政治行为方面，主张如果一定的社会行为试图控制或影响公共事务的决策，那么这个社会就存在政治行为。政治行为体现了团体和个人之间的竞争关系。例如，斯沃兹、特纳和图登。④从政治制度的特征方面，即根据一定社会中各个不同结构之间的关系来确定政治，提出所谓政治就是在一个统一的社会中，一种结构支配其他结构的权力关系。例如，埃文斯-普理查德。

在这诸多定义中，由斯沃兹、特纳和图登所提出的定义——政治是一个团体的成员为实现公共目的而使用权力的行为过程——最为著名，其原因不仅是因为它清楚地说明了政治所包含的三个要素：权力、决策和公共目的，而且更重要的是它将政治视为一种动态现象，视为一种"过程"，从而把政治从以系统概念为核心的静态分类方法中摆脱出来。④

第二节　社会政治的发展

关于社会政治发展脉络的探讨，是政治人类学的一个主要议题。各种理论派别都从不同角度出发，提出自己的见解。

---

① 董建辉：《西方政治人类学研究概观》，载《国外社会科学》，2000年第2期。
② Michael G. Smith: Political Anthropology: Political Organization, *International Encyclopedia of the Social Sciences*, 1968, Vol. 12. p. 286.
③ M. Swartz, V. Turner, A. Tuden: *Political Anthropology*, Aldline (Chicago), 1966, p. 7.
④ 董建辉：《政治人类学研究的几个问题探析》，载《民族研究》，2000年第3期。

一、社会进化论及其局限

在政治人类学发展的早期阶段,由于受达尔文进化论的影响,人类学者把政治现象作为社会演化的一部分来加以考察,认为政治组织随着社会整体的演化而渐趋复杂化。最早用进化论的观点考察政治的是亨利·梅因爵士。他在《古代法律》中提出,原始社会按亲属关系组织起来,依靠宗教的神圣力量来维持社会秩序。随着社会朝世俗化方向的进化,社会组织不再以血缘关系而是以地缘关系为基础,从而产生了政治行为。

梅因的这个思想,后来被摩尔根等早期进化论者接受并加以发展。摩尔根认为,最早的社会组织形式是"杂交游群",后来逐渐发展成为以亲属关系为基础的单位:氏族、胞族、部落和部落联盟。在蒙昧时代和野蛮时代,政治组织还未能成为一个独立的社会部门,而是与其他社会组织一起混和运作。直到动物的驯养和植物的栽培产生了足够的剩余产品,进而导致都市化和私用财产,人类进入了文明时代,专门的政治领域才出现。所以说,国家和政府的产生是以地域和财产作为基础的。摩尔根的这些思想对恩格斯的《家庭、私有制和国家的起源》和马克思关于资本主义社会演化的观点产生了重大影响,这种演化论在19世纪后半叶占据了主导地位。

20世纪初期,进化论的观点遭到了来自各个方面的猛烈抨击。焦点之一是进化论者将社会的进化发展看得过于简单化了。虽然后来不断有人试图修正这种观点,不再在国家社会的演化问题上坚持单一的因果论模式,而是转向综合考虑诸如人口、环境、技术、灌溉和认知等多种因素之间的相互影响,引进像正反馈、负反馈、原动力、系统论等其他学科的概念,如卡尼亚罗、魏特夫、博斯勒普、塞维斯等人,但一直未能产生足够大的影响。[①]

二、结构功能主义

1940年,福蒂斯和埃文斯-普理查德对政治制度的新型分类,标志着政治人类学的诞生。两者都是英国功能派人类学家,受马林诺夫斯基和拉德克利夫-布朗所开创的结构功能主义的影响,侧重研究政治制度的结构及其在社会体系中所起的作用,进而把具有相同结构和功能的政治制度划为一类,从而开启了政治人类学研究政治制度的分类之先河。对政治人类学来说,他们所进行的研究的重大意义在

---

① 董建辉:《政治人类学研究及其理论的发展》,载《广西民族学院学报(哲学社会科学版)》,2001年第5期。

于，把国家和政府产生之前的社会组织也视为政治制度的一种，并加以重点考察，从而拓宽了政治研究的领域。也正是这一点，把政治人类学与传统政治学区分开来，而自成为一个特殊的研究领域，引起了其他社会科学的侧目。

福蒂斯和埃文斯－普理查德奠定了政治人类学发展的理论基础，他们通过对非洲政治制度的分类，揭示了在一些尚未产生国家政府的社会中，世系群和部落等社会组织（非正式政治组织）如何发挥其政治功能，宗教和象征等文化因素又如何在社会整合过程中起着类似权力的作用。但由于深受结构功能学派的影响，他们都坚持认为，社会就整体而言是一个和谐的均衡系统，其中的每一部分都对系统的平衡起着维护作用。他们的研究目的就是要阐明，在一个社会中，各种不同的冲突团体和利益团体是如何保持势力的平衡，从而产生一种稳定的社会政治结构。[①]

三、新结构论

利奇（Edmund Leach）和格拉克曼（Max Gluckman）延续了福蒂斯和埃文斯－普理查德的研究思路，但又有所创新。一方面，他们都认为，社会就整体而言是一个平衡的系统；另一方面，他们又认为，社会内部同时也存在着矛盾和冲突。

利奇研究了缅甸卡钦山地区政治制度的运作过程，他的研究表明，就抽象的政治结构而言，它是一个均衡的整体，而就具体的政治现实来说，其内部又蕴含着一定程度的矛盾和不一致。[②] 利奇的"动态平衡"理论第一次向当时流行的结构功能主义的静态平衡理论提出了挑战，但遗憾的是，由于受列维－斯特劳斯结构主义的影响，他将社会内部的矛盾和不一致解释为结构的外在表现（模式）使然，从而回避了真实的历史运动、变迁和革新。[③]

格拉克曼也指出，功能主义把社会"机体"平衡理想化的缺点在于，它忽视了社会中的矛盾关系。格拉克曼认为，社会的一大特点就是，它的内部群体倾向于裂变，并在裂变之后分别形成同盟，由跨群体的同盟吸收社会中的成员，对社会关系重新进行组合。因此可以说，社会是在冲突中获得统一的，或者说冲突是统一的表现。冲突是一种普遍现象，正是由于冲突的存在，才帮助维护了政治系统的平衡。如果没有冲突和争执，社会团体彼此之间就会更加分散和孤立。换言之，矛盾和冲突非但不会导致政治制度的变迁，相反会促使其走向综合（synthesis）。[④]

利奇和格拉克曼等对矛盾和冲突的强调，是人类学界对第二次世界大战所引发

[①] 董建辉：《政治人类学研究及其理论的发展》，载《广西民族学院学报（哲学社会科学版）》，2001年第5期。

[②] Edmund R. Leach：*Political Systems of Highland Burma*，Beacon Press（Boston），1954，p. 4.

[③] Max Gluckman：*Order and Rebellion in Tribal Africa*，Cohen & West Press（London），1963，p. 18.

[④] Max Gluckman：*Order and Rebellion in Tribal Africa*，Cohen & West Press（London），1963，p. 18.

的紧张感和危机感的学术表述。他们对政治系统中矛盾和冲突的揭示,促使政治人类学家彻底改变以往的非历史立场,开始从对政治制度和政治组织的静态描述,转向对政治过程包括竞争、冲突、变迁、决策等做动态的历时性研究。他们在其中起着桥梁性的作用,因而又被人称为"新结构论者"。

四、过程论与行为论

随着研究的不断深入以及受到其他社会科学尤其是政治学的影响,20世纪60年代以后,政治人类学已不再局限于静态地讨论政治制度的类型,而是转向对政治过程和政治行为的动态分析,并在此基础上形成了过程论、行为论等诸多理论流派,呈现出百家争鸣的局面。① 其研究主题、理论和方法都呈现出多样化和不断更新的特点,反映出这门新兴学科正在逐步走向兴盛与成熟。

1966年,斯沃兹、特纳和图登三人主编了一本政治人类学论文集,书中的17篇论文都有一个共同特点,即侧重讨论政治制度的"变"(becoming),而不是静止的是(being)。三位主编撰写的前言更明显地标示了政治人类学研究从结构功能论向过程论的转变。在前言中,他们把政治研究的对象明确地定义为团体成员为实现公共目的而使用权力的行为过程,凸显了对政治过程的强调。②

无论结构功能论的研究或过程论的研究,都存在着一个严重缺陷,即把政治领域中的人视为被动的存在物。针对这一缺憾,20世纪60年代末期以来,一些政治人类学家更进一步把研究的重点集中于政治过程中的个人或小团体上,研究他们是如何操作非政治的文化因素(宗教、礼仪、婚姻规则等)来获取权力、保护权力和做出决策的。这种研究倾向被称为"行为论",以便和"过程论"区别开来。其始作俑者是维克多·特纳。其实,行为论和过程论一样,都主张对政治过程进行研究。所不同的是,过程论重视对一般性的政治过程的研究,忽视政治活动的具体实践者——个人;而行为论则强调对个人或小团体的决策过程的研究,强调人是政治行为和政治系统的主体,是政治资源的理性操作者和决策者。有鉴于此,有的学者主张用"过程方法"来统称所有重视政治过程的研究。③

与过程论相比较,行为论的研究更加深入、具体。这在它们的分析单位上也有突出的表现。过程论的分析单位是"政治领域"(political field),行为论的分析单位是"政治竞技场"(political arena)。前者指政治关系所涉及的任何区域,而后者

---

① G. Balandier: *Political Anthropology*, Randm House (New York), 1970, p. 1.
② 董建辉:《政治人类学研究及其理论的发展》,载《广西民族学院学报(哲学社会科学版)》,2001年第5期。
③ Ted C. Lewellen: *Political Anthropology: An Introduction*, Bergin and Garvey (Westpot), 1992, p. 98.

则是指单个行动者或小团体竞争政治权力的区域，它可以是派系、保护人-当事人关系、党派、政治精英或其他非正式的准政治团体，也可以是所有这些或只是其中的一部分。从过程论向行为论的转变，既有受行为主义政治学影响的外部因素，又是政治人类学学科内部发展的一个必然趋势。在行为论的理论取向下，又发展出了社会戏剧论（特纳）、博弈论（贝利）和政治象征论（科恩）等多种理论。①

五、政治象征论及其他

在行为论的理论取向下，又发展出了政治象征论（科恩）、社会戏剧论（特纳）及博弈论（贝利）等多种理论。

传统人类学注重研究被隔离、停滞不前、具有文化均质性和封闭的部落社会，将它们视为完全自主自立的群体。"二战"后，尤其是 20 世纪 60 年代以来，全球范围内发生的巨大变化从根本上动摇了人类学的学科传统。由于受世界政治、经济、文化的冲击，过去的殖民地社会变成了独立的民族国家，人类学所研究的传统社会被整合到新的国家体系中，而且不同程度地失去了自身原有的社会文化特征。在这些国家中，由于实施西方的制度和体系以及发展现代化，国家的权威被有意识地强化，结果导致一方面部落、族群和民族间的纷争不断，另一方面地方社会和国家政府间的冲突日益加剧。面对这一系列新的变化，从 20 世纪 60 年代末开始，政治人类学逐渐将目光转向这些发展中国家部落群体的政治整合或政治分化的研究，以考察处在现代国家包围之中的部落群体和国家政府之间的互动关系。②

此种探究以科恩（Abner Cohen）和法龙（L. C. Faron）的研究为肇始。以往的现代化理论家预计，现代化将使部落体制融入国家体系中，由于政党和派系扩散到各个地域和族群，政治将不可避免地失去其原有的部落特征。科恩则通过对尼日利亚的豪萨人（the Hausa）的个案研究表明，在国家强行废除部落制的过程中，部落群体可能在一个层面上通过扩大对国家政治和经济的参与，而实现其自身的整合；在另一个层面上又通过强调自身的文化特征而增强其种族的凝聚力。通过此两种途径，旧的部落被赋予了新的含义，其政治功能得到了强化，成为国家体制下一种新生的政治力量：政治性种族。③ 法龙对智利的马普切人（the Mapuche）所做的民族历史学研究则阐明，在国家政治体制下，部落政治并非完全消失，而是处在

---

① 董建辉：《政治人类学研究及其理论的发展》，载《广西民族学院学报（哲学社会科学版）》，2001 年第 5 期。

② 董建辉：《西方政治人类学 60 年的演进》，载《国外社会科学》，2002 年第 2 期。

③ Cohen Abner：*Custom and Politics in Urban Africa*：*A Study of Hausa Migrants in a Yoruba Town*. University of California Press（Berkeley）；1969.

变迁过程之中，根据政府政策的变化，不断做出相应的调整。① 换言之，即使在现代化发展过程中，部落文化传统仍旧是起作用的政治资源。

六、世界体系理论

进入20世纪七八十年代以后，政治人类学家不得不正视一个现实，即人类学所研究的几乎所有地域社会都已融入世界体系之中，而且大都集中在第三世界的发展中国家。分析一个地域社会被纳入世界体系的具体过程，遂成为政治人类学研究的一项重要内容。政治人类学家通过历史分析，从政治经济角度广泛考察了资本主义向第三世界的渗透。沃勒斯坦（I. Wallerstein）的三卷本著作《现代世界体系》（1974，1980，1989）详细阐述了资本主义体系的历史演变及其对世界其他地区的影响，揭示了第三世界国家贫穷落后的经济原因。沃尔夫（E. Wolf）的《欧洲和没有历史的民族》（1987）以及明兹（S. Minz）的《甜蜜与权力》（1985）展示了西方资本主义如何征服、剥削非西方社会，并最终把它们纳入受西方世界支配、以西方文化为标准的世界体系。沃尔斯利（P. Worsley）与高夫（K. Gough）则把兴趣集中在研究第三世界上，他们证明第三世界是被边缘化的社会，农民战争和起义是对资本主义剥削的反抗。② 随着研究的深入，妇女、农民、城市贫民以及其他贫困的和被边缘化的社会群体，亦渐成为政治人类学关注的对象。

七、现代社会政治反思

几乎与此同时，政治人类学研究的另一个取向也在凸显出来。自20世纪70年代后期始，西方人类学家意识到人类学研究本国社会文化的可能性与必要性，并积极探索适合的研究方法，由此拓宽了人类学的研究视角和关注焦点。在这种背景下，政治人类学也开始涉足现代社会政治制度的研究。与政治科学不同的是，政治人类学的研究主要集中于两个方面：首先是在正式的政治组织中起作用的一些非正式的政治团体，这些团体建立在社会阶级、经济利益等基础之上；其次是探究政治组织、个人和环境（文化）三者之间的关系。③ 其中，后者更成为20世纪80年代政治人类学关注的主要课题。政治人类学介入对现代社会政治制度的研究，使得它与政治学之间的界限日益变得模糊，许多政治人类学者同时又是政治学者，所采用

---

① L. C. Faron: The Mapuche Reservation as a Political Unit, in R. Cohen and J. Middleton (ed.), *Comparative Political Systems*, University of Texas Press (Austin), 1967.
② （韩）金光亿：《现代社会人类学——60年代以来的主题、理论与方法》，载《社会文化人类学讲演集》（上册），天津人民出版社1997年版，第175页。
③ T. Lewellen: *Political Anthropology: An Introduction*, Bergin and Garvey "(Westpot), 1992, p. 189.

的方法经常大同小异。①

关于现代工业社会中小规模的政治团体的研究,韦瑟福德(J. Weatherford)对美国国会的研究尤其值得一提。基于他担任参议员助理时的参与观察,他在其《高地上的部落》(1981)一书中,以生动幽默的语调将美国国会类比为部落,揭示了二者在地位竞争、组织结构、政治社会化和仪式等方面实无二致,而与教科书上所讲的美国国会之间有着天壤之别。他说:"世界上最谨慎的机构已蜕变为最仪式性的机构。其成员的才能不是用于决定国家的政策大事,而是用于考虑和安排仪式的细微末节。"②

进入20世纪90年代后,世界范围内愈演愈烈的种族冲突和对抗问题,吸引了政治人类学家的目光。他们试图从文化层面探讨种族对抗产生和形成的机制,希冀借此对解决世界性的种族问题有所帮助。随着世界政治格局的变化,政治活动区域的进一步划分和重组、全球化所引发的张力、跨国组织的出现(如欧盟)等现象,都促使政治人类学家对政治隶属关系和认同问题重新进行深入的思考,并形成新的研究领域。③ 9·11事件以来,政治人类学家则开始了对全球恐怖主义组织的形成和运作机制的探讨。

第三节 队群与部落

虽然人们对于社会发展轨迹的观点各有不同,但大多认为队群和部落是人类社会的早期组织形式。按照埃文斯-普理查德的政治制度分类,它们属于"无国家社会",另一类是"金字塔型的中央集权结构"(又可分为"酋邦"和"国家")。④按照斯图尔德(J. Steward)的对文化类型的家庭、部落或社区、国家的三层次划分,它们属于前两种类型。

队群是数人至数十人的迷你社会,成员几乎都是有血缘关系的亲属,可以模拟为中国的"氏"。队群的下一阶段是部落,它可能是几个队群的结合,成员可多至数百人,可以模拟为中国的"族"。

人数少的队群和部落,社会制度相当简单。队群因为人数很少,成员之间彼此相互熟识,粮食生产方式是狩猎-采集或放牧,故基本上过着居无定所的生活。部

---

① 董建辉:《西方政治人类学60年的演进》,载《国外社会科学》,2002年第2期。
② J. Weatherford: *Tribes on the Hill*, Rawson, Wade (New York), 1981, p. 266.
③ (法)马克·阿伯勒:《政治人类学:新的挑战、新的目标》,载《国际社会科学杂志》(中文版),1998年第3期。
④ 展立新:《新进化论璞玉与功能主义瑕疵——评塞维斯的国家起源理论》,载《民族研究》,2003年第6期。

落则通常是粮食生产技术改进以后，固定居住于某个地方的数个队群组成的宗族，人口虽然较多，但是成员们基本上仍然相互熟悉。

队群和部落的社会组织型态，特色是"人人平等"，没有正式固定的领袖，领袖的出现是根据个人的特殊能力或在事件上的表现，因为对重要的决策，每一个人都能参与发表意见及讨论；每一个四肢健全的人，都需要自己耕种或觅食；没有正式固定的社会制度，解决内部纠纷的方式，通常是以拉关系的方式解决。

队群和部落的特点类似于雷德菲尔德对民俗社会的描述，它是在人们的活动需要超家庭的社会组织的条件下形成的，其生产围绕着集体狩猎、捕鱼、放牧或农耕而形成了新模式。在这种社会里，需要家庭之间相互认可的财产权得以建立；出于经济活动的需要而产生了团结统一；通过集体的礼仪，一定形式的外延亲属关系以及娱乐活动得到加强。同时出现了与这些特定关系相适应的结构和社会管理形式，并有了头人。这种类型的社会又可以划分为父系群队（如布须曼人、塞芒人、尼格利陀人、俾格米人、特维尔切人等）、复合狩猎群（如安达曼人、阿尔衮琴人、阿塔巴斯坎人等）、世系群和氏族（如南加利福尼亚的一些群体、西贝勒罗地区的一些部落等）等类型。①

在许多部落社会中，即使没有王者或者头目（首长）等政治权威者的存在，亦能维持井然的社会秩序。奴亚族便是一个最古典的例子。在他们的社会中，并无政治权威者的存在，如出现纷争事件，则由一个"豹皮祭司"或"豹皮头目"实行裁判。这里所谓祭司或头目，只是一个礼仪专家，他对族人虽然没有强制的权力，却在族人的心目中享有崇高的地位，是一个权威人物。而且，他所居住的场所，同时也是族人犯罪者的庇护所，假如杀人者跑进这所庇护所，被害者就不能进入复仇，因为祭司的神圣居所是不可以流血的。因此祭司就很自然地成为调停者或和事佬。祭司调解的成立并无任何的强制力，族人只是因为一种仪礼上的信仰而停止其纷争。

对于上述"豹皮祭司"的现象，L. Mair 评价为"最少的政府"。诸多类似此等"豹皮祭司"的人物，实际上已扮演着政治中介人的角色。在奴亚族的社会中，由于"仪礼"与"政治"的交流和互动，社会秩序得到了有效的维持。②

第四节　酋邦——前国家的复杂社会

一般认为，古代人类在经历过队群与部落阶段之后，就逐步演进到酋邦社会。

---

① J. H. Steward: *Theory of Culture Change*, University of Illinois Press, 1979.
② 刘其伟：《文化人类学》，艺术家出版社（台北）1991年版。

一、何谓酋邦

一直到 20 世纪中叶,西方学术界对酋邦社会仍然所知甚少。1955 年,美国人类学家奥博格(Kalvero Oberg)根据中美洲低地的人类学研究,将当地的部落社会称为"酋邦",并将社会演进的形态用同姓部落、氏族部落、酋邦、国家、城市国家和帝国等类型来表述,从而开创了酋邦探索之先河。

之后,不少学者从不同的角度对酋邦下过不同的定义。美国著名人类学家斯图尔德(J. Steward)将酋邦定义为由多部落聚合而成的较大政治单位,并将酋邦分为两类:神权型与军事型。塞维斯(E. R. Service)则将酋邦定义为:"具有一种永久性协调机制的再分配社会。"卡内罗(R. L. Caneiro)给酋邦所下的定义是:"由一个最高酋长永久控制下的多聚落和多社会群体组成的自治政治单位。"此外,厄尔(T. K. Earle)认为,酋邦最好被定义为一种根据地域性组织起来的社会,它拥有一种集中的决策等级制以协调一大批聚落之间的活动,规模从千人到几万人不等。它是一种经济上集中和再分配的社会,贵族阶层通过控制生产资料和财富的交换来控制经济和劳力。

根据不同的标准,可以对酋邦进行不同的分类。如神权型、军事型和热带森林型酋邦,集团型和个体型酋邦,阶层(stratified)型和等级(ranked)型酋邦,最高(paramount)、等级(stratified)和非等级(nonstratified)酋邦,简单酋邦和复杂酋邦,等等。①

据学者们的研究,酋邦是在社会经济逐渐兴盛、粮食的产量充足之后,才慢慢合并出来的。合并通常以两种途径达成:一是屈服于外力威胁而同意合并,二是被征服。当部落合并成为酋邦或国家时,因为人口众多而且大半相互陌生,所以事情不可能像队群或部落那样简单。发生内部纠纷时,无法靠拉关系的方式来解决;制定决策时也无法听取每一个人的意见。这就意味着在酋邦或国家中,必须依靠某种社会制度,才能够排解纷争、有效行事、实现和平。因此,酋邦是人类社会中最早开始有领袖阶级出现的社会组织。它赋予某个人(酋长或首领)无上的权力来统治、裁判、决策和化解纠纷。他成为领导核心,具有尊贵的权威。同时,由于粮食产量的增加,他可以收取人民的贡献,征收税赋。社会的经济分工也在此时得到制度化,部分人可以不必从事粮食生产,而专事工艺、管理、文书、军人等其他工作。

---

① 陈淳:《酋邦与中国早期国家探源》,载《中国学术》,2003 年第 2 期。

二、酋邦与队群及部落的比较

一般认为,酋邦这种超聚落的社会结构是向国家演进的基础,其早期标志着聚落自治的结束,而其末期标志着向国家演进的起点。

酋邦社会与部落社会以及队群社会的一个显著差异表现在权力结构上,即在酋邦社会中,已经出现了个人性质的权力。这种权力是与酋邦社会中的居于最高政治地位的酋长联系在一起的。整个酋邦社会的权力结构呈现为一种金字塔形,即有一个人拥有整个社会的最高权力。酋邦社会中个人性质的权力具有如下特征:

(1) 酋长具有真正的实权。其具体表现有多种,其中最典型的就是酋长控制社会产品的再分配和对劳动力的支配。另一种重要表现就是酋长对酋邦的成员具有人身处置权。

(2) 酋长拥有听从其旨意的各种官员,组成一个较正式的政治机构。酋邦实际上已经形成了金字塔式的权力结构,其顶峰是最高酋长,酋长之下则是一大群不同等级的官员,其中多数官员是贵族,并且是属于酋邦的大大小小的聚落的首领,他们在自己的领地内也是拥有与最高酋长相同性质的权力的人物。

(3) 酋长及其所属的官员拥有特权。一种特权是对平民无条件的索取并得到贡献。酋长的另一种特权是精神性的,就是他必须得到共同体成员的尊敬,以此来证明他的权力地位。

总之,酋邦是存在着明显的个人性质的权力的。在前国家时期的不同类型的社会中,酋邦是唯一具有这种特征的社会。将其与在典型部落社会的基础上发展起来的部落联盟社会相区别,有助于认识人类社会政治组织和政治权力发展的真实过程。

三、酋邦与国家的区别

根据弗兰纳利(K. V. Flannery)、塞维斯、卡内罗等人的研究,酋邦与国家有如下几个方面的不同:

(1) 酋邦标志着世袭不平等的出现。在酋邦社会中,人的血统是有等级的,高贵和贫贱与生俱来。酋长不仅意味着高贵的出身,而且往往是神的化身。国家则是高度等级制的,它拥有强大的经济结构,经济命脉为一批上层人物所把持,他们是产生高官的阶层。

(2) 在酋邦社会里,血缘关系仍是一种重要的社会凝聚机制,而国家已基本脱离了标志简单社会的那种血缘关系,地缘关系后来居上。正是基于这一点,美国政治人类学家弗里德(M. Fried)才将国家定义为"超越血缘关系建立起来的社会政权"。

（3）酋邦虽然有由酋长及其官员组成的一个较正式的政治机构，但一般只有两层等级制，相对简单。而国家则是一个强大的政体，它拥有高度集中的政府和专门的统治阶层，至少拥有三级等级制，包括国王、地方行政长官和聚落首领。

（4）酋邦是介于平均主义社会和强制性国家之间的社会制度类型；社会地位的世袭使它具有一种贵族社会的性质，但是它没有武力压迫的政府机构和法律机制，缺乏由国家行使的那种与权力垄断相关的强制制裁能力。因此，酋长虽然拥有很高的地位，但是他的权力是有限的，酋长的权力基本上是一种调定权而非统治权。而国家则具有强有力的政治和军事机构，它可以发动战争、征募士兵、征收税赋和强索贡品。其最高统治者以武力和（或）神力为基础，能对其民众实施上下贯通的全面统治。

（5）酋邦社会大部分通过宗教来实施管理，其结构普遍是神权型的，酋长或祭司一般通过宗教仪式来行使自己的权力，以繁缛的祭祀活动来获得民众的支持和接受贡品。而国家则大都借助军事强权实施统治。①

四、酋邦的考古学特点

综合弗兰纳利、马库斯（J. Marcus）、克利斯蒂安森（K. Kristiansen）、卡内罗、厄尔等人的研究，从考古学上来看，酋邦大都具有以下特点：

（1）存在大型建筑物，其规模和所需劳力超出了单一聚落人口所能胜任的程度。例如，卡霍基亚（Cahokia）酋邦建造的"僧侣土墩"（Monks Mound）高达30米，占地300米×212米，是新大陆最大的土墩。墨西哥奥尔梅克酋邦在拉文塔（LaVenta）矗立起巨大的石雕人头像，复活节岛的酋邦雕刻了900~1000具巨大的石像。奥尔梅克和新西兰的毛利酋邦都雕刻玉器，并成为贵族的传家宝。许多酋邦还有精美的木雕，贵族房屋的梁和柱都以雕刻加以装饰，有的雕刻着武士，有的雕刻着传说中的祖先。其中不少建筑如英国的巨石棚、密西西比的土墩群和夏威夷的神庙是世俗与神祇的维系点，使酋长能够扮演与宇宙力量沟通的神圣角色。这些建筑也是酋长拥有劳力和资源操纵能力的最好明证。

（2）存在数量上少于聚落的祭祀中心，表明存在超越聚落自治的社会结构。

（3）平等部落社会的居址形态和大小布局基本上非常接近，但是酋邦存在一个结构上大于一般村落的聚居中心，同时还存在着标志特殊地位人物如酋长等的富墓。

（4）酋长普遍强调他们的外来起源，从而为自己的统治赋予神圣的地位并使自

---

① 陈淳：《酋邦与中国早期国家探源》，载《中国学术》，2003年第2期。

己的地位合法化，这些贵族墓葬里发现的大量珍贵随葬品往往都是舶来品，可以体现他们对神秘知识和权力的拥有。在酋长的墓葬中也常常有代表尊严的武器，用以表现由武力主导的宇宙秩序的延伸。

随着探讨的广泛展开，人们对酋邦的认识也日趋深入，主要表现在：

（1）酋邦不是一种划一的和铁板一块的社会形态，它是一种差异极大、形态各异的复杂社会。简单酋邦和部落相差无几，而高级酋邦已非常像早期的国家。

（2）酋邦本身的发展体现为一种"轮回"的兴衰过程，并不是所有的酋邦都能向国家演进。

（3）酋邦发展和国家起源的动力不仅是塞维斯提出的集中劳力和经济多样化导致的再分配机制的复杂化，还要将卡内罗提出的冲突和战争动力考虑在内。①

基于酋邦形态的复杂性，20世纪70年代，厄尔（T. K. Earle）根据对夏威夷土著社会的人类学研究提出了一种复杂酋邦的概念，并定义了复杂酋邦的三项特点：①酋长与平民之间在等级上完全隔离；②领导权特殊化；③地区等级分化日益明显。他认为，夏威夷是仅次于国家层次的复杂酋邦的最好例证，而只有复杂和等级分化较高的此类酋邦才比较接近早期的国家。②

1991年，克利斯蒂安森（K. Kristiansen）进一步阐述了酋邦的多样性，认为它是一种介于部落到国家之间的差异极大的社会形态。为了研究酋邦与国家的关系，克利斯蒂安森在酋邦纵向的发展层次上又划分出一个"阶层社会"（stratified society）的形态作为国家结构的雏形，这种复杂酋邦已具有早期国家的一些特征，比如强大的社会和经济分工及领土意识，但仍缺乏完善的官僚体制。而在横向的变异层次上，克利斯蒂安森定义了两类酋邦：一类立足于控制生存资料生产的常规经济（staple finance），另一类立足于奢侈品生产的财富经济（wealth finance）。但是，克利斯蒂安森认为，这两种类型并非相互排斥，非此即彼，而是可以以各种方式结合在一起。在讨论社会演变轨迹时，他认为，酋邦常常处于一个进化和倒退的较大历史旋涡之中，在许多情况下酋邦是次生的发展，但有时却是一种倒退的社会。③

五、酋邦的轮回

酋邦的"轮回"（cycling）发展概念由赖特（H. Wright）于1984年提出，意指复杂酋邦在区域性简单酋邦群中兴起、扩张和分裂的周期性波动。虽然酋邦具有早期国家赖以形成的世袭不平等和等级结构，但经过一段时间的扩张之后，大部分的

---

① 陈淳：《酋邦与中国早期国家探源》，载《中国学术》，2003年第2期。
② 陈淳：《文明与国家起源研究的理论问题》，载《东南文化》，2002年第3期。
③ 陈淳：《酋邦与中国早期国家探源》，载《中国学术》，2003年第2期。

复杂酋邦会分解成为简单酋邦,或从整体上崩溃。这种波动的原因包括与周边社会的竞争、传染病、人口失衡、农业歉收、领导不力以及继承纠纷等各种因素。"轮回"的发展概念被许多学者公认为酋邦社会的主要特点,并成为无数失落文明遗留的悬念。

即便是最高酋邦(paramount chiefdom)或阶层型复杂酋邦也不能幸免于轮回与瓦解的进程而演进为国家。由于酋邦社会的凝聚机制一般无法控制距离较远的民众,所以酋长总是尽可能将人口集中在自己的居住区周围。只有极少数最高酋邦才能制服和吞并周边的大型酋邦,形成一个不能再作为酋邦统治的政体。因此弗兰纳利和马库斯等人认为,在这一进程中武力征服的作用不可忽视。①

六、酋邦理论与中国古代社会

从人类学资料来看,酋邦在世界许多地区都存在过。而中国古史传说的黄帝、炎帝、尧、舜、禹时期,社会组织内已经产生了集权性质的个人权力,即社会最高权力在一定形式下被占据社会特殊地位的个人所掌握。史载"禹会诸侯于涂山,执玉帛者万国",就是典型的权力集中产物。酋邦的另一个特征是社会中的分层现象十分突出,这在文献记载中也很普遍,所有这些都说明史前龙山文化时期,中国存在酋邦组织。

因此,张光直认为,"酋邦"这一概念基本上符合我国考古学所反映的实际情况,对文明形成和国家起源的研究,有着重要的意义。他应用酋邦理论将华北古代社会演进程序加以列举,再与中国考古学家习用的历史分期相对照,列表如下:②

表 13 – 1

文化名称	新进化论	中国常用的分期
旧石器时代	游团	原始社会
中石器时代		
仰韶文化	部落	
龙山文化	酋邦	
三代(到春秋)	国家	奴隶社会
晚周、秦、汉		封建社会(之始)

---

① 陈淳:《酋邦与中国早期国家探源》,载《中国学术》,2003年第2期。
② 张光直:《从夏商周三代考古论三代关系与中国古代国家的形成》,载《中国青铜时代》,第93页。

另一位学者谢维扬也应用酋邦概念对中国古代历史做了系统的研究,并明确指出,中国从黄帝到尧舜禹的传说时代属于"联合"的酋邦时代,夏代早期国家的形成是经过"酋邦制"发展而来的。他结合文献和考古资料从三个方面加以论证:①部落联盟是没有最高首领的,而尧舜禹部落联合体却有最高首领;②部落联盟会议的议事原则是全体一致通过,尧舜禹部落联合体却是由最高首领决断;③部落联盟的权力机构中存在着酋长会议和人民大会这些集体性质的权力点,尧舜禹部落联合体中则只有联合体最高首领这一个权力点。因此,尧舜禹部落联合体在组成和活动方式上同部落联盟有明显的不同,其社会性质和发展阶段应该用"酋邦"的概念来界定。此外,从颛顼开始设立官职到尧舜禹时期已具有一套初步形式化的官僚体系,这也是部落联盟中所没有的。①

第五节 早期国家的起源

在酋邦之后,国家登上了人类历史的舞台。然而,国家究竟因何起源,仍是见仁见智的一大争论焦点。

一、社会进化论的解释

关于国家的起源,不同阶段的人类学者有过不同的解释。其演变与整个人类学理论流派的发展一脉相承。

最初是古典进化论的解释,以摩尔根为代表。他认为,蒙昧和野蛮时代的社会组织以血缘关系为基础,氏族是基本单位,氏族、胞族、部落和部落联盟是顺序相承的几个阶段。进入文明时代的政治社会以地域和财产为基础,可称之为国家。②

英国考古学家柴尔德也是顺着社会政治演变的路径来阐释文明和国家起源的机制的。他认为,考古学应当寻找人类经济和社会生产制度的重大变革。他把农业起源称之为人类经济的第一次革命,而把城市和国家的出现称为第二次革命。柴尔德视文明和国家的起源是富饶地区剩余产品积累的产物,因为公共资本的积累促进了贸易,可以供养从事贸易的商人、专职工匠和官吏,并建立军队来保护贸易和商人,这种社会的分化导致贵族阶层和官僚制度的形成。③

摩尔根等的古典进化论思想对马克思和恩格斯产生了很大的影响,恩格斯的

---

① 谢维扬:《中国早期国家》,浙江人民出版社1995年版。
② (美)路易斯·亨利·摩尔根:《古代社会》,杨东莼等译,商务印书馆1977年版,第6页。
③ 陈淳:《文明与国家起源研究的理论问题》,《东南文化》,2002年第3期。

《家庭、私有制与国家的起源》对摩尔根初步萌发的思想做了进一步和更加集中的发挥，并将国家定义为"一个阶级压迫另一个阶级的机器"。此后，前苏联的马克思主义理论家提出了一种人类社会连续递进的发展模式：原始社会被分为氏族前阶段、母系氏族阶段、父系氏族阶段和最终氏族阶段；后继为三个形态的阶级社会，分别是奴隶社会、封建社会和资本主义社会；最后为两个无阶级社会，分别是社会主义和共产主义，后者被认为是人类社会发展的终极阶段。在前苏联和中国，这一经典马克思主义社会进化论被认为是人类社会发展的普遍规律，长期以来对历史学、考古学和其他社会科学研究的理论阐释产生了重大的影响。①

二、社会变量说

20世纪50年代至70年代，欧美学术界出现了几种影响较大的早期国家起源的理论，这些理论分别强调某个社会变量是国家起源的主因。它们是威特福格尔（K. Witffogel）的灌溉说、卡内罗（R. L. Carneiro）的战争说、哈纳（M. J. Harner）和杜蒙德（D. E. Dumond）等人的人口压力说。美国考古学家亚当斯（R. M. Adams）则在总结各种理论的基础上，提出了一种变量互动的综合说。

威特福格尔的灌溉说认为，一些早期国家形成于干旱和半干旱地区，一些依赖小型灌溉系统的农业部落认识到，他们如果能放弃单独的灌溉系统，而将各部落的系统合并成一个统一的体制，就可以更为有效地计划和管理水源，从而导致了国家的起源。

卡内罗的战争说以秘鲁河谷的考古学研究为依据，认为受到地理和社会限制的农业聚落之间会因为人口的增长和耕地的短缺发生冲突，进而发展到频繁的兼并战争。为了有利于攻防，一些关系密切的部落开始合并，社会群体的规模开始增大而数量减少，从而形成了酋邦这样的部落联盟。然而，战争并不到此结束，直到一个区域被最强大的酋邦统一为止。这就是国家形成之路。

哈纳等人则认为，人口压力是社会演化的一个决定因素。由于农业导致大规模的定居，促进了人口的几何级数增长。当人口密度增加，就会使土地和资源短缺而价值提高。对于资源和土地的竞争，会促进社会区域和跨区域的合作，使社会结构的血缘关系向超家庭的社会关系发展。在强化的对土地和资源的竞争和控制中，在社会内部会产生一种世袭的体制来强化对土地和资源的继承，并形成集中的军事和政治结构。当竞争进一步增长，社会的等级分化和政治联合会发展到非常复杂的形式。与此类似，杜蒙德认为，人口密度的增长是文明和国家起源的先决条件，尽管不是唯一的原因。人口规模和密度的增长造成对基本生产资源的压力，而这种压力

---

① 陈淳、陈洪波：《科学思潮与早期国家探源》，载《东方考古研究通讯》，2005年第5期。

在内部一般通过首领的协调来加以化解,于是再分配体制的形成会促使土地和其他资源私人拥有及世袭体制的发展。处于拥有分配权力的人物达到一定的数量时,社会就发生了等级分化。

人口压力的理论后来进一步为美国考古学家科恩(M. H. Cohen)所发挥,他认为,早期国家和政府形成的一个主要作用就是调节人口与土地之间失调的矛盾。当人口增长接近农耕土地的载能时,人类社会就会发展出国家机构来应付这种危机。所以,国家的一个重要功能是调节人口和土地平衡失调的一种社会机制。

由于强调单一变量的理论存在许多缺陷,比如有些地区的文明和早期国家起源与灌溉无关,而有些战争频繁的部落社会并没有能向国家演化,因此,亚当斯提出了一种多变量反馈和互动的综合理论。亚当斯还对文明和国家的概念进行界定,认为文明是一种广泛和世代延续的文化现象,而国家是根据政治和地域界限划分的等级社会。这一看法也为其他学者所接受,即国家是一种政治和政府的单位,而文明是与政治或政体共生的文化现象。亚当斯的多变量国家起源理论用图13-1表述如下:

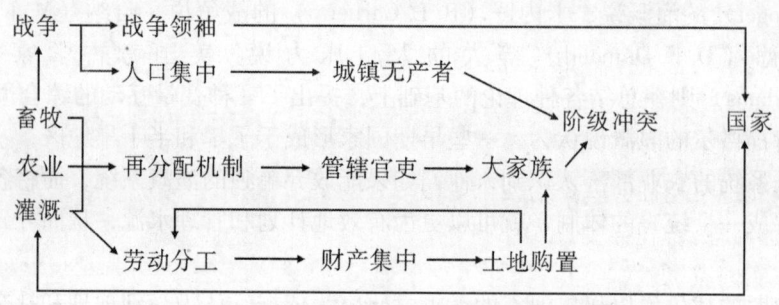

图13-1 亚当斯的多变量国家起源理论示意图

亚当斯还指出,国家的起源是原始的、以纵向血缘关系维系的氏族社会向复杂的、以横向经济和政治管理的专制社会转变的结果。他还认为,神权时代的结束是城市革命的第一步,"国王"一词的真正含义是指世俗政体的最高领袖。①

三、新进化论的阐释

在20世纪最初的三四十年中,摩尔根的古典进化论受到西方人类学界的普遍批评,以至于几乎无人敢于坚持进化论思想。然而,"二战"之后,人们的态度又发生了转变。美国人类学界出现了一种新的、更加唯物主义的态度来看待社会文化演变,形成了一种所谓新进化论的思潮。新进化论提倡生态、人口和技术决定论,

---

① 陈淳:《文明与国家起源研究的理论问题》,载《东南文化》,2002年第3期。

强调要从环境、人口、社会、文化和心理因素来解释人类行为和社会的演变。其代表人物有怀特、斯图尔德、塞维斯、萨林斯等。他们重新扛起进化论的大旗,在总结人类学最新发展成果的基础上,对人类社会从原始到文明的过程重新做了阶段性划分。其中,塞维斯的理论最具代表意义。

1962年,塞维斯出版了《原始社会组织》一书,书中提出的"群队(band)→部落(tribe)→酋邦(chiefdom)→国家(state)"的社会进化模式引起了学术界的震动。这一模式后来在塞维斯的《人类学概论》(1971)和《国家和文明的起源》(1975)等书中得到了进一步的阐发。塞维斯这一理论所说的"群队"、"部落"、"酋邦"、"原始国家",从名称到定义都与普理查德提出的概念一脉相承。其区别在于,普理查德并不认为这些社会类型有什么社会进化的意义,而塞维斯则将这些社会类型按照社会发展水平的高低做了排列。

塞维斯对社会进化阶段的划分,以所谓的社会"结构复杂性"作为标准。所谓"结构复杂性","简单地说,就是指作为一个整体的更高级的结构包含着更多的部分,更多的多样性和专业化分工,以及更强的社会整合性"。①"社会整合性"又被看做是结构复杂性的根本标志。他指出:"毫无疑问,社会之区分为更多的部分和更复杂的多样性必然会要求产生新的社会整合机制,因此,单是社会整合性形式就足以标志不同水平的社会复杂性。"② 塞维斯一共找到了四种传统社会的整合形式,因此把早期社会划分为四个阶段。社会整合的四种手段依次是:亲属关系、泛部落社群、酋长和强制性政治机构。早期社会的四个发展阶段依次是队群、部落、酋邦和国家。③

◆队群社会。由30~150个成员构成,其组织基础是核心家庭,劳动分工属自然分工,即根据年龄与性别进行分工;主要经济活动是狩猎与采集,以互惠制为原则;成员在政治、经济上一律平等,决策由集体做出;头领依据个人能力和品德来选择,基本上没有什么决定权,而且不世袭。

◆部落社会。超越队群的社会组织,以血缘或结社为纽带:前者是建立在血缘基础上的世系群、氏族等宗族组织,后者则是以非亲属制度的结社组织为基础的正式政治组织。主要经济活动是家畜饲养和植物栽培以及畜牧业等,仍旧是以互惠制为原则;社会成员比队群多得多,大家是平等的关系,首领的权力有限,其中不少人是巫师,职位也不是世袭。

◆酋邦社会。与定居农业相对应,适应在社会内部交易、公共事业和公共仪式

---

① Elman R. Service: *Profiles in Ethnology*, Harper & Row Publishers (New York), 1978, p.3.
② Elman R. Service: *Profiles in Ethnology*, Harper & Row Publishers (New York), 1978, p.3.
③ 展立新:《新进化论璞玉与功能主义瑕疵——评塞维斯的国家起源理论》,载《民族研究》,2003年第6期。

以及再分配等方面的需要；处于再分配系统中心的是酋长，对于再分配的方式有最后决定权；权力继承与血缘有关，多是家族内继承，并实行族内婚；虽然没有阶级分化，但是存在地位的高低，酋长和一些巫师享有特权，因此出现了社会不平等。

◆国家。伴随着阶级、文字和大规模水利事业而出现的政治组织。

最后是现代工业社会。

得出了类似结论的并不只塞维斯一个人。例如，另一位美国人类学者弗雷德（M. H. Fried）此前提出了一个"平等社会（egalitarian society）→等级社会（rank society）→分层社会（stratified society）→国家社会（stage society）"的模式。从某种意义上来说，塞维斯模式与弗里德模式是相互补充的。弗里德的许多观点，例如他所提出的"原生国家"与"次生国家"的区别的观点，后来就为塞维斯所采纳。①

在塞维斯之前，怀特与斯图尔德这两位新进化论的领军人物都曾对国家的发展历程有过论述。怀特从文化进化发展的角度，将历史划分为四个主要阶段：①人类仅仅依靠身体能源的阶段；②通过栽培农作物和驯养家畜，能够利用光合作用把太阳能变成粮食并把它收获储存起来的阶段；③通过动力革命，把煤炭、石油、天然气等地下资源作为新能源加以利用的阶段；④核能阶段。与这四个阶段相对应的社会系统是：①没有阶级的、平等的所谓"原始共产制"社会；②旧世界、新世界交替的古代文明国家；③现代工业化国家；④一个涉及整个地球和全部人种在内的单一政治组织。②

斯图尔特则提出过五种依次递进发展的社会文化类型来对美索不达尼亚、埃及、印度、中国、秘鲁北部和中美洲的古代文明进行比较研究，认为这几个地区是文明的摇篮，虽然这些社会文化独立相互隔离，但是都在原始技术的基础上发展起来、应对相似的问题、造就了相似的发展轨迹。受斯图尔特的启发，美国人类学家奥博格（K. Oberg）根据墨西哥南部低地哥伦布之前的印第安部落社会结构特点，于1955年总结了六种类型的社会形态，并首次提出酋邦（chiefdom）的概念，把它列为国家前的一种社会结构。这六种类型分别是：均一部落（homogeneous tribe）、分散部落（segmented tribe）、政治上组织起来的酋邦（politically organized chiefdom）、联邦型国家（federal type state）、城邦国家（city state）和神权帝国（the theocratic empire）。③

---

① 展立新：《新进化论璞玉与功能主义瑕疵——评塞维斯的国家起源理论》，载《民族研究》，2003年第6期。

② （美）L. A. 怀特：《文化的科学》，沈原等译，山东人民出版社1988年版，第355~374页。

③ K. Oberg: Types of Social Structure Among the Lowland Tribes of South and Central America, *American Anthropologist*, 1955, 57 (3): 472~487.

四、中国学者的观点

中国学者谢维扬在接受塞维斯新的国家形成理论的同时，并没有完全抛弃摩尔根提出的国家形成理论，他们将两种理论重新进行归纳整合，提出了"队群—氏族—部落—部落联盟（或酋邦）—国家"的形成模式。其基本框架是，在人类社会早期国家的产生道路上，有部落联盟和酋邦两种模式。通过前者产生出来的国家，政治特征具有民主的性质，如雅典和罗马①；通过后者产生出来的国家，政治制度则是专制性质的，如中国、阿兹特克、印加和祖鲁②。这是由于，部落联盟制度从本质上看，是一种民主的、平等的、无个人性质权力点的制度；酋邦制度则是一种具有"中央集权"的、专制性质或其倾向的、无集体性质权力点而只有个人性质权力点的制度。③ 从这两种不同制度模式产生出来的两种早期国家，分别继承了部落联盟制度的民主遗产和酋邦制度的专制遗产。

最近，杨茂盛又在对中国古代北方民族政权及整个中国民族政权形成进行全面考察的基础上，提出了"氏族部落—宗族部族—国家"的新的国家形成理论。④

杨茂盛提出，摩尔根的国家形成学说，"仅仅适合较少民族，而对大多数民族是不适合的"。而塞维斯及中国学者所提出的"酋邦"理论，则"未必完全符合历史上的前国家社会的组织结构状况，即使是真的符合所研究民族的实际情况，也仅是一小部分民族的模式"⑤。杨先生认为，国家是在氏族部落解体之后形成宗族部族社会组织的基础上发展而来；氏族部落及部落联盟不能直接形成民族和国家，二者之间有一个特别重要的中间环节，那就是宗族部族组织。⑥ 宗族部族既是当时的社会组织形式，又是一种民族的地域性或社区性政权。而民族和国家就是在众多的宗族部族的基础上形成的。我国有极其丰富的史料说明：在氏族部落解体之后出现的层层分化、辗转迁徙、重新整合的过程中，形成了众多的宗族部族组织，这就是当时的本民族所说的"国"，也就是中原古代社会所出现的大大小小"诸侯国"，或如西方学者所说的"酋邦"。⑦

---

① 谢维扬：《中国早期国家》，浙江人民出版社1995年版，第69~73、165~170、213、222页。
② 谢维扬：《中国早期国家》，浙江人民出版社1995年版，第73~76、182~191、201~222、472页。
③ 谢维扬：《中国早期国家》，浙江人民出版社1995年版，第69~76、121~170、182~191、201~222、472页。
④ 杨茂盛：《中国北疆古代民族政权形成研究》，黑龙江教育出版社2004年版。
⑤ 杨茂盛：《中国北疆古代民族政权形成研究》，黑龙江教育出版社2004年版。
⑥ 赵永春：《评杨茂盛新著〈中国北疆古代民族政权形成研究〉》，载《黑龙江民族丛刊》，2005年第4期。
⑦ 杨茂盛：《〈中国北疆古代民族政权形成研究〉一书的前言》，载《北方文物》，2004年第4期。

五、国家起源探讨的新趋势

近年来,在国家探源的研究方面,出现了四种新的趋势:①不再将国家看做是一种高度集中和权力无限的政体,而倾向于以一种多样化的眼光来看待国家和城邦结构的多样性并探讨国家权力的范围;②与酋邦研究相同,国家的研究也关注国家政体的经济结构,特别是中央统治机构与其他社会经济部门之间关系的状况;③更加关注农村聚落的社会结构以及中心城市与边缘地区间的相互关系;④开始探究不同政体之间的区域性互动。①

第六节 政治人类学的缘起、发展和研究对象

一、何谓政治人类学

政治人类学是西方新兴起的一门学科,它可以界定为运用文化人类学的理论和方法,对各种政治制度和政治行为进行研究,从而总结出政治的本质和政治发展的一般规律。简言之,政治人类学是关于政治的人类学。其研究方法主要有起源分析法、结构-功能分析法、过程分析法和行为分析法等。② 政治人类学认为任何人类社会都存在秩序、领导体制、规则和调节个体与团体相互作用的结构,因而它使用的概念较为宽泛。如在政治人类学的著作中,"政治"一词并不意味着政府和国家,因为在原始社会和初级社会中还没有形成政府和国家。

政治人类学与政治学的主要区别在于理论基础与研究对象的不同,政治人类学的理论基础是文化人类学,研究对象主要是原始社会中的非正式权力关系,后来方扩展至现代的社会政治制度。政治人类学试图超越特定的政治经验和理论,从而建立一种带有普遍性的政治行为科学,以寻求人类的各种政治行为在不同历史和地理环境下的共同性。③

二、政治人类学的缘起

人类学关注政治问题,始于19世纪中后期。人类学家基于他们对"异域"社

---

① 陈淳:《酋邦与中国早期国家探源》,载《中国学术》,2003年第2期。
② 董建辉:《西方政治人类学研究概观》,载《国外社会科学》,2000年第2期。
③ G. Balandier: *Political Anthropology*, Randm House (New York), 1970, p.1.

会的特殊了解，试图运用文化进化论，建构国家制度的演化模式。例如，梅因的《古代法》（1861）一书，提出社会政治结构的演变过程是从身份社会过渡到契约社会，从以亲属关系为依属的社会过渡到以其他原则为依据的社会。摩尔根在《古代社会》（1877）一书中也对易洛魁印第安人的社会结构进行了探讨。当时，政治人类学还只是作为"整体人类学"的一部分。

20世纪40年代，福蒂斯（Meyer Fortes）和埃文斯－普理查德（Edward Evans-Pritchard）等英国功能派人类学家在非洲考察政治组织时发现，传统的政治学对政治制度的分类仅适用于结构业已高度复杂化的社会，而对于他们在非洲所发现的从群队到原始国家等形态极不相同的政治制度，则根本无法适用，"政治哲学家的理论并不能帮助我们理解所研究的社会，它们没有什么科学的价值"。于是，他们在《非洲政治制度》一书中提出了一种新的政治制度的分类法。这种新的分类方法，简单地说，就是把非洲的政治制度分为两种：一种拥有中央集权的权威和司法体制（原始国家），另一种则没有这样的权威和体制（无国家社会）。[①] 他们试图建立一种新的理论构架来研究政治现象，研究政治不发达的原始社会。这种新的理论构架的创建，标志着政治人类学的诞生。

三、政治人类学的发展

人类学者在关注政治问题之初，先是信奉进化论，其研究重点是边远社会。这类社会的政治体制与现代社会通行的以国家为模式的政治体制大不相同。这种研究为权力初始形态的专题探讨、对比分析和总体思考提供了丰富的材料。今天，政治人类学研究已不能不考虑上述社会与其他社会之间日益紧密的相互依存关系，不能不考虑影响传统政治进程的转型问题。[②] 与人类学的其他分支学科一样，政治人类学也被吸引去探索当代世界的种种难题和现代国家框架内权力体制的运作。这种新的变化不仅拓宽了经验性的领域，而且提出了一系列有待解答的问题。

在传统社会，政治嵌合在整个社会制度当中，与整个社会的其他现实难分难解。而在现代社会，政治往往有相对独立的表现空间和制度安排。过去的研究侧重点常常是这两者的对比。人类学的研究之所以长期以来局限于异域社会，大概就是因为在这些社会里没有我们熟知的既定规则，研究者因此得以通过长期深入的研究来判明他急于想了解的"政治行动的根源"。这样就自然而然地为人类学家划定了研究的界限，从而使现代性成为社会学家和政治学家研究的垄断性领域。

虽然做出了这种划分，但仍不可能长期阻止住一种双重趋势：一方面，人类学

---

① 董建辉：《政治人类学研究的几个问题探析》，载《民族研究》，2000年第3期。
② J. Vincent: *Anthropology and Politics*, University of Arizona Press（Tucson），1990.

家对自己身处的社会有着强烈的好奇心,这就使他们扩大了自己的研究领域;另一方面,政治学家也对政治学中涉及的但又不属于自己研究范围的方面诸如礼仪、象征等产生越来越大的兴趣(斯费兹,1978 年)。回顾一下 20 世纪 70 年代以来人类学研究的发展,便可以看出,随着对发达的西方社会兴趣的增加,已经出现了一个全新的研究领域(如权力和权力的代表、政治制度和政治网络、政治仪式、从后民族到多文化融合,等等)。……人类学家们最初重视的是差异,更多地关注的是边缘而不是中心,更喜欢研究的是农村社会或城市社会中的少数群体(因为这些社会保持着自己的特色),似乎他们含蓄地认为仍必须与自己的研究对象保持一定距离。①

四、政治人类学的研究对象

根据著名政治人类学家朗纳德·科恩(Ronald Cohen)的界定,政治人类学的研究对象主要包括以下几个方面:① 对政治的定义——其中包括对政治过程和政治行为的定义以及对不同情况下政治行为性质的讨论;② 对政治制度的定义——解释政治制度的特征;③ 对有史以来人类所创造的各种政治制度的产生和发展的研究;④ 对政治制度和政治行为的制约性的研究;⑤ 探讨政治制度对个人和文化的影响;⑥ 对现代化之前和之后的政治制度的比较及相互影响的研究。科恩的概括基本上反映了半个多世纪以来政治人类学研究的主要内容。

早期的政治人类学主要的研究对象是国家产生之前社会的权力关系,即原始社会中的权力关系。这种权力关系不同于国家产生之后的权力关系,前者是非正式的,而后者是正式的。在原始社会中,权力关系和亲属制、宗教仪式和社会分层等文化制度相交织,构成一幅生动而复杂的社会关系图。不过,第二次世界大战以后,在现代世界政治、经济和文化的冲击下,处于不发达地区的原始社会发生了急剧变化,现代国家在这些原始社会的文化和结构的变迁中扮演着特殊的角色,这就促使政治人类学开始对政治变革的过程做深入的经验研究。②

另外,由于受现代政治、经济、文化的冲击,早期人类学家所研究的传统政治制度在数量上急剧减少,而且大多失去了自身原有的社会文化特征。在这种形势下,政治人类学也涉足对现代社会的政治制度的研究。与政治学不同的是,政治人类学比较关注小范围的政治活动,以及在政治活动中起重要作用的一些社会文化因素方面。具体地说,主要包括两个方面:一方面是在正式的政治组织中起作用的一

---

① 马克·阿伯勤:《政治人类学:新的挑战、新的目标》,载《国际社会科学杂志》(中文版),1998年第 3 期。

② 董建辉:《西方政治人类学研究概观》,载《国外社会科学》,2000 年第 2 期。

些非正式的政治团体，这些团体建立在社会阶级、经济利益等基础之上；另一方面是政治组织、个人和周围环境三者之间的关系。① 由于政治人类学以文化人类学为理论基础，把政治现象放到社会和文化错综交织的复杂环境中进行考察，探讨社会文化制度对政治活动的影响，其视野比政治学更为广阔，同时又有深入细致的参与观察法保证其研究的相对准确性和客观性，所以政治人类学比政治学更适合于进行以上的研究。

虽然人类学研究政治更多地关注的是边缘而非中心，更偏爱的是乡村社区或城市社会中小规模的政治团体，但是我们可以把它看做是对政治学研究范围局限性的弥补，看做是研究贯穿于人类社会所有各个发展阶段的政治制度和政治过程所做的努力。政治人类学的这种研究，有助于我们探寻政治行为的根源及其在各种社会中的表现，进而在此基础上总结出政治的本质和政治发展的一般规律。②

第七节　政治人类学方法

在政治人类学诞生以前，政治学就已形成了具有显著特色的研究方法。传统的政治学主要集中于对政府的正式机构和与此相关的法律和宪法文件的研究，所使用的是国家、政府、主权、联邦制和立宪政体等基本概念，而且在很大程度上依赖各种文件——宪法、条约、法令、官方备忘录以及少量的投票统计数据。第二次世界大战后，由于受心理学、社会学、人类学等学科的影响，政治学广泛借鉴和采纳了其他学科的研究方法，不断拓展其研究范围，从而形成了一场声势浩大的"行为主义革命"。但无论政治学的研究方法发生什么样的改变，有一个主要的特征是没有改变的，即政治学者始终只关注政治权力的研究，包括权力的分配、组织、操作及其斗争等，而忽略了更广泛的社会文化系统对政治的影响，在政治与非政治之间预先设定了一条泾渭分明的界限。

政治人类学则不同，一方面，它反对主要依赖各种文献材料，而是把根扎在田野调查之中，运用人类学传统的参与观察法，揭示各种政治制度之间的本质差异以及政治过程在不同的社会中是如何展开的；另一方面，它反对把政治作为一个孤立的领域来看待，而把它视为以文化为模式的各种社会活动的结晶，放在作为整体的社会文化体系中加以考察，从而可以使我们更全面、更深入地理解政治。

政治人类学的研究方法，归根结底就是人类学的参与观察法，这是政治人类学的立足之本。在其理论分析的过程中，政治人类学除了采用既有的一些人类学研究

---

① Ted C. Lewellen：*Political Anthropology*：*An Introduction*，Greenwood Publishing Group, Inc., p. 189.
② 董建辉：《政治人类学研究的几个问题探析》，载《民族研究》，2000 年第 3 期。

方法之外,又随着不同发展阶段研究重点的变化,形成了一些独特的研究方法。概括起来,主要有以下几种方法:①

(1) 起源分析法。这种方法侧重于研究原始社会中各种政治关系和政治活动的起源、原始国家的形成过程、血缘社会向政治社会转变的动因、不平等的起源、约束力的起源、规范的形成等等。早期的人类学者一般都采用这种政治分析方法,但由于缺乏足够的资料和证据,他们的观点难免落入臆想和猜测。后来的人类学者如莫顿·弗雷德和马文·哈里斯等人立足考古学的证据,探讨国家社会的演化过程,取得了相当的成果。例如,弗雷德关于原生国家和次生国家的区分,就引起了学术界的普遍关注。

(2) 功能分析法。功能分析法来源于英国的功能学派,创始人是拉德克利夫-布朗和马林诺夫斯基。这种方法不关心政治的起源和性质,而把社会视作一个有机的整体,研究政治制度和政治活动在社会整体中所起的作用,以及一些社会文化因素在政治制度和政治活动中所起的作用。在政治人类学研究中,功能分析法很少单独运用,而是被作为进行类型分析的基础,因为它虽然有助于界定各种政治关系和政治制度,但却无法说明政治现象的本质。

(3) 结构分析法。这种方法主要受拉德克利夫-布朗社会结构论的影响,致力于探讨原始社会中政治关系和政治活动的结构模型。使用这种分析方法的政治人类学者认为,政治关系和政治活动是表现个人和团体之间权力关系的形式,政治结构和其他一切社会结构一样是一种抽象体系。这种方法所要做的就是梳理政治体系中各个不同要素及其相互之间的关系,然后建构这个政治体系的结构模式,借以对这个政治体系做出说明。结构分析法和功能分析法都是政治人类学创立初期通常采用的方法。

(4) 类型分析法。这种方法建立在功能分析和结构分析的基础之上,把具有相同的功能或结构的体系归为一类。政治人类学的研究首先就是从类型分析入手的,首倡者是埃文斯-普理查德。它侧重于确定原始社会制度的类别,并对各种政治形式、政治关系和政治活动进行分类。例如,将各种原始社会分为有政治体系的和无政治体系的两类,或者将政治体系分为中央集权和非中央集权两类,或者分为政治充分分化和政治不分化两类。各种分类的标准不同,有的属于描述性分类,有的属于演绎性分类。他们想通过分类来确定各种不同原始社会之间的关系,以及原始社会与现代社会之间的关系。

(5) 术语分析法。这种方法是政治人类学作为一门独立的学科而形成的一种方法,它侧重于对政治人类学所使用的一些专门概念进行界定。政治人类学在研究中会遇到许多现代国家社会所没有的特殊范畴,因而必须确立一些专门的术语来表

---

① 董建辉:《政治人类学研究的几个问题探析》,载《民族研究》,2000年第3期。

述这些范畴，以说明原始社会中政治活动和政治关系的性质，同时为政治人类学研究提供一套概念工具。政治人类学所界定的术语包括武力、权力、权威、竞争、合法、支持、行政等等。此外，这项研究还包括怎样用合适的语言来翻译和表述异域社会所特有的政治概念。

（6）过程分析法。这种方法由斯沃兹、特纳和图登首先提出来，它反对对政治体系做静态的结构－功能分析，主张对政治活动的过程包括对政治变迁、政治党派和政治策略等做动态的历时性分析，认为只有在动态的过程中才能真正揭示和说明原始社会的政治关系和政治活动。过程分析方法的引入，导致政治人类学研究发生一个极为重要的变化，即从对政治制度和政治活动的结构－功能分析，转向对政治过程和政治行为的动态分析。

（7）行为分析法。这种方法是过程分析法的深化，它侧重研究原始社会中的个人或小团体是如何操作文化特别是象征体系来获得权力、保持权力和做出决策的。最早运用行为分析法的是特纳，他在《一个非洲社会的分裂和延续》（1957）一书中，通过对一个特定的个案的分析，揭示出政治竞技场中的个人是如何操作社会的规范和价值体系，从而来竞争政治权力的。与过程分析法相比较，行为分析法更为深入、具体，所关注的政治活动范围更为狭小。

此外，当代政治学采用的一些新方法也被政治人类学所借鉴，系统论、博弈论在政治人类学领域中也得到广泛的运用。熵、信息、正反馈、负反馈、系统的自我发展和自我维持等概念在一些政治人类学著作中比比皆是。例如，乔利（Jolly）和普洛克（Plog）在对墨西哥的原始民族社会所做的系统论研究中提出，在特定的情况下，人口增长可以成为原始的刺激，向均衡的系统施加压力，从而引起系统的变化。面对来自人口增长的压力，系统可以有多种选择：通过杀婴或其他文化手段来减少人口，一部分人向新的地区移民，或者提高生产力，等等。在这些选择中，只有最后一种选择会导致国家的形成。系统要做出这一选择，还需要多方面的外部条件，如耕地、气候、心理、文化等因素。做出选择之后，其结果就会向系统做出反馈，导致系统的分层、分化和中央集权化，等等。①

正如前面所述，当今的政治人类学研究已经与现代社会现实紧密相结合，因此，其关注的研究热点已经从传统的社会政治发展、国家起源、政治文化的比较等领域转向小范围的政治活动，以及在政治活动中起重要作用的一些社会文化因素方面。它把政治现象放到社会和文化错综交织的复杂环境中进行考察，以探讨社会文化制度对政治活动的影响。当然，它也继承了人类学关注弱势群体和欠发展地区的传统，更多地关注边缘而非中心，更偏爱乡村社区或城市社会中小规模的政治团体，以与政治学互补，全面地探寻政治行为的根源及其在各种社会中的表现，进而

---

① Clifford J. Jolly, Fred Plog: *Physical Anthropology and Archeology*, Knopf (New York), 1976.

在此基础上总结出政治的本质和政治发展的一般规律。

在中国,政治人类学研究起步很晚,很多方面尚属空白,这就需要我们积极开展对政治制度和政治行为的人类学研究。一方面,从文化人类学的角度研究政治现象,可以在政治学研究的基础上,丰富我们对政治的理解,帮助我们深入了解政治现象的复杂性、政治制度的差异以及政治的本质特征;另一方面,政治人类学研究可以加深我们对中国的政治体制改革举措的理解,从而进一步促进中国的政治体制改革建设。①

西方政治人类学的发展,经历了一个从他国、他民族政治制度和政治活动的研究转向本国、本民族政治制度和政治活动研究的过程。中国由于受多方面条件的限制,不可能全面地开展对他国、他民族政治的研究,这就要求我们把目光集中在国内,开展对本国各民族传统政治制度和政治活动的研究。在我国,地方政治是一项极有价值的研究内容。在地方政治尤其是村落政治中,基于血缘关系的权力构成至今仍然在中国很多农村地区的权力结构中居于主导地位。家族性构成了传统村落政治的最显著特点。宗族作为一种世系群组织,在中国两千多年的封建统治中起着独特的作用,而中国从政治角度对以宗族为核心的地方政治的研究只是在10多年前才开始,而且还十分薄弱。研究中国的地方政治特别是村落政治,可以充分发挥政治人类学的长处,弥补政治学研究的某些不足。

关键词

政治　政治人类学　社会进化论　结构功能主义　新结构论　过程论　行为论　政治象征论　世界体系理论　队群　部落　酋邦　国家起源　起源分析法　功能分析法　结构分析法　类型分析法　术语分析法　过程分析法　行为分析法

复习思考题

[1] 简述政治人类学所使用的"政治"概念与政治学所使用的"政治"概念的异同。
[2] 简述社会进化论的主要观点及其局限。
[3] 试比较酋邦、队群及部落的异同。
[4] 试述中国学者对于国家起源的思考。
[5] 简述政治人类学的研究对象。
[6] 简述政治人类学的主要研究方法。

阅读文献

[1] 马克·阿伯勤. 政治人类学:新的挑战、新的目标. 国际社会科学杂志(中文版),1998(3)

---

① 董建辉:《政治人类学研究的几个问题探析》,载《民族研究》,2000年第3期。

[2] 陈淳. 酋邦与中国早期国家探源. 中国学术, 2003（2）
[3] 董建辉. 政治人类学研究的几个问题探析. 民族研究, 2000（3）
[4] 董建辉. 西方政治人类学60年的演进. 国外社会科学, 2002（2）
[5] 黄淑娉, 龚佩华. 文化人类学理论方法研究. 广州：广东高等教育出版社, 1998
[6] 杨茂盛. 中国北疆古代民族政权形成研究. 哈尔滨：黑龙江教育出版社, 2004
[7] 展立新. 新进化论璞玉与功能主义瑕疵——评塞维斯的国家起源理论. 民族研究, 2003（6）
[8] Cohen Abner. *Custom and Politics in Urban Africa*: *A Study of Hausa Migrants in a Yoruba Town*. Berkeley：University of California Press, 1969
[9] G. Balandier. *Political Anthropology*. New York：Randm House, 1970
[10] Max Gluckman. *Order and Rebellion in Tribal Africa*. London：Cohen & West Press, 1963
[11] Edmund R. Leach. *Political Systems of Highland Burma*. Boston：Beacon Press, 1954
[12] Ted C. Lewellen. *Political Anthropology*: *An Introduction*. Greenwood Publishing Group, Inc., 1992
[13] M. Swartz, V. Turner, A. Tuden. *Political Anthropology*. Chicago：Aldline, 1996
[14] J. Vincent. *Anthropology and Politics*. Tucson：University of Arizona Press, 1990

第十四章 都市人类学

> **摘要**
>
> 都市人类学（Urban Anthropology）被定义为对城市文化系统和特征以及塑造城市形态和过程的各种政治、社会、经济、文化力量的研究。都市人类学作为人类学的分支学科，20世纪60年代开始成熟。在美国，都市人类学的研究内容主要包括城市中的文化类型、城乡关系、城市中的种族和贫困等问题，20世纪90年代以后转向研究城市空间。从人类学的发展历程来看，都市人类学是人类学研究对象从乡村社会向城市社会转变的反映。究其原因，一方面，"二战"后世界范围内城市化的迅速发展，使人类学家的研究对象转向城市；另一方面，城市作为人类文明的结晶，其复杂性非任一单一学科所能反映，都市人类学参与到城市研究也是必然趋势。

第一节 城市的本质

一、城市的特征

城市是具有一定生计规模、人口密度的包括各类非农业专家及有文化的精英的聚合体。从不同的角度来看，城市可以分为法律的和自然的城市。所谓法律的城市，即是一类政府的单位，是国家和政府从法律上认可的聚落。人们更多地从自然和社会的角度来定义城市，而不重视法律和权力的因素。自然城市具备如下共同特征：

（1）具有经济的特定功能。城市具有非农业的经济功能和职业的专业化分工，以及由于宗教和政治的原因而形成的一些特定的功能。

（2）人口规模较大，密度较高。除了人口的规模大、密度高之外，其他的人口特征有：①人口的流动性大；②城市为居民提供各种服务设施，如住宅、商店、学校、教堂、街道、交通工具等；③人口的异质性，性别、年龄、族群和阶级都呈现出多元性，这种异质性满足了城市的基本需要。

(3) 社会关系的特征。都市人口的大规模、高密度、高流动性极大地影响着居民的社会关系。尽管家庭与友好团体本质上与乡村一致，但在一些关系上存在着功能上的差异：①非人际性，城市中许多非人际关系取代了人际关系；②城市职业的多样性和社会群体的多元性，组织更为微电子技术化；③城市中的成年人大多在不同的群体中扮演不同的角色。

(4) 跨区域的组织。这可以从空间和社会两个角度来看。从空间的角度看，一个城市包括更多的次级地区，如商业中心、重工业区和轻工业区、居住区等，每个次级区域通过交通和通讯设施联结起来，相互作用，相互影响，每个区域都对别的区域产生作用，形成一个整合的空间联合体。从社会的角度看，一个城市存在着各种各样的、不同层次的群体和组织，它们相互作用整合在一起。从都市人类学的角度看，城市最重要的特征是城市文化与城市环境的多样性。都市社会的复杂性是基于都市本身以及都市与乡村的关系之上的。城市的复杂性是由农民来维持的，是由各种各样的专业人士提供的。居住在城市中的人是处在一个复杂的政治组织关系之中，因而具有不同的专业角色。

一个城市所具有的艺术风貌、文学体系以及科学技术、法律等导致文化产生。文化传统往往可以跨越时空比其他因素更有效地流传和辐射（周大鸣，1997）。

二、都市性

都市性是指都市本身所特有的、以区别于农业社会和狩猎采集社会的基本特征。按照沃斯说的都市性，则是一种生活方式，与特定的社会组织、态度、居民的个性相关联。现代社会的都市性主要表现在：①高度的劳动分工、集约生产和服务；②机械动力在生产和非生产性工作中占有主要地位；③人际的分离，个人的联系和从属的时间更为短暂，人们对层级制（如政府和公司的科层制）更为依赖；④高流动性，包括日常的流动、职业的流动、居住地的流动以及社会身份的变化等；⑤都市环境中人为的因素持续地变化，包括结构的更新和技术的发明；⑥个人和群体完全从属于机械的时间，由时钟控制的约会和合作增多；⑦由于相互之间联系的短暂，因而人际间具有匿名性；⑧人的期望和忠诚不断地变化；⑨记录更为普遍地运用在人们的行为、契约、盟誓等场合中。

三、都市化

关于都市化（urbanization）的概念，不同的学科有不同的定义。地理学家强调农村向都市转化过程的空间结构和城市体系；经济学家强调从农业向非农业经济结构的变化；人口学家则强调乡村人口向城市集聚的程度。在中国往往强调人口的因素,比较有影响的定义是:城市化是居住在城镇地区的人口比例增长的过程,更确切地讲,是农业人口向非农业人口转化而在城市集中的过程。《失衡的中国》一书中的作者是这样界定城市化的:"城市化通常是指人口向城市或城市地带集中,即农业人口向非农业人口、乡村人口向城镇人口的集中。这种集中过程表现为城镇数目的增加,也表现为城镇人口规模的不断扩充。城市化的标志是城镇人口占总人口的比重。"

一般人往往把都市化看做是反乡村化的过程,因此城市是没有绿色(森林、草地)的,而是高楼大厦林立,城市人则穿着整齐、干净。正如一幅年画所表现的,背景是上海南京路的高楼和立交桥,路上的行人中,男人都西装革履,系着领带;女人都穿着西裙套装。

今天,随着都市化内容的变化,都市化的概念亦发生了变化。美国新版的《世界城市》一书就把都市化定义为:"都市化是一个过程,包括两个方面的变化。其一是人口从乡村向城市运动,并在城市中从事非农业的工作;其二是乡村生活方式向都市生活方式的转变,这包括价值观、态度和行为等方面。第一方面是强调人口的密度和经济职能,第二方面强调社会、心理和行为的因素,实质上这两方面是互动的。"人类学家认为:"都市化并非简单地指越来越多的人居住在城市和城镇,而应该是指社会中城市与非城市地区之间的来往和相互联系日益增多这种过程。"城市与乡村相互影响、乡村文化与城市文化互相接触融合后,产生了一种整合的社会理想,既含有乡村文明成分,又含有城市文明成分,这种现象即为"乡村城市化"。随着乡村城市化而来的是城乡差别的缩小,农村的生产力结构、生产经营方式、收入水平及结构、生活方式、思维观念等的变化及其与城市逐渐接近、趋向同一。

第二节 都市人类学的研究领域

都市人类学的研究领域和研究课题是多种多样的,以下介绍其中的几类,如城市的起源与发展、城市的职能、城市的基本组织、族群与族群关系、城市中的乡村移民以及都市问题等。

一、城市的起源与发展研究

欲了解城市的起源和发展,首先要回答两个基本问题。其一,是什么因素引发城市起源?其二,在现代都市以前经历了什么样的发展阶段?回答这个问题与三个主要的人类组织水平相关,即技术的、经济的和社会的模式,这是城市产生的前提条件。在人类的早期阶段,人们采用狩猎采集技术来获取自然食物。这种获食技术需要依季节变化和在较大的空间内移动，人们过的是游移不定的生活。在这样的社会内，人口规模小，没有劳动力专业分工，没有阶级的分化。显然，这种生存技术是无法适应规模大、密度高的城市聚落生活的。

至今，在地球上仍有一些狩猎采集的群体，然而，类似的群体大约在1万年前就开始缓慢地进入更为复杂的社会，进入村落居住并运用较先进的技术和组织结构。人们选择了新的生产技术——耕种粮食和家养动物，这样的生产方式，使单位产量高、生物能量高的食物供应更为稳定。而食物供应稳定使得劳动分工和阶级分化成为可能。大部分社会经历了人力耕种、犁耕、畜耕的过程。新的农业工具的发明意味着农业生产和分配制度更为复杂。

城市的产生除了先进技术因素外还有两个因素。第一个因素，由于农业食品生产由收集、储存和分配等技术构成，意味着社会组织趋于专门化，需要组织劳动力为大规模的建筑、水利灌溉系统服务。这样的社会组织需要各种全脱产的专业人员，如管理精英等。后者尽管只有少量人员，但具有政治权力，通过意识形态（通常是宗教）来保证权力的实现，以便农产品能提供给城市居民。第二个因素是一个适宜的环境，它不仅能提供肥沃的土地，而且能为农业及城市居民提供用水。

尽管有关城市的定义很多，但很多人认为真正的城市生活应该具有文字体系。这是因为一旦某个社区有了文字，社会的秩序就会有显著的转变；那些有文字的社会比那些口传社会，能创造更为复杂的行政与法律制度以及更为系统化的思想体系。文字还能记录历史事件、法律和宗教信仰，文字的发展亦会带动数学、天文及其他科学的发展。它们由专门的人来掌握。

许多学者认为城市产生的直接原因是战争，首先早期城市是筑有城墙的，防护的功能很凸显；其次因为战争迫使周边农村的居民进入城市寻求安全，促进城市居民的增长。

世界六大文明古国均发生在农业起源或相近的地区，它们都先后进入城市生活。如最早出现城市的西亚，城市的起源几乎与农业的产生同时。在距今天1万年左右新石器文化的耶利哥遗址，就出现了城堡。

人类学习惯把城市发展划成三个阶段，即前工业城市、工业城市和后工业城市。虽然在城市史上，前工业城市占据的历史最长，但人们认为真正的都市化应该是工业城市产生以后。

二、城市的文化职能研究

（一）文化整合

在人类历史发展过程中，无论什么城市总是趋向既是政治、经济活动的中心，同时也可以是其他活动的中心。由于城市既是认同的象征，又是崇拜和仪式活动的场所，因而汇集了社会各方面不同的人群，城市具有文化整合的机制。城市的文化角色既能通过传递（正规教育和交流）保存文化体系，又是意识形态变迁的源泉。都市人类学从一开始就将城市视为一种文化，并成为学科研究的主题。我们可以从城市的各种活动来看其社会文化整合的职能。

1. 神圣的宗教活动

前工业时代的城市常常是宗教和官方仪式的中心。从考古发掘考察，古代城市的中心都有着许多礼仪建筑。在欧洲的天主教城市、美洲玛雅遗址和亚洲的寺庙城市，都可看到宏伟建筑和艺术标记，这些是整个社会中神圣意义的物质体现。在许多社会中，城市是现世（世俗的）和他世（神圣和超灵的）相聚和沟通之处。中世纪欧洲的天主教会，为了象征性地达到上天，就用当时有限的建筑技术将教堂建得尽可能高些。

如拉萨是藏民的神圣中心，以大昭寺为中心的色拉寺、哲蚌寺、甘丹寺等大型寺院体系构成藏民膜拜的中心；而布达拉宫将白宫和红宫集于一体（神圣和世俗的权威），更成为城市的象征。

仪式和崇拜活动、教会和庙宇实际整合稳定了整个城市和地区的人口。这类仪式常常运用一系列的方法，如大量的人抬着偶像，在音乐和舞蹈的陪伴下进行游行，通过城市中心。这样的例子很多。仪式是高度组织化的，人们来自不同的邻里、不同的职业、不同的族群，担当着不同的角色，但都是为了一个共同的目标。城市周围的乡村居民也常常参与仪式，他们有时既是观众又是参与者。

2. 世俗活动

城市常常成为某一地区认同的象征，许多地区的名字与城市的名字是相同的。现代城市中新形成的仪式活动具有世俗的性质，但与神圣的宗教性活动具有同样的整合功能。这些世俗的活动其来源大致有：一是由宗教节日转变而来，如傣族的泼水节，本来是佛教的节日（一种仪式），现在成为吸引游客、全民参与的节日；又如圣诞节也有世俗化的趋向，从基督教的节日变为全民的节日。二是文化传统的节日，如中国的春节、中秋节等。三是纪念历史事件的节日，如端午节、三八国际妇女节等。四是纪念国家独立或民族独立的节日，如国庆节、独立节等。五是地方特产和风物的节日，像牡丹花节、风筝节等。在巴西里约热内卢的狂欢节，歌舞者、乐师们和来自各阶层和族群的人汇集在一起"狂欢"，这实际上是一种城市整合的体现。

体育活动是能吸引周围群众进入城市的一种世俗活动。古罗马竞技的角斗士表演、古代墨西哥城大球场的体育竞赛，这些活动培养了市民的自豪感，也吸引了更多的民众。现代城市中，体育场（馆）多，各种体育活动连绵不断。在美国，橄榄球、棒球、篮球、冰球以及其他可以吸引大量观众的运动都是城市活动的重要内容，而球队也就成为当地城市和地区认同的对象。

（二）文化持续与文化传递的中心

象征符号除了像重大事件（节庆、运动）可以整合文化之外，城市也是维持和传递文化系统和世界观的中心，因为从古到今，城市都集中了主要的文化设施和文化精英。雷德菲尔德所说的大传统是以都市中心为主导的。大传统是由各种正规、精致、规整和有意识的文化传承所汇成的"高雅文化"（high culture），我们可以用同样的方法来分析现代社会中的"大众文化"（mass culture）。

在前工业城市中，教堂和庙宇本身吸引了文化创造者和神圣传统的传承者（包括世界观和价值观），以都市为基础的宗教更是经典艺术创造的源泉（包括戏剧、音乐、艺术、舞蹈和文学）。正规教育是由精英们及他们的后代掌握的，因为传统要求精英们必须有文化和受过高层的教育。几乎所有的高级教育机构都设在城市。

在现代社会，城市继续具有"高雅"文化的功能。博物馆、交响乐团、画廊、动植物园、出版社、剧院和大学仍坐落在主要的城市中，这些设施吸引了乡村和城市的人。这样的城市仍被认为是保存、维护和传播高雅文化的中心。

大众传播既是现代社会的特征，也是现代社会文化传播和文化建设的重要载体和执行者。在现代社会，因亲属关系、共同居住及社会阶层等所形成的网络，均不足以提供人们所需要的大规模文化与社会整合，取而代之的是大众传播。而在与大众传播联系紧密的社会，人们生活在一个有限的范围内，对大众传播具有很大的依赖性。人们对于社会以及世界的印象大多是从传播媒介中获得的，甚至人们的行为准则、判断是非的准则、喜爱什么、厌恶什么都无形中受着大众传播的左右。

三、城市的基本组织研究

城市研究的重要性引导人类学进入城市领域。以人类学的研究特色，人类学家选择一些传统的主题和规模较小的城市基本组织来研究。这既可检验过去在乡村社会研究的成果，也可以发现有关城市的新理论和新概念。都市组织是指都市存在的功能相对独立但又相互影响的各种社会关系与社会组织的总称，一般包括亲属关系、社会网、家庭、邻里和职业团体等。

首先是亲属制度的研究。一些人研究都市农民的亲属制，一些人研究亲属制度在维持都市社会结构中的作用。对都市社会关系的分析，导致了社会网络概念的发展。其次是邻里研究。邻里（里弄、胡同）是都市最基本的组织，因其人口规模小、空间范围小而适合人类学家发挥其特长。如棚户区、贫民区、高收入居住区等，都是都市人类学最典型的研究单位。再次是职业群体研究。都市社会依据劳动分工划分成不同的职业,而职业的不同会导致阶级、身份、地位和生活方式的差异;职业群体,即是职业构成的群体,既是城市所特有的,又是城市的基本组织,通过对这些基本组织的研究,可以了解城市的本质。最后是 NGO(非政府组织)等志愿团体的研究。

四、都市族群及族群关系研究

现代都市聚集了不同的族群,族群与其他各种组织交织在一起,构成了复杂而多元的文化。然而,多族群聚集在一起常常因为文化的误解造成矛盾与冲突,引发了各种社会问题,因此许多人类学家对这方面的研究颇感兴趣。近 30 年来,族群关系一直是都市人类学的主题之一。

都市中心的一个特征就是文化的异质性,亦造成了都市的复杂性。巴斯曾做过非都市区的民族性研究,发现经过长期的交往,文化各异的群体之间建立起良好的关系,但通常不会多过 2~3 个群体。而在都市地区,由于人口的流动,难以建立起稳定的关系,因而都市族群和非都市族群是不同的。

大多数都市人类学家研究族群在都市中心的关联因素,这里可以从一些个案研究看到一些普遍的模式。一个群体构成的主因可能是文化的、经济的、政治的,也可能是人口、历史过程和地理位置综合的作用。

维系族群的纽带显然与经济机会相关。当一个主导群体能够限制少数群体的各种机会时,必然会影响后者在都市经济和制度结构中的地位。即使没有单一的主导群体时,族群之间仍然存在竞争。群体凝聚和经济是经常相关的,一个群体获得了某种行业和职位的垄断地位,将促进这一群体成员间的联系以便维持这种垄断。有很多同样的情形,一个强大的群体有很大的可能性获得垄断控制。例如,在中国深圳蛇口,潮汕人控制了这一区域的水果、蔬菜零售及批发市场,上海人(江浙人)是企业的技术管理人员,北京人则占据了重要的行政职位。

城市中的政治操纵,常常取决于动员族群的能力,这样政治成为一种促进族群认同和稳定的技术。许多族群的目的是在城市中获得较"优势"的地位,在一些个案中,族群团体组织起来帮助流动性群体。

当代都市人类学的一个重要课题就是研究族群、社会阶级的关系,以及两者的相互影响和作用。

族群是有边界的单位。它们在都市社会中形成边界,实际上已成为次文化单位。然而,原文化对这一群体生活方式的影响仍然是毫无疑问的。生活方式差异的根源在哪儿呢?为什么是组织化的冲突,而不是阶级基础?族群的特征除了受其文化源的影响外,事实上还受其他结构特征的影响,尤其是群体的经济条件。

甘斯在对意大利的研究中指出,意大利族群的行为主因是社会经济地位。如工人阶级行为，这些行为包括家庭和两性关系、男人在群体中的重要性、对待孩子的态度和方法——这些并非从原文化而来。

作为一个族群的成员和运用民族性作为认同的尺度，两者并不相同。感觉族群认同和稳定性是一回事，而作为团体的一部分成为城市结构重要的要素是另一回事。人们的族群认同感随时有涨有落。个人为了其自身的目的，常常会使用和隐藏自己的族群认同，然而在所有城市中，在有族群卷入的政治经济结构中，其关联的文化研究是必不可少的。

五、城市移民与适应研究

都市人类学对于城市移民的研究，一方面是传统人类学的延续，乡村社会的研究的扩展，即研究同一群体在乡村进而在都市中不同的活动，主要探寻其移民的原因、模式和对城市的适应，形成了"城市中的农民"这一研究主题。另一方面，随着全球化的到来，城市化的加速和交通条件日益改善，阻碍移民的制度性壁垒也越来越少，急剧增长的城市移民成为主要话题。如墨西哥城，人口从1960年的500万增长到2000年的3000万，平均每天有500个新移民。如深圳，1978年时人口为26万，到2000年时人口已经超过900万。因此，城市移民和移民的生活适应成为都市人类学的研究主题。

这一主题的基本假设是城市对于新来者是一种新的社会环境。而一个新来者面临新的环境、新的制度和新的行为，必须在一个极不相同的社会中寻找工作和住处。他们必须学会新的理财习惯，改变时间观念，以适应都市的节奏，同时他们也必须适应城市的法规、医疗、教育等方面的制度。

移民适应研究包括：①寻求适应策略。移民主要是通过亲属关系、姻亲关系以及原部落族属地方和联谊团体来扩大社会联系；②描述移民在城市新社区组织和结构模式的转变；③描述在异质性都市所形成的新的认同的问题。

农民的城市适应还要从城市以外来考察。乡村移民很少完全割断与乡下的联系。他们由于财产的管理、钱物的交换，或者小孩的抚育而经常往来城乡；也可能由于假期、宗教仪式、家庭危机和生命周期中的事件（结婚、死亡等）而返回乡下。此外，由于在乡下保留有土地和财产使得移民与村里保持联系。城市与其周边农村的关系取决于交换和互动的模式，并成为城市和乡村变迁的动因。

近年来，我国大量的农民工流向城镇。这些农民工在城镇中是怎样适应的？生活是怎样的？他们如何保持原有文化？他们与当地人的关系如何？不同来源地的民工如何相处？他们是如何影响城乡文化变迁的？这些都是我国都市人类学者值得注重的问题。

"城市中的农民"研究，与人类学长期对乡村感兴趣直接相关。相比之下，城市问题研究原来不是文化人类学的传统。从多方面看,以问题为取向的都市人类学家是追随早期都市社会学传统的。早期都市社会学注重研究社会的越轨行为和少数群体。而人类学研究则注重执政者和生态环境对一般性问题的作用。所以,都市人类学有时被认为是研究都市少数民族、都市退化和大众不满等问题。

六、都市次文化研究

对少数群体的研究,已成为都市人类学的核心之一。如对都市中非洲裔美国人、波多黎哥人、东亚人的研究。学校、医院、康复中心、监狱等制度也都被作为研究的对象,以了解这些制度的故障以及造成这些故障的原因。此外,就是对各类病态的、反社会的群体生活方式,以及越轨群体进行研究。这些人类学研究中,并不注重群体机能的失调,而是注重群体中的内部结构、标准模式和认知世界。都市人类学把吸毒者、贫民区居民、妓女、仿异性癖、同性恋者都视为一种次文化。这些研究有些是深入了解这些群体的生活方式,有些则是重点关注改进这些群体的专门政策。

七、都市问题研究

都市问题指都市化进程中因自然或人为因素而产生的一系列问题的总称,一般分为社会问题和物质环境问题两类。都市问题一般包括:①都市规模过度,包括城市人口和地域规模的过度发展。②都市过度拥挤。由于过度规模,导致人口过度稠密,过多的人拥挤在有限的空间中,来竞争有限的职位和工作,这在发展中国家尤为严重。③都市服务短缺。城市中的人口太多导致城市当局无法提供满足所有居民的各种服务,如住房短缺,城市基础设施(如煤气、自来水、垃圾处理、电话)短缺,教育、卫生、娱乐设施不足,等等。④棚户区与非法居住区。在发展中国家的城市中,这一问题尤为严重。由于大量乡村人口涌进城市,尤其是大城市,许多移民就在城市的外围或边缘地带建立起简陋的隐避所,这些区域,由于居住环境恶劣,人口庞杂,往往成为城市的病源。⑤交通拥挤。由于人口过密和机动车过多,交通拥挤成为城市中普遍的问题。⑥缺乏社会责任心。由于城市过度拥挤,人们必须为有限的空间、服务、财富来竞争,造成了社会责任心的缺乏。⑦失业和低就业率。城市人口的增长(包括自然增长和机械增长)造成就业困难,同时企业的竞争激烈,经常裁减工作人员,造成大量的失业现象。⑧种族与社会争端。城市集中了各种各样的人群,既有不同种族、民族,也有不同的族群和团体,这些不同的群体聚集在一起,常常会因为相互的误解、竞争而引起冲突。⑨环境恶化。城市存在着多样的污染源,如空气、水的污染以及噪音污染造成都市环境的恶化。⑩都市扩展与农用地的减少。都市的扩展必须以牺牲土地为代价,因此如何合理地使用土地,保障提供食物的土地的存在是难以解决的矛盾。⑪行政组织问题。都市的情况特别复杂,如行政层级多、行政部门多、条条块块的分割等,使行政组织难以集中统一管理,对于行政组织的监督也不容易。⑫难民和难民营。政治难民及因战争、环境恶化产生的难民给社会带来新的难题。⑬停滞与非增长。许多国家的经济发展处于停滞状态,使得就业和失业问题严重;也有些国家,虽然有较高的增长,但这些增长是通过借贷扩大投入或者是以破坏资源和生态为前提的,实质上是一种负增长(周大鸣,1997)。

八、都市文化多元化

伴随都市化而聚集到都市的各种文化都可以作为一种相对独立的文化系统,各种文化系统间相互影响、相互吸收,但彼此平等地享有生存、传播、弘扬和发展的权利和自由,并保持各自的基本文化形态(周大鸣,2004)。

都市文化的多元化表现在多个方面:从文明类型看,有都市文明和乡村文明;从区域看,有东西南北中各个地域的文化;从区域发展水平看,有发达的、次发达的和待发展的地区的文化;从民族或族群看,有多种人群的文化;从国家看,有本国的和外国的文化;从贫富差别看,有富人的、中产阶级的和穷人的文化;等等。

九、都市未来

都市未来是指伴随着经济发展、社会结构变化、文化融合等因素的影响而使都市发展呈现出新的变化趋势和各种问题的历时性过程。

都市未来发展趋势主要表现在:一是发展中国家持续地在世界城市总数(包括各类城市,尤其是都市群)中占绝大多数。二是发达国家从乡村往城市的移民将持续减少,迁移的方向也不一定是大城市;而发展中国家乡城移民迅速增长,并且主要集中在大城市工业中心。三是随着人口流动性的加强和贸易的增多,促进了运输业和通讯业的发达,促成了城市体系的产生,大都市与中小都市整合成经济学上的体系,并超越了地区和国家行政体系的划分。四是地球村和世界化都市出现。未来,随着时空的聚合,人类难题规模的扩大,都市化复杂化等,需要全球性的相互依存的空间体系才能满足人类的需求,这种全球依存性通过现代通讯技术与交通网络而连接成地球村。在地球村内,一些城市将获得全球性的特征,成为国际政治、经济、文化活动的重要中心,从而出现世界性都市。五是都市结构和功能发生变化。未来的都市发展主要以宽阔的国际性的都会带、大都会为主要结构;与未来都市结构相连的是都市功能的变化,未来都市功能主要以服务为主,包括研究开发技术、旅游娱乐、出版及各种管理等。

对于未来的城市发展趋势，发展中国家和发达国家会面临不同的问题。对发展中国家来说，城市发展会面临以下问题：一是怎样满足和提供人口日益增长的基本需要；二是非整合的都市活动；三是制止乡村到都市的移民潮；四是在急剧变迁中（从前工业城市到工业城市），居民对文化变迁的适应性；五是既要管理好环境又要维持经济的增长。对发达国家来说，城市发展面临的主要问题有：一是提高生活的物质质量；二是适应人口的零增长或缓慢增长；三是适应潜在的资源短缺（尤其是水和能源）的危机，有规划地选择聚落；四是减缓都市居民的社会和经济不平等。

第三节 中国都市人类学的研究举例

一、中国的乡村都市化

乡村都市化虽然是一个全球性的问题，但在中国，这一问题的引发是来自乡村自身的发展，讨论的主题也带有中国的独特性，那就是在中国城乡分割的二元体制下，乡村如何通过自身的发展走上都市化之路。自1978年起，我国农村实行家庭联产承包责任制，农村人口过密化的问题暴露出来，大批农村劳动力需要寻找出路，可是原有的城市根本无法容纳这么多的剩余劳动力，因此农村非农化和都市化成为必然的选择。对于这一发展趋势，有的称之为"城乡一体化"，有的称之为"城乡协调发展"，有的称之为"城镇化"等，但核心的内容是一致的，就是如何转移农村劳动力和协调城乡关系。从20世纪80年代开始的乡村都市化，简单地说就是生活方式转变的过程，指的就是从乡村生活向都市生活转变的过程。

中国的都市化（泛都市区）是指在特定的地理空间内具有相当数量的不同性质、类型和等级的城市以及成熟的乡村都市化区域等，依托一定的自然环境条件，以一个或两个特大或大城市作为区域经济的核心，借助于交流网络，发生与发展着城市个体或乡村都市区之间的内在联系，共同构成一个相对完整的城乡一体化的"集合体"。泛都市区具有以下特点：一是整个地区的都市化从土地景观的意义上讲，已经是很广泛的都市区，它不但包括了各个都市体，也包括了已经成熟的乡村都市区；二是从都市的内涵而言，区域内成熟的乡村都市化地区还不是严格意义上的都市；三是"常住人口"与"户籍人口"的巨大差异，一般而言，"常住人口"比重远大于"户籍人口"比重；四是泛都市区的核心区成熟以后，还有不断向周边地区扩展的趋势，扩展区与核心区逐渐融合为一体，从而形成真正意义上的泛都市区（周大鸣，2004）。

阅读材料14-1　深圳龙岗的乡村都市化

深圳是一个急剧都市化的城市，龙岗区是原保安县的东半部，原来人口只有10多万，面积940多平方公里。1993年该区建置后，发展很快。其人口1997年时超过100万，2007年时超过200万。乡村都市化可以分为几种类型，即村的集镇化、集镇的市镇化、市镇的小城市化。从龙岗的发展可以看到这一过程，也可以看到一些不同特色。特区农村都市化可以分为如下几个层次：文明小区（自然村）—行政村的集镇化—集镇的小城市化—区的大中城市化。

（1）从自然村向安全文明小区的转化。过去，农村的发展缺乏宏观的规划，村民房屋的建设、街道的布局杂乱无章，缺乏环卫设施。现在开展文明小区的建设主要有以下几项内容：一是所有的建筑按规划建；二是修建道路和排污设施；三是设立管理办公室，对外来人口、治安、卫生等方面进行管理，并建立管理档案。现在每个镇都建立了一些样板文明小区。这种自然村向文明小区的转化，使得乡村的物质环境向都市物质环境转化，实质上完成了从村落向城市社区的转化。文明小区有两类，一类是新建的小区，往往住宅大小一致（规定地面面积为100平方米），街道整齐划一；另一类是旧的村落改造，修建道路，建卫生设施和实行文明小区管理。

（2）行政村向集镇的发展。许多行政村随着经济实力的增强，也形成了比较大的聚落，随着各类配套设施和机构的建立，已经具备有镇的规模和功能。如南岭村，过去是一个偏僻的行政村，该村人口虽然只有700人，但有外来工2万多人，村里大型农贸市场、商场、小商品市场、影剧院、球场、邮电所、银行营业所、医院、学校、派出所，以及连接外面的公共班车等设施和机构都有设立，已经成了乡村里的都市。那些离镇区近的行政村则与镇连成一体，从文明小区变成居委会或街道。如坪山镇的坪环村，原来是环镇的行政村，但是随着镇区的发展，村必须按镇的规划建设，成为镇区的一部分。

（3）集镇的小城市化。随着自然村向城市小区、行政村向集镇的转化，镇本身的实力也在增强，无论是经济实力，还是人口规模，建成区都具备了小城市的规模。如龙岗区的龙岗镇、横岗镇、布吉镇、平湖镇就都已具备小城市的规模，这四个镇的工农业总产值就已超过10亿元，农业产值在工农业总产值中占的比重仅为2%~7.8%。这些镇的常住人口与流动人口加在一起超过了10万人。镇的中心区商业也相当发达，各类配套设施亦相当完备。例如，布吉镇全镇面积94平方公里，1978年以前全镇人口1万多，全部靠耕田谋生，部分农村温饱问题一直没有解决。但经过10多年的发展，现在布吉镇人口已超过25万人（本地人口2.5万），产值也超过20亿元。

（4）行政区的大都市化。1993年龙岗新区开张后，推行的战略模式是"三优先"、"三齐上"、"三并举"。所谓三优先，即"规划优先"、"基础设施优先"、"成片开发优先"。政府花4000万元对全区进行了总体城市规划，投资7.2亿元建设"二线三段一桥"，并摆脱已建成区，重新规划建设龙岗中心城作为区府所在地，规划了属于区的宝龙工业区、坂田工业区，总面积达60平方公里。按照规划，龙岗区实质上是在计划建成一个与深圳市区独立的、自身功能齐全的大都市。全区面积为940多平方公里，1996年末全区总人口为89.7万，常住人口约16万，其余为外来人口，1997年全区人口超过100万；工业总产值为106亿元（按1990年不变价），国内生产总值为91亿元（现行价）。从规模来看，龙岗区作为一个大中城市是绰绰有余；但问题是，龙岗的发展是分散型的，村一级的经济实力强于镇一级，区一级的经济实力更无法与镇相比，要人为地建成一个中心面临的困难会不少（周大鸣，1997）。

二、农民工研究

（一）农民工

农民工又称进城农民工，进城务工人员；外来民工指的是那些在城市中从事建筑业、服务业、工业等职业活动但保留农民身份的人，是一个职业类别与身份类别的共同体，一方面它指称农民工的农民身份，另一方面又指称农民工从事一种非农民职业（周大鸣，2005）。农民工涵盖的范围较广，既包括"离土不离乡者"（乡镇企业工人）、"不离土也不离乡者"，也包括"不离土却离乡者"（农场或种植大户的雇工）、"离土又离乡者"（进城农民工）。其中以进城农民工的人数最多、影响最大，并形成了独特的"农民工"群体。农民工一般具有以下群体特征：①以寻求就业、增加收入为目的，主要来自低收入地区的中等偏低收入户；②既是农业剩余劳动力，又是农村知识青年，有较强的就业能力；③他们虽然常年外出，但又"移而不迁"，处于常年流动状态；④他们既已进入城镇，又是农民的身份，不被城镇人认同；⑤他们既非"流民"，亦非"盲流"。

规模性的农民工群体兴起于20世纪80年代末，至90年代以后急剧扩大，到90年代中期达到高潮，目前全国常年跨区域流动着的农民工有8000多万人，占农村劳动力的15%~20%。他们主要来自人多地少、经济欠发达的中西部地区，主要流向大中城市和沿海经济发达地区，仅珠江三角洲常年流动的农民工就有1000多万。农民工流动是中国农村劳动力从农村向城市转移的特殊方式，也是逐步实现中国城市化的独特方式。

(二) 散工研究

在城市外来工中,有许多是没有被正式雇佣的劳工,笔者称之为"散工"。散工是指外来人口通过非正规就业方式在城市中从事各种"自由"职业的人(周大鸣、周建新、刘志军,2007)。散工具有以下性质和特征:①身份构成上,构成散工的主体是城市外来的农民工和下岗职工;②时间上,散工从事劳动的时间长短不一,可以是三五天,也可以是三五年,流动性和临时性明显;③劳动意愿上,散工主要以自愿为主,但有时也出于无奈,生活所迫;④劳动性质上,以简单体力劳动为主;⑤劳动强度上,主要从事城里人所不愿做的脏、重、累、苦、险等强度大的工作;⑥经济地位上,属于弱势群体,贫困,而非外来工、下岗工人中自强自立者;⑦社会地位上,处于社会的边缘和底层,难以得到政府、社会及法律的保护和支持;⑧劳动报酬上,以计时、计天、计件等为主。劳动收入处于税务监管的盲区,很少或不用缴税纳税;⑨工作性质上,相对自由但不稳定,没有任何社会保障和保险救助;⑩就业情形上,有活就干,处于半失业或隐性失业状态,自发,受雇于个体、私营经济单位,劳资双方关系松散,没有劳动合同,仅有口头契约;⑪居住形式上,租住市民和农民房屋、工棚或自搭窝棚,而不是在集体宿舍。

当然,散工是多样性的,根据其从事的行业还可以分成不同的群体,如保姆、建筑工、搬运工、矿工等等。这些群体亦具有各自的人口特征、职业特征和利益诉求。

阅读材料14-2　外来工与城市化——深圳宝安万丰村

万丰村现有570户,1936人,其中劳动力920人,占总人口的47.5%。外来人口5万多,是本地人口的25.8倍。1994年村民人均收入达1.6万元,人均年消费支出7980.6元,人均节余8000多元(纯收入)。1994年村经济收入有90%以上来自工商业,万丰村全资企业和万丰合作参股企业的总产值达7亿元,村财政收入达8000万元。万丰村现有117个企业和两个工业区,绝大部分企业是三来一补型。此外该村在深圳、东莞、海南、甘肃、云南都有投资。

万丰村的各种工作已主要由外来工来承担。外来劳动力有5万至6万人(与季节有关),可以分为以下几类:一是在"三来一补"企业和"三资企业"做工,这类人约占外来工总数的90%;二是在建筑工地做工,负责挖土方、填方,或做其他小工,这些人普遍带家属,形成了简陋的棚户区;三是帮土地承包者进行耕种,主要种香蕉、甘蔗、蔬菜,通常以客家人(梅县)为多;四是种养专业户,主要是承包渔塘养鱼和放鸭;五是在餐饮、宾馆、商店等服务行业做服务员。

万丰村发展的时间并不长,直到20世纪70年代末和80年代初,仍是贫穷地区,每人平均年分配不足200元。从1982年开始兴办"三来一补"企业尤其是通过共有制集资办工业,使得该村迅速繁荣起来。万丰村的发展就是工业化的结果,不仅完成了本地劳动力的转移,吸引了庞大的外来人口,还实现了向都市生活的转化。

首先,在社区生活环境建设方面,在万丰6.8平方公里的范围内,有2/3的地面修建了路,盖了房,居住着近6万人,人口密度为每平方公里8000多人。为便于交通管理,万丰村加强村建规划,划分出15个管理小区,纵横20条干支街道。近几年来,村里已投资3000万元用于道路交通建设,城市化面貌日新月异。其次,在村的市政管理方面,设立了村环卫管理处,从业人员70多人,配备了3辆环卫车,负责全村街道的清扫和防御工作。同时,还成立了消防队,消防队员16人,消防车3辆,其中水炮灭火车1辆。最后,在医疗保健方面,投资600多万元兴办了万丰医院,该院现有医务人员90多人,副主任医生10多人,拥有病床60多张和先进的医疗设备,每天来就诊的有400余人。另外,建立了3个农贸市场,以供村内的居民所需;还建立了公园,以满足居民的休闲生活。

万丰村还像城市一样建立起公安与治安司法机构。公安局在万丰村设立了派出所,共有警员30多人。村办的治安大队有100多人,企业护卫人员600多人。这支队伍是维护万丰社会治安,打击流窜案犯,实行农村社会综合治理的基本力量。万丰村还设立了民事裁判处,这种裁判权是对农村原有民事调解权的进一步完善,因而更具权威性。万丰民事裁判处,主要处理解决工业村内各种劳资纠纷以及村民各种民事矛盾。1994年,该处与劳动部门一起处理各种个案100多起,公平合理地解决了一些企业发生的劳资纠纷,维护了工人(主要是外来工)和厂商双方的合法权益(周大鸣,1996)。

关键词

城市　都市性　都市化　都市人类学　都市组织　都市发展　都市文化的多元化　中国的都市化　农民工　散工　都市问题　都市未来

复习思考题

[1] 什么是都市化?试分析中国的都市化特征。

[2] 什么是都市人类学?试述都市组织的内容。

[3] 为什么都市文化具有多元化特点?试举例说明。

[4] 都市问题包括哪些方面?

[5] 什么是农民工、散工?分别论述其群体特征。

阅读文献

[1] 周大鸣等. 渴望生存——农民工流动的人类学考察. 广州：中山大学出版社，2005
[2] 周大鸣，周建新，刘志军. "自由"的都市边缘人——中国东南沿海散工研究. 广州：中山大学出版社，2007
[3] 周大鸣. 现代都市人类学. 广州：中山大学出版社，1997
[4] （美）科塔克（Conrad Phillip Kottak）. 文化人类学——文化多样性的探索. 徐雨村译. 谢继昌校订. 台北：台北桂冠图书公司，2005
[5] （美）理查德·谢弗. 社会学与生活. 刘鹤群，房智慧译. 北京：世界图书出版公司，2006
[6] 周大鸣. 论城市多元文化的共生态. 广西民族大学学报（哲学社会科学版），2004（4）
[7] Gregory Eliyu Guldin. *Farewell to Peasant China*, *Rural Urbanization and Social Change in the Late Twentieth Century*. M. E. Sharpe，INC，1997
[8] Gregory Eliyu Guldin. *What's a Peasant to Do？Village Becoming Town in South China*. Westview Press，2001

第十五章 经济人类学：探索人类整体的经济现象

摘要

本章将集中介绍当代人类学领域中的一个重要分支——经济人类学，探讨人类学者如何运用独特的视角和方法去研究纷繁复杂的经济现象。在当下世界里，不论是西方社会还是发展中国家，现代西方经济学在研究和解释各种经济现象方面占据主导地位。那么，西方经济学经验真的就是放诸四海而皆准的普遍真理？人类学者在文化相对论的视野下对这一假设进行了反思，努力考察和研究在不同文化中存在的生产、分配和消费活动，并从特定文化模式本身的角度去理解这些活动，以此揭示出西方经济学自身的文化局限，而这正是经济人类学的重要贡献和研究目的。本章首先介绍了经济人类学基于对非西方社会经济行为的研究，提出形式主义和实质主义的讨论，这正是人类学者透视经济现象、反思西方经济学理论的重要表现。其次，本章介绍了经济人类学的研究内容。经济人类学者眼里的基本经济问题包括生产、分配和消费，这三者组成了经济系统，围绕文化整体观，本章对人类社会的生产、分配和消费分别进行了研究。最后，本章还介绍了经济人类学的一些新发展。

虽然西方经济学不断扩充自己的领地，逐步取得所谓知识霸权地位，但是，它也无法回避一些长期以来在社会科学中挥之不去的疑问：西方经验怎么就想当然地成了投诸四海而皆准的普遍真理？西方经济学视野之外就不存在需要解析的"经济现象"？非西方社会在西方经济学传入之前难道就没有研究和分析自身经济现象和问题的"经济科学"？对任何一个引入西方经济学的其他社会而言，这些社会中的人类活动怎么就突然之间满足了外来的西方解释系统的需要，并任由其去解读呢？因此，深受文化相对论（cultural relativism）熏陶的人类学者努力考察和研究在不同文化中存在的生产、分配和消费活动，并从特定文化模式本身的角度去理解这些活动，希望在此基础上揭示西方经济学自身的文化局限，明确经济人类学作为一个学科的意义。

首先，经济人类学中使用的"经济"一词比现代西方经济学中"经济"的含义更加宽广。在现代西方经济学中，经济主要是以金钱和市场为基础的生产、交易和消费活动，其最终目的就是利益/利润的最大化。但在经济人类学中，经济涵盖了不同文化，人类以不同形式进行的生产、分配和消费活动，不仅包括商业性质的生产，还包括谋生性质的生产；不仅包括基于市场原则的分配，还包括社会性/仪式性的分配和交换。经济不应该被简化为西方经济学范畴里的那些活动，不应该把其他具有生产、分配和消费功能的活动排除在外。例如，狩猎野生动物和采集野生植物也是对某些社会而言很重要的经济活动，虽然西方经济学很少触及到。人们之间的社会交往中蕴含的礼物交换实际上起到跟市场交易类似的作用，使得资源在不同个人和群体之间分配开去，人类学者称之为礼物经济（gift economy）。不同社会文化中都有人以物质财富换取声望、名誉、荣誉头衔或者社会地位，这种活动虽然不属于西方经济学中的经济活动，但在人类学中却被看做是名望经济（prestige economy），因为资源在这个过程中实现了再分配。显然，经济人类学力图表明，在西方经济学所理解的经济之外还有"经济"活动存在，不应该拿着西方经济学这个框架去量度其他社会的现象，符合的就是经济，不符合的就扔到一边，当它们不存在。

其次，经济人类学者坚持用人类学的整体观（holistic perspective）研究经济现象。他们认为，不应该把经济活动从人类全部社会活动中单独划分出来，作为一个完全独立于其他社会生活领域的研究领域。通过全面民族志田野调查，人类学者发现，经济活动并不是那么隔绝和独立，而是跟特定文化中的其他文化因素，例如文化价值观、宗教、政治、象征体系、社会结构等等，嵌合在一起，链接在一个综合的文化系统中。所谓不受其他因素影响的"经济人"只是现代经济学中的一个理论假设而已，现实生活中的人都是受到各种社会文化因素影响的社会行动者，他们所进行的经济活动本质上是社会行动的一部分。即使是在西方社会本身，经过至少300年的资本主义发展和理性化过程，经济活动还是无法完全摆脱亲属关系、友情、宗教、政治关系等因素的影响。

再次，经济人类学者希望借助人类学的比较观（comparative perspective）去理解不同文化中的人或者同一个文化中的不同社会群体如何开展他们的经济活动。生活在不同文化中的人们用他们自己的方式去定义生产、分配和消费。同样是为了生存进行生产活动，游牧民族和农耕民族以不同方式满足群体的需要。同是农耕民族的广东客家人和广府人在组织生产上也有很多不同（例如性别分工）。建立在现代机器大生产基础上的机械化生产跟渔猎、采集、农耕等其他生产方式相比，除了效率上的差别外，没有本质上的不同，都是满足人类对物质资源的需求。这些比较更加凸显西方经济学的局限，如果说西方经济代表了一种人类利用自然的方式，那么它也不过是众多经济系统中的一个而已。条条道路通罗马，在目的和手段之间永远都不是只有一条路的，西方资本主义的成功不代表人类只有走这条路才会有更好的社会和更好的生活。

最后，人类学者基于上述原因，不满意西方经济学的研究视角和理论框架，怀疑其研究结果和解释力，所以他们决心在整体和比较的研究视角下，重新审视人类的经济行为，理解具有不同文化背景的人如何开展经济活动，以及这些经济活动中蕴含的多元化的意义。人类学者极力想表明的是，由于文化背景的差别，经济活动的缘起、开展过程和策略、目的和背后的象征意义都是多元的。从西方市场经济中产生的经济术语、理论和原则有其自身的局限性和文化偏见，不应该随便应用到其他非西方社会的经济现象解释中。

本章主要分为三个部分：第一部分集中分析经济人类学的理论争论；第二部分分别探讨经济人类学对生产、分配和消费的研究；第三部分介绍经济人类学的一些新发展。

第一节 超越形式主义和实质主义：透视经济现象

从20世纪五六十年代开始，经济人类学作为一个正式的学科开始普及，因为当时人类学已经成长起来，而且积累了大量的经济现象方面的民族志材料。当时的学科分工虽然不是那么细致和清晰，但是，经济人类学者和经济学者之间大致有一个心理上的默契：经济人类学专门研究原始社会和农民社会的经济现象，而经济学集中研究现代工业社会的经济问题。这种分工的原因大概有两个：一是西方社会科学里习惯把对非西方社会的研究留给人类学；二是当时的西方经济学认为，西方以外的那些原始人和农民是不具有所谓的经济理性的，难以用建立在经济理性上的经济学理论去分析和理解。

因此，经济人类学一开始面对的问题就是，如何去理解民族志田野考察中遇到的那些原始人和农民的经济行为。一派经济人类学者认为，可以借用经济学发展出来的术语和理论，例如理性选择、稀缺性、供给、需求、利润最大化、机会成本、边际效益等，去分析非西方社会的经济现象。他们假设"每一种文化中的个人都会在手段－目的，限制因素和机会的框架下进行理性选择"（Plattner, 1989），所以，他们"把选择作为理性决定的产物去分析，而在理性决定中包括了边际价值"（Plattner, 1989）。这些学者被称为"形式主义者"（formalists）。同时，另外一派经济人类学者对形式主义者提出批评，他们反对用西方经济学理论去解释非工业社会的经济现象，因为"原始经济和市场工业社会的差别不是程度上的，而是类型上的"（Dalton, 1968）。"他们认为，土著经济是基于亲属关系的，完全嵌入到社会、道德和政治的互动中。因此，个人选择的算计不是基于经济得失，而是社会、政治和道德上的考虑（Plattner, 1989）。"这些学者被称为"实质主义者"（substantivists）。

在形式主义者方面，他们试图去证明，人类都是具有相似的经济理性的，会根据所拥有的资源和信息，按照经济利益最大化的原则，加上对机会成本的考虑，从众多可能的行动策略中选择最符合成本效益的行动方式。资源是那些在当时的生活条件下被人们认为是有利用价值的物品。由于资源本身所具有的稀缺性,人们有必要通过各种方式去获取、分配和消费,从而产生经济过程。在人们利用资源去满足个人和社会需要的时候,人们都希望资源得到充分的利用。要提高资源利用率,必须在掌握充足的信息基础上进行成本测算,以最小的成本投入换取最多的回报。这种成本效益原则逐步成为衡量经济活动的基本原则,符合该原则的被看做是理性的,不符合的无可避免变成非理性的。显然,所谓理性和非理性,本来只是用来划分和标识两种不同类型的经济活动而已,具体的界定还要看当时的情境,比如是否有足够的信息、长期利益和短期利益的平衡等等。

有意思的是,经济理性研究之所以引发人类学者的关注和讨论,不是因为那种精于计算的逻辑可以帮助他们获取更多的经济上的利益和好处,而是其中浓重的西方中心主义色彩。在很大程度上,理性行为跟西方人的经济行为等同起来,是高人一等的,值得学习的,非西方社会的经济行为属于非理性的、低级的,应该被摒除的。为了反驳这样一个充满偏见的观点,人类学者相信可以通过对非西方社会的经济行为进行细致的民族志田野考察,从中找出那些非西方的原始人或者农民也会进行成本效益计算的例子,证明他们可以跟西方人一样在经济活动中计算成本和收益,做出符合经济理性的行为。例如,游群(band)或者部落(tribe)社会里的狩猎采集、物品分配和交换也不是随意进行的。猎人在打猎过程中会对到哪里打、打哪些动物、打多少等问题做一些算计和规划,不会漫无目的到处乱撞。不少狩猎民族都会在出发之前举行宗教活动决定往哪个方向出发,也会根据猎物的多少进行合理分配,每个人分多少,当前消费多少,留下多少储存日后享用。农业社会里农民在耕种过程中的决策过程也是考虑非常周到,经过细心计算的。农民会针对土地情况和季节决定种什么作物,种多少,需要的劳动力、肥料、水源等成本,收获可能有多少。农民在耕种一块土地的过程中所需要计算的地方与经营一个现代企业相比,有过之而无不及。很多地方的农民甚至比西方人更加精于计算,因为他们要应对的不确定因素更多。

但是,需要指出的是,这些各种各样的算计行为无法脱离所处的文化体系,是在特定的文化价值系统中可以理解和接受的,并非是建立在现代资本主义市场经济基础上的西方经济理性。例如,渔猎民族和农民的算计一般都是为了群体的生存和利益,而不是个人利益最大化的行为,否则那些只顾个人利益的个体会受到强烈谴责,严重的甚至会被逐出群体之外。另外,农民在生产中更多的还是关注实用价值而不是单纯的商业价值。例如,在北方农村,农民长期以来都是把猪饲养成一二百斤的大猪才卖出去,很多都不愿意把猪苗卖给人做烤乳猪,觉得那样很可惜,感情上接受不了。在他们眼里,猪苗的最重要价值在于养大之后产生过百斤的猪肉供人食用,而不是那几斤的乳猪肉。当我们用经济理性的解释劝说别人无效的时候,我们应该反过来考虑，是不是别人跟我们具有不同的理性。

形式主义者表面上通过论证非西方社会也存在经济理性，反驳了西方中心主义借所谓理性问题对其他社会的歪曲和偏见，但是他们采取的方法值得商榷。他们在其他社会中依照西方经济理论所找到的理性行为，实际上是他们按照自己的设想从其他文化中硬性切割出来的，忽略了那些所谓理性行为在自身文化中的特定意义。如果说算计是一种普遍行为，那么在不同文化中，算计什么、跟谁算计、如何算计得失等等，都是不同的。在这个意义上，西方社会发展出的以个体经济利益最大化为核心价值的经济理性只是众多算计行为中的一种，只不过在扩展现代资本主义过程中不断自我合理化，显得在现代社会中占据主导地位。

这样，把经济行为放回到所在文化本身去研究的呼声催生了实质主义观点。在实质主义者看来，把经济现象单独从一个文化中抽离出来，用西方经济学的理论去解释是不可行的，要真正理解一套经济行为，最好的办法就是把它放回到本身所在的那个文化语境中去理解。他们对使用西方经济学的术语、理论和方法有所保留，认为理想的情况是，从特定文化中确认本身具有的解释经济行为和现象的词汇和解析方法，这样最后得出的结论才符合事实，可信度更高。比如，谋生农业和商业农业不论在耕种方式、生产组织还是产品处理上都是不同的。在谋生农业中，最重要的是生产那些维持群体和基本生存需要的产品，既要保持一定产量，又要确保多样化的产品；而对于商业农业，重要的是生产市场需要的市场价值高的、产量大的商品，所以生产只有走向单一化、集约化。因此，用经济理性去理解谋生农业，往往遇到很多困难，就像下到农村扶贫的很多城市人或多或少会抱怨农民怎么那么笨，"没有经济头脑"。实际上，是某些被所谓经济理性主导的城市人不明白当地农民的行为逻辑。

当然，实质主义者也面对一些诘难和困境，比如，如果每一个文化都需要一个植根于其中的经济解释体系，那么要发展出多少个"经济学"才好呢？另外，在各个文化之间交流、借用和融合日益增强的今天，是否每个文化模式中的经济行为都有那么强的独特性？自从 18 世纪中叶西方开始工业革命以来，现代资本主义不断渗透到其他社会，从北极地区的爱斯基摩人（Eskimo）到非洲的布须曼人（Bushman），都接受了不少资本主义的东西。在本土文化和外来资本主义的互动中，地方的经济活动无疑受到不同程度的影响，完全排斥西方经济学似乎也难以理解经济过程的复杂性。

面对经济类型、经济现象的多样性和复杂性，单一的研究视角总是会忽略一些重要问题，我们有必要超越形式主义和实质主义的藩篱，在上述探讨和反思之后，提出一个整合的新研究建议。一方面，我们承认西方经济学在研究现代资本主义经济活动中具有很强的解释力和适用性，可以用来考察建立在机器化大生产基础上的经济和商业活动，包括正在经历工业化过程的非西方发展中社会。毕竟，西方资本主义经济和商业实践，已经发掘到许多经济活动的客观原则和要达到的目标，例如成本/利润估算、产业链的组合、市场上的竞争优势、人力资源利用等。当其他社会引入和发展工业化的时候，这些客观原则也应该会随之落地生根。另一方面，我们也要尊重文化的多样性和文化相对论，平等看待人类创造的各种不同的经济活动，相信即使非西方社会在引进工业化和借用现代资本主义经济客观原则的时候，也不是完全照搬照抄，而是努力把自身文化中蕴含的可以促进工业化的文化资源跟现代工业经济结合起来，塑造出新的融合经济体。因此，当代经济人类学不应该只研究非西方社会，也不应该完全排斥西方经济学对现代工业经济和商业的贡献，而是要综合考察各个社会，包括西方和非西方，如何运用自己的文化资源去应对社会发展（包括现代资本主义）中遇到的问题。

大体上来看，经济人类学者眼里的基本经济问题包括生产、分配和消费，这三者组成了经济系统。下面将会对每个部分分别加以介绍。

第二节 经济系统：生产、分配和消费

人类学家对经济系统的研究不是建基于单一社会的，而是力图透过对全部人类社会的生产、交换和消费活动的了解去表明，我们自己身处的那个经济系统其实不是唯一的，而是多个系统之一。

一、生产

简单来说，生产是一个把自然资源转化为人类可以使用的物品的过程，其中包括技术手段和人的组织。但是，大多数人类学者关心的不是生产的技术方面，而是生产活动如何在一个社会里顺利地实施和开展，包括生产过程的安排、劳动分工、权力关系等等。面对不同的自然环境和文化传统，不同社会建立了不同的生产形式，大体上可以归纳为以下几种类型：狩猎-采集（hunting and gathering）、游牧、刀耕火种（slash and burn）、传统农业、商业农业和工厂生产等。

狩猎-采集通常在人口少、土地广阔而且物产丰富的社会比较常见，早期人类社会基本上都经历过这个阶段。人们利用非常简单的工具猎取野生动物和采集野生植物为生。狩猎一般由男人负责，女人负责采集和照顾小孩。获得的食物和物品通常按照人头平均分配。但是因为食物获得不固定，人们需要不断地在一定区域内游走。

游牧开始于野生动物的驯化，有了家养动物，人们对野生动物作为食物的依赖减低很多。在水草丰富的地方，一个家庭可以饲养各种牲畜以满足生活需要，家庭

成员在游牧中担当不同角色。例如男人负责放牧、跟外界交换产品，女人负责挤奶、照顾家人等。虽然不像狩猎那样频繁转换住地，但游牧者也不得不根据天气和草场的季节变化变换居住地。

刀耕火种是一种比较简单粗放的农业生产，只要找到一块土地，把上面的树木和杂草用刀砍倒，然后点火焚烧，以焚烧之后留下的草木灰做肥料，使用简单工具播种，之后等待收获即可。显然，这样的生产难以保证产量，完全是靠天吃饭。

传统农业相对刀耕火种而言是比较复杂的，人们在相对固定的土地上利用灌溉技术，施用人工肥料，运用改良的工具及利用畜力精耕细作，从而获得更多的产量。为了满足生活的不同需要，生产的品种比较多样，有粮食作物、油料作物、蔬菜水果，还有做衣服的纤维作物。家庭是传统农业的基本生产单位，成员按照性别、年龄在家长带领下参与生产过程。收获的物产除了满足家庭需要外，少量剩余的会用于交换自己生产不了的物品。

商业农业在现代资本主义社会发展起来，以农业企业为代表。在商业农业中，土地高度集中在少数农业企业家手里，利用现代化农业机械、化学肥料和农药、特别制造的种子等进行生产。为了提高土地利用率和生产效率，通常在大面积土地上种植单一作物，特别是具有良好市场价值的经济作物，这样就形成了某个地方专门生产某种农产品的专业化分工。

工厂生产在工业革命以来发展迅速，成为现代资本主义生产最常用的组织形式。18世纪蒸汽机的发明和在生产过程中的运用，帮助人类摆脱对自然动力的依赖，使得生产规模有可能迅速扩大。化石燃料（煤炭、石油等）经过转化之后可以提供稳定而又源源不断的动力，所以现代机器设备成为生产的核心，工厂的组织依照机器运行的要求建立起来。由于机器可以不间歇运转，但人的体能和劳动能力有时间限制，需要休息和补充体力，人只好被编配成不同组别，负责不同时段的工作。人类日出而作、日落而息的自然生活规律从此被打破，不论白天还是黑夜都是工作时间。人被安排到日以继夜运转的生产线上，生产出千篇一律的标准化产品。新动力和人的组织形式使生产效率和规模得以大幅度提高。同时，机器的使用对整个生产过程的技术专门化要求提高，不同的机器需要由特定技术的人去操作。生产工序本身也依据机器的使用而重新设定，例如，哪些由机器完成，哪些由人工完成。因此，工厂因应生产的需要设立不同部门，再根据个人的技术和能力将他们分配到各个部门，工厂成为一个马克斯·韦伯所说的科层系统（bureaucracy）。

现代工厂生产跟传统家庭生产的不同之处在衣服的生产过程中表现得非常明显。在传统家庭中，衣服通常都是由女性家庭成员手工缝制而成，使用的布料都是用简单的人力操作的织布机织成，织布需要的棉花或者麻也都是家庭种植。现代的成衣业把各种机器设备运用到生产中，布料先通过电动裁床裁剪，裁片经过工业缝纫机缝成衣服，这两个工序基本上都是在一个制衣厂中完成。成衣生产中有时候还需要其他工序，例如印染、洗水、绣花等一般都是发包到相应的专门工厂，由专用机器设备完成。当然，现在很多衣服的布料都是化纤，由化学材料合成，一定要由专用的成套设备才可以生产出来。即使是棉麻布料，也都是经过现代纺织机器制造而成。

从前面提到的各个生产形式可以看到，人类在利用自然资源获得生存物品时，采取不同手段和方式达到目的。最重要的差别还在于对生产活动本身的态度：是满足当下的简单生存需求即可，还是要想方设法提高生产效率以获取最大的经济利益。显然，现代资本主义衍生的商业农业和工厂生产都是围绕利润最大化展开的。为了达到这个目的，商业农业毫无顾忌地使用各种化学肥料、农药、基因改造种子，使土地可持续生产能力减低，大规模种植单一作物，导致生态多样性被破坏，影响环境承载力。近年来全球范围的石油短缺引发对生物燃料的大量需求，商业农业经营者把大批土地用于种植可以生产生物燃料的玉米，减少粮食生产，给世界粮食供应造成相当大的影响。此外，工厂生产表面上给全社会带来大量的价廉物美的商品，实际上给整个社会带来的负面影响也不容忽视。建立在化石燃料基础上的现代工厂生产抛弃了生产可持续循环发展的一面，因为产出的产品使用之后很难回到自然生态循环中去，造成各种环境问题。工厂经营者为了追求利润而不断开发各种所谓新产品，扩展生产量，最后导致过度生产，浪费大量资源。一个明显的例子就是电子产品，从电脑、手机、便携式音乐播放器到游戏机，都在飞快地推陈出新，人为制造更新换代，其实在很大程度上是以惊人的速度在消耗资源，生产电子垃圾！

人类在地球上展开生产过程少说也有六七百万年，从古老的狩猎-采集到传统农业都一直保持到当下这一刻，顺应自然承载力和循环过程，支持着生生不息的人类社会。依赖化石资源的现代工厂生产从出现到目前不过200多年，可是已经使得生态环境急剧恶化，让地球面目全非，危机四伏了。这样看来，所谓落后的生产方式未必那么不好，因为它至少让社会可持续发展；所谓现代和先进的生产也没有技术决定论者幻想的那么美好，不可再生资源的疯狂消耗带来了环境问题和资源危机，人造物质产品的急剧增加也不见得让人们的生活更美好，反而把人们捆绑到由疲于奔命的工作和不知所谓的消费组成的怪圈之中。

二、分配

不论采用什么样的生产形式，都会产生出数量不等的产品和服务。这些产品和服务不是停留在生产环节的，最终都要按照特定的规则和方式分发到个人手中。经济人类学者在比较不同生活与文化中的分配现象之后，大概确定出三种主要分配机制，包括社会交换（social exchange）、再分配（redistribution）和市场交换（market exchange)。

(一) 社会交换

社会交换在所有的人类社会中都普遍存在,社会成员之间透过日常的社会互动和交往交换产品和服务。一般来说,人与人之间的社会交往体现在两个方面,一是言语和精神上的沟通,二是为了维持相互关系而进行物品的交换和行动上的互相帮忙与支持。在具体的生活领域,这两方面是融合在一起的,难以区分,例如,人与人之间互相交换礼物和互相帮忙都是再普通不过的事情。因此,社会交往的实际效果是,使得某些产品和服务有意无意地分布到成员之间。

进一步的研究发现,建立在社会交往基础上的这种社会交换之所以能够不断延续下去,是因为社会交换基本上遵循对等(reciprocity)的原则(Narotzky, 1997)。也就是说,人们普遍希望在与他人的交往关系存续期间,维持礼物往来和人情互助方面的价值平衡,大家互不相欠。一方面追求平等的天性使得收到他人礼物和得到帮助的人都有一种亏欠的感觉,要找机会回馈他们类似价值的礼物或者帮忙。另一方面,给予者通过赠送礼物或者给他们提供帮助显示出超越他人的地位,这种文化机制确保人们有给出礼物和帮助他人的动力。事实上,正是因为完全的对等难以达到,人们在关系不平衡的状态下,为了做到尽力达成对等状态而展开持续的社会互动和交往。现实中可能存在的对等主要有三种形式:普遍化的对等(generalized reciprocity)、有清算要求的对等(balanced reciprocity)和负面的对等(negative reciprocity)。

普遍化的对等通常只存在于非常亲近和亲密的关系之中,在一个个体生存和生活紧密联接在一起的亲密共同体里面,对等成为普遍遵循的行为准则,每个成员都对该原则的约束性深信不疑。共同体内部成员之间在社会交往的时候不存在个人得失的算计,不会在意他人给自己的礼物价值多少,不会在乎他人给自己的帮助有多大,应该给出去的时候就无条件地给出去,应该帮忙的时候就尽力帮忙,甚至连什么时候才可以得到别人的回报也不介意。因为在对他人行为非常有信心的情况下,每个个体根本用不着担心自己的付出能否得到对等回报的问题,回报自然会在你需要的时候出现。例如,在一个与其他群体相对隔绝、以狩猎为生的小群体里,任何一个人都会把自己的猎物拿出来与其他群体成员共同分享,这是习以为常的行为。今天你把自己的食物拿出来与群体里的其他人分享,你也不用担心你自己没有食物的时候怎么办,因为当你需要的时候,别人也一定会拿出自己的食物与你分享。这种对等的食物分享,实际上帮助个人建立起一个独特的储备机制。在食物获取非常不稳定的情况下,这样的共享和储备机制使得个人可以用集体的力量来分摊面临的生存风险,也确保生活共同体本身得以延续。而在现代社会中,这种紧密生活共同体的范围日益缩小,大概退缩到核心家庭。普遍化的对等原则似乎在核心家庭成员之间还有所保留，父母通常不会那么介意对子女的付出能否得到相应的回报，而子女也明白为人子女应该在适当的时候以合适的形式回报父母。

有清算要求的对等一般发生在较疏远的关系中，各方都对其他人没有那么强的信心，或者是大家在同一时间和场合完成价值相当的礼物或人情的交换，现场结清的好处是直接明了，不用拖泥带水；或者是回馈的时间有滞后，但各方对回馈时间和回报的价值有心理上的默契，接受者在明确的时间内必须给回相当价值的礼物或人情。例如，阿祥和阿刚是一对朋友，阿祥结婚的时候，阿刚送了一套3000元的组合音响。两年之后轮到阿刚要举办婚礼了，根据有清算要求的对等，阿祥必须意识到是时候偿还那笔人情债了，他想方设法都要准备一份价值3000元或以上的礼物送给阿刚，否则阿祥很有可能会背上一个"不够朋友"的恶名，他跟阿刚的朋友关系可能受到严重损害，甚至两个人从此形同陌路，最坏的结果可能是两人由朋友变成敌人。这种情况引申出下面要讨论的负面的对等。

负面的对等，指为了狭隘的极端个人利益，不惜摧毁社会交往的关系，实际上毫无对等的意思可言。负面的对等通常发生在陌生人，甚至敌对的个人之间，交往的各方不择手段从对方那里获取利益，坑、蒙、拐、骗，甚至偷、抢、敲诈、勒索，无所不用。这种损人利己的交往和互动令人厌恶和憎恨，只会让人与人之间的关系倒退到非常负面的状态，人们之间互相怀疑，甚至敌视，连基本的正常的人际关系都难以建立。例如，在公共场合，我们必须时刻留意自己的财物，因为一不留神，可能我们的财物就会被人顺手牵羊拿走，被人处心积虑偷走或者明目张胆抢走。虽然如此的负面，我们也要无奈地承认，社会上的财物在这个机制下发生了转移和重新分配。

虽然社会交往和社会互动表面上看起来与"经济"无关，但是，嵌入在交往关系中的物品来往和互相帮忙，实际上推动了物品和服务在所有社会成员之间的流动和分配。

阅读材料15-1　日常生活中的礼物交换

阎云翔教授在他的专著中讲述过一个拿馒头作为礼物的故事。20世纪60年代的山东农村，人们在春节之后都会走街串巷，互相拜年，而拜年的礼物可能就是两瓶酒和一些馒头。笔者在20世纪70年代末80年代初的安徽农村，也目睹过馒头作为贵重礼物的事情。当时物质贫乏，生活普遍贫困，人们经常缺吃少穿，红薯和红薯面做成的食物是主粮，白米白面除非到节日才有机会吃到。在重要的传统节日，例如端午、中秋、春节之前，出嫁了的妇女都要回一次娘家，探望父母。她们一般所准备的礼物就是用小麦面蒸出来的"燕子馍"——一个做成燕子形状的大馒头和一些像燕子蛋的小馒头。这些馒头既有象征意义，燕子归家，感谢父母养育之恩;又有实用价值,让父母可以改善一下生活。伴随这样的礼物交换过程,当地人眼中的珍贵物品得到再分配。

除此之外,阎教授在黑龙江下岬村的田野工作中发现,很多场合都要求人们送礼,例如生育庆典、流产与妇女绝育、订婚仪式、婚礼、盖房、拜寿、丧礼、偶然的庆贺、年度秧歌舞等。村民在日常生活中的礼物交换还包括拜新年和挂线、孝敬礼和压岁钱、探望病人、食品交换、爱情信物等。为了一些特定的目的,为了巴结他人,村民还可能会主动送好处,以礼物巴结上级,为办事而送礼等。

(材料来源:阎云翔:《礼物的流动——一个中国村庄中的互惠原则与社会网络》,上海人民出版社2000年版。)

(二) 再分配

另外一种分配物品的机制非常直接,由一个权力中心把社会上的物品或者资源集中起来,然后再通过特定的原则和渠道分配到个体手中,称为再分配。例如,一个酋邦(chiefdom)的酋长利用统治权力把成员生产的成果集中起来,除了自己消费外,再按照跟自己关系的亲疏远近进行再分配。这样,一方面体现作为首领的权威,另一方面让自己的亲信获得更多利益,有助于收买人心,换取下属的忠心。

现代国家一般通过税收和社会福利制度来对社会财富进行再分配。政府把一部分社会财富以税收形式集中起来,再以公共服务、社会保障和社会福利等形式分配到弱势群体手中。任何现代社会在直接生产部门之外,还有很多保证社会整体运转的服务部门和组织,需要借助再分配获得资源。此外,现代国家,特别是资本主义国家,主要根据市场能力决定经济资源的占有和分布,那些缺乏市场竞争力和市场价值的弱势群体如果无法从国家的再分配机制中获得生存资料,只有死路一条。当然,弱者也不会坐以待毙,他们在被逼上死路之前可能会揭竿而起,以武力和暴力,如暴力斗争或武装革命,推翻令他们生存受到威胁的分配机制,尝试建立新的资源分配机制。人类历史上的大规模农民起义,以及席卷世界的社会主义和共产主义革命在一定程度上都跟当时社会的再分配机制失灵,底层民众的基本生活难以维持有关。唯利是图的资本家及其控制的政府怎么可能突然之间善心大发,去投入大量金钱为低下阶层建立社会保障和福利制度?在这个意义上,以社会保障和社会福利形式出现的国家再分配与其说是为了维护社会公平公正和社会正义,不如说是对弱势群体的集体收买。例如,2008年4月22日,澳门特区政府宣布,向每个澳门永久居民派5000元现金,每个非永久居民派3000元现金,表面的原因是为了帮助市民对抗通货膨胀,舒缓市民在高通胀下的生活压力,但是也有报道指出,是为了缓解社会积压的不满情绪,防止群众上街游行。

另外一种再分配主要表现为社会利用文化设置(cultural apparatus)激励或者迫使富人拿出部分财富进行再分配。在贫富分化的不平等社会里,主流文化中总是给富人设计出各种各样负面的刻板印象（stereotype），例如骄奢淫逸、为富不仁、欺贫凌弱、见利忘义、财富积累过程中充满原罪等等。任何人在聚集财富成为富人的过程中，不论他原先的社会形象如何，都不得不面对社会舆论的怀疑甚至敌视和攻击，经济地位上升越快，受到的社会道德压力越大。那些只顾自己发财致富，不理他人死活的人，不仅被人鄙视，甚至可能众叛亲离。显然，富人为了抵消和对冲财富增长带来的社会形象损失，被迫不断拿出一些钱财分给其他人，造福乡梓，回馈社会，例如为亲戚朋友或者乡里乡亲提供直接的经济支持、为社会公共事务和慈善事业捐款捐物等。中国近年来不断出现的对富人行为的大讨论，可以看做是社会对于财富再分配的一种要求。例如，2008年5月以来在救助四川汶川5·12八级大地震的捐款活动中出现的"王石/万科的十元事件"，对中国新富阶层的集体批判，甚至蔓延到针对跨国公司的"铁公鸡"排行榜，都可以看做是文化压力和机制的表现形式。不论个人如何积累财富，本质上财富是社会集体创造出来的，具有社会公共性。富人只不过是暂时将财富集中到自己手里，他们改变不了财富的流动性和公共性的本质，所以社会希望借助文化设计和机制推动富人主动再分配财富。

另一方面，社会还设计出声望经济（prestige economy），利用社会声望跟富人进行交换，以达到再分配财富的目的。人类学者在研究北美印第安人的"夸富宴"（potlatch）中，发现当地流行一种以财物分派换取社会声望的经济形式。村庄领袖为了在邻近村落中获得令人羡慕的声望，会用几年时间积累大量食物、毛毡等财物，然后举办一个聚会活动邀请邻近村民参加，一方面大肆吹嘘祖先的荣耀，一方面提供食物让来宾尽情消费，还分发物品给来宾，以显示自己的大方和富足。在这个过程中，主办者借助给予，得到来宾的赞美和艳羡，确立超越他人的声望，而其他村庄领袖为了夺回丧失了的声望，也会积极积累财物，争取举办"夸富宴"。简单来看，这种声望经济的基本原理就是在虚无的声望/头衔和实质的财富之间建立交换关系。例如，经常进行慈善和公益捐款的富人会得到"乐善好施、善长仁翁"的美誉，捐款给大学达到一定数额可以得到一个"荣誉博士"的头衔，甚至可以让"香港大学医学院"改名成为"香港大学李嘉诚医学院"。虽然这种声望经济不时引发社会争议，但是，整体上看，这对社会是有利的，因为社会本身没有为声名荣誉和显赫的头衔付出什么实际的代价，而交换回来的却是真金白银。

显然，不论是通过政治权力还是文化压力和声望经济，再分配的功能和效果最终都可以在社会上体现出来。毕竟单纯依照市场逻辑分配资源会影响社会的整体稳定，被市场排除在外的弱势群体的存在，要求通过合理的再分配途径帮助他们获取生存资源。

（三）市场交换

由于现代经济的基础是市场机制，运用市场逻辑，依靠市场力量去调节经济，推动经济发展，所以产品和服务也是按照市场供求和个人市场能力进行交换和分配。广为人知的一个论点是，市场犹如一只无形的手（invisible hand），可以依照供求平衡和价格，对资源和产品进行最优化配置，保证资源得到合理利用。对市场交换的研究是现代西方经济学的核心和基础，所以人类学者似乎在这方面兴趣不大，也没有什么特别的贡献。但是，有必要指出的是，市场交换所依赖的市场信息、供给和需求的厘定、价格的形成机制等等因素是否完全在经济理性基础上完成，哪些非市场因素可能影响市场交换，有待做进一步的研究。在社会分层方面，社会成员自然地被划分成为两大类：一类是那些有资源和能力参与到市场交换中的人，包括大大小小的资产持有人和拥有职业市场认可的劳动能力的在职人士；另一类是那些被抛出市场之外，既没有资源也没有能力的社会下层，包括没有收入和积蓄的老年人、无家可归的流浪者、没有能力重返就业市场的失业者等等。前者是市场交换的直接受益者。对后者而言，市场交换无疑是一个噩梦。

经济人类学在分配方面的研究，主要是要破除一种市场迷信，因为市场交换不是万能的，有自身的内在缺陷，在市场交换之外，社会交换和再分配都在发挥着在社会成员之间分配物品和服务的作用。从社会自身的稳定和延续来看，社会需要借助社会交换巩固社会交往关系，也需要通过再分配保证无市场能力者的基本生存权利。每个人清点一下自己所拥有的东西，看看哪些是通过市场交换获得的，哪些是通过其他途径拿到的，这样应该很容易明白人类学者的看法。

三、消费

简单地说，所有的产品和服务最终都要经过各种方式被人们使用，这就是消费。但是，消费的过程并不是把物质和非物质的东西消耗掉那么简单，它受到文化的限制和塑造，很多文化意义被赋予到消费行为中，而消费活动也同时建构一些新的文化因素。

一方面，文化限定了消费的内容和方式，包括哪些东西是可以消费的，消费不同物品的意义何在，用什么样的方式去消费。从生物和营养层面上看，狗肉无疑是一种可以消费的食物，但是在西方文化里，由于狗作为人类的好朋友，甚至作为家庭成员的文化占主导，狗肉被严禁作为食物消费。1988年韩国汉城奥运会前夕，很多西方人要求韩国政府颁令禁止吃狗肉，并威胁抵制那次的奥运会，闹出世界级的狗肉风波。同样是代替步行的交通消费，骑自行车和开私家车意义不同，开国产品牌车和进口品牌车以及原装进口车又不太一样。奔驰（Mercedes - Benz）和宝马（BMW）在很多人心目中都是身份和地位的象征，即使根本用不到那么多的实用功能，有钱人还是争着买。虽然近年来因为质量问题，引发了多起中国车主砸奔驰和宝马泄愤的事件，人们的选购热情似乎没有受到什么影响，该买的还是前赴后继地去买。很多的消费活动都已经超越了对使用价值的考虑,以类似夸富宴的方式,通过夸张的对豪华、奢侈、品位等的追求去显示和炫耀个人地位,称之为炫耀性消费(conspicuous consumption)。

另一方面,消费过程也推动新的文化和社群的建立。在同一类型物品或者品牌的消费中,消费者通常会形成一种共同的认同感,并在此基础上建立新的社会群体,例如歌迷会、特定产品的俱乐部、网上社区等等。例如,中国的一些白领女性在女性网站交流化妆知识和信息的过程中,根据各自不同的资源和能力发动代购和团购,让分散在各地的姐妹都可以消费到价格和质量都有保证的化妆品和护肤品。而且她们还不断分享使用过程中遇到的问题和心得,把个体的单向的消费过程变成多项互动的消费新体验。

当然,现代社会中消费逐步偏离本身的设计功能和原初意义,引发各种各样的负面问题。人类不是借助消费来使用各种资源以满足自身生存和生活的需要,这种需要是由人们身在其中的特定文化所定义的。而在现代资本主义社会里,消费成了刺激生产和经济发展的手段之一,为了配合产能的扩大和资本家赚取最多利润的要求,商界竭尽所能,用尽所有可能的办法,雇佣最聪明的人才帮助他们推销产品和服务,而其中最厉害的一招就是利用形形色色的推广策略,引诱和推动消费者把个人的开心和幸福建立在购物和消费上,使人的消费行为脱离个人生活实际需要这个控制点。这种把个人心理满足和开心建立在消费之上的情况,称之为消费主义(consumerism),实质上是人被那些人为创造出来的消费需求和推广策略所控制。近年来消费主义在全世界范围内迅速扩散,在一些地方甚至发展成为精神疾病,有些人完全控制不了自己的购物行为,用尽所有收入,甚至用尽信用卡的签账额,变成要接受心理医生治疗的病态消费者。

人类学者正是希望通过整体的和比较的研究,帮助人们摆脱现代资本主义经济知识的绝对主导和蒙蔽,表明西方资本主义不过是人类整个经济活动图景中的一个部分。不论是生产方式、分配机制,还是消费行为,都存在各种各样的形式,西方经济只代表其中一个解决方案和策略。而且,现在看来,西方经验和对策好像不是西方人自己感觉的那么好。在这样亟需反思的情况下,一些人类学者也着手研究西方社会自身的经济活动,他们相信,放弃西方自我中心主义,以文化多元和平等的眼光去观察,可以得到一些更加客观、清晰的认识。

第三节 经济人类学的新发展

近年来,不少经济人类学家因应社会变化和学科本身的发展,努力扩展经济人类学的研究领域,开创新的研究方向。这些新领域包括商学人类学(business anthropology)、人类学的创业研究（anthropological study of entrepreneurship）等。

商学人类学在20世纪80年代开始扩展成为一个独立的研究领域，运用社会文化人类学的理论和方法去研究公司企业。商学人类学者研究市场营销、消费者行为、组织理论和组织文化、人力资源和国际商学（如国际市场营销、跨文化管理、跨文化交流等）。公司企业内部的组织、工作伦理和工作文化的建立、企业营销策略的制定、来自不同文化的员工之间的协调、分布在不同文化的分支部门的管理统筹等等，都需要人类学专业知识的帮助。

人类学的创业研究主要关注的是创业者如何在特定的社会文化情境之下展开创业行动。虽然表面上看，个人创办企业，开创个人事业是单纯的"经济行为"，但从信息获取、启动资金的筹集、人力资源的获得，到企业的组织和管理方式，都与创业者个人的社会关系网络和文化资源的运用密切相关。此外，帮助企业形成竞争优势的很多外部因素，例如产品的受欢迎程度、企业外在形象、笼络顾客和生意伙伴等等，都不是单靠"经济策略"就可以解决的，需要从企业所处文化发掘出切实可行的办法（Stewart，1991）。人类学者的强项正是他们有对社会文化的细致了解，他们把创业行为放到复杂的社会文化网络中去检视，自然可以获得更加可信的解释。虽然现代资本主义经济为创业设定了一些关键因素和客观条件，例如经济信息、启动资本、员工、行业知识、经营场所等等，但是，身处不同社会的个体创业者不可能按照西方人设想的那样去完成创业过程，他们能够做的就是从自己的实际情况出发，运用文化所提供的可能策略去满足创业需要的客观条件。例如，西方人可以通过银行借贷、创业投资（venture capital）等方式筹集创业资金，而中国人大多数还是依赖亲戚朋友的帮忙。

阅读材料15-2　广州郊区的外来创业者研究

笔者从2003年开始研究在广州郊区开办制衣厂的外来企业家。这些来自湖北、东北、四川、江西等地的外来人非常巧妙地运用各种文化因素，实现个人创业的梦想。为了筹集启动资金，他们除了自己省吃俭用，积少成多之外，还借助亲情和友情从亲戚朋友中获得临时借款。没有多余的钱聘请工人，他们从家乡把亲戚朋友带出来，到自己的厂里做工人。在中国人的互助传统下，亲友之间在农忙、盖房子、嫁娶摆酒、丧葬仪式等时有义务互相提供帮助，一般也不会计较自身劳动力的市场价值。所以，绝大多数外来开厂的小老板都喜欢从家里带工人，包吃包住，平时给一点零花钱就行，到年底才一次给清工资都可以。为了获得稳定而充足的订单，这些外来小老板在老乡关系基础上建立生意网络，几个互相信任、都开制衣厂的老乡约定成为一个生意圈子，承诺每一个厂拿到超过自己产能的订单都会调剂给圈子里的其他厂。这样的安排有助于工厂应付行业的淡旺季，不至于淡季的时候没有生意要关门,旺季的时候有订单也因为产能限制做不出来,从而分散经营的风险。显然,在这些外来创业者的创业过程中,文化的设计和安排恰到好处地把生意所需要的各种资源组织和整合起来,不仅让开厂成为可能,也增强了这些小企业的市场竞争力。

(高崇:《生存理性主导下的创业实践:以广州城乡结合部的成衣社区为例》,载《思想战线》,2005年第6期,第17~22页。)

随着经济全球化,各个地方社会的经济活动越来越被卷入到一个巨大的互相关联的经济体系中,地方文化与来势汹汹的西方经济知识系统接触更多,碰撞也越多,中间产生的问题也更加复杂,更需要综合地分析和研究。经济人类学需要跨越西方和非西方的划分,对这个不断交织互动的经济过程做详细的调查和严谨的分析,为厘清纷繁复杂的经济现象贡献力量。同时,帮助普罗大众正确认识日常面对的经济问题,采取合理的行动,以免迷失在金钱至上的幻象、光怪陆离的广告和欲罢不能的消费中。

关键词

经济人类学 实质主义 形式主义 经济系统 社会交换 再分配 消费主义 商学人类学 人类学的创业研究

复习思考题

[1] 什么是经济人类学?它的独特研究视角体现在哪些方面?
[2] 在经济人类学研究中,实质主义和形式主义两大阵营的争论主要集中在哪些方面?
[3] 如何理解社会交换以及社会交换中的对等原则?
[4] 再分配在人类社会中是如何展开的?有哪几个主要途径进行再分配?
[5] 消费行为如何受到社会文化的影响?

阅读文献

[1] Stuart Plattner. *Economic Anthropology*. California:Stanford University Press,1989
[2] Susana Narotzky. *New Directions in Economic Anthropology*. Chicago:Pluto Press,1997
[3] Mary Douglas & Baron Isherwood. *The World of Goods:Towards an Anthropology of Consumption*. London:Allen Lane,1979
[4] Marshall Sahlins. *Stone Age Economics*. Chicago:Aldine‐Atherton,1972
[5] 阎云翔. 礼物的流动——一个中国村庄中的互惠原则与社会网络. 上海:上海人民出版社,2000
[6] 流心. 自我的他性——当代中国的自我系谱. 上海:上海人民出版社,2005

第三编 文化研究的应用

第十六章 医学人类学

> **摘要**
>
> 医学人类学（medical anthropology）是人类学中新近的一个分支领域，兼具学术/应用以及理论/实践层面，是一个包含了生物人类学与文化人类学在内的学科领域，其独一无二之处在于它在社会文化背景下把健康、疾病和医治等要素综合起来作为研究的核心问题。本章介绍了医学人类学的起源与发展，并结合大量的研究个案，阐述医学人类学不同的研究取向和流派。本章还结合相关实例说明人类学的基本观念和研究方法如何应用在人类健康研究当中。医学人类学强调直接应用人类学的理论和方法到具体的公共卫生领域中，如考察公共卫生项目受益者的文化多样性，制定满足不同群体的适宜的干预措施，在项目实施时如何获得社区成员的支持，确认具体的危险行为和可能引起这些行为的文化和价值念。疾病防治和健康是人类社会和谐发展的终极目标之一。与人类生命福祉攸关的医学人类学主题也日益受到普遍的关注。医学人类学发展到今天有半个多世纪的历史了，目前总的发展趋势是不断增加其应用性，将人类学的具体理论和方法落实到人类健康发展的具体实践中去；同时也在人类学的框架内，用批判的眼光解决医疗体制中所存在的问题。

第一节 什么是医学人类学

一、医学人类学沿革

医学人类学的简单定义，可以说就是将人类学的理论与方法，应用在健康、疾病、苦痛、医药与治疗等研究领域上。"医学人类学"一词始见于1953年美国学者考迪尔（W. Caudill）发表的评述性论文《医学应用人类学》，标志着人类学界开始关注人类的医疗卫生问题。1963年，美国人类学家斯科奇发表论文《医学人类学》，同年一本以人类学为重点的文献目录《医学行为科学》在美国问世，在此之后，美国和西方的人类学家才充分认识到研究保健和疾病问题的人类学意义。

不过，人类学对疾病、民间疗法、生物与文化的交互作用的关注远远早于此。比如19世纪末在美国，基于达尔文及其名著《物种的起源》所提出的假设思想，体质人类学或生理人类学这些关注人类的进化和人种多样性的学科就得到了发展。此外，人类学自从其发展之初就对有关病患的宗教仪式性的医治和病患的文化信仰有着特别的关注。许多社会文化人类学大师的研究中，常见以宗教与仪式处理应对社会困扰的跨文化经验，包括身体的、精神的、医疗的相关研究。结构主义巨擘列维-斯特劳斯就曾研究南美的巫术治疗，如何成功地解除一名妇女生产的痛楚。巫术的效用，就在于接受者本身的身体、情绪与其社会文化知识都联系在一起，如此说明信仰的治疗力量。仪式研究大师特纳在非洲Ndembu部落的研究，也清楚地显示出该族人如何解释疾病的源起及采取的对策。归根究底，疾病的问题常出在社会关系上，而非仅是人生理上的痛苦。所以釜底抽薪的治疗方法是找出社会关系的问题，而不只是解决个体的不适。

1971年，医学人类学会发展成为美国人类学协会一个独立的部门，标志着医学人类学开始成为人类学的重要分支学科，并日益发展壮大。纵观医学人类学的发展历程，一般认为医学人类学的研究存在两大倾向：一是医学人类学是以应用为主，应用性或政策导向是医学人类学的重要内容之一。医学人类学作为一个分支，其独一无二之处在于它在社会文化背景下把健康、疾病和医治等要素综合起来作为研究的核心问题。尤其近20年来，艾滋病的出现对医学人类学在公共卫生领域的兴起起到巨大的推动作用。二是医学人类学对社会文化人类学理论与视野的贡献，尤其是由"身体"出发的理论。若使用人类学的术语来定义，医学人类学可以说是健康与疾病的跨文化研究，包括了对"身体"的本土文化建构，"痛苦"的社会心理应对模式，甚至进一步还包括疾病与医疗系统和该社会政治经济结构之间的关系。

二、医学人类学源流

美国人类学家福斯特和安德森（1978）总结了医学人类学的四个主要理论来源：①体质人类学家在人类进化与适应研究、比较解剖学、人种学、遗传学和血清学等方面所做的工作；②传统的民族志学者对包括巫术和魔法在内的原始医学所做的研究工作；③20世纪30年代和40年代精神病学家和人类学家合作所开展的关于"文化与人格"的研究工作；④"二战"后的国际公共卫生工作。

理论来源的多样性也造成医学人类学在学科分类时的多样性，有传统的三分法，它一般多以生物科学观点、文化观点和批判理论作为三大主流分支学科（Brown，1996）；也可以根据研究地点将医学人类学分成社区医学人类学和临床医学人类学。综合医学人类学的发展历史与研究取向，简森（Janzen，2002）将医学人类学分成如下五个分支学科：生物医学人类学、环境医学人类学、民族医学、应用医学人类学和批判医学人类学。

（一）生物医学人类学

生物医学人类学指运用遗传学、生理学和生物化学等生物学技术对人类群体的健康和疾病进行的研究。

20世纪60年代的人类学研究很重视"人"与其生存环境的互动关系，而"适应"则是很重要的基本概念。采取此一研究取向的医学人类学，着重生态环境对人口、食物、健康、疾病与生物基因的影响。主要的研究代表如杜博斯（Dubos，1969）认为，在人类早期，人们主要依靠本能来维持健康。不同的生态环境与生活方式，可能出现不同的疾病类型，而剧烈的社会转型，也可能对人的身体健康产生影响。例如，15世纪哥伦布进入美洲大陆后，西方白人和后来被引进美洲的非洲黑奴带来了许多新病原，从未接触过天花、梅毒、麻疹病毒的美洲土著民族迅速大量死亡，许多民族甚至从此绝迹。又如，从农业社会进入工业化时代，都市环境的剧烈变迁，也出现了所谓的文明病，如心脏病、高血压等。生物基因病变是此类研究取向的关注主题。不过，这类研究常会面临一种进退维谷的两难情境。例如，种族歧视可能增加某一族裔的某种疾病发病率，像是精神病或肝病（可能因为心情不好或长期酗酒）。这一方面是值得高度关注的问题，但一不小心也可能形成文化偏见，进而造成族群优劣之说。

阅读材料16-1　库鲁病（kuru）

20世纪50年代在新几内亚高原一种被称之为"笑病"的疾病在当地的福雷人中流行。这种当地人称之为库鲁病的患者一般是失去对中枢神经的控制，包括面部肌肉神经的控制失灵，导致面部经常出现扭曲，出现各种鬼脸和笑容。患者一般在首次症状出现1~2天后死亡，通常是大笑而亡，所以被称之为"笑病"。体质人类学家盖伊杜塞克经过研究发现一个特殊的流行病学模式：大部分患者是妇女和女孩，还有少量男性青年患者，但是却从没有发现成年男性患病。盖伊杜塞克于是放弃遗传学的解释转而从病毒学进行研究，他把病人的脑抽出物注入到黑猩猩身上，经过一段时间，黑猩猩也出现了库鲁病症状。这证明了福雷人头颅内确实存在库鲁病的慢性病毒。盖伊杜塞克凭借此发现而获得了1976年的诺贝尔医学奖。

但是，为什么只有福雷人身体内才存有这种病毒？官方曾一度认为，这与患者的遗传基因有关，最终这个谜底还是由两位人类学家格拉斯和林登保鲍姆揭开。他们在对库鲁病的流行病学模式进行更深入的研究后发现：此病开始流行前几年，福雷人实行某种形式的食人习俗。作为他们的葬礼的一部分，死者的女性亲属要吃掉死者的脑髓。因为在福雷人社会结构中，妇女社会地位较低，只能分到等级较低的头颅吃。男人则从来不吃头颅，所以库鲁病没有传给成年男性。少数男青年之所以染上库鲁病，是因为福雷人并不严格区分青春期前的性别角色，因此在偶然的情况下，男孩也被容许吃妇女的食物。破解了福雷人库鲁病发病原因之谜，经过健康教育，现在福雷人的库鲁病已经绝迹，因为这一民族已经放弃他们食人的习俗。

（二）环境医学人类学

环境医学人类学也可以被称为"生态医学人类学"，这一研究领域的医学人类学家也是注重研究人类与其环境的关联，但强调自然与文化力量两者都会造成演变。人类不仅受到环境的高度影响，人类的文化、行为也会影响环境（Brown，1996）。疾病也会随着各个文化而有所不同。然而，传统与古代社会的人口较少、活动力强且相对孤立于其他社会，因此不致受到那些对农业社会与都市社会影响甚巨的传染性疾病的危害。霍乱、伤寒、瘟疫之类的传染病，在人口稠密的社会或都市社会环境中存活下来。疟疾的扩散，则与人口成长及（与粮食生产有关的）森林滥伐有连带关系。

疟疾的研究也说明人类面对疾病时表现出的文化多样性。疟疾是由微生物引起的人类传染病，必须经由蚊子当媒介，所以要对付疟疾，得先针对蚊子。人类社会有各种应对疟蚊的措施，例如传统越南高地的高脚屋，高得连蚊子也飞不上去（May，1958）。但是，疟疾在当前世界各地的流行，甚至在不同人群间还有分布差异，又让人觉得这不仅是环境问题。例如，非洲许多地区的妇女疟疾感染率高于男性，原因在于妇女外出下田工作，被疟蚊咬到的几率自然高些；而疾病的高发频率又影响了妇女及下一代的健康，造成恶性循环。疟蚊至今仍以热带国家为主要流行区，而这些地区也多是世界上最穷的区域。疾病的流行，并不只是自然环境的偶发事件而已。上述问题的复杂性，说明了自然环境不是唯一的致病条件，所以生态医学人类学也发展出一些术语，如"文化生态（Cultural Ecology）"和"政治生态（Political Ecology）"（Brown，1996），指涉不同层次的环境因素对人群的影响。这样的观点基本上仍沿袭着人类学传统的文化整体观，强调人类环境的文化、社会与政治经济的诸多面向。

阅读材料16-2　水族民间医药对环境的适应

中山大学人类学系师生对贵州三都水族自治县水族传统医学的调查发现：人类的疾病与治疗方法是受环境的影响和制约的（程瑜，2006）。

水族多聚落在中低山区丘陵地带、宽谷和山间盆地。区内森林资源茂盛，山高林密，气候比较湿润。从生活习俗上讲，水族人民多居住在"干栏"式的建筑里，人居楼上，既可以避免潮湿的地气侵蚀，又可以躲避毒蛇猛兽的攻击。

环境同样造成了很多地区的常见病。水族多居住在潮湿多雨的山区和丘陵地带，所以关节炎和风湿病是水族人民最常见的疾病，笔者调查的三都县塘党寨有近100人，年龄在40岁以上者，80%患有关节炎和风湿病。在水族医药中，风湿病的治疗方法也最为丰富。

山区多毒蛇、蜈蚣，因此被这些动物咬伤也是常见病患，治疗方式也独特。被毒蛇咬伤，要看伤口的痕迹，如伤痕为横的，诊为母蛇咬伤，主药用白色药物；若伤口为直行的，诊为公蛇咬伤，主药选用红色。在治疗的分类上，明显比中医详细。

常年在山区生产生活，跌打损伤和骨折也是常见疾病，水族医药对于骨折的治疗堪称一绝。例如，荔波县水尧乡水族民间骨科医生姚福孔，在治疗骨科方面有独到的造诣，很多被认为必须截肢的（如一些很严重的粉碎性骨折），经他用水族的民间草药，采用水族的民间特殊疗法而妙手回春，因此省内外的求医者络绎不绝。

（三）民族医学

民族医学（ethnomedicine）是相对现代西方生物医学而言的。要知道什么是乡土医学，人们必须首先知道西方现代医学的源流。现代医学起源于18世纪末的欧洲，是在特定的宇宙观下发展出来，也就是基于迪卡尔身心二分理论（Cartesian dualism）的生物医学。福柯指出过当代医学实践中出现的两种截然不同的趋势——"物种医学（medicine of the species）"和"社会空间医学（medicine of social spaces）"。"在西医中，'物种医学'的研究重点是疾病分类、疾病诊断、治疗病人和发现药物。'社会空间医学'则是与疾病预防控制有关的医学，疾病不再被看成存在与现有知识可解释范围之外的实体，而是能够被研究、被科学地面对和被控制的对象。"[①] 凡此种种因为地域和文化差异造成的对于疾病的认识和治疗手段各不一样，都迥异于现代西方医学，人们称之为民族医学（ethnomedicine）或者是民间医学（folk medicine）。

哈佛大学著名医学人类学家凯博文（Arthur Kleinman, 1980）认为，所有文化都会涉及对疾病缘起的理解、诊断及处理方法。将这种文化解释模型进一步扩大来说，它还包含了寻求治疗的行为、民俗医疗的实际效用，以及不同医疗系统的差异研究。针对此一取向最常提出的讨论议题便是"疾病（disease）"与"病痛（illness）"之间的区别。人类学研究的本源决定了医学人类学通常会检视一些问题，例如，哪一些疾病影响着不同的人群？病征如何被社会所建构？一个人要如何采用既具有疗效又符合文化上的方式来处理病症。

在医学人类学领域，疾病和病痛的两分法是一个重要的概念划分。这一概念划分首先来自患者和医生对疾病现象的不同认知。这是因为在医学人类学和医学社会学中，医患关系是贯穿始终的研究主题，而医生与患者对疾病的相同的或不同的认知,是医生和患者之间合作、冲突、谈判等互动行为的基础。疾病和病痛的两分法也是医学模式由生物医学模式向生物－心理－社会医学模式转变的重要理论基础。所谓"疾病",就是医生在生物医学模式下对人体生理异常现象的认知。在生物医学模式下,人的生理异常现象被孤立地归因于机体的病理改变,变化多端的异常现象被概括为"疾病":一种由于生理和生化过程出现异常而导致的生理功能的缺损,一种可以被解释为异常的物理或化学活动的病态过程。在生物医学模式下,人被看成了机器和试管,疾病则是机器的故障和试管中化学反应的异常。围绕着疾病而发生的人际的、心理的紧张和冲突被忽视和否认,但医生们逐渐认识到,疾病的预后不仅仅与病情的轻重和治疗的效果相关,而更与患者的心理状态、患者在患病时得到的人际支持与社会资源密切相关。因此医学界越来越重视对与疾病相关的心理和社会问题的研究,医生也越来越关心患者的心理健康与来自家庭和社会的对患者的支持。于是单纯的生物医学模式逐渐转向了生物－心理－社会医学模式,而"病痛"和"疾病"概念的明确区分即是这一转变的重要理论特征。

民族医学取向的医学人类学经常探讨的就是疾病（disease）与病征（illness）的社会文化脉络及意涵。疾病指的是一种可从科学角度被辨认出来的健康威胁,这是由细菌、病毒、真菌、寄生虫或其他病原体所引发的。病征是一种健康欠佳的状态,这是由个人所认知或感觉到的。跨文化的研究结果显示,对于健康状态好坏的认知,还有健康威胁问题,都是由文化所建构出来的。各个族群文化所认定的疾病、病征及其起因皆有所不同,并发展出不同的健康照顾体系与治疗策略。

各个社会的疾病种类与发病原因有所不同,而且各个文化诠释与处理病征的方式也各异。对于生病或健康身体的认定标准是文化所建构的,随着时空而有所不同。到目前为止,所有的社会都具有福斯特与安德生所称的"疾病理论体系"（disease-theory systems）,以深入了解、分类与解释病症。依据他们的主张,有三种关于病症起因的基本理论:个人性、自然性和情绪性。个人性的疾病理论（personalistic disease theory）将病症的产生归因于"施为者"（agents）（通常是有害的）,例如法师、巫师、鬼魂或祖灵。自然性的疾病理论（naturalistic disease theory）采用非个人性质的语汇解释病症。西方医疗或生物医疗（biomedicine）就是一个例证,其目标就是将病征连结到可以运用科学证明的病源,这些对于受害者并不带有个人性质的恶意。如此,西方医疗将疾病归因于有机体（如细菌、病毒、真菌、寄生虫）、意外事件与放射性物质等。其他的自然民族医学体系,将健康欠佳的状态归因于不平衡的体液状态。许多拉丁文化将食物、饮料与环境状态,分类成"冷的"或"热的"。人们相信如果同时吃下或喝下热的和冷的物质,或在不适当的状态下饮食,健康将受到损害。例如,一个人不应该在洗热水澡后喝冷饮,或在月经时（一个"热的"状态）吃凤梨（一种"冷的"水果）。情绪性的疾病理论（emotionalistic disease theory）假定,情绪的经验会导致病症。例如,拉丁美洲人可能发生苏思脱症（susto），或称失魂，这是一种由焦虑或惊吓所导致的病征，其症状包括嗜睡、表情呆滞、精神涣散。当然，现代的精粹分析也把焦点放在情绪对于身体与心理健康方面扮演的角色上。

各个社会都具有多种健康照料体系（health-care systems），包括信仰、风俗习惯、专家与技术等，其目的在于确保健康，并且预防、诊断及治疗病征。对于疾病的处置而言，一个社会的疾病因果关系理论非常重要。当病征具有某种个人的起因，萨满（shaman）及其他巫术宗教专家可能是很好的治疗者。他们运用各式各样的技术（神秘仪式和实际治疗行为），这些技术构成他们的特殊专业能力。一位萨满可以引诱某个人的灵魂回到身体里面，来治愈他的失魂状态。萨满也可解除难产的状态，要求精灵沿着产道而上，引导婴儿离开母体。一位萨满可借由反制一个诅咒，或是移除另一位巫师在病人身上植入的一个东西，来治愈病人的咳嗽症状。

所有的文化中都有健康照料专家。如果在猎人与采集者外，还有一种"世界上最古老的专业人士"的话，那就是治疗者（curer），通常是一个萨满。这些治疗者的角色具有某些普遍的特质。治疗者是透过一个由文化所认定的选择过程（父母生出的神童、遗传、幻象或梦境的引导）与训练过程（萨满的学徒、医疗学校）而产生。治疗者透过由资深术士的认定，取得一个专业形象。病人依赖这位治疗者的技术，向他咨询并支付酬劳。

我们不应该抱持我族中心主义的角度，从而忽视科学医疗（scientific medicine）与西方医疗在本质上的差异。虽然西方医疗在病理学、微生物学、生物化学、外科医学、诊断技术与应用方面得到长足进步，但它的许多程序在逻辑或事实的正当性方面都还相当薄弱。镇定剂与药物的滥用、不必要的外科手术、医师-病人关系的非人性化与不平等，都是西方医疗体系可能受到质疑的特质。还有抗生素的滥用，不只用在人体，还用在动物饲料与抗菌肥皂上面，似乎正在引发一场抗药性微生物的爆发，这可能造成一场长期的全球公共卫生危机。

尽管如此，西方医疗仍在许多方面胜过部落医疗，如奎宁、可可、鸦片、麻黄素、罗敷木等等的药物可以用来治疗不计其数的疾病。预防性的健康照料在20世纪获得改善，而且现在的外科手术已比传统社会的手术更安全、更有效。

第二节 医学人类学的应用和批评

一、医学人类学的应用

医学人类学作为人类学的一个分支，其独一无二之处在于它在社会文化背景下把健康、疾病和医治等要素综合起来作为研究的核心问题。在美国，医学人类学强调直接应用人类学的理论和方法到具体的公共卫生领域中，如考察公共卫生项目受益者的文化多样性，制定满足不同群体的适宜的干预措施，在项目实施时如何获得社区成员的支持，确认具体的危险行为和可能引起这些行为的文化和价值观念。

人类学与流行病学的合作主要始于20世纪60年代，至70年代逐渐增加，主要是因为美国政府在此期间增加其国内与国际卫生研究的经费，而流行病学者也开始更加重视文化与社会科学对了解疾病扩散与防治的意义。人类学与流行病学都强调环境对健康与疾病的影响。更重要的是，行为观察都是发现问题的重要方法，这也是两门学科得以密切合作的重要原因之一。医学人类学家在许多公共卫生计划中，担任文化的传译者，这些计划必须注意到当地人对疾病症状的本质、起因与治疗所建立的许多理论。这些计划必须切合当地文化，并且被当地人所接受。在引进西方医疗体系之后，人们在接受这些新疗法的同时，大多继续保有他们的老方法。当地的治疗者可能会继续处理某些症状（如灵魂附身），现代医疗则是处理其他病症。如果病人同时求助现代专家与传统专家而且痊愈了，当地治疗者所获得的赞誉可能与医师一样多，甚至更多。目前，越来越多的人类学家已在许多领域从事医学人类学的应用工作，如艾滋病防治、地方性疾病防控、优生优育、乡村医疗体系建设、公共卫生等，并有所作为，这与传统人类学很少关注卫生问题截然不同。不过令人遗憾的是，这方面的相应理论与方法探讨还相对薄弱。

阅读材料16-3　广西农村的饮水现状与对策

广西民族大学师生曾对广西加文村因饮水导致的公共卫生问题进行了深入的人类学调查，并依据人类学的整体观的文化观提出了一系列的针对性对策。加文村是广西北部的一个小山村，属于典型的贫困大石山区村。该村四周都是石山，山上石多土少，植被也因此特别稀少，可耕种面积很少，而且山高弄多，旱涝灾害频繁，"一场大雨山弄涝，三天无雨草木焦"，生态恶化，村里没有什么树，村外光秃秃，水土流失严重。近年来，随着扶贫力度的加大，加文村经济有了一定的发展，修建了公用水柜以及家庭水柜，基本解决了村民的用水问题，但饮水安全问题仍然突出。

◆水资源贫乏，获取途径极不方便

加文村中地表没有什么河流，因为"小溪"只有在下大雨时才有水，而且没几天就干涸了，平时都是干的，水资源贫乏，获取途径极不方便，因此对水源的获取是村民们首先要解决的问题。通过调查，村民们的食用水大多为雨积水，获取途径主要有以下五种：

第一种是家庭水柜。一般适用于盖楼房的家庭，但有些住在山脚的盖瓦房的村民也可以建。家庭水柜是用水泥和砖砌的一个圆柱形水池，有钱的人还会在上面加个水泥做的盖子，以免脏东西掉进水中。家庭水柜大约可存2吨水，水柜里的水是雨积水，下雨时楼房的屋顶会有大量的雨水，村民们用一根直径大约1厘米的铁管将屋顶的水引入水柜中存起来，以供平时生活用水。如果是住在山脚的盖瓦房的村民，也可以在下大雨时将山上的水拦截起来，引入水柜中，不过用这种方法引水的家庭较少。家庭水柜一般建在自家房屋边，提水比较方便，存满一次水大约可以用3个月，刚好够自己用，所以不能让其他村民提水。建水柜的费用有的全都是自己花钱建的，但大部分为上面的扶贫项目，即扶贫单位出一部分钱或提供一部分的材料，村民自己再出一部分钱，所以即使是扶贫项目，也只有经济条件相对较好一点的家庭才有私人水柜。到目前为止，全村共有私人水柜172个。

第二种是去村子里的公用水柜挑水。这种方式一般适用于家里离村中公用水柜较近的而又没钱建家庭水柜的村民。村中的公用水柜建于1989年9月，可存500立方米水，它建在离内家队不远的半山腰上，下雨时山上的雨水会顺着山坡流入水柜中，水柜是露天的，水面上飘浮着很多树叶和小虫的尸体。这种方式相对较麻烦，因为水柜建在半山腰，村民每天不管刮风下雨都要上山挑水，山路窄小且颠簸不平，不是很好走，往往挑一担满满的水到家里只剩3/5的水了，造成水资源的浪费。

第三种是山上的闷水。所谓的闷水，是下雨时水在某一个较大的低洼的地方存积起来。其原理和水柜差不多，只不过水柜是人为的，而闷水是天然形成的。闷水一般只够用一两个月，山上的闷水用完了，就得去村中的公用水柜挑水喝，取水也不便。

第四种是去别的村子挑水。一般适用于离村中公用水柜较远而离别的村子较近的村民小组，如下加队。下加队的村民如果家中没有私人水柜就要去离家大约3公里的耀南村挑水，挑一次水来回要花1个小时。

第五种是直接将地下水引入到家中。这种取水方式比较方便，但仅限于加勒队。政府出钱将山上的地下水用水管引到村里面，地下水一般都可以满足加勒队村民的日常生活用水，但如果干旱了很长时间的话也会没水。据村民回忆，在1988年和1993年，由于干旱比较严重，地下水都没了，村民只好去耀南村挑水。

以上是村民们常用的五种取水途径。除第一种和第五种相对方便一点外，其他三种都是挑水用，水源获取途径极不方便，如果出现大的旱灾，全村的人都得去离村子20多公里的大兴乡的澄江河挑水，来回就得花上近半天的时间，水源获取来之不易。

◆水柜多为露天，饮用水未经消毒处理，水质不达标

在以上五种取水途径中，除最后一种外，其余都是雨积水，这意味着，村中90%以上的村民的生活用水都来自雨水。未污染的雨水是中性的，水质软，但如果

周围空气污染严重的话，雨水也跟着受污染，而且雨水里面含有很多细菌，加上长期存放，更易滋生细菌和其他微生物。而村中水柜除了加文小学的用水泥盖子盖了，蒙鸿志家中的水柜用塑料纸盖了外，其他绝大部分的水柜是露天的。水柜中飘浮着很多树叶、飞蛾、蚊子等物，水质浑浊，颜色呈黑色，取水样滴在干净的白纸上，干后有污迹，对水没有做任何消毒处理，饮水水质不达标。

◆村民饮用生水，卫生用水意识不强

日常生活中，大部分村民直接饮用水柜里的水，没有烧开水喝的习惯，但他们觉得这样对自己的身体没什么影响，而且觉得这是很正常的一件事。据村医介绍，村民中得食道癌、结石病的人较多，几乎每隔一两年都会有一两个人死于食道癌。随着与外界的联系越来越密切，有些村民的卫生意识已有所提高，在笔者调查过程中发现有三户人家已使用饮水机，有电的时候他们就用饮水机烧水喝，饮水机一般是家里的小孩去外面打工时买回来的，也有的是外面的亲戚送的。

◆对策

（1）加大雨水集蓄的利用面。干旱缺水和水土流失严重是制约西南石漠化地区乡村环境卫生发展的两大瓶颈，要改善西南石漠化地区乡村环境卫生，首先要解决用水问题。雨水集蓄利用正可以解决这一难题。雨水集蓄利用是指人们通过各种手段对天然降雨进行收集、储存，满足人们的生产、生活需要。它具有良好的灌溉效益、社会效益和生态效益。雨水利用工程，就地拦蓄就地利用，在为旱地灌溉和人畜饮水提供水源的同时，还可减少坡地冲刷及水土流失，有利于维护生态平衡，促进生态环境的改善。

（2）当地使用的水柜，其实也是雨水集蓄利用的一种方式，但当地只是将水集蓄起来用做生活用水，而且拥有私人水柜的家庭不多，大多数家庭需要挑水用，极不方便，因此要加大雨水集蓄的使用范围和人数，尽可能使每家每户都有自己的私人水柜，解决用水困难且获取途径不方便这一问题。另外，当地没有把雨水集蓄的作用完全发挥出来，没有用于庄稼灌溉及其他方面。在当地，村民种植庄稼主要是靠天收，下大雨时容易发生水涝，将种植物冲倒、淹没，得不到好收成，很久不下雨又容易干旱，所谓"一场大雨山弄涝，三天无雨草木焦"。如果大力发展雨水集蓄利用工程，将更多的雨水集蓄起来，既可在下大雨时减轻涝情，又可在干旱季节里用于庄稼灌溉，防止生态恶化。

（3）加强对雨水特别是人禽用水的净化、消毒处理。由于雨水中存在着多种细菌，在储存过程中容易繁殖细菌，给循环水系统带来一定的危害，这就要对其进行必要的净化消菌处理。严格意义上来讲，从收集雨水到用水一般要经过以下流程：雨水收集→综合储存池（沉砂、调节、储存）→生物处理→过滤→消毒→清水池→循环水补水。

二、批判医学人类学

批判医学人类学主要始于20世纪80年代，关注的是历史（如殖民主义）和政治经济结构（如贫穷）对健康和医疗资源不均等的影响。其主要观点是将个人生命与世界体系联系起来。健康并非个人行为的问题，也不是文化特质的结果，更可能的是与所在地与全球的经济不均等有关。这一研究趋向与人文社会科学界整体的批判理论风潮有关，新马克思主义、女性主义、后现代主义等强调批判反省的当代理论典范，影响了人类学的知识论与方法论。不论是研究者的还是被研究者的"身体"及其所处的"位置"，以及由身体引带出的现象、价值与社会构成，都成为观看、分析世界权力与社会关系的起点和媒介，也是批判的终极点，目标归结于人的福祉与权利。

批判医学人类学从反思的角度创造性地提出了一系列颠覆传统定义的医学观念：

（一）健康

通常，用生物医学的观点来看，所谓健康就是没有病。而世界卫生组织认为这样的生物医学模式上的健康定义是有缺陷的。他们认为，所谓健康要具备三个最基本的条件：身体健康、精神健康和社会健康。那么是什么阻碍社会健康的达成呢？从批判的立场来看，在当今世界，这些障碍主要包括社会地位的不平等、阶级、性别、种族以及其他的歧视、贫穷、结构性暴力、社会疾病、被迫在有毒环境中居住或工作以及其他相关因素。

（二）疾病

传统医学人类学家试图逃避对"什么是疾病"这个问题的回答。一方面他们把"疾病"（disease）（如临床病症）限定在医学领域；另一方面又把"病患"（illness）（如患者临床病症的体验）界定在人类学研究的一个合宜的范围内。但是从批判医学人类学角度看，用超越人类学家的知识及其所关注的事物来界定疾病是一种退步。由于肌体、气候以及地理环境等因素的存在，不同的社会存在的疾病千差万别。不过，生产性活动、资源与生产的组织方式和实施方式以及基于社会资源分配上的生活和工作条件等的差别，也会使得不同的社会存在不同的疾病。从批判医学人类学立场看，离开社会背景来讨论特定的健康问题会弱化基于环境、职业、营养、居住和际遇状况基础上的社会联系。疾病不只是病原体和生理性失调的直接结果，相反，一系列的社会问题，诸如营养不良、缺乏经济保障、职业危机、工业污染、不标准的住房、无政治权利等，都使得人们容易得病。总之，疾病既是社会性的,也是生物性的。因此,无论是在医学领域或是在医学人类学领域,都把疾病视为一个既定的事实,即视为缺乏部分生理性免疫能力,使得人们倾向于忽略疾病的社会根源。

(三) 并发性流行

由于医学人类学致力于在政治经济和生物社会相互作用的因果关系中确定和理解健康,故而批判医学人类学研究疾病的方法有着独有的特色:生物、流行疾病、患者、社区对于疾病的关注和理解,以及促使疾病产生和发展的社会、政治以及经济等的一系列因素都是其所要调查研究的。为了帮助描绘有关健康概念的巨幅图像,批判医学人类学家在19世纪90年代中期就引入了"并发性流行(syndemics)"的概念。传统上,生物医学的认识和实践有一个特点,把疾病视为与其他疾病相分离而存在的界限分明的独立实体,独立于发现它们的社会情境,故而倾向于隔离式地研究和治疗疾病。由于疾病因社会不公正所致并受其影响,故批判医学人类学集中精力力图理解社会和生物的交叉联系。

(四) 医疗霸权

在当代生活医疗化的背后起作用的是更为广泛的医疗霸权现象。通过这一过程,资本家们的设想、概念和价值观渗透到医学诊断和治疗中。霸权指的是一个阶级通过与暴力手段相反的结构性的方法来控制社会的经验和文化生活。霸权是通过扩散和持续彻底强化关键社会机构来实现的。这些社会机构拥有某些价值观、信仰态度、社会规则和法律。医生和病人之间的互动关系也是构成霸权主义关系的一个方面。对这些相互作用的研究表明,它们普遍在更大的社会中强化了不平等的等级制度。它们通常以下面的方式实现:①强调病人服从一个"社会强势者"或者专家的判断的需要;②指引病人关注致病的直接原因(如病原体、饮食、锻炼、吸烟等),而忽略结构性的因素,医生们觉得他们对此结构性因素没有什么控制力量。比如,尽管一个病人可能正在经历由繁重的工作环境引起的工作压力,医生却可能开一服镇静药去镇定病人,而非去质疑位于员工之上的雇主或主管的权力。在当今世界,全球化是医疗霸权的一个主要动力。占统治地位的西方国家影响着现代人们健康生活的方式,而这种影响力都是反映西方世界关于理性、竞争和发展的价值观念的。所谓健康的生活方式包括:健康护理、健康医疗以及那些由在财政上给予许多国家支持的主要国际信贷机构所推动的健康事业。在这种情况下,随着各地方现代化进程的推进,当地与健康相关的传统机构毫无疑问将被西方的所取代。

阅读材料16-4　美国结核病发病率的研究

在美国，结核病在无家可归者的临时收容所和监狱中的比例很突出。由于住处拥挤、通风条件差，生活于贫困之中的人增加了接触导致结核病的细菌的可能性。对临时收容所的调查表明，它们已经成为结核杆菌在穷人中传播的焦点场所。一旦感染，这些穷人更有可能成为积极性的结核病患者。因为他们更有可能多倍地暴露在结核杆菌中（这使得隐形蛰伏的细菌变为活动状态）；同时，也因为他们更可能多地存有其他感染和营养不良而长期性地处于免疫系统破坏状态。而且，贫穷和歧视把穷人置于不利的处境。这可以从以下几个方面来看：他们可以得到的结核病的诊断和治疗的机会少；由于他们已经弱化的免疫系统，他们可以得到的治疗的效果差；以及由于他们处在贫困家庭，结构性的被强加的居住的不稳定、经济崩溃、社会危机而使他们能坚持结核杆菌病治疗的可能性小。就结核杆菌这个案例所表明的，疾病不会存在于一个真空的社会中，也不会只存在于那些它们攻击的身体内，因而他们的传播和作用从来不只是一个生物性的过程。最终，社会性的因素，像贫穷、种族主义、性别歧视、放逐、结构性暴力等等，可能比病原体的性质或者被病菌感染的身体系统远为重要。从独立地关注疾病转向并发性流行，甚至转向社会环境中的疾病，使得人们对于疾病的理解远比临床观察诊断引致的认识更为全面综合（Farmer，1993）。

疾病防治和健康是人类社会和谐发展的终极目标之一。与人类生命福祉攸关的医学人类学主题也日益受到普遍的关注。医学人类学发展到今天已有半个多世纪的历史了，尤其是近二三十年来取得了迅猛的发展，并日益成为人类学的主干分支学科之一。医学人类学在美国的发展大致可以分为早期的生物和生态医学人类学以及民族医学研究阶段，到20世纪六七十年代则为介入公共卫生领域的应用医学人类学阶段，最近20年则是批判医学人类学蓬勃发展的时期。医学人类学总的发展趋势是，不断增加医学人类学的应用性，将人类学的具体理论和方法落实到人类健康发展的具体实践中去；同时也在人类学的框架内，用批判的眼光解决医疗体制中所存在的问题，致力于建立一个多元文化批判的完整体系。

关键词

医学人类学　健康　疾病　流行病　民族医学

复习思考题

[1] 医学人类学主要有哪些研究领域？

[2] 举例说明人类学基本观念在医学人类学研究中的运用？

阅读文献

[1] G. M. Foster, B. G. Anderson. *Medical Anthropology*. New York：John Wiley & Sons，1978
[2] Peter J. Brown. *Under Standing and Applying Medical Anthropology*. Mountain View, CA ：Mayfield，1996
[3] John M. Janzen. *The Social Fabric of Health：An Introduction to Medical Anthropology*. New York：McGraw-Hill Companies, Inc.，2002
[4] R. Dubos. *Man, Medicine and Environment*. New York：Mentor，1969
[5] 王筑生. 社会科学与自然科学的交叉——医学人类学. 思想战线，1996（4）
[6] 程瑜. 乡土医学的人类学分析：以水族民族医学为例. 广西民族大学学报（哲学社会科学版），2006（3）
[7] 刘绍华. 医学人类学的中国想象. 广西民族大学学报（哲学社会科学版），2006（3）
[8] 高永平. 现代性的另一面：从躯体化到心理化——克雷曼的医学人类学研究. 国外社会科学，2005（3）
[9] （美）莫瑞·辛格（Merrill Singer）. 批判医学人类学的历史与理论框架. 广西民族大学学报（哲学社会科学版），2006（3）
[10] A. Kleinman. *Patients and Healers in the Context of Culture：An Exploration of the Borderland between Anthropology, Medicine, and Psychiatry*. Berkeley, Los Angeles, London：University of California Press，1980

第十七章 发展人类学

> **摘要**
>
> 发展人类学成为应用人类学的一个分支，是人类学家基于发展项目，凭借自身研究本土文化的特长，实地解决或是缓解发展项目中因文化因素导致的社会、政治和经济问题，或是探索利用本土文化的可能，以实现发展项目的事半功倍。伴随着发展人类学的兴起，人类学对发展的研究（the anthropology of development）成为现代人类学的主要专题之一。
>
> 20世纪90年代以来，发展人类学成为参与式发展潮流的主要推动者，参与式发展的主流化也为发展人类学的研究实践提供了更大的空间。参与式发展的主要理念与一直坚持本土研究、提倡本土知识、关注发展的社会文化纬度的发展人类学完全一致，它明确提出要实现发展主体由国家和专家向草根阶层和边缘群体的转变，强调发展的综合性，经济、社会、文化、政治、自然等各方面无所不包。人类学对参与式发展领域的主要贡献体现在两个方面：一是对人类学传统的长期田野调查方法进行改进，创造出了适应项目需要的快速田野调查——参与式乡村评估（participatory rural appraisal，简称PRA）；二是以PRA的普及为契机，力图将在PRA过程中所实现的发展人类学者和发展对象之间的职业倒置贯彻于整个发展过程，倡导一套民本主义（populism）的参与式发展模式，也即平衡发展者与被发展者之间的权力关系，赋权于发展对象（往往被认为是受排斥的贫困者），使之有机会表达自己的声音，参与整个发展的过程。
>
> 随着国外发展项目在中国的实施，中国的人类学家们正通过发展人类学在发展援助领域的研究和实践，努力进行着体现自己学科价值的学术研究。在中国开展发展人类学的应用和实践，需要以为人民服务为核心，而少数民族、城乡差别、区域差别方面则是实践关键点。

第一节 发展人类学的产生

发展（develop）一词至17世纪时才正式出现在英语中，在此之前的词形是

disvelop，本意为打开、展开。18 世纪时，这个词为新兴的生物学所用，用以人类心智的发展，因而与进化（evolution）一词关系紧密。19 世纪时，"发展"成为社会科学古典进化论的关键词之一，特别适用于解释经济变迁，尤其是工业化和市场经济的变迁过程。"发展"的含义在 20 世纪日益普遍化，"二战"以后，"发展"成为一种不言自明的概念，并且成为世界大多数人日常生活中的现实，这是西方发达资本主义国家的援助项目和新兴民族国家的发展欲望共同作用的结果。

自从 1949 年美国总统杜鲁门提出所谓"第四点计划"（即对落后国家提供经济援助的计划来支持和争取第三世界国家）以来，针对落后国家的直接经济援助项目成为推广西方现代资本主义发展模式的重要手段。20 世纪五六十年代，在古典经济学理论的基础上，这些发展项目集中体现了把经济增长作为社会发展目标的思想，也就是以 GDP 和人均 GDP 为标准衡量经济，通过快速工业化，不断地进行出口替代，逐渐把亚洲、非洲、拉丁美洲的大部分地区吸纳到世界资本主义体系中，以便实现像西方社会那样的工业文明社会。在这一发展过程中，贫困被认为是发展过程中的一个自然现象，会随着工业化和城市化的加速而被最后根除，农村的发展在其中并不受重视。这种发展模式在实践当中并未取得预期效果，反而引发了一系列复杂的社会经济问题，如文化冲突、通货膨胀、经济结构失调、分配不公、两极分化等。有学者总结，"二战"以来的"发展"包括四个方面：一是继承了古典进化论思想，将发展视为进化，也就是从"传统"向"现代"的过渡；二是技术进步被视为发展的关键部分和动力；三是市场经济的扩张和理性经济人的培养；四是传统文化被视为发展的障碍和对象。

20 世纪 70 年代，发展项目的投向开始出现了一些新的动向：一是发展项目致力于解决诸如都市内外交通之类的城市基础设施建设；二是渐渐的也有一些发展项目开始关注社会方面的发展，如健康、教育、住房等；三是乡村发展成为这一时期发展项目的一个新关注点，并且成为今后发展项目的主要内容；四是意识到发展中国家需要的是适应于他们自身资源和技术水平的"合适技术"。20 世纪 80 年代，可持续发展的概念出现并日渐普及，自然环境成为发展项目必须关注的内容。20 世纪 90 年代初期，妇女与发展的问题被提上议事日程。20 世纪 90 年代中期以后，在世界银行等大型发展援助机构的倡导下，发展项目力图直接以那些受排斥的最贫困者为发展对象，让这些人一方面成为发展项目的优先受益人，另一方面也能够全面参与社会经济发展项目的设计、传递、决策过程。目前，人们对发展项目的共识是：一是关注农村地区的发展；二是以人为本，关注就业和收入的提高，而不是单纯的资本积累；三是关注妇女在发展中的特殊需求和地位；四是可持续发展，防止以发展经济为代价的生态环境破坏；五是提倡农村地区最贫困人群对发展过程的全面参与。

严格来说，人类学家对发展的参与并不是一件新鲜事。从 19 世纪后期开始，欧洲的许多人类学家就受雇于殖民政府，帮助他们统治和管理其在非洲、亚洲和美洲的殖民地。而一些美国人类学家则以美洲印第安人作为研究对象，帮助美国印第安人事务局推行同化政策。在第二次世界大战期间，一些人类学家更是在军方就职，为军事战略服务。他们扮演着解决文化麻烦的角色。

"二战"结束后到20世纪60年代期间，在新古典主义经济学的基础上，发展理论和实践以技术和经济的发展为核心，人类学家曾一度退回学校，埋头从事学院派的研究。随着亚非拉地区民族自觉性的空前高涨和西方工业理性日渐暴露出其自身矛盾，很快便暴露出这种以经济为中心的自上而下发展方式的收效不佳，于是社会文化因素变得敏感起来，人们开始重新审视发展的文化和社会维度，尤其是在"传统"社会向"现代"社会过渡之时，文化变得先天不足，尤其需要一种新行当，把文化和发展连在一起。

从20世纪70年代开始，在各种各样从事发展的机构里，有了越来越多的人类学家，他们以本土文化（indigenous culture）专家的身份加入到了发展领域，把人类学所特有的文化关怀引入了发展领域，使发展的文化维度成为理论建设和项目设计的一个重要部分。"在解决问题的每一个阶段，人类学的贡献都是明显的：人类学者设计的方案符合文化背景，因此有效；在实行过程中，他们修改那些遭到社区反对因而在经济上行不通的方案；他们做出评估，其中包括对项目结果进行评价的有效指标；他们提供充当跨文化的中间人所不可少的、独一无二的技巧；他们收集为了做计划定政策而必需的第一手资料；他们进行干预，并评价干预的文化和社会效果，充当发展程度不一样的世界和社区的文化媒介（中间人），收集各地的资料和观点，将地方社区和项目纳入政治经济的大环境中，并且历史地看待文化。这些都是人类学对发展进程的贡献，它们也许还谈不上必不可少，却是绝对重要。于是发展得以'少走弯路'。"

通过这些为发展机构工作的学者以及大量相关人才的培养，发展人类学自20世纪70年代以来蓬勃发展。笔者认为，发展人类学作为应用人类学的一个分支，是人类学家基于发展项目，凭借自身研究本土文化的特长，实地解决或是缓解发展项目中因文化导致的社会、政治和经济问题，或是探索利用本土文化的可能，以实现发展项目的事半功倍。伴随着发展人类学的兴起，人类学对发展的研究（the anthropology of development）成为现代人类学的主要专题之一。

第二节 本土文化与发展人类学

阅读材料17-1 "哥伦比亚的牛皮手提包难以打进有吸引力的美国市场"的故事

博德公司（Monitor Company）曾受哥伦比亚政府和私营企业委托，研究哥伦比亚这个安第斯山区国家的皮革制造商怎样才能扩大向美国的出口，并提供相关的建议。博德公司研究人员首先在纽约市采访了产自世界各地的皮革手提包的买主，还采访了美国各地大约2000家零售商。调研收集到的资讯错综复杂，但归结起来，信息却简单明了：哥伦比亚的手提包定价太高，质量太低。

研究人员回过头到哥伦比亚的皮革制品制造商那边去了解他们的产品质低价高的原因何在。他们的回答是："这不是我们的过错。"他们说这都怨那些向他们供货的鞣皮厂。哥伦比亚政府保护这些鞣皮厂，对进口皮革征收15%的关税，从而使阿根廷向哥伦比亚出口的皮革变得太贵，难以与国内厂商竞争。

研究人员再去哥伦比亚农村采访那些鞣皮厂的主人。这些鞣皮厂采用劣质化学制剂，造成了附近土壤和水的污染。厂主们很高兴地回答了我们的问题。"这不是我们的过错，"他们解释说，"这都怨那些屠宰场。他们向我们提供的生牛皮太次了，因为他们一心只想多卖些牛肉，既省劲又可以赚更多的钱。他们把牛皮弄破了却一点也不在乎。"

研究人员转到南美草原去采访屠宰场的赶牛工、屠宰工和挥动着秒表的管理人员。他们的回答还是那句话："这不是我们的过错，这都怨那些牧场主。"他们接着说："你们知道吗，他们为了防止那些跟毒枭狼狈为奸的游击队偷牛，就往牛身上打了太多的烙印。"烙印多，牛皮弄毁了。

研究人员最后奔赴远离省城的牧场，牧场主们说话带有浓重的地方口音，既快又不好懂。他们告诉研究人员："这不是我们的过错。这都怨牛不好。"他们解释说，这些牛太蠢了，为了驱赶叮在它们身上的虻蝇和挠痒，老往铁丝网上蹭，把皮都蹭破了。蠢牛不会说话，研究人员没有谁再好采访，调查到此结束。

研究人员长途跋涉，行车在搓衣板似的路上，还得在车上不断敲点笔记本电脑，鞣皮厂的化学污水和一路的泥泞把研究人员的鞋都毁了。博德公司最后得知，哥伦比亚的牛皮手提包难以打进有吸引力的美国市场，原来是因为他们的牛太蠢了。

（资料来源：Michael Fairbanks：《改变国民的心态：致富过程中的各种因素》；Samuel P. Huntington and Lawrence E. Harrison：《文化的重要作用——价值观如何影响人类进步》，程克雄译，新华出版社2002年版，第387~406页。）

Fairbanks 幽默的论述显示了人的价值观和心态在发展问题上的重要作用，围绕文化对发展的重要影响展开的发展研究和实践，带来了世界发展观和发展模式的变革，在这个过程中，以研究本土文化为己任的人类学家起了重要的推动作用。

现代人类学对本土知识的关注来自于人类学所特有的文化定义和文化观。这种文化定义和文化观随着人类学的不断发展，进而沉淀为人类学的学科理念。即便是历经"二战"和战后的世界格局大变动后，传统意义上的人类学调查点已经不复存在，人类学的被研究对象从农村迁移到都市，人类学研究地点从乡村延伸到都市，人类学研究单位从一个社区或乡村跨越到全球化和跨国主义，这种理念都未曾改变过，而且指导着人类学应对不同的新课题和新领域。

传统人类学研究的初民社会本来就是世界的边缘，"二战"后殖民地纷纷独立，这些初民社会很多后来演变为"第三世界"国家。20世纪60年代以来，由于人文社会科学对政治和经济不平等问题的关注，更是激发了人类学重回现实，继续以前对"初民社会"和边缘群体的关注——只是此时的初民社会成为了"不发达"国家。现代人类学对本土知识、底层社会、边缘群体的研究，从学科理念上来说是一脉相承的。人类学家正是带着本土文化研究的特长进入了各种新的研究领域，而"发展"就是其中的这样一个领域。

许多发展援助项目在少数民族地区展开，援助者对受援对象的社会文化逻辑往往缺乏了解，援助者认为"进步"、"有效"的项目，当地人可能并不接受，甚至会给当地带来深重的社会灾难。在发展援助领域中，因为外来专家不了解项目受援对象独特的社会文化体系，导致项目的失败，甚至给受援对象带来惨痛的发展后遗症的情况并不鲜见。在实践工作中，人类学家通常会运用他们对"异文化"研究的专业知识，尝试评估项目的发展目标，并将合适的项目发展目标通过当地人能接受的方式加以实施，以提高项目与本土文化的适应性。

阅读材料17-2　印度的"绿色革命"——不成功的发展计划

绿色革命产生于20世纪60年代，从20世纪40年代开始，以美国一些基金会为主的组织派遣农业专家到亚非拉一些欠发达国家开展农业研究工作，重点研究提高这些国家农产品尤其是粮食产量的方法。印度是这场运动中的一个重要发展对象。这场运动中，通过培育抗病良种、施加肥料而大幅度提高了当地的农作物单产，从而引起了一场农业革命。

成就：使印度从20世纪五六十年代缺粮到20世纪80年代变成低水平粮食自给国。以粮食总产量为例，印度粮食总产量1965年为7235万吨，1980年为1.3亿吨，1990年为1.7亿吨。

消极面：①只有在少数肥水条件好的地区有效，国内地区间的单产相差6倍；

主要对有财力的大农场主有利,他们可以支付得起农药、化肥、良种、灌溉和技术服务的费用,而全印度8200万户农户不能获益,造成两极分化。②增产未增收,而人口增长了2.2%,大多数农民依然贫困,文盲率极高,由于愚昧无知和生活所迫,导致大肆砍伐森林和大量使用巨毒农药。

付出的巨大代价:①政府大量财政补贴,用于应对麦、稻生产成本的不断上升。补贴化肥、农药、农机、灌溉的开支剧增。如用于进口化肥的补贴1985年达到最高记录——11.4亿美元,至今该国的化肥进口量仍占1/8。为进口自产化肥所需的石油,年补贴大量外汇。②化肥纯用量从78.5万吨增加到850万吨,增长11倍。③农药增长5倍,大量使用化肥、农药造成污染。④商品能源增加10倍。⑤地下水和地上水资源的开发,大量资金投入到灌溉工程,地下水超采。⑥滥垦土地,砍伐森林,更加导致干旱和土地沙化,旱地面积占耕地面积70%以上。⑦社会代价——负担不起"绿色革命"成本的小农,由于无法与大农场主竞争而破产,不得不外出寻求出路。

(资料来源:李小云:《参与式发展概论:理论—方法—工具》,中国农业大学出版社2001年版。)

阅读材料17-3   "礼物传递模式"——基于本土文化的项目贷款管理模式

牲畜,尤其是猪、牛、羊是凉山彝族社会中极为特殊的物品,除了可以作为商品外,它们还既是年节和待客中的礼物馈赠,也是彝族家庭财产的重要组成部分;既是祭祀祖先、鬼神的牺牲品,也是家族成员履行各类义务的表现;既是彝族村民身份和名望的象征,也是各类仪式中必不可少的组成部分。因此,凉山彝族因文化需求而导致的牲畜自我消费数量很大,而且家里越富有,牲畜数量就越多,消费牲畜的机会就越大,消费的数量也就越多。

世界银行贷款"中国农村贫困社区发展项目"的山羊养殖贷款子项目实施过程中,为避免彝族村民因文化需要而把项目发放的牲畜也杀吃,同时还要避免彝族老百姓因接受政府的无偿援助已成习惯,而没有意识按时还贷,因此在基于彝族传统文化特点的基础上,项目设计了参与式"礼物传递"的模式来开展贷款项目的实施和管理。具体方法是:采用实物放贷的方式。由于羊的数量有限,项目采取在羊分到村后,用抓阄的方法,头一年领到羊的农户,在养后第1年还羊1只,第2年还羊2只,第3年种羊及发展多的归个人所有;还来的羊又发放到其余没有领到羊的农户,形成滚动发展,当项目村农户都领到羊后,最后得到羊的农户也要归还3只羊,并集中统一销售,收入放入社区发展基金,以达到持续发展的目标。这样的做法充分利用了彝族家支的力量来监督项目农户对山羊的饲养,并以当地老百姓能理解和接受的方式来发放和回收贷款,因此项目贷款管理的效果较好。

(资料来源:杨小柳:《参与式行动:来自凉山彝族聚居区的发展研究》,民族出版社2008年版。)

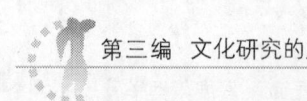

在一些社区有计划的变迁过程中，发展人类学家在发展援助的过程中甚至居于核心地位。在这种情况下，人类学家不仅仅是本土文化的专家和文化的中介，他们更是社会有计划变迁的指导者，其工作的目标不仅仅是提高项目效果，更是包括了他们关注弱势群体，推动内源发展的努力。

第三节　参与式发展：发展人类学的新主题

"参与"首先是西方政治学民主政治研究领域的关注点。在20世纪六七十年代，参与成为公共决策合法化和政治拉拢的重要策略之一。当时西方社会正处于住房、城市建设、交通网络等各项公共设施的高速发展之中，发展计划成为影响人们生活的主要因素。国会和地方政府通过信函、问卷、公众会议等方式，说服群众参与各类发展计划的决策过程，让公民们在一大堆已经确定的候选项目中选择自己所满意的，尽管参与的群众中只有一部分人对这些计划比较清醒，并以此来检验他们的支持率，评判他们所宣称的民主情况。

第三世界发展领域中的"参与"概念来自于西方，但其中所包含的意义以及各种意义积累的过程却复杂得多。在发展领域，参与本身不是一个全新的概念，比如在20世纪五六十年代，一些西方国家对第三世界国家的发展援助就采取了"社区发展战略"，试图通过社区发展使当地人纳入到改进社区的活动中去，其中就包括了今天"参与"的明显意味。只不过，当时的"参与"主导思想是通过资本集中、商业化和工业化等手段，使那些隔阂的、自给自足的传统农业社区纳入到拥有自由市场经济、物质生活极大丰富的新兴民族国家整体中。这种参与的用法意味着在没有实现"参与"之前，人们没有真正意义上的政治经济活动。在这种发展思路中，人只是国家发展计划的对象，他们对项目的参与常常是意味着贡献热情、劳力或是金钱。

今天，人们把这种模式归纳为以技术为中心的、从上自下的、保守的传统发展模式，并从20世纪80年代以来对其进行了诸多反思。一部分研究者把此种发展模式项目的收效不佳归咎为对项目受益人群的忽视，尤其是妇女和本土文化在发展过程中的边缘化，这直接促使充分考虑受益人群的发展思想的产生。另一部分学者则指出，传统发展模式将目标瞄准于新兴的第三世界国家根本就是一种失败。他们强调发展不应该基于国家，而是应该通过参与行动研究，让人们自己决定他们自身的发展。实际上，一些国际非政府组织从20世纪70年代开始就强调发展应致力于促进内源的发展动力，而不是靠国家从上自下的供给。他们尝试开展一些以提高收入为目标的项目，帮助老百姓获得资源，以实现自我提供服务或是有能力组织动员起来获得国家的服务。这样，发展思想中就包括了人们自我满足、自我帮助、独立于国家的意义。

与20世纪80年代债务危机密切相关的世界银行资助结构调整政策充分反映了对传统发展模式的反思,并在反思基础上吸取了上述两大发展新观点。这次结构调整的目的在于将世界银行资助重点从国家转向私人和非政府部门。其结果是国家不再被视为无所不在,人应该被充分考虑进他们自己服务的生产过程中。社区和家庭(尤其是妇女)取代国家,成为各种福利和服务的承担者。

对传统发展模式的反思和批评以及发展新思维的出现和实践,共同推动了参与发展的口号于20世纪90年代被明确提出。Chambers是这场运动的关键倡导者之一。早在1983年,他就在他的畅销书中提出了"put the last first"的口号,一度成为引领参与发展潮流的标志性口号。在他后来的著作中,他继续强调"put the last first"的口号,并把矛头直接对准了发展者与发展对象之间不平等的权力关系上。而PRA(participatory rural appraisal)这种既适应发展项目要求,又能直观快速地转变发展与被发展双方权力和知识地位的参与方法的出现和普及,使得参与发展的实现似乎并不困难。一时间,各大国际援助机构纷纷出台了各类参与发展项目。

世界银行在参与发展这场潮流中所起的作用不可忽视。20世纪90年代以来,世界银行承担了许多细化参与的工作。它的工作既受各大发展援助机构实践经验和学者争论的影响,其思想的前进又影响、引导着学术界和发展实践者的动向。1990年11月,世界银行成立了一个参与发展学习小组(World Bank's Learning Group on Participatory Development),小组成员主要来自于世界银行。这个小组认为,当前世界银行面临的挑战就是如何扩大其在项目实施过程中对参与的支持力度。1994年5月,200名来自世界银行总部和各国分部的职员以及60名非世界银行职员讨论形成了一份报告。

这份报告的主要贡献表现在三个方面:一是提出了"利益相关群体(stakeholder)"概念,并对利益相关群体进行划分。利益相关群体是"那些影响世界银行行动和政策,以及被世界银行影响的各方人群"。在明确以缓解贫困为世界银行目标的前提下,将发展项目涉及的各个利益相关群体划分为:①主要利益相关者(the primary stakeholders),指的是穷人和边缘群体,他们缺少信息和权力,被排斥于发展进程之外;②贷款利益相关者(the borrowing stakeholders),指的是借款国政府;③次级利益相关者(the secondary stakeholders),主要包括非政府组织、商业机构以及那些有一技之长、直接面对主要利益相关群体的各类专家。二是提出了至今仍被沿用的参与定义。"参与是这样一个过程,项目利益相关群体能够通过它影响、共同控制涉及他们的发展介入、发展决策和相关资源。"这个定义避免了主要利益相关群体在发展过程中被简单地视为被动的援助接受者、访谈对象或是劳动力的情况。三是明确世界银行实施的项目应该是一个激发主要利益群体影响和控制发展行动的过程。这个过程的实现,需要在整个国家的经济及其相关部门中考虑更广泛的利益相关群体;保证所有的利益相关群体及其关系都能被识别,并在所有项目阶段中被考虑;让穷人更容易获得资源,尤其是金融资源;加强主要利益相关者及其组织的管理能力。

发展人类学是参与式发展潮流的主要推动者,参与式发展的主流化也为发展人类学的研究实践提供了更大的空间。在参与和赋权的口号下,参与式发展吸取了20世纪七八十年代以来对以经济、技术为核心的自上而下的发展模式的各类经验和教训,并囊括了已出现的发展新思维在实践中行之有效的新发展方式。参与式发展的主要理念与一直坚持本土研究、提倡本土知识、关注发展的社会文化纬度的发展人类学完全一致,它明确提出要实现发展主体由国家和专家向草根阶层和边缘群体的转变,强调发展的综合性,经济、社会、文化、政治、自然等方面无所不包。

人类学对参与式发展领域的主要贡献体现在两个方面:一是对人类学传统的长期田野调查方法进行改进,创造出了适应项目需要的快速田野调查——参与式乡村评估(participatory rural appraisal,简称 PRA)。PRA 的前身是 RRA(rapid rural appraisal),最初只是泰国的一群学者丢掉了传统调查所需的问卷、提纲和研究假设,通过向农民学习以了解为什么当地农民不愿意接受绿色革命。PRA 是在总结 RRA 的经验基础上发展起来的,它秉承文化相对论,承认多样性和差异性的存在,鼓励人们坚持不同的观点,对他们自己的情况进行分析,从而调动乡村社区的力量为实现他们所设想的未来而采取行动。这套方法为各类发展援助机构在全世界各地屡试不爽,已经成为一套必不可少的项目程序。二是以 PRA 的普及为契机,力图将在 PRA 过程中所实现的发展人类学者和发展对象之间的职业倒置贯彻于整个发展过程,倡导一套民本主义(populism)的参与式发展模式,也即平衡发展者与被发展者之间的权力关系,赋权于发展对象(往往被认为是受排斥的贫困者),使之有机会表达自己的声音,参与整个发展的过程。

Chambers 提出的"put the last first"口号,也就是说把处于社会最底层、最边缘的穷人置于发展的第一位,这是人类学关注本土社会文化传统的延续,已经成为当今参与式发展的标志性口号。他认为,发展项目的最大问题是对发展目标群体的偏差,而发展者对农村贫困和农村发展的误解则是导致这种偏差的主要原因。他把矛头对准了发展者与发展对象之间不平等的权力关系上,以"put the last first"为口号,强调实现双方的权力倒置,赋权给贫困和边缘化的穷人。他视发展方与被发展方所属知识地位的变动为两者权力关系倒置的主要标志,将"put the last first"的实现,具体到"Whose reality counts?"问题的解决上。PRA 的理念和方法就在实践中成功地转变了双方的知识地位,由此 Chambers 视其为实现前述两者权力关系倒置的起点。通过介绍 PRA 的起源、发展、操作运用以及今后的发展方向,他试图展示 PRA 在发展项目中带来权力平衡的惊人效果。他的论述可以称得上是 PRA 方法的普及教材,以至于许多人将 PRA 等同于参与发展的代名词。

如果说 Chambers 在发展实践层面推动参与发展的普及，那么英国人类学家 Sillitoe 则是从"本土知识"（indigenous knowledge）入手，试图在理论层面确立人类学在参与发展领域的学科地位，号召建立一种新型的应用人类学。

Sillitoe 认为，本土知识和科学技术之间缺乏互动和互补仍是实现参与式发展的阻碍，而发展者之间的隔阂则是导致这种局面的主要原因。人类学家一直被视为研究"本土文化"的专家，从而在发展领域中谋得"文化中介"的职位。人类学在发展中的作用表现在，一方面促使发展者对"他者"的关注，另一方面将科学技术难以理解的"本土知识"，用其能够理解和接受的方式表述和总结出来。但这不是简单地将人类学学院式研究融入发展项目就可以实现的，人类学研究方法不适应发展需要的方面主要是：一是基于地理文化特点显著的小规模民族志研究；二是研究成果过于民族志化，仅仅是资料堆积，或是对本土知识的过度解释，对发展项目来说可用的东西不多；三是必不可少的长期参与观察和短暂的项目周期矛盾；四是局限于基于项目的个案研究，至今没能提出发展所需要的、具有普遍性和整体性的本土知识解释框架。由此，人类学不能像过去一样包揽所有"本土研究"，跨学科合作被视为开拓适应发展需要的本土知识研究的新方法。

Sillitoe 从四种纬度，对本土文化进行了逐层深入的解释，重新定义了"本土知识"，尝试寻找一条解决发展人类学自身困境的途径。他指出，后结构主义解构发展的前提是他们假设知识也是一种权力，可以被层级划分，由此将西方的科学知识视为霸权，而本土知识则被视为弱者。而实际上自 20 世纪 60 年代以来，不同文化之间的交融越来越明显，不管是本土知识还是科学知识都是具有多种来源的文化杂合体。他从东方哲学有关对立事物的解释中得到灵感，认为在发展过程中科学知识和本土知识实际上总是在相互影响和相互转化，并不能简单地以谁弱谁强来划分。这样，与人类学从社会结构研究向社会过程研究的转变趋势一致，Sillitoe 指出人类学的本土知识研究对象不是纯粹的本土知识（这种对象也不存在），而是本土知识与多种来源的知识体系文化杂合的过程。

第四节　发展人类学与中国实践

中国是个有着深厚历史和文化传统的国家，幅员辽阔，人口众多。新中国成立后，自 20 世纪 80 年代以来，中国的社会进程发生了很大的改变，同时，许多社会问题也呈现了出来，由此产生了对中国人类学为人们贡献自己的知识的呼唤。中国的人类学有着自己的传统，虽然这个传统曾经一度被中断。随着传统的恢复，中国的人类学家们现在正努力进行着体现自己学科价值的学术研究，而这种价值的体现很大程度上就是要通过发展人类学在发展援助领域的实践来达成。

一、中国人类学的应用传统

中国传统的知识分子，即在儒家传统之下训练出来的知识人，他们有着非常实践的理念和目标，那就是为统治和社会服务。但我们很难把这种实践简单地视为仅仅是出于个人利益驱使而为专制主义服务，这种"经世"的理想（political devotion）是中国知识人的一种文化传统。可以说，在西方科学进入到中国社会以前，中国传统知识分子自古以来就把为社会服务作为文化理想。虽然在实践上他们采取的主要方式是通过科举考试（keju imperial examinations）成为政府官员。

人类学在中国发端于20世纪初，它伴随着中国建立现代民族国家的进程。从19世纪到20世纪，中国这个古老国度经历了一系列半殖民的历史，这种历史境遇一定程度上决定了人类学在中国有自己特殊的使命，那就是和其他西方"科学"一起为中国的强盛和社会发展服务，这使得中国的社会学/人类学在建立之初就具有应用的目标。换句话说，人类学在中国的肇始与当时中国新兴知识分子对国家强盛的殷切愿望是密切联系在一起的。这种务实的态度恰恰反映在了早期中国人类学家如费孝通、林耀华等人的身上。例如，费孝通曾这样写道："在解放以前，如上所述，推动我去调查研究的是我们国家民族的救亡问题，敌人已经踏上了我们的土地，我们怎么办？我们在寻找民族国家的出路。这也就决定了我们调查研究的题目。"

毛泽东就曾对中国的乡土社会进行过田野调查，毛泽东的调查虽然更多的是为了其政治实践而服务，但他从中国的社会中在意识形态上分离出地主和农民两个对立的阶级，这成为如何决定土地的归属这一重要问题的基础，同时革命的号召力也建立在了归属问题之上。毛泽东所代表的革命知识人以及费孝通所代表的知识人，由于所经历的半殖民地社会的历史境遇使得他们有着一种非常相似的以"应用"为导向的愿望，而这也表现为他们改变中国社会现状的共同理想。从另一方面来说，他们也在一定程度上继承了中国知识人的古典政治传统——经世的理想。

由于政治意识形态的关系，新中国成立之后的一二十年里，人类学遭遇到了巨大的挫折，直到20世纪80年代人类学研究才重新在中国的大学里逐渐恢复起来。与早期的人类学家费孝通和林耀华等人的理想相类似的是，中国人类学依然重视讨论现实问题，讨论在新中国政治体制之下社会的变化和发展的问题。总体上讲，时至今日，中国的人类学以及其他的社会科学的实践，依然包含着致力于民族国家兴盛的愿望。

二、发展人类学实践在中国的现状

从 20 世纪 90 年代以来，随着中国的改革开放政策，许多国际组织开始介入中国的发展进程，中国政府对于合理的介入基本上是持肯定态度。正是这种介入使得发展人类学在中国有了很大的发展空间。因为许多发展计划和项目都明确提出需要人类学家的参与，在此之上中国的发展人类学逐步步入了它的起步阶段。当然，正因为是起步阶段，所以在应用研究的方式上相对就表现得比较单一，例如往往是与一些国际组织合作、与政府合作等。在中国，从事应用研究的人类学家已经有了一定的数量，他们在积累着自己的应用实践经验，同时这些人类学家也在纷纷致力于探索中国人类学应用实践的理论和方法。

现阶段人类学在中国参与发展实践的领域从主题上讲非常广泛，涉及到农业、林业、环境保护、移民、社区综合发展、卫生保健、妇女、教育、卫生等等。在发展类型上既包括增长型的发展计划（如扶贫项目），也包括非增长型的发展计划（如移民和社区综合发展项目等），发展实践所涉及的地域横跨中国全境，包括农村和城市，如中山大学中国族群研究中心与世界银行所合作的一系列项目；同时也与绿色和平组织等国际 NGO 以及中国政府合作了一些应用项目，这些项目涵盖了江西、安徽、云南、广西、贵州、湖南、四川和西藏等十几个省区，包括农业、环境、教育、社区发展和移民等几个方面的内容。

根据笔者的实践经验和所知来看，现阶段中国发展人类学的研究和实践有以下几个特点：

（一）研究项目主要以境外资金为支持

现阶段中国人类学的发展项目，在项目总投资方面境外资金一般占到 30% ~ 50% 或者以上。境外资金来源有如下几种类型：一是国际金融或基金组织，如世界银行；二是国际民间的基金组织，如福特基金会；三是国外政府，如英国、荷兰政府等（主要涉及到贷款、捐款和赠款等）。中国政府为融资方，这也是基于中国政府良好的还贷信誉。

（二）现阶段发展人类学实践的主要形式是评估和咨询

发展人类学家在应用项目中所扮演的角色主要是评估和咨询。这往往需要有人类学家们以田野工作的方式前往项目区进行实地考察，并提出调查报告和意见，在项目执行过程中追踪项目全过程，并为项目执行者和资方提供意见和咨询。当然，在一些时候也会要求人类学家提出发展计划书。这种情况主要是针对中国境内的少数民族。同时咨询工作的一个重要服务对象是政府，为政府制定政策提供具体的咨询。很多时候这种"策政"（policy consultant）的工作是与境外资金支持的项目联系在一起的，因为这些项目在一定程度上也是国家的项目。

(三) 参与式发展的理念和 PRA 的工作方法

参与式发展是中国人类学应用实践的一个重要理念。这一发展理念强调接受发展帮助的目标群体始终真正地参与到发展项目的决策、评估、实施、管理等每一个环节中，征求他们的意见和建议。利用其知识经验，培养他们对发展的责任感，使他们充分认同并接受发展的决策与选择，把发展当成是自己的承诺，并把所有外部的信息、技术及资金等方面的支持变成自己的发展动力，从而最大程度地达到发展的目标。当然，参与式发展成为中国发展人类学应用实践的重要力量，这与现阶段的应用实践是以同境外国际组织的合作为主要形式有一定联系。

PRA（Participatory Rural Appraisal）即参与式乡村评估，其主要强调的是对乡土居民的逆向学习，同时不局限于固定的调查程序和问卷，调查者可以根据获取信息的情况不断调整和完善调查程序和内容；寻求多样化的答案，力求信息更加丰富，同时注意考察调查中信息体现的差异性和矛盾性等；强调当地人的参与，调查者协助被调查者自己来调查、分析和做出报告，在此之上调查者与被调查者同时进行反思，交流信息分享结果，最终提高调查的质量。PRA 的特点在于快速和灵活，但由于时间上比较短促，在调查深度和与调查对象建立伙伴关系方面存在欠缺，这就需要辅助使用人类学的传统调查方法，例如参与观察法，同时与调查对象之间要努力建构融洽的关系。使用 PRA，在一定程度上也是因为中国依然是一个以乡村社会为主的国家。

以上几个特点反映出发展人类学的研究与合作者的意图有比较紧密的联系，另外程序化的方式以及评估和咨询者的角色无疑会制约发展人类学研究的深度。但是在中国从事发展人类学研究的人类学家一直在努力试图规避使其应用实践流于形式化（routine），注重对于已经进行的个案研究（cases）进行深刻反思，从而在理论和方法上进行总结。中国的发展人类学家不断地在积极反思应用实践与政府国家的关系，以及中国实践本身所面对的各种特殊情况等问题。

三、实践与反思

发展人类学实践中的核心就是处理发展问题，而发展问题不可能挪用西方既有的模式，这就需要人类学家对实践经验进行反思。在中国进行发展人类学的实践有一些不可回避的重要问题，即中国政府、中国的少数民族、中国的城乡差异、中国的区域差异这四个主要方面的问题。

第十七章 发展人类学

(一) 中国政府

抛开意识形态层面的考虑，中国政府实际上仍然是一个重视公益的政府。这一点充分体现在了现阶段对于中国西部地区的大力开发上。在中国社会无论是从事乡村社会还是城市社区的应用研究，在研究中如何看待国家和政府都将是一个非常重要的问题。中国社会并不像西方社会那样在国家和社会表现为分离的态势，中国只是在20世纪80年代以后逐步走向市场经济后才逐渐表现出国家和社会的分离趋势，中国社会有自己特殊的历史性。例如中国的地方行政体系，我们都知道，中国的行政体系是建立到村一级，也就是说，它的行政体系深入到乡村的最基层。而在新中国成立的头20年里，中国的地方行政体系在权力方面得到了全面发展。经过几次大的革命运动以后，中国政府完成了地方权力架构的重塑，在此之上地方行政体系一度控制着地方的经济和政治。虽然市场经济的发展和村民自治的推进正在改变着这种状况，但是地方行政体系在主导地方社会生活方面占据重要地位的现状依然在一定程度上延续着（特别是在贫困地区）。

一方面，比如，在发展人类学参与发展项目过程中，经常会遇到在行政村这一地方行政级别上，经由民主选举而产生的村委会在职能上政务和事务很难分开的情况。由于中国政府在近年来倡导村民自治以及提倡"大社会小国家"的思路，国家在行政村这一级别的事务上已经把许多事务决策权交给了村民自治团体（如村民大会、村委员），同时村委员会依然保持着一些行政上的职能（如计划生育、土地等）。然而实际情况是，与整个村落社区相关的主要事务如经济生产、学校和基础设施建设等方面依然要依靠行政决策来督促开展。这具体表现在村内事务的决策过程中所表现出的"政务化"倾向，比如在有的村落中村干部组织村民进行维修道路本来属于村务范畴，但村干部不得不用行政命令的方式来动员群众，然而群众在维护自己通向外界的唯一道路时表现得并不积极，工程进展得很慢。其他类似的情况如村民在维修灌溉用水沟时也需要以政令动员的方式才能进行。实际上由于所调查的项目区村落都属于贫困村，作为主要村务的公益事业的开展就往往只好借助动员群众的方式，这种方式不同程度地依赖于以行政手段处理问题的方式，而这种处理问题的方式通常是执行政府具体任务时的方式。

另一方面，贫困村落很少甚至没有集体资源，在执行村务的过程中往往不得不依靠国家。国家的拨款和扶持通常是村务（特别像比较大的公益事业）执行的主要支柱。而且在扶贫项目之类的问题上，涉及到国家事务和村落的整体利益，此时村务和政务就很难完全分开。另外，从干部到村民，由于历史的原因，他们在思考方式上往往已经习惯由国家来决定生产生活的基本大事。由于长时间地习惯了政府对生产生活的"管理"，因此这种惯性造成了人们对于村务的理解存在偏差。当国家不再以村内各色事务的主导者形象出现时，村内一般事务的处理方式却依然要依赖于形式上的国家。可以说，国家和社会紧密联系的历史影响正是造成这种现象的原因。

以上仅仅是以中国乡村的一种现状为例，总的来说可以把中国政府（特别是地方基层政权）与社会的紧密联系理解为一种历史的结果。在发展人类学实践中涉及到政府的问题时，一个最主要的重点就在于：需要借助其力量，但是又不能使应用项目流于各级政府的公务和仅仅是完成他们的政绩。这是发展人类学家在中国进行应用实践时所要处理的一种比较微妙的关系，特别是当应用实践涉及到的政府包括不同级别（如省、市、县、乡乃至村）和不同专职部门（如教育、民政、扶贫等等）的多极关系时。一定程度上可以说，在中国从事发展人类学的研究是很难避开国家和政府的。另外如之前所述，国家在应用项目中居于主导地位，也就是说，许多应用项目不可避免地要和国家直接发生合作关系。

（二）中国的少数民族

中国境内虽然是以汉族为主要民族，且汉族在政治、经济、文化、人口上都占有主导地位，但是中国境内还广泛地分布着 55 个不同的少数民族，与人类学的族群概念有所不同的是，这些民族是中国政府通过一次大规模的政府行为"识别"出来的，但由于这一概念是得到法律所认定的，所以在某种意味上也使这些在文化上与汉族不同而人口相对较少的群体获得了政策上的优惠。中国政府在制定其民族政策时也依赖于这种官方识别。中国少数民族人口数量占中国人口总数的约 1/10，地域分布上主要集中在中国的偏远地区，特别是西部地区。在中国进行应用实践时，少数民族是一个重要而复杂的问题，因为这些少数民族都有着自己的历史、文化、语言，甚至是共同的生活地域，而这些少数民族又与中国的地方行政体系直接发生着关系。

阅读材料17-4

拉祜族是居住在中国西南部边疆省份云南的一个少数民族，人口在40万左右，现在大部分依然从事山区农耕。笔者举例的是云南省中部一个拉祜族社区（自然村），这个社区很大意义上可以说是通过行政手段才固定下来的。当地的拉祜族（lahu people）在新中国成立前都是以游耕烧荒为主要生产方式，新中国成立后，中国政府给予这些少数民族固定耕地让他们成为农民（farm workers），在社区管理上依照当时的政府行政体系建立基层行政组织。这样的情况在中国西南的少数民族地区非常普遍，各个不同的少数民族在经济发展程度和社会组织方面与新中国成立前相比有很大的差异，新中国成立后统一的模式替代了这些新中国成立前的模式。该村没有经历过合作社、高级社，到1983年以前都是属于小农户自给的生产方式。

而到了1983年以后，国家组织本村村民新开了一些田地，同时把村里所有的土地承包到户，于是各家从此才有了固定田地。在20世纪90年代以前，村中一年很多时候要靠吃救济粮过日子。现在该村有耕地200多亩，比起1983年以前已经多了近1/3，但土地在总量上仍比较少，而且产出有限。拉祜族有分家的传统，其分家的模式具体表现为一个家庭中的男孩到了一定年龄以后就要进行分家。在当地拉祜族人掌握固定耕地以前，分家并不表现为固定耕地的获得，也就是说，分家和生计的关系并不反映在土地的获得上。这种制度更多的是表现在亲属关系和居住模式上，也可以说，与贫困的累积这个问题并不直接发生联系。而在今天，当地拉祜族分家时，每个男性孩子都将得到一块固定耕地。由于是固定土地，承包土地亩数本来就少的分家户，在进行再分家时使贫困问题累积了下来，而且在一定程度上进一步扩大。分家户由于土地不够，一些人会在附近新开田地，但本来该村附近可耕种土地的总量十分有限，这使一些分家户的新开田地在投入相同劳力的条件下产出依然非常少。从某种意义上讲，耕作固定田地的拉祜族村民，由于分家和土地资源有限，从而造成了某种累积性的贫困。同时，土地较少的耕种固定耕地的村民在遭遇自然灾害时，由于家庭贫困，本身很难有存粮（加之拉祜族村民文化习惯上对存粮并没有很强的计划性），于是抵抗风险的能力较弱。一两年的灾害造成的贫困状况可能会持续10多年都不能恢复。对于这样的社区，在设计扶贫发展的具体策略时就要求细致地考量问题。反过来讲，这样的社区很难适应一种单一的发展计划，因为当地经济的问题已经和历史、土地制度、文化生态等等方面的问题交错地联系在一起。

（资料来源：中山大学中国族群研究中心：《世界银行贷款中国乡村贫困社区发展计划项目云南省社会评估报告》，2004年。）

实际上，从上述例子中我们可以看出少数民族问题的复杂性所在：它与历史、政府、少数民族自己的历史文化和生活方式都有着密切的关系。于是，在中国开展发展人类学研究时，少数民族地区的问题和汉族地区的问题就有着一定的差异，开展发展人类学应用实践时在方法和视野上都需要针对特殊问题而展开，同时对于复杂性必须要予以充分的考虑。

（三）中国的城乡差异

城乡差异本来有其历史上的特点，那就是中国的户籍制度。中国一度将城市和农村的居民身份以一种政治的方式进行固定，即区分城市居民和农村居民，这主要服务于限制人口流动。但20世纪80年代以来，随着改革开放的进程，在市场经济的发展之下中国整个社会发生了巨大的变化。一方面，中国城乡的差别随着整个社会经济的发展而显得越来越明显，此时差异已经更多地直接体现为一种经济上的差距。对于以农村人口为主体的中国社会来说,基尼系数虽然不能完全作为参考,但是这在本质上依然反映着城乡贫富差距的存在(高于所谓的临界点0.4)。同时需要注意的是,仅仅依靠可支配收入这一项指标不足以完全说明差异的问题(例如考虑城镇居民在享受教育的财政补贴、养老金保险、失业保险、最低生活费救济等方面与农村居民的差异)。可以说,中国农村的贫困是一个结构性问题,也就是说,短时期内很难以特别有效的方式使那些贫困地区得到全面的发展。有的农村地区由于历史、自然等各方面的原因,其发展只能定位为非增长性的,例如致力于改善当地的医疗教育和卫生等状况。特别是中国西部地区,在生态和增长性发展之间又存在着很大的矛盾,而中国最主要的河流长江和黄河的源头和上游又都在西部地区,这些地区的生态环境会直接影响到中国的东部地区。

另一方面,人口的流动使得乡土社会和城市发生了更直接的关系。数量巨大的农村居民由于贫困问题而流向了城市,这种流动成为了中国社会的一大景观。中国乡土社会的成员,总有相当数量的人处于流动当中,而在一定程度上这种流动恰恰是城乡差异的结果。城乡差异的问题背后是中国现阶段的现代化进程,它强调应用实践中的城乡差别并不是要强调城市和乡村的分离,反而是强调两者的关联性。随着中国的城市化进程,大量的来自中国不同省份的农村居民,以外出务工的方式来到各大城市。2004年,中国农村跨省流动劳动力约6000万人,其中广东省吸收了46.7%的跨省流动劳动力。如此数量庞大的流动人口已经越来越成为珠三角地区重要的劳动力来源,同时这些人也成为某种意义上的都市里的陌生人。这里的陌生人与齐美尔笔下的陌生人有所不同,他们中的绝大多数都不会永远地定居于城市,而是处于一个钟摆一样的过程中,即摆动在乡村社会和城市之间。

上述情况使得在从事城市或乡村的发展研究时,很可能出现相互重叠的部分,就是由于中国的城乡差异和由此而来的流动人口问题涉及的部分,这种重叠的问题使得城市和乡村成为某种相互联系的整体。于是,在这种意义上,城乡差异必然是发展应用实践中需要充分注意的一个基本背景。

(四) 中国的区域差异

中国疆域的广大使得中国不同地域在自然环境、历史和人文方面有着很大的差异。在中国从事人类学的研究,如果抛开政治因素的话,很难单纯以民族/国家(nation)的理解来作为在中国开展人类学研究的基点。这一点和少数民族的问题比较类似。这种地域性并不仅仅体现在南方和北方的区分上,而是具体细化到各省区从行政、生态、文化上都有着很大的差异。特别是如西北、云南、西藏这样的地区,其历史和文化又与民族问题有着密切的联系。因此,区域的发展问题是一个非常综合性的问题。

例如,"游牧到定居"是政府推行的一项跨区域生活方式转变计划。当政府在中国西北一些少数民族中推行定居政策时，有很多游牧民族不愿意定居，因为原来的生活是与当地生态相协调的。牧区根据季节的不同分为冬季牧场和夏季牧场，游牧的生活方式本身是一种人与自然和谐相处的产物。同时，当地牧民的亲属组织、家族制度等一系列社会因素与区域的自然环境、历史等直接联系到一起而最终达到了某种协调。这里非常明确的一点是：不可能仅从经济的角度出发而忽视这种区域上的整体性。相反，西藏的例子显示，人们在从游牧到定居的过程中，为了盖房子，有的人就卖掉了牛羊从而失去了生产工具，这最终导致了从原来的相对富足到现在的相对贫困这一与本意相反的结果。因此，要避免这种与本意相违背的情况出现，就需要人类学家为政府制定相对合理的政策提供可靠的依据。而能够提供可靠依据的一个基本点就在于对区域性问题的充分重视。特别是推行某种跨区域的计划时，区域问题更应成为发展实践中不可忽视的一种重要变量。

如果说发展人类学的一个主导理想是在于为人类服务的话，那么为中国人服务就将是中国人类学开展发展实践的一个最重要的基点。因此，在此之上思考"我们做了些什么"以及"什么是值得我们思考的"将是有益的。前文提出中国的政府、少数民族、城乡差异、区域差异这些相互间有着深切的联系的问题，毫无疑问也将是未来中国发展人类学研究所不可回避的。今后一个重要的问题就是：如何在应用实践中充分考虑这些特定问题，有待于中国发展人类学研究实践在种类、深度和广度上的进一步发展。

关键词

发展　发展人类学　参与式发展　PRA

复习思考题

[1] 试述"二战"以来发展模式的转变历程。
[2] 试述"二战"以来发展人类学的发展历程。
[3] 试述中国发展人类学的研究和实践的现状。
[4] 发展人类学如何在发展援助领域中发挥作用？

阅读文献

[1] 周大鸣，秦红增. 参与发展：当代人类学对"他者"的关怀. 民族研究，2003（5）.
[2] 周大鸣. 参与式社会评估：在倾听中求得决策. 广州：中山大学出版社，2005
[3] 杨小柳. 发展研究：人类学的历程. 社会学研究，2007（4）
[4] 杨小柳. 西方参与发展的理论和实践. 广西民族大学学报（哲学社会科学版），2006（3）
[5] Paul Sillitoe. Participant Observation to Participatory Development: Making Anthropology Work. In *Participating in Development*. Edited by Paul Sillitoe, Alan Bicker and Jonan Pottier. London and

New York: Routledge, 2002
[6] Robert Chambers. *Rural Development: Putting the Last First*. London: Longman, 1983
[7] Robert Chambers. *Whose Reality Counts?*. London: Intermediate Technology Publications, 1997
[8] Arturo Escobar. 人类学与发展. 黄觉译. 国际社会科学杂志（中文版），1998（4）

第十八章 旅游人类学

摘要

随着20世纪下半叶大众旅游现象的大量涌现,世界旅游业得到快速发展,而旅游也因此成为"现代生活"的一项重要内容。在此过程当中,人类学者对于旅游之于目的地社会生活的影响的认识,也逐渐趋于客观,更多的人类学者投身于旅游人类学的研究,并由此推动了这一人类学新兴分支学科的发展。旅游人类学自20世纪60年代人类学家努涅斯首先对旅游进行研究以来逐渐形成,并在过去的10多年里伴随旅游增长而取得了大踏步发展。人类学家给旅游研究带来了独特的视角,随着20世纪90年代旅游人类学第一本教科书的出版,人类学家开始将他们的注意力从大量的旅游对民族文化的消极影响转向更加和谐的可持续旅游发展的讨论,内容包括旅游者、目的地文化和作为人类文化的旅游本身。旅游人类学也是人类学家致力于学科应用的重要方面,旅游人类学家已经开始在许多不同的旅游景区中充当咨询者、研究者、规划者和政策引导者。随着旅游人类学的发展,一些新的研究主题不断涌现,如旅游与乡村都市化、旅游对民族文化传承的正效应、社区参与对社区发展的影响等新的研究热点,使得旅游人类学的研究涉及人类生活的各个方面。最后,本章例举了笔者亲身经历的个案,以说明如何在旅游开发中运用人类学知识。

第一节 旅游人类学发展

一、人类学与旅游

尽管人类学者的工作与一般意义上的旅游(tourism)、度假(vacation)往往有着较大差异,然而作为告别摇椅上的学术冥想的"后果",旅行(travel)、田野工作(fieldwork)这些在外在形式上与旅游极为相似的学术研究工作,被认为是人类学者的学术生涯中必不可少的重要组成部分,人类学也因此与旅游结下了不解之缘。人类学者对于旅游问题的研究向来较为审慎。20世纪的人类学者曾经许下允诺，声称要拯救那些独特的文化与生活方式，使其幸免于激烈的全球西方化的破坏。为达此目的，人类学者时常借助于其浪漫的感召力以及其科学宗旨，反对席卷全球的西方模式。在这样的学科使命感驱使之下，大多数的人类学者倾向于认为，旅游，尤其是以非西方的部落民族居住地为目的地的旅游，可能会破坏当地传统文化的真实性，因而对旅游发展总是心存疑虑。或许是因此之故，在人类学者的著作当中虽然不乏像列维-斯特劳斯《忧郁的热带》这样的伟大作品，但严格意义上的旅游人类学研究，却迟至20世纪60年代才陆续出现。

学术界对于"旅行"、"旅游"等概念的定义，多属于形式层面上的。一般认为，所谓的旅行，指的是当事人从某一具体地点到达另一地点的过程。而有关旅游的定义则众说纷纭，归纳起来大致有两种类型，即"经济活动说"和"社会现象说"。总体而言，人类学者倾向于认为旅游是一种社会现象，因而往往更关注旅游的社会内容。史密斯（Valene Smith）对于旅游以及游客的定义被认为是经典性的。在她看来，旅游由休闲时间（leisure time）、可自由支配的收入（discretionary income）以及积极的地方认可（positive local sanction or motivation）三个基本要素组成，而游客则是指离开家庭并以经历变化作为基本目的的处于暂时休闲状态的人。

早期的人类学者大多是书斋型的。这些人类学者虽然也到异地旅行，对于异文化的考察也不无细致之处，但他们的研究工作更主要的是在书斋里完成的，因而有人称之为"摇椅上的人类学家"。被誉为"人类学之父"的爱德华·泰勒（Edward Burnett Tyler），虽然到过墨西哥以及南美洲的一些地区旅行，但他的主要研究工作仍然是在宽敞舒适的家中完成的，其所使用的资料也大多来自一些旅行家的游记。詹姆士·弗雷泽（James George Frazer）在其传世之作《金枝》中，收集了世界各地有关宗教信仰仪式和社会风俗制度方面的资料，但这些资料大多数是第二手的，弗雷泽本人也很少外出旅行。尽管如此，对于那些执着于异文化研究的人类学者而言，他们仍然是当之无愧的旅行家——至少是精神上的旅行家。当他们徜徉于来自世界各地风俗民情的记述资料之中，细心品味不同文化之间的异同之时，实际上是在进行一次次的"文化之旅"，从某种意义上讲，这些"游心"的人类学者，与现实的形而上的旅行家也有着某些共通之处。自从马林诺夫斯基（Bronislaw Malinowski）创立了"参与观察"（participant observation）此一全新的人类学研究方法之后，以参与观察为主要内容的田野工作便成了人类学的一个标志。自此，旅行、田野工作被认为是严格意义上的人类学研究不可或缺的重要内容，而人类学者与旅行、旅游之间的"天然"关系也因此得以形成。

人类学者的研究似乎总是在一种近乎悲壮的氛围之中展开的。人类学者所关心、所研究的对象的生存状况，在较多情况下并不因为他们的关注而有所改善，而往往是恰恰相反。在某些时候，人类学者们有关"保护"、"发展"少数民族传统文化之类的倡议往往成为文化破坏、文化消失的现代谶言。这种经历，使得人类学者对于一些看似新潮的经济欠发达地区的经济与社会发展计划总是持着较为谨慎的态度。

快速推进的经济全球化进程,使世界范围内的大多数人口都在情愿或者不情愿之中被卷进了一场几乎是无孔不入的全球化浪潮之中。对于那些处于前工业化社会的人群而言,由于缺乏具有核心竞争力的工业制品,在多数情况下他们只能以低附加值的原材料或者所谓的文化商品参与到全球化进程当中。较为常见的是,在某些外在于当地人的权力与(经济)资本的共同鼓噪之下,发展旅游业被认为是一些具有"浓郁的民族风情"的地区发展当地经济的捷径。然而旅游在促进地方经济发展的同时,往往对少数民族的传统文化造成极大的破坏和伤害,以至于一些人类学者担心,"将文化作为商品化展示只需几分钟的时间,而几百年的历史却毁于一旦"。以保护传统文化为己任的人类学者对此自然不能坐视不管。事实上,20世纪60年代以后人类学对于旅游问题的关切,虽然从表面上看是世界旅游业发展的大势使然,但在更深层的原因上,却源于人类学者对于旅游业发展对传统文化所形成的冲击的本能忧虑。

一般认为,旅游人类学是人类学之于旅游问题研究的一个学科分支,属于应用人类学的范畴。虽然在目前的旅游人类学研究当中,涌现出较多的应用性研究,但应用性研究其实只是旅游人类学研究的一个重要领域,而不应该、也不可能是它的全部内容。事实上,在旅游人类学的重要代表人物的研究中,如在以纳尔逊·格雷本(Nelson Graburn)为代表的、关注旅游行为所内含的符号意义的研究取向,以及以丹尼逊·纳什(Dennison Nash)为代表的、聚焦于旅游的社会文化影响的研究取向当中,我们都可以明显地感觉到,即使是最新潮的旅游人类学研究,也并没有放弃它们对于人类学理论探索的种种努力。或许我们有理由认为,旅游人类学的出现,是传统人类学研究的一种延伸和拓展,而在更广泛的意义上,它仍然延续着人类学对于异文化、对于"他者"的研究传统。

二、研究视角、理论及应用

(一)研究视角

根据纳什的分析框架,旅游人类学的研究主要从旅游目的地、旅客和客源地三种不同的研究视角切入。

1. 旅游目的地

以旅游目的地为研究对象,探讨旅游对于当地社会文化变迁的影响,是旅游人类学最为传统、同时也是最为普遍的研究模式。对旅游目的地的研究,大体上沿袭与继承了传统的人类学研究方法,因而从某种意义上讲,以此视角进行研究相对较易实现。旅游对于目的地社会的发展，其影响往往是多方面、全方位的。而由于在一些早期的旅游人类学的研究中，学者们主要关注旅游对于那些处于弱势地位的社会群体所带来的冲击，因而大多数的研究对于旅游之于目的地的社会影响的评价往往是消极的。不过，正如前文所述，随着研究的不断深入，一些学者的观点逐渐转变，而其对于旅游之于目的地社会文化影响的认识也逐渐趋于客观。

2. 游客

对于旅游人类学的研究而言，对流动性极强的游客的旅游目的和动机进行研究，是一项富有挑战性的研究工作。虽然根纳普、特纳等人的仪式理论，为研究游客的旅游目的和动机提供了较好的理论视角，然而在游客群体不稳定、田野调查时间又相对较短的情况下，以什么样的群体作为研究对象、以什么的方式开展田野工作，仍然是旅游人类学研究工作的难点。

3. 客源地

从形式上看，旅游首先表现为一种直观的旅行方式；从旅客的经验上看，旅游是一种个人的"朝圣"活动，同时也是一种自在的休闲活动。然而，对于旅游现象的表层描述，已不能使一个严谨的人类学研究者感到满足。为什么旅游得以形成？支撑旅游活动的社会基础是什么？旅游反映了怎样的社会现实和意识形态？等等。事实上，早在20世纪70年代，就有学者开始思考这些问题。在经济全球化的进程当中，旅游所反映的社会文化内容越来越丰富、越来越复杂。虽然客源地的分散性和不确定性往往会使研究难以深入，但无论如何，对于旅游客源地的研究将在相当程度上拓展旅游人类学研究的领地。

（二）有关理论

1. 新马克思主义政治经济学理论

20世纪60年代以后，西方世界掀起了一股研究马克思主义理论的热潮。这股热潮很快波及到了人类学研究的各个领域。正如美国人类学者威尔克（Richard Wilk）所言，"新马克思主义、世界体系理论和依附论迫使人类学家更加仔细地调查他们所研究族群的经济和政治历史。以前人们认为文化发生变化是一种'文化移入'（从前与外界隔绝的原始民族简单地接纳现代西方文化），而现在则转而开始研究西方扩张带来的政治、经济和文化影响等更为复杂和有意义的问题。这构成了北美人类学中重新兴起的新马克思主义政治经济的特殊领域"。尽管一些从事旅游人类学研究的学者并不愿意承认他们是马克思主义者，但对于那些专注于旅游对目的地社会文化影响研究的人类学者而言，他们的研究受马克思主义政治经济学的影响是不言而喻的。确如一些学者所言，早期的一些旅游人类学研究，出于对弱势群体的关怀而容易对旅游的社会影响做出某些简单化、片面化的价值判断。这种对于道义的关注胜于学术探讨的研究取向，以及侧重描述的写作风格，往往难以实现理论的提升。然而，在这些研究论著当中，仍然表现出较为明显的马克思主义政治经济学的理论倾向。如果说努涅斯、格林伍德等人的研究对于这一理论的采用尚属于人类学者的学术无意识的结果的话，那么阿尔贝斯、詹姆斯以及纳什等人的研究受马克思主义政治经济学理论影响的程度则是比较明显的。这一点，单从纳什那篇名为《作为帝国主义形式的旅游》的论文的题目上就可以感觉到。而20世纪90年代以来，对于旅游发展过程中的文化商品化问题、权力与意识形态的操控问题、社会性别问题、全球化与再地方化等问题的关注，使一些人类学者不断从沃勒斯坦（Immanuel Wallerstein）、弗兰克（Andre Gunder Frank）等人的世界体系理论、依附理论中汲取灵感，从而使其研究呈现出较为浓厚的马克思主义政治经济学的理论色彩。

2. 仪式理论

旅游，既可以是一种休闲活动，也可以是一场对于"异文化"的体验，而对于那些注重旅客经验研究的人类学者而言，旅游还是一种现代仪式。这意味着可以将旅游视为一种人生的"通过仪式"，像分析朝圣一类的宗教活动那样去解读它。因而不少学者在他们的研究当中，广泛采用了人类学的仪式理论。其中，根纳普的"通过仪式"理论以及特纳的"仪式过程"理论，在旅游人类学对于游客经验的研究当中影响至深。

根纳普认为，人类社会的所有高级仪式，都具有一定的边界，而在一些过渡性的仪式过程中，一般都包含有分离（separation）、过渡（margin-transition）和再聚合（reaggregation）三个基本的程序，并有前阈限（preliminal）、阈限（liminal）和后阈限（postliminal）三个阈限期（liminal phase）。根纳普之于仪式过程的程序划分以及仪式阈限的界定，对于宗教旅游中的朝圣活动有着极强的解释力。然而，正如一些人类学者所认为的那样，即使是在世俗性旅游活动当中，对于游客而言，也同样具有这种"通过仪式"的符号价值，因而把旅游行为置于仪式范畴，以一种"通过仪式"来看待之，是有着一定的逻辑前提的。

特纳把仪式看做是一种结构性冲突的模型，而阈限作为通过仪式的中间阶段，具有一种"互动性结构的态势"，它是反结构的、模棱两可的，同时又是有创造性的。他认为，阈限实质上是由法律、习俗、集会和庆典所指定、配置的。正因如此，它们的模棱两可的和不确定的属性，在许多社会中由那些将社会和文化的过渡仪式的极其丰富多样的象征表现出来。特纳的此番论述，激发了那些热衷于研究游客经验的人类学者们极大的创作热情，从而为仪式理论在旅游人类学研究中的广泛应用奠定了基础。就目前的研究状况而言，人类学仪式分析和阈限理论已成为著名的旅游人类学研究范式之一。

3. "舞台真实"理论

在后现代社会的消费领域，有关"真实性"（authenticity）问题的讨论在一段相对较长的时间里一直是热门话题。1976年,马康耐把"真实"问题引入旅游现象的研究之中,提出了旅游现象的"舞台真实"理论,该理论指出:游客往往以为自己走进了幕后的不公开领域,其实那不过是旅游当地为让游客体验这种感觉而设置的场景而已。"舞台真实"是来自于戈夫曼(Goffman)的理论。戈氏把人生比作一个舞台,认为后台的东西是神秘的,不能随便向外人展示,否则的话会带来社会的不稳定。马康耐认为,为了保护处于"后台"的东道主的传统文化,使之免于遭受因旅游而来的破坏,文化旅游产品应当主要通过舞台来实现对"真实性"文化的再现,并以此来满足游客的好奇之心。由于对真实性理解不一,学者对真实性的界定大约有四类:客观派,以马康耐为代表,认为真实性是旅游客体的特性,有某个绝对标准;建构主义派当中的科恩认为,真实性含义是相对的,是有其环境背景的;在后现代主义派当中,科恩进一步建构其理论,认为游客重视表层美,追求享受与娱乐,不关心真或假的问题;王宁总结上述三种观点,并提出存在主义的真实性,他认为,不管旅游地是否真实,游客都有可能感觉到真实。尽管一些人类学者对于"舞台真实"理论持有不同意见,并引发了关于旅游文化产品的"真实性"的持久论争,同时衍生出有关"客观真实"和"象征真实"的概念划分和讨论,但作为一种社会事实,以"文化商品化"(cultural commodification)为主要表现形式的"舞台真实"在现实的旅游活动当中还是得到了较多的呈现。

4. 赋权理论

赋权(empowerment)也译作增权、充权、培力、增能等,是赋予权力或权威的过程,是把平等的权利通过法律、制度赋予对象并使之具有维护自身应有权利的能力。透过这一过程,人们变得具有足够的能力去参与影响他们生活的事件和机构,并且努力地加以改变。赋权理论(Empowerment Theory)为旅游发展中的社区能力建设提供了可行的理论参照。该理论于20世纪80年代以后开始盛行于社会工作、妇女研究、贫困研究、少数族群、弱势群体等研究领域。进入21世纪以来,中国学者开始关注赋权方面的研究。有的学者认为,"增权理论强调个人对自己生命的控制权和决定权,倡导个人通过一些中介系统如学校、邻里或其他自愿组织对自己生活的社区进行民主参与,透过自我实践增强能力(权力),实现个人生存状况的改善和环境的变迁。在整个理论体系及其工作实践中,'增权'是核心的概念,它指向获取权力的行动、过程和结果"。

在旅游发展中,由于利益群体的分化和制度安排的原因,相对边缘化的农村社区缺乏实现自我利益主张的权力和能力。作为旅游业利益相关者中之弱势群体的社区,亟需予以不同层面的赋权以提高其参与能力。赋权是一个建立意识、增强能力和发展技能,通向更多参与、更加平等、更大影响的行动过程。国外学者在研究中已经发现:如果没有赋权,社区的可持续旅游发展将难以达成。许多国家的社区被置于决策过程之外,因为他们所制定的政策和决定并不是经过他们而作出的,因此导致了由政府、规划者和开发商执行政策并主动保持可持续性往往是无能为力的，这种情形应该由社区赋权来改变。新西兰学者瑞吉纳·斯基文斯（Regina Scheyvens）在其文章《生态旅游与当地社区的赋权》中，从四个层面提出了赋权的框架，以此用于社区和发展商规划适度参与生态旅游的方式。其赋权框架理论是在弗里德曼（Friedmann）1992年所提出的心理的、社会的、政治的三个层面赋权的基础上，增加了经济赋权，而成为四个层面。

（三）基本应用

在一些强势群体和既得利益集团四处鼓吹旅游对于经济发展的积极影响之时，人类学者更多地关注旅游发展对于自然生态环境破坏，对于第三世界的国家和地区以及少数民族人口等社会弱势群体社会生活的消极影响，因而更主要地站在警示平台上发出自己的声音。然而当世界旅游业的发展已经成为一股不可逆转的潮流和一种不得不认真面对的社会事实之时，一些人类学者在继续坚持人类学研究的警示作用的同时，逐渐把关注的目光转向民族文化的保护和旅游的可持续发展问题上，并把旅游活动作为一个整体，以人类学的视角对其结构和功能进行研究，试图建立起一套关于旅游现象的知识系统。

大致而言，旅游人类学理论研究的学术雄心在于构建起旅游现象的人类学知识体系，而它的应用研究则较多地集中在旅游发展的适应性研究之上。目前旅游人类学的应用研究，主要体现在旅游规划的决策参与、社区参与族游发展以及文化旅游策划与族游咨询方面。

1. 旅游规划的决策参与

参与旅游规划决策，是旅游人类学应用研究的具体形式之一。在自然生态环境不受破坏、生物的多样性和文化的多元性不受侵害、原住民的社会生活不受过度冲击的前提下发展旅游业，是可持续旅游发展的一项基本原则。而要使这一原则在旅游发展的过程中得到较好的贯彻，人类学者的参与往往是必不可少的。因为只有经过深入细致的田野调查，才能更好地了解旅游规划地区的自然生态特点以及规划区内人群的社会结构、族群关系和风俗习惯等人文特征，而在诸如此类的工作上，人类学研究者具有明显的职业技术优势。无论从理论上还是从道义上，旅游业的发展，归根结蒂都是旅游区社会发展的结果，体现了旅游区当地人群生活状况的改善和提高。因此，通过由人类学者组织实施的参与式社会评估，让更多的"主人"参与旅游发展的决策过程，从而使决策者们能够更多地倾听"主人"的声音，这是提升旅游品质、服务当地社会、实现旅游可持续发展的根本保证。

2. 社区参与旅游发展

人类学家关注社区居民、关注社区的发展，认为本地人参与程度越高，社区所获得的旅游效益就越大。1985年，墨非（Peter E. Murphy）在其著作《旅游：社区方法》一书中提出"要在社区开展旅游业,传统产业的东道主必须成为自愿的合作者"。由此"社区参与"和"旅游发展"两个概念才共同活跃在社区发展和旅游发展的研究中。由于公众参与有助于使社区旅游发展更加符合社区居民的需要、价值观以及各方面的标准,被社区居民接受的可能性更大,因此公众参与有助于旅游的可持续发展。商业和旅游业都必须遵循可持续发展原则,必须确保政策透明度,把地方社区群众纳入旅游管理,并让他们切实负起责任来。

社区旅游的发展过程中,平衡利益关系是社区旅游发展的关键,社区参与旅游发展是社区旅游可持续发展的重要因素。社区参与旅游规划、旅游管理、利益分配等这些观点已经得到国外专家学者的认同,并在国外的旅游发展中得到广泛应用。例如,加拿大、美国对印第安人保留地社区开展旅游的研究,以及人类学家对泰国等东南亚国家社区旅游的参与等;一些国际组织在中国的贵州、云南等地对少数民族村落文化生态旅游开发进行了试点,也有不少中国学者开始探讨社区参与旅游开发的模式。

3. 文化旅游策划与旅游咨询

进入 21 世纪以来,一种被称之为"新旅游"(new tourism)的旅游形式正受到一些旅游者的追捧。与传统的以享受"3S"(太阳、海洋、沙滩)为主要目的的观光式旅游不同,"新旅游"更加强调个性化特点,以个人体验为主要目的,因而是一种体验型的旅游方式。这种新的旅游方式的出现,不仅对于包括东道主在内的旅游经营者提出了更高的要求,同时也对游客本身的知识储备提出了新的挑战。如何尽可能真切地体验并理解不同地区、不同文化背景的人群的生活?如何减少甚至消解彼此之间的误解并与"他者"和睦共处?如何在旅游中实现精神境界的升华?这种新的需求,是传统的旅游服务所难以胜任的。这种社会需求的出现,为那些经过严格训练、具有丰富的异文化知识的人类学者提供了一个发挥其专业特长的新平台。事实上,人类学者在文化旅游策划方面的知识优势是其他学科的专家、学者所难以比拟的,而与此同时,人类学者在这样的社会活动中也可以更好地实现人类学的学科使命,因而人类学者对旅游事业的参与无论是对旅游事业的发展还是对人类学的学科发展都将产生巨大的促进作用。

第二节 旅游人类学的新主题

对于旅游研究的发展历程,1990 年贾法瑞(Jafari)发表了一篇颇有影响的文章,提出旅游研究经过了四个主题的平台,即倡导平台(advocacy platform)、警戒平台(cautionary platform)、适应平台(adaptancy platform)和以知识为基础的平台(knowledge-based platform)。这些平台是按时代序列显现的,每个后来的平台是对前一个平台的直接反应。倡导平台指20世纪60年代开端期的研究，强调旅游对经济的重要性；20世纪70年代的警戒平台关注旅游破坏传统、剥削社区等消极影响，对旅游持批评的态度；20世纪80年代以来的适应平台鼓励选择性旅游的存在，降低现存旅游形式的不利影响；20世纪90年代开始出现以知识为基础的平台，其基本前提是对于旅游的探讨应该以研究而非看法和感情为基础，该平台将研究者自身置于科学的基础上，通过多学科和整体的方法研究旅游。

当下旅游人类学的确正在走向以知识为基础的平台，研究主题几乎涵盖了人类学研究的各个领域。不管是针对旅游目的地，还是针对旅客或者旅游的客源地，旅游人类学的研究都涉及人类生活的各个方面，包括文化变迁、文化商品化、文化的真实性、族群认同与族群关系、社会权力与意识形态对旅游的操控、旅游活动中的社会性别问题、游客的动机与行为规律、全球化、地方化、迁移、现代性、消费社会等。本部分的内容将着重介绍传统旅游人类学较少关注的旅游与乡村都市化、旅游对民族文化传承的正效应、社区参与对社区发展的影响等新的主题。

一、旅游与乡村都市化

都市化的促成因素一般是工业化、经济改革、政治体制变革等。而旅游社区在这些与其他社区共有因素之上，还有自己的强大的都市化动力，即旅游发展。旅游社区的都市化道路是：人口既没有离开土地，绝大部分农用土地也没有消失，而是保存了下来，得到了就地非农化。

（一）旅游发展加速了人口结构的分化

旅游社区在旅游开发以前大多是单纯的农业社区，绝大多数劳动力从事纯粹的农业劳动。伴随着旅游区的开发和建设，社区人口的职业构成发生了变化，主要体现为非农产业的劳动力增多。变化最明显的是妇女从农业劳动中脱离出来，她们开始经营旅游工艺品、旅游的食宿接待服务、摆卖农副产品等。旅游给社区居民带来了一些直接就业的机会。

随着旅游参与的内容和方式的差异，参与旅游要素的环节的差别，导致旅游从业者内部也产生了分层。那些介入旅游业较早的居民依靠积累的资金和经验，开始涉足旅游投入较高、投资回报较大的经营活动。社区居民转向非农化，职业类型出现了多样化的趋势，许多人的生计方式脱离了土地。但他们依然生活在乡村，离土未离乡，并没有出现一般都市化中人口从乡村到镇的集结的现象，只是乡村与集镇中心的生产和交流更为密切。

(二) 旅游发展推动了经济结构的多元化

旅游社区在人口结构分化的同时,其经济结构也从以传统农业为主转变为以农业和非农产业共存的结构。农业经营方式从传统农业向外向型、商品化和现代化农业转变,第一产业实现了多元化发展,同时也促进了第二、三产业的发展。旅游业虽不是绝对的主体经济,但其推动了农业内部结构的分化,同时使农业经营方式也发生了变迁,逐步迈向商品化和机械化。游客的到来,给居民提供了销售农副产品的机会。社区经济结构的多元化带来了村民收入总量的增加及收入构成的多元化。

(三) 旅游发展带动了生活方式的都市化

频繁的主客互动,使社区村民的衣食住行和休闲生活迅速向都市生活转变。村民衣着的面料大为改善,款式也日渐新颖。社区的传统饮食也开始迎合游客的口味,副食品种大大丰富,除了传统食品,外来食品也开始进入当地人的家庭。在燃料上,液化气逐渐替代了传统的木柴。在出行方面,以往多步行或骑自行车,如今的年轻人大多拥有摩托车,老年人出门搭三轮摩托车,出远门则多依赖中巴车。住房面积越来越大,年轻人向往电视、空调等高档家电。虽然向往都市的豪华舒适,但为了发展旅游,村民们理智上还是选择传统建筑,从这一点而言,旅游发展保护了传统的民族建筑。社区村民虽然依旧生活在自己的社区内,但生活质量得到了极大的改善。为发展旅游而建设的基础设施和旅游设施,丰富了当地人的休闲活动。

(四) 旅游发展促进了思想观念的现代化

社区村民的思想观念从保守、传统转为开放、现代,人们的文化水平、总体素质提高了。游客和村民的文化鸿沟在不断缩小,乡村文化和都市文化之间出现了融合区。城乡壁垒淡化,思想隔离减弱。社区村民以开放的心态,迎接到来的都市文明。人们的婚姻观产生了变化,对异族通婚持宽容态度。村民的社会交往观念更加开放,传统、封闭的社会关系和社会网络得以拓展。对市场的把握、对游客需求的了解、对外界信息的掌握等要求生产经营中知识含量增加,迫使村民加强学习,提高文化素质。他们学习旅游基本知识、旅游接待服务礼仪、餐饮成本核算方法、职业道德知识等,并将学到的知识运用到经营实践中。

(五) 旅游是旅游社区乡村都市化的外部动力

旅游社区的乡村都市化是文化的重新解释(reinterpretation)的过程。少部分介入旅游的社区的都市化速度是和缓的,程度是浅表的,是一种无意识的(involuntary change)的变化过程,变迁的主体是在不自觉的情况下进行的。而大部分参与旅游发展的社区的都市化是一种有意识的变迁(voluntary change),是变迁主体对自身的文化、制度、观念等进行改革和发展的过程。为开发民族旅游资源，民间"精英们"会去挖掘民族历史、记忆和传统，在新需求的刺激下，重新生产出一种"传统文化"，这是一种传统文化在新形势下的再造。社区村民在一个相对独立的区域（景区范围内），集中地、连续地接受来自都市生活场景下的游客的影响，加强了与外界的交流和沟通。社区居民及其负载的文化呈现一种与前不同的整体状况。社区发展涉及社区的不同层面，变迁深广，形成新的社会规范、组织或制度，养成新的行为方式。多元文化因素的注入缩短了旅游社区都市化的过程。

二、旅游与民族文化传承

旅游对民族社区的积极影响并不仅仅局限于经济领域，事实上，广泛参与旅游发展对民族传统文化产生了积极的正效应。旅游的适度开发与有效控制，可以削弱旅游的消极影响，扩大积极影响，有利于传统文化的保护。社区参与可以强化社区村民的自我意识，增强社区认同感，促进传统文化的延续。

（一）传统文化得以复归和保持

旅游开发可以作为激活民间传统文化的"偶然的因素"，许多被遗忘的、消失了的传统习俗在旅游开发的过程中得以再生。各级政府往往把旅游业作为当地的重要产业，为发展经济而不遗余力挖掘传统文化，由此恢复了许多中断或消失的民俗文化。旅游开发中，社区广泛参与到旅游工艺品制作过程的展示活动中。在开发之初，展示给游客的工艺并不一定是真正的民族工艺，或许只是变更或简化了的形式，由此会出现民族工艺的退化，但随着旅游业的成熟、民族观念的变迁，民族工艺品依然能够复兴。而那些没有参与旅游业的民族，其民间传统工艺的失传却是自然而然的、经常性的。

（二）旅游社区的民族认同凸显

旅游发展给予社区村民更多的机会接触"他者"，通过与他者的对比，村民认知了自我文化的价值，对民族文化产生强烈的认同感，强化了民族的自我认同意识，增加了相互间的亲和力和凝聚力。在与游客的接触中，社区村民对于自己的文化有了清楚认知，社区文化由"自在"状态转为"自觉"状态，他们从游客好奇的眼神中感受到了自我文化的价值，即使面对游客的欣赏，也会更加笃定和坦然。

民间工艺以往只是生活方式的一种，而今却得到市场和外来者的认可，他们从民间传统中直接受益。这有助于唤醒当地人的民族自豪感，他们对于自身的文化认同意识凸显。旅游开发中的民族不会刻意追问新民俗的真假，他们更看重民族文化的价值。在利益驱动下，他们开始有意识采纳新习俗，由此他们也会接纳新民俗同时带来的民族归属感和认同感,民族认同更加明晰。民族文化的旅游开发促使他们主动积极地审视和阅读自己的文化,修正和重构自身的文化价值取向,当然这可能需要一个磨合过程。

(三) 文化和自然资源的保护意识萌生

文化和自然资源保护是所有旅游开发都要面对的难题。使用规定、命令、文件甚至法律来推行旅游资源保护,所发挥的作用是有限的,远远不能达成保护的真正目标。文化和自然资源的保护,离不开社区的广泛参与。在民族地区,旅游社区对自身的文化有了自觉意识。他们对于那些原本在自己看来平淡无奇的景致,开始运用旅游者的眼光来看待,逐渐意识到景观保持对社区未来发展的重要性。人们开始意识到文化保护和环境保护的重要性,尽管这种意识还不够强烈,对于保护意义的认识也是浅层次的,但毕竟保护意识开始萌芽。在未进行旅游开发的地方,居民的文化保护意识一般很薄弱。

(四) 民族传统文化生存空间得以拓展

一般情况下,文化传统并不会轻易消失,它是有着强大生命力的东西。无论人类如何选择,世界如何变化,传统将一直伴随人类世代延续。人们为应对旅游的冲击,会形成一些新的传统,拓展了民族文化的生存空间。在旅游的社区参与中,应尊重社区的自我选择,相信社区有能力保护自身文化,社区传统具有强大的生命力。那些即使没有参与任何旅游活动的社区,他们的社会文化变迁也并不一定是缓慢的。对于旅游活动对民俗文化的冲击,社区村民并非完全束手无策,他们采取了自己的应对措施。

三、旅游与社区发展

在旅游发展背景下,社区旅游是社区发展的有效途径。社区参与是社区发展的内在动力,是实现社区发展的中间环节。社区村民是社区发展的参与主体,政府组织是社区发展的倡导和指导主体。社区旅游的发展还涉及社区以外的"参考群体",还要看社区在这些群体中的相对地位如何,以及利益分配的机制如何。只有给予社区在利益上的充分考虑,将其作为主要的利益主体,公平地分享旅游收益,才能实现旅游发展的目标,并使旅游发展目标与社区发展目标相一致,避免利益方的冲突。

(一) 社区参与旅游发展

本书中,社区参与是社区参与旅游发展(community participated in tourism development) 的简称。社区参与旅游发展是指在旅游的决策、开发、规划、管理、监督等旅游发展过程中，充分考虑社区的意见和需要，并将其作为开发主体和参与主体，以保证旅游可持续发展和社区发展。政府"自上而下"的推行和社区"自下而上"的参与是现代化的双向互动进程，社会的整体发展和进步有赖于基层社区发展的推动。社区居民的主动性参与是社区发展的内在动力，社区参与的主体是社区居民，客体是社区的各种事务。在社会转型背景下，社区参与不仅能实现社区价值的整合、社区的发展，还能成为社会发展新的驱动力和生发点。

（二）社区旅游

社区旅游是一种新的旅游开发理念，与传统旅游、生态旅游相比，社区旅游开发的对象从景观、环境，拓展到社区及其居民，这是以人为本的人本主义思想的体现。社区旅游的发展目标，是要实现经济效益、环境效益和社会效益的协调统一和优化，这与旅游可持续发展的目标是一致的。在开发原则上，从社区互动、社区进化和社区结构优化的角度指导旅游开发，这与传统旅游只注重发掘景观吸引力的开发原则相比，突出了社区的主体地位。当地居民不再是旅游开发的旁观者或者是被动参与者，他们大力参与开发，是旅游开发的主要力量。的确，社区既具有可持续发展的综合功能，又是可以把握的实体，从社区的角度来思考旅游业的可持续发展是一个可行的途径。社区旅游是追求旅游业与社区的社会、经济、环境和谐发展的一种理念和模式。

（三）社区旅游发展主体

社区参与旅游发展中，发展主体为社区居民。社区居民作为利益相关者中的主体，其角色最为复杂，地位也最为重要。社区参与旅游发展主体的社区居民，有三种身份，即目的地主人、旅游资源或旅游产品的一部分和人力资源的提供者。

（四）社区居民是目的地的主人

社区居民是旅游社区的主人，是社区旅游发展的最终受益人，在旅游开发中应当参与管理和参与利益分配。他们拥有对社区旅游资源的使用权和优先受益权。在民族旅游社区内，无论是社区地域、社区文化，还是社区环境和社区结构，它们都是当地社区居民世世代代开发、建设和发展的结果。没有社区居民对社区的建设，也就不会有一个优美迷人且具独特文化的旅游社区。作为地方主人，在不违反国家有关法律的前提下，他们有权将社区财富以各种方式来经营使用。当民族社区被当做旅游社区开发以后，社区居民对社区物品的权益没有改变。他们有权利和义务参与对当地的社区旅游资源的开发和保护，他们有参与旅游发展决策的权利和公平获得旅游收益的权利，理应得到开发商和旅游者的尊重。

另外，由于民族旅游社区是具有某种互动关系的共同文化维系力的人类生活群体及其活动区域的系统综合体，良好的社区旅游环境的发展和社区集体居民的活动相互促进，相互制约。而旅游社区环境的发展变化是社区居民集体行为的结果，不是个别居民活动的结果。因此，民族旅游社区的旅游在开发的过程中，还要通过各种措施，处理好主人与主人之间的关系，从整体上协调好居民之间的权益，维护每一个居民的权益，力争缩小居民的贫富差距，走大家共同致富的道路，避免因社区旅游的开发只给少数人带来利益的消极影响。

（五）社区居民是旅游资源的一部分

社区居民本身就是一种具有较强吸引力的旅游资源，其资源价值应纳入旅游资源价值体系成为一种资本，是旅游企业进行旅游产品开发的对象。社区居民是社区民俗文化的载体，其言行、装束、习俗、信仰等都承载着深厚的民俗文化，对游客有着很强的吸引力。但是，在全球化背景下，在外来文化的冲击下，作为一种旅游资源，如何保存其民族特色成为最重要的问题。社区居民作为社区民俗旅游产品系统中"活的"部分，他们的生活、生产活动、休闲活动，以及举止神态都有可能成为旅游者欣赏、拍摄、参与或合影的对象。但作为一种旅游产品，若过度包装，不仅会扭曲社区的文化，还会影响目的地的形象。

（六）社区居民是旅游业中主要的人力资源

社区居民是社区旅游发展中的主要人力资源，是从事社区旅游工作的主力军。作为一种真实的民族文化的展示者和旅游服务提供者，社区居民是社区旅游发展的重要人力资源。他们从事民俗歌舞表演、民俗事项展示，为游客提供餐饮、住宿及民俗旅游商品加工等服务，是社区旅游文化真实性的源泉。对于实地开发模式下的民俗旅游村，社区居民是不可或缺的人力资本。因此，如何通过培训加强社区居民自身能力的建设，是社区旅游可持续性发展的重要命题。

第三节　旅游人类学实践：中国案例

中国和西方因社会制度、旅游发展阶段等方面的差异，具有自身的特点和发展轨迹，不能完全复制西方的社区旅游发展模式。在发展导向和单纯的经济利益驱动下，使得中国社区旅游的发展相对于其他国家更为迅速。又加上中国社区旅游各利益相关者之间力量的极不均衡，也使得中国社区旅游发展面临着一系列难题。中国社区旅游迅速发展的现实，需要旅游研究者在案例分析的基础上总结经验，发现问题，并寻求解决途径。本部分选取的中国旅游发展中的典型案例，分别为安徽省黄山市具有合理利益分配机制的西递社区和云南迪庆州自我管理的可持续性雨崩藏族村。

一、西递案例：相对合理的利益分配机制

（一）案例概况

西递村位于安徽省黄山市黟县，距县城 8 公里，距黄山风景名胜区 40 公里。2000 年 11 月 30 日，西递以现存的古祠堂 3 幢、牌楼 1 座、古民居 224 幢的明清古民居建筑群与毗邻的宏村一起，被列入联合国世界文化遗产名录。

西递是由儒而商、商而官、官商结合而发展起来的，清代乾隆、嘉庆年间为西递村最鼎盛时期，全村有 600 多座宅院、99 条巷子、90 多口水井、34 幢祠堂、13 座牌坊、5000 多人。目前，西递基本保存着其鼎盛时期的村落街道格局，有精良的建筑艺术，以及与自然和谐统一的景观设计，构成了独特的人文景观风貌，有着显著的地域文化特征，是皖南传统村落中具有很高综合价值和整体价值的古村落。西递体现了皖南古村落在人居环境营造方面的杰出创造才能和成就，为人类研究乡土建筑、乡村建设史，研究地域历史、文化、艺术、经济，乃至封建宗法制度提供了宝贵的资料，是珍贵的文化遗产。

改革开放初期，在国内外专家考察的基础上，西递村的建筑和文化价值为外界所知。1986 年，黟县县委成立了"黟县旅游资源开发利用领导组"，由县委办、政府办、宣传、文化、交通、城建、财政等 11 个有关部门的负责人组成，并由县委书记、县长担任正副组长。1986 年 10 月 15 日，"西递旅游点"正式开业。名义上，西递旅游点接受县政府的工作指导，但实际上它基本上是西递村民在村干部的带动下开办起来的。1994 年，西递旅游点改组为西递旅游服务公司；2005 年，成立西递旅游集团有限公司（简称"西旅公司"）。西递村民目前主要从事多种农业和旅游服务业等多种经营活动。对西递 300 多户村民而言，他们更看重的是作为"西递人"而享受到的门票收入带来的分红。

（二）西递社区的旅游利益分配机制

1. 基本分配方式

西递旅游公司是村集体企业，西递旅游发展初期，其分配方式主要是扣除税收和成本后，按人口平均分配给村民。伴随旅游业的迅速发展，西递的利益分配方式也渐趋成熟和合理。西递旅游公司的门票收入，除了上缴财税、文物保护基金等外，利润分红和西递村按照 1:1 的比例分配。

西递村集体所分得公司总利润的一半中，20% 留作村集体公益事业基金，80%

分配给西递村的村民。后者分别按两种标准发放到村民手中：按西递村的人口分配和按西递村房屋建筑面积分配。"人口标准"和"房屋标准"这两种方式，2002年以前一直按1:1的比例，此后，为加强对世界文化遗产的保护，遂将"人口标准"和"房屋标准"的比例调整为4.5:5.5。

西递村民从1996年开始便享受西旅公司提供的门票收入分红。1999年以来的分红状况为：按房屋分配，2002年古民居获补助的标准是14元/平方米，发放给每家；按人口分配，2002年人均430元，2003年因"非典"影响，门票收入下降，人均获得324元。目前，西递村民每年人均可获得旅游门票分红约800多元。

2."人口标准"分配方案

"人口标准"其实并非是纯粹地按人分配，它还隐含了其他标准，并以"环境保护费"的名义发放。以环境保护达标为基准，分为三种发放比例：全额享受（100%）、部分享受（40%）和免予享受。从2000年开始正式执行的"人口标准"，也有详细规定：

符合全额享受的条件：①户口在村、常住在村的农业人口；②外出读书、打工的本村人口；③本村现役义务兵、复员退伍军人；④户口在村、在外居住但本人仍回村从事承包水田的农业生产劳动者或者年老依靠子女生活者。

符合部分享受（40%）的条件：①迁入、迁出、出生、死亡按户口出入月份计算月数；②夫妇户口有一方在村，其户口在村并在村生活的子女享受份额减半（全家在村常住户除外）；③未满14周岁并有独生子女证的按每月男孩5元、女孩6元予以补助，夫妇户口一方不在本村，其补助减半；④在村常住居民户口。

符合免予享受的条件：①不在村注册的户口和非农业户口；②户口在村、已在外定居生活2年以上者；③暂落在村的外迁户口。

有关说明：①出生按照户口的申报登记时间；②按月计算的款额按照本年度的月均达数；③男到女方，落户本村的人口，须常住本村10年以上，始予享受（女婿入赘的除外）；④原西递村的户口已外迁，重新迁回本村，须在本村常住2年以上。

2001年和2002年均在2000年的标准上有稍微改动：2001年将全额享受条件中的第4点加入了"考入高中以上学校的在校大学生享有此标准（无论其户口是否迁出），但毕业后自动丧失此项权利"；2002年将全额享受条件第4点的"年老依靠子女生活者"改为"60岁以上者"。

由于旅游收益不同，每年"人口标准"下的"环境保护费"也有差别，以全额标准为例，2000年为270元/人，2001年为320元/人，2002年为430元/人。

3."房屋标准"分配方案

西递村房屋标准的分配方案是以古建筑资源保护费的形式发放，以此作为西递村村民修缮、维护古民居的费用。西递村房屋有新屋、老屋之分，具体规定如下：

①以中华人民共和国建国前后所建造房屋区别民居中的老屋、新屋；②以房屋测图时（进行房屋等级评定）——2000年12月的现状和用途定格；③到2000年12月31日止未经审批之新建住房不享有古建筑资源保护费；④在联合国教科文组织考察西递（2000年2月）以后，所新建的、未完工的，以及拆修未恢复原来外观和结构的房屋（无论其是否持有土地使用证和房产证），均不享有古建筑资源保护费；⑤古建筑资源保护费的发放以平方米为单位。

古建筑资源保护费按照以下三种比例发放：①100%发放：包括祖屋、厨房、偏厅等主要人居生活住宅——西递村人称其为"老屋"；②60%发放：包括中华人民共和国成立之后至联合国教科文组织考察西递（2000年2月）时所建，测图时业已建造完成的主要人居生活住宅——西递村人称其为"新屋"；③20%发放：蚕室、杂房、生产用房等。

(三) 利益分配机制评价

(1) 合理性。"人口标准"分配方案体现了居民对资源拥有的平等权利，也肯定了作为构景要素的每一个村民的重要作用，这体现了分配制度的合理性。

(2) 科学性。"房屋标准"分配方案区分了属于村民私产——民居的遗产价值和旅游价值，按质量和等级来分成。尽管有些地方还需要细化和推敲，但这体现了分配制度的科学性。

(四) 案例小结

西递村旅游利益分配机制是在以行政村为基础的农村基层组织之中，以集体所有制企业为基本的经营、管理架构之下，而实施的分配机制，其中隐含了旅游收益、遗产保护的双重意义。西递所实施的"人口标准"和"房屋标准"成为世界文化遗产保护的有效途径，在某种意义上可以作为其他文化遗产地遗产保护的参照模式，也可以作为其他旅游开发地学习的榜样。这种模式把经济手段与行政手段糅合在一起，当经济手段和行政手段贯彻执行一段时期之后，也便逐渐内化成了社区居民的主动意识。

目前西递村利益分配机制中存在的一个突出问题是：纳入分配的收益只是旅游总利润中的50%，其他50%归公司（村属企业）支配，村民没有分享权、支配权和监督权。这是社区居民意见最集中的地方，也是西递集体企业向现代企业制度转化过程中必须要解决的一个问题。

二、雨崩案例：自我实现的可持续旅游

（一）案例概况

雨崩村位于云南省德钦县东部，距县城约60公里，其中8公里仅能骑马或步行。几乎与世隔绝的交通条件所形成的神秘纯净感，使包含上村和下村两个自然聚落的雨崩村成为了偏好自然生态、天然村落、藏族文化的国内外生态旅游者向往的旅游胜地。雨崩村平均海拔3200米，是梅里雪山地区海拔最高的村落。神瀑、登山大本营、冰湖是雨崩村周边对旅游者极具吸引力的旅游资源。神瀑位于缅茨姆峰脚下，从下村前往7公里左右，是藏民朝拜神山、沐浴的重要宗教场所。登山大本营位于梅里雪山主峰卡瓦格博峰东南麓，1991年和1998年两度成为中日联合登山队挑战卡瓦格博峰的大本营所在地。冰湖"乃钦拉措"位于登山大本营西南方向，即使炎夏也可以看到湖面上漂浮着周围雪山上崩落的冰块。

雨崩村是一个有33户、163人的小型藏族社区，"雨崩"的藏语含义是"经书叠放的地方"。该村坐落于梅里雪山脚下，处于雪山、原始森林、草甸、河谷、农田环绕之中，极大地满足了旅游者回归大自然的需求。雨崩村居民住在藏式民居中，信仰藏传佛教，主要以农业为生，有些家庭兼营家庭旅馆。雨崩村保持了良好的"世外桃源"似的氛围，民风淳朴，风景如画。

（二）雨崩社区参与状况

在登山爱好者、探险旅游者、徒步旅游者、摄影爱好者等先锋旅游者的探查之下，雨崩村逐渐为外界所知。尤其近几年来，在网络、电视等媒体的宣传下，雨崩在国内外旅游者中间广为流传，在偏好自然生态、民俗风情、宗教文化的旅游者和背包、徒步、登山、摄影旅游者中间，更是获得了极高的美誉度。

雨崩村居民从20世纪90年代中后期开始经营家庭旅馆和马队，为旅游者提供住宿和交通等基本接待服务。2006年，全村共有家庭旅馆10家，床位约350张，均能提供饮食和沐浴。

根据当地政府部门提供的资料：2001年至2005年间，雨崩村民家庭旅游业年度总收入从13.93万元增长到62.81万元。2005年雨崩村每户的平均收入达到1.85万元，人均纯收入为3853元，这超过了云南省当年的平均水平。

（三）社区旅游利益共享制

1. 利益共享制的缘起

2000年以后，随着旅游者的不断增加，参与家庭旅馆经营的村民商业竞争意

识逐渐增强，开始出现了抢客之争，因而滋生了矛盾并发生了一定程度的冲突。

阿茸是雨崩村的小学教师，2004年前在外村教书。2002年阿茸回家看到这种无序竞争的现象，担心如此下去对旅游发展不利，对村里和谐的邻里关系不利，就提出了轮流接待的方案。刚提出时，所属的西当村村委会的领导并不太同意，认为现在是市场经济，不应该搞平均主义。但阿茸坚持认为，按照雨崩村的经济和村民的文化现状，雨崩村还不能进入完全自由竞争的市场经济，否则有的家庭就会挣不到钱，就会越来越穷。村民大都同意了阿茸的这个比较现实的想法。在村落内部精英人物看来，旅游者的涌入使得少数村民很快富裕起来，而当村民普遍感觉到旅游所带来的这种经济利益并追求不断扩大这种利益时，自然会与其他追求同样利益的村民产生竞争。如果没有一种协调竞争、化解矛盾的机制，那么原本纯净的村落人际关系将受到严重威胁，质朴的民风也将不复存在，雨崩村赖以吸引旅游者的人文环境要素将逐渐削弱，这对已经走上旅游发展道路的雨崩村将是一种致命的打击。

因此，在以阿茸为首的村落精英人物的号召与带领下，2002年初，经过几轮各户当家人的全体会议讨论，雨崩村终于制定出一套朴素的"旅游收入平均分配制"，并通过广告牌的形式挂在村口，以提醒旅游者加以配合。2003年起，雨崩村民通过村民大会表决，开始实施一套分享旅游收入（含家庭旅馆收入和马队收入）的制度，这提高了村民家庭的实际可支配收入，同时对缩小因参与旅游经营活动程度不同而造成的贫富差距起到一定的缓解作用。

2. 利益共享制的基本内容

雨崩村民参与旅游的基本方式为：牵马载客和经营家庭旅馆。在参与机会和利益分配上，这个原始封闭的村落采取了同样原始却公平的原始共产主义式的方案：制定了家庭旅馆住宿接待收入的共享性分配制度，同时制定了餐饮收入、牵马收入，并规定了村民在获益的同时必须承担卫生义务。

（1）住宿接待收入的机会均等、利益均分制。雨崩全村34户随机编号，村委会每天安排人员（一般为2人）在村口记录进村的游客批次，并按照家庭编号和游客进村顺序安排到所轮到的家庭中。该制度的出发点是为了能够让每户人家都能获得接待收入，但在实施之初存在着强迫游客入住轮到的家庭中，而游客往往更愿意自主选择，因此，为满足游客的需要，后来做了变通：游客可以依据需要选择入住家庭，若游客选择了轮流到的家庭，则全部收入归该户；若游客作其他选择，则被选中的人家需要分50%的住宿费给虽轮上但未被选中的人家。家庭旅馆住宿客人的分配按照游客进村的批次轮流，不按人数多寡。轮值家庭每天接待的人数不平均分配，而是依照机会和运气。这样的利益分配方式容易满足村民的平等、平均心理。

这一制度直接照顾到了那些出于各种原因无法参与到住宿接待经营活动中的村民家庭，同时也考虑到了原本就积极开展住宿接待经营活动的村民的利益，体现出一种朴素的利益共享的传统社区理念。从制度设计的初衷来看，它不仅可以避免贫富差距的进一步拉大，也避免了接待户之间的恶性竞争，维护了社区和谐。

（2）饮食收入的按劳分配制。藏族居民的日常饮食以藏餐为主，主要食物有糌粑、牛羊肉、酥油茶等，绝大多数居民不适应汉族等其他风味的饮食，他们也更不精通制作这些食物。但因为游客的需要，某些有能力的家庭开始供应多元化的餐饮，在藏民族的潜在的"多劳多得"的意识中，这部分收入自然而然地应该全部归于经营者家庭所有。因此，雨崩村经营家庭旅馆人家中若能提供饮食服务，饮食利润归其独享。这一规定兼顾了接待家庭的效率，体现了"多劳多得，按劳分配"的原则。

（3）马匹经营的共同参与制。雨崩村特殊的地理区位和艰难的道路状况，使其对外交通联系非常不便。这一方面有利于保存生态，保证旅游资源的可持续利用；另一方面也决定了游客或者游客的行包只能由马匹驮运。因此，牵马收入成为了村民收入的又一项重要来源。马匹经营的具体管理措施为统一管理、统一价格。每户人家出2匹马参与运营，按照编号轮流载客。

3. 责、权、利一体化：环境卫生责任制

雨崩村社区旅游的可持续性体现在他们在获取经济利益的同时，加强了对环境的保护。在外来 NGO 组织的指导下，他们实行分段卫生包干制度，每家都负责各自区域内的垃圾处理工作。美国大自然协会于20世纪90年代中期进入雨崩村展开生物多样性调查工作，同时协助雨崩村初步建立起环境卫生包干等制度，并筹资援建了人畜饮水管道工程。相对于旅游收入平均分配制的"内生"特征，旅游环境卫生责任制可以看做是一种"外生"的制度设计。从落实情况来看，以上简单易行的旅游环境卫生责任制得到了有力的推行，在主要的旅行线路上，分段责任区划分明确，实行挂牌确认，因而，目前绝大部分旅游者可能到达的片区均保持了良好的环境卫生状况。

（四）案例小结

由于雨崩村实施了均衡的利益共享制和主动保护环境的措施，并控制了外来投资，因此它已经发展成社区自主的、自我实现的可持续性旅游社区。这种内在的自我约束机制化解了人与人、人与自然之间的冲突，使雨崩村旅游生态得到维持。雨崩村的社区旅游是中国目前发现的最具典型意义的社区旅游，村民真正参与到旅游决策、管理、利益分配各个环节中。

雨崩村的各项管理制度都朴素而简单，但是均是来自社区内部的地方性知识，是"自下而上"的制度体系，起到了较好的维持旅游经营秩序、维护社区居民经济利益、确保村落卫生环境质量的积极作用。雨崩村现有制度的制定和执行，一定程度上还有赖于乡村精英人物的带领和引导，也有赖于藏民传承至今的公平理念。

关键词

旅游　社区旅游　社区参与　"舞台真实"　旅游人类学

复习思考题

[1] 纳什研究旅游的三种视角是什么？
[2] 如何理解"旅游是乡村都市化的外部动力"？
[3] "仪式理论"如何应用在旅游研究中？
[4] 对于旅游者、社区居民和开发商而言，真实性（authenticity）的内涵有什么差别？
[5] 西递案例中利益分配的经验是什么，如何推广到其他旅游社区中去？
[6] 结合雨崩案例，分析赋权理论在中国实践中的意义。

阅读文献

[1]（美）瓦伦·L. 史密斯. 东道主与游客——旅游人类学研究. 张晓萍等译. 昆明：云南大学出版社，2002
[2] 彭兆荣. 旅游人类学. 北京：民族出版社，2004
[3] 杨慧，陈志明，张展鸿. 旅游、人类学与中国社会. 昆明：云南大学出版社，2001
[4]（美）丹尼逊·纳什. 旅游人类学. 宗晓莲译. 昆明：云南大学出版社，2004
[5] D. MacCannell. *The Tourist: A New Theory of the Leisure Class*. Schocken Books, 1976
[6] P. Murphy. *Tourism: A Community Approach*. New York: Methuen, 1985
[7] D. Nash. *Anthropology of Tourism*. Oxford: Pergamon, 1996
[8] V. Smith. *Hosts and Guests: The Anthropology of Tourism*. University of Pennsylvania Press, 1989

文化与变迁

时代在变化,学科研究的目标在变化,人类学如何面对这些变化?

第十九章"变迁中的世界"分为三节。第一节"走进他者的世界",主要讲述地理大发现和工业革命给全球带来的变化,表现在人口的全球流动、文明的接触、工业革命、西方社会的崛起、殖民主义、第三世界的形成,以及现代世界体系等;第二节"文化变迁",讲述全球化背景下的"非西方社会"的变迁,内容涉及文化接触、文化变迁、文化复振、后殖民主义、全球文化,以及现代化等问题;第三节"网络社会的崛起",介绍20世纪70年代以来"新社会结构"的形成和发展,内容包括互联网的建立、虚拟社区、网络博客、网络社会的自我认同以及反全球化运动等问题。

第二十章介绍中国文化人类学发展史。本章把学科的发展与时代的变迁相联系,把中国文化人类学发展史分为三个阶段,第一阶段是学科创立和发展的阶段,第二阶段为学科复兴的阶段,第三阶段是指现在的文化人类学发展阶段。同时,也归纳了不同发展阶段的特色和成就。

第十九章 变迁中的世界

摘要

如何认识16世纪以来的全球变化，不同的视角就会有不同的变迁景观。本章立足于"非西方社会"的视角，审视全球自16世纪以来的社会变化，希望以此扬弃西方社会传统所认为的"冲击－回应"式的非西方社会的变迁模式。事实上，任何社会的变迁，都是互相接触、互相影响的结果，当然，在这个过程当中，不可避免地会出现在一定时期内某一主导性的变迁力量持续或者短暂地冲击对方，而受冲击方自然会以自己固有的传统方式能动地回应，不会完全地、被动地接受。

尤其对于那些有着悠久历史和文明的社会来说，它们有自身深厚的文化积淀和价值观，对异质文化会采取选择性的接受或抗拒，在欧洲中心论者的眼中，这无疑是"文明的冲突"，而在相对论者看来，却是一个自然演变的过程。随着经济全球化进程的加快，国际贸易、劳动分工、文化交流、政治联盟等都会削弱传统民族国家的主权和神圣性，特别是全球性的互联网的出现，打破了国家与国家之间、地区与地区之间、不同种族之间、不同利益群体之间的边界，促使新的全球性的社会形态的出现：网络社会。网络社会不但解构了传统的民族国家结构，而且还将对整个人类社会的发展产生前所未有的影响。结果是什么，我们将拭目以待。

第一节 走进他者的世界

毫无疑问，是欧洲人首先走进"非欧洲人"的世界。借助先进的航海技术、军事力量和冒险精神，他们不但把自己送到了世界其他的地区，而且，还因此建立了影响至今的"欧洲霸权"。工业革命奠定了欧洲崛起的物质基础和心理优势，也建构了影响至今的全球殖民体系。第三世界的形成既是殖民体系的结果，也是殖民体系的终结。第三世界既是现代世界体系的一部分，也是现代世界体系的缔造者之一，它同时也在扮演颠覆数百年来主宰全球格局的欧洲视野。

一、地理大发现

15世纪末,葡萄牙、西班牙相继进行了两次具有世界意义的海上航行。1492年,哥伦布率领的西班牙船队到达美洲;1497年,达·伽马率领葡萄牙船队绕过好望角进入印度洋,到达印度西海岸,1499年回到葡萄牙。这两次航行虽然开辟了西欧到美洲、西欧到东方的新航线,但人类历史上第一次具有真正意义上的环球航行,是由麦哲伦率领的西班牙船队于1519年开始的。麦哲伦船队到达南美,经麦哲伦海峡进入太平洋,于1521年3月到达菲律宾。麦哲伦因参与当地内讧而战死后,其余船员乘两艘船抵文莱,经南印度洋驶向非洲南端。途中一艘船被葡萄牙人掳去,另一艘船绕过好望角,于1522年回到西班牙圣卢卡尔港。见图19-1。

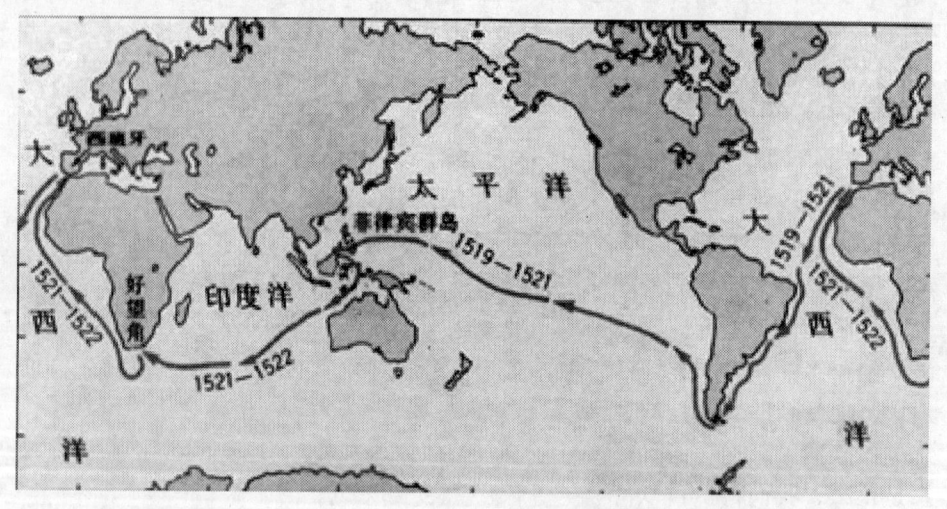

图 19-1 麦哲伦船队环球路线图

欧洲人开始的航海活动无疑拉开了世界历史的新时代。他们不但发展出了一套跨海贸易取向的经济体系,也逐渐建立了影响至今的"欧洲视野"。而在此前的数千年,人类的地理知识,或者说对他者的理解是模糊的、分裂的,此后的地理知识不再局限于一个地区、一个大陆或一个半球,新的全球性视野把不同的人群和种族连接在一起了。葡萄牙人于15世纪初开始沿着非洲海岸摸索前进之前,欧洲人所掌握的准确知识仅限于北非和中东,他们关于印度的知识是模糊的,关于中亚、东亚和撒哈拉以南非洲的知识也是模糊的,更不用说了解南北美洲、澳大利亚和南极洲的存在事实了。

尽管不能说16世纪以前生活在地球上的人群完全处于互相隔离状态,但不同种族和人群之间彼此疏离,甚至隔离的现象却是不争的事实。一般地说,尼格罗人种集

第十九章 变迁中的世界

中在撒哈拉以南非洲和太平洋的群岛上,蒙古人种聚居在中亚、西伯利亚、东亚和南北美洲,高加索人种集聚在欧洲、北非、中东和印度。到 1763 年时,已经出现了截然不同的种族分布格局。在亚洲,俄罗斯人越过乌拉尔山脉,迁徙到了西伯利亚,欧洲和非洲的大规模迁移使得南北美洲从一个纯粹的蒙古人种的大陆变成了世界上种族成分最复杂的地区。黑人的迁移一直持续到 19 世纪中叶,而欧洲的移民人数一直以来都在稳步地增长,他们几乎踏上了地球上的所有"新、旧大陆",最终的结果就是:如今在美洲,人数最多的是白种人,然后依次为黑人、印第安人、印第安人与白人的混血儿,以及黑白混血儿等。人群的迁徙造成了地理上的全球性扩散,而且也促使不同人群和种族之间的交流,互相走进"他者的世界"。

走进他者的世界里,首先展现在欧洲人面前的是这些简单社会里"野蛮人"在体质特征上的"种族差别"。欧洲人或者与欧洲人同种的美洲人皮肤是白的,头发是波浪形的,薄嘴唇,窄鼻子;尼格罗人的皮肤是黑的,头发卷曲,厚嘴唇,阔鼻子;东方人的皮肤是黄的,头发黑而直。更有甚者,有些欧洲人还把异于他们的人种当做"非人"看待。譬如,著名的旅行家马可·波罗就曾经把安达曼岛的居民视为"狗人"(见图 19-2)。安达曼岛人是早期人类学研究的重要对象,人类学家拉德克利夫-布朗在这里进行了 2 年的实地调查,他于 1922 年出版了《安达曼岛人》一书,这是一部经典的民族志著作,为我们留下了一个真实的岛民社会及其生活图像。

图 19-2 狗人

注:这是根据马可·波罗的报告描述的安达曼岛人的图景。他说他们的头部、眼睛和牙齿就像狗一样。
资料来源:(美)斯塔夫里阿诺斯:《全球通史》(下册),第 7 版,董书慧等译,北京大学出版社 2005 年版,第 454 页。

第四编 文化与变迁

阅读材料19-1 安达曼岛人

安达曼群岛位于孟加拉湾东部,由200多个岛屿组成,这些群岛分成大、小安达曼两部分,大安达曼有10个部落,小安达曼只有两三个部落。安达曼群岛一度沦为英国的殖民地,"二战"时期被日本占领,现已经成为印度的一邦。他们的祖先很可能是从非洲迁移过来的,在英国实行殖民统治之前估计有5000多人,1901年只剩下2000多人,1947年印度独立时只有不到1000人。印度政府出于保护原住民的考虑,尽量减少外界与之接触,即使是政府的公务人员也不过是定期向岛民派送食物和礼品。可是,这样的保护措施似乎适得其反:他们根本不适应印度的食物,礼物也冲击了他们的社会架构,接触也带来了传染病。据最近的人口统计表明,安达曼人仅剩下5个部落,不到900人,其中大安达曼岛居民仅有36人在世。2004年12月26日,印度洋大海啸席卷了整个群岛,安达曼岛人遭遇了灭顶之灾,已经濒临绝种。

安达曼人靠天吃饭,每20~50人组成一个地方群体(local group)。这些群体由几个核心家庭组成,他们没有中央集权,也没有地方群体的领袖,地方群体之间的关系松散,两个相邻群体之间还经常调换居住地,有时共同举行仪式活动,并形成通婚关系。安达曼人以单偶核心家庭为最少单位,实行族外婚姻制度,且极少出现离婚现象,如果生育了孩子,离婚就更罕见了。他们彼此之间很少有冲突,即使有冲突,也很快就可以通过调解或协商解决。

安达曼群岛孤悬于大陆之外,近代以来一直处于封闭状态,英国曾将这里辟为囚禁地,柯南道尔在《福尔摩斯探案集》中还提到过它。印度独立后,在此建立军港,不仅禁止外国人涉足,就连本国人也很难与安达曼人接触,以至于拉德克利夫-布朗之后,研究他们的人类学家寥寥无几,直到印度女人类学家 Sita Venkateswar 于2004年出版《发展与种族灭绝:安达曼群岛的殖民实践》(*Development and Ethnocide: Colonial Practices in the Andaman Islands*)。这很有可能是关于这个民族的最后一本基于实地调查的民族志文本了。

(资料来源:(英)拉德克利夫-布朗:《安达曼岛人》,梁粤译,广西师范大学出版社2005年版。)

当然,与欧洲人迥异的不仅有前面提到的人体特征,更主要的是这些"野蛮人"的生活习俗、宗教信仰和社会制度。在印度的大部分地区和穆斯林世界,妇女们把自己的身体和面部遮蔽得严严实实;在非洲的许多部落社会里,妇女们的乳房全部裸露在外,有些地方的妇女甚至可以一丝不挂;中国和爱斯基摩人的妇女居然都穿长裤。在基本的两性关系上,西方文明中理想的婚姻方式是一夫一妻制,而在世界其他一些地方却推崇一夫多妻,或一妻多夫;在欧洲,女性的婚前性关系受到宗教和道德的严格约束,而在太平洋和非洲的许多地方,男女性关系在婚前就显得比较开放和"随便"得多。在宗教上，不同人群和种族的人严守自己的宗教戒律和仪式活动，譬如伊斯兰教徒禁食猪肉，印度教徒不吃牛肉，而基督教徒除了星期五以外，其余时间两者都吃。信仰印度教的地方，那些婆罗门教徒的母牛整天饱食终食，在大街上招摇过市，欧洲人见了，觉得这是宗教信仰造成的浪费，因为它们原本可以用来下田耕作，或者宰杀供人食用。

地理大发现后的数百年里，欧洲作为西方文明的整体显示出优越的创造本领和军事实力，启蒙运动推动知识的世俗化，使得达尔文的进化理论超出了其生物学的渊源，在社会和一般民众中广为传播，并得到认可，从而催生了倡导"适者生存"的"社会达尔文主义"。在欧洲人与世界其他民族的接触过程中，多数情况下是伴随着对这些简单社会里的"落后民族"、"野蛮民族"的征服。在欧洲人看来，他们遇到了两类截然不同的民族和社会结构，有些民族生活在相对较少的队群社会中，他们没有书写系统，没有共同的宗教信仰，也没有先进的生产技术，在军事实力上也是薄弱的。即使是像中国、印度等这样拥有辉煌古代文明的东方国家，由于长期以来满足于自我的富足而裹足不前，以至于赶不上世界的变化而被他们远远地抛在身后。欧洲人凭借其在海外活动中的领先地位，使人类的眼界前所未有地扩大，在使自己崛起成为全球霸主的同时，也揭开了全球统一性的开始，于是，全球性人群流动、全球性经济关系、全球性政治关系、全球性文化关系等把人类历史带入了近代初期。

如果说地理大发现打开了欧洲人的视野，走进了他者的世界，那么工业革命的出现则为欧洲人提供了持续的、强大的动力，奠定了他们自近现代以来的"欧洲霸权"。

二、工业革命

（一）工业革命的根源

"工业革命"这个词经常受到质疑，因为它描述的不是一个迅速的、一夜之间的变化，而是一个18世纪之前就早已开始并由于各种实际的目的而一直持续到现在的革命。它的基本标志就是18世纪80年代机械化工厂体系的出现，以及因此带来的生产力的惊人进步。

这样的"突变"其实可以追溯到16世纪以来在欧洲出现的已经长达200多年的"商业革命"。16世纪以前，世界贸易最重要的商品是由东方运往西方的香料和朝相反方向运送的白银。地理大发现之后，新的海外产品，譬如饮料（可可、茶和咖啡）、染料（靛蓝、胭脂红和巴西苏木）、香料（多香果和香子兰）、食物（珍珠鸡、吐绶鸡和纽芬兰的鳕鱼等），逐渐成为欧洲的主要消费品，其商业价值也在不断增长。不仅如此，贸易量也在显著增长，1715—1787年法国从海外地区输入的进口商品增长了10倍，而出口商品增长了7~8倍。英国贸易也取得了几乎同样惊人的增长，在1698年至1775年这一时期，其进口或出口的商品都增加了4~5倍。不过，在欧洲不断增长的贸易总量中，殖民地贸易所占的份额则愈来愈大，例如，1698年英国约有15%的海外贸易是与其殖民地之间进行的，到1775年，这一数字上升到33%。

商业革命推动了工业革命的发展。首先，它为欧洲的工业，尤其是制造纺织品、火器、金属器具、船舶以及包括制材、绳索、帆、锚、滑轮和航海仪器在内的船舶附件工业提供了许多巨大的、不断扩张的市场；其次，它为工业革命提供了巨额的资金。利润丰厚的商业企业，与同时发生的技术进步和制度变革一起，催生了工业革命在18世纪晚期的"起飞"，而这一切首先出现在英国。这首先是因为英国有一个主要的有利条件，即它早已在基础性的采煤工业和炼铁工业中占据领先地位，另一个有利条件是英国拥有更多的可被用作工业革命资金的流动资本；其次，英国在此时也集中了大量的企业人才；最后就是，英国在劳动力方面占有优势，始于16世纪的圈地运动持续了3个世纪，在18世纪后期19世纪初期达到了高潮，大量的自耕农不得不依靠出卖劳动力为生。尽管"羊吃人"的圈地运动造成了底层农民的苦难，但就工业革命而言，它却实现了两个必不可少的功能——为工厂提供了劳动力，为城市提供了粮食，因此，圈地运动被看做是英国工业革命首先发生的一个先决条件是不为过的。

阅读材料19-2　近代早期英国的圈地运动与制度变迁

圈地运动是英国历史上的重要事件，也是英国有别于欧洲大陆国家的重要标志之一。传统史学对圈地基本上持负面评价，无论是托马斯、莫尔还是马克思，都猛烈批评圈地对农民的掠夺和剥削。但是，随着20世纪下半叶新制度经济学的兴起，传统的历史结论受到了质疑和挑战。同样，圈地运动被赋予了新的解释，获得了新的评价。圈地运动历经400多年，从都铎王朝初期一直持续到了维多利亚时代。圈地运动大体上以"光荣革命"前后为界，可以分为早期圈地和晚期圈地。早期圈地即地主和农民自发进行的圈地；晚期圈地又称议会圈地。

13世纪末14世纪初，英国经历了一个由劳役地租向货币地租转化的过程，到了14世纪，农村人口的绝大多数已经是自由的租佃农了。但是，阻碍农业和农村经济发展的"份地制"和"敞田制"仍然存在。份地制也就是农民不完全的有条件的土地占有制度。这种占有制由租约固定下来，若干年甚至一代数代不变。这种情况妨碍贵族地主随着经济情况的变化自由处置土地，或者改变经营方式；也妨碍农民自由处置自己的人身，不能够随意把商品带到任何一个可以找到市场的地方去。敞田制由无数块田构成,每块田的面积都不大,一家一户的土地分散到几个地方,不便于耕作,又浪费时间和劳动力。

由于英国的习惯法传统,圈地很难采用明目张胆的暴力手段完成。在都铎王朝和斯徒亚特王朝时期,圈地是地主、约曼(Yeomen,即富裕农民)、佃农等通过协议的方式自发完成的,政府对此并不鼓励,相反还多次颁布限制甚至禁止圈地的法令。1688—1689年发生的"光荣革命"确立了英国的君主立宪制度,新贵族和租地农场主则掌握了政权,他们积极推进农业变革。从此,以后的圈地大都是以议会立法的形式完成的。

圈地运动对社会结构的影响:贵族地主阶级是圈地运动的积极参与者和受益者,但由于经营水平的差异,一些贵族兴盛了,一些贵族则衰微了。在旧贵族相对式微之际,乡绅、农场主(租地农场主)和市民的力量悄然壮大;农民阶级也产生了分化。少数富裕农民在圈地浪潮中,通过租地、买地和圈地,经济实力不断提高,发展成为租地农场主或自有农场主;而大多数自由自耕农、公簿持有农和租地农,或者因为看不清时代的大趋势,或者拘泥于过时的传统,在农业变革面前无所作为,错失良机。

圈地运动对农牧业发展的影响:圈地运动为近代化大农业的兴起和发展创造了难得的历史机遇和良好的发展空间,就像大工业提高了制造业的劳动生产率一样,大农业以它先进的生活管理、充足的投入资金、科学的耕作制度和技术,提高了农牧业的产量,并且降低了生产成本。

圈地运动对工业革命的影响:英国的工业革命在1750年前后发生,当时大规模的圈地运动正在进行。圈地运动对工业革命的发生和发展有着十分重要的作用。一方面,圈地运动为工业革命提供了大量廉价劳动力;另一方面,圈地运动引发的农业革命,为城市和工业发展提供了棉花、亚麻、淀粉、羊毛等多种工业原料,保证了生产的顺利进行,为非农业劳动者提供了粮食、肉制品、水产品等生活必需品。

(资料来源:http://blog.sina.com.cn/s/blog_ 4a016db7010005ae.html.)

(二)工业革命的进程

棉纺织业的飞速发展是推进工业革命的前奏。1700年,英国政府通过了一个禁止进口棉布或棉织品的法律,但并没有禁止本土制造棉布,于是,一些有头脑的中间人和机构设立很多奖项以鼓励能够增加产量的发明,到1830年为止,一系列的此类发明已经使纺织业完全机械化了:1773年,约翰凯的"飞梭";1769年,理查德·阿克赖特的"水力纺纱机";1770年,詹姆斯·哈格里夫斯的"珍妮纺织机",使得一个人可以同时纺8根纱线,后来发展到16根,最多达到100多根;1779年,塞缪尔·克朗普敦发明的"走锭纺纱机",结合了水力纺纱机和珍妮纺纱机的优点。这些新纺纱机的生产力很快超出了织布工的处理能力,迫切需要新的动力系统来带动,詹姆斯·瓦特对此很快做出了反应。他于1702年前后对托马斯·纽科门制成的原始蒸汽机做了多项改进,到1800年时,已有500台左右的瓦特蒸汽机被用于抽水、纺织、炼铁和其他的需要旋转动力的工业企业。蒸汽机的发明和应用,结束了人类长期以来对畜力、风力和水力的依赖,并因此带动了其他相关产业的飞速发展。譬如,新的棉纺机和蒸汽机要求增加铁、钢和煤的供应量,由此带动了铁路运输、运河运输、轮船运输等交通运输的进步。

不仅如此,在通信联络方面也引发了革命。18世纪中叶,发明了电报;1866年,铺设了横越大西洋的海底电缆,从而建立了东半球与美洲之间的即时通信联络。工业革命并未随着铁路、跨大西洋汽船和电报通信的出现而结束,今天这一进程仍在继续。工业革命的阶段性发展脉络是清晰可辨的:第一阶段持续到19世纪中叶,包括棉纺织工业、采矿业、冶金业的机械化和蒸汽机的发明及其在工业和运输业中的运用;第二阶段从19世纪下半叶开始,有两个特点:科学在工业上的更直接的应用和大生产技术的发展。大生产有两种主要方法:一种方法是制造标准的、可以互换的零件,然后以最少量的手工劳动将这些零件装配成完整的单位;第二种方法是借助先进的机械设备来处理大量的原料。

(三) 工业革命对欧洲的影响

19世纪中叶,工业革命逐渐从英国传播到欧洲大陆。比利时是第一个开始工业化的国家,此后是法国、德国、奥匈帝国、意大利和俄国。与此同时,非欧洲国家也在进行工业化,起初是美国,随后是英国自治领和日本。后来者可以享受到更新和更有效的工厂的好处,英国则因此丧失了其最初"世界工厂"的地位。工业革命对欧洲的影响主要表现在:

(1) 人口的增长。尽管19世纪有数百万欧洲人移居海外,但1914年欧洲大陆的人口却仍然膨胀到1750年的3倍以上。人口爆炸的原因首先是经济上的,其次是医学上的进步。1750年欧洲人口为14000万,1800年上升到18800万,1850年为26600万,1900年为40100万,1914年为46300万。欧洲的人口增长率比起同时代的世界其他地区要高得多,以至于它改变了世界人口的对比。见表19-1。

(2) 城市化。以往的城市规模取决于其周围地区所能生产的粮食数量,因而人口稠密的城市都分布在大河地区和冲积平原。随着工业革命的展开和工厂制度的建立,大量人口涌入新的工业中心,便利的交通运输、先进的医学技术和供水系统等使城市生活不仅变得可能,而且,甚至比先前的农村地区更为令人满意和舒适。因而世界各地的城市都以尽快的速度发展,到1930年时,城市人口已达41500万,占人类总人口的1/5。这是人类历史上的一个巨大的社会变化,因为在城市生活意味着一种全新的生活方式。到1914年时,在像英国、比利时、德国和美国等许多西方国家的绝大多数人口都已经生活在城市里。

表 19-1 世界人口

年份	欧洲		美国和加拿大		拉丁美洲		大洋洲		非洲		亚洲		总数
	数量（百万）	占世界人口比例（%）	数量（百万）	占世界人口比例（%）	数量（百万）	占世界人口比例（%）	数量（百万）	占世界人口比例（%）	数量（百万）	占世界人口比例（%）	数量（百万）	占世界人口比例（%）	
1650	100	18.3	1	0.2	12	2.2	2	0.4	100	18.3	330	60.6	545
1750	140	19.2	1	0.1	11	1.5	2	0.3	95	13.1	479	65.8	728
1850	266	22.7	26	2.3	33	2.8	2	0.2	95	8.1	749	63.9	1171
1900	401	24.9	81	5.1	63	3.9	6	0.4	120	7.4	937	58.3	1608
1950	572	23.0	166	6.7	164	6.3	13	0.5	219	8.8	1368	54.7	2502
1990	787	15.0	276	5.0	448	8.5	27	0.5	642	12.0	3113	59.0	5293

资料来源：（美）斯塔夫里阿诺斯：《全球通史》（下册），第7版，北京大学出版社2005年版，第494~495页。

（3）财富的增长和社会分层的出现。工业革命通过在世界范围内有效地利用人力资源和自然资源，史无前例地提高了生产率。比如，大不列颠的资本从1750年的5亿英镑增长到1800年的15亿英镑、1833年的25亿英镑、1865年的60亿英镑。伴随财富增长的同时，由于分配上的巨大差异，造成了社会分层的出现，尽管所有的人们都从工业革命中获益，但比较"资产阶级"，工人的相对收益远远低于资产阶级，尤其是在工业化早期存在着大量的剥削和社会分裂。佃农被逐出家园，织布工和其他手工业者由于竞争不过新的机制而被淘汰，于是他们不得不迁居城市，进入陌生的工厂上班。他们没有土地、房屋、工具和资本，完全依靠雇主，而雇主依靠自己的资本从他们身上赚取了成百倍的利润。

（4）新消费主义。财富的增加使得大众消费社会的出现成为可能。此前人类社会的大众消费中有3/4的收入用来购买食物和其他生活必需品，根本没有能力像贵族和商人阶层那样消费时尚物品。工业革命所积累起来的财富的一部分流向了一般的民众，一个比以往仅有少数顶级精英才能够消费的市场大得多的国内市场也就发展起来了。商人们迅速改变其经营手段来迎合利润丰厚的国内市场，18世纪开始的时候，他们就运用了一系列在今天看来是现代的销售技巧，包括市场调查、信用支票计划、手写账单、目录、报纸和杂志广告、不满意退款承诺等。大众消费主义正是以这种方式出现在18世纪的英国，而在20世纪它已成为全球社会的特点。

（5）女性的新角色。工业革命对女性的主要影响就是让她们有可能走出家庭，进入新的工薪经济领域。由于工作场所从家庭转向了工厂和车间，女工作为工薪一族也成了金钱经济的一部分。稳定的工作岗位、温顺的个性，使得女工往往可以成为雇主的新劳动力的来源。不过大部分的女工在婚后或者产后都放弃了在工厂里的工作，但为了贴补因丈夫一个人无法承担家庭经济的费用，她们也不得不从事一些零散的散活，譬如缝纫、做假花、洗衣和照顾职业女性的孩子等。不过，对于中产阶级的女性而言，则是另一番的情景：19世纪末，婴儿的出生率下降，她们可以放下长期怀孕的包袱，新式的家用电器的使用也使得她们从繁重的家务中解脱出来。但同时，人们对中产阶级女性的主要期待不是做家务，而是做母亲。社会观念中的"理想女性"是相夫教子的家庭角色，结果出现了要求无论在家庭内外女性都应该享受与男性平等的权力和得到更多机会的女权主义运动。

（四）工业革命对非欧洲世界的影响

工业革命前的200年，正是地理大发现后掀起的移民和殖民的高潮。1492年后，欧洲国家开始在海外建立殖民地，葡萄牙据有巴西，西班牙是阿斯特克帝国与印加帝国的最早征服者，随后它们陆续成为加勒比海地区、墨西哥、美国南部和中南美洲等地区的"宗主国"。紧随其后的是英国、法国、德国和"后来居上"的美国等国家，这些国家几乎拥有所有的对非洲、拉丁美洲、亚洲等国家的控制权。工业革命在向非欧洲国家传播的过程中，这些殖民地国家首先成为工业革命的输出地和被影响国。相应地，非欧洲世界也迅速走上欧化的道路，主要体现在：

（1）种族上的欧化。1885年之前，非欧洲世界的绝大部分移民来自北欧和西欧，此后多数来自南欧和东欧。一般而言，英国移民前往英帝国的自治领和美国；意大利人前往美国和拉丁美洲；西班牙和葡萄牙人前往拉丁美洲；德国人去美国，其中部分又转到巴西和阿根廷。从世界历史的观点来看，这种规模巨大的人口迁移造成美洲和大洋洲在种族方面几乎完全欧化。尽管这些地区的原住民至今依然存在，但从那时起，他们就一直处于边缘化和从属的地位，这种格局到现在还没有被打破。

（2）殖民体系的建立。如果说地理大发现和其后的全球性移民为欧洲人提供了生存空间的话，那么，工业革命所产生的巨大的经济推动力则为全球殖民体系的建立奠定了物质基础和社会制度基础。工业化的欧洲需要为它的剩余资本和制造品寻找原料产地和海外市场，各国的殖民地无疑是最好的选择，这样，一方面，这些殖民地成为原材料和初级产品的供应地和消费市场；另一方面，为了确保长期稳定的最大化利益，殖民国家在输出工业革命的同时，也在改造殖民地的经济制度和社会制度。无疑，欧洲的资本和技术与不发达地区的原料和劳动力相结合，产生了完整的世界经济体系，造成了殖民地国家和地区长期处于"低度发展状态"，即使它们在20世纪中叶陆续取得了民族民主独立以后，还是没有办法完全改变这个格局。

（3）欧洲中心主义的全球思潮。伴随着欧洲工业革命在全球的开展，社会达尔文主义主张的"物竞天择,适者生存"的学说,导致白人优越的观念和白人有责任统治有色人种的观念的产生。塞西尔·罗得斯说:"我坚持认为,我们是世界上第一流的民族;在这个世界上,我们定居的地方越多,对人类就越有利。如果有上帝的话,我想他希望我做的就是在英国人的非洲地图上尽可能多地绘上红色。"

三、现代世界体系与西方社会的崛起

(一)欧洲人的现代世界体系

尽管没有一个明确的关于"现代世界体系"的定义,但它具有一些公认的基本特征:由一组超越个别地区和国家的政治经济关系所构成,以财富和权力的分化为基础,经常性的接触和交流等。现代世界体系诞生于何时?是1492年哥伦布发现美洲时?还是沃勒斯坦认为的1450年?抑或是1800年的工业革命之后?甚至像珍妮特-阿布-卢格霍德(Janet Abu-Lughod)认为的那样,现代世界体系只是1250年以来就存在的那个"世界体系"的延续?尽管对它出现的时间存在诸多的争议,不过,争议的背后才是问题的关键:究竟是以资本主义经济体系还是以"帝国霸权"作为评价的标准,如果是前者,则无疑可以得出现代世界体系肇始于欧洲,是欧洲人的现代世界体系;如果是后者,那就是下面将要讨论的"亚洲人的世界体系",因为"直到1800年前后,亚洲,尤其是中国和印度以及东南亚和西亚比欧洲更活跃,前三个国家和地区比欧洲对这个世界经济的作用更重要"(贡德·弗兰克语)。

人类学家埃里克沃尔夫的《欧洲和没有历史的民族》为我们展示了地球上"欧洲之外"的民族是如何在"欧洲的阴影下"丧失自己的历史,以及被迫进入欧洲人的世界体系。欧洲人现代世界体系的形成的最大推动力则是布罗代尔(Fernand Braudel)所谓的"世界资本主义的经济体系"。在其《15~18世纪的物质文明、市场经济与资本主义》中,他主张,社会是由许多相互连接的体系构成的,世界体系是其中最大的体系,而其始作俑者就是世界资本主义经济体系。欧洲人从15世纪开始建立了与亚洲、非洲、新世界(加勒比海人以及美洲人)的频繁接触,打破了先前彼此相对隔离的状态。借助其强大的军事力量和跨洋贸易,欧洲人建立了"资本主义世界经济体系",这是一个单一的世界体系,致力于以销售或交换为目的而从事的生产,带有获取最大生产利润的目标,而不只是局限于供应本地的需求,资本主义的基本特质就是朝向全球市场追求利益的经济导向。

《现代世界体系》一书的作者沃勒斯坦根据全球政治经济权力的不同,把世界不同的国家划分为三种不同的格局:核心地区、半边陲地区、边陲地区。核心国家经济活动的复杂程度与资本积累层次都是最高的,譬如运用其成熟的科技和商业化

的生产工具，制造出具有"高附加值"的产品，流通到边陲和半边陲地区。半边陲与边陲国家大致相当于"第三世界国家"，半边陲是核心与边陲之间的中介，半边陲国家大多完成了工业化过程，尽管他们也像核心国家一样，出口工业产品和商品，但他们欠缺核心国家所具有的权力与经济控制力。而对于那些处于边陲的国家，由于机械化程度较低，不得不运用密集的劳动力资本，一方面生产和出口初级产品和农业商品，另一方面逐渐将劳动力输出到核心和半边陲国家，于是，形成了核心国家利用非核心国家廉价的劳动力获取高额的经济利益，而后者也从中获得了生存和低度发展所需的基本资金。

这种状况在贡德·弗兰克等人看来无疑是剥削与被剥削的关系。作为"依附理论"的主要代表人物之一，他和他的同盟者阿明（Samir Amin）等通过对居于半边陲的拉丁美洲国家的实地研究证明，正是由于资本主义经济体系在全球的展开，造成了一个共同的、相互联系的、不平等的世界体系的形成，并因此使得某些地区发达的同时在另一些地区制造出欠发达状态的格局。与其他学者相比，贡德·弗兰克、阿明等人的研究与其说作为一种"学说"而存在，还不如说他们研究的目的有更加现实的实践目的：直接和第三世界的解放事业联系在一起。尤其是贡德·弗兰克，一度怀抱着自己的"理想"，自我放逐到拉丁美洲的巴西、墨西哥、智利等国家，身体力行地实践自己的学术思想，即使屡遭"驱逐"也不后悔。更令人吃惊的是，1980年以后的贡德·弗兰克与布罗代尔、沃勒斯坦等现代世界体系的理论家们进行了彻底的"决裂"。他认为，那些理论家们在批判传统社会理论和研究欧洲中心主义的同时，自身并没有脱离出欧洲中心主义的巢臼，这主要是因为他们只能在欧洲路灯（European street light）的下面看待一切事务，远处的东西似乎总是显得暗淡无光，同时又身不由己地觉得现代早期发生在欧洲的那些事件光芒四射，具有开辟世界历史新纪元的意义。

贡德·弗兰克进一步认为，如果人们能够真正从封闭型的欧洲中心主义知识霸权中解放出来，转而从一种全球视野（global perspective）来看世界，那么他们就会发现，在现代早期历史的大部分时间里，处于中心地位的不是欧洲而是亚洲，是欧洲被吸引到一个早已存在的以亚洲为中心的世界体系之中，而不是相反，即从欧洲内部发出一个现代世界体系并以欧洲为中心向外扩张，把世界上越来越多的地区吸引到以欧洲为中心的世界体系之中。亚洲，尤其是中国和印度，从地理大发现时代（age of discovery）到18世纪，一直都是全球经济体系的中心。

（二）亚洲人的世界体系

贡德·弗兰克在其《白银资本：重视经济全球化中的东方》一书中，用白银的全球流动说明了亚洲世界体系的情形。从1493年到1800年世界白银产量的85%和黄金产量的70%来自拉丁美洲。美洲白银产量在16世纪约为1.7万吨，17世纪约为 4.2 万吨，其中 3.1 万吨运抵欧洲，欧洲又将其中的 40%，约 1.2 万吨运往亚洲，其中有 4000 吨至 5000 吨是直接由荷兰东印度公司和英国东印度公司运送的，另外有 6000 吨运往波罗的海地区和利凡特地区，其中一部分留在当地，其余部分继续向东流向亚洲。18 世纪的美洲白银产量为 7.4 万吨，其中有 5.2 万吨运抵欧洲，其中约有 40%，约 2 万吨运往亚洲，另外留在美洲本土的白银约有 3000 吨横渡太平洋经马尼拉运抵中国。如果再加上日本和其他地方生产的白银，全球白银产量的一半最终抵达亚洲，尤其是中国和印度。以白银为代表的贵金属流动的意义在于，某些地区需要从其他地区进口商品，但却不能出口同等数量的商品，所以不得不用货币来结算贸易逆差。贡德·弗兰克认为，贵金属和商品在欧洲和亚洲之间的反向运动正说明了它们各自在世界体系中的角色和地位。

王国斌给予贡德·弗兰克的见解以高度的评价。他认为，贡德·弗兰克"成功地'扭转'了我们观察 1500 年以来的经济史的视角"。也就是说，他把亚洲，尤其是中国置于 1500 年以后世界经济发展的中心地位，从而"扭转"了我们先前观察经济变化的"欧洲视角"。与此同时，他也认为，贡德·弗兰克在下面几个方面的资料和论证"并不总是很清楚"，那就是：欧亚大陆各地商业扩张的平衡运动彼此之间具有什么样的因果关系，它们与中国用陶瓷、丝绸和茶叶交换新世界的白银的贸易具有说明因果关系等，如此以来，1800 年之前存在着亚洲，尤其是中国的世界体系的观点缺乏逻辑上的严谨性。在他自己的研究中，譬如《转变的中国：历史变迁与欧洲经验的局限》一书，从比较史学的角度，以中国作为研究对象，探讨其自身经济和政治发展中存在的"内源性"动力，从而回应抽象、简单的"欧洲中心论批判"。有意思的是，该书研究的对象是中国，但作者却是从"欧洲的视角"看中国的，换言之，无论中国在当时的世界体系中居于何等重要的地位，它也是亚洲的一部分，是整个世界的环节之一，尤其是把中国置于欧洲比较的视野中，更能对中国有清醒的认识。

换言之，与其争论 1500—1800 年之间的世界体系是否属于亚洲人，还不如探究此前的亚洲，特别是中国与印度等国家，究竟发生了什么及其对其他地区的影响。1500 年前后，亚洲崛起的三大穆斯林帝国：奥斯曼土耳其帝国、波斯的萨菲帝国与印度的莫卧儿帝国，中华帝国晚期的明清朝，都以强权的国家实力和伊斯兰文化、儒家文明的力量，形成了以中国为核心的与亚洲全境密切联系存在的朝贡关系，以及在此基础上形成的朝贡贸易关系。滨下武志认为，这"是亚洲，而且只有亚洲才具有的唯一的历史体系"，而且，它是一个开放性而非封闭型的世界体系，滨下武志因此建构了一个以中国为中心的亚洲世界体系图（见图 19-3）。

第四编 文化与变迁

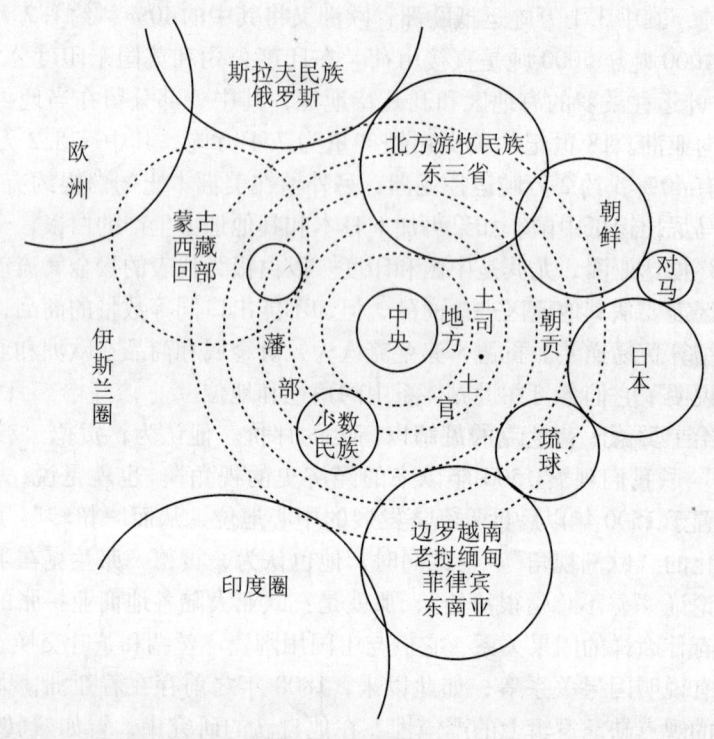

图 19-3　中国与清代关系（以清代为例）

资料来源：（日）滨下武志：《近代中国的国际契机：朝贡贸易体系与近代亚洲经济圈》，中国社会科学出版社1999年版，第39页。

可见，如果说欧洲此时的发展可以概括为民族国家的形成与资本主义的发展两大进程的话，那么，亚洲的情形则更多地表现为帝国霸权和文明的力量而形成的地区性影响力和辐射力。现在的问题是：这个时期（1500—1800）的欧洲世界体系和亚洲世界体系究竟是同时独立并存的？还是有时间上的先后？抑或是有很大程度的"重叠"？甚至干脆说，所谓的亚洲世界体系只是欧洲世界体系的一个部分，是一个"亚体系"？我们更愿意相信，在近代早期的时候，它们是一个有先后关联和时间序列差异的体系，不过到了现代时期，亚洲的影响力逐渐被欧洲的扩张势力所侵蚀，并最终成就了"欧洲版"的现代世界体系。斯塔夫里阿诺斯认为，正是由于中国和中东地区的高度发达和富足使得它们自鸣得意、自我满足，才使它们未能适应世界的变化，并最终沦为欧洲殖民主义的漩涡之中。

四、殖民主义与世界体系边陲的"低度发展"

殖民主义（colonialism）指一个外国势力长期对一块领土及其人民实施政治、

社会、经济与文化的控制，殖民主义的影响力并不会仅仅因殖民地的正式独立而告消失。如果仅从这个角度来看，它同3000年前就出现的早期帝国，譬如腓尼基人（Phoenicians）、希腊人、罗马人和中华帝国早期的国家无异，但当代的殖民主义始于15世纪末16世纪初期欧洲的地理大发现时代。从世界历史的进程来说，殖民主义可以分为两个阶段：第一个阶段到1914年为止，此后进入第二个阶段，也就是通常所谓的"后殖民主义时代"。

直至18世纪后期，欧洲也只是在西伯利亚、美洲和大洋洲建立了自己的绝对控制。他们成群结队地向这些地区移民，不同程度地取代了当地的土著民族。不过，随着1776年美国的独立，1822年巴西从葡萄牙手中独立，1825年前西班牙在美洲的殖民地也纷纷取得了独立，但正如我们知道的那样，这些地区在过去的两个多世纪里已经被欧化，它们在种族结构、经济关系和社会文化制度方面都与欧洲有着千丝万缕的联系。对于亚洲和非洲来说，则是另外的情景。即使到了18世纪末期，欧洲对亚洲和非洲的影响只是局限于大陆沿岸的几个贸易港口，其影响力远未达到内陆地区，不过，到1914年第一次世界大战爆发前夕，当时的欧洲各大帝国几乎统治了全世界85%以上的地区。

从殖民者的角度而言，这些地区可以区分为定居者国家、非定居者国家和混合国家三种类型。定居者国家拥有大量的欧洲移民者，以及较少的原住民族群，比如澳大利亚和加拿大；非定居者国家包括印度、巴基斯坦、孟加拉、斯里兰卡、马来西亚、印度尼西亚、塞内加尔、马达加斯加、牙买加等，这些国家都有实质多数的原住民族群，以及相对较少的欧洲人；混合国家包括南非、阿尔及利亚、肯尼亚等，这些国家有大规模的欧洲移民社区，也有相当数量的原住民族群。此外，还有一些名义上独立实质是半殖民化的国家，譬如伊朗、阿富汗和尼泊尔之类的小国，也有中国和奥斯曼帝国这样的古老的帝国，所有这些国家都由欧洲的经济和军事势力控制着。

贡德·弗兰克一直认为，不是封建主义而是资本主义导致拉丁美洲和第三世界其他地区的"低度发展"。在这种"低度发展"中，关键性的因素与其归结到当地人民身上，或者说是当地的内在因素，不如说是"世界体系"本身的结构和功能造成的。而现代世界体系无疑是伴随着殖民主义和工业革命而形成的。工业革命期间，有一股强大的思潮，将工业化视为一个自然的发展与进步过程，于是，希望第三世界国家，或者说发展中国家，通过工业化的进程完成经济发展的使命，这个使命的目标就是鼓励和指导人们从原有的生计经济体系转换到货币经济体系，因此增加对资本主义经济体系的参与和依赖。

前面我们谈到殖民国家对殖民地统治的合理理由之一就是"白人的责任"观念，并因此合理化殖民主义的扩张过程，最终完成文明化的任务。在殖民者看来，工业化、现代化、西方化与个人化等理念，都是人们可以追求的演化发展过程，作为文明开化的殖民者都认为自己据有智慧，来对抗和改变他们臆想中"落后"原住民的保守主义、无知和陈腐等。

劳动力、原料和成品的世界性流动网络最后造成并维系了殖民主义。在欧洲人征服和统治的冲击下，部落民众挣扎着生存、适应，寻求新的意义，这些都更加强了文化知识与变化着的世界之间的相互影响、相互作用的复杂性。我们来看一下文化人类学上的一个经典案例。

阅读材料19-3 蒂夫人族经济体系的整合与变迁

蒂夫社会是依据裂变性的父系世系群构成的，以父系的"院落群体"为生产和消费的核心单位。传统上，蒂夫人认为有三个范畴的东西可以用来交易：第一类是生计物品，主要包括耕种土地上出来的食品，譬如薯类、玉米、豆类，以及家养的鸡、山羊和家庭用品如生产生活工具等；第二类包括奴隶、牲畜、白布、铜杆等；第三类就是对人的权利，尤其是婚姻中交换妇女的权利。

第一类的交易中，"市场精神"盛行。蒂夫人总想得到有利的交换，宝物总想换宝物，即使没有实用的价值，而只有声望上的好处。交换妇女是通过一套极为精细的监护人制度和交换妇女群体的制度来实行的。

三种可交换物的范畴根据道德价值来分级，生计为最低等的目标，妇女为最高等级的目标。同一范畴内的交换在道德上是中性的，虽然他们也追求以赢利为目的。蒂夫人所追求的是怎样从低等级范畴转变为高等级范畴：以食物来换取铜杆或牲畜，以牲畜换取女人。这种转变，作为获得声誉、影响力和侍从的手段，是蒂夫人的重要策略目标。他们尽可能避免用高等级范畴的东西来交换低等级范畴的东西，如以铜杆换取食物就被认为是一种挫折。如果只在同一范畴内累计而无法转换成较高的范畴，也被视为失败、无能或表现不佳。

英国的统治者、传教士、商人、金钱以及更大的经济体系的触角都伸进了这个体系。奴隶制度大约在1910年被废除。殖民地政府把铜杆视为一种货币形式，多年来已用英国的通货取代了它们，因此大体上清除了"宝物"的范畴。到了1927年，用心良苦的统治当局又废除了交换婚姻，而以现金聘礼的制度作为法定的形式——这就根本消除了最高的第三类范畴，不过现代蒂夫人的婚姻，私下还保持交换的方式。

与此同时，在旧范畴体系中所没有的许多物品项目也被引进，货币开始在蒂夫人的经济体系中盛行。1920年以前，该过程又因以英国人通货来缴人头税而加速，迫使蒂夫人种植商品作物，而且蒂夫地方的农产品流入市场管道，将食品引进都市地区。于是蒂夫人变成一个更大的系统中的部分生产者，而他们对该体系并没有多少控制权，由于绥靖政策和交通的发达，蒂夫男子又亲自前往远方购置生计资料。

这种剧烈的变化怎么在蒂夫文化中加以概念化呢？蒂夫人曾经试图将金钱和用金钱买来的器械列入最低级的第四类范畴，但金钱并不停留在这些概念的范围内。在各种范围内或范畴内的交换现在要通过金钱这个媒介而发生。妇女以生计食物换取金钱，导致食物的流出，促成声望也可以用金钱买得，他们的名誉价值也相应地被腐化了。

而且以金钱来付聘礼，促使女子的监护人往下级交易——以女子换取金钱。由于妇女的人数有限，而金钱财富随着食物的外销而上升，因此造成聘礼的通货膨胀。"由于蒂夫人想在人群中变得越来越有钱，因此他们卖出的食物和生计物品越来越多，而留下足迹消费的东西却越来越少。"

（资料来源：（美）R. M. 基辛：《文化·社会·个人》，甘华鸣等译，辽宁人民出版社1988年版，第324～326页。）

在一个事件和事物（包括货币）彼此连接的大系统中，蒂夫人的所为、所有、所选择都改变了。他们难以将这些新的生活环境和他们原有的观念体系配合起来。当一个蒂夫人必须把女儿"卖"给人家做妻子，以最高级的交换范畴去得最低级的交换范畴而恸哭时，我们不能说这仅仅是"文化变迁"。蒂夫文化的变迁与蒂夫社会生活和经济环境的变迁不相适应，这就是问题的结症。更大的问题还在后面。在快速变迁和多样性的情况下，一种理想化的综合文化观念存在着缺点。将文化视为一种观念体系，与视为社会系统或生态系统完全不同，其原因绝不是要孤立地研究观念世界。我们面对的挑战是探究观念世界、生态系统和社会过程如何在更大的系统中互相作用。

我们来分析一下尼日利亚都市中的市场经济。在集市中，蒂夫商人的交易对象除了豪萨人（Hausa）、伊博人（Ibo）、约鲁巴人（Yoruba）以及其他部落的人外，还包括欧洲人、阿拉伯人、印度人等。每一个人对不同的文化传统都有极为不同的看法。决策的形成和价值的认同又影响乡村地区的财货流入市场体系（所以蒂夫人大规模地拒绝出售食物会造成市场的波动）。但决策的模式、财货和货币的流动依赖着全球性的市场体系，只有极少数的尼日利亚人了解，在这个体系中尼日利亚只是边缘地区，大部分人并不能理解改变他们生活的是来自纽约和伦敦的董事会、股票交易所和跨国的石油公司。

转变蒂夫人的变迁过程当然也在整个第三世界进行着。部落和传统的瓦解、货币市场经济的传播、企业精神和个人主义的兴起等，都是发展的先决条件，如果欠发达国家想要提高他们的生活水准并变成工业化国家，就必须破坏传统制度并以新的制度取代，急剧的社会变迁不仅是不可避免的，而且是必要的。第三世界的各民族不可避免地纳入世界性的文化和经济体系中。

五、第三世界的形成

（一）第三世界国家

第三世界（the third world）的概念最初是由法国经济学家 Alfred Sauvy 在 1952 年 8 月 14 日的杂志 *Le Nouvel Observateur* 中提出来的，原本指法国大革命（1789年）中与国王和贵族等第一阶级相对立的以资产阶级、农民和城市平民为代表的"第三阶级"（the third estate），"二战"后的冷战时期演变为专指那些经济不发达，政治上不依靠北约或华沙条约国家的"中间路线"的国家。这个词语在 20 世纪 70 年代有浓厚的意识形态色彩，一般的，第一世界国家指的是以美国为首的西方资本主义国家，第二世界国家指的是以苏联为首的社会主义国家，还有那些希望与这两者都不结盟的国家称为第三世界国家。1955 年的亚非会议、20 世纪 60 年代的不结盟运动以及"七十七国集团"，被认为是第三世界崛起的里程碑。

但是，中国共产党的领导人毛泽东在 1974 年 2 月 22 日同赞比亚总统卡翁达的谈话中曾说："我看苏联、美国是第一世界，中间派，日本、欧洲、澳大利亚、加拿大是第二世界，咱们是第三世界。"可见，对这个概念也存在不同的理解。尤其是冷战结束以后，多数人认为，作为一个政治实体，第三世界已经不复存在，因为苏联的解体使得第二世界消失了；同时，一些原来认为属于第三世界的国家，譬如巴西，在经济上已经取得巨大的发展，被认为不属于第三世界国家；当然，更为主要的是，原来所谓的第三世界国家内部出现了严重的经济、政治上的分化，导致它们已经不可能在世界事务中采取一致的行动。因此，现在这个概念逐渐被"低度发展国家"、"发展中国家"，或者"南方国家"等概念取代。

尽管如此，作为一种社会现实，它们还是存在一些共同的特征：地理上大多数位于亚非拉地区；现实中普遍处于经济不发达状态，国力较弱，处于受支配的不利地位，是反对霸权主义、反控制、反剥削的国际战略力量，冷战期间是独立于两大阵营的一支独立的政治力量；历史上曾经都是殖民地，通过民族主义运动取得独立以后，面临着发展经济、巩固国家政权和领土完整的使命。

（二）殖民主义的遗产与第三世界国家的建国

随着 20 世纪四五十年代的民族民主运动的最终胜利，控制亚洲、非洲和拉丁美洲数百年的殖民体系开始全部走向瓦解。但殖民主义留下的政治、经济、文化和社会"遗产"对原殖民地产生的影响一直持续至今。毋庸置疑的是，殖民主义对原殖民地的政治、经济、文化和社会结构进行了彻底的"革命"，破坏了其原有的生产力和生产关系，建立的殖民经济造成了殖民地人民普遍处于贫困状态。不过，它对殖民地资本主义因素的发展起了推动作用,譬如宗主国提供了市场,使殖民地和宗主国联系在一起,建立了世界性的市场;兴修铁路、发展实业等推动经济,以及资产阶级的知识分子、资本家和资产阶级政党的出现等。它们直接影响了广大的第三世界国家的建国历程。

尽管取得了国家的独立,但前殖民地国家显然是不可能再回复到原来的社会状态。不过,这些独立国家仍然希望倚重自身"传统的"政治、经济、文化和社会制度,于是,便出现复杂的国家制度和社会形态。从总体上来看,可以分为三种情况:以议会制或总统制为主要特征的西方式民主政体国家,如印度、新加坡、以色列以及菲律宾、叙利亚、阿根廷、巴西、墨西哥、埃及、南非等;君主制政体,如沙特阿拉伯、约旦、科威特、摩洛哥、泰国、马来西亚等;军人制度政权国家,如缅甸等。当然,还有一些国家一度仍然以纯粹的"传统制度"立国,比如政教合一的国家政权和部落酋长制政体,这些国家与现代国家发展的政治性不相一致,以至于经常出现反复性的政权更替和国家体制的变化。总而言之,第三世界国家的建国理念既带有浓厚的反殖民色彩,同时又不得不利用殖民主义的"武器":民族/国家的建国理念。

所谓的民族/国家是始于十六七世纪的西方社会的国家主义理念,它的基本主张就是"一个民族,一种语言,一个国家"。由于广大的第三世界国家多数是多元种族社会的结构,而且在西方殖民时期,宗主国和殖民地政府采取的是种族分治、区别对待的方式,人为地造成各种族之间的隔离和仇恨,因此,埋下了日后独立运动中的种族矛盾的种子。从理论上来说,作为共同遭受殖民统治的不同种族的人民不但应该摒弃西方社会的政治、经济、文化和社会制度,而且,更能够形成一致的共同行为,但事实上,第三世界国家在追求民族独立的过程中普遍存在的民族/国家的建国理念和种族冲突的现象,不能简单地用"以夷制夷"的借口来解释,相反,他们接受和利用殖民主义的"遗产"一方面反映出殖民主义的深刻影响力,另一方面,更为重要的是,它刺激和激发了各地日渐萌芽的"本土民族主义"。

我们可以以东南亚的华人为例,来审视民族/国家的建构对多元族群社会的影响。

阅读材料19-4 后殖民时代的民族主义运动:1948年槟城的"分离运动"

随着太平洋战争的结束,英军于1945年9月3日登陆槟城,重新恢复了对槟城和整个马来亚的统治。"二战"结束以后,在亚洲、非洲和拉丁美洲地区出现的民族民主解放运动迫使英国政府不得不重新评估其对海外殖民地的统治政策。英殖民当局和马来亚民族主义者于1946年12月24日抛出了后来成为马来亚独立建国的"雏形":"马来亚联合邦"(The Federation of Malaya)蓝皮书。蓝皮书承认马来苏丹统治各土邦的权力,建立马来统治者会议;明确马来人在政治、经济上拥有特权;英国政府派出一名高级专员取代总督;非马来人申请公民权附加了更多苛刻的条件等。1947年7月,英国政府宣布将正式推行蓝皮书计划,蓝皮书一时激起了全马来亚的非马来人,尤其是华人的不安和抗议,10月20日,抗议达到高潮,出现了全国性的"大罢市"。这次大罢市吸引了几乎所有的华人和印度人社团,以及其他非马来人的响应,是"二战"后新加坡和马来亚最大规模的大罢市行动。尽管如此,这次大罢市也阻挡不了计划的推进,1948年2月1日,英国政府宣布成立"马来亚联合邦"。

这个计划导致非马来人的剧烈反弹,但有关当局置若罔闻。同年12月7日,一个由西商会会长麦卡(D. A. Markay)及印商会会长波努鲁里(N. Ponudurai)为首的主张在槟城立法议会中酝酿脱离"马来亚联盟"的筹备委员会成立。13日,筹委会发动民众在槟城举行集会,选出的212名代表中有200名投票赞成槟城脱离联邦,并在随后发表的文告中说:"槟城必须寻求各种宪制途径脱离马来亚联盟,仍然维持其在海峡殖民地的地位(指如同新加坡——笔者注)。这是对槟城和威省最好的选择。"筹委会旋即成立了一个囊括了除马来人以外的各族群和利益集团代表的委员会(15人),此举自然引起了马来族群的强烈反对。亚统主席拿督翁发表措辞强硬的讲话,他说:"槟城脱离联盟与否应由马来人来决定,而不是非马来人。"

委员会起草了关于脱离联合邦的动议,并提交槟州立法议会讨论表决。麦卡代表主张脱离联合邦的一方认为,槟城与马来半岛其他各州在政治和行政上有所不同,如加入"马来亚联合邦"将会失去政治、经济和行政上的权力;再说,联合邦协议的达成并未征询槟州人民的意见;而代表亚统的艾迪(S. M. Aidid)反对脱离,主张"马来亚联合邦"的成立是马来人斗争的结果,任何企图将槟城脱离联邦之举都将遭到全体马来人的反对,他进一步认为,槟城如果没有依靠马来半岛,是不可能站得住的。最后,在英国殖民当局、马来亚联合邦政府,以及马来亚其他各州华人社团的反对声中,动议案在于1949年初召开的槟州立法议会中以15票对10票的劣势终遭否决,结束了槟城试图脱离"马来亚联合邦"的"分离运动"。

槟城出现的"分离运动"要放在当时的历史背景之下来理解。20世纪四五十年代,亚洲各国的民族民主独立解放运动达到了高潮,包括中国和东南亚各国在内的亚洲国家,开始自觉寻求摆脱殖民统治,走上自主、自强的民族独立之路。它们选择的主要路径就是建立一个现代的民族/国家(nation/state)。民族国家的建构对各族群的政治认同产生了深刻的影响。作为在东南亚占有重要地位的华人族群完成了自身的"本土化"过程:认同新兴国家,成为所在国家的公民,融入当地社会。建国的初期,马来亚希望建立一个以马来人为主导的现代国家,于是从政治、经济、法律、社会、文化等各个方面全面实施"马来人优先"的措施。由于建国初期马来亚的社会结构和形态呈现多元化和非均衡发展的态势,譬如,集中表现在华人的经济基础比较强势,城市人口比例高,以及各政党的种族背景色彩严重等,因此,采取激进的以马来人为主导的民族/国家建设措施不可避免地造成其他族群的强烈"反弹",尤其是面对那时炙热的华侨民族主义。

华侨民族主义形成于19世纪90年代,到20世纪40年代,日本先后占领中国大陆的大部分地区和华侨集中的南洋各国时,达到了高潮。20世纪50年代到70年代出现了新的变数,那就是海外华侨的所在国在本土民族主义的旗帜下取得了政治上的独立,并建立了以本地土著民族为主导的国家政权。出于社会发展和稳定政权的目的,这些国家采取和制定了一系列有利于土著民族的政策和法律制度等措施,这样,对包括华侨在内的所在国的"非土著民族"提出了一个直接的"政治忠诚"问题:要么认同新兴的国家,要么返回自己的祖籍国。绝大多数的华侨选择成为居留国的公民,在对待民族主义的态度上,他们采取了淡化,或者说"泛化"民族主义的色彩,走向社群主义的立场。在一个秉承民族/国家建构理念的多元族群社会中,作为少数民族的族群常常在民族主义的挤压下释放出"社群主义"的认同意识,尽管它并不足以颠覆民族/国家的政权,但无疑会削弱对主权国家的认同。1948年槟城的分离运动无疑就是具体的历史实践和社群主义泛滥的注脚。

(资料来源:刘朝晖:《1948年槟城的分离运动与逃遁的华侨民族主义》,2007年11月1~3日,中国厦门"民族文化与中国人类学"国际学术会议论文。)

第二节 文化变迁

不变是相对的,变是绝对的。所有文化都会在某个时期因不同原因而发生变迁。文化变迁涉及文化内容和文化结构的变化。前者是单个文化特质或文化丛的独自变化,后者则是文化整体或者大部分文化特质的变化。促使文化变迁的原因很多,譬如人地矛盾导致的人口迁移、文化持有者的自我发展需求、与异文化的接触、民族之间的战争和征服等等。

文化变迁一直是人类学研究的主题。早期进化论学派从文化发展的普遍性出发,建构了文化变迁的历史谱系;传播学派利用世界各地的民族志资料,论证了文化变迁的实质就是传播的结果;功能学派的文化变迁观更多地体现在对"文化遗存"的功能解释上,从而说明任何文化事项的存在是由于其在功能上的变化、消失和替代来实现的;美国历史特殊论学派则从白人与土著居民,譬如在与印第安人的接触过程中,通过细致的民族志描述为我们展示了一幅广阔的社会文化变迁的图像。即使到了当代社会,人类学者尽管出现了纷繁芜杂的研究取向和社会实践,但他们都能够从不同的角度敏锐地捕捉到社会文化变迁的方方面面。

文化变迁是固有的特性，但变迁的速度与方向，文化与文化之间、时代与时代之间都有很大的差别。有些变迁是人们可以预期的，有些变迁则是偶然的。影响变迁的机制有很多，比如变异、创新、传播和涵化，它们的发生有些是在一定时间内的渐变，也有些是偶然性的突变，突变容易引起整个社会的震荡，从而引发社会成员在心理和行为上的"集体不适应症"，严重的可能导致"反社会行为"的出现，人类学中有大量的关于"文化复振运动"的民族志记录就是这类现象的反映。当然，多数的变迁是源于社会制度的强制性变更，譬如殖民体系的瓦解、全球化的影响，以及现代化的冲击等。这些因素对于近代以来的发展中国家或地区尤其具有深刻的影响。

一、变迁的机制

（一）变异

变异是指较长时间里发生的社会文化的缓慢变迁。无论是构成文化的物质层面、精神层面，还是制度层面，它们都是经过长时间微弱变化的逐渐积累，有些只是形制和结构上的些许改变，有些是功能上的变化，但更多的是保留该社会和文化基本特征的演变。应当说，任何社会的文化变迁绝大多数是以这种现象出现的，尤其是在文明历史较长的社会中，否则，暴风骤雨式的社会文化变迁可能导致整个社会文化体系的断裂，甚至作为一个文明实体的消亡。

我们可以以中国农耕工具的演变作为例子。中国是一个拥有5000多年文明史的农业国家，大量的考古证据和历史文献表明，到西汉时期，中国就已经出现了高度发达的精耕细作农耕模式，这种模式的一个重要特征就是耕作工具的使用，譬如耧犁。据东汉崔寔的《政论》记载，耧犁是西汉汉武帝时期搜粟都尉赵过发明的，它的使用方法和功效是："三犁共一牛，一人将之，下种挽耧，皆取备焉，日种一顷。"耧车有独脚、两脚、三脚，有的还有四脚，以二脚、三脚比较普遍。东汉王桢的《农书·耒耜门》记载，两脚耧的具体结构为："两柄上弯，高可三尺，两足中虚，阔合一垄，横桄四匝，中置耧斗，其所盛种粒，各下通足窍，乃旁挟两辕，可容一牛，用一人牵，旁一人执耧，且行且摇，种乃自下。"北京市清河镇、陕西省富平县、辽宁省辽阳市三道壕等地都出土过西汉的铁耧犁铧。耧在三国时期就传播到甘肃敦煌一代，《三国志·魏书·仓慈传》记载："（皇甫）隆到（敦煌），教作耧犁。"三国以后，耧车在中国北方农村作为播种农具广泛使用。此外，河南省渑池县出土过南北朝的铁耧铧，河南、山东、山西出土过宋代铁耧铧，陕西省三原县李寿墓和甘肃敦煌莫高窟的454窟还分别发现唐代和宋代的耧播图壁画。

就是这种耧犁居然在现代的中国北方农村仍然在使用，比如他们现在使用的三

第十九章　变迁中的世界

脚耧犁就是源于西汉耧犁的雏形，只不过在外形和设计上有了一些改变，但它的功能依旧没有多大的变化。可见，耧犁从西汉到现在使用了 2000 多年，变化之慢可见一斑。

下面是出土于山西省平陆县枣园的东汉墓里面的一幅耧播图（见图 19-4），可以帮助我们了解和认识汉代用耧播种的情形。

图 19-4　耧播图

这是一个在文化变迁中体现文化稳定性特征的例子。其实，文化变迁更多体现的是它的发展性和变异性。自然地，任何变迁都不可能是单一的所谓部分文化特征的逐渐"变异"，更多是作为一个文化整体发生变化，其中有些发生了质性的变化，有些只是量的积累，有些甚至根本没有发生明显的变化。

我们再来看看周大鸣先生笔下的"凤凰村的变迁"。凤凰村是社会文化人类学研究中的著名村落，是中国社会学、人类学对村落进行研究的第一次规范的、典型的田野调查，也是第一本华南汉人社区研究的个案。对凤凰村的研究始于美国社会学家葛学溥（D. H. Kulp）。20 世纪 20 年代初期，葛学溥在中国上海的沪江大学社会学系教书，他的学生利用假期对凤凰村进行了调查，引起他的兴趣，后来他自己也亲自去了凤凰村，进行了更加细致的田野调查，并于 1925 年出版了《华南的乡村生活》一书。该书详细记录了凤凰村的经济、家庭、宗教、教育、人口及社区组织的情况。凤凰村日后成为中国村落社会研究的"原点"之一：无论中外从事汉族社会研究的学者都绕不开凤凰村，中国著名人类学家容观琼先生甚至称葛学溥的凤凰村研究是社会人类学史上"第二个里程碑"，因为它把社会人类学的研究视野从规模小的简单的部落社会转向复杂的农民社会。

20世纪80年代后，周大鸣先生再次来到凤凰村进行追踪研究，换言之，就是研究凤凰村的变迁。他于1994—1997年多次来到凤凰村，在他的眼中，凤凰村在过去的80年里在68个方面发生了变化。我们先来看看他的比较研究得出的结论。

表19-2 凤凰村的变迁

葛学溥书中的结论	现在的情况
1. 洪水和旱灾频繁，人们生活在不稳定的经济中	修筑了归湖大堤和水电站，村民不再受洪水和旱灾的威胁
2. 村中主要的经济是适宜于亚热带气候的水果生产	水果生产仍然占有重要地位，但运输业、蔬菜种植以及表带厂和服务业都有发展
3. 每日有班船往返于村和潮州之间，扩大了社会参与和联系，给村落生活带来新的气息	每日有中巴通往潮州和其他镇，快艇可以随时往返，到潮州仅需20~30分钟
4. 由于经济不稳定和与外部的联系增多导致向外移民，包括海外移民	由于人多地少，户口和海外迁移的限制，主要为出到潮州、汕头或省内别的地方务工
5. 全村有一半人生活在贫困之中，依赖家族组织来维持生计	实行家庭联产承包责任制后，全村人都摆脱了贫困，靠农业与兼业或外出务工维生
6. 由于侨汇增多，造成村里贫富悬殊极大	私人企业的兴起，家庭承包土地、果园，使贫富悬殊扩大；侨汇是部分家庭生活资金的重要来源
7. 村落经济是自给自足的，仅有少量特别的物品来自潮州或其他地方	生产的粮食全部自用尚不足（主要从市场购买），其他的农产品大部分进入市场，主要生活物品来自市场，人们越来越依赖市场
8. 从事服务业（当店员）与农业的劳动力几乎相等	现在农业实质上已成为副业，一般人都兼业，在镇里经营各种摊档和小商店的业主增多
9. 村民的体质特征与浙江人和山东人既相同，又有一定的差异	没有进行体质测量
10. 宗族的始祖从山西迁到粤北	始祖从江西迁到潮州

续表 19-2

	葛学溥书中的结论	现在的情况
11.	在公元 1000—1280 年间宋朝时期,该宗族迁到潮州,并于 16 世纪末迁到现址	迁到现址是元末明初(14 世纪中叶)
12.	村落有尚学尊师的传统	重视教育并捐资兴建了新的校舍
13.	村落政治从以年龄和学问为基础转向年轻、富有和有德的人领导	以党支部和管理区为领导核心,思想"左"、保守的村干部退出这一核心,正式的组织权力在削弱
14.	村落实际上是独立于国家行政的,仅有税务、严重犯罪和婚姻登记与政府发生联系	村管理区是镇政府的派出机构,村主要干部是由政府任命的,户籍、婚姻登记及其他方面与政府有联系
15.	村的权力集中在两个领导人手中,他们主要依赖各次级群体的支持	村的权力集中在党支部,各村民小组没有权力
16.	村里公共和私人事务由村首领在社会舆论的基础上做出决定	依据政府的政策和指令处理日常事务,一些涉及全村的事务需要征求村民的意见
17.	村里各个群体的头领的权力整合在一起有效地控制着每个村民	权力虽然集中,但对个人的控制,随着经济自主权的提高而削弱
18.	个人依照亲属关系分类,确认所有成员的身份和作用	亲属关系不足以确认个人的身份和作用,而是由多种因素决定的
19.	整个村的村民属于一个宗族,为单系继嗣群体,实行外婚的一夫一妻制和极少一夫多妻,各种亲属关系构成四类家族:自然家族、经济家族、宗教家族和宗族	一个宗族为主,占总人口 80% 强,父系继嗣和一夫一妻,少量同姓通婚者,家族结构没有质的变化
20.	家族群体的成员关系在不同时期的不同作用发生变化	家族成员关系比过去变动更多,影响的因素也增多
21.	孝顺长者和崇拜祖先是每个宗族成员重要的态度	崇拜祖先和孝顺长者仍然普遍,但已没有过去那么重要
22.	婚姻不仅是个人的事,而且是关系到家族延续和祖先崇拜的大事	延续后代仍然是婚姻的重要功能
23.	重男轻女,因为只有儿子才能延续香火和增加家庭收入	重男轻女的观念仍然普遍存在

续表 19-2

	葛学溥书中的结论	现在的情况
24.	在穷人中存在买卖婚姻	已经没有买卖婚姻
25.	孩子在 8～10 岁订婚，16～18 岁结婚	订婚和结婚的年龄都在 20 岁以上
26.	以往婚姻纯粹是家族的事务，但现在法律规定结婚必须登记和领取结婚证	现在全部都进行结婚登记
27.	除了死亡，不能以离婚来解除婚姻关系	仍然极少离婚
28.	血缘关系和继嗣身份以及神灵信仰决定了家族群体的组织，也构成了村落生活各方面的准则	家族制度与村落生活的规范逐渐分离
29.	除了这些自然群体以外，还有六类目的性或志愿性组织：互助会、丧葬会、制糖协会、水利会、武术会和音乐会	现在的组织有：老人会、老爷会（负责村庙管理）、百岁堂（处理丧葬）、锣鼓队
30.	这些组织能够满足村民们的某些特别需要，是家族组织的补充	这些组织有同样的功能，但不是家族组织的补充，而是村民生活的需要
31.	这些组织为人们提供了安全感、优越感、新鲜感和个人的认同感；这些组织首先是经济性的，其次是个人的娱乐，最后才是友谊	这些组织满足了人们心理的需要，现在组织经济的意义不大，主要目的是个人的娱乐和交往
32.	近 20 年来，村落变化最大的是人口的规模、政治制度和教育方式	近 20 年来变化最大的是政治、交通和通讯、都市化扩展
33.	村学校只收男生，教育是国家文化的参与而非学习本村文化	男女生都收，教育仍然是国家统一模式
34.	女孩的教育都是非正式的，由双亲引导或模仿，教育的内容是实用、直接的	女孩虽然可以接受正规教育，但最多只能上到初中，很少有女孩上高中和读大学
35.	学校里的课程设置是普及的、灵活的，常常充满矛盾	学校的各项制度包括课程都是国家统一安排的，没有灵活性
36.	学习是个人的死记硬背，而缺乏集体的协作活动	死记硬背仍然重要，但集体的协作活动增加
37.	老师们努力把学校发展成为村落的中心	村领导人和村民都把学校作为村落的中心，村民捐款兴建学校，村委办公室设在学校

续表 19-2

葛学溥书中的结论	现在的情况
38. 学校是早年的几所学校（私塾）合并成的	将原来的初小发展为完小
39. 学校校历是按村活动来安排的	学校校历按全镇教委统一安排
40. 随处都可见村民们高雅的艺术造诣	妇女仍然保持绣花的传统
41. 由于随意堆放、悬挂农产品和农具，所以村容不整	村容更差，房屋密度增加，大量饲养家畜和堆放农产品，乱倒垃圾
42. 最好的艺术品是用于祖祠	传统的艺术已经衰落，重修的祖祠没有传统装饰
43. 书画和建筑装饰等艺术都表现出平衡、对称的传统特色。艺术的内容充满故事性和家族色彩	平衡、对称仍然是艺术特色，但已没有那些家族色彩的装饰
44. 从艺术品的质量可以看出基于亲属关系上的社会分化	社会的分化主要是通过经济来表现的，如住房和其他财富的拥有
45. 讲故事是一种主要的文化消遣形式	看电视是主要的消遣形式
46. 娱乐活动始终没有什么限制，但不鼓励小孩参与，小孩可以自由自在地玩	对赌博一类的娱乐活动有限制
47. 妇女的娱乐仅限于闲聊和偶尔逛潮州城	妇女忙于耕种、家务和刺绣，很少有娱乐活动，妇女们一边刺绣一边聊天就是娱乐
48. 宗教的多种技能有效地满足了社区成员的各种意愿	民间宗教中的各类神满足了村民们的各种需求，妇女的参与比男人多
49. 村民除了生活的空间以外，还有自然的空间、物灵和祖灵的空间、神灵和传统的空间、圣人和英雄的空间	村民们生活的空间包括两个方面，一是现实的空间，一是神灵的空间
50. 通过巫术的表演和仪式来证实神和灵的存在并能主宰人的命运	一部分村民相信神和灵的存在及作用，但也有一些人"拜神不信神"
51. 所有的祭拜，无论是集体的祖先崇拜，还是到村庙的个人膜拜，其目的是为家族而非个人	现在，祭拜的目的个人取向越来越多，崇拜的功利性更为明确

续表 19-2

葛学溥书中的结论	现在的情况
52. 定期的仪式活动,一方面使单调紧张的乡村生活增添了乐趣,另一方面也提供向邻村炫耀的机会,更重要的是促进村落团结和稳定	有同样的功能
53. 祖先们的运气是家族中人们关注的焦点	祭祖的主要目的是缅怀先人,以求先人保护后人
54. 村里所有制度,包括耕种果园、果树栽培、交通、贸易、家族组织和活动、志愿团体、政治、教育、艺术和宗教等等都具有控制和规范个人行为的功能	制度对人们行为规范的约束力减少
55. 由于移民、旅行、报纸、书信、闲谈等增进了对外部世界的了解,一部分人的愿望在本村难以满足,个人主义取向增强	与外界的联系增多,机会也增多,人们的期望也发生了变化
56. 村里一些人已不接受传统规范的制裁	除了舆论的谴责,传统规范的制裁削弱
57. 一个人的成熟是他的习俗和行为是否与村落社区一致来衡量的	符合社区的习俗和规范仍然是重要的
58. 当有人偶尔打破社区传统时,通常会受到严厉的处置	只有舆论谴责
59. 除了抗税以外,所有对家族的冒犯都会受到家族和族长的制裁	家族和族长已经没有制裁的权力,但有舆论的谴责
60. 国家对家族自治的干预加强,越来越多的案件由法庭来处置	现在所有的案件均由政府处置,犯罪行为由法院裁决,不存在家族自治
61. 潮州的法庭是民事法庭,不处理刑事案	县、市的法庭对刑事、民事案均予以审理
62. 制裁包括死刑、监押、体罚、剥夺财产和权力	除了体罚,其他形式的制裁都有
63. 村各团体的首领都有权裁决,但要符合社会舆论和规范	舆论的监督起重要的作用,除了村委会,村团体的首领没有权裁决
64. 社会恶习主要有酗酒、赌博、欺骗、食物掺假及不正当的性行为	这些恶习仍然存在

续表 19-2

	葛学溥书中的结论	现在的情况
65.	凤凰村的社会制度可以概括为家族主义制度	现在是一种混合型制度,家族与国家政治制度结合
66.	凤凰村是一个邻里,通过交往和群议有效地控制每个成员	群议仍然是有效的控制村民的工具
67.	凤凰村也是一个社区,村里有足够的设施和机会满足人们的需求和愿望	凤凰村作为一个社区,与周围村落和镇的联系更为紧密
68.	由于与外界的交往和新观念的渗入,占人口 1/6 的人迁出本村,导致凤凰村社区的扩展。一些村民迁移到澳大利亚、美国,近到汕头、潮州,最近的是"潭村"	现在移民海外受到限制,国内迁移有户口的限制,村民(尤其是年轻人)普遍外出务工。也有人通过购买户口以迁移到城市或镇,或者是改变户口身份

资料来源:周大鸣:《凤凰村的变迁》,社会科学文献出版社 2006 年版,第 17~22 页。

从这个全景式的民族志描述中,可以肯定,凤凰村已经发生了质的变迁。不过,如果细致地分析其中具体的文化要素,我们可以发现,凤凰村的文化整体上存在着结构性的变与不变、大变和小变、量变和质变的差异性。譬如,自然地理环境的大变与小变、生计模式的质变、社区空间的扩张、人口迁移的多样性、尊师重教的传统、社会控制的转变、宗(家)族组织的变化、社会关系和社会组织的重构、民间信仰的沉寂与复苏、国家/社会之间关系的消长,以及凤凰村的"世界观"的变化等。

显然,如果来自中国农村,或者说有农村生活经历且进行过深度调查研究的人对这样的凤凰村都有"似曾相识"的感觉,为什么呢?因为这样经典的人类学民族志记录为我们提供了全面的历史性的社会文化变迁图像。它促使我们去思考,为什么有些文化事项会发生变化,有些却不变,有些则变得"面目全非"。

(二)创新

所有变迁的终极来源都是创新。创新,指的是一个群体内部得到广泛接受的任何新的做法、工具或原理。我们可以把那些涉及对一个新原理的偶然发现的活动称为首次创新,或者叫做发明;把那些由已知原理的有意应用而产生的事物叫做二次创新,或者叫做发现。发明可以分为两类:一类是诸如文字、语言、制度等非物质文化的发明,另一类就是诸如工具、机器、良种等物质文化的发明。

蒸汽动力的出现就是典型的例子。蒸汽动力在希腊化时代的埃及就已经为人们所知,但仅仅被用于开关庙宇的大门。不过在英国,18 世纪工业革命的初期,为了从矿井抽水和转动新机械的机轮，急需一种新的动力，这种需要引发了一系列发明和改进，直到最后研制出可以进行大规模生产的蒸汽机。詹姆斯·瓦特对1702年前后由托马斯·纽科门制成的原始蒸汽机做了多项改进，到1800年时，已有500台左右的瓦特蒸汽机被用于抽水、纺织、炼铁和其他的需要旋转动力的工业企业。蒸汽机的发明和应用，结束了人类长期以来对畜力、风力和水力的依赖，并因此带动了其他相关产业的飞速发展。

为什么某个发明会在一定时间由一个或者几个具体的个人来完成？仅仅归咎于他或者他们的天才的能力是不够的。就蒸汽机的发明而言，为什么不在此前或此后相当长的一段时间内出现？一个合理的解析可以归咎于当时快速发展的棉纺织业对新动力的迫切需要和追求。只有强有力的需求才会刺激人们去创造出各种发明。换言之，工业革命时期出现的许许多多种新发明的基础和原理，其实早在工业革命前的数世纪就已经为人们所知，但就是由于缺乏刺激才未能被应用于工业。当然，最重要的一点就是整个社会的知识积累和文化环境是否已经具备促成这些发明的最终出现。这也正是人类学家怀特的问题：牛顿与莱布尼茨发明了微积分学，中世纪、青铜时代和牛顿生活的年代里都有许多有特殊天赋的人才，可是为什么微积分学没有在别的时代和别的国家出现呢？

怀特认为，只有从文化学的角度才能解析清楚。一种发明、发现或者其他重要的文化进展，是文化过程中的事件。它是文化互动过程中诸因素的一种新的结合或综合，是以往共存的文化力量和文化要素的结果。牛顿制定的运动定律是与开普勒、布洛赫、伽利略，以及其他人历史地关联着的文化要素的综合。这一事件在此时此地产生，是因为在这个特定的事件和特定的地点中，文化环境的成长和历史将为这一综合所要求的诸因素汇集到一起了。可见，要理解发明就应该从文化学的角度去理解：当文化增长和汇聚的进展达到一定点的时候，就会导致发明的出现。如果文化在一个更为宽广的领域向前发展，这种发明会以两种或者更多的独立形式大致同时出现。因此，我们要根据日渐增长、彼此互动的文化过程来解析发明，而发明者个人只不过是这个过程中的表现手段而已。

总之，用一句话来概括，发明需要有三个要素：文化环境、社会需要和人才。这三者的互动作用才能导致发明的产生。曼纽尔·卡斯特在阐述网络社会的出现时，也给创新，尤其是科学技术方面的创新给予了类似的肯定和观点。他说，技术创新并不是孤立的个案。技术创新反映了既定的知识状态、特殊的制度与工业环境、能够定义和解决技术性问题之技巧的可及性（accessibility），让应用成为最具效率的经济形态，以及生产者与使用者的网络，可以有所积累地沟通彼此等经验，从使用和实践中学习：精英从实践中学习，并因此修正了技术的应用，而大多数人士从使用中学习，因而受制于套装的技术成品。

用通俗的话说，网络社会中出现的技术创新，表面上看好像是偶然性的、突发性的个案，但实质上是知识积累、社会需求和社会精英的合力而致。不过，在整个过程中，有些天才型的人才"有幸"在实践中发明了新的技术，而大多数的人只是在使用中发现了新的技术，也就是我们所谓的二次创新。从创新的程度而言，发明比发现似乎更深一层，所谓的发现更多地被理解为某些已经存在但过去不被人了解的事物成为人所知的行为。不过，有时发明和发现不容易区分，如弓箭、各种宗教礼仪、汽车等可以说是发明，但火、天然维生素、生物进化的原理等则可以理解为发现。尽管如此，无论是发明还是发现，如果不具备成熟的文化环境、社会需要和人才这三个基本条件的话，创新的出现是很难想象的。

虽然一种文化的内部动力可能会鼓励某些创新的倾向，但它们也可能会扼杀其他的创新趋势，或对其他创新保持中立的态度。譬如，哥白尼发现日心说和门得尔发现基本遗传定律是真正富于创造性的行动，但又不与他们那个时代已经确立的需要、价值观和目标合拍。事实上，门得尔的发现到他死后16年才逐渐被那个时代所接受：那时已经有三位科学家在1900年再次发现了这些遗传定律。因此，即使是符合社会需要的发明，也有可能不被人们接受，因为习惯的力量往往成为接受的障碍，人们普遍的倾向是坚持自己所习惯的东西，而不愿意接受那些即使适合自身要求的新事物。不过，如果某种发明明显优越于其所取代的物品或概念，其被接受的机会就多，甚至更多的是依靠发明者在群体中的社会声望，发明者的社会声望越高，就可能有助于发明被更多的人以更快的速度接受。

（三）传播

文化传播，指的是某种文化因素或文化结构从一个社会向另一个社会或多个社会的转移和互动。文化传播包括有意的和无意的。有意的文化传播既指一个民族或国家有目的、有计划、有组织地输出文化，也指可能模仿、引进和吸收其他国家和民族的文化，这种情况也可以称为"文化借用"。文化借用即为普遍发生的现象，不过文化借用也是有选择性的，绝少有原封不动地照搬的。林顿就认为，借用的文化内涵至多为原文化内容的90%。其原因是发明一般是有条件的，并非所有的发明都适合其他社会，或者说被其他社会所接受。一般来说，物质性的文化因素容易被接受，非物质文化因素难以被接受。

人类学历史上曾经有过一个盛行一时的理论流派，那就是传播论学派，主要的代表人物来自英国和德国。尽管他们各自之间有具体的、不同的见解，但他们至少在以下方面有共识：文化传播是文化发展的主要因素；文化的采借多于发明；文化的同质性是由于文化圈相交的结果；从传播而不是进化的角度重构人类文化史等。不过，这样的观点遭到美国著名人类学家博厄斯的"历史特殊论派"的抨击，说他们的观点其实是在变相地建立一个种族主义的价值体系：一些民族"天生愚钝"，就不可能具备独立创新的能力，只有从其他的文化体系中借用。不管怎样，文化变迁不可能是单一路径的选择，我们应该肯定一点的就是，文化传播是文化变迁的重要路径之一。

文化传播受制于以下的情形：

首先，选择性的文化借用。一般人不可能完全接受与之接触的一个或者几个群体文化内涵中提供的所有文化元素，文化特质的采借与否，取决于其对异文化的效应、适应性以及关键领袖的态度。

其次，强势的文化倾泻。尽管文化传播是双向的过程，但有些文化内容的传播，即使是非物质性的精神或者社会制度的传播，由于某一民族处于强势的地位，譬如军事强力、政治特权、经济压力，或者宗教的渗透力等，迫使处于相对弱势的民族接受外来文化的冲击。当然，在这个过程中，一定会出现弱势民族的文化复振运动，下面将要谈到的几个例子就是这样的情况，从这个角度而言，文化传播也是一个"阵痛的过程"。

再次，目标人群的选择。M. 罗杰斯在《创新的传播：一种跨文化的研究方法》中指出，下面这些人容易接受外来的文化冲击：受过良好教育、较有文化、具有较高的社会地位、较容易进入上流社会、从事较大规模商业性和专门化的活动、比较善于谈判者等。比较这些特征，我们就可以发现，那些已经发生深刻文化变迁的社会里，确实最先是有具有这些特质的人群接受并逐渐在其文化内部传播开来的。

最后，传播的时间性。群体文化接触的时间越长，产生传播的可能性就越高，借用的范围可能就越广，程度就越深。一个最熟悉的例子就是中华民族的形成。费孝通说，中华民族是多元一体的民族，是由历史以来各种不同文化传统的民族长期接触，最终形成的。

二、涵化

当有着不同文化的人群开始持续接触的时候，其中一个或者两个人群原有文化模式的内部因此发生比较大的变化，我们把这种现象叫做文化接触（culture contact），文化人类学上有一个专门的术语：涵化（acculturation）。涵化概念的使用始于美国人类学家 M. J. 赫斯科维茨、R. 雷德菲尔德和 R. 林顿等，他们认为，所谓的"涵化"就是："由个别分子所组成而具有不同文化的群体，发生持续的直接接触，导致一方或双方文化模式的变化现象。"这个定义一方面把文化接触与文化变迁的其他形式区别开来，另一方面很巧妙地掩盖了文化接触导致变迁过程中的"文化霸权"现象。涵化现象一般被认为是文化接触下的自然发生的过程，但实质上都是在一定的"强制"状态下发生的，武力征服自不待言，即使在当代社会，更多的情况是在"无形的强制力"下出现的，比如文化霸权、经济压力，甚至一些不平等的国际性条约。

涵化在很大程度上取决于下列因素：文化差异的程度，接触的环境、条件、频率和深度，接触时的主次地位，等等。从涵化的程度而言，涵化过程中会出现：文化的完全替代、主要成分的替代与部分的替代。具体来说有下面的情形：

（1）替换（substitution），或者说文化丧失（deculturation）。新的文化特质或"文化丛"完全取代了原有的文化特质或文化丛，并能够发挥相同的功效。与此同时，原有的文化就丧失了，或者说完全退化了，这样的情况常常伴随着种族的消失。从主位的角度而言，新来的文化完全是一种强制的"殖民文化"，是非人道的，因为这样的接触常常引起某些地区的屠杀、痛苦和社区的衰落，伴随着社会的动荡不安、文化和个人的失调、传统制度的严重破坏等。最著名的例子就是19世纪以来逐渐消失的塔斯马尼亚人。塔斯马尼亚岛位于澳大利亚南部，主要居民是塔斯马尼亚人，19世纪英国的军事力量没有能够消灭这个民族，但一个叫做乔治·奥古斯特·鲁滨逊的传教士做到了：他把塔斯马尼亚人集中到传教所里，在那里，精神沮丧和欧洲人的致命疾病的结合导致了最后一批纯正的塔斯马尼亚人的死亡。

（2）增加（addition）。新的文化特质无法完全替换原有的文化，只能依附在原有的文化上，它可能会部分地改变原有的文化特质，但不会造成文化结构的改变。譬如，西医的传入改变了中国数千年的中医传统，但并没有完全取代中医；西餐的传入也并没有改变汉族人的饮食结构；同样，西洋乐器的传入也是如此。

（3）综摄（syncretiran）。新旧文化特质混合在一起，形成新的体系。综摄有两种形式：文化同化和文化融合。文化同化指的是一种文化受他文化的影响，逐渐失去原有文化的特点而成为他文化的一部分；文化融合指的是两种或两种以上的文化在接触交流的过程中相互协调，产生出与各自原来的文化不同的新特质。

（4）抗拒（resistance）。变迁的规模太大，速度太快，以至于大多数人无法接受，从而引起抗拒、反抗、歧视或者文化振兴运动。

在实际的社会生活中，发生变迁的方式和途径往往不是单一的，而是同时发生的。下面我们看一段民族志研究材料。

阅读材料19-5 苗汉文化的接触与变迁

历代封建王朝对黔东南采取征讨和强制同化政策。宋代以前实行"羁縻政策"，即委托各族首领对世袭领地进行统治，而对当地的社会制度和文化习俗一般不予干涉。南宋末年在黔东南建立土司制度。明初在黔东南建立卫所屯田制度，开始把汉人和军队迁入苗族地区。这是苗汉文化接触的开始。雍正年间，清廷在此用兵6年，征服苗疆。乾隆初年，在黔东南屯军设堡，以屯堡控制周围苗村。

现在雷山县苗族聚居的山区分布着若干称为某某堡的汉人村落，这些汉人大多是"征苗"而来的兵卒遗裔。统治者对少数民族实行满足隔离政策和强制同化政策。……雍正、乾隆时期,曾令部分地区苗民改装,"熟苗"填报汉籍,"生苗"改用汉姓,企图"以汉化苗",但是,征伐和隔离挡不住苗汉人民之间的联系和交往。有的汉人为躲避战乱和徭役逃到苗寨,世代定居下来;参加起义斗争的苗人得到汉人的支持和保护;少数苗族杂居在汉人村落,还有苗汉各半的寨子。有的汉人从四川、江西和两湖等地来此,先落户屯堡,主要务农,后来有的以经商、传艺、开蒙馆课读、行医等为业,两族人民相互接触,进行经济文化的交流。

苗族接受了汉人引进的玉米、黄豆、高粱等农作物品种和新的生产技术,使农业生产有了不少的进步。苗语称玉米为"那丢",意为"汉人的粮",苗人和汉人打伙计、结老庚的情况各寨都有。清代的地方志上就有苗汉通婚的记载。苗族原有父子连名制,清代中叶以后许多人逐渐改用汉人姓氏。

(资料来源:周大鸣主编:《黄淑娉人类学民族学文集》,民族出版社2003年版,第325~326页。)

三、文化复振

在一个发生激烈变迁的社会里,由于传统的社会结构和文化体系的瓦解,不可避免地造成整个社会价值体系的混乱和意识的转变。一旦主要的文化纽带、社会关系和活动被打破,而"无意义的活动"又被外界力量强加进来,个体和群体通常就会做出幻想、退缩或逃离的反应。由于这类反应经常以受难者的文化复兴的面目出现,面对外界巨大的威胁,某些民族采取保守主义作为生存的策略,以维系文化与个人的认同。如果传统的社会体系瓦解了,他们就保留主要的仪式与象征。因此,这类现象被理解为文化复振。由于这类现象类似基督教的千年福运动(Millenarian Movement,又叫千年王国运动、千禧年运动),因而也把类似的现象都叫做文化复振运动,譬如船货崇拜、鬼舞崇拜、肯尼亚人的毛毛运动等。

我们有必要先看几个著名的千年运动的例子。

(一) 船货崇拜

船货崇拜(Cargo Cults)是19世纪至20世纪中期在大洋洲的许多土著社会中兴起的一种文化复兴运动。"船货"这个词指的是欧洲人占有的外国货船。船货崇拜者认为,这些船货本来是属于他们自己的,终有一天,在祖灵(ancestral spirits)的帮助下,这些货物会以巫术-宗教的方式回到他们手中。如在所罗门群岛,土著人相信,有一天,一个海浪打来,会淹没岛上所有的村落,而一艘装载大量新物品的船只将在岛上登陆。船货崇拜是在土著人民与西方殖民者的直接接触中发生的,体现了土著人试图努力应付在此过程中出现的一系列问题等。这种崇拜首先在19世纪末出现在巴布亚新几内亚和大洋洲。1919年在巴布亚出现了被称为"葳拉拉疯狂运动"(The Vailala Madness) 的崇拜，它有破除偶像的因素，反映出基督教与本土神话信仰结合的过程。这个运动在第二次世界大战后获得新的动力。1942年新几内亚西部地区的船货崇拜运动中，整个村庄模仿军队的建制组织起来，一个名叫约翰·弗卢姆（John Frum）的领袖率领他的追随者在陆地上建造了许多仓库，等待船货从天而降。所有这些运动都利用传统的习俗、经验和观念，它们的共同之处就在于试图调合新的需要与满足需要的手段这两者之间的关系。船货崇拜是本土体系的一个非常奇特的融合现象，反映出本土人民面对外来的殖民力量时的双重心态，一方面，它具有明显的政治含义，土著人民都以象征抵抗的方式直接指向西方殖民者及政治体系的支配；另一方面，大部分船货的崇拜现象需求的却是以西方物品为代表的新式物品或工具。

（二）鬼舞崇拜

1869年，一位派尤特人（Paiute）的先知从幻觉中得知现存世界即将结束，白人将被驱逐，祖先将要回来，印第安人的土地与整合将会恢复。这些预言在大草原的部落之间很快就传开来，本来他们的生活方式由于白人的压迫以及水牛的绝迹早已解体。虽然因这些预言造成的大武力反抗被击败了，但鬼舞宗教却广为流行，各地演变出不同的形式。1890年，另一位派尤特人的先知又造成了第二次鬼舞宗教，向东甚至流传到远东部森林区的某些部落，这一次也是强调要回归于传统的生活方式。如果传统文化模式得以净化与恢复，水牛与祖先都会回来，而印第安人则能够获得巫术的保护，不畏枪弹的威力，驱逐白人。

由于这类运动通常隐藏在宗教运动的外衣下面，常常掩盖类似运动的实质内涵，以维持旧有的"刻板印象"，并使殖民主义目标或经济宗教利益得到合理化。其实，这类运动的深层意义在于政治行动斗争。千年运动的动力好像是激进的，扮演着社会、经济以及技术的边缘化在组织上的转换，但意识形态上的因素是不能排除掉的，某些宗教思想，如基督教的教义中就有倡导千年运动的内容，在这个意义上讲，基督教的传播就是一种动因。

人类学中的理性主义者倾向于将千年运动描述为非理性的宗教狂热行为。启发剧烈变革运动的是集体自我认同意识的形成，通常由一位或数位领袖提供一套新的意识形态和号召力，这也就说明了后来有关千年福运动的研究所面临的"神秘的集体性狂热"，忽略了千年福运动与土著对殖民统治的政治性反抗之间的联系。换言之，殖民地人民的宗教运动实质上是一种文化象征意义的政治抗争，譬如所罗门群岛的马西纳规章。

（三）所罗门群岛的马西纳规章

所罗门群岛是第二次世界大战中海战与陆战的主要战场。有一个美拉尼西亚的自愿工作团与美军合作，团队大部分的成员来自马莱塔岛（Malaita）。在接触大量的武器和美国人的平等主义之后，一位马莱塔岛人与一群伙伴形成了一套想法。不同部落的民族要在9位领袖的领导下结合起来，与战后回来的英国殖民政府谈判（虽然他们也希望由美国人代理）。每一个部落都是按照军队的方式组织成地方自治的村落——排队点名、上级监督共同劳动、以木枪操练。分散的地方亲属群体结合起来，开辟大型的公有田地，以生产粮食及发展未来的贸易。

马西纳规章意为"友爱规章"，是想要将所罗门群岛的所有人联合在一个新的社会、经济与政治制度下，过得像美国人那般自由而富裕——这种新的生活方式将能够完成这个目标。马莱塔岛人拒绝到大农场工作，并向殖民政府发动大规模示威。英国人监禁了那9位领袖，但又有别人接替他们的位子。千年福的梦与美国人即将回来的预言横扫全岛，但由于预言未能实现，旧日的冲突与生态的压力加强，以及英国政府严厉的镇压，这场盛大的运动在经过7年的社会骚乱之后平息了。

欧洲的观察家一致夸大了这场千年福运动的性质以及群众的迷信盲从，避而不谈这场运动的政治含义和政治组织，因为这透露了现代独立运动的雏形，而且会破坏殖民者眼中的土著形象。

宗教行动千年福说与政治性斗争之间的关联极为重要，也极有启发意义。殖民主义下的认同危机使殖民地成为火药库。如果民众没有力量，而生活方式的差距又很大，在千年福运动的触发下导致宗教运动；但如果人民有力量，对殖民地的情景也有完整的了解，认同的危机则会导致反叛、政治斗争或解放战争。人类学家由于偏好对奇风异俗的研究，喜欢在弱小社会从事调查，一般都注意千年福运动的宗教性，而不太注意政治性的解放目标。他们经常发现，那些从殖民主义或新殖民主义争得了自由的民族总会排斥人类学家。

当然，对于这类运动也不能全然地泛政治化，有些确实是文化的复兴，但其中必然渗透着一些政治诉求。

阅读材料19-6　20世纪80年代的中国乡村宗族复兴运动

20世纪80年代以来，始于农村的改革开放政策"解除"了对农村社会发展在生产力上的束缚，农民能够以空前的热情创造和积累自己的财富，全国各地的农民普遍都取得了经济上的明显改善。与此同时，改革开放的政策也给意识形态"松了绑"，原来在20世纪60年代遭到禁止的地方性民间文化活动重新出现了，它的主要表现形式是祭祖、敬神，以及相伴而生的地方性戏曲和民俗表演活动，一般把这些现象称之为"民间文化的复振"。

"民间文化的复振"一方面由于丰富了当时农村社会贫乏而单调的文化生活而为广大民众"喜闻乐见"，另一方面它们所表现出来的"传统性"在当局看来无疑是"封建迷信"的死灰复燃,所以,尽管当时的意识形态管制较之前宽松了许多,但各地在具体的实践上表现不同,一般而言,沿海比内地宽松,开放地区比未开放地区要热烈。解读其中原因,有三点是不可回避的:① 国家在意识形态上的解禁;② 民间社会对恢复"小传统"的渴求;③ 海外华人回乡省亲掀起的"祭祖敬神"热潮。尤其是海外华人的回乡省亲,进一步推动了当时已经开始"萌动"的民间文化的复振。

当然,这些文化活动与其说是"传统的复振",还不如说是"传统的再造",因为随着社会环境的变化,原有的文化活动有的失传了,有的已经消失了,有的甚至无法"复原",但是,却比较好地"保存"在海外的华人文化之中,所以20世纪80年代的民间"文化复振运动"多数是通过海外的华侨(包括台湾和港澳地区)"带回来"的。这股风潮延续了十几年,到20世纪90年代中期,达到了高潮,在华南的农村社会,几乎每个村落都有寺庙祠堂,规模宏大的一般都有华侨支持的背景。相应地,地方性的民间戏班重新恢复和传承,它们活跃在各个村落社会里。

如果从社会转型的角度而言,这个变化与其说是民间传统文化的自主发展,还不如说是民间社会在面对现代性的冲击时,采取的"文化适应策略"。因为民众开始意识到,他们自己所拥有的"俗民文化"正在一点一点地被"一股无形的力量消解"。他们原来习以为常的"元宵节"、"中秋节"、"祭祖点灯"、"吃祖面"、"清明墓祭"、"11月的堂祭"、"做法场"、"王帮节"、"3月15日的进香",以及每月村落里大大小小寺庙的"酬神日"祭拜活动,都开始从民众的日常生活中淡去,代之而起的是歌舞厅、发廊、斯乐克(桌球)、卡拉OK、情人节、圣诞节等"现代性"的活动。这些"现代化"的新生事物对于村民来说是一种"危机"的信号:它们在冲击传统文化的同时,正在吸引年轻人的目光,并且成为年轻人追求的时尚,这无疑是对社区传统文化的"和平演变",因此,他们就会采取创新和近乎夸张的"手法"来"再造"传统文化。

这是一种文化的"阵痛",也是一种文化的选择。从文化传承的角度而言,一定区域内的民间信仰、婚姻形态、经济模式和生活方式一旦成为各人群共享的"社区文化资源",就会构成社区认同的要素。这种"无形的"文化资源就是社区发展持续的、稳定的"原动力"。脱离乡土的村落社会日渐失去原来的文化土壤,接纳和吸收新的文化因子是必然的结果,只是在这个过程中,如果一味地斩断根基性的文化,那么就会不可避免地出现传统社会秩序的失范和民众的"集体不适应症"。因此,对待传统文化的选择态度,不但是在考验民众的生存与发展能力,也是在拷问政府的执政理念和价值取向。

(资料来源:刘朝晖:《超越乡土社会:一个侨乡村落的历史、文化与社会结构》,民族出版社2005年版,第143~146页。)

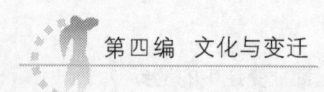

四、后殖民主义

后殖民主义探究的是过去的殖民统治给殖民地和被殖民者文化带来的影响以及这种殖民关系的衍生品和它在现今的表现形式和实际情况。它是一种跨学科而且具有批判性的观念。后殖民主义源于人文学科，尤其是20世纪70年代以后的文学和文化研究。我们知道，1914年第一次世界大战爆发前，当时的欧洲大国实质上统治了全世界85%以上的地区，第二次世界大战结束以后，由于这些殖民地地区和人民纷纷取得民族国家的独立，因此，我们通常以"后殖民"这个词汇来描述20世纪的后半期，以表示在殖民时代之后的时期，更进一步地，后殖民甚至被用来指称一种对抗帝国主义与欧洲中心主义的立场。

即便这样，后殖民也是一个意义模糊的概念。比如，美国曾被欧洲人统治，经历独立战争后脱离英国，但美国是否就是一个后殖民地区？回答显然是否定的。应该说，现在的后殖民研究方兴未艾，能够让不同学者对各种不同的情景脉络之下的权利关系进行广泛的调查研究。这个领域包括帝国的形成过程、殖民化的影响与今天的后殖民地情形。

对后殖民的研究有些常见的问题：殖民主义如何影响被殖民的人群，以及他们的殖民者？殖民强权如何征服如此广阔的世界区域？殖民地的人民如何抗拒殖民控制？在殖民与后殖民的情形中，性别、种族与阶级如何发挥作用？殖民时期的教育体系如何影响后殖民地？有关文学部分，后殖民的作家应否使用殖民国的语言，以便传达给更广泛的读者群？或者他们是否应该用实际的母语书写，以传达给这个后殖民地的其他读者群？最后，新形式的帝国主义，例如发展与全球化，是否正在取代旧有的帝国主义？

五、全球化的文化动力

如果说全球化进程的加速归因于经济和技术上的全球性流动是没有人质疑的，那么文化因素是否也是重要的推动力却可能会引来不少的质疑，原因很简单，首先要拷问的问题是，究竟是否存在一种可以称为全球文化的东西。尽管有不同的看法，但现在的确正在出现一种源于"美国式"的全球文化，其中充斥着大量的美国式内容：麦当劳、迪斯尼、MTV（音乐电视）等。当然，这并不是全球文化的全部，不过它是正在发生的最大的事态，而且在可以预见的将来依然如此。智利历史学家克劳迪奥·贝利斯（Claudio Veliz）将此称为"英美文明的希腊化阶段"，这一说法主要是为了避免引起"帝国主义的联想"，因为当年世界文化希腊化的时期，希腊当时并没有帝国强权，同样的，今天的美国虽然实力强大，但它的文化却不是依靠强制手段去强加于人的。

那么，这种文化究竟是怎样成为推动全球化的力量的呢？我们要审视的至少有以下四个方面的因素：

1. 语言的力量

今天，正在出现的全球文化中通用的语言是英语，更确切地说，是美式英语而不是英式英语。世界各地成千上万的人将英语作为交际工具，主要是为了实用。学术界的主流语言是英语，无论是会议交流还是论文期刊，如果不使用英语语言的话，即使可以达到互相了解的目的，但非英语语言的学者或者论文的影响力自然就较小；IT界的社会精英，可以通晓多种语言，但是有一种语言是必不可少的，那就是英语，因为尽管电脑上可以有多种语言设计，但没有英语是不行的；商品货物的全球流通和国际贸易也是建立在英语的基础之上的，从包装的文字到说明书的制作，从货物的流向到通关的过程等，无不使用英语。在发展中国家，如果不能使用流利的英语语言，也得要使用夹杂英语语言的"洋泾浜"英语，否则，就被"边缘化"。

2. 达沃斯文化

当代世界存在着一种由商界和政界领导人主导的国际文化，他们主要的活动平台是一年一度在瑞士达沃斯举行的世界经济峰会。这是一个非官方的国际组织，总部设立在瑞士日内瓦，论坛年会于每年的1月底和2月初在瑞士的达沃斯举行，故也称"达沃斯论坛"。论坛的主要参与者是各国的政要和经济界领导人、企业首脑以及著名专家，宗旨是探讨世界经济领域里存在的问题并促进国际合作与交流。

随着国际形势的变化，论坛所探讨的议题也在逐步扩大，该论坛被认为是"非官方的国际经济最高会议"。塞缪尔·亨廷顿给它起了一个很贴切的名字：达沃斯文化。达沃斯文化既是国际商务，也是驱动经济和技术全球化的"发动机"。参加达沃斯世界经济峰会的政治和经济领袖们的身后有成千上万的"追随者"，他们当中不乏雄心勃勃的年轻人，他们的共同标志就是：从事商业和各种专业工作、会说流利的英语、着干净整洁和名贵的西装、工作和休闲方式相似，以及有相似的价值观等。

显然，他们是"世界主义者"，不过这并不妨碍他们同时拥有自己的文化取向。在这方面，不妨将前德意志民主共和国与印度做一比较。在东西德统一以后，大批商界咨询专家光临前德意志民主共和国地区，给当地人出主意，教他们在新的经济活动中如何行动，实质上就是教他们怎样成为"西方人"。当地人对此阻力不少，包括某些人怀着所谓的"东方怀旧症"。然而，他们即使想在个人生活方式上抵制西方文化，或者另觅一种生活方式，其实际利用的文化空间也是非常有限的。相比之下，在印度，尽管有大量的商业院校和培训班训练印度人参与全球经济，班加罗尔城内外的许多电脑专业人员却做到了既参与全球经济，又在个人生活方式上保持传统的印度教价值观。

阅读材料19-7　印度创业者的精神城市：班加罗尔

班加罗尔（Bangalore）是位于印度西南部德干高原上的一个中小城市，拥有"印度硅谷"之称的声誉。根据印度国家软件与服务公司协会（NASSCOM）和麦肯锡咨询公司（McKinsey）共同发布的调查报告预测，印度IT和业务流程外包产业的规模，将会从2005年的220亿美元，成长到2010年的600亿美元，其中有1/3的产值来自有"印度硅谷"之称的班加罗尔。

这个城市的奇观是：街头不时可见吃垃圾的牛，却也拥有总数已超越硅谷的一流工程师，成为全球科技人才重镇。据说，在1985年，班加罗尔第一家外商公司德州仪器到此地设立研发中心时，还只能靠牛车运送德仪的机器设备。如今，班加罗尔已成为所有国际企业研发中心的重镇。单单GE（通用电气公司）的研发中心内就有1800名博士从事软件研发的工作，德仪的芯片设计中心有900位工程师，为德仪拿下225项专利。半导体龙头英特尔也有1700名芯片与软件研发人员。仅2006年，外资在班加罗尔的投资金额即达50亿美元。

班加罗尔人均GDP为6450美元（编按：上海人均GDP是7490美元），排名印度第一，是印度国民平均所得的8.7倍。人口约626万人的班加罗尔，为印度第五大都会区，但所缴的个人所得税税收，仅次于印度第一大城市、人口达1800万的孟买。过去，印度民众认知最好的工作排序是政府、印度大财团、外商，最后没得选择的人，只好被迫创业。1991年，印度政府实行改革开放，再加上科技实力走上国际舞台，改变了班加罗尔的氛围。现在排序反过来了，最好的机会是创业、外商、印度大财团，最后才是政府。

现在印度各大城市都把班加罗尔当成模仿的对象，不断地设立科学园区，吸引外商投资。从1991年班加罗尔设立印度第一个科学园区开始，现在整个印度已经有18个科学园区。根据麦肯锡预估，为了因应印度信息外包服务需求的增加，班加罗尔、新德里、海得拉巴、清奈和孟买等城市将会在5年内雇用100多万个信息科技人才，其他印度城镇也会增加60万个与信息科技相关的就业机会。由班加罗尔带动的这股科技兴国风潮，逐渐吹向印度各地。麦肯锡估计，到2008年，印度的信息服务将有400万人参与，而印度信息服务外包产值的年成长率达30%，是带领印度经济成长的火车头。

（资料来源：http://finance.sina.com.cn/leadership/crz/20070828/13093923927.shtml.）

3. 知识精英文化

彼得·伯杰把西方知识分子的全球化叫做"学界文化"。用中国的话语来说，可以理解为知识精英文化。它的运作手段包括学术网络、基金会、非政府组织，以及某些政府组织或有政府色彩的组织机构。知识精英推销的不是跨国公司的产品，而是以美国知识分子为主体的西方知识分子的意识形态和行为方式，比如人权观念、女权主义、环境保护主义和多元文化主义等意识形态，以及体现出这些意识形态的政治活动和生活方式。

这种文化上的意识形态已经形成一股力量，那些想要参与的知识精英，不管是来自发达国家还是来自发展中国家，也不管他们原来的文化价值观如何，他们都必须舍弃，或者至少放弃部分自己的文化。譬如说，一个中国的企业高级管理人员在职场的时候得要保持很"绅士"和"美国式"的企业家的行为风范，但回到家里可能很快就"还原"成为典型的中国人，按照当地的传统，表现出不事家务的"大男子主义"。精英商业文化和精英学界文化还往往彼此渗透，例如，有些公司聘请学者给雇员上课，让雇员知道文化之间和性别之间有哪些要注意的"敏感事项"；另一方面，人权活动分子和环保主义者往往指责一些公司有这种或那种弊病和错误。

当然，我们更应该了解隐藏在表象下面的知识精英文化对第三世界国家的文化渗透和国家政策的导向问题。南非的反吸烟法的出台就是这样的例子。南非的种族隔离政策被废除后，执掌政权的新政府主要领导人由于与西方一些非政府组织长期以来保持良好的关系，在这些非政府组织的推动下，南非政府的反吸烟法出台。可是，南非人在健康方面所面临的最大问题不是吸烟，而是已经濒临灾难性的艾滋病。如果能够从国家本身的国情出发，就不会首先从反吸烟问题上制定法律，尽管反吸烟也是重要的社会事务之一。这就是因典型的西方人主导的学界文化的影响造成的。

对达沃斯文化和学界精英文化也可以从新马克思主义的角度来分析。显然，这两种文化的中心都在西方，其他周边地区则处于"依附"状态。然而，达沃斯文化的中心如今已不限于西方，在东方的东京、香港和新加坡等地也是强大的中心，上海和孟买可能是潜在的新来者；而全球化的学界文化中心的主体依然在西方，或者说，在美国。不管怎么说，美国在达沃斯文化和学界精英文化这两种精英文化中的优势地位是无可置疑的，因此，说美国是"全球化的推动者"是不过分的。不过，多数美国人却认为他们自己其实更多的是"地方观念的世界主义者"，换言之，他们优哉游哉地周游列国，但无论身处何处，美国人都是生活在当地的"美国文化圈"中：出入美国人的社交圈、操一口典型的美式英语、在讲英语的餐馆里就餐、消费美国的物质和精神食粮等，一句话，避开与当地文化的接触。在美国人看来，他们自己在境外的这种生活方式是缘于文化的惯性和自我价值的保持，甚至可以说带有一丝天真无邪的风格；但在当地人眼中，他们却是一群傲慢自负的"文化帝国主义者"，这样一来，招致某种程度的敌意就不会感到惊讶了。

4. 大众文化

大众文化更多的是以跨国公司和享誉全球的知名商业品牌出现的，它们引导着大众的消费观和价值观的变化。大众文化的消费多数是表面性的，对人们的信念、价值观和行为不会有深刻的影响，譬如，一个人也许可以穿牛仔裤和运动鞋，吃汉堡包，看迪斯尼卡通片，然而在思想和行为上，依然局限于某一种传统文化。不过实质上，大众文化的流行与普适性，往往是在潜移默化中完成的，我们可以从三个方面来看：个人主义、本地化与文化复兴。

正在出现的全球文化的各个领域都在促使个人更加独立于传统和集体性。个人化已经成为一个社会的和心理上的过程，它实际表现于人们的行为和意识，而不论他们对这一过程如何理解。认识到这一点很重要，因为它有助于我们解释为什么新出现的全球文化具有如此广泛的吸引力。人们早已经认识到，现代化会损害传统和集体主义，自然而然地使个人变得更自立。但作为一种意识形态的"个人主义"，对于历史悠久的传统国家或社会来说，确实会引起较大的"文化地震"。于是有些人群会欣然接受，有些人则借助捍卫宗教或高举民族主义的大旗而力图抗拒，后者显然会孤立于全球文化之外，于是也有人选择第三种路径：既不全盘接受，也不全盘否定，而是想在两者之间求得平衡，即既参与全球经济又抵制全球文化。中国就是典型的例子。著名人类学家阎云翔把中国的国家力量之于文化传统的影响，叫做"受管理的全球化"。

全球化的背面似乎是"本地化"。任何国家或地区的全球化都带有浓厚的"地方色彩"：人们接受全球文化的同时也在本地做了重大的改变。詹姆斯·沃森曾组织过一个国际性的研究团队，对东亚国家的"麦当劳餐厅"做过细致的调查研究，他们的结论是：在美国，麦当劳对顾客的不成文的契约是提供清洁和廉价的食品，顾客吃完马上就可以离开。这正是快餐的全部意义所在。而在东亚，这一契约不得不有所改变，因为顾客不一定马上离开，可能要逗留一会。有两类顾客尤其如此：一类是家庭主妇在采购之后想在餐厅歇歇，另一类是在外跑腿的人或放学回家之前的学生。麦当劳对他们的吸引力是场所干净，有休息厅，对于家庭主妇来说，还可以避免别人无礼的挑逗。这一本地化现象特别有意思，因为它显然会带来经济上的后果，麦当劳经理不得不承受这一后果。

在全球化文化的威压下，地方文化的复兴表现出强烈而又微妙的有策略的调适。我们可以看看最新的研究成果。中国自20世纪80年代以来实行改革开放的政策，导致整个社会经济和社会结构的变迁，于是一些人认为，中国人的价值观正在与西方社会趋同，譬如个人主义价值观的兴起。不过，我们通过对村民选举的研究表明，与其说中国的"个人主义社会"已经或者正在形成，还不如说中国人在复兴传统的"家庭主义"(familism)，以资对抗和适应所谓的西方"个人化社会"的冲击力。

阅读材料19-8　家庭主义的复兴与个人主义的"中国化"

为巩固和建立社会主义的政治经济制度，新兴的中华人民共和国政权自成立以来就陆续发动和开展了土地改革、废除农村宗法制度、互助组、初级社、高级社和人民公社制度等农村社会制度改革，结果，在集体化和户籍制度的控制下，农民对国家形成了"组织依附性"：村民的日常生活都必须依赖集体和村干部。集体化时代的所有公共活动都是有组织的。社会交往永远都要在官方意识形态的框架内发展，其中特别强调的正是个人对国家控制下的集体的服从。其实，这种对国家机器的"组织依附性"是建立在其瓦解传统中国乡村社会基于血缘为基础的"家族依附性"之上的。换言之，村民个人从原来对家族的组织依附性转为对国家的组织依附性。

20世纪80年代以来，中国社会进入了改革年代，国家对农民的控制逐渐减弱，传统的乡村社区结构也在解体；与此同时，民间性的社会自治组织又无法取得任何政治上的"合法性"，"缺乏组织的个人"在个人价值观上的变化则是：越来越多的普通中国人开始强调个人的角色、权利和责任。在私人生活领域中，甚至出现了阎云翔所谓的"无公德的个人"（uncivil individual）现象。而在村落社区公共事务领域中，譬如村民选举，笔者认为，并没有出现这种"无公德的个人"现象，因为即使处在"改革年代"的中国社会里，一般的民众也没有形成那种西方社会所谓的完整的既不受公众监视，也不受国家权力干预的"私人生活领域"。在经济比较发达的地区，村民选举可能给"个人和家庭带来好处"，村民的参与度不但很高，而且还表现出"小农式"的逐利行为和集体性的反抗行动。

不过，村民不是采取"纯粹"的单个人的行为，而是选择成为"制度化的个人"（institutional individualization）作为自己的行动策略，或者说，他们把自己置于一个高度制度化的"修身齐家治国平天下"组织架构里，即使处于剧烈社会转型的20世纪80年代以来的"改革年代"，个人权利的实现依旧通过最基本的家庭单位来完成。在村民选举中，个人参与度很高，但个人的选择行为深受"家庭因素"的影响。例如，新江村的家庭以核心家庭为主，但由于受到儿童抚养方式、劳动分工和家庭经济结构的影响，出现核心家庭向主干家庭"回归"的现象，在这个过程中，伴随着传统的以"父子关系"为主轴的"父权型"家庭结构的衰微，代之而起的是以"夫妻关系"为主导的家庭形态。与此同时，家庭的权力格局也发生了变化，即年轻的夫妇成为家庭的主导，而年长的父母则不得不退居家庭的"边缘"，而年青一代则把家庭改变成为实现自己个人权利的组织和行动单位，并因此主导了家庭的政治过程。因此，我们可以认为，与传统的家庭对个人的影响不同的是，改革年代的家庭组织不是"个人的代言者"，而是"代言个人的行动单位"。

（资料来源：刘朝晖：《村民选举中的个人权利与家庭的政治过程》，丹麦哥本哈根"转变的中国"国际学术会议上宣读的会议论文，2007年8月12~14日。）

六、现代化

现代化是人们最经常用来描述今天正在发生的社会和文化变迁的术语之一。它被很清楚地界定为一个无所不包的、全球性的文化和社会经济变迁的过程,每个社会试图经由这个过程获得某些西方工业社会常见的特征。

美国人类学家威廉·A.哈维兰认为,所谓的现代化过程由四个亚过程组成:①技术发展。在现代化的过程中,传统知识和技术让位于主要从事工业化的西方借来的科学知识和技术的应用。②农业发展。农业的重点从生存型农业向商品化农业转变,人们不再为自己使用而种植庄稼和饲养牲口,他们越来越多地转向经济作物的生产,因而也就越来越多地依赖于货币经济和全球市场来出售农产品和买进商品。③工业化。它更强调用物质形式的能量——特别是矿物燃料——来驱动机器,人力和畜力变得不那么重要了,一般的手工艺也是这样。④城市化。人口从村迁往城市。

J.斯梅尔舍将现代化看做是一个传统社会在试图工业化的同时,发生于其每一个部门内的一连串的变迁。他说:"现代化牵涉到一个社会内部经济、政治、教育、宗教等持续的变迁,这些变迁有先有后,但是它们多多少少受到影响。"他认为,现代化的过程主要有四种模式:①变迁是由简单与传统的技艺改变成科学知识与技术的应用;②农业由小规模的基本农耕变成大规模的商业式耕作;③工业由人力、畜力改变为机器的生产,产品用于交换;④社会由农村为主改变为以都市为中心。

现代化最显著的特征可以说是个人生活和社会结构的分化和整合。这种分化和整合可以从政治、经济、社会和文化各方面反映出来。在经济方面,现代化的动力是机器的发明及其后面一连串的科学技术的改进。在这个过程中,我们可以看到分工的不断精细和职业的不断专门化。由于生产和职业的专门化,市场组织及其经济、金融机构随之不断复杂化,人与人之间也因为这种不断专门化、复杂化的经济及关系而有很大的改变。政治现代化的目标是民主、平等和效率。民主、平等表现在全民政治参与的逐渐普遍化,效率表现在政府组织人事权的集中和区分严密的机构,更重要的是行政人员的专门化和分化。

社会关系的现代化可以从四个方面来看:①家庭关系。家庭的经济意义在逐渐减少,主要成为养育教育与情感培育的单位,家庭内部平等。②人际关系。传统的以血缘、地缘阶级取向为依据的人际关系,逐渐为以职业、兴趣,以及社区取向为依据的人际关系所取代。③角色关系。个人的角色与地位趋向于由个人本身的能力成就来决定,而不是根据出身和家世来决定。④居住关系。现代化一方面表现为城市人口的集中以及居民居住区域的不断变化,另一方面表现为生活、工作、教育和娱乐的分离。

第三节　网络社会的崛起

信息技术革命是新社会形成的物质基础，网络化的发展已经成为人类活动组织的动态的、自我扩张的新形式。网络建构了我们社会的新社会形态，并且实质性改变了生产、经验、权力与文化过程中的操作和结果。在网络中现身或缺席，以及每个网络相对于其他网络的动态关系，都是我们社会中支配与变迁的关键根源，因此我们可以称这个社会为网络社会（the network society）。一个以网络为基础的社会结构具有高度灵活的开放系统，能够创新而不致威胁其平衡。然而，网络形态也是权力关系剧烈重组的来源。网络社会将从根本上解构传统社会的权力、政治、经济、文化等形态，成为一个被曼纽尔·卡斯特称之为"第四世界"的社会形态，因为越来越多的人群和社会通过网络而不是财富、权力、家世等组织在一起。网络社会的本质是历史上第一次资本主义生产方式塑造了整个地球的社会关系，不过这是一种十分不同的资本主义，可以名之曰：信息化资本主义。

一、互联网的建立

互联网起源于美国国防部先进研究计划局（The US Defense Department's Advanced Research Projects Agency，ARPA）实施的一项国防计划。20世纪50年代后期，苏联发射了第一颗人造卫星，警醒了美国的高科技军事机构：如果不能在军事技术上超越苏联，美国的国家安全就会遭受直接的威胁。于是，美国国防部先进研究计划局开始采取一系列的大胆尝试，其中后来引起整个世界信息技术革命的，就是发展1960—1964年由兰德公司的保罗·巴兰（Paul Baran）想出的概念，即设计出不易被核弹攻击摧毁的通信系统。以封包交换通信技术（packet-switching communication technology）为基础，这个系统使网络可以独立于指挥与控制中心而运作，信息单位会沿着网络寻找自己的路径，而在网络上的任何一点重新组合成有意义的信息。

后来，数码技术允许所有信息，包括声音、影像与资料，都可以采用封包方式传输，形成一个不需要控制中心就可以在所有节点相互沟通的网络。1969年9月1日，第一个电脑网络上线，名为"奥普网络"（ARPANET），即"先进研究计划局网络"。刚开始的四个节点设计在加州大学洛杉矶校区、斯坦福研究所、加州大学圣芭芭拉校区及犹他大学。这个网络开发给与美国国防部合作的研究中心使用，到20世纪80年代，陆续成立的网络之间的网络称为ARPA-INTERNET，之后被称为互联网（INTERNET）。随着商业压力、私人企业网络的成长，以及非盈利、以合作为目的的网络的兴起，最后导致了网络单由政府控制的局面的改变，开启了互联网私有化的时代。

互联网无疑开启了在可接受的使用规范下供公众使用的普遍电脑网络，与此同时出现的是在美国出现且逐渐蔓延的电脑"反文化"（counterculture）。1978年，两位芝加哥大学的学生沃德·克利斯坦森（Ward Christensen）和伦蒂·苏斯（Randy Suess）发明了个人电脑使用的数据机。数据机容许电脑不经过主机系统而通过电话线就可以传送档案，于是原来被ARPANET排除在外的电脑网络，也可以自行彼此沟通了。1983年，汤姆·詹宁斯（Tom Jennings）设计了在个人电脑上可以张贴布告栏的系统，只要加装一台数据机和特殊软件，就可以让其他电脑与配备这项界面技术的个人电脑连线，这就是最具原创性的初始性网络之一FIDONET的起源。因为它具有便宜、开放与合作的特性，尤其受到反文化群体的欢迎，直到出现新的技术上的限制，加上互联网的发展，使得大部分的使用者进入共享的全球信息网（World Wide Web）。

这个技术的反文化取向让拥有技术知识和电脑工具的任何人都能够采用技术手段。个人电脑与网络沟通能力的发展，刺激了电子布告栏系统（Bulletin Board Systems, BBS）的发展，最初是在美国，其后迅速扩展到全世界。电子布告栏系统不需要复杂的电脑网络，只要个人电脑、数据机和电话线，因此电子布告栏成为各种兴趣和嗜好的点子公告栏，创造了霍华德·莱因戈德（Howard Rheingold）所谓的"虚拟社区"（Virtual Communities）。

二、虚拟社区

霍华德·莱因戈德将虚拟社区定义为："互联网上出现的社会集合体，在这个集合体中，人们经常讨论共同的话题，成员之间有情感交流并形成人际关系的网络。"他于1994年出版的《虚拟社区》（*The Virtual Community*）一书是研究网络文化的主要著作。在该书中，他简单地介绍了因特网的历史，列举了一个虚拟社区——WELL的社会历史与无数发生在WELL和网上的在线互动的例子。关于互联网，他说："我们已获得一种工具，它可以给我们带来欢乐，使我们了解生活的真谛，并有助于新的公共领域的产生。当然，假如控制与使用不当，也可能成为专制的工具。"

为什么人们用计算机可以达到交流的目的？为什么这种交流会演变为社区？一种理论认为（支持者有Sherry Turkle, Howard Rheingold, Barlow等），以计算机为媒介的交流（CMC），尤其是虚拟社区建设是在社区缺失的时代寻求社区的一种表现。另一种理论（支持者有Nikos Papastergiadis, Reid等）认为，这种对社区的寻求是一种天生的寻求意义的表现。虚拟社区是一种什么样的社会形态？这是学者们关注的焦点。Marc Smith 和 Peter Kollock 主编的《网络社区》(Communities in Cyberspace) 对网上的社会互动与组织存在的模式进行了描述与分析，是虚拟社区研究的代表作品。在该书中，作者们对虚拟社区的研究主要关注身份、社会秩序与控制、社区结构与动态特征和公共行为四点。

（1）身份。网上互动剥离了面对面互动所具有的许多线索与信号，这种信号的缺乏既是一种限制又是一种资源，使得某些互动更加困难，但同时又为玩弄自己的身份提供了空间，结果是身份的模糊性是许多人灵感的源泉。有人认为，由于人们的物理面貌在网上没有显示，个体将由他们思想的价值来判断，而不是通过性别、种族、阶级或年龄；但是，也有人认为，传统身份等级与不平等在网上交往中会被复制或许会更加明显。

（2）社会秩序与控制。社会秩序与控制考察的是在赛伯空间出现的一系列权力结构。人们广泛认为并希望在线交流与互动将导致民主制度的繁荣，预示着一个新的、有生命力的公共言论领域。但是，研究者们发现，大部分在线群体的结构或者是混乱的或者是独裁的，一些值得注意的关于电子选举政治的试验都遭到惨败。他们强调一个事实，即赛伯空间经常是一个权力极为不平衡的领域。

（3）社会结构与动态特征。赛伯空间已经是成千上万人类群体共享信息、讨论问题、玩游戏与开展生意的家园。但是，批评者认为，这些群体并不构成真正的社区，他们提出，有些东西正在消失，这使得这些在线群体成为比较传统的面对面社会的苍白替代品。支持者则认为，赛伯空间存在着大量的合作，在线社区不仅是真正的社区，它们还有能力支撑面对面的社区，使这些地方社区结合起来。

（4）公共行为。社区并非独立存在于网络空间，调查赛伯空间的社会群体走向"真实"世界的方式是很重要的，反之亦然。《网络社区》的作者们看到了在线社区与"真实"世界社区的相互作用，他们认为因特网可以作为一种极为有效的工具来进行社会抗议，但是网络在使得合作与交流更加有效的同时也促使了不准确信息的散布。

三、网络博客

博客是英义 Blog 的中译名。Blog 是 Web Log 的缩写。Web 指的是 World Wide Web；Log 原意是"航海日志"，后泛指任何类型的流水记录。Blog 是一个网页，它通常由简短而经常更新的帖子构成，这些帖子可以使文章、图片、视频片断链接，它们按照年份和日期由近及远排列。2002 年底，方兴东和王俊秀一起为 Blog 取中文名为"博客"，并向各家媒体推荐这个概念。这个概念包含两个意思，一个是 Blog，另外一个就是写 Blog 的人——Logger。当时有人担心"博客"的两层含义可能互造成麻烦，但随着媒体的大量报道，"博客"逐渐被 Blogcn 和 Blogbus 等

Blog 托管服务商接受。2003 年的"木子美事件",让 Blog 真正被普通大众认识和接受,在这次事件中,媒体的报道中大量出现"博客"的字眼,于是渐渐地,"博客"就成为被媒体和大众接受的唯一译名了。

博客在中国的流行,主要有以下几个主要因素:

第一,博客自身的功能。博客可以充分地满足自我述说和个人信息交流的需要,博客使不同身份、不同地域和文化环境中的具有高度异质性的个体有了相互接触和交流的机会,从而也扩大了接受不同信息的机会。同时,博客又可以满足个体交友和探寻他人生活轨迹的功能等。

第二,特殊网络社会事件的发酵功能。博客初期兴起的时候并没有多少人关注,2003 年,"木子美事件"对博客的流行起了推动作用。木子美在她的博客中登载了她自己的性爱日记《遗情史》,一时引起无论是平面媒体还是网络媒体对此进行了大量的报道,使更多的人知晓了"博客"这个新事物。

第三,网民和网站的跟风。作为一种现代的时尚元素,网民的行为往往是非理性的,多数人甚至还没有完全搞清楚就抢注、申请和注册自己的博客,"先占有再享有"的心理让很多人是在有博客时才逐渐开始了解博客的。对于网站来说,它们往往更多地是从商业价值来考虑的。有博客的网站往往蕴含着更大的商机。2002 年,中国提供博客服务的网站只有博客中国(blogchina)、中文 blog 心得集 cnblog、中国博客网(bolgcn.com)和 blog-bus.com 四家,提供博客托管服务的只有 blogcn.com 和 blog-bus.com 两家。到 2005 年的时候,单是提供博客托管服务的就有几十家了,而且国外的服务商业开始登陆中国,譬如 MSN 和 Google 等都提供中文博客服务。

博客自身所具有的主观性、开放性和互动性,使得它对一般人的社会生活发生了很大的改变。首先,博客可以看做是一种新的书写和表述体系,可以自由地表述自己的思想,记录和编辑自己的心路历程;其次,博客提供了一种新的信息发布和传播的方式,至少在目前看来,博客比较少地受到新闻和出版审稿制度的限制,任何个人都可以在任何时候以任何方式发表对任何事情的看法和意见,传播速度快,受众面广;最后,博客也是一种可以跨越时空的人际交流方式,除了文字,人们还可以借助博客的页面设计、背景音乐和图像传达信息,从而达到心灵沟通的目的。

四、网络社会的认同

对特定的个人或人群而言,认同可能有多种。这种多样性不管在自我表现中,还是在社会行动中,我们都可以认为,认同本身就是行动者自身的意义来源,也是自身通过个体化(individuation)过程建构起来的。所谓的"意义",即是社会行动者对自身行动目的的象征性认可(identification),对于大多数的社会行动者来说,网络社会的意义是围绕一种跨越时间和空间而自我维系的原初认同建构起来的，而这种原初认同就是构造了他者的认同。认同的建构所运用的材料来自历史、地理、生物，来自生产和再生产的制度，来自集体记忆和个人幻觉，也来自权力机器和宗教启示。

一般而言，谁建构了集体认同，以及为谁建构集体认同，大致上决定了这一认同的象征性内容，以及它对于那些接受或拒绝这个认同的人的意义。由于认同的社会建构总是发生在一定的权力关系的语境里，曼纽尔·卡斯特把认同分为三种类型：合法性认同（legitimizing identity）、抗拒性认同（resistance identity）、规划性认同（project identity）。

合法性认同是由社会的支配性制度导入的，以扩展和合理化它们对社会行动者的支配。合法性认同产生公民社会，也就是产生一套组织和制度，即以一系列被结构化的、组织化的社会行动者，这些社会行动者同时也再生产出合理化其结构性支配来源的认同。我们经常所谓的公民社会指的是由一系列"机器"（apparatuses）所构成：教会、工会、政党、公司、民间社团（civil associations）等等，它们一方面延续了国家的活力，另一方面深深扎根于人民之中。正是公民社会的这种双重特性，使得它无须发动一场直接的、暴力的攻击就可以掌握国家，从而在政治变革领域中占有优先地位。

抗拒性认同是由那些地位和环境被支配性逻辑贬低和诬蔑的行动者所拥有。这些行动者在反社会体制的原则基础上生存下来，并最终导致共同体（community）的形成。这是我们这个社会最常见的认同建构，它往往以历史、地理或生物学所清楚界定的，很容易就能分辨出抗拒边界的认同为基础。譬如民族主义，往往就是源于一种对不公平排斥的厌恶感。其他的如宗教的原教旨主义、地域性的共同体、民族主义者的自我认同，甚至某些特殊群体（同性恋）等，他们想要表达的其实是"被排斥者对排斥者的排斥"。

规划性认同是当社会行动者基于不管什么样的能够到手的文化材料，而建构一种崭新的，可以重新界定其社会地位，并因此寻求全面社会转型的认同。最好的例子就是女权主义运动，它超越了女性认同和妇女权益的范畴，挑战父权制和父权家庭，直到各个社会长期依赖的整个生产、再生产、性和人格的结构。当然，以抗拒性为开端的认同也可能导致一些规划，并且有可能循着历史路线在社会制度中占据支配地位，从而成为合理化其支配地位的合法性认同。

我们无法一般性地抽象谈论不同类型的认同是如何建构起来的、由谁建构起来的，以及它们的结果如何，因为它们是与社会语境有关的，譬如当下的网络社会。网络社会的崛起使现代的认同建构遇到了问题，因而引发了新的社会变迁形式。这是因为对大部分的人而言，网络社会是以地方性和全球性的系统分裂为基础的，也是以权力和经验在不同的时空架构中的分离为基础的，所以网络社会的认同应具有充分的自主性，完全独立于支配性的制度与组织的网络逻辑。

在这种新的条件下，公民社会将会走向萎缩和分裂，因为在全球网络中制造权力的逻辑，与特定社会文化中合作和表达的逻辑之间，不再有连续性。于是意义的追寻便围绕着共同体原则，在抗拒性认同的建构过程中产生，至于规划性认同则取决于不同的社会状况，或产生或消亡。换言之，一旦主体被建构起来，就不再是以公民社会为基础，而是共同体抗拒的进一步延伸。尽管在现代性当中，规划性认同是从公民社会当中建立起来的，然而在网络社会中，如果规划性认同能够发展起来，那么它必然产生于共同体的抗拒。

全球化时代也是民族主义复兴的时代。它表现在对现存民族国家的挑战，也表现在到处存在的以民族性为基础的、总是声称反对外来者的认同的建构和重构。在现代的民族国家里，民族主义作为精英分子合理化其利益的工具，创造了一种民族认同，并被民族国家神圣化，然后通过宣传扩散到一半的人民当中，直到民族主义者随时可以为民族献身。民族主义拥有的"历史证据"，譬如共同的语言、地域、种族、宗教和特定时代的政治属性等，只有在民族国家建立起来以后才会出现，不管它们是作为民族国家的表达，还是作为为了建立未来国家而对民族国家的挑战。

尽管民族主义和民族都是根植于文化框架和政治规划当中，但显然它们都是独立于现实的国家实体的，因为种族、宗教、语言和地域本身并不足以构成民族，也不足以引发民族主义，我们可以看看美国和日本的例子。这两个国家的国民都有很强烈的爱国情操和民族认同感，但显然，日本是一个世界上少有的种族同质性最高的国家之一，而美国却是一个种族异质性最高的国家之一，不过，这并不妨碍它们各自有着共享的历史和共享的事业。他们的历史叙事（narrative）在社会、种族、地域和性别方面是千差万别的，但正如盖尔纳所说的那样，知识分子和社会精英通过任意操弄历史的神秘性而建构出许许多多的共同的经验和历史记忆，从而强化民族特征的文化和地域认同。

当代的民族和民族主义已经发生了新的变化。法国大革命以后，在欧洲普遍开始建立的所谓现代民族/国家到19世纪达到了高潮，20世纪中叶非殖民化的过程中，通过把西方民族国家引进到第三世界而得以复制。到20世纪末，世界许多地方的民族主义运动在类别多样化文化取向和政治规划的引导下出现了新的发展特点：首先，民族主义并不必然是一种精英现象，而更多的是一种对抗全球精英的反应；其次，当代民族主义更多的是反应性的而不是主动性的。因此，它往往更多的是文化性的而非政治性的，也因此更多地倾向于捍卫已经制度化的文化，而更少以建设或保卫国家为己任。

要理解当代民族主义，吉野（Kosaku Yoshino）对日本文化民族主义的分析很有借鉴意义。他说："文化民族主义的目的是在人们感到其文化人不足或者受到威胁的时候，通过创造、保存和强化这种文化认同，来重建其民族共同体。文化民族主义者把民族看做是独特历史于文化的产物，是具有独特属性的集体结晶。简言之，文化民族主义关心的是作为以供民族的本质的文化共同体的特殊性。"

五、反全球化运动

1999年11月30日，在美国西雅图世界贸易组织会议闭幕之际，发生了数万名示威者的运动。西雅图的示威行动打动了全球公众的心灵，其影响通过全球媒体的传播，使所有人都能够注意到全球化不是一个自然的进程，而是一种政治决定的产物。西雅图的示威者们把他们自己的观点充分地展示给公众，他们认为，正在发生的全球化进程是一种特别的进程，它是由占统治地位的全球精英的强大的经济利益和意识形态利益所决定的。大多数的反全球化的人并不是反全球化本身，而是这种特殊形式的全球化。实际上，当媒体采用"反全球化"这个标签来描述这场运动的时候，大多数参与者都拒绝接受这个名称，他们认为应该把它叫做为了"全球的正义"，或者说反资本主义的全球化运动，或反跨国公司的全球化运动，或其他的名称，等等。

西雅图示威以后，世界各地陆续发生类似的运动。2000年4月6日，华盛顿，国际货币基金组织/世界银行会议；2000年9月26日，布拉格，国际货币基金组织/世界银行会议；2000年12月6日，法国尼斯，欧盟峰会；2001年4月20日，加拿大魁北克，美洲峰会；2001年6月14日，瑞典哥德堡，欧盟峰会；2001年7月19日，意大利热那亚，八国集团会议；2002年3月16日，西班牙巴塞罗拉，欧盟高峰会议；2002年6月15日，西班牙塞维尔，欧盟高峰会议；等等。此外，几乎任何一次"达沃斯世界经济论坛"召开之际，都会聚集数量不等的"反全球化"的示威游行者。

如果以此断定反全球化运动是一个高度同质性的社会运动的话，显然是不对的。反全球化运动在参与者、口号方面是多种多样的，有时甚至是自相矛盾的，而且它的构成和表达也随着情况的不同而变化。西雅图反全球化示威者中有：主要由工会工人组成的队伍，组织者是"王郡工人委员会"（King County Labor Council），协助者是一个由美国工人联合会和美国产业工会联合会的机械工人和卡车司机共同组成的联盟；思想偏激、仍然以20世纪30年代共产主义者的领导历史为骄傲的"国际海岸仓储协会"（International Longshore and Warehouse Union），组织了西海岸港口的罢工。此外，示威队伍中，也有环境保护组织"地球第一"（Earth First）、雨林行动网络（Rainforest Action Network）、"西拉俱乐部"（Sierra Club）和"绿色和平组织"等。

这次示威的主体是围绕着"直接行动网络"（Direct Action Network）而形成的一个联盟组织起来的，其核心是"艺术和革命组织"（Art & Revolution）。这是一个由一群有自我风格的无政府主义艺术家和观众所构成的团体,他们在1996年抗议芝加哥民主党大会的游行中渐露头角,一个主张非暴力抗议的积极分子团体,即"骚动协会"(The Ruckus Society),教导示威者要采用非暴力抗议策略。辩论会的组织者是"全球贸易协会"(Global Exchange)和"国际全球化论坛"(International Forum on Globalization),前者是由一群反对自由贸易的社会和环境后果的人所组成的联盟,后者是一个由提倡为全球化选择另一条道路的知识分子组成的网络。本地的人们和来自世界各地的农民也出现在示威者当中,他们部分是被"全球行动团"(People's Global Action, PGA)发动起来的,该团体在全美境内组织了一个奔赴西雅图的"西海岸车队";法国农民则由乔斯·波夫(Jose Bove)带领,他们随身携带了大量非法进口的法国奶酪。暴力抗议者有各种不同的来源,主要是由"黑色组合"所组成,这个组织将在未来的示威活动中经常出现。尤其重要的是,在西雅图和其他地方的示威者当中,有许多年轻人参与进来,他们没有明确的政治意识形态,却对"这个体制"心怀愤怒。示威者中也有许多的妇女,个别的妇女还扮演领导者的角色。

可见,这些人群和团体大体上可以划分为:对建立在自由贸易基础上的、由资本主义公司的利益所支配的全球化的社会和环境后果进行批判的批判家;全球金融市场管制的鼓吹者;站在世界上贫穷者一边的非政府组织,包括取消贫穷国家债务的鼓吹者;宗教团体;人道主义非政府组织;工人和捍卫他们的工作、利益和工作条件的工会;拒绝接受自由贸易协定后果的农场主和农民;全世界的农民组织和他们的统一网络;本土的人民运动和他们的统一网络;环境主义运动;女权运动;革命艺术家;持不同意识形态和传统的无政府主义者和独立团体;用暴力革命反社会的年轻人;批判的、独立的知识分子;等等。

反全球化运动是由全球的社会斗争所形成的一个复合体。这些斗争是相互关联并沟通的,通过互联网、媒体、论坛讨论联系在一起,并与世界各地的抗议事件汇聚在一起。尽管本土运动、农民、无土地者和思想偏激的工人由于交通能力有限而在全球媒体上露脸的机会不多,但他们作为一个整体在运动中所起的作用将越来越大。因此,反全球化运动的社会基础正在扩展到被全球化所伤害和被反全球化所动员的社会的所有阶层。尤其需要注意的是,在全球反对无拘无束的全球化的过程中多个地方之间的联系。同样重要的是,这场运动的参与者在社会、种族、意识形态和政治方面超乎寻常的多样性。因此,我们必须强调的东西,不是要去区别这场运动是"北方"版本还是"南方"版本,而是作为它的主要特征的全球网络化;不是为了理解这场运动的逻辑而去关注参与者的特征,而是我们能否在这些参与者的价值取向和目标当中找到这场运动得以存在的根源。

把反全球化运动理解为一个网络化运动是不为过的。通过互联网的使用,这场运动不需要一个由权威人士和决策力量形成的集中指挥机构;通过网络,不同的团体提供不同的信息，表明他们的观点，向网络上所有的人发起争论。电子邮件、聊天室、论坛、信息与声明的发布，使互联网成为这场运动的集散地。这场运动既可以得到协调，也可以被多样化，任何想说点什么的人，只要他把自己的信息贴在网上并参与个人化的网络辩论，就能够如愿以偿。正是通过互联网，相对孤立的运动就能够成功地建立起它们的全球团结和支持网络，并能够及时地张贴消息，不那么容易受到本地镇压的伤害了。

可见，网络化不单是组织和斗争的一个工具，而且还是一种新的社会交往、动员和决策形式。网络化是一种新的政治文化，意味着没有中心，因而没有中央权威；也意味着在地方和全球之间有一种直接的联系，使得运动既能够在本地进行，也可以在全球进行，它的力量之源在全球。不过，由于各国存在不同的社会制度，全球化运动在不同的国家有不同的表现。例如，在中国、日本、马来西亚，以及伊斯兰国家和非洲的大多数国家，基本上看不到这种轰轰烈烈的反全球化运动，原因就是在这些国家存在强大的威权政府，或者说它们不参与，或者说它们很浅地参与全球的经济活动，处于不开放或半开放的状态。在非洲大陆，除了南非出现过反全球化的现象，其他国家至今还没有出现过反全球化运动。从这个角度看，反全球化运动并不是一场世界各国同步的运动。

关键词

地理大发现　工业革命　城市化　殖民主义　世界体系　人口增长　文化创新　文化传播　虚拟社区　博客

复习思考题

[1] 简述工业革命对非欧洲世界的影响。
[2] 分析第三世界形成的历史背景和殖民主义的关系。
[3] 试运用怀特的文化理论，以一个具体的事例分析发明或发现产生的原因。
[4] 试述涵化的过程。
[5] 简述船货崇拜、鬼舞崇拜和马西纳规章的内容，并分析文化复振运动中的宗教本质和政治含义。
[6] 网络社会的认同有哪三类？运用一个实际的例子，比较分析它们与现实生活中的认同。
[7] 如何理解反全球化运动？
[8] 比较虚拟社区与传统社区的差异性和统一性。
[9] 试述网络社会对全球的未来影响。
[10] 如何看待"网络暴民"现象？
[11] 如何用博客的特征来分析言论自由、个人表达和公共空间的关系？

第四编 文化与变迁

阅读文献

[1] 周大鸣. 人类学导论. 昆明：云南大学出版社，2007
[2] 周大鸣. 凤凰村的变迁. 北京：社会科学文献出版社，2006
[3] 周大鸣. 黄淑娉人类学民族学文集. 北京：民族出版社，2003
[4] 周大鸣. 华南的乡村生活——广东凤凰村的家族主义社会学研究. 北京：知识产权出版社，2006
[5] （美）斯塔夫里阿诺斯. 全球通史（上、下册，第7版）. 董书慧等译. 北京：北京大学出版社，2005
[6] （美）L. A. 怀特. 文化的科学——人类与文明研究. 沈原等译. 济南：山东人民出版社，1988
[7] （美）曼纽尔·卡斯特. 网络社会的崛起. 夏铸九等译. 北京：社会科学文献出版社，2006
[8] 刘朝晖. 超越乡土社会：一个侨乡村落的历史、文化与社会结构. 北京：民族出版社，2005
[9] （美）塞缪尔·亨廷顿，彼得·伯杰. 全球化的文化动力. 康敬贻等译. 北京：新华出版社，2004
[10] （美）R. M. 基辛. 文化·社会·个人. 甘华鸣等译. 沈阳：辽宁人民出版社，1988
[11] M. J. Herskovits. *Acculturation—The Study of Culture Contact*. Cloucester, Mass., Peter Smith, 1958
[12] Daniel Harrison Kulp. *Country Life in South China, The Sociology of Familism*. New York Teachers College, Columbia University, 1925
[13] （英）雷蒙德·弗思. 人文类型. 费孝通译. 北京：华夏出版社，2002
[14] （德）贡德·弗兰克. 白银资本：重视经济全球化中的东方. 刘北成译. 北京：中央编译出版社，2001
[15] （美）伊曼纽尔·沃勒斯坦. 现代世界体系（第一、二、三卷）. 罗荣渠等译. 北京：高等教育出版社，1998
[16] （美）王国斌. 转变的中国：历史变迁与欧洲经验的局限. 李伯重，连玲玲译. 南京：江苏人民出版社，1998
[17] （日）滨下武志. 近代中国的国际契机：朝贡贸易体系与近代亚洲经济圈. 朱荫贵，欧阳菲译. 北京：中国社会科学出版社，1999
[18] （英）拉德克利夫-布朗. 安达曼岛人. 梁粤译. 桂林：广西师范大学出版社，2005
[19] （美）曼纽尔·卡斯特. 认同的力量（第2版）. 曹荣湘译. 北京：社会科学文献出版社，2006
[20] （美）曼纽尔·卡斯特. 千年终结. 夏铸九等译. 北京：社会科学文献出版社，2006
[21] 刘华芹. 天涯虚拟社区：互联网上基于文本的社会互动研究. 北京：民族出版社，2005
[22] 冯鹏志. 延伸到世界：网络化及其控制. 北京：北京出版社，1999

第二十章　中国文化人类学发展史

> **摘要**
>
> 人类学，与其他近代学科一样是从西方引进的。在中国人类学四大分支学科中，文化人类学一枝独秀，因此本章所称人类学，主要是指文化人类学。最早介绍人类学知识到中国的是严复的《进化论与伦理学》（1895 年）；其次是林纾和魏易合译德国人哈伯兰的《民族学》（1898 年），由北京北师大大学堂官书局印行；1903 年，严复翻译赫胥黎的《天演论》一书。可见，中国人类学发展到今天已经历 100 多年。如果以时间为经，以人事为纬，以学术思想的发展为主轴，中国文化人类学的发展大致可以划分为三个阶段，即：①20 世纪初至 20 世纪 50 年代末：人类学的中国启蒙、实践和学术转型；②20 世纪 60 年代至 20 世纪 70 年代末：作为知识的人类学的蛰伏和低度发展；③20 世纪 80 年代初至 21 世纪初：作为学科的人类学的重建与兴盛。

第一节　中国文化人类学的发展历程

一、20 世纪初至 20 世纪 50 年代末：人类学的中国启蒙、实践和学术转型

20 世纪早期的中国社会是近代以来变革最为激烈的时期，出于救亡图存的爱国民族主义情结，一批先进的知识分子最先自觉地接受各种西方社会思潮，意图"洋为中用"，改造中国社会，使之走上富强之路。以古典进化论作为先导的人类学理论思想就是在这种大的社会背景下进入中国社会，并逐渐为国人所了解和接受。20 世纪初至 20 世纪 20 年代末，是西方人类学开始传入中国的时期。据考证，早在 1902 年，人类学这个学科名称就已在中国出现。据《清史稿》载，湖南的一些知识分子组织学会从事研究，学科中就有人类学。至此，人类学译著陆续被介绍进入中国。除上述著作外，还有英国的斯宾塞（H. Spencer）著、严复译的《群学肄言》（又名《社会学研究》），在1903年由上海文明编译书局全书出版；法国的涂尔干著、许德珩译的《社会学方法论》，在1925年由上海商务印书馆出版；英国的威斯特马克（E. Westmarck）著的《人类婚姻史》，"五四"运动期间在北平《晨报》连载达1年之久。

这些译著为人类学在中国的传播起到了思想启蒙作用，使国人不但了解了能改造社会的人类学进化理论，而且更重要的是，它们促使一些知识分子自发地运用这些理论思想并结合中国的社会历史文化，来审视中国的现实社会。基于西方人类学思想的中国最早的人类学著作，如1903年刘师培著的《中国民族志》、1906年章太炎著的《俱分进化论》、1918年陈映璜著的《人类学》、1924年上海商务印书馆出版顾寿白著的《人类学大意》等等，这些著作都开始有意识地运用已传入中国的西方人类学的理论来解析中国的历史和文化。

在运用西方人类学知识分析中国的现实和历史的同时，一些有识之士开始积极思考把相关的知识系统化和制度化，进行科学的学科建设，例如：1906年，国学大师王国维提出，在文学科大学中，可以设经学、理学、史学、国文学和外国文学四科，其中前三科的课程都应包括社会学，史学课程中还包括人类学；1913年，北洋政府教育部颁布的大学规程中规定：文科文学门、理科动物学门设人类学课程。与此同时，一些大学和研究机构也相继成立人类学系或确定人类学的研究方向，出现了专门的人类学教职和教授，例如：李济1923年应聘为南开大学的人类学教授，后转聘于清华大学国学研究院，担任人类学讲师；1927年，中山大学历史语言研究所下设立人类学组，聘请俄国人类学家史禄国负责；北京大学在蔡元培担任校长后，成立研究所，设立国学门、社会科学门等，1917年，在国学门通科（一、二年级）就开设了人类学课程，北京大学还做了富有成果的近世歌谣的收集工作，把研究视点转向平民生活。

另外，燕京大学、上海复旦大学、沪江大学、金陵大学等先后开设了人类学社会学的相关专业。所以，可以说，从20世纪初到1927年，中国的人类学知识逐步得到了机构性的制度化，并逐步从进化论、人种学和民族学的思想启蒙转化为一个具有学科体制的知识体系。当然，更为重要的是，1927年，中山大学以及后来中央研究院社会科学研究所和历史语言研究所成立，并在其下设立人类学研究组。这些区域性和全国性的专业机构的设立，为推进人类学在中国的实际研究打下了良好的组织基础和人员基础，把中国早期的人类学发展推向了实践阶段。

人类学在中国的早期传播过程中，日本起到了重要的桥梁作用，早期的人类学大多是通过日本传入中国的。许多人类学的古典著作，特别是进化论方面的著作，都是首先被译为日文，然后才被译为中文，再由在日本的中国留学生将这些著作和理论介绍到中国。人类学在中国的传播还与一位著名学者密切相关，他就是被誉为"中国民族学之父"的蔡元培先生。蔡元培先生曾在1907年被派往德国的莱比锡学习了3年的哲学、文学、心理学和民族学，回国后他开始倡导在"未开化"民族中探究当代文化惯例的起源。1926年，他发表了一篇题为《说民族学》的文章，这是中国人第一次用自己的语言探讨自己的民族学问题。蔡元培不仅将西方的民族学和人类学带到中国，而且还积极建立学术研究机构，推动学科发展。1928年，他在南京创立中央研究院，在其中的社会科学研究所设立了一个民族学组，对促进中国的民族学田野工作起到了重要作用。

20世纪30年代初至20世纪40年代末这20年是中国社会发展中最为波澜壮阔的时期，同时也是中国人类学早期发展的"黄金时期"。这一时期，设立了大量的各类专门化的研究机构，展开了大范围的科学的田野调查，许多当代仍健在的人类学家、民族学家在当时动荡的社会环境中，怀着对认识和改造国家的满腔热血，脚踏实地的追求自己"科学救国"的理想，为人类学在中国的发展播下了燎原的"火种"，打下了坚实的基础。这些田野调查包括：1928年夏，史禄国夫妇、中山大学教授中央研究院特约编辑员容肇祖和中山大学语言历史研究所助理员杨成志等受派去云南进行人类学方面的调查（后来，仅杨成志先生独自前往云南，在彝族地区做了1年多的田野调查，被称为国内学者最早的田野调查）；1928年8月底，中央研究院历史语言研究所派遣黎光明到川边做民族学调查，同年夏，中央研究院社会科学研究所派遣颜复礼和专任编辑员商承祖，与地质研究所和中央研究院联合组成广西科学调查团，前往广西对瑶族进行调查；1929年初，林惠祥受中央研究院社会科学研究所民族学组的委派去台湾进行高山族调查；1929年4月末，民族学组的凌纯声和商承祖赴东北进行满-通古斯语民族的调查；在20世纪30年代，还有燕京大学杨懋春的山东胶县台头村调查，李景汉的定县调查，凌纯声和芮逸夫的浙闽畲族调查，刘咸、杨成志、伍锐麟、王兴瑞、江应樑等先后对海南岛的黎族调查。

在1937年抗日战争爆发前，著名的田野调查还有：费孝通、王同惠的广西大瑶山调查和江村调查，林耀华对黄村和义序的调查，凌纯声、芮逸夫等对湘西苗族和瑶族的调查，陈礼颂对潮州地区村落社区和宗族的调查，陈达对闽粤社会和南洋华侨的调查，陈序经、伍锐麟、杨成志等对福建、广东、广西等地疍民的调查，罗香林对广东北江等地客家文化的调查，以及有关机构对大、小凉山的彝族调查等等，不一而足。

1937年7月，抗日战争爆发后，中国的政治经济中心从东南沿海转移到大西南，人类学的研究中心也随之转移到西南、西北一带，学者们仍坚持调查研究的学术风范，并形成了颇有特色的边政研究。这个时期的调查大多是在当时中央政府的直接领导下进行的，带有明显的解决现实问题的目的。比较突出的田野调查有：1938年，李安宅等人到甘肃从事藏族文化的促进工作和社会人类学的实地调查，并对藏传佛教做了研究；1939年，费孝通、张之毅等在云南三村进行调查；

第四编 文化与变迁

1941—1943 年,中山大学在云南澄江的民族调查和粤北坪石瑶族的调查;1941 年,许烺光在云南大理的调查,吴泽霖、陈国钧等在贵州的调查;1941 年,中央研究院历史语言研究所与中央博物院筹备处合作组成了以凌纯声任团长的川康民族考察团,调查川康民族文化;1942 年,中央研究院社会科学研究所经济学组助理研究员张之毅到新疆调查社会经济;1943 年,林耀华从美国学成回国,与胡良珍等到四川大、小凉山彝族聚居区进行考察;抗战期间,还有李方桂、罗常培、马学良等在贵州、云南、四川等地,对侗族、水族、傣族、纳西族、彝族、独龙族等少数民族的语言文字进行调查。

这个时期的调查大多是以资料收集的形式完成的。抗战胜利后,才系统地加以整理,并在此基础上,陆续发表和出版了大量的调查报告和学术论文专著。例如,1947 年,商务印书馆(上海)出版了凌纯声、芮逸夫在 1941 年的湘西调查成果《湘西苗族调查报告》,林耀华 1944 年写的《凉山夷家》也在这年出版;1945 年,美国芝加哥大学出版了费孝通等于 1943 年和 1944 年在云南三村的调查成果《被土地束缚的中国》;1948 年,王兴瑞的海南岛黎族调查的成果《海南岛黎人调查报告》出版;1948 年,江应樑的云南调查成果结成研究文集《西南边疆民族论丛》由珠海大学印行。

所有这些调查涉及社会文化、体质、语言、历史、考古等各个方面,留下了大量的丰富的田野调查资料,锻炼和培养了一批研究骨干,这既是一个通过调查尝试将理论与中国各民族的实际材料结合起来进行研究的过程,又是一个人类学中国化的实践过程。

这一时期的综述性著作中,以林惠祥的《文化人类学》(1934 年)的影响最大,他还写了《世界人种志》(1932 年)、《民俗学》(1935 年)、《中国民族史》(1936 年)等;留学日本的岑家梧出版了《史前艺术史》(1937 年)、《图腾艺术史》(1938 年)、《西南民族文化论丛》(1949 年)等。这一时期还出版了一些人类学、民族学刊物,如中央研究院历史语言研究所主编的《民族学研究集刊》,中山大学研究院文科研究所主编的《民俗》。此外,有关边疆研究的刊物如《边政公论》和有关学报共四五十种,也经常刊载研究人类学、民族学的文章。

这一时期也是人类学和民族学的教学、研究机构普遍建立的时期,北方以中央研究院和燕京大学、清华大学、南开大学、辅仁大学为中心,南方以中山大学、岭南大学、中央大学、金陵大学、厦门大学、复旦大学、四川大学、云南大学等大学为中心,有十几所高校开设了人类学或民族学课程。1946 年至 1948 年间,暨南大学、清华大学、中山大学、浙江大学四所大学先后成立人类学系。1949 年,台湾大学设立考古人类学系(后改称人类学系)。

由于研究主题和理论方法不尽相同,解放前的中国人类学研究表现出两种不同的类型,研究者们把它们称为"南派"和"北派"。

"南派"以20世纪30年代在南京的中央研究院民族学组和南方一些大学的人类学家们为代表。他们接受了早期进化论学派的一些观点，但更多地受后来的美国历史学派的影响，并与中国传统的历史考据方法相结合；相对来说，他们注重理论的多元化，而不偏重某一学派；在资料收集方面重视田野调查，正如杨成志先生说的：人类学的研究是靠脚走出来的。他们认为，中华民族的历史也有进化的过程，提出应研究中华民族的文化历史的主张，而人类学方法正是重建中华民族历史所必须的。这些学者既使用历史学的文献考据方法，同时也用人类学实地调查材料做说明。他们对少数民族的实地调查，内容多为对传统文化习俗的记录和描述，有的学者着重收集民间文学、神话、传说故事等。

"北派"以燕京大学社会学系为代表，以吴文藻为首的人类学家和社会学家是这一学派的代表。他们讲理论，重应用，明确提出人类学中国化的学术思想。吴文藻自1929年留美回国后，一直在探索将人类学、社会学与中国国情相结合的问题。他主张，人类学研究应从原始民族扩大到现代民族，中国人类学应研究包括汉族在内的整个中华民族。他认为，功能学派理论最适于研究中国国情。他曾于1935年邀请拉德克利夫－布朗来华讲学，并撰写了一系列文章宣传功能学派理论方法。"北派"的另一位代表人物是费孝通。费孝通毕生致力于研究中国社会的现实问题，努力摸索一条科学地研究中国社会的道路，他的《江村经济》是人类学实地研究的典型。费孝通以江村作为微观研究的样木，透过江村说明中国农村各种社会制度之间的内在联系，他认为社会科学应在指导文化变迁中起重要的作用。林耀华是这一派的另一位重要成员，他的《金翼》对中国汉族社会的典型特征之一——家族制度进行了人类学研究，从不同的个人的角度来看待中国农村许多带有普遍性的事实。

无论是"南派"还是"北派"，以及其他人类学者，都在寻求人类学中国化的发展道路，只是"南派"重历史研究、重田野调查，力图以人类学的理论方法重建中华民族的文化史，并给国内各民族以系统的分类；"北派"则重理论，提出一些比较系统的见解，更强调解决中国社会的现实问题。

从1949年中华人民共和国成立以后到1959年这10年是中国人类学的学术转型时期，从学理上来看，有三种学术现象可以体现出其特征：

第一，组织机构的调整。随着新兴政权的建立，原中央研究院的社会科学研究所和历史语言研究所的使命也宣告终结（其中有小部分的机构和人员迁往台湾，继续从事相关研究）。大学里的人类学、社会学等相关院系也面临着"撤、停、并、转"的命运，期间贯穿着民族院校和与文化人类学类似的"民族学"专业的建立等"事件"。尔后形成的组织格局就是：华东、华南的人类学民族学机构被取消，华北以中央民族学院研究部的形式保留了研究队伍，并充实了一些南方学者。至于其他各地的人类学研究机构几乎消失殆尽。

第二，研究人员的分流与思想改造。机构不存在了，这些研究人员不得不分流到其他的单位，除了一部分人集中到中央民族学院和中南民族学院，继续从事少数民族的研究以外，其余大多数的人类学者不得不转向历史学和考古学，并且从事原始社会史的研究。不仅如此，为了能与非马克思主义思想作彻底的决裂，这些从"旧世界"过来的，一直从事"资产阶级性质"的人类学研究的学者，在新政权的指导下，进行了一次彻底的马克思主义思想教育，所以，20世纪50年代，在人类学民族学界，出现了大量的马克思主义的文章和著述。例如，林耀华在1951年运用恩格斯的劳动观点，写出了《从猿到人的研究》；中山大学历史系的梁钊韬、厦门大学历史系的林惠祥等转向从事原始社会史和考古学方面的研究和教学，并自己编写新教材《原始社会史》、《人类学概论》、《中国考古学通论》等。

第三，人类学研究思想"苏维埃化"的完成。随着新兴政权的建立，确立以苏联式的马克思主义为主导的意识形态思想成为新政权的当务之急，这项工作首先在知识分子集中的高等院校展开。1952—1953年，在全国范围内的大学里进行院系调整，高等教育部提出"苏联经验中国化"的口号，在全国高等院校中，依照苏联模式展开各项工作。于是，在各类学术刊物中，出现了大量的关于苏联的民族理论和民族学的文章和著作，高等院校的教学计划和教学大纲也是按照苏联模式来改造的，更为重要的是，各种非马克思主义思想的"出局"，使马克思主义思想在意识形态领域里的主导和支配地位得以完全确立。这个研究取向具体贯彻于民族识别与少数民族社会历史调查的工作思路之中。

1953—1956年开展的全国性的民族识别工作和1956年开展的少数民族社会历史调查工作（20世纪50年代末曾一度中断，但这项工作一直延续到20世纪70年代末）的目的是要解决如何处理少数民族问题。工作中的理论指导思想就是社会进化论，把民族访问所见到的风俗、语言、制度、经济等现象归结为特定历史阶段的"文化残余"。随着这两项工作的完成，参加这项工作的人类学家和民族学家也基本上完成了其思想的"洗礼"和转变，他们的研究兴趣和理论取向也从多元归于单一，完全站到马克思主义的阵线上来了，基本上完成了转型。

二、20世纪60年代至20世纪70年代末：作为知识的人类学的蛰伏和低度发展

这20年是中国人类学发展过程中的劫难，不但各类学术研究机构完全被解散，而且研究者本人的权利也完全被剥夺，"三反"、"五反"这些运动从制度上彻底瓦解了人类学这门"资产阶级学科"。但作为知识的人类学仍然以民族研究、民族问题的名义获得了发展。在进行少数民族的社会历史调查的同时，一些人类学家也在进行书斋式的研究工作，他们一般关注的是原始社会史、中国的民族关系史、考古

学、语言学、体质人类学等与社会现实比较疏离的问题。换言之，人类学的社会和文化研究被历史学的考古、语言、民族研究所取代；并且，它们在各自的领域得到了一定的发展。这些研究虽然可以作为人类学研究的素材，但只是起到了资料知识的作用，对学科本身的意义并不大。

与此同时，台湾的人类学却一直延续它的发展路子。1949年，国民党政权退踞台湾，一批与该政权关系密切的人类学家随迁台湾。他们在台湾继续从事人类学的研究，一方面重建和新建人类学的研究机构；另一方面，在研究对象上转向台湾原住民，在研究方法上仍坚持原中央研究院历史语言研究所的"历史"取向。1949年成立台湾大学考古人类学系，并于1953年创办了自己的学术刊物《考古人类学刊》；1955年，台湾政治大学建立边政学系，并成立了"中央研究院民族学研究所"筹备处和"历史语言研究所"。这些专业性的研究机构不仅为人类学在台湾的发展建立了组织框架，更重要的是，在偏隅一方的台湾延续了人类学在中国的持续发展。这一时期对台湾原住民的人类学研究取得了相当的成就。

1965年以后，台湾学者的关注点从对文化史的建构转向对现存文化结构功能的分析和对台湾社会文化现实问题的关注，也就是说，台湾的人类学开始把研究对象从原住民转向汉族。这个学术转型可以说是在西方的汉学人类学家的推动下进行的。由于不准外国人进入中国大陆做研究，西方的汉学家们把台湾、香港和海外的华人社会当做他们研究汉人社会的"实验场"。在西方强势学术场域的影响下，台湾的人类学家民族学家从宗族、民间信仰、大小传统、经济方式、社会结构以及海外华人的社区研究等方面切入，来研究中国的汉人社会，并取得了丰硕的研究成果，其中提出了一些具有原创性质的理论和研究方法，一直影响至今。比如，李亦园对民间信仰和华人社会的研究，陈其南对弗里德曼宗族范式的富有建设性的批判，庄英章对台湾地方社会结构和经济的经验研究等，从这些研究中抽象出来的理论方法一度成为中国大陆人类学在20世纪80年代初恢复以后与台湾人类学对话的主要"命题"。

这一时期台湾的人类学研究取得了长足的发展，显示出人类学发展的"繁荣"，但这种"繁荣"并不能改变这一时期中国人类学低度发展的事实。毕竟，台湾是文化中国的一个部分，而且它是一个移民社会，在长期的社会发展过程中形成的"地方性知识"并不能简单地看成是中国社会的"浓缩"，因此基于此上的研究而得出的所谓"台湾经验"并不具有中国文化的普适意义，此其一；其二，台湾的人类学研究从学术思想上来看，仍是沿袭西方人类学的理论方法，并没有从中提炼出具有"中国特色"的理论和概念，并因此对世界人类学的发展做出贡献。显然，要完全走出中国人类学发展的"低迷"状态，单有台湾人类学的"繁荣"是远远不够的，必须期望整个中国人类学的全面复兴和发展。可喜的是，到20世纪80年代初期，随着中国大陆政治运动的结束，中国人类学的发展也迎来了它的春天。

三、20世纪80年代初至21世纪初：作为学科的人类学的重建与兴盛

华勒斯坦认为，任何一种知识要成为一门制度化的学科，有三种主要方法是不可逾越的，那就是：大学以这些学科名称设立学系（或至少设立教授职位），成立国家学者机构（后来更成立国际学者机构），图书馆亦开始以这些学科作为书籍分类的系统。20世纪80年代初，中国人类学的重建过程也是沿袭这个路径。1978年，一些社会科学学科相继恢复或筹备重建，上海开始酝酿成立人类学会；1979年4月，在昆明召开全国民族研究规划会议，民族学组的一些代表呼吁重建人类学；1980年9月，在北京成立了中国人类学学会筹委会；1981年1月，教育部正式批准中山大学建立人类学系；1981年5月4日至9日，首届全国人类学学术会议在厦门大学召开，会上正式成立中国人类学会，并推选了第一届理事会、主席团和顾问。所以，可以说，中国人类学学科的重建是以中山大学人类学系的复办和中国人类学会的成立为标志。

随着人类学学会的成立，研究机构不断增多，专业队伍也不断扩大，20世纪50年代被"撤、停、并、转"的各高等院校里的人类学社会学系也纷纷恢复和重建，被分流的人类学家重新回到人类学研究的阵营里，他们抓住科学的春天，以饱满的、高昂的热情投入到人类学的研究中去，一时使人类学的研究呈现出繁花似锦的局面。1984年，厦门大学成立人类学研究所和人类学系；1985年，中央民族学院成立民族学系；1987年，云南民族学院在历史系设立了民族学专业。此外，中国社会科学院的民族研究所、北京师范大学、复旦大学、四川大学、云南大学、古脊椎动物与古人类研究所等专业教学科研机构也开设人类学的课程，培养人类学专业的硕士研究士和博士研究生。不仅如此，人类学的各种学术活动也在全国各地开展起来。据不完全统计，到20世纪80年代末，仅中国人类学学会就举行了3次年会，1次笔会，1次小型座谈会和一些专题讨论会；1984年12月，在中山大学举行了中山大学校庆60周年人类学国际学术讨论会，这是国内人类学的第一次国际性学术会议，极大地推动了中国人类学与世界同行的交流；1989年12月，在北京召开了首届国际都市人类学学术会议。这些学术活动不但在中国社会科学界发出了人类学的最强音，而且更重要的是极大地激发了老中青年人类学者的科研创作热情，一批批的人类学著作面世，如林耀华和杨堃分别著有的《民族学概论》、梁钊韬的《中国民族学概论》、吴汝康的《古人类学》、童恩正的《文化人类学》、庄孔韶的《教育人类学》、周大鸣和乔晓勤的《现代人类学》等总论性的书籍；还有一些论文集和调研专著，比如，中国人类学会编的《人类学研究》、中山大学人类学系编的《人类学论文选集》、商务印书馆出版的《马克思人类学笔记研究论文集》、厦门大学人类学系编的《崇武研究》、格勒的《论藏族文化的起源形成与周

围民族的关系》等等。

作为一门西来的学科，中国人类学的发展一直承受着"洋风"的吹拂。在人类学重建的前十年，中国正处于改革开放的时代，国门打开，中国人类学界和人类学者笑迎世界各地的人类学家。一些著名的人类学家，如许烺光、高斯明、张光直、华生、宾福德、中根千枝等都来华访问过，还有一些大型的代表团如美国人类学社会学代表团、温纳·格伦人类学基金代表团、澳大利亚博物馆代表团等，当然也有不少的外国学者参加在中国召开的人类学国际会议，如前面提到的中山大学举办的国际人类学会议、北京的都市人类学会议等都有国际代表出席。中国学者也开始走出国门，到国外访问和参加国际学术会议，如 1983 年 8 月，秋浦就率中国代表团参加了加拿大举行的第十一届国际人类学民族学大会；1989 年，中国代表团参加南斯拉夫第十二届国际人类学民族学大会；1990 年，中国代表团参加了在法国举行的瑶族国际会议。

与涉外学术活动紧密相连的是大量外文书籍的翻译出版，20 世纪 80 年代中期出版的有关人类学的外文译著之滥觞，俨然有 20 世纪初"西学东渐"时的风范，据不完全统计，全国有 30 余家出版社出版了人类学方面的译著，在出版的 20 余种系列丛书中，人类学译著是其中的重要组成部分，译著中比较有代表性的是拉德克利夫-布朗的《社会人类学方法》、列维-斯特劳斯的《广阔的视野》、基辛的《文化与社会》、F. 普洛格的《文化的演进与行为》、马文·哈里斯的《文化唯物主义》、莫里斯·布洛克的《马克思主义与人类学》、本尼迪克特的《文化模式》、米德的《萨摩亚人的成年》等。这些译著的出版为当时中国社会的"文化热"提供了一个"异域文化"的参照物，也为当时开展的中国传统文化与现代化的大讨论立起了一面反观自我的"镜子"。

到 20 世纪 90 年代，人类学在中国的发展呈现出兴盛的态势，主要表现在以下几个方面：

（1）老中青学术梯队的框架已搭建起来，中青年学者已开始成为中国人类学发展的中坚力量。经过 10 年的恢复性发展，各类研究机构已经完善，研究人员已经到位，面临的主要任务就是人才的培养。20 世纪 70 年代末 80 年代初恢复高考制度以来进入高等院校学习人类学民族学知识的学子，到这时都已发展成为各单位的骨干，开始接上老一辈传递过来的"接力棒"。费孝通、林耀华、宋蜀华等老一辈学者的研究成果既有大师般的恢宏气势，又有诲人不倦的谆谆教诲，后辈就是在这种春风化雨般的学术氛围里成熟起来的。我们可以看到庄孔韶的《银翅》、周大鸣的《中国乡村都市化》、彭兆荣的《西南舅权论》、麻国庆的《家与中国社会结构》等。20 世纪 90 年代中期，一批在 20 世纪 80 年代出国学习的学子学成回国，他们大多在国外求学数载，对当代西方人类学的发展现状和话语有相当的了解，他们的研究能直接与现代西方人类学接轨和对话，给中国人类学的研究带来了一股清新的风气，也提升了中国人类学研究队伍的整体素质。

（2）科际整合的研究取向显示出人类学无论在理论建设，还是在具体的应用中所表现出来的开放性和包容性。一方面，人类学工作者自我超越原有的兴趣，拓展自己的研究领域；另一方面，人类学又与其他的社会科学，甚至自然科学相结合，以望取得研究上的新突破。例如，中山大学、云南大学的人类学系利用自己长期以来形成的学科群的优势，重视多学科理论与方法的研究，将自然科学研究的技术和方法运用到探索族群形成的生物遗传特征及其与文化的关系；与生态学、经济学等学科结合探讨民族文化、生态、经济协调发展；与生物学、物理学和古地理学等自然科学技术相结合，对早期人类的环境和生态进行研究。这些研究不仅在国内领先，也是国际研究的前沿课题。科际整合的方法有利于打破学科"界线"，达到各学科之间理论和方法的"互渗"和借用。这种科际整合的研究方法有可能催生新的"边缘学科"，并产生原创性的理论方法，同时，多角度的研究取向更易于我们认识社会生活的本质。

同时，有关人类学的学术会议和交流活动大大增多。据不完全统计，20世纪90年代以来，在全国各地召开的有关人类学民族学与社会学、历史学、法学等相关学科的学术研讨会不下70余次，其中影响较大的是北京大学社会人类学高级研讨班。到目前为止，这个研讨班已举办了6届，研讨班里汇集了国内外老中青学者，一方面达到了交流的目的，另一方面培训了人类学的学术骨干。这些高层次的研讨班既整合了人类学研究的学术群体，又扩大了人类学在中国社会科学界的影响。另外，以各大学为单位举办的各类国际研讨会也在积极地扮演着这个角色。

（3）人类学知识的应用与普化已开始影响中国的社会经济和人们的日常生活。从人类学在中国的传入与发展来看，中国的人类学一开始就具有很强的应用性，到20世纪90年代已经能直接介入中国的社会经济生活。如人类学专家在区域文化策划、综合社会评估、民族文化的自我传习和保护等方面做了不少工作；在西部大开发中，人类学专家参与的民族省区文化与社会发展战略研究、人文旅游规划、文化设计和社会评估已多次用于云南、内蒙古、新疆、青海等省区的政府咨询和决策。

另外，由于深厚的学术传统和特殊的资源优势，人类学学科较易于直接参与国际交流和合作研究。如人类学者直接参与社会发展计划，从20世纪90年代初开始，一批人类学者参与一些国际机构（如联合国、世界银行、福特基金会等）在华的发展项目的评估，如有中国社会科学院民族研究所参与的南昆铁路的建设对沿线少数民族社会经济发展的影响，云南大学参与的对中国农村社会发展评估计划（即PRA——参与式乡村评估），中山大学中国族群研究中心对江西、新疆等地农村社会现代化发展的评估等，已经引起国内外的广泛关注，使人们真正认识到人类学对社会发展的"实用价值"。因此，有人就认为这是"人类学在行动"。

第二节 走向 21 世纪的中国人类学

人类学传入中国虽然已超过整整一个世纪，但人类学学科建设的真正发展则是近年的事。而学科建设中最具有显示度的是博士点的建立。1981 年，中山大学人类学系复办后的相当长时间内，一直是中国大陆唯一的博士、硕士和学士授予单位（香港的中文大学 1992 年开始招收人类学博士班学生），直到 1998 年，北京大学、中央民族大学建立起人类学的博士点才改变了这种局面。几乎是同时，台湾的清华大学（1997）、台湾大学（1998）、香港科技大学也在 2004 年开始招收博士班学生。

进入 21 世纪后，人类学也迎来了新的世纪。第一，人类学学科点在更多的大学建立起来。例如，博士点除原有的中山大学、北京大学、中央民族大学外，在中国人民大学、中国社会科学院、厦门大学、上海大学、南开大学、清华大学也有了人类学博士授予权；人类学硕士授予单位已经超过 20 个，如武汉大学、福州大学、云南大学、中南大学、西北民族大学、中南民族大学等。实际上，还有许多人类学方向设在别的学科点下招收博士生和硕士生，如复旦大学招收体质人类学博士生和文学人类学硕士生和博士生，中国音乐学院招收音乐人类学研究生，中国刑警学院招收法医人类学研究生，中国艺术研究院招收艺术人类学研究生，华南师范大学招收体育人类学研究生等等，不胜枚举。第二，人类学研究机构增多。例如，除中国社会科学院民族研究所更名为"民族学人类学研究所"外，中国社会科学院还成立了"社会文化人类学研究中心"，清华大学、中国人民大学、复旦大学、福建师范大学以及一批民族院校等也相继成立了人类学的研究机构。第三，中山大学和北京大学的人类学成为"国家重点建设学科"，这是国家首次在人类学设立重点学科，以便有更多的资金和人力投入人类学的建设。第四，2003 年，中国在意大利获得 2008 年第 16 届世界民族学人类学大会的举办权，以此为契机，将有更多的人类学研究机构和学科点建立起来，同时也将有更多的学术活动和学术成果问世。第五，2004 年，中山大学历史人类学研究中心被批准为教育部人文社会科学重点研究基地，这是教育部首次设立人类学的重点研究基地。第六，各种学术刊物相继出版，如香港中文大学出版《亚洲人类学》、台湾中央研究院出版《台湾人类学》、台湾大学继续出版《考古人类学刊》、中山大学与香港科技大学合作出版《历史人类学》、中央民族大学出版《中国人类学评论》等；此外，国内一些综合性期刊也办起了"人类学专栏"，如《思想战线》、《广西民族学院学报》（其人类学专栏被教育部评为"名栏"）、《西北民族研究》等；中山大学、北京大学、中央民族大学、云南大学等还组织出版了人类学系列丛书。

台湾人类学研究的重镇,是"中央研究院"的民族研究所。该所于 1955 年筹备,1965 年正式成立,集中了台湾的人类学家,并创办《民族研究所集刊》,后改为《台湾人类学》。台湾大学在 1949 年建立考古人类学系,并于 1953 年创办了《考古人类学刊》。后来考古人类学系改为人类学系,虽然去掉了"考古"之名,但该系仍维持着考古学、语言学、体质人类学、文化人类学四大分支的知识构架。可惜的是,台湾大学人类学系,在大学里处于边缘,虽然培养了不少人类学中坚力量,但一直是惨淡经营,长期以来在编教师不超过 10 人,靠聘请兼职教授来维持,直到 1998 年才开始招收博士生。而 1987 年在台湾清华大学成立的人类学研究所,却有后来居上之势,无论是研究的范围还是招收的研究生数量都超过台湾大学人类学系,并于 1997 年率先在台湾招收博士生。台湾专门的人类学研究机构虽然增长不多,但人类学的理念在台湾社会科学界却有较大的影响并成为主流。

香港中文大学在香港是最早开设人类学的机构。1973 年,首开人类学课程,聘请乔健先生为课程主任。1977 年,成立隶属于社会学的人类学分部,1980 年,独立成为正式的系科。最初,香港中文大学人类学系仅提供本科生主修和副修课程,1987 年在此基础上开办了硕士课程,1992 年博士课程的开始标志着完整的学科教育体系搭建完成,香港中文大学人类学系也随之成为香港人类学人才的重要培养机构和研究机构。1978 年,香港人类学社团正式成立。1987 年,开设了人类学专刊《香港人类学家》。2002 年,创办了国际性的人类学刊物《亚洲人类学》。香港科技大学也开设人类学课程,招收人类学硕士生和博士生。此外,香港大学也成立了人类学研究中心,由柯群英任中心主任。香港中文大学人类学系不仅积极开展人类学的研究和教学工作,也是东西方人类学交流的平台,更重要的是发挥了"两岸三地"的桥梁作用。1983 年,香港中文大学举办第一届"现代化与中国文化"研讨会,这次研讨会第一次把中国大陆和中国台湾的社会学人类学学者聚集到一起。以后该研讨会每 2 年举办一次。

如今,人类学的研究成果已开始影响人们的日常生活和认知方式。从学科发展历史来说,人类学经历了从知识到学科的制度化过程。20 世纪后半期,由于各种原因,人类学研究出现一种超现实的结构和心理研究趋势,使人们以为人类学是一门少数学者自娱的学问,而与现实无关,因此有人认为这是人类学发展过程中的自我"边缘化",与主流社会话语不和谐。但人类学研究的边缘视点和"异文化"视角使之能贴近人们的日常生活,从而从日常生活中发现史诗。比如说,人类学对民俗的研究已在改变人们对农民生活方式的看法,人们对他们的宗族观念、民间信仰仪式等都开始有一个客观的审视,而不是单纯地以"封建迷信"斥之。对人类学知识的应用要有一个普化的过程,让人类学的知识真正服务于人民,用费孝通先生的话说,就是"走向人民"。这是知识回归大众的过程。随着全球化进程的发展和各国人民的交往增多,文化的冲突不可避免,人类学研究的"异文化"视角为我们消解这种文化差异带来的冲突提供了工具。可以预见,在21世纪的中国,人类学知识对人们社会生活的影响会加大,人类学也因此成为一门"显学"。

我们认为,就人类学在中国的发展而言,对四个方面必须要有一个客观的审视,那就是:①人类学的西方话语支配性;②本土化情结;③应用研究;④历史的研究取向。下面我们逐一进行讨论。

1. 人类学的西方话语支配性

可以这样说,中国人类学的百年发展历史一直伴随着这种现象。20世纪初,我们就可以看到它们的影子,除了前面我们已经提到的西方著作的翻译以外,还有一批西方学者活跃在中国各地。他们对中国学者的民族学知识的获取和中国民族学知识的传播起到了一定的促进作用。这一时期,在中国从事人类学调查的外国人类学家主要包括三支。第一支来自欧美,如荷兰人类学家德格鲁特(J. J. M. de Groot)等;第二支来自日本,如鸟居龙藏等;第三支来自俄国,譬如,俄国人类学家史禄国在1912年就对中国东北诸民族展开调查和研究工作,以后又对华北、华南和西南的各民族进行体质人类学和民族学的研究,不仅如此,他还参加了厦门大学、中山大学、清华大学和中央研究院的人类学工作,培养了一些体质人类学家和民族学家,影响了包括费孝通在内的一批中国早期的人类学家的成长。另外,还有一批外国来华的官员、传教士、旅行家、商人、汉学家和新闻工作者等对中国社会的记录,也影响了西方对中国的认识,他们的中国研究提炼出来的研究模式,一直影响着中国人类学的研究旨趣,使得中国早期的人类学研究处于研读和模仿阶段。因而,可以说西方人关于中国文化的早期研究,是中国人类学得以产生和发展的条件之一,同时也因此开始了西方人类学对中国研究的强势支配地位的局面。

20世纪50年代至80年代,由于国际政治格局的影响和意识形态的限制,欧美的人类学家不能到中国大陆进行调查,他们转而去台湾、香港和东南亚等地的华人社会做调查,香港、台湾等地的人类学的发展和兴盛都可以看到他们的影子,从基本的理论思想到具体的调查方法,就连用来分析社会文化现象的概念、研究的主题,以及表述的方式都深深地打上西方汉学人类学的"烙印"。20世纪80年代以后,中国大陆实行改革开放政策,打开国门,那些原来只能在香港、台湾等地做调查的西方人类学家,得以进入中国大陆进行人类学的调查和研究;同时,我们一些学子得以走出国门,到西方欧美社会学习他们的最新的人类学知识,这些又合成一股强势的西方人类学思想的支配话语,使得我们至今的人类学研究仍在西方话语霸权的支配之下。尽管如此,强势之下仍有喑哑之声,在中国人类学的百年发展历史之中,一些民族主义意识较强的中国学者在这种重压之下激发出来的自强精神和学术自觉意识,让我们一直能听到人类学研究的本土化"呐喊"。

2. 本土化情结

回顾过去中国人类学发展的百年历史,我们一直都在宣泄自己的本土化情结。

可以言表的至少就有三次,第一次在20世纪30年代,第二次在20世纪80年代的台湾社会和正着手重建社会科学的中国大陆,第三次是在中国大陆人类学研究与台湾和新近归国的学子之间的思想碰撞的20世纪90年代。为什么我们一直萦绕在这种情结之中?仅以民族感情是不足以解析清楚的,因为每一次的兴起都有其特定的"社会情景"。

20世纪30年代的中国人类学界经过二三十年的西方人类学思想的影响,在研究中国社会现实和历史的过程中,一些学者已经不满足对于西方人类学的简单移植,试图从中国经验研究的基础之上提出自己的人类学学科知识,开始了所谓的人类学中国化的探索,它基本上沿袭这样一个轨迹:中体西用—晚清国粹派—全盘西化论—中国本位文化论—中国化运动。像吴文藻先生在传播英国功能学派的理论时,逐渐形成了自己的理论体系和研究方法,提出了创立"中国学派"的口号。所以,我们可以这样理解:20世纪30年代的"中国化"思潮代表着中国人类学在20世纪早期发展时从对于"西学"的兴趣,转向利用"西学"的学理来倡导本土社会和境内少数族群的研究取向,而且这种思潮的涌动一直延续到20世纪80年代初。20世纪80年代,这个话题在我国台湾和香港再次被提出,他们发出"学术研究本土化"的声音,不但要求研究理论本土化,而且研究方法也要本土化。换言之,要发展出一套自己的理论方法来研究中国社会。从原因上来分析,我们可以把它理解为台湾和香港的人类学界对30多年仰人鼻息的发展状况的反思,从一定程度上折射出台湾和香港的人类学研究的自主意识加强。与此同时,中国大陆正在进行社会科学的全面重建,在本土化的潮流中,以一种很隐喻的方法表达了这层意思。诚如邓正来所言,中国大陆社会科学界在20世纪80年代提出的所谓"中国社会科学学科建设"的话题,其实质就是试图通过社会科学的学科恢复和学科建制以使中国社会科学摆脱此前30年来的僵化的意识形态的束缚,在某种程度上反映出了中国社会科学在当时的本土性问题。到了20世纪90年代中后期,包括香港、台湾在内的中国社会又发出了本土化的声音,它以广西民族学院1999年召开的"人类学本土化"会议为亮点,回应了两个应该引起我们思考的学术争鸣现象,其中一个就是中国大陆学者在回应台湾人类学家乔健的文章《中国人类学发展的困境与前景》时所反映出来的"情绪"。从表面看来,似乎是由于政治隔离带来的误解和学科之间的歧见,但从深层来看,这里反映出了拥有所谓的本土知识的学者对秉承西方学术思想的学者的反弹,只不过它以一种极端的批判的形式,表明了社会科学研究中"本土化"研究的紧迫性。

可见,在整个本土化过程的呐喊中,一直萦绕着两条线索:一是学术思想的顽强的自主精神;二是社会政治环境的影响。尤其是后者,对社会科学研究的影响可能是决定性的。因为这种本土化情结不但在中国而且在广大的发展中国家的社会科学界都普遍存在,原因就是"社会科学的本土化是与这些国家、民族的本土化

（独立）联系在一起的。可以说，社会科学本土化是西方文化体系与本土文化体系矛盾、冲突、斗争的缩影"。换言之，具体某个国家的社会科学的演变与其政治选择是密切相关的。

从学术研究的角度而言，本土化只是手段，而不是目的，我们要有自己的理论、方法和观念，要提出与西方不同的理论，以此说明西方观念所开展出来的理论并非唯一的认知自然的真实的方法。所以，我们认为，本土化应该包含两个方面的内容：一方面是保持学术上的独立单位和保持本土的特色为本土服务；另一方面要注意学术的普遍性，或者说世界性，使本土人类学能与世界同行交流，并为世界做出贡献。诚如李亦园先生所说，科学研究的目的是建构可以适合全人类不同文化、不同民族的行为与文化的理论，否则，故步自封于中国文化的理论，也就与西方文化理论自以为是唯一的研究途径没有什么两样了。所以，从这个意义而言，我们的本土化情结最终要解决的是建构一个人类社会文化发展的解析框架。那么，中国人类学的本土化研究有可能从什么方面产生出"中国经验"的理论方法，并因此对世界人类学的发展做出贡献呢？我们认为，它就是历史取向的研究方法。

3. 人类学应用研究

人类学在中国的肇始与当时中国新兴知识分子对国家强盛的殷切期望是密切联系在一起的。这种务实的态度恰恰反映在了早期中国社会学/人类学家如费孝通、林耀华等人的身上。例如，费孝通曾这样写道："在解放以前，如上所述，推动我去调查研究的是我们国家民族的救亡问题，敌人已经踏上了我们的土地，我们怎么办？我们在寻找民族国家的出路。这也就决定了我们调查研究的题目。"以应用为导向的人类学研究在"二战"后不断获得发展。它使人类学家更多地参与到社会文化变迁的过程中去，凭借自身独特的视角和思考来帮助人们适应变迁，推动变迁朝更加合理的方向发展。而在世界范围内，第三世界国家对理性地进行社会发展规划表现了更为迫切的需求。

从20世纪90年代以来，随着中国改革开放政策的实施，许多国际组织开始介入中国的发展进程，中国政府对于合理的介入基本上是持肯定态度。正是这种介入使得应用人类学在中国有了很大的发展空间。因为许多发展计划和项目都明确提出需要人类学家的参与，在此之上中国的人类学逐步步入了它的起步阶段。当然正因为是起步阶段，所以在应用研究的方式上相对就表现得比较单一，例如，往往是与一些国际组织合作、与政府合作等。在中国，从事应用研究的人类学家已经有了一定的数量，他们在积累自己的应用实践经验的同时，也在纷纷致力于探索中国人类学应用实践的理论和方法。

现阶段，人类学在中国应用实践的领域从主题上讲非常广泛，涉及农业、林业、环境保护、移民、社区综合发展、卫生保健、妇女、教育、卫生等等。在发展类型上包括增长型的发展计划（如扶贫项目）和非增长型的发展计划（如移民和社区综合发展项目等），应用实践涉及的地域横跨中国全境，包括农村和城市。以笔者自身为例，2000年以来，笔者主持了中山大学人类学系、中国族群研究中心与世界银行所合作的一系列项目，同时也与绿色和平组织等国际NGO以及中国政府合作了一些应用项目。在笔者亲身所主持或参与的应用研究项目中，涉及农村的项目涵盖江西、安徽、云南、广西、贵州、湖南、四川、甘肃、新疆、黑龙江、青海、宁夏、重庆和西藏等十几个省区。而城市项目则以笔者所在的广州市（作为中国发展速度最快的几个城市之一）以及广东省境内的几个主要城市为主。笔者所关注的主题包括农业、环境、教育、社区发展和移民等几个方面。

4. 历史的研究取向

我们知道，传统人类学的研究是从对现代社会中现存的所谓简单原始的部落社会开始的，用埃里克·沃尔夫的话说，他们是"没有历史的民族"。现代意义上的人类学研究是从20世纪20年代产生的功能学派开始的，它注重对简单社会的共时性的研究，缺乏历时性的分析。也就是说，传统人类学的研究对象和研究方法都缺乏"历史感"，在此基础之上形成的理论方法，在人类学转向对复杂的文明的社会做研究时，是否"适用"？尤其是对像中国这样具有数千年文明历史的国家，应该要用什么样的理论方法和发展出什么样的分析性概念才能准确地认识其社会的本质？显然，人类学的发展受到了挑战。令人欣慰的是，中国人类学的发展从一开始就秉承历史向度的研究，一方面我们有浩如烟海的历史文献可供研究；另一方面，我们最早从事人类学民族学研究的学者大多是学历史或者是"国学"出身的，他们有深厚的历史学功底，而更重要的是，如果要认清中国社会文化发展的本质，非得从历史入手。自20世纪前半期开始，中国人类学的研究都注意到与历史学的结合，把历时性的研究与共时性的研究融为一体，进行了纵横结合的历史人类学研究。这个特点尤其体现在深受美国历史学派和德国传播学派影响的华南地区的人类学研究的取向上，以中央研究院、中山大学、厦门大学为中心形成相对注重族群文化区域类型的田野考察，其解析模式一般围绕着语言－文化的特征而得以呈现，视空间分布的人文地理因素为还原田野观察所见现象的历史依据。至于20世纪50年代以后对各民族的研究，则更是从历史的向度进行的，即使在中国人类学重建20年来的今天，人类学研究的历史取向无论在中国大陆，还是在中国的台湾和香港，都是始终如一地秉承着的，也许这种研究取向更能实现当年马林诺夫斯基对费孝通"研究文明社会"的期待，更能通达弗里德曼（Maurice Freedman）所预言的"人类学的中国时代"的到来。

关键词

学派 本土化

复习思考题

［1］中国人类学发展的契机和出路何在？
［2］中国人类学与中国社会研究的相关性如何？
［3］分析中国人类学的研究取向。

阅读文献

［1］徐杰舜．人类学的世纪坦言．哈尔滨：黑龙江人民出版社，2004
［2］（美）顾定国．人类学逸史——从马林诺夫斯基到莫斯科．胡鸿保，周燕译．北京：社会科学文献出版社，2002
［3］中山大学人类学系．梁钊韬与人类学．广州：中山大学出版社，1991
［4］费孝通．从实求知录．北京：北京大学出版社，1998
［5］陈国强．中国人类学．国家社会科学基金项目"中国人类学研究"课题报告
［6］汪毅夫，郭志超．纪念林惠祥文集．厦门：厦门大学出版社，2001
［7］徐正光，黄应贵．人类学在台湾的发展：回顾与展望篇．台北：中央研究院民族学研究所，1999
［8］周大鸣．21世纪人类学．北京：民族出版社，2003